Réussir ses TD

Droit constitutionnel

En France, la collection « Paradigme » accompagne l'étudiant en droit du début de ses études jusqu'à l'accès à sa profession.

Paradigme – Méthode

La série « Paradigme – Méthode » comprend des ouvrages qui permettent aux étudiants d'acquérir une bonne méthode de travail et de réussir leurs travaux dirigés dispensés de la Licence 1 au Master 1, en France. Ces ouvrages de méthodologie sont actualisés chaque année, avec les dernières jurisprudences et les nouvelles législations. Ils sont conçus pour répondre à toutes les questions des étudiants. Ils fournissent des informations claires, pratiques et documentées.

Sous la direction de Marjorie Brusorio Aillaud, *maître de conférences en droit privé et vice-doyen de la Faculté de droit de Toulon.*

Déjà parus :

Coll., *Réussir son droit*, 3e éd., 2009

Pierre-Louis Boyer, *Choisir et réussir sa première année de droit*, 3e éd., 2023

Marjorie Brusorio Aillaud, *Réussir ses TD - Droit des obligations*, 12e éd., 2023

Marjorie Brusorio Aillaud, *Réussir ses TD - Droit des personnes et de la famille*, 11e éd., 2022

Stéphane Cottin (dir.), *Recherche documentaire juridique. Méthodologie*, 5e éd., 2022

Hervé Faupin, Marie-Christine Rouault, Vanessa Barbé, *Réussir ses TD - Droit administratif*, 3e éd., 2022

Hervé Faupin, *Réussir ses TD - Droit constitutionnel*, 7e éd., 2023

Cédric Latil, *Réussir ses TD - Droit international privé*, 2e éd., 2022

Réussir ses TD
Droit constitutionnel

7e édition

Hervé Faupin

BRUYLANT

Collection
Paradigme

FSC
www.fsc.org
MIX
Paper from
responsible sources
FSC® C008551

Pour toute information sur nos fonds et nos nouveautés dans votre domaine de spécialisation, consultez nos sites web via www.larcier-intersentia.com.

7e édition
Éditions Bruylant
Rue Haute, 139/6 - 1000 Bruxelles

Imprimé en Belgique

Dépôt légal :
Bibliothèque nationale, Paris : août 2023
Bibliothèque royale de Belgique, Bruxelles : 2023/0031/096

ISSN : 2507-1629
ISBN : 978-2-39013-418-3

Collection

Paradigme

Découvrez tous les ouvrages de la collection Paradigme

Paradigme • VOCABULAIRE

Dictionnaire de la médiation et d'autres modes amiables
Dictionnaire juridique
Dictionnaire pratique de droit des affaires
Petit lexique juridique

Paradigme • MÉTHODE

Choisir et réussir sa première année de droit
Réussir ses TD Droit administratif
Réussir ses TD Droit constitutionnel
Réussir ses TD Droit des obligations
Réussir ses TD Droit des personnes et de la famille
Réussir ses TD Droit fiscal de l'entreprise
Réussir ses TD Droit international privé
Recherche documentaire juridique
Rédiger un mémoire ou une thèse. Parcours intellectuel et méthode

Paradigme • MANUELS

Contentieux administratif
Contentieux fiscal
Droit administratif et institutions administratives
Droit constitutionnel et institutions politiques
Droit de la famille
Droit de la fonction publique
Droit des biens
Droit des contrats
Droit des contrats spéciaux
Droit des obligations
Droit des personnes et de la famille
Droit des sociétés commerciales
Droit des sûretés
Droit du travail
Droit fiscal de l'entreprise
Droit interne de la concurrence
Droit international privé
Droit pénal général
Droit pénal spécial
Droit rural
Finances publiques
Introduction au droit
Introduction au droit de la propriété intellectuelle
Organisations européennes
Procédure civile
Procédures civiles d'exécution
Procédure pénale
Régimes matrimoniaux et régimes patrimoniaux des couples non mariés
Relations internationales
Science politique

Paradigme • MASTERS

Contentieux administratif
Droit criminel Volume I - Éléments préliminaires
Droit criminel Volume II - L'infraction et la responsabilité
Droit du crédit bancaire
Droit de la sécurité internationale
Droit de l'environnement de l'Union européenne
Droit des instruments de crédit et de paiement
Droit du commerce électronique
Droit du commerce international
Droit du travail
Droit et politique de l'Union européenne
Droit hospitalier
Droit international privé des obligations contractuelles
Manuel de droit de guerre

Paradigme • MÉTIERS

Culture judiciaire
Droit d'asile et pratique du juge de l'asile
Droit commercial et droit des affaires
Droit de la famille et des régimes matrimoniaux
Droit de l'exécution des peines
Droit des obligations
Droit des sûretés
Droit du travail
Droit institutionnel, matériel et contentieux de l'Union européenne
Droit international privé
Droit international public général
Droit pénal général et procédure pénale
Les régimes matrimoniaux
Régime général des obligations
Successions et libéralités

Paradigme • CARRIÈRES

Droit des successions et des libéralités
Droit notarial

Paradigme • HORS-SÉRIE

Droit des débits de boissons, de la restauration et de l'hôtellerie
Droit des discriminations dans l'emploi et le travail
Droit du transport de passagers
Introduction aux conventions de double imposition
La mutation des frontières dans l'espace européen de l'énergie
La plateformisation du travail
La responsabilité sociale de l'entreprise, vecteur d'un droit de la mondialisation ?
Le dialogue social
Transferts d'entreprise

Sommaire

PRÉSENTATION GÉNÉRALE

Vous allez trouver dans les développements qui suivent un ouvrage pratique portant sur le droit constitutionnel.

Certes, il faut d'emblée ne pas le nier, les « praticiens » du droit constitutionnel sont relativement peu nombreux. La Constitution nous concerne tous mais sa préparation, ses modifications, son application au quotidien, sont l'affaire de quelques-uns. Régir le fonctionnement des institutions est sa fonction primordiale. Mais les Constitutions ne font pas que cela. Elles comportent des règles qui s'imposent à tous et qui se situent au-dessus de toutes les autres. Le droit constitutionnel a vu son influence accrue et il s'est rapproché de chacun.

Pour les étudiants en droit et des instituts d'études politiques, le droit constitutionnel est une matière obligatoire et fondamentale. Pour les juristes, il est prévu dès la première année ; le premier contact avec le droit se fait toujours avec le droit constitutionnel. Comment imaginer que les étudiants en sciences politiques puissent ne pas eux aussi rencontrer immédiatement cette matière ?

Or, cette matière est singulière. On l'aborde dès les premiers pas à l'université mais on peut rapidement la perdre de vue ; elle n'est pas l'objet d'un enseignement complété année après année comme l'est le droit civil qui figure comme le droit constitutionnel au programme dès la première année. Le droit constitutionnel n'est pas non plus une matière fondée sur de nombreux textes. Même les Constitutions les plus longues sont bien plus brèves que le moindre des codes. Il est vrai que tout ne vient pas des textes. La vie des institutions politiques dépend d'autres éléments. D'ailleurs, la matière associe en général les deux termes « droit constitutionnel » *et* « institutions politiques ».

Cet ouvrage est pratique parce qu'il est destiné à accompagner ceux qui vont suivre les enseignements de cette nouvelle matière en leur suggérant comment aborder les exercices qui leur sont proposés.

Pour ce faire, une présentation générale du droit constitutionnel et des exercices débuteront cet ouvrage ; elle sera suivie de chapitres abordant les différents thèmes traités à l'occasion de cet enseignement. Dans ces développements, on insistera sur les sujets utiles avec des références de textes, des définitions, des rappels généraux et bien sûr des exercices, dissertations, commentaires, questions. Ces exercices constituent des exemples de traitement de sujets, mais sont aussi des moyens d'aborder la matière.

À la fin de chaque chapitre figurent des exercices permettant de s'auto-évaluer. Il s'agit d'un ensemble de questions à choix multiples. Les réponses appropriées et les explications utiles figurent au dernier chapitre de l'ouvrage. On trouvera ainsi des questions visant à tester l'étudiant débutant en vue de lui permettre de se « jauger » par rapport à la nouvelle matière dont il va suivre les enseignements.

Cet ouvrage est destiné à la préparation des séances de travaux dirigés et des conférences en droit constitutionnel.

De façon générale, il cherche à préparer ceux qui, dans le cadre de leurs études universitaires, ou à l'occasion de concours, auront à *passer* des épreuves de droit constitutionnel. To pass, c'est-à-dire, pas seulement concourir mais réussir ces épreuves.

Comme le dirait un enseignant de droit constitutionnel devenu Président des États-Unis :

Yes, we can.

Chapitre 1

Présentation de la matière et des méthodes de travail

Dans ce premier chapitre figurent d'abord deux ensembles de développements.
Les premiers vont porter sur la matière qu'est le droit constitutionnel. Non pas pour empiéter sur les développements issus des cours et des manuels qui dans leurs introductions cadrent les choses. Un ouvrage comme celui-ci n'a ni le volume, ni la vocation, à expliciter longuement ces questions. Ce n'est pas d'ailleurs probablement ce que ses lecteurs en attendent. Au-delà de la définition de l'étendue de cette matière, l'on recherchera surtout à suggérer une manière d'aborder le droit constitutionnel, à proposer une méthode pour s'emparer de cette matière.
Les seconds développements se consacreront aux différents exercices auxquels on peut faire appel dans cette matière. On pourra trouver des éléments de continuité avec l'enseignement secondaire puisqu'un des grands « classiques » en droit constitutionnel sera la dissertation. La nuance qui n'est pas mince est qu'elle portera sur une matière assez inédite par rapport aux enseignements suivis antérieurement. D'autres épreuves sont également proposées : commentaire de textes, questions de cours, interrogations avec réponse courte, questionnaire à choix multiples, oraux. À chaque fois, il est nécessaire de donner des pistes pour réussir ces épreuves.
Nous voudrions en outre donner des conseils plus généraux au plan des méthodes de travail à suivre afin que les enseignements se passent bien.

Section I. La matière

Comment aborder le droit constitutionnel ?

Quand entend-on parler pour la première fois de droit constitutionnel ? Probablement assez tard. Le terme « Constitution » n'est pas d'un usage particulièrement fréquent. Comme d'autres mots de notre langue, il a plusieurs acceptions et lorsqu'on fait référence à une « bonne constitution » c'est moins pour faire référence à la qualité du fonctionnement de nos institutions que pour dire de quelqu'un qu'il a un corps solide, résistant aux épreuves et aux maladies. Lorsqu'il est utilisé avec cette référence aux règles applicables aux institutions, le mot est à l'origine d'une curiosité de notre langue ou plutôt d'un record : le mot le plus long de notre langue.

ANTICONSTITUTIONNELLEMENT

Sans s'appesantir plus longuement sur ces questions de vocabulaire, on peut cependant trouver singulier qu'un tel adverbe ait été créé. Singulier ou suspect. Car si ce terme existe, c'est que certains ne respectent pas la Constitution, cet ensemble de règles qui se situent au-dessus de toutes les autres.
La Constitution, la volonté d'établir une Constitution, est souvent aussi un moment particulier dans l'histoire d'un pays. Une des premières préoccupations des *Pères fondateurs* dans ce qui était en train de devenir les États-Unis a été d'établir une Constitution. La Virginie s'en donne une en 1776. Et même au siècle précédent dès 1638 le Connecticut s'était doté d'une Constitution comme le relève Tocqueville dans *De la Démocratie en Amérique*. Surtout, l'Union des États, les États-Unis d'Amérique se donnent une Constitution en 1787 juste après la proclamation de leur indépendance. De l'autre côté de l'Atlantique, le *Serment du Jeu de Paume*, prononcé au tout début de la Révolution française de 1789 est l'engagement solennel pris d'établir en France une Constitution.

Ceci rappelé, on n'entendra parler de Constitution, de droit constitutionnel, seulement lorsqu'on se rapprochera des facultés de droit et des instituts d'études politiques. Pourtant à qui s'intéresse à l'actualité, à la vie d'un pays, à sa politique, la matière n'est pas inconnue. C'est en effet elle qui détermine le cadre applicable à nos institutions. Le rôle du Chef de l'État, sa désignation, les attributions confiées au Gouvernement, les missions confiées aux parlementaires, les relations entre ces autorités, ces pouvoirs publics comme l'on dit aussi, autant de sujets traités dans la Constitution.

Si les États-Unis d'Amérique et la France ont été parmi les premiers à élaborer un document réunissant les principaux éléments en la matière, pratiquement tous les États du monde se sont aujourd'hui dotés d'une Constitution écrite. Ces textes peuvent se ressembler, comporter des éléments communs mais ils auront aussi leurs particularités. Le droit constitutionnel s'intéresse à l'ensemble de ces règles.

Le plus souvent dans l'intitulé de la matière et dans le titre des ouvrages qui y sont consacrés, on associe deux formules, droit constitutionnel et institutions politiques, tant il est vrai qu'il s'agit d'un ensemble de règles qui s'appliquent aux institutions. On trouvera dans le texte des Constitutions un ensemble de dispositions en la matière. Il n'existe pas cependant de listes d'éléments devant impérativement figurer dans les Constitutions. On a même ici de très grandes variations d'un système à l'autre. Certains points seront abordés dans des Constitutions alors que d'autres Lois fondamentales ne les mentionneront pas. Le degré de détail sera lui aussi très variable. Pour se convaincre de la diversité des choses, il suffit de se reporter aux différentes Constitutions que la France a élaborées en plus de deux siècles. On y trouvera un ensemble d'une trentaine d'articles comme en 1875 mais dix fois plus en 1795. Le contrôle de constitutionnalité ne sera mentionné que dans quelques textes tandis que dans un autre on précisera le montant exact des indemnités des dirigeants du pays.

Cette diversité des choses n'interdit pas de relever des évolutions assez convergentes. Non seulement la plupart des États se sont dotés de Constitutions mais encore ces textes contiennent-ils des éléments concernant les droits fondamentaux et comportent un mécanisme de garantie du respect de la norme fondamentale. Le droit constitutionnel ne se contente pas de définir les règles de fonctionnement des institutions politiques ; il affirme des droits pour chacun et s'est développé une jurisprudence constitutionnelle. Le rôle d'instances comme la Cour suprême aux États-Unis, la Cour constitutionnelle de Karlsruhe en Allemagne fédérale ou le Conseil constitutionnel en France s'est particulièrement accru. On ne peut s'intéresser au droit constitutionnel en négligeant la place qu'occupe le contentieux constitutionnel.

Dans un ouvrage à vocation « utilitaire » comme celui-ci, il n'est pas question cependant de rentrer dans de longs développements sur la définition de la matière et sur son évolution au cours du temps. Il s'agit plutôt d'essayer d'entraîner le lecteur vers cette matière afin qu'il y prenne goût ou à tout le moins qu'il y trouve de l'intérêt.

Ce droit, comment l'étudier ?

Les enseignements de droit constitutionnel portent bien entendu sur les règles qui s'appliquent aux institutions actuelles du pays. Ainsi, en France, on va s'intéresser prioritairement au régime de la Ve République établi depuis 1958 comme aux États-Unis l'attention sera portée à la Constitution de 1787 ou en Allemagne fédérale à la Loi fondamentale de 1949. Plusieurs chapitres de cet ouvrage vont porter sur la Constitution de 1958.

Ils ne représentent pourtant que la moitié du livre. D'autres développements seront consacrés à la théorie constitutionnelle, aux différents types de régimes, aux acteurs de ces régimes, aux systèmes étrangers et aux schémas suivis avant la Constitution actuelle. Ces éléments ne sont pas propres à ce manuel mais ils nous conduisent à insister sur un point essentiel. L'apprentissage du droit constitutionnel est assurément destiné à faire connaître le régime que la France applique actuellement mais cette maîtrise du système contemporain ne se fera et ne sera solide que si l'on s'intéresse à la fois aux trois dimensions : théorique, comparative et historique.

On ne peut d'abord faire l'impasse sur un certain nombre d'éléments généraux qui sont comme les outils du constitutionnaliste et qui renvoient à un ensemble de questions :

- Comment fait-on une Constitution ?
- Que met-on dedans ?
- Qui l'approuve ?
- Y a-t-il des principes ou des schémas un peu généraux qui s'imposent aux rédacteurs des Constitutions ?
- Quelles sont les grandes formes de régimes ?
- Quel type d'organisation interne peut-on avoir ?
- Quels rapports peut-on établir entre les pouvoirs publics ?
- Quelles méthodes peut-on utiliser pour garantir la primauté de la Constitution ?

Ensuite, un passage obligé devra se faire à l'étranger. Dans bien des domaines du droit, les enseignements sont, au moins dans les formations initiales, concentrés sur les règles nationales. Le droit civil, le droit pénal, le droit administratif, le droit commercial, etc. sont présentés tels qu'ils s'appliquent dans un pays. L'approche comparatiste peut bien sûr intervenir mais ultérieurement et quand même assez rarement. Avec le droit constitutionnel, il n'en va pas de même. La formation passera par des éléments sur les régimes étrangers. Il ne s'agit pas d'une coquetterie, d'une mode ou d'une singularité gratuite que les constitutionnalistes voudraient se donner. C'est tout simplement une nécessité. Il n'y a pas une méthode unique d'organiser le fonctionnement des institutions. Pour connaître les différentes possibilités, il faut se tourner vers ce qui se fait dans les différents pays du monde. Depuis deux ou trois siècles que l'on a pris ce parti d'écrire dans un texte les règles d'organisation des institutions, l'on procède ainsi. C'est même d'une certaine façon un préalable à l'émergence du droit constitutionnel. Bien avant que la France ne se dote de sa première Constitution écrite, un Montesquieu s'est penché sur l'organisation des institutions suivie dans les autres pays. Dès le XVIIIe siècle, il n'était pas le seul à procéder ainsi. Les institutions que l'on va étudier peuvent ainsi se situer dans plusieurs pays. Cette originalité du droit constitutionnel est une véritable chance. Elle permet de rejoindre des horizons extérieurs, de faire des comparaisons, de voir des comportements différents. L'on ne se tournera pas vers les 200 États du monde mais on aura une attention portée sur quelques-uns : les États-Unis, le Royaume-Uni, l'Allemagne fédérale, la Russie, la Chine, la Suisse… La tentation est grande d'en ajouter d'autres : l'Italie, l'Espagne, le Brésil, l'Inde, la Belgique…

Enfin, la dimension historique. Le mouvement d'élaboration des Constitutions écrites est engagé depuis maintenant plus de deux siècles. Certains États font preuve d'un certain conservatisme. La Constitution des États-Unis a certes été amendée mais elle date de plus de deux siècles. Son schéma originel n'a pas été modifié. D'autres ont été plus hésitants sur l'organisation à établir. Le Brésil a connu en deux siècles des formules fort diverses. La France se singularise par une histoire constitutionnelle mouvementée ayant essayé en deux siècles des cadres institutionnels fort divers, de la royauté sous différentes formes à deux empires en passant par cinq républiques et un régime autoritaire au cadre constitutionnel simplifié, sans parler des projets non entérinés et des périodes transitoires entre deux régimes où l'on avait un cadre provisoire qui s'applique plus longtemps que certaines Constitutions, comme entre 1870 et 1875. L'actuelle Ve République n'est pas aussi stable que cela. Faut-il signaler ici que plus de la moitié des articles de la Constitution actuelle ont une rédaction différente de celle de 1958 ou n'existaient tout simplement pas ? La compréhension du régime actuel est difficile pour ne pas dire impossible si l'on ignore ce qui l'a précédé.

Pourquoi insister sur ces trois dimensions, ces trois approches complémentaires ? Parce qu'elles fournissent des matériaux pour l'élaboration des différents exercices qui seront demandés aux étudiants et parce qu'elles donnent à la matière une véritable ampleur et une dynamique.

Dans la suite de ce chapitre, les différents exercices et les méthodes de travail seront abordés mais il paraît important de souligner que c'est par cette attention aux différentes dimensions de la matière qu'on arrivera aux meilleurs résultats.

LES TROIS BASES : ÉLÉMENTS THÉORIQUES + COMPARAISONS ÉTRANGÈRES + HISTOIRE

À cela, il est nécessaire d'ajouter une autre considération. Au risque de la lapalissade, on dira que le droit constitutionnel, c'est du droit. Pas de Constitution sans l'existence de règles, que celles-ci soient écrites ou non. Ces règles, il faudra les connaître, bien les connaître. Pour ainsi dire par cœur. Affirmer cela peut surprendre voire révolter. À quoi cela peut-il servir de mémoriser des articles qu'on peut facilement retrouver dans un recueil ? Un tel apprentissage peut ainsi apparaître inutile et fastidieux pour ne pas dire, reproche terrible, démodé.

Pourquoi néanmoins donner ce conseil, faire cette suggestion ?

Un premier point doit être rappelé. La Constitution, ce n'est pas un code. Ce ne sont pas des centaines pour ne pas dire des milliers d'articles de ces codes juridiques. Ce ne sont pas des milliers de pages comme la doctrine fiscale qu'appliquent les agents de la direction générale des finances publiques. La Constitution de la Ve République a une centaine d'articles. La version publiée par les assemblées au format A5 dépasse à peine la quarantaine de pages, le plus long des articles n'atteignant même pas une page. Ce n'est pas un effort surhumain de connaître de façon précise un tel texte.

Ensuite, la manière dont ce texte est rédigé et présenté n'est pas spécialement complexe. Le vocabulaire est assez simple, peu de termes sont vraiment singuliers. Les formules retenues sont souvent assez claires et soulèvent rarement des ambiguïtés. En outre, il y a des intitulés au début de chaque titre comme pour annoncer le contenu des séries d'articles. Mais surtout, la Constitution est la base de tout ce qui est étudié lors des séances de droit constitutionnel. C'est un peu comme le vocabulaire dans l'apprentissage d'une langue. Si l'on ignore le vocabulaire, on ne maîtrisera jamais la langue. Si l'on ne connaît pas les articles de la Constitution, on aura du mal pour ne pas dire on sera incapable de maîtriser cette matière. Soyons bien clairs ici, parmi les articles, certains sont moins importants, il n'est pas forcément indispensable de les connaître au mot près mais il faut quand même savoir qu'ils existent et ce qu'ils prévoient. D'autres sont centraux. Il faut les maîtriser bien plus précisément. Comment pourrait-on disserter sur le rôle du Président de la République si l'on ignore la liste de ses prérogatives et parmi elles celles qui sont dispensées du contreseing ?

À cette connaissance des textes, il faut ajouter celle de la pratique qui est effectivement suivie. Attirons d'emblée l'attention sur deux points. Dans leur relatif laconisme, les Constitutions ne disent pas tout. Il peut exister des textes complémentaires comme en France sous la Ve République les lois organiques ou le règlement des Assemblées. Des pratiques, des usages, des coutumes peuvent combler l'absence de précision ou tout simplement le silence de la Constitution. Mais il peut arriver aussi que le fonctionnement des institutions se fasse avec une certaine distance par rapport au texte même de la Constitution. Cela peut choquer, indigner. Cela correspond cependant à une certaine réalité, notamment en France lorsqu'on s'intéresse à l'exercice du pouvoir par le Chef de l'État. On peut le déplorer mais on ne peut l'ignorer, faire comme s'il y avait un texte constitutionnel suivi littéralement, le Conseil constitutionnel empêchant toute dérive.

Il ne faut bien entendu pas exagérer les possibles distances entre textes constitutionnels et pratique, sauf à considérer que les articles de la Constitution n'ont qu'une valeur indicative et qu'en fait Constitution ou pas, les dirigeants font ce qu'ils veulent.

Ce qui doit plutôt être souligné, c'est que lorsqu'on s'intéresse au droit constitutionnel, il faut à la fois considérer les règles et le fonctionnement des institutions politiques, savoir quelles sont les dispositions applicables et quelle pratique est suivie, s'intéresser aux articles de la Constitution et aux acteurs et événements de la vie politique.

Le droit constitutionnel ne peut pas s'envisager via une approche exclusivement juridique. On doit lui associer des éléments de vie politique, de science politique. Envisager la matière sans ceux qui la font vivre, sans ce qui la fait vivre serait particulièrement dommage. Avec l'entrée en vigueur de textes plus précis liés au développement de ce que l'on appelle le parlementarisme rationalisé et surtout en raison de l'essor du contentieux constitutionnel, on a eu quelquefois tendance à faire évoluer l'étude du droit constitutionnel en négligeant la dimension « vie politique », le rôle des différents acteurs, hommes politiques, partis, électeurs. Comme si la connaissance des mécanismes juridiques et des dispositifs de contrôle devait surtout retenir l'attention. Comme si l'on devait observer le fonctionnement des institutions avec un regard d'horloger. C'est amputer la matière en ne l'envisageant que sous cet angle.

Il y a une dérive juridicisante qui voudrait traiter le droit constitutionnel comme d'autres branches du droit. Inversement, on pourrait avoir une approche plus politiste négligeant la dimension juridique dans le fonctionnement des institutions, comme si cette part était secondaire.

Le droit constitutionnel est enseigné aussi bien dans les formations juridiques que dans celles de sciences politiques. L'approche peut y être différente mais il faudra toujours déterminer un dosage, un savant dosage sans doute, entre les considérations juridiques et les autres éléments. L'erreur, ce serait de négliger un des deux aspects. On peut voir les questions constitutionnelles et politiques qu'avec un seul œil, juridique ou politiste, mais on verra bien cette matière, les deux yeux bien ouverts, l'attention portée à la fois aux règles et à ceux à qui elles s'appliquent.

En complément aux trois bases rappelées plus haut, ajoutons donc cette attention double pour les règles et les acteurs.

Autrement dit, les étudiants devront à la fois connaître les textes mais également la pratique constitutionnelle. Être à la fois des obsédés des textes et des connaisseurs des acteurs des institutions.

UNE DOUBLE ATTENTION : POUR LES RÈGLES ET LES ACTEURS DES INSTITUTIONS

Sachant qu'il faudra utiliser « différents matériaux », reste à déterminer où les acquérir. Une réponse d'évidence peut être donnée. Les cours et les manuels vont fournir les matériaux indispensables. Les fiches de travaux dirigés et les recueils de documents apporteront des éléments qui ne le seront pas moins en mentionnant des sources utilisables, en fournissant des documents et en ouvrant des pistes de réflexion.

L'étudiant en droit constitutionnel partira naturellement de ces éléments fondamentaux. Au risque de répéter ce qui sera rappelé en cours ou en TD, dans les manuels et divers ouvrages portant sur la matière, il ne semble pas complètement inutile de souligner qu'en droit constitutionnel – et c'est vrai aussi dans les autres domaines du droit – il faut partir des textes. Le document primordial que doit détenir tout étudiant est le texte à jour de la Constitution actuelle. Il est diffusé de multiples façons, chacun pouvant y accéder en version numérique ou papier, en texte brut ou avec commentaires. À la Constitution proprement dite, on pourra ajouter des textes complémentaires comme les lois organiques ou les règlements des Assemblées. On n'attend pas des étudiants qu'ils connaissent en détail ces divers textes mais il est souhaitable qu'ils les aient consultés, notamment ceux qui portent sur l'élection présidentielle, les élections législatives et le référendum.

Pour ce qui est des régimes étrangers, le retour aux textes n'est pas moins souhaitable. On pourra notamment examiner les principales dispositions de Constitutions étrangères souvent abordées dans le cadre des cours : États-Unis, Allemagne, Russie.

Au cours magistral, il est souvent conseillé d'ajouter la lecture d'un manuel. Ils sont nombreux et varient dans leur présentation, leur approche et leur style. Plutôt que de donner une préférence à l'un d'entre eux, il faut plutôt inviter les futurs lecteurs à les feuilleter avant de les acquérir afin d'apprécier les caractères de ces ouvrages. Mais surtout, on doit insister sur les ambitions différenciées des divers ouvrages publiés en droit constitutionnel. Schématiquement, l'on peut distinguer les ouvrages fondamentaux, les manuels, quel que soit leur titre, qui présentent la matière et qui sont en quelque sorte une version écrite d'un cours magistral, des ouvrages plus pratiques ou résumés. Chacune de ces catégories a son utilité mais lorsqu'on aborde une matière fondamentale, qu'au cours magistral on a ajouté des travaux dirigés, il n'est pas forcément très judicieux de considérer qu'un mémento ou qu'un recueil de cours résumés en fiches suffiront.

Qu'on ait besoin de fiches ou de résumés de cours, personne ne va le nier. Mais, est-il opportun d'acquérir ce travail préparé par d'autres ? Mieux ne vaut-il pas établir soi-même ces synthèses ? La préparation personnelle de ces résumés, de ces schémas synthétiques, ne constitue-t-elle pas un moyen d'acquérir les connaissances indispensables ? Pourquoi déléguer à des auteurs, si remarquables soient-ils, ce rôle qui permet de s'immerger dans la matière ?

En complément de ces premiers conseils bibliographiques, plusieurs sources d'éléments utiles dans le cadre de l'étude du droit constitutionnel doivent être ajoutées.

Dans l'approche que nous suggérons, on doit se tourner vers l'histoire et les régimes étrangers. En outre, nous insistons sur le rôle des acteurs et l'actualité de la matière. Il paraît dès lors utile de se munir d'ouvrages qui abordent les régimes antérieurs : recueil des Constitutions françaises, histoire des Constitutions et des institutions politiques. La même attitude doit être suivie vis-à-vis des régimes étrangers. Force est cependant de reconnaître que l'on ne dispose que de peu d'ouvrages synthétiques et récents sur les systèmes constitutionnels des autres pays. Il peut y avoir cependant

des livres consacrés à tel ou tel pays, écrits par exemple à l'occasion d'une grande consultation électorale organisée dans le pays. Il existe aussi des livres préparés par des spécialistes de ces systèmes.
Les informations utiles aux étudiants ne figurent pas seulement dans le type d'ouvrages précités. D'autres sources différentes doivent ainsi être ajoutées.
On a en premier lieu des publications faites le plus souvent par des universitaires mais qui prennent d'autres formes que les manuels classiques.

– Les revues spécialisées

Plusieurs revues consacrent au droit constitutionnel et aux institutions politiques l'essentiel de leurs développements : *La Revue française de droit constitutionnel*, *Pouvoirs*, *Les Nouveaux Cahiers du Conseil constitutionnel*, *La Revue du Droit Public*... Elles paraissent plusieurs fois par an depuis plusieurs années. On y trouvera des articles et des dossiers qui rentrent directement dans les sujets à étudier.

– Les mélanges

Une tradition académique consiste à dédier à un universitaire, au moment où il achève sa carrière, un ouvrage réunissant des contributions de ses collègues. Ces articles portent le plus souvent sur les matières enseignées avec possiblement une attention aux thèmes de prédilection du collègue. Cette pratique est à l'origine de remarquables recueils où l'on pourra trouver traités de très intéressants sujets. L'accès à ces ouvrages à tirage limité avec souscription n'est pas toujours aisé. Mais les bibliothèques universitaires font le plus souvent l'acquisition de ces ouvrages. Les mélanges dédiés aux professeurs de droit public peuvent être une mine.
On doit ensuite mentionner des publications émanant d'autres types d'auteurs et qui ont eux aussi un lien très étroit avec la matière.

– Les mémoires et ouvrages politiques

Il existe en France depuis des décennies pour ne pas dire des siècles une ambition littéraire très répandue qui touche également le monde politique. Chefs d'État, ministres, élus, responsables d'institutions aiment à signer des ouvrages sur leur carrière. Certains attendent la fin de leur vie politique active, d'autres se montrent plus impatients. On peut disposer d'une volumineuse littérature politique à laquelle ne contribuent pas que les acteurs directs des institutions puisque journalistes et observateurs y participent aussi. La lecture de ces publications est d'un inégal intérêt mais on peut y puiser des renseignements fort utiles et intéressants lorsque ces livres émanent de personnages de premier plan ou d'analystes des questions politiques. On y trouvera une perception de l'intérieur, des explications, voire des justifications, de toute façon des éléments permettant une meilleure compréhension des choses.

– La presse quotidienne d'information générale

La vie des régimes politiques et des démocraties est rythmée par les élections, le travail parlementaire, l'action de l'exécutif, l'activité des partis politiques et des élus. Elle ne s'interrompt quasiment jamais. Aucun manuel même le plus régulièrement mis à jour, aucun cours même le plus réactif, ne peut incorporer les événements nouveaux qui influent sur la matière. La presse en rend compte quotidiennement, des dossiers et des tribunes portent régulièrement sur des sujets qui intéressent la matière. La lecture d'un quotidien peut être un apport utile. Elle permet d'assurer une espèce de veille. Des différentes matières enseignées dans les facultés de droit, le droit constitutionnel est certainement celle pour laquelle la consultation des journaux sera la plus utile.

Nous sommes partis des textes les plus fondamentaux avec la Constitution et nous finissons avec les articles de journaux. L'énumération de sources qui vient d'être faite peut paraître longue et sembler impliquer l'acquisition de bien des documents. Ce que nous avons voulu faire, c'est surtout indiquer où l'on devait se diriger pour accéder aux éléments utiles aux enseignements.

Avoir à sa disposition les textes essentiels et un cours est indispensable. Suivre régulièrement l'actualité politique et institutionnelle paraît particulièrement souhaitable. Pour le reste, la consultation des divers éléments que nous avons cités va dépendre de bien des paramètres. Il est clair par exemple que lorsqu'on aura à préparer un exercice particulier, un exposé par exemple, le recours aux autres outils s'avérera utile. Revues, mélanges, mémoires permettront d'étoffer les développements. On pourra aussi recourir à un manuel différent de celui qu'on utilise habituellement par souci de voir une autre présentation, d'avoir un autre avis sur une question. De façon générale, il peut être intéressant d'avoir deux points de vue différents sur la matière : celui du cours auquel on assiste et celui d'un manuel préparé par un autre auteur. Par ailleurs, le goût personnel que l'on peut avoir pour la matière peut inciter à diversifier les lectures sur cet ensemble de sujets qui intéressent. Mais inversement, dernière remarque, lorsqu'on a un peu de mal avec la matière, quand on éprouve des difficultés à « accrocher » avec le cours comme l'on dit familièrement, pourquoi ne pas faire appel à une autre présentation, à une autre approche, à un autre ouvrage ?

– ***Manuels de droit constitutionnel général***

Pactet, Melin-Soucramanien, *Droit constitutionnel*, 41e éd., Sirey, 2022.
Chantebout, *Droit constitutionnel*, 32e éd., Sirey, 2015.
Gicquel, *Droit constitutionnel et institutions politiques*, 36e éd., LGDJ, 2022.
Tusseau, *Droit constitutionnel et institutions politiques*, 6e éd., Seuil, 2021.
Ardant, Mathieu, *Droit constitutionnel et institutions politiques*, 34e éd., LGDJ Manuels, 2022.
Favoreu et div., *Droit constitutionnel*, 25e éd., Dalloz Précis, 2022.
Gohin, *Droit constitutionnel*, 5e éd., LexisNexis Manuels, 2022.
Hamon, Troper, *Droit constitutionnel*, 43e éd., LGDJ Manuels, 2022.
Constantinesco, Pierre-Caps, *Droit constitutionnel*, 7e éd., PUF Thémis, 2016.
Le Pourhiet, *Droit constitutionnel*, 11e éd., Economica Corpus, 2021.
Verpeaux, *Droit constitutionnel français*, PUF Droit fondamental, 2015.
Chagnollaud, Baudu, *Droit constitutionnel contemporain* – La Constitution de la Ve République, 10e éd., Dalloz-Cours, 2022.
Portelli, Ehrhard, *Droit constitutionnel*, 14e éd., Dalloz Hyper Cours, 2021.
Rouvillois, *Droit constitutionnel, fondements et pratiques*, 7e éd., Flammarion Champs, 2021. La Ve République, 7e éd., Flammarion Champs, 2019.
Faupin, *Droit constitutionnel et institutions politiques*, Bruylant, 2023.

– ***Ouvrages portant plus spécialement sur les régimes étrangers***

Meny, Surel, *Politique comparée*, Domat-Monchrestien.
Portelli, *Les régimes politiques européens*, LGF.
Grewe, Ruiz-Fabri, *Droits constitutionnels européens*, PUF.
Quermonne, *Les régimes politiques occidentaux*, Point Seuil.
Ponthoreau, *Droit(s) constitutionnel(s) comparé(s)*, 2e éd, Economica, 2021.
Rials, *Textes constitutionnels étrangers*, PUF.
Lauvaux, Le Divellec, Lepetit, *Les grandes démocraties contemporaines*, PUF, 2015.

– ***Recueil de textes***

FAUPIN, *Les Constitutions de la France depuis 1789*, Garnier-Flammarion, 2018.
RIALS, *Textes constitutionnels français*, PUF, Que sais-je ?, 2022.

– ***Mélanges***

Mélanges en l'honneur du professeur Gustave PEISER, PUG, 1995.
Mélanges Philippe ARDANT, Droit et politique à la croisée des cultures, LGDJ, 1999.
Mélanges Pierre Avril, La République, LGDJ, 2001.
Liber amicorum Jean WALINE, Gouverner, administrer, juger, Dalloz, 2002.
Mélanges en l'honneur de Benoît JEANNEAU, Les mutations contemporaines du droit public, Dalloz, 2002.
Mélanges en l'honneur de Pierre PACTET, L'esprit des institutions, l'équilibre des pouvoirs, Dalloz, 2003.
Mélanges en l'honneur de Dmitri Georges LAVROFF, La Constitution et les valeurs, Dalloz, 2005.
Mélanges en l'honneur de Jean GICQUEL, Constitution et pouvoir, LGDJ, 2008.
Mélanges en l'honneur de Jean-Claude COLLIARD, L'État, le droit, la politique, Dalloz, 2014.
Mélanges en l'honneur du professeur Jean ROSETTO, LGDJ, 2016.
Mélanges Dominique TURPIN, État du droit, état des droits, Collection des mélanges du centre Michel de L'Hospital, 2017.
Mélanges en l'honneur d'Elisabeth ZOLLER, Penser le droit à partir de l'individu, Dalloz, 2018.
Mélanges en l'honneur de Hugues PORTELLI, Vies politiques, Dalloz, 2018.
Mélanges en l'honneur du professeur Dominique ROUSSEAU, Constitution, justice, démocratie, LGDJ, 2020.
Mélanges en l'honneur de Michel VERPEAUX, Révolution, Constitution, Décentralisation, Dalloz, 2020.
Mélanges en l'honneur de Michel LASCOMBE, Écrits de droit public, financier et constitutionnel, Dalloz, 2020.
Mélanges offerts à Philippe LAUVAUX, Panthéon-Assas-Hors Collection, 2021.
Mélanges en l'honneur d'André ROUX, Constitutions, peuples et territoires, Dalloz, 2022.
Mélanges en l'honneur de Didier MAUS, La Ve République, PUAM, 2023.

– ***Ouvrages de personnalités politiques***

Georges POMPIDOU, *Le Nœud gordien*.
Edgar FAURE, *Mémoires*, t. I et t. II.
Michel DEBRÉ, *Mémoires*.
François MITTERRAND, *Le coup d'État permanent*.
Valéry GISCARD D'ESTAING, *Démocratie française*.
Charles DE GAULLE, *Mémoires d'espoir*.
Michel DEBRÉ, *Ces princes qui nous gouvernent*.
Edouard BALLADUR, *Le pouvoir ne se partage pas*.
Nicolas SARKOZY, *La France pour la vie*.
Emmanuel MACRON, *Révolution*.
Jean-Louis DEBRÉ, *Ce que je ne pouvais pas dire*.
Bernard CAZENEUVE, *Chaque jour compte, 150 jours à Matignon*.
François HOLLANDE, *Les leçons du pouvoir*.

Section II. Les exercices

Il faut à présent examiner les différents exercices et la manière de s'y préparer.
Le cadre de la matière étant défini, on doit passer aux différents exercices auxquels l'on va être confronté.
Beaucoup d'entre eux seront écrits. Pour la préparation des séances de travaux dirigés, des travaux écrits pourront être demandés comme des plans détaillés ; lors de ces séances, des contrôles pourront être organisés avec des vérifications de connaissances prenant la forme d'un écrit. Les examens organisés en fin de semestre en droit constitutionnel seront très souvent écrits. Les épreuves de concours le seront également.
Pour autant, on aurait tort de considérer qu'aucune place n'est laissée aux épreuves orales. Des exposés sont demandés lors des séances de travaux dirigés ou de conférences de méthode. Un examen final peut être oral comme c'est le cas à l'institut d'études politiques de Paris pour le contrôle du cours d'institutions politiques.

A - Les exercices écrits

Il ne paraît pas exagéré de considérer que les exercices écrits sont les plus fréquents en droit constitutionnel. Une raison peut être à l'origine de cette pratique : la matière est souvent considérée comme fondamentale et est l'objet de séances de travaux dirigés. Les épreuves écrites ont en outre l'avantage d'établir entre les étudiants une forme d'égalité puisque chacun compose sur un sujet ou un ensemble de sujets identiques pour tous les candidats.
Les exercices écrits peuvent revêtir plusieurs formes : un exercice théorique, la dissertation, des exercices pratiques prenant souvent la forme de commentaires de documents, des questions de cours avec un format accordé pour rédiger la réponse qui peut être déterminé lors des épreuves dites « à réponse courte ».
La préparation de fiches peut être demandée ou laissée à l'initiative de chacun.
Reprenons ces différentes possibilités.

La dissertation de droit constitutionnel

Parmi les différents exercices qui seront proposés dans le cadre de l'enseignement du droit constitutionnel, comme d'ailleurs dans d'autres disciplines du droit, la dissertation revient souvent. C'est à certains égards l'exercice par excellence, celui qui permet d'apprécier les qualités de maîtrise de la matière, la force de la démonstration, l'élégance de la présentation. En général, il y aura possibilité d'un choix entre deux sujets, l'un de nature théorique, la dissertation, l'autre prenant une forme moins abstraite avec par exemple un commentaire de document.
On peut schématiquement distinguer plusieurs étapes lors de la préparation et de la rédaction du devoir.

1. Le choix du sujet

Comme il vient d'être dit, il y a en général deux sujets. Ils ont des formes différentes. Un sujet de dissertation est le plus souvent proposé, l'autre prend des formes plus diverses en droit constitutionnel. Il y aura souvent l'appui d'un texte. Cette dimension est rassurante. Il faut pourtant se garder d'un réflexe automatique consistant à choisir un type ou l'autre de sujet. Qu'on s'estime fervent partisan de la dissertation ou au contraire qu'on soit absolument récalcitrant à ce type d'exercice, il est indispensable de se ménager un assez long temps de réflexion destiné au choix du sujet. Il faut lire mais aussi relire les sujets avec attention. Chaque terme a son importance. Se polariser sur un des termes est inapproprié. Il faut envisager les choses dans leur ensemble. Ainsi, un sujet intitulé « l'avenir du bicaméralisme » conduira à s'intéresser au rôle des chambres du Parlement mais on ne traiterait qu'une partie du sujet si l'on se contentait d'évoquer le bicaméralisme en général.

On doit se méfier de la tendance à vouloir « recaser » une partie du cours que l'on connaît le mieux y compris si le rapport avec le sujet est ténu. On croit se rassurer mais cela est très dangereux.

Le sujet peut être plus ou moins précis. Le sujet « le Président de la République » est beaucoup plus large que « le Président de la Ve République ».

Il est nécessaire pendant ces quelques minutes initiales de faire l'inventaire des connaissances que l'on a sur les deux sujets proposés.

Que faire si l'on hésite sérieusement sur le choix du sujet que l'on va devoir traiter ? Il vaut mieux prolonger la réflexion quelques minutes. On doit absolument éviter de tomber dans deux problèmes graves :

- celui de découvrir que l'on n'est pas en mesure de traiter le sujet, faute de connaissances suffisantes par exemple ;
- celui d'avoir commis un contresens.

Il sera extrêmement difficile de changer les choses en cours de route, alors que l'épreuve est déjà largement engagée.

Il est alors très préférable de consacrer un peu plus de temps à ce choix qui évitera de faire « fausse route ».

2. La rédaction du plan

Lors de la phase de « choix », on a pu déjà noter quelques idées. Il est nécessaire de continuer l'inventaire de ces idées, ces éléments, ces matériaux utiles pour la construction du devoir. On n'a pas à avoir peur d'écrire beaucoup à ce moment-là ; il y aura des éléments trop nombreux mais rien n'empêchera de les éliminer ultérieurement.

Ceci posé, ces différents points notés, ces connaissances inventoriées, il faut relire tout ce qui a été écrit et voir quelles sont les idées qui l'emportent, quels grands thèmes pourront servir à l'élaboration du plan.

À propos du plan, un point quelquefois discuté est celui du nombre de parties. Nul ne se fera reprocher *a priori* un format de deux ou trois parties. Cela dit, celui en deux parties est le plus simple et semble adapté à la durée des épreuves qui est souvent de trois heures.

À ce stade, plusieurs observations de principe peuvent être faites :

1) il est rare qu'il n'y ait qu'un seul plan possible ;
2) le plan doit couvrir l'ensemble du sujet ;
3) il ne faut pas retenir un « plan bateau » comme :

- I/Organisation II/Fonctionnement
- I/La lettre II/L'esprit
- I/Les constantes II/Les variables
- I/Avant II/Après
- I/Avantages II/Inconvénients
- – I/Théorie II/Pratique

On ne peut exclure complètement qu'un plan parte d'un des schémas précédents mais en aucun cas on ne peut s'en tenir à une dissertation organisée autour d'un plan aussi sommaire que ceux que nous venons d'indiquer.

Faire un plan, ce n'est pas non plus couper le sujet en deux : il n'est pas très heureux pour traiter de l'avenir du bicaméralisme de le faire avec I/Le bicaméralisme, II/Son avenir.

Le plan ne doit pas déborder le sujet. *Tout le sujet rien que le sujet*. Mais il arrive aussi qu'on constate qu'une des parties, souvent la première, est plus étoffée que l'autre. Cela dénote un défaut d'organisation lors de la préparation du sujet et de sa rédaction. Les deux parties doivent être à peu près équilibrées.

Même si cela semble une évidence, il faut **répondre** à la question posée.

Si l'on demande dans le sujet « Qui gouverne aux États-Unis ? », il n'y a pas forcément une seule réponse, une « bonne » réponse. Il faut répondre. Si l'on dit en I que le pouvoir appartient au Président mais qu'on ajoute en II que le Président ne peut gouverner contre le Congrès, on ne pourra se voir reprocher d'avoir proposé une réponse au sujet.

En cas de sujet comparatif, le plan qui ne comporte qu'une juxtaposition doit être évité. Pour répondre au sujet « comparer les compétences du Congrès américain et du Parlement de la Ve République », on ne répondra pas I/Le Congrès américain, II/ Le Parlement de la Ve République.

Chaque partie doit être **construite**. Il ne suffit de trouver des têtes de chapitre, il faut qu'il y ait à l'intérieur du plan plusieurs éléments, si possible en nombre égal dans chaque partie.

Même si cette observation peut surprendre, il ne faut pas qu'il y ait tromperie dans la présentation du devoir : à l'annonce de plan doit suivre des développements qui correspondent. Les intitulés ne doivent pas allécher alors que les contenus sont vides ou différents.

Au total, l'ensemble de ce travail de préparation ne doit pas dépasser un tiers du temps disponible, environ une heure dans la plupart des cas.

3. L'élaboration de l'introduction

Ce passage est important car pour banale que soit cette remarque, on doit rappeler qu'on lit d'abord l'introduction. Il faut qu'elle soit bonne. À son sujet, donnons quelques conseils simples :

a) ne pas partir de trop loin ;
b) ne pas faire la citation ou la référence à l'actualité que chacun est tenté de faire ;
c) l'introduction doit être spécifique ;
d) faire comme si le lecteur ne connaissait pas le sujet ;
e) montrer l'intérêt et les problèmes soulevés par le sujet ;
f) essayer de ramasser sa pensée en quelques mots ;
g) écrire l'annonce de plan.

La préparation de l'introduction peut retenir une quinzaine de minutes.

4. La rédaction du corps du sujet

On passe alors à la rédaction du corps du sujet. Son contenu dépend des étapes précédentes. Mais ici, on doit avoir à l'esprit plusieurs points.

a) Il est impossible de tout rédiger au brouillon ;
b) des transitions entre les parties seront appréciées ;
c) la mise en page devra être soignée, on pourra sauter des lignes entre les parties ;
d) l'orthographe et l'écriture devront être soignées ;

e) les idées personnelles pourront être exprimées mais avec prudence et arguments à l'appui ;

f) il est inutile de faire trop long. Le remplissage est très mal apprécié et peut avoir des effets induits très négatifs. On risque de faire des fautes, d'intégrer du hors sujet voire de ne pas finir son devoir. Chacun sait qu'avec la durée donnée pour une épreuve, on ne peut dépasser une certaine longueur. La notation ne se fera pas au poids ;

g) les familiarités et dans une large mesure les abréviations sont à éviter. Pas d'*intro* ou de *ccl.*

On pourra consacrer à ce travail pratiquement la moitié du temps de l'épreuve, soit en général une heure et demie.

5. La conclusion

Il y a quelquefois des controverses sur sa nécessité. On la juge quelquefois peu importante dans les facultés de droit. On croit qu'on peut s'en dispenser. Il est vrai qu'une conclusion bâclée qui ne fait que résumer ce qui précède apparaît un peu superflue. Si au contraire, elle est comme le point d'aboutissement des développements antérieurs, qu'elle permet une ouverture sur certains thèmes et réflexion, elle a son utilité.

Par la force des choses, on ne dispose que de peu de temps pour cet élément du devoir, cinq à dix minutes.

6. La relecture

On ne peut en faire l'économie. On n'a pas lors de l'examen à sa disposition de « correcteur d'orthographe ». Il faut consacrer une dizaine de minutes à la relecture afin d'éliminer les fautes commises lors de la rédaction.

Les exercices pratiques

Même s'il n'y a pas d'obligation stricte sur ce point, l'usage veut que deux sujets soient, comme on l'a indiqué plus haut, proposés aux étudiants lors des examens. L'un des deux est présenté comme plus « pratique ».

Il s'agit assez souvent d'un commentaire portant sur un document. Les choses sont ici très variables. On peut ainsi avoir à commenter des dispositions constitutionnelles, législatives, une décision de Cour constitutionnelle. Mais des déclarations faites par une personnalité politique, un observateur des institutions politiques, un extrait de rapport sur le fonctionnement des institutions peuvent tout aussi bien servir de base à un exercice.

En droit constitutionnel, les étudiants auront peu fréquemment à régler un cas pratique. La matière, au moins en première année, ne s'y prête guère.

Cet exercice de commentaire peut à première vue susciter des interrogations :

- quelle sera la nature du document à commenter ?
- comment procéder par rapport à ce texte ?
- pourra-t-on prendre position par rapport à ce document ?
- comment construire les développements du commentaire ?

Les questions sont légitimes et les réponses peuvent paraître peu évidentes.

L'auteur du sujet dispose d'une très grande marge d'appréciation, qu'il s'agisse de l'origine du document comme de sa taille. Il est impossible d'affirmer qu'il sera d'un type ou d'un format déterminé. Une forte incertitude domine ici. Il n'y a pas en droit constitutionnel ce caractère bien balisé que l'on peut trouver dans les autres domaines du droit avec des commentaires d'arrêt.

Aussi paradoxal que cela puisse paraître, une majorité des étudiants choisira ce sujet dit pratique. Le thème du document peut expliquer ce choix mais il nous semble que cette préférence tient au fait que bien des étudiants sont rassurés pour leur travail de rédaction d'une copie de pouvoir disposer d'un certain nombre d'éléments incontestables figurant dans le document qui leur est fourni. Avec le sujet de dissertation, il faut réunir des connaissances et on peut s'inquiéter sur leur exactitude.
Le commentaire rassure alors qu'il n'est pas forcément un exercice bien balisé.
On ne doit pas dissuader les étudiants du choix de privilégier le commentaire. En revanche, on doit les mettre en garde sur la trompeuse facilité de cet exercice que certains y trouvent. Commenter le texte va consister à le paraphraser, à en recopier des passages entiers comme si le correcteur allait se satisfaire de relire le document fourni dans le sujet.
L'exercice est beaucoup moins aisé que certains l'imaginent. Il va falloir bien lire et même relire le document pour en tirer les éléments importants avant que de construire un plan qui devra à beaucoup d'égards suivre le même schéma que celui d'une dissertation.
Le travail fondamental et premier est la lecture du document. Cette lecture doit être très attentive. Le document est *a priori* beaucoup plus long que le sujet d'une dissertation. Il ne faut pas hésiter à prendre son temps pour bien scruter le document qu'on vous a fourni. L'objectif consiste à déterminer les éléments importants par rapport à ceux qui sont plus secondaires. Les premiers vont servir de base aux développements du commentaire. Ce sont eux que l'on va discuter. Aux indications fournies par le texte, il va falloir apporter des explications complémentaires. On va ainsi réunir des éléments de connaissances acquis lors des enseignements et s'en servir pour expliquer le texte et apprécier ce qu'il contient.
Autrement dit, commenter c'est comprendre le document et le discuter. Cela ne peut consister uniquement à le résumer plus ou moins fidèlement. Pour réussir le commentaire, on doit avoir des connaissances précises et les utiliser de façon pertinente dans les développements. **Les seules informations fournies dans le document ne suffiront pas**.
Lorsqu'on a déterminé les points importants à commenter et réuni les informations complémentaires nécessaires, vient le moment de la rédaction du devoir.
Comme on l'a rappelé, on se rapproche ici dans le résultat à atteindre de la dissertation, un plan en plusieurs parties divisées chacune en sous-ensembles. Quel contenu pour chacun de ces éléments ? Il n'y a pas de réponse impérative en la matière.
Rien n'interdit *a priori* de diviser sa présentation en deux séries de développements, les premiers portant sur le contenu même du texte, les seconds sur leur discussion. Dans la première partie, on va ainsi aborder successivement autour de deux ou trois paragraphes les points importants du texte. Il ne s'agit pas de simplement reproduire le document ou de le résumer autour de quelques thèmes mais de mentionner ces différentes questions et de les expliquer. Ensuite, dans la deuxième partie, on va discuter ces différents points pour en apprécier la pertinence.
Une autre présentation du commentaire peut consister à consacrer chacune des parties à un des points importants du texte et à chaque fois présenter la question puis directement ensuite la discuter. On aura alors un nombre de parties qui dépend du nombre de thèmes ou de groupements de thèmes qu'on aura décelés dans le texte. Il faut ceci dit éviter de dépasser trois parties. Pour dynamiser la présentation, on pourra par exemple diviser son développement en fonction de l'adhésion qu'on a pour telle ou telle affirmation, telle ou telle disposition du document.

Le commentaire doit, comme la dissertation, commencer par une introduction. Celle-ci doit s'adapter à la nature de l'exercice et au caractère du document.
Pour résumer, son rôle est double : accrocher le lecteur et annoncer le contenu des développements. Le style de l'introduction sera comparable à celui de la dissertation mais comme il s'agit d'un commentaire il est nécessaire d'évoquer le document en tant que tel. Il peut être utile de donner quelques éléments sur son auteur. On peut aussi avoir à situer le document dans le contexte où il a été établi. Il sera presque inévitable de résumer le document. Le caractère le plus important à respecter dans l'introduction est de lui conserver un caractère factuel. On indique ce que l'on va commenter, les éléments qui retiennent l'attention, ce sur quoi on va débattre mais en revanche il faut éviter les jugements ou les adhésions pures et simples. L'introduction annonce ce dont on va parler, pas la manière dont on va trancher.
Une conclusion ne sera pas inutile. Elle peut conduire à résumer l'appréciation portée sur le document. À la neutralité initiale on peut substituer une prise de position d'autant plus légitime que les développements précédents auront établi une argumentation solide.
Dernier point, le commentaire n'est pas une dissertation dont le sujet prendrait la forme d'un document. Une fois qu'on aura tiré les points importants du texte, il ne faut pas négliger le document et le laisser de côté. Contrairement à l'exercice similaire dans d'autres matières, le commentaire n'a pas en droit constitutionnel à rentrer dans une appréciation littéraire du document – la langue n'est pas toujours la plus élégante. Il n'empêche qu'avec le commentaire, il faut citer le texte à commenter. Sans les faire précéder de l'endroit où elles se situent dans le document – sauf le cas des textes normatifs décomposés en articles – des citations devront figurer dans la rédaction détaillée de la copie. **Les citations ne doivent cependant pas occuper une place excessive.** Il s'agit de commenter un texte, pas de le recopier en tout ou partie.

Les plans détaillés

Il est assez fréquent que dans le cadre des séances hebdomadaires de travaux dirigés des plans détaillés soient demandés. Il ne s'agit pas vraiment d'un exercice particulier s'ajoutant aux premiers qui viennent d'être présentés. C'est plutôt une forme particulière que peuvent prendre la dissertation et certains exercices pratiques. Au lieu d'un exercice complètement fini et rédigé, on va simplement exiger une présentation simplifiée, un « squelette de plan ». C'est un exercice qui prend moins de temps que les dissertations classiques. Le travail de rédaction est long et il faut en être bien conscient, notamment dans la perspective de l'examen.
La préparation du plan détaillé ne se distingue pas fondamentalement de celle qui est suivie pour les dissertations et commentaires. On peut considérer que c'est la même chose pour la réunion des différents matériaux du devoir et dans l'élaboration du plan ; pour utiliser une formule du bâtiment, pour le gros œuvre c'est assez proche. En revanche, s'agissant des « finitions », les choses sont différentes. On se contente d'une présentation schématique des différents développements. Le style peut être beaucoup plus simple.
La construction du devoir reste cependant la même que celle d'un devoir rédigé :

1° la présentation est identique : introduction/développements/conclusion ;
2° l'élaboration d'une problématique est tout aussi centrale.

On peut donc se reporter aux conseils donnés pour les exercices précédents pour préparer ses plans détaillés.

Les étudiants ont tout intérêt à répéter ces exercices de plans détaillés. Ils font partie des moyens les plus efficaces pour se préparer à l'examen. Il ne faut pas hésiter lors de ce genre d'entraînement à évaluer la durée nécessaire à l'élaboration de ces plans. Cela donnera une indication précieuse dans la répartition de son temps lors des examens.

Les questions

Que ce soit à l'examen final, lors des séances de travaux dirigés ou bien encore dans le cadre de certains concours administratifs, les étudiants peuvent être appelés à répondre à des questions. Généralement, il s'agira de répondre à plusieurs questions dans un temps limité. Dans certaines hypothèses, le format des réponses sera encadré avec un espace déterminé pour apporter sa réponse, ce sont les questions à réponse courte.

Ces exercices ont toujours le même objectif : vérifier le niveau de connaissance de la matière par les étudiants. On ne peut pas vraiment considérer qu'il y a en droit constitutionnel de différences dans cet exercice par rapport à ceux pouvant être organisés dans les autres matières. L'on réussira d'autant mieux cet exercice qu'on maîtrisera le programme soumis au contrôle. Il faut naturellement chercher à répondre à l'ensemble des questions posées ; ne pas traiter l'une ou l'autre aura des répercussions sur la note. Lorsqu'on a fait l'impasse sur un point, il est évidemment délicat de répondre et il n'est pas mieux de fournir une réponse indigente ou hors sujet que de ne pas répondre. En revanche, il est très dommage de ne pas répondre parce qu'on a manqué de temps. Face à des questions qu'on connaît bien la tentation peut être de fournir beaucoup d'éléments, d'être très détaillé sur ce sujet, en se disant qu'on aura le maximum de points à cette question. Cela ne doit pas se faire au préjudice des autres interrogations. Même en obtenant la meilleure note, on ne compensera pas les défaillances sur d'autres questions laissées sans réponse. Les étudiants doivent chercher à équilibrer les choses, à aborder tout l'exercice. Cela nécessite une certaine organisation, une bonne gestion de son temps.

Les questions posées ne sont pas destinées à piéger les étudiants. Comme on l'a dit, elles sont destinées à permettre une vérification des connaissances. Cela dit, une lecture trop rapide des sujets peut être dangereuse. On doit lire attentivement les intitulés des questions pour traiter ce qui est attendu du correcteur avec deux préoccupations :

1° la question, toute la question : on doit être notamment attentif au cadre où elle se pose ; s'agit-il d'une question générale ? Un sujet comme le référendum doit être traité sans concentrer les choses sur un pays. Une question peut aussi être plus ciblée. L'article 49 de la Constitution de 1958, ce n'est pas que son troisième alinéa ;

2° la question, rien que la question : on ne doit pas dériver vers d'autres sujets même proches. Lorsqu'on a à décrire la représentation proportionnelle, il est inutile de décrire le scrutin majoritaire.

La clarté de l'expression dans les réponses sera valorisée. Un style net et précis sera apprécié. Les formules ambiguës, les développements inutiles, le « remplissage » feront mauvais effet.

Les questionnaires à réponse courte sont utilisés notamment dans le cadre de certains concours comme celui des attachés d'administration. On demande aux étudiants de répondre à un grand nombre des questions portant souvent sur plusieurs matières et on leur fournit le document sur lequel ils vont répondre. On aura ainsi un certain espace sur la copie pour répondre. Il n'est pas possible de dépasser le format disponible.

C'est une incitation forte à un traitement équilibré pour chaque question mais aussi à la concision. Les candidats aux concours doivent adapter leur prestation à ce schéma particulier. Cela exige une certaine rapidité et le recours à un style efficace.

Les questionnaires à choix multiples

Outre les interrogations sous forme de questions appelant les candidats à rédiger des réponses, se développe le système des questionnaires à choix multiples. Il n'y a pas à développer sa réponse par écrit mais à choisir entre différentes hypothèses proposées, différentes affirmations, certaines d'entre elles étant inexactes, une et quelquefois plusieurs étant justes.
Le principe de ce type d'examen est simple. Il peut être l'objet de différentes variations :

- on peut n'introduire qu'une réponse exacte mais il peut être décidé de se laisser plus de marge. Cela renforce la difficulté ;
- le choix ouvert peut être plus ou moins large : 2, 3, 4 réponses proposées ;
- le système de notation peut inciter à la prudence en cas de doute : points accordés en cas de bonne réponse, rien en cas d'abstention, points retirés en cas d'erreur. Mais on peut récompenser la bonne réponse et traiter également l'absence de réponse et l'erreur ;
- le temps moyen accordé par question pour répondre peut sensiblement varier ;
- on peut donner un temps global pour l'ensemble des questions ou obliger à répondre dans un délai défini pour chaque question sans possibilité de revenir en arrière.

Avantages et inconvénients des QCM sont assez évidents. On peut parcourir l'ensemble d'un programme et la correction est objective et facile. On peut facilement par ce moyen apprécier le niveau et la qualité de précision des connaissances. Inversement cela favorise un bachotage un peu primaire qui ne garantit pas une vraie maîtrise de la matière. Il n'y a guère d'appréciation de la réflexion. Le QCM ne mérite ni un excès de louange, ni ne doit susciter des critiques injustes. Il ne faut pas l'utiliser exclusivement mais faire appel à lui en complément d'autres exercices qui permettent d'apprécier d'autres qualités des étudiants.
On trouvera à la fin de chaque chapitre de l'ouvrage un QCM composé de questions portant sur cette partie du programme, les corrections étant faites au dernier chapitre.

Les fiches

Dans le cadre des enseignements, les fiches peuvent être des outils de natures très différentes.

– *fiches de travaux dirigés*

Parmi les éléments à la disposition des étudiants, les fiches de travaux dirigés qui seront fournies dans le cadre de l'enseignement seront un support indispensable réunissant documents, pistes de travail, sujets...
Outre ces documents à la présentation et au contenu variant en fonction de la personnalité de celui qui les a préparés, les étudiants peuvent être amenés à préparer eux-mêmes des fiches.

– *fiches de cours*
Laissées à l'initiative de chacun, des fiches de cours peuvent être un outil de travail que les étudiants préparent à partir du cours ou de manuels et qui leur permettent de résumer les enseignements. Elles sont un outil d'apprentissage, raison pour laquelle elles doivent dans la mesure du possible être faites par l'étudiant et non pas recopiées à partir d'un travail extérieur.

– *fiches de lecture*
La préparation de fiches peut être un élément du travail demandé aux étudiants. C'est notamment le cas des fiches de lecture. Dans l'accumulation de connaissances nécessaire à une bonne maîtrise de la matière, il peut être utile d'avoir un accès plus direct à l'expérience des acteurs des institutions politiques et à l'analyse d'observateurs de ces mêmes institutions. Des ouvrages comme les mémoires, les essais, les études, quelquefois même les pamphlets, peuvent permettre de mieux s'imprégner du fonctionnement des institutions, de la mise en œuvre au quotidien du droit constitutionnel. On a de façon générale suggéré la lecture de ce type d'ouvrages et l'on a proposé quelques titres auparavant dans ce chapitre.
Lorsqu'une fiche de lecture est demandée, il s'agira, une fois la lecture faite d'en faire comme on dit la recension. Pour rapprocher les choses d'un exercice déjà évoqué, on va rédiger une forme de commentaire non d'un document assez court comme on le fait dans les sujets d'examen mais d'un livre entier. Méthodologiquement, les deux exercices sont assez proches. Une lecture attentive est le préalable et à partir de là on va déterminer un certain nombre de points qui ont retenu l'attention. Comme pour le commentaire, on va à la fois exposer le propos de l'auteur du livre et donner une appréciation.
Formellement la fiche de lecture ressemble à une dissertation ; elle nécessite l'élaboration d'un plan en plusieurs parties chacune divisée en plusieurs paragraphes. La dimension démonstrative très importante dans une dissertation n'est pas ici attendue. On n'a pas à élaborer une problématique comme on le doit dans un devoir classique. Il est intéressant en revanche d'extraire un certain nombre de points que l'on va discuter. Plus que de démontrer une position, on va argumenter pour dire en quoi le propos de l'auteur du livre nous a séduit et convaincu et en quoi au contraire on a pu être plus réservé ou interrogatif.
La fiche de lecture n'est pas un exercice aisé ; il nécessite du temps, celui de la lecture et celui de la rédaction avec une navette avec le texte étudié. Mais il permet de donner à la matière une dimension moins abstraite, plus pratique, plus réelle. On envisagera les choses différemment lorsqu'on aura directement lu le témoignage de tel ou tel dirigeant sur le fonctionnement des institutions. Il serait souhaitable qu'on y ait recours plus souvent.

B. Les oraux en droit constitutionnel et institutions politiques

On pourrait à première vue un peu négliger cette forme d'exercice en considérant qu'elle est peu usitée, au moins dans cette matière.
Comme on l'a vu en introduction, des exercices oraux sont fréquents lors des TD avec les exposés et il n'est pas exclu qu'un oral soit le mode de contrôle choisi dans cette matière.

Les exposés

L'enseignement du droit constitutionnel comme d'ailleurs celui des autres matières donne une grande place à la parole. Parole de l'enseignant dans son cours mais parole aussi des étudiants lors des séances de travaux dirigés ou des conférences de méthodes. Les points communs de ces prises de parole sont qu'elles portent sur la même matière et qu'elles se font en public.

Chacun va exposer un certain nombre de points devant un auditoire plus ou moins large.

L'exposé est un exercice fréquent des travaux dirigés ; peut-être pourrait-on même considérer que c'est le grand classique, le passage obligé de l'étudiant pendant ces séances, l'Exercice essentiel des TD.

Quels conseils donner pour préparer cet exercice et le présenter à ses camarades ?

Sur le fond et le contenu, l'exposé est un exercice qui ressemble beaucoup à la dissertation. On pourrait d'une certaine façon considérer que c'est une version orale de la dissertation. On va présenter un sujet via un ensemble de développements construit avec les mêmes principes que la dissertation. À beaucoup d'égards, on peut se référer aux conseils donnés pour la dissertation. D'ailleurs, l'exposé est une forme d'entraînement à la dissertation.

Des nuances existent par rapport aux dissertations ; elles sont de taille. L'exposé est un exercice préparé antérieurement à la séance où le travail sera présenté. Sauf le cas des concours ou de certains examens, le temps de préparation n'est pas encadré et l'accès aux documents pour ce travail est illimité. Ensuite, c'est un exercice qui n'a pas lieu d'être rédigé in extenso et qui est présenté devant un ensemble de personnes. Ce dernier aspect est sans doute celui qui peut perturber le plus une partie des étudiants. Alors que les autres aspects rappelés plus haut qui distinguent l'exposé de la dissertation constituent plutôt des avantages et des facilités, la dimension orale peut constituer un handicap. On ne donnera pas ici de méthodes, de traitements permettant de dépasser cette appréhension. C'est une forme de trac et l'on sait que les plus grands acteurs de théâtre y sont sujets. On ne peut faire disparaître ce sentiment, cette inquiétude. En revanche, on doit se dire que chacun des étudiants sera soumis au même exercice. Qu'il s'agit de présenter un certain nombre de points à ses camarades comme pour transmettre le fruit de son travail. Qu'une partie de l'auditoire vous est fort semblable, étudiant comme vous, il peut partager votre inquiétude, a ressenti ou ressentira la même appréhension. Peut-être faut-il chercher à se raisonner et à relativiser les choses : l'enjeu est modéré, il ne s'agit que d'un exercice parmi bien d'autres ; dans le cours de l'exercice on peut évoluer, se reprendre si l'on avait un peu de flottement. Mais surtout, l'exposé est un travail que l'on a préparé ; on a pu passer du temps à faire des recherches, à les organiser ; la part d'improvisation est limitée. Pourquoi présenter le produit de ce travail poserait-il un problème ? Pourquoi alors qu'on a bien préparé son affaire risquerait-on la critique dans la présentation orale ? Notre intention n'est pas de sous-estimer les difficultés d'un passage à l'oral mais il paraît très raisonnable de considérer, avec un peu de recul, qu'on peut les surmonter.

Le temps de préparation de l'exposé est extrêmement variable. Il dépend de beaucoup de paramètres et il ne serait pas sérieux de donner une indication à ce sujet.

Il n'est pas non plus très utile de s'appesantir sur la durée que prendra la présentation de l'exposé. D'une matière à l'autre, d'un établissement à l'autre, d'un enseignant à l'autre, les règles peuvent sensiblement varier. Il nous semble cela dit qu'un exposé de première année n'a pas à dépasser une durée assez courte et que le format des 10 minutes Sciences po est souvent assez approprié. Aller jusqu'à un quart d'heure/

vingt minutes paraît acceptable. Exiger davantage ne semble pas très raisonnable. Le point important ici est s'en tenir à la durée prévue par l'organisateur de l'exercice, avec bien sûr une tolérance autour du format prévu.
Si nous penchons pour la durée d'une dizaine de minutes, c'est sans doute par déformation personnelle mais probablement aussi par la conviction que cette durée est suffisante pour traiter le genre de sujet qui est proposé. En outre, cela permet de capter d'attention de ses auditeurs et surtout de pouvoir se permettre de prendre ses distances par rapport aux notes de préparation.
Or, ce point est essentiel. La qualité d'un exposé s'apprécie à son contenu, aux éléments qu'il contient, à la démonstration qu'il porte, à la pertinence et à la clarté du propos, mais aussi à la conviction que transmet l'orateur et elle dépend beaucoup de la prise de distance par rapport aux notes. Un exposé n'a pas à être lu. Il ne s'agit pas d'exiger que la présentation de l'exposé se fasse sans note aucune mais de souhaiter qu'on s'éloigne de ses papiers ou de sa tablette comme on le voit à présent.

Les interrogations orales

Le droit constitutionnel étant une matière à travaux dirigés n'a pas *a priori* à être l'objet d'un examen oral. Un tel type d'épreuve n'est pas ceci dit à exclure et l'examen organisé à Sciences Po en institutions politiques se fait par un oral de dix minutes sur un programme très comparable à celui de la première année en droit constitutionnel dans les facultés de droit.
L'exercice en question organisé rue Saint Guillaume est très balisé tant dans la durée de la préparation 30 minutes, de l'exposé 10 minutes, que des questions posées 10 minutes. Il l'est aussi dans le choix donné entre deux sujets, dans l'obligation de présenter son exposé debout.
Pour se préparer à un exercice oral de droit constitutionnel, il n'y a guère de raison d'agir autrement que pour n'importe quel autre oral. La réussite à cette épreuve dépend largement d'abord de la qualité du travail fourni au préalable. Les sources utilisées pour réviser sont évidemment un élément central. Le temps consacré aux révisions a son importance. Il ne faut pas trop tabler sur la chance et l'improvisation mais plutôt sur la solidité et le sérieux du travail de préparation. Et il n'est pas forcément préjudiciable de reconnaître ses doutes ou son ignorance plutôt de se lancer dans des affirmations aventureuses.

Les débats

L'exposé est souvent l'exercice phare qui rythme les séances de travaux dirigés. Comme il se rapproche d'autres exercices organisés à l'examen, c'est à juste titre qu'on lui accorde un rôle important. Ne pourrait-on pas cependant considérer que d'autres méthodes puissent être utilisées ? Avec l'exposé, un étudiant intervient, affirme un certain nombre de points, défend une position pendant un certain temps. Ne pourrait-on pas aussi imaginer que deux étudiants interviennent, défendent chacun une position différente, échangent des arguments, en un mot débattent. Le débat n'est pas encore très développé et si l'on y a recours c'est de façon un peu empirique en laissant chacun s'exprimer. Ce que nous proposons est beaucoup plus cadré : au sujet classique est substitué un débat où les deux intervenants, qui doivent chacun défendre une position opposée, préparent leur argumentaire comme ils le feraient lors d'un exposé. Au lieu d'écouter un exposé, on va suivre les échanges entre deux personnes qui vont s'efforcer de convaincre. La réussite d'un débat dépend de bien des paramètres. Le débat est pour ceux qui le préparent un exercice fort. Il comprend une part d'inattendu, il contient une dimension d'improvisation.

À beaucoup d'égards, le recours aux débats est très adapté aux thèmes développés dans le cadre des enseignements du droit constitutionnel : pour/contre le référendum, pour/contre la proportionnelle, pour/contre l'article 49-3, pour/contre les primaires, pour/contre deux chambres dans le Parlement, pour/contre le cumul des mandats, pour/contre une nouvelle Constitution, pour/contre immunité présidentielle, pour/contre le droit de dissolution, pour/contre l'article 16, pour/contre la QPC...
Les débats suscitent un intérêt certain de la part des auditeurs.
S'ils sont organisés, comment s'y préparer ?
Il y aura sans doute une part d'improvisation lors du débat mais il n'empêche que, tout autant qu'un exposé classique, cet échange sur un thème précis nécessite un important travail en amont. Il est nécessaire de se documenter sur le thème débattu et de bâtir un argumentaire en faveur de la position à défendre. Il peut être utile de classer les arguments car tous n'ont sans doute pas la même autorité. Mais il est indispensable d'anticiper sur les critiques que l'on risque d'essuyer et d'étudier les raisons de soutenir la position adverse.
Les clefs d'un bon débat sont dans la solidité de la préparation mais aussi dans la qualité d'écoute de son « adversaire » et dans le sens de la répartie.
Après avoir parcouru la matière et évoqué les différents exercices potentiels, évoquons pour finir un dernier point portant sur les méthodes de travail pour aborder cette nouvelle matière qu'est le droit constitutionnel.

Section III. Les méthodes de travail

Le passage de l'enseignement secondaire à l'enseignement supérieur est un moment important. À beaucoup d'égards, il est à l'origine de profonds changements.
Les conseils qui peuvent être donnés ici ne se distinguent guère de ce qui pourrait être dit pour d'autres enseignements à l'université.
Parmi les changements apportés par l'arrivée dans l'enseignement supérieur, la première chose à considérer est la double évolution à la fois dans les matières enseignées dans les facultés de droit et dans le déroulement des cours.
Pour résumer les choses, on pourrait à ce sujet relever qu'on va :

1° se tourner vers des matières juridiques rarement abordées dans le secondaire ;
2° le faire avec des durées d'enseignement assez courtes ;
3° échapper à un encadrement aussi précis que celui connu auparavant.

En effet, on n'aura au mieux que fort épisodiquement entendu jusqu'au lycée des questions institutionnelles et constitutionnelles. À part des éléments de cours d'histoire et d'instruction civique, il faut voir les choses avec réalisme, on part d'à peu près zéro.
Ensuite, les formations se déroulent sur la durée de deux semestres mais ces semestres durent chacun beaucoup moins que 26 semaines ; ils ont une durée réduite de moitié. Si les enseignements débutent la première quinzaine de septembre et les derniers examens se situent début juillet, ce qui donne une apparente très longue amplitude, les choses sont en réalité assez concentrées et il n'est sans doute pas excessif de considérer que la durée effective de l'année universitaire est proche de six mois. Il n'y a guère de temps à perdre.

Or, dans ce format réduit, on ne retrouvera ni l'encadrement professoral habituel dans le secondaire, ni celui qui est assuré dans diverses formations du supérieur. Que ce soit dans les classes préparatoires, les formations des grandes écoles et à l'université même avec les formations au sein des instituts universitaires de technologie, l'encadrement sera sensiblement plus fort que celui pratiqué dans les facultés de droit.
Pratiquement comment est structuré l'enseignement universitaire du droit et spécialement celui du droit constitutionnel ?
Il est formé de cours magistraux complétés par des séances de travaux dirigés et se déroule sur l'année entière soit les deux semestres. Dans les instituts d'études politiques, la durée peut être différente mais on retrouve une articulation équivalente entre un cours et des séances le complétant intitulées conférences de méthodes.

Les cours magistraux

Le cours magistral apporte les enseignements fondamentaux et fixe le cadre. Il est particulièrement important d'assister à ce cours et d'y prendre des notes. Sauf des cas particuliers où l'on se trouve dans l'impossibilité matérielle de le faire, cette participation au cours ne doit pas conduire à hésitation. La tentation de s'en dispenser peut résulter de l'existence de manuels, de la continuité de la matière qui échappe dans une large mesure en outre à l'influence de la jurisprudence. Il n'y a pas obligation de présence à ces cours et de toute façon, on n'a pas en outre de contrôle de présence. La seule lecture d'un manuel ne remplacera que très difficilement l'assistance personnelle aux cours. Contrairement à ce que certains imaginent, le droit constitutionnel est une matière évolutive. La stabilité des textes constitutionnels – toute relative d'ailleurs – ne doit pas alimenter cette illusion. Peut-on citer une année au cours de laquelle il n'y ait eu aucune élection dans tous les pays examinés pendant les cours ? N'y aura-t-il aucun changement dans la composition des Gouvernements, ou à la tête de ces Gouvernements ? Tel exécutif ne se verra-t-il pas obligé de quitter ses fonctions en dehors de toute consultation électorale ? Telle décision ne sera-t-elle pas prise par la haute instance constitutionnelle qui a des incidences sérieuses sur la vie des institutions ? Même des pratiques apparemment bien établies peuvent dans la vie de nos institutions être l'objet de changements inattendus. Les institutions sont des organes vivants que l'on ne peut étudier comme si elles étaient figées dans des pratiques immobiles où l'on pourrait tout anticiper et prévoir.
L'assistance et la **prise de notes** sont inséparables. Le cours n'est pas un spectacle auquel on assiste passivement par une espèce de devoir ou pour d'autres raisons. Le cours magistral est la base de l'enseignement. Il faut se l'approprier. Pour ce faire, la prise de notes est centrale. Elle peut cependant, notamment au début des enseignements, présenter des difficultés. Il faut bien suivre le cours, ne pas perdre le fil des développements, s'adapter au ton, à la vitesse de celui qui fait le cours, sélectionner d'une certaine façon dans ce qui est dit car il ne s'agit pas évidemment de reproduire le cours mot à mot. On ne doit pas s'inquiéter outre mesure sur ces difficultés. Avec un peu de pratique et de temps, en s'habituant au cours, en suivant son développement avec les notions nouvelles qu'il comporte, on doit parvenir de façon assez progressive et naturelle à bien noter son cours. Il peut être utile de répertorier des mots-clefs, des notions centrales. Pour aller plus vite, il faudra se forger des abréviations.
L'assistance au cours avec cette prise de notes permet le premier contact avec la matière. C'est un passage obligé et indispensable. Il ne suffit pas cependant d'assister en y prenant consciencieusement des notes. Ce travail doit être complété par la relecture régulière de ce cours. Il est préférable de le faire rapidement après le cours,

c'est-à-dire alors qu'on l'a encore en mémoire. Cela permettra le cas échéant de rajouter des éléments qu'on n'a pas notés. Cela ne prendra pas forcément un temps très long et cela sera moins indigeste que la relecture de plusieurs cours à la suite. Cette première relecture conduira peut-être à déceler des manques ou des failles dans ses notes ; certains passages pourront ne pas apparaître bien clairs. On pourra alors confronter ses notes avec celles d'autres camarades de cours. On pourra aussi solliciter l'enseignant. Ce qu'il faut à tout prix éviter, c'est d'attendre trop longtemps pour reprendre ses notes, attendre la veille d'un exposé ou d'un contrôle de connaissances en travaux dirigés, voire plus tard encore, la fin du semestre, immédiatement avant l'examen. Chacun voit bien la rationalité de tels conseils mais la probabilité n'est pas nulle de s'en éloigner. Il y a d'abord la tentation d'imaginer que l'on peut reporter assez loin le travail de révision. Ensuite, même les meilleures résolutions peuvent être bousculées par les circonstances, par exemple l'accumulation d'exercices ou de contrôles. On n'a pas le temps parce que l'on se consacre à autre chose.

Se donner une discipline, ne pas en dévier

Le cours magistral pourra sans doute être utilement complété par l'étude d'un manuel de droit constitutionnel. D'une façon générale, l'apprentissage de la matière sera facilité par la confrontation, thème par thème, de plusieurs modes de présentation. Le manuel peut aussi donner des réponses aux interrogations que l'on se pose en reprenant ses notes. Le mieux est là non plus de ne pas trop attendre pour se tourner vers un ouvrage. Outre le cours, ce livre va accompagner l'étudiant dans son apprentissage du droit constitutionnel. Il serait un peu tardif de le faire à la veille des examens.

– *Les séances de travaux dirigés*

Les cours de droit constitutionnel sont complétés par des séances de travaux dirigés ; dans les instituts d'études politiques, on utilisera plutôt le terme de conférences de méthode.

Relevons d'abord que tous les cours ne bénéficient pas de ce traitement. Beaucoup d'enseignements ne comportent qu'un cours magistral.

Les séances de travaux dirigés commencent plusieurs semaines après le début des cours magistraux. Ce décalage est assez logique car l'acquisition de connaissances via le cours magistral est le préalable nécessaire à la préparation d'exercices qui sont organisés dans le cadre des travaux dirigés ou conférences de méthode. Le principal objectif de ces séances est méthodologique. En reprenant le programme suivi dans le cours de droit constitutionnel, on va retravailler les différents thèmes. Avec des effectifs plus limités qu'au cours magistral, les étudiants vont être invités à préparer différents exercices, dans la perspective de l'examen. Des vérifications de connaissances peuvent être organisées. Différentes notes sont attribuées dans le cadre des TD et une note globale sera établie pour la participation aux TD. Celle-ci sera prise en compte avec la notation à l'examen pour déterminer l'évaluation des étudiants dans la matière. Sauf régimes particuliers, la présence aux travaux dirigés est obligatoire et soumise à vérification.

Une première remarque générale peut être faite : les cours magistraux et les séances de travaux dirigés sont deux éléments inséparables. L'un ne va pas sans l'autre. Venir aux cours sans aller aux travaux dirigés, c'est prendre le risque de manquer de méthode et d'entraînements. Inversement, sécher les cours et assister aux travaux dirigés, c'est se couper de la matière première indispensable à l'enseignement du droit constitutionnel.

Le caractère obligatoire des travaux dirigés rend relativement improbable cette deuxième hypothèse. L'absence de note de TD rend invraisemblable le succès à l'examen. Une note de TD faible est difficilement compensable par celle de l'examen terminal.

Une deuxième remarque doit être ajoutée. On ne doit pas confondre travaux dirigés et cours magistraux. S'ils sont inséparables dans l'enseignement du droit constitutionnel, ce sont deux éléments différents. Les seconds complètent les premiers. Les uns comme les autres traitent des questions constitutionnelles mais on ne doit pas s'attendre à trouver dans les travaux dirigés un deuxième cours magistral. Ce n'est pas leur rôle. Qu'il y ait des points du cours qui soient réexaminés, c'est évidemment possible et même nécessaire. Mais les travaux dirigés ne sont pas destinés en premier lieu à acquérir des connaissances ; ils sont faits pour apprendre des méthodes de travail, s'exercer à différentes épreuves et ils permettent d'évaluer le niveau.

Les séances de travaux dirigés, troisième remarque, doivent être préparées. Il est nécessaire d'ajouter, pour certains qui n'en sont pas convaincus, que cette préparation concerne l'ensemble des étudiants inscrits dans le groupe de travaux dirigés. Une partie pourra avoir des exercices individuels à préparer, par exemple des exposés. Cette attribution d'exercices à certains ne dispense pas les autres de travail. Pour ces derniers, le temps à consacrer à cette préparation pourra être moins long. Cela est cependant très relatif. Des exercices collectifs ont pu être prévus pour la séance. Mais surtout, la séance de travaux dirigés sera d'autant plus utile qu'elle aura été préparée. Chaque séance se déroule autour de thèmes et s'appuie en général sur des documents fournis dans une fiche de travaux dirigés ou un recueil de documents.

Avant d'assister aux TD, la consultation de la fiche est indispensable. On aura à sa disposition un ensemble d'éléments d'information, des documents, des pistes de réflexion, des sujets. Il serait très dommage d'attendre la séance pour découvrir ces diverses pièces.

Il n'est pas forcément nécessaire de lire ligne à ligne la totalité des documents fournis quand ils sont très nombreux et amples mais avoir examiné les éléments reproduits permettra de mieux suivre la séance. Participer à une séance de TD ne doit pas se limiter à une présence, à une écoute plus ou moins attentive des exercices préparés par d'autres. Les TD n'auraient alors qu'une utilité limitée.

Il faut préparer ces séances de travaux dirigés. Par la lecture des documents, la réflexion sur les sujets proposés, par la préparation de questions qui peuvent se poser.

Les travaux dirigés traitent avec un décalage les thèmes déjà vus en cours. Ils peuvent être l'occasion d'évoquer des difficultés rencontrées, de reprendre certains points, de solliciter des explications. Le cours peut avoir abordé un point rapidement. Il peut y avoir des questions un peu techniques plus faciles à aborder en TD qu'en cours. Il est plus approprié par exemple d'évoquer les modalités pratiques des modes de scrutin en TD qu'en cours. Ces différents points peuvent être abordés lors de ces séances et il n'est pas inutile de se manifester à ce sujet.

Dans son travail de préparation, pourquoi ne pas se demander, **avant la séance**, ce qui pourrait être dit dans les exposés préparés par d'autres. Si j'avais à traiter ce sujet, quels éléments aurais-je intégrés ? Quelle organisation aurais-je suivie ? Quelle problématique pourrait-on suivre ?

Chacun doit bien comprendre qu'en droit constitutionnel, comme bien sûr dans les autres domaines, il n'y a pas de manière unique d'envisager les choses, de les présenter. Les travaux dirigés qui réunissent des personnes différentes devraient permettre de toucher cette diversité. En même temps, la première année est celle d'un apprentissage,

celle de la découverte de matières nouvelles. Il y a une nécessaire acquisition de connaissances et les TD doivent également vérifier que ces notions ont été rassemblées et qu'elles sont maîtrisées.
L'utilité des TD en droit constitutionnel est assez évidente et d'une participation effective à leur déroulement dépend très largement la réussite à l'examen et un plein succès dans cette matière.
Combien de temps consacrer à la préparation des séances de travaux dirigés ?
Il est assez difficile de répondre uniformément à cette question. Cela dépend des exercices à préparer, des exigences des différents enseignants. Mais deux éléments, préalablement à chaque séance, devraient systématiquement occuper les étudiants :

1° l'étude de la fiche de travaux dirigés de la séance ;
2° la partie du cours magistral déjà traitée qui porte sur le thème concerné.

Pour donner un ordre de grandeur, il nous semble que consacrer au moins une heure n'est pas excessif.
Mais plus que de fixer un objectif précis en la matière, en ce domaine, il en va de même qu'au plan des cours magistraux : la régularité du travail est centrale et il faut résister aux tentations et prétextes pour se dispenser de cette préparation active. Les séances de travaux dirigés en droit constitutionnel ne sont pas les seules qui doivent être suivies. L'enseignement du droit civil suit les mêmes modalités avec TD et cours. D'autres enseignements évidemment s'ajoutent aux deux matières fondamentales. Ces différents éléments sont autant de prétextes pour considérer qu'on n'a pas assez de temps et que la préparation des TD de droit constitutionnel, ce sera pour une autre fois. En outre, il peut y avoir une tendance à se focaliser sur les exercices individuels qui sont notés. C'est oublier que le programme est réparti sur l'ensemble des séances du semestre. Il ne faut pas relâcher son attention. Une note favorable en TD suffira-t-elle à compenser un accident à l'examen, lié par exemple à une impasse dans les révisions ? N'a-t-on pas intérêt à capitaliser le maximum de points dans chaque matière ?
La surcharge de travail que certains étudiants invoquent pour renoncer au travail régulier de préparation suggéré plus haut est un argument souvent entendu. Il ne s'agit pas de le rejeter brutalement et de nier qu'à certains moments du semestre on est confronté à une accumulation d'exercices ou d'épreuves de contrôle. Les étudiants devraient cependant s'interroger avant de protester par rapport à ces « cadences infernales » sur les exigences imposées dans d'autres formations de l'enseignement supérieur. On pourrait se référer aux classes préparatoires mais les étudiants pourront rétorquer que justement ils ne souhaitaient pas cela ou qu'ils n'ont pu y être admis. Mais au sein de l'université elle-même, les horaires imposés aux étudiants peuvent être beaucoup plus amples que ceux des facultés de droit – on peut penser aux formations technologiques. Dans certaines disciplines, on a recours à des procédures très sélectives. *Il ne s'agit pas de procéder à un classement entre les différentes formations fondé sur la charge de travail exigée.* On voudrait plutôt souligner que les exigences prévues dans les facultés de droit sont raisonnables mais que pour y faire face une discipline personnelle doit être établie. Elle ne sera pas imposée de l'extérieur et de multiples tentations peuvent inciter à s'en éloigner. Les étudiants bénéficient de liberté. À eux de ne pas gâcher cette chance qui leur est accordée.
La participation active aux travaux dirigés est ainsi donc fondamentale pour la réussite. Les modalités de l'enseignement du droit constitutionnel ayant été rappelées, des conseils un peu généraux doivent être donnés pour finir.

S'organiser

La présentation des enseignements montre la diversité des choses, les changements auxquels on peut être confronté mais aussi la densité du travail attendu. Cela doit être dit clairement : il n'est pas forcément facile de réussir sa première année de droit. Il y a une nécessité de s'organiser. L'enseignement à l'université est celui qui laisse le plus de liberté aux étudiants. Cette liberté, les obligations limitées imposées aux étudiants, l'encadrement en personnel plus restreint, le choc que constitue le passage du secondaire au supérieur, peuvent déboucher sur des résultats désastreux.

Une majorité d'étudiants échouera à la fin de la première année d'études supérieures. Sans doute cela découle-t-il d'un ensemble de causes. L'une d'entre elles est certainement l'impréparation aux nouvelles formes d'enseignement et à l'absence d'organisation personnelle pour suivre convenablement ces nouvelles études.

Il est très utile pour ne pas dire indispensable de se donner un plan de travail. En partant de l'emploi du temps constitué des horaires des cours magistraux et des travaux dirigés, on peut déterminer les plages horaires disponibles auxquelles on consacrera son temps à la reprise des cours et au travail de préparation des séances de travaux dirigés. Que les choses soient bien claires : TD et cours ne sont qu'une partie du travail nécessaire. Leur durée n'est que très partielle par rapport à ce qui doit être consacré aux études. TD et cours ne sont pas comme une espèce de « service minimum » qui suffira. Le temps du travail personnel à consacrer aux cours de droit constitutionnel est plus long que celui nécessaire à la seule assistance aux cours et TD.

Imaginer le contraire c'est se fourvoyer, surtout vis-à-vis du droit constitutionnel, matière nouvelle par rapport au secondaire. L'apprentissage du droit constitutionnel conduit à aborder des rivages nouveaux. En outre, il ne sera pas très facile d'établir des liens avec d'autres enseignements suivis la même année.

L'enseignement du droit constitutionnel exige un vrai investissement qui prendra du temps. Comme cela a déjà été souligné, un travail régulier s'impose. Peut-être faudrait-il ajouter une forme de patience avant de parvenir à des résultats pleinement satisfaisant dans la préparation des exercices.

Pour résumer, trois points essentiels :

1° suivre les cours puis les relire et les reprendre ;
2° préparer les séances de TD ;
3° réserver dans la semaine des périodes consacrées à ce travail personnel.

L'apprentissage du droit constitutionnel et des institutions politiques sera facilité par un contact régulier avec les informations générales telles que les différents canaux d'information les transmettent, qu'il s'agisse de la presse écrite, de l'audiovisuel ou des moyens numériques. Le droit constitutionnel, cela doit être rappelé, se distingue des autres branches du droit par l'ampleur réduite qu'y occupe le contentieux. L'activité des juges n'aura pas la place qu'elle a dans ces autres domaines. En revanche, les questions qu'il traite concernent la vie des institutions, les questions politiques, l'activité des dirigeants des pays. La presse se fait quotidiennement l'écho des événements touchant ces institutions. Les étudiants auront tout intérêt à suivre régulièrement ces questions dans la presse de façon à alimenter l'enseignement qu'ils reçoivent à la faculté.

Une façon d'avoir accès à ces informations est internet. Au-delà de la seule question de l'information générale, il paraît utile à présent d'évoquer la place que peut occuper cet outil qu'est internet dans l'enseignement supérieur et spécialement en droit constitutionnel.

Internet et l'intelligence artificielle

Le recours à internet dans le cadre des enseignements appellerait de très nombreux développements. On a eu en général tendance à souligner les avantages de cet outil. Même si ce fut une procédure liée à des circonstances exceptionnelles, on est tenté d'évoquer en premier le transfert des enseignements vers internet en raison de la pandémie de coronavirus. L'impossibilité d'assurer les cours au sein des universités ou les limitations dans des présences sur place ont conduit à développer des enseignements transmis par les voies numériques. Par ces outils, on a pu continuer à assurer les formations. Les méthodes classiques, en présence, ont été complétées et plus souvent remplacées par la généralisation de l'enseignement à distance, enseignement impliquant un recours massif à internet. Dans des circonstances très particulières, grâce à ces nouvelles technologies, les cours, les travaux dirigés n'ont pas été arrêtés, la continuité du service de l'enseignement a pu être assurée. C'est un indéniable point positif. Enseignants et étudiants ont, en peu de temps, été amenés à adapter leurs pratiques au nouveau contexte sanitaire. Pour autant, ces solutions de remplacement, appliquées au départ dans l'urgence, ne sont pas dénuées d'inconvénients. Les échanges pourtant indispensables ont été perturbés. Les enseignements par écrans interposés ont certes permis d'éviter l'interruption des cours mais ils ont pu édifier une barrière entre les différents acteurs. L'enseignement à distance est d'abord une solution de remplacement lorsqu'on ne peut faire autrement. Il n'apparaît pas comme la solution optimale. Chacun souhaite qu'il soit une parenthèse et qu'on revienne aux formes plus habituelles. On ne peut cependant exclure que le téléenseignement soit encore utilisé. Si tel est le cas, il appartiendra à l'ensemble des acteurs, étudiants et enseignants, de tout faire pour se rapprocher des modalités classiques d'enseignement. La participation doit pouvoir se faire, y compris si l'on est derrière son écran. Il ne faut pas se limiter à se connecter via le lien transmis pour le cours ou le TD. Les conditions d'un tel enseignement ne sont pas les plus satisfaisantes et la tentation du côté étudiant pourra être celle d'une participation passive et du coté enseignant de débiter un cours. Chacun devra faire des efforts et s'adapter au contexte. Les séances à distance ne doivent pas être des séances perdues. L'important est vraiment la participation. Y compris si l'enseignement passe par internet.

Internet n'est cependant pas qu'un outil permettant d'assurer des enseignements à distance. De façon générale, internet est un moyen très performant pour l'accès aux matériaux utiles à la matière. C'est notamment un moyen d'atteindre facilement les éléments fondamentaux que sont les textes constitutionnels. De façon générale, le site *Legifrance* permet d'accéder aux différents textes normatifs. On pense à la Constitution mais également aux lois organiques qui la complètent.

Les sites créés sur internet par le Conseil constitutionnel, l'Assemblée nationale, le Sénat, le Gouvernement, la Présidence de la République, permettent d'accéder à des informations fort utiles et actualisées sur la vie des institutions.

Les moteurs de recherche ouvrent un accès à de multiples données.

Jamais la disponibilité d'informations n'a été aussi grande qu'aujourd'hui. Pratiquement où que l'on soit, on pourra disposer d'éléments d'information qu'il aurait été inimaginable autrefois d'atteindre.

Cela rappelé, l'accès aux données n'est pas illimité. Il y a ce qui peut être atteint directement et dans d'autres cas, il faut disposer d'abonnement ou rétribuer le site fournissant des données. En matière juridique, ces différentes situations existent. On pourra aussi relever que l'on peut grâce à internet déterminer où un ouvrage sera disponible, par exemple dans telle ou telle bibliothèque universitaire, mais que cela ne donnera pas forcément accès à l'ouvrage si l'on est éloigné de l'établissement qui en dispose.

On ne peut qu'inciter les étudiants à avoir recours à internet dans le cadre de leurs études, en droit constitutionnel comme dans les autres matières. Ce recours apparaît d'autant plus pertinent que le droit constitutionnel dans la perspective que nous suggérons doit allier une dimension juridique, historique, comparatiste et attentive à l'actualité. Pour accéder à ces différents versants, internet est un formidable outil. Mais cet outil doit être utilisé à bon escient.

La facilité d'accès que permet internet peut conduire à s'interroger sur la nécessité de mémoriser les textes. Pourquoi retenir ce que l'on trouvera aisément ? Pourquoi faire cet effort ? La tentation d'une forme de paresse est proche. Pourquoi forcer sa mémoire ? Cette attitude n'est guère judicieuse et finira par une forme d'ankylose intellectuelle.

Internet ne peut par ailleurs pas être la source unique d'information. Il faut avoir vis-à-vis de lui un regard critique et ne pas prendre pour argent comptant tout ce qu'il véhicule. Formidable accès aux données, il ne doit pas avoir une vocation trop ambitieuse. Internet donne des matériaux mais on n'y trouvera pas les substituts au travail personnel. Un exposé tout préparé comme les fournissent certains sites peut donner des idées pour préparer le sien. S'attribuer cette présentation n'est pas une bonne démarche. La tentation peut pourtant être grande de se tourner vers l'intelligence artificielle et par exemple *ChatGPT* qui aurait réponse à tout avec une efficacité et une rapidité remarquables. Notées à l'aveugle, des exercices élaborés par l'intelligence artificielle auraient des résultats tout à fait corrects. On prétend même que des examens pourraient être réussis par la machine.

Plusieurs raisons devraient conduire à ne pas se reposer exclusivement sur ces nouvelles techniques.

Les exercices proposés aux étudiants le sont dans la perspective de s'approprier la matière, de progresser dans son apprentissage, de la maîtriser. On peut toujours regarder ce qui a été préparé par un autre. Les peintres commencent leur apprentissage par un travail de copiste mais ils ne s'y arrêtent pas. Ils progressent jusqu'à avoir leur propre style, leur propre identité. Dans bien des métiers, on peut dans sa formation suivre des modèles. Mais l'on n'a pas pour seule vocation à recopier, à reproduire. Le simple recopiage ne permet pas l'évolution vers la vraie maîtrise de la matière.

Un autre argument est qu'il y aura un probable décalage entre les exercices « inspirés » par des auteurs et ce que l'on aura produit tout seul. Le jour de l'examen, on sera seul sans ces trompeurs sites qui vendent de l'exposé sans se fatiguer. Le jour de l'examen, on n'aura plus les échasses grâce auxquelles on se croyait plus grand qu'on était.

Les réponses fournies par l'intelligence artificielle sont des synthèses issues de données accessibles ; elles peuvent avoir une dimension théorique et ne pas être bien adaptées au contexte ; elles peuvent manquer de bon sens. Elles n'expriment pas un vrai raisonnement.

Les pratiques contestables que nous venons de mentionner ont conduit les établissements d'enseignement supérieur à se doter d'équipements permettant de déceler le plagiat. Les États-Unis ont très tôt mis en œuvre ces techniques et l'Europe en dispose à présent. Certains territoires aux États-Unis ont interdit l'usage de *ChatGPT* dans les écoles et les universités ; Sciences Po a fait de même.

Il ne faut pas d'un revers de main rejeter les apports que peuvent fournir les nouvelles technologies numériques. L'intelligence artificielle a et aura sa place dans les enseignements. L'illusion est de considérer qu'elle va permettre de remplacer le travail personnel, l'apprentissage de la matière. Elle va sans doute faire évoluer les modalités de l'enseignement du droit, comme des autres matières. Les exercices demandés seront certainement modifiés. Pour le moment, nous sommes dans une phase de transition et d'adaptation qui peut impliquer paresse intellectuelle et décisions coercitives. Nul doute que rapidement un nouvel équilibre sera trouvé. Les formations intellectuelles n'ont-elles pas toujours été capables d'évoluer avec les nouvelles techniques ?

SE SERVIR DES ORDINATEURS À BON ESCIENT

L'accès internet va de pair avec la généralisation de l'usage des ordinateurs et du recours au traitement de texte. Il n'apparaît pas inutile d'en dire quelques mots sur leur place dans le cadre des enseignements de droit constitutionnel.

Les ordinateurs et le traitement de texte

L'utilisation des ordinateurs portables est devenue monnaie courante dans les universités. Qu'il s'agisse pour la prise de notes, la préparation des exercices, le déroulement de certains examens, la diffusion de certains cours, l'échange de données, on va faire appel au traitement de texte. On ne va pas ici évoquer l'utilité de cette nouvelle technique mais replacer les choses dans le contexte des formations à l'université.

1) Le recours au traitement de texte et l'accès à internet sont indissociablement liés. Ne pas avoir d'ordinateur et de traitement de texte complique fortement l'accès à internet et les échanges qu'il permet. Les universités communiquent avec les étudiants via internet pour différentes questions administratives. On peut transmettre des informations en temps réel. Les échanges entre enseignants et étudiants sont facilités : diffusion d'informations, envoi d'exercices, notation… Ne pas avoir ces différents moyens, c'est ne pas disposer des facilités qu'ils engendrent.

2) Personne n'est cependant obligé de détenir un ordinateur et de disposer d'un accès à internet. Sur le dernier point, les établissements d'enseignement facilitent par le wifi l'accès à internet. Sur le premier aspect, chacun est libre de préférer écrire avec un stylo. Ce n'est pas forcément une affaire de moyens. Les équipements informatiques ont vu leur prix baisser radicalement. Mais plutôt un choix personnel. Écrire à la main peut contribuer à faciliter l'apprentissage. Il ne s'agit pas de généraliser en la matière mais on ne peut exclure les avantages, au moins pour certains, que procure la prise de notes manuelle sans passer par le traitement de texte.

3) Dans l'état actuel des choses, un point très important doit cependant être rappelé. Sauf cas particuliers, les examens comme les concours se déroulent sans que le traitement de texte ne soit autorisé. Il n'y a pas d'impossibilité technique ou théorique à envisager que les choses évoluent. Mais actuellement néanmoins, on retrouvera lors de l'examen une copie et l'on devra la rédiger sans le recours à un ordinateur.

Ce décalage possible entre une utilisation habituelle de l'ordinateur et l'impossibilité de l'avoir le jour de l'examen peut avoir beaucoup de conséquences. Le traitement de texte apporte des facilités pour l'intégration de paragraphes, la correction, la mise en page, la possibilité de ressortir un document sans avoir à le recopier. On doit renoncer à ces avantages. Du point de vue du lecteur, on échapperait à la contrainte du déchiffrement des écritures difficiles si le traitement de texte était autorisé. Tel n'est pas le cas. Il faut se plier à cette pratique. Cela veut dire qu'il sera nécessaire d'être plus attentif dans sa rédaction, de se relire. On ne pourra pas se reposer sur la machine pour assurer la mise en page et vérifier l'orthographe. Disons-le nettement : ce n'est pas nécessairement un mal. Les correcteurs d'orthographe ne sont pas totalement

fiables, des fautes peuvent être maintenues et ils peuvent même ajouter des erreurs ou des coquilles. La maîtrise approximative du traitement de texte peut amener à des présentations et mises en pages curieuses. Tout n'est pas négatif dans ce retour au stylo pour rédiger sa copie.
Reste que la rédaction manuelle sans traitement de texte prend du temps. Elle peut être une habitude qu'on a perdue et rédiger 4, 5, 6 pages n'est pas aussi aisé que cela. Les usagers quotidiens du stylo n'auront pas cette difficulté. Pour les autres, il est impératif qu'ils n'abandonnent pas complètement pendant leurs semestres d'études l'usage de leur stylo et qu'ils évaluent le temps qu'ils mettront pour écrire à la main une page. Ils ne doivent pas non plus oublier la durée de la relecture. Pour garder ce lien avec leur stylo, ils peuvent par exemple préparer des fiches de cours qu'il est plus facile en raison de leur format, de leur mode de rédaction, de préparer au stylo.

LE TRAITEMENT DE TEXTE, UN INSTRUMENT UTILE QUI NE FAIT PAS TOUT

Vient maintenant le temps de la mise en œuvre. Les chapitres suivants vont aborder les différentes parties du programme de droit constitutionnel. Mais il ne sera pas forcément inutile de revenir de temps à autre à ce chapitre liminaire qui a une vocation transversale et qui a fait allusion à trois formules :

- aborder le droit constitutionnel dans toute sa richesse et ne jamais oublier l'ampleur de la matière ;
- s'entraîner régulièrement aux divers exercices ;
- agir avec méthode.

La méthode suivie dans chacun des chapitres 2 à 11

Après le premier chapitre fournissant des conseils méthodologiques généraux, les dix chapitres suivants vont aborder les éléments du programme suivi lors des enseignements de droit constitutionnel et d'institutions politiques. Dans chacun de ces chapitres, on retrouvera un ensemble d'éléments destinés à faciliter la préparation des séances correspondant aux grands thèmes traités.

On y trouvera :

- des définitions de termes utiles ;
- des rappels concernant des notions essentielles avec les références de textes, articles de la Constitution, à connaître ;
- des exemples de sujets seront donnés ;
- des pistes de réflexion seront proposées avec le cas échéant des éléments liés à l'actualité ;
- des exercices corrigés figureront ; ce seront principalement des sujets de dissertation, de commentaire et de questions de cours / QRC ;
- un questionnaire à choix multiples sur la partie du programme vue dans le chapitre.

Nous invitons les étudiants à considérer que les plans d'exercices et les corrigés qui sont ici proposés ne sont pas la réponse unique et encore moins parfaite de répondre aux sujets d'exercice. Il s'agit d'une présentation possible mais il en existe évidemment bien d'autres qui peuvent être tout à fait satisfaisantes. Examiner ces exercices permet en outre de réviser la matière.

Le plus important, c'est de s'habituer au cheminement permettant de parvenir à un devoir répondant aux attentes du correcteur. Ce cheminement passe par des entraînements, du travail personnel et il est illusoire de considérer que le recopiage d'un plan préparé par d'autres remplacera l'investissement personnel. Il ne l'est pas moins d'imaginer que sans avoir fait le travail préalable d'accumulation de connaissances on pourra improviser et réussir.

Chapitre 2

La Constitution

Le constitutionnalisme,
la préparation et le contenu des Constitutions,
le contrôle de constitutionnalité,
la modification des règles constitutionnelles

Avant de passer aux premiers développements, un rappel de vocabulaire peut être fait. Le terme de Constitution qui a donné son nom à la matière n'est pas d'un usage universel. Il est vrai que dans beaucoup de langues on utilise ce terme mais il existe un certain nombre de variantes. Une des plus célèbres est le terme utilisé en Allemagne où l'on a une *Loi fondamentale, Grundgesetz* en allemand. Si leur portée était assez différente de ce que nous trouvons à l'époque contemporaine en RFA, on pourra rapprocher ce terme utilisé en Allemagne des *lois fondamentales du royaume* qui existaient en France sous la monarchie avant 1789. Toujours en France, on peut noter que dans la première moitié du XIXe siècle, notre pays s'est doté de deux Constitutions intitulées *Chartes, la Charte de 1814 et la Charte de 1830.* On avait préféré ce terme à Constitution par réminiscence d'un terme utilisé sous l'ancienne monarchie même s'il s'agissait dans leur contenu tout à fait de Constitutions.

Loi fondamentale **: terme utilisé dans certains État pour désigner la Constitution. Par exemple en Allemagne fédérale**

Lois fondamentales du royaume **: lois et principes en général non écrits qui ont déterminé le fonctionnement de la monarchie française avant la révolution de 1789. La loi de succession et la règle de l'inaliénabilité du domaine de la couronne en font notamment partie**

Charte **: 1° au Moyen-Âge, écrit constatant un acte juridique, la propriété, la vente, l'octroi de privilèges ; 2° 1814, acte constitutionnel de la Restauration monarchique en France**

Pour revenir au terme le plus fréquent, Constitution, il vient du latin *constitutio* qui signifie institution. On a dans l'origine même du mot une explication du rapprochement des deux formules qui figurent dans l'intitulé des cours et des manuels, droit constitutionnel et institutions politiques.
Si l'usage du terme Constitution est ancien et fréquent dans la langue juridique, le sens que nous lui donnons aujourd'hui ne remonte qu'à la fin du XVIIe siècle.

Constitution **: ensemble de règles fondamentales qui déterminent la forme du gouvernement d'un pays**

Les premiers développements du cours de droit constitutionnel peuvent partir d'un rappel de la réflexion engagée notamment à partir du XVIIe siècle sur l'organisation des institutions et porter sur un certain nombre de notions fondamentales. Ce sera l'objet de la section I. On abordera dans les sections suivantes les modalités de préparation des règles constitutionnelles, à la section II, puis le contenu des Constitutions, dans la section III, et enfin les modalités par lesquelles la primauté des règles constitutionnelles est garantie, à la section IV.

Section I. De la réflexion sur les institutions à la mise en place des premières Constitutions

C'est dans la deuxième moitié du XVIIIe siècle que vont apparaître, en Amérique et en Europe, les premières Constitutions : la Constitution des États-Unis date du 17 septembre 1787 et celle de la France du 3 septembre 1791. Ces premiers textes en inspireront d'autres dans plusieurs pays au siècle suivant.
Ils sont le point d'aboutissement d'une réflexion engagée bien avant. En France et en Grande-Bretagne notamment, plusieurs auteurs réfléchissent sur l'État, son rôle, ses prérogatives, ses institutions, l'organisation de ses institutions, les rapports entre elles.

Quelques références :
Jean Bodin, *Six livres de la république*, 1576
Thomas Hobbes, *le citoyen ou les fondements de la politique*, 1642
Thomas Hobbes, *Léviathan*, 1651
John Locke, *Traité du gouvernement civil*, 1690
Montesquieu, *De l'esprit des lois*, 1748
Jean-Jacques Rousseau, *Du contrat social*, 1762

On s'interroge sur la souveraineté, les détenteurs de cette souveraineté, le pouvoir. Mais il ne s'agit pas seulement de décrire la situation telle qu'elle est en France ou dans un autre pays. On compare les choses et on peut prôner telle ou telle formule. Les philosophes suggèrent ainsi d'établir des régimes organisés d'une certaine façon. Cette nouvelle organisation devra en outre être l'objet d'un document écrit, ce que l'on appellera la Constitution.
Le contexte dans lequel est engagée cette réflexion est souvent marqué par la concentration des pouvoirs et l'affirmation de l'absolutisme. C'est un temps où dominent des despotes mais où l'on espère faire évoluer les choses vers un système plus rationnel, le despotisme éclairé.

Document

Montesquieu, *De l'esprit des lois, Livre XI, Des lois qui forment la liberté politique, dans son rapport avec la constitution, chapitre VI, De la constitution d'Angleterre*, **1748.**
Il y a, dans chaque État, trois sortes de pouvoirs : la puissance législative, la puissance exécutrice des choses qui dépendent du droit des gens, et la puissance exécutrice de celles qui dépendent du droit civil.
Par la première, le prince ou le magistrat fait des lois pour un temps ou pour toujours, et corrige ou abroge celles qui sont faites. Par la seconde, il fait la paix ou la guerre, envoie ou reçoit des ambassades, établit la sûreté, prévient les invasions. Par la troisième, il punit les crimes, ou juge les différends des particuliers. On appellera cette dernière la puissance de juger ; et l'autre, simplement la puissance exécutrice de l'État.
La liberté politique, dans un citoyen, est cette tranquillité d'esprit qui provient de l'opinion que chacun a de sa sûreté ; et, pour qu'on ait cette liberté, il faut que le gouvernement soit tel, qu'un citoyen ne puisse pas craindre un autre citoyen.
Lorsque, dans la même personne ou dans le même corps de magistrature, la puissance législative est réunie à la puissance exécutrice, il n'y a point de liberté ; parce qu'on peut craindre que le même monarque ou le même sénat ne fasse des lois tyranniques, pour les exécuter tyranniquement.

Il n'y a point encore de liberté, si la puissance de juger n'est pas séparée de la puissance législative et de l'exécutrice. Si elle était jointe à la puissance législative, le pouvoir sur la vie et la liberté des citoyens serait arbitraire ; car le juge serait législateur. Si elle était jointe à la puissance exécutrice, le juge pourrait avoir la force d'un oppresseur.
Tout serait perdu, si le même homme, ou le même corps des principaux, ou des nobles, ou du peuple, exerçaient ces trois pouvoirs : celui de faire des lois, celui d'exécuter les résolutions publiques, et celui de juger les crimes ou les différends des particuliers.

Tyran **: initialement en Grèce, personne qui s'est emparée du pouvoir par la force, et plus généralement usurpateur de l'autorité royale et du pouvoir**

Despote **: souverain qui gouverne avec une autorité arbitraire et absolue**

Despotisme éclairé **: gouvernement autoritaire mais qui agit selon les lumières de la raison**

Absolutisme **: système politique dans lequel tous les pouvoirs sont sous l'autorité d'une même personne, le Roi par exemple**

Dès avant la fin du XVIIIe siècle, des documents solennels ont été établis pour déterminer, affirmer des droits. Ils sont cependant relativement peu nombreux et assez situés géographiquement.

Éléments de chronologie :

1215 Grande Charte (en latin *Magna Carta*) Charte concédée par le Roi anglais Jean Sans Terre mentionnant les privilèges des Lords, de l'Église, des hommes libres
1614 Dernière réunion des états généraux en France
1628 Pétition de droits par laquelle le Roi britannique reconnaît des droits au Parlement
1640 Première révolution d'Angleterre
1679 Act d'Habeas Corpus
1688 Deuxième révolution d'Angleterre
1689 Bill of rights par le Parlement britannique
1690 Parution des *Traités sur le gouvernement civil* de John Locke
1748 Publication de l'*Esprit des lois* de Montesquieu
1762 Publication du *Contrat social* de Jean Jacques Rousseau
1776 juin Déclaration des droits de Virginie
1776 4 juillet Déclaration de l'indépendance des États-Unis
1787 17 septembre Constitution des États-Unis
1789 20 juin Serment du Jeu de Paume
1789 26 août Déclaration des droits de l'homme et du citoyen
1791 3 septembre Première Constitution française

Les écrivains politiques, ceux qu'on appelle les philosophes, sont favorables à d'autres schémas que ceux connus jusque-là. On veut chercher à éviter les risques impliqués par une concentration des pouvoirs. Il est suggéré d'établir une séparation des pouvoirs. La question de la souveraineté est également posée. Qui est détenteur de la souveraineté ? Qui est à l'origine du pouvoir ? Quels sont les droits des personnes ?

***Constitutionnalisme* : mouvement engagé au XVIIIe siècle affirmant la nécessité d'établir un ensemble de règles encadrant le pouvoir politique dans un État et permettant de garantir les libertés.**

L'élaboration de documents très solennels va répondre aux préoccupations développées depuis un siècle. Ce seront des Constitutions écrites et des déclarations de droits.

Document

Déclaration des droits de Virginie de juin 1776

Déclaration des droits qui doivent nous appartenir, à nous et à notre postérité, et qui doivent être regardés comme le fondement et la base du gouvernement

1. Tous les hommes sont nés également libres et indépendants : ils ont des droits certains essentiels et naturels, dont ils ne peuvent, par aucun contrat, priver ni dépouiller leur postérité ; tels sont le droit de jouir de la vie et de la liberté, avec les moyens d'acquérir et de posséder des propriétés, de chercher et d'obtenir le bonheur et la sûreté

2. Toute autorité appartient au Peuple, et par conséquent émane de lui ; les Magistrats sont ses mandataires, ses serviteurs, et lui sont comptables dans tous les temps.

3. Le Gouvernement est, ou doit être institué pour l'avantage commun, pour la protection et la sûreté du Peuple et de la Nation ou de la Communauté. De toutes les diverses méthodes ou formes de Gouvernement, la meilleure est celle qui peut procurer au plus haut point le bonheur et la sûreté, et qui est la plus réellement assurée contre le danger d'une mauvaise administration. Toutes les fois donc qu'un Gouvernement se trouvera insuffisant pour remplir ce but, ou qu'il lui sera contraire, la majorité de la Communauté a le droit indubitable, inaliénable et imprescriptible, de le réformer, de changer ou de l'abolir, de la manière qu'elle jugera la plus propre à procurer l'avantage public.

4. Aucun homme, ni aucun collège ou association d'hommes ne peuvent avoir d'autres titres pour obtenir des avantages ou des privilèges particuliers, exclusifs et distincts de ceux de la Communauté que la considération des services rendus au Public ; et ce titre n'étant ni transmissible aux descendants, ni héréditaire, l'idée d'un homme né Magistrat, Législateur ou Juge est absurde et contre nature.

5. La Puissance législatrice, et la Puissance exécutrice de l'État doivent être distinctes et séparées de l'autorité judiciaire ; et afin que, devant supporter eux-mêmes les charges du Peuple et y participer, tout désir d'oppression puisse être réprimé dans les Membres des deux premières, ils doivent être, à temps marqués, réduits à l'état privé, rentrer dans le corps de la Communauté d'où ils ont été tirés originairement ; et les places vacantes doivent être remplies par des élections fréquentes, certaines et régulières.

6. Les élections des Membres qui doivent représenter le Peuple dans l'Assemblée doivent être libres ; et tout homme donnant preuve suffisante d'un intérêt permanent et de l'attachement qui en est la suite, pour l'avantage général de la Communauté, y a droit de suffrage.

7. Aucune partie de la propriété d'un homme ne peut lui être enlevée, ni appliquée aux usages publics, sans son propre consentement, ou celui de ses Représentants légitimes ; et le Peuple n'est lié que par les Lois qu'il a consenties de cette manière pour l'avantage commun.

8. Tout pouvoir de suspendre les Lois ou d'arrêter leur exécution, en vertu de quelque autorité que ce soit, sans le consentement des Représentants du Peuple, est une atteinte à leurs droits et ne doit point avoir lieu.

9. Toutes les lois ayant un effet rétroactif, et faites pour punir des délits commis avant qu'elles existassent, sont oppressives ; et il faut se garder d'en établir de semblables.

10. Dans tous les procès pour crimes capitaux ou autres, tout homme a le droit de demander la cause et la nature de l'accusation qui pèse sur lui, d'être confronté à ses accusateurs et aux témoins, de produire et requérir la production de témoins et de tous ce qui est à sa décharge, d'exiger une procédure prompte par un Juge impartial de son voisinage, sans le consentement unanime duquel il ne puisse pas être déclaré coupable. Il ne peut être forcé à produire des preuves contre lui-même ; et aucun homme ne peut être privé de sa liberté, que par un Jugement de ses Pairs en vertu de la loi du Pays.
11. Il ne doit point être exigé de cautionnements excessifs, ni imposé de trop fortes amendes, ni infligé de peines cruelles ou inusitées.
12. Tous Warrants sont vexatoires et oppressifs, s'ils sont décernés sans preuves suffisantes, et si l'ordre ou la réquisition qu'ils portent à aucun Officier ou Messager d'État, de faire des recherches dans des lieux suspects, d'arrêter une ou plusieurs personnes, ou de saisir leurs biens, ne contiennent pas une désignation et une description spéciales des lieux, des personnes ou des choses qui en font l'objet ; et jamais il ne doit en être accordé de semblables.
13. Dans les procès qui intéressent la propriété, et dans les affaires personnelles, l'ancienne procédure par Jurés est préférable à toute autre, et doit être regardée comme sacrée.
14. La liberté de la presse est un des plus forts bastions de la liberté de l'État, et ne peut être restreinte que dans les Gouvernements despotiques.
15. Une milice bien réglée, tirée du Corps du Peuple, et accoutumée aux armes, est la défense propre, naturelle et sûre d'un État libre ; les armées toujours sur pied en temps de paix, doivent être évitées, comme dangereuses pour la liberté ; et dans tous les cas le Militaire doit être tenu dans une subordination exacte de l'autorité civile, et toujours gouverné par elle.
16. Le Peuple a droit à un Gouvernement uniforme ; ainsi il ne doit être légitimement élevé, ni établi aucun Gouvernement séparé, ni indépendant de celui de Virginie dans les limites de cet État.
17. Un Peuple ne peut conserver un Gouvernement libre, et le bonheur de la liberté, que par une adhésion ferme et constante aux règles de la justice, de la modération, de la tempérance, de l'économie et de la vertu, et par un recours fréquent à ses principes fondamentaux.
18. La Religion et le Culte qui est dû au Créateur, et la manière de s'en acquitter, doivent être uniquement dirigés par la raison et par la conviction, et jamais par la force, ni par la violence ; d'où il suit que tout homme doit jouir de la plus entière liberté de conscience, et de la liberté la plus entière dans la forme du culte que sa conscience lui dicte ; et qu'il ne doit être gêné, ni puni par le Magistrat, à moins que sous prétexte de Religion il ne troublât la paix, le bonheur ou la sûreté de la Société. C'est un devoir réciproque de tous les Citoyens de pratiquer la tolérance chrétienne, l'amour et la charité les uns envers les autres.

La réflexion engagée au XVIIIe siècle et les Constitutions établies à la fin du XVIIIe siècle ont une grande influence sur le fonctionnement des institutions jusqu'à nos jours. Des préoccupations comme la séparation des pouvoirs retiennent toujours l'attention. L'affirmation de droits fondamentaux également. On peut s'interroger sur leur actuelle influence.

Dissertation

Sujet : La théorie de la séparation des pouvoirs est-elle dépassée ?

Conseils dans la préparation du sujet

La réflexion sur l'organisation des pouvoirs est fondamentale. À beaucoup d'égards, la naissance du droit constitutionnel à la fin du XVIIIe siècle apparaît comme une réaction à la situation antérieure dominée par une certaine concentration des rôles en une ou quelques personnes. On peut être amené à traiter un sujet consacré à la séparation des pouvoirs dans plusieurs hypothèses : la question de cours à traiter rapidement lors d'une vérification de connaissances, un oral qui conduit aussi à être assez concis. Ce thème peut aussi être abordé dans un sujet de dissertation comme c'est le cas ici. Lorsqu'on est confronté à ce genre de sujet, il y a évidemment un prérequis : connaître la réflexion qui a porté sur cette préconisation affirmée dès la fin du XVIIe siècle et surtout au siècle suivant.

Le sujet donné à la réflexion des étudiants ne doit pas cependant conduire à se contenter de reproduire les développements du cours portant sur ce thème. Le sujet pose une question et il va s'agir d'y répondre. Lorsqu'on lit le sujet, lorsqu'on cherche les termes importants, on a bien sûr « séparation des pouvoirs » mais on voit également qu'on doit s'interroger sur l'actualité de la séparation des pouvoirs, celle-ci est-elle dépassée ? Deux séries d'éléments seront nécessaires dans les développements du devoir : l'utilité de cette théorie devra être rappelée mais on devra également s'interroger sur sa pertinence à l'époque contemporaine.

Proposition de plan

Introduction

Nombre d'observateurs ont porté sur les institutions du XVIIIe siècle un jugement assez convergent : les régimes politiques de l'époque donnent un rôle excessif à quelques personnes ; il y a une concentration des rôles notamment dans la personne des monarques qui dirigent la plupart des pays. Cette situation doit être remise en cause. Qu'on y parvienne par la réforme ou par un bouleversement plus radical, la préoccupation semble porter sur deux choses : il faut d'une part rédiger une Constitution pour déterminer le cadre juridique applicable aux institutions et d'autre part établir un équilibre entre les différentes institutions via l'affirmation de la séparation des pouvoirs.

L'article 16 de la déclaration des droits de l'homme et du citoyen du 26 août 1789 résume assez bien les choses en affirmant que « toute société dans laquelle la garantie des droits n'est pas assurée ni la séparation des pouvoirs déterminée, n'a point de Constitution ».

Une quinzaine d'années auparavant, la Déclaration des droits de Virginie de 1776 préconisait déjà que « la Puissance législatrice, et la Puissance exécutrice de l'État doivent être distinctes et séparées de l'autorité judiciaire ».

Trois siècles après son affirmation par John Locke, et plus de deux siècles après son inscription dans des déclarations solennelles, la théorie de la séparation des pouvoirs est-elle toujours aussi pertinente ?

Certes, chacun voit bien l'utilité qu'elle a eue et a sans doute encore mais on ne peut d'un autre côté ignorer ses faiblesses ni se demander si le fonctionnement actuel des institutions politiques ne contredit dans une certaine mesure cette théorie.

Annonce de plan En effet, si les dérives institutionnelles impliquées par la concentration des pouvoirs ont conduit à promouvoir des systèmes établissant une meilleure répartition entre les différentes institutions (I), leur mise en œuvre n'est pas toujours sans inconvénients et n'empêche pas l'émergence de nouvelles formes de concentration des pouvoirs (II).

Développements

I. Les dérives institutionnelles impliquées par la concentration des pouvoirs ont conduit à promouvoir des systèmes établissant une meilleure répartition entre les différentes institutions

A. Les dangers de la confusion des pouvoirs

Locke et Montesquieu qui sont à l'origine de la théorie classique de la séparation des pouvoirs écrivent en réaction à la dérive absolutiste du pouvoir en leur temps. Le premier au lendemain de la seconde révolution d'Angleterre, le deuxième au temps de l'absolutisme en France. L'un et l'autre s'opposent à une concentration des pouvoirs comme sous Jacques II Stuart en Grande Bretagne et depuis Louis XIV en France. Les princes doivent respecter les libertés et la propriété de leurs sujets. Or, l'absolutisme peut menacer les libertés individuelles. Montesquieu redoute notamment les dérives vers le despotisme que peuvent connaître les différentes formes de gouvernement. La monarchie peut être ainsi tentée de s'imposer par la crainte, l'aristocratie dériver vers l'oligarchie et la démocratie aller vers les démagogues.

B. La promotion d'une meilleure répartition des pouvoirs

Il existe dans les États plusieurs pouvoirs. Locke mentionne les pouvoirs législatif, exécutif et fédératif, ce dernier correspondant aux relations internationales. Montesquieu évoque lui les puissances exécutrice, législative et judiciaire. Pour éviter les dérives dans le fonctionnement des institutions, une séparation doit être établie entre ces différents pouvoirs ou puissances. Il faut déterminer une répartition équilibrée entre les pouvoirs. Cela passe par l'instauration d'institutions distinctes, un exécutif et un législatif notamment. Cela n'implique pas forcément un cloisonnement strict entre ces institutions et un rôle exclusivement confié à l'une d'entre elles. L'important est d'éviter les abus, de trouver un équilibre, de neutraliser les excès, d'empêcher les atteintes aux libertés.

II. Mais la mise en œuvre des dispositifs respectueux de la séparation des pouvoirs n'est pas toujours sans inconvénients et n'empêche pas l'émergence de nouvelles formes de concentration des pouvoirs

A. Une théorie de la séparation des pouvoirs difficile à mettre en œuvre et aux effets contrastés...

Le passage de la théorie à la mise en œuvre concrète ne va forcément de soi. La séparation stricte des pouvoirs semble à première vue le système le plus fidèle à la théorie. Assigner à chacune des institutions un domaine de compétence précis et garantir leur indépendance réciproque paraîtrait ainsi préférable. Mais cette étanchéité, cette impossibilité d'action réciproque d'un pouvoir sur l'autre ne risque-t-elle pas de déboucher sur des blocages ? Ne va-t-on pas aller vers de la paralysie et dans un cas plus extrême le coup d'État mettant fin à la IIe République ? Rares sont les pays qui ont comme les États-Unis réussis à établir en général une coopération constructive dans un système cloisonné et encore doit-on relever des difficultés rencontrées par des Présidents américains peu enclins à négocier avec le Congrès comme Obama. Les oppositions peuvent conduire au *shut down*. Les agents de l'État sont mis au chômage car le budget n'est pas voté. Il a fallu 35 jours au début 2019 pour surmonter un conflit de ce type.

Dans les systèmes de séparation plus souples, les régimes parlementaires en général, la coopération paraît *a priori* plus facile et chacun des pouvoirs dispose de moyens pour sortir des crises éventuelles. Droit de dissolution et possibilité de renversement de l'exécutif ne risquent-ils de fragiliser les régimes ?

B. ... et n'empêchant pas l'émergence de nouvelles formes de concentration des pouvoirs

Certes, on ne peut pas considérer que nous assistons à un retour aux situations ayant suggéré de prôner la séparation des pouvoirs. Il n'empêche que bien des démocraties connaissent un renforcement de leur exécutif. La domination d'un des pouvoirs sur les autres est assez frappante. La Ve République illustre assez nettement cette tendance mais d'autres régimes pourraient être cités, par exemple le Royaume-Uni avec un Premier ministre et un Gouvernement réunissant bien des prérogatives. Le poids du Président des États-Unis est évident. Même dans un schéma qui théoriquement cloisonne les choses, c'est bien lui qui définit les orientations et suggère les textes dans son discours sur l'état de l'Union.

Par ailleurs, le retour de la concentration des pouvoirs se manifeste par le rôle assuré par le parti dominant. Dans les régimes parlementaires, c'est sauf cas particulier comme celui de la cohabitation la même tendance qui gouverne et domine le Parlement. Elle peut également intervenir dans le choix des magistrats. Ainsi en France, le parti qui a gagné l'élection présidentielle rencontre le plus souvent un succès aux législatives. Ainsi, Président, Premier ministre, Gouvernement, majorité parlementaire sont-ils proches de la même formation politique.

Conclusion

Le diagnostic établi il y a plusieurs siècles sur les rapports entre les pouvoirs a toujours une certaine valeur. La concentration des pouvoirs présente de sérieux inconvénients. Paradoxalement néanmoins, nous n'échappons pas même à notre époque à cette tendance vers le renforcement d'institutions qui accaparent bien des prérogatives, vers des autorités qui tendent à concentrer vers eux le pouvoir, beaucoup de pouvoirs. Le renforcement des exécutifs ou inversement celui des chambres, le rôle décisif des formations majoritaires vont dans ce sens.

Sans doute les démocraties ne connaissent-elles pas des phénomènes aussi marqués que ceux qui ont été dénoncés par Locke ou Montesquieu. Il n'empêche qu'on peut regretter ces évolutions. Faut-il cependant s'en étonner ? Pas forcément si l'on rappelle que faire un bon diagnostic ne conduit pas toujours à établir le bon remède. Il n'est pas aisé de trouver un équilibre satisfaisant entre les différents pouvoirs.

Section II. L'élaboration des Constitutions et leurs modifications

Par son contenu comme par son autorité par rapport aux autres normes, la Constitution est un texte fondamental. Comme cela sera évoqué dans d'autres développements, elle régit les institutions d'un pays et elle se situe au sommet des normes. Il est légitime alors d'examiner quand et comment sont préparées de telles règles.

La première question renvoie à des considérations historiques. Des événements de natures très diverses peuvent être à l'origine de tels bouleversements institutionnels : révolution, crise économique, politique, sociale, guerres, décolonisation, indépendance, nouveau contexte géopolitique… Les étudiants pourront utilement examiner les raisons qui ont pu alimenter le mouvement constitutionnel depuis que les premières Constitutions ont été élaborées il y a plus de deux siècles. La situation de la France peut retenir l'attention compte tenu du nombre élevé de Constitutions qu'a connues notre pays.

La seconde question conduit à une observation assez paradoxale par rapport aux autres normes. Aussi éminente fût-elle, la règle constitutionnelle n'est pas dans son élaboration initiale soumise à des contraintes très précises. Le pouvoir constituant originaire bénéficie le plus souvent d'une grande liberté. Les rédacteurs d'une nouvelle Constitution ne sont en général guère tenus par les dispositions du texte qu'ils vont remplacer. Pendant ces périodes de transitions constitutionnelles, un cadre provisoire peut être mis en place. S'agissant des modifications ultérieures, les choses sont différentes ; le pouvoir constituant dérivé doit respecter le cadre constitutionnel. Les Constitutions contiennent en général des dispositions précisant les modalités de la révision constitutionnelle.

Pouvoir constituant originaire **: pouvoir des organes qui ont établi la Constitution**

Pouvoir constituant dérivé **: pouvoir des organes compétents pour modifier la Constitution**

Révision constitutionnelle **: modification apportée à la Constitution**

Transition constitutionnelle **: période intermédiaire entre deux Constitutions**

Dans l'examen des modalités d'élaboration des Constitutions, on pourra s'interroger sur la participation des citoyens non seulement dans la phase initiale de désignation des rédacteurs de la norme constitutionnelle mais ensuite dans l'adoption proprement dite du texte. La désignation d'une assemblée constituante ou d'une convention est une possibilité mais elle n'est pas la seule hypothèse. Rappelons seulement que la Vᵉ République n'a pas été préparée par une constituante. La ratification populaire des Constitutions est loin d'être systématique.

Constituante **: assemblée élue en vue de la préparation d'une Constitution ; elle peut cumuler des fonctions législatives dans l'attente de la détermination des institutions nouvelles**

Convention **: nom donné à l'assemblée chargée de préparer la Constitution dans certains pays, aux États-Unis et en France à la fin du XVIIIᵉ ; terme repris plus récemment pour la préparation du traité établissant une Constitution pour l'Europe**

Constitution formelle **: ensemble des règles qui, quel que soit leur objet sont énoncées dans la forme constitutionnelle**

Le texte constitutionnel a vocation à une certaine permanence, à une certaine stabilité. Pour autant, faut-il s'interdire la possibilité de le réviser ? Beaucoup de Constitutions ont introduit un dispositif permettant leur révision. Ces mécanismes sont très variables. Plusieurs questions pourront se poser à leur sujet :

- peut-on rapprocher les mécanismes de révision de ceux suivis lors de la rédaction du texte originel ?
- le caractère du régime a-t-il des répercussions sur les schémas prévus ?
- la modification est-elle facile ou au contraire a-t-on prévu des éléments de procédure la rendant assez complexe ?
- quelle est la pratique de la révision ? Autrement dit, a-t-on eu tendance à s'en servir ou au contraire hésite-t-on à le faire ?

***Constitution rigide* : Constitution soumise à un dispositif de révision difficile à mettre en œuvre, par exemple les Constitutions françaises de 1791 et 1848**

***Constitution souple* : Constitution dont le texte peut être aisément modifié**

Avec ces mécanismes de révision constitutionnelle, on aura une occasion parmi d'autres de voir comment les choses peuvent varier dans le temps – regarder les mécanismes retenus en France au fil du temps – mais aussi dans l'espace – examiner le système suivi aux États-Unis et la pratique des amendements à la Constitution de 1787.

Dissertation

Sujet : Changer de Constitution

Approche globale du sujet

Lorsqu'un tel sujet est proposé, sauf à avoir vraiment très peu étudié son cours, il paraît peu probable qu'on n'ait pas ou peu d'éléments pour aborder le thème proposé. Les termes mêmes du sujet sont simples et ne soulèvent pas de difficultés particulières. Il s'agit d'examiner la manière dont la Constitution peut être modifiée. La simplicité des termes utilisés cache-t-elle cependant une difficulté ? Faut-il se méfier de ce sujet à l'intitulé si court avec des mots que chacun connaît ? Sans doute pas mais il faudra quand même être attentif au choix précis des termes. Selon un réflexe qui doit devenir naturel, le sens exact des mots doit être respecté et pour éviter les erreurs on peut essayer de remplacer un mot par un autre et examiner les variations de sens que cela implique. Le sujet parle de « changement », cela a-t-il le même sens que « modification », comme nous avons eu tendance à l'écrire ? Ce n'est pas certain. La modification a une dimension plus ponctuelle, plus partielle tandis que le changement peut sembler plus global. L'écart entre les mots n'est pas considérable mais il existe. N'y a-t-il pas un autre élément du sujet qui doit nous faire pencher vers cette lecture ? A-t-on écrit « changer la Constitution ? » ou « changer de Constitution ? ». La première formulation allait dans le sens de la modification, de la correction partielle du texte constitutionnel. La seconde va dans celui d'un bouleversement plus considérable, celui du passage d'un cadre constitutionnel à un autre. On est donc en face d'un événement relativement peu fréquent. Cela dit, observons un point : le sujet ne précise à aucun moment de date ou de lieu ; nous sommes libres d'évoquer la question posée aussi bien en regardant des processus de changements constitutionnels, en France ou ailleurs, à l'époque récente ou à des périodes plus anciennes. Or, la France est un des pays si ce n'est le pays qui a eu le plus de Constitutions, d'où logiquement le plus de périodes de « changements constitutionnels ». On a un gisement d'exemples pour illustrer le propos suivi dans la dissertation.

Proposition de plan

Introduction

Les Constitutions ne sont pas des textes figés éternellement.

On peut amender une Constitution. Chaque Loi fondamentale prévoit de façon plus ou moins simple, plus ou moins facile, des règles relatives à la modification du texte de la Constitution. Ces modalités de changement appellent quelquefois des interrogations. La modification la plus importante de la Ve République, l'instauration de l'élection du chef de l'État au suffrage universel direct, ne s'est-elle pas faite selon le recours controversé à l'article 11 ?

Ces modifications ne sont pas exceptionnelles. Sans évoquer des changements en cours ou à venir, ce sont plus la moitié des articles de la Constitution de la Ve République qui n'existaient pas à l'origine dans leur rédaction actuelle ou qui n'existaient pas du tout en 1958.

Le changement complet de Constitution paraît *a priori* peu fréquent. Il faut des raisons sérieuses pour qu'un pays décide de modifier de fond en comble sa Loi fondamentale. Les circonstances politiques, diplomatiques, militaires, sociales peuvent être à l'origine de telles variations. La guerre, la révolution, des événements exceptionnels peuvent justifier ce bouleversement radical. La France, à l'histoire constitutionnelle riche, a eu une quinzaine de Constitutions en deux siècles. Elle a connu des régimes fort différents qui ont été établis après des transitions constitutionnelles fort diverses. Ces nouveaux cadres constitutionnels, comment ont-ils été préparés ?

Si le changement de Constitution résulte de causes variées et que par la force des choses, il n'est pas opéré selon un processus défini par le régime précédent (I), on peut cependant constater que le changement de Constitution est réalisé selon des procédés plus ou moins démocratiques (II).

I. Le changement de Constitution intervient pour des raisons variées et ne respecte pas un processus déterminé par le régime précédent

A. Un changement de Constitution qui résulte de circonstances diverses

La préparation d'une nouvelle Constitution intervient dans des contextes divers.

Les révolutions politiques mènent à des changements de Constitutions, révolution de 1789, 1830, 1848 en France, révolution de 1917 en Russie. À la suite de conflits militaires, une modification constitutionnelle peut être opérée comme en 1814, en 1870 ou en 1945 en France. Des modifications territoriales peuvent être à l'origine de changements : dès lors que l'URSS ou la Tchécoslovaquie se sont divisées, il a fallu donner à chaque composante une nouvelle Constitution. Inversement un regroupement d'États n'implique pas toujours la préparation d'une nouvelle Constitution. La Loi fondamentale de la RFA a été très partiellement modifiée à la suite de la réunification.

B. Des procédures qui n'ont pas en général été établies par le régime précédent

Si les textes constitutionnels contiennent en général des dispositions permettant les modifications au texte, ils ne visent pas à permettre le passage à une autre Constitution. La référence au texte précédent est souvent approximative. Le rattachement fait en 1958 à la procédure de révision constitutionnelle prévue par le texte de la IVe République n'est pas très rigoureux.

En réalité, dans les circonstances particulières que le pays traverse, les autorités du moment vont décider de faire appel à telle ou telle procédure mais sans se sentir liées par le cadre constitutionnel précédent.

II. L'élaboration de la nouvelle Constitution fait appel à des procédés faisant plus ou moins intervenir le peuple

A. Les modes autoritaires d'élaboration de la Constitution

Ce sont les gouvernants qui donnent au pays une Constitution. Aussi bien dans la phase de préparation que dans celle d'entrée en vigueur du texte, seuls les dirigeants généralement assistés d'experts interviennent. On peut à l'instar d'Hauriou distinguer selon qu'il s'agit

1) De la technique de l'octroi par laquelle le titulaire du pouvoir élabore et impose le texte de la Constitution : exemples la Charte de 1814 octroyée par Louis XVIII ou bien la Constitution russe de 1905 octroyée par Nicolas II.

2) De la technique du contrat par laquelle il y a un compromis entre les différentes forces en présence : Charte de 1830 concédée par Louis-Philippe ou Constitution de 1831 en Belgique.

Se rattachent à cette méthode les Constitutions napoléoniennes quand bien même des consultations populaires sont organisées *in fine*.

B. La participation du peuple à l'élaboration de la Constitution

Le peuple va intervenir dans l'élaboration de la Loi fondamentale mais sa participation prend différentes formes.
Dès la phase de préparation du texte, il peut être associé. C'est le cas lors de la désignation d'une assemblée constituante. L'assemblée est quelquefois exclusivement chargée de la définition du texte mais elle cumule souvent un rôle législatif dans l'attente des nouvelles institutions. On a eu recours à des constituantes en France pour la préparation de la première Constitution de 1791. Ce fut aussi le cas pour les Constitutions des II, III et IVe Républiques. Ce fut le cas en Espagne, en Grèce et au Portugal.
L'intervention du peuple peut être prévue pour l'adoption de la Constitution. Un référendum peut en effet être organisé pour demander aux citoyens de se prononcer sur le texte, qu'il ait été préparé par une constituante comme pour la IVe République en 1946 ou par un groupe d'experts et de membres du pouvoir exécutif comme en 1958. Les citoyens chiliens ont récemment été appelés à doublement intervenir sur une éventuelle révision du cadre constitutionnel : en élisant les membres d'un conseil constitutionnel chargé d'établir le texte de la future Constitution puis en se prononçant par référendum sur le texte. Le rejet en 2022 du texte adopté par la constituante a conduit à désigner une nouvelle assemblée en 2023 avant un référendum la même année.

Conclusion

Pouvoir changer les règles constitutionnelles peut devenir nécessaire. Il n'est pas forcément très judicieux de s'interdire de telles modifications rendues utiles du fait des circonstances et de changements constatés dans la société. Comme toute chose, le cadre constitutionnel peut avoir besoin d'évoluer. La durabilité de la Constitution américaine peut, entre autres raisons, s'expliquer par les adaptations qu'elle a pu connaître.
Deux éléments doivent cependant retenir l'attention dans ces variations de la Loi fondamentale. D'une part, la méthode retenue pour procéder à ces changements. Quelle est la participation des citoyens à cette modification du pacte fondamentale ? D'autre part, la fréquence des modifications. Est-il raisonnable de faire varier fréquemment un texte qui gagnerait à la stabilité ?

Questions à réponse courte

Comme on a l'a vu dans le premier chapitre, on peut être amené à devoir répondre à des questions ponctuelles, par exemple pour une vérification de connaissances ou dans le cadre d'un concours avec les QRC. Dans tous les cas, il faut être attentif à l'énoncé du sujet afin de ne pas dériver vers des éléments qui lui sont extérieurs voire qui ne répondent pas au sujet : la révision constitutionnelle ce n'est pas la même chose que la révision sous la Vᵉ République. En outre, le style de la réponse doit être efficace et clair. On doit aller au fait.

Le pouvoir constituant

Les auteurs de la Constitution détiennent le pouvoir constituant. Ce pouvoir s'exerce lors de l'établissement des Constitutions ; il s'agit alors du pouvoir constituant originaire. Lorsqu'on entend apporter des modifications à la Constitution, on voit intervenir le pouvoir constituant dérivé.

Le pouvoir constituant originaire intervient dans des circonstances diverses, notamment la création d'un nouvel État et le changement de régime. L'élaboration de la Constitution peut être plus ou moins démocratique. Le pouvoir constituant originaire peut être exercé par le dirigeant d'un pays, monarque, souverain, dictateur. La Constitution pourra ainsi être octroyée. La participation des citoyens peut être, dans d'autres cas, plus active. S'ils ne désignent pas eux-mêmes les auteurs de la Constitution, ils peuvent en revanche être sollicités pour accepter ou non le texte qui a été préparé. Enfin, la méthode retenue peut être plus démocratique. On aura alors recours à l'élection d'une assemblée constituante pour la préparation du texte ; un référendum pourra aussi être organisé pour l'adoption de la Constitution.

Le pouvoir constituant dérivé est en général évoqué dans la Constitution qui détermine les modalités selon lesquelles elle peut être modifiée. Il pourra y avoir des limites apportées aux possibilités de révision : certaines dispositions de la Constitution ne pourront être modifiées, la révision ne pourra pas intervenir dans certaines circonstances. L'initiative de la révision sera plus ou moins largement ouverte ; elle pourra être confiée au Gouvernement et au Parlement. Le peuple pourra lui aussi selon certaines Constitutions proposer la révision de la Constitution. On détermine également quel est l'organe compétent pour opérer la révision et la procédure selon laquelle la révision sera adoptée. Il y a en ces domaines une grande diversité de possibilités : le Parlement, une assemblée désignée spécialement, le peuple pourront être amenés à intervenir.

La révision constitutionnelle

Les Constitutions ne sont pas des textes figés. Il peut être nécessaire de les modifier. Les circonstances, de nouvelles préoccupations, le contexte général peuvent justifier d'apporter des changements au cadre constitutionnel. Le plus souvent, les Constitutions contiennent un dispositif permettant d'apporter des modifications à la Constitution. Si les deux Chartes constitutionnelles n'avaient pas au début du XIXᵉ siècle intégré de disposition en ce sens, la procédure de révision est dans les autres textes prévue. Les schémas retenus sont cependant assez variés. La modification peut être opérée selon la procédure législative ordinaire. Mais on peut aussi exiger un processus plus contraignant avec la désignation dans ce but d'une assemblée particulière (Constitution des États-Unis ou de 1791 en France). L'exigence d'une majorité qualifiée peut, comme on le fait aux États-Unis ou sous la Vᵉ République, être demandée. Dans certains textes, on a prévu le recours au référendum pour la révision constitutionnelle. C'est le cas de la Constitution de 1958 même si la réunion du Congrès permet de s'en dispenser. On peut relever enfin que la procédure de révision peut être soumise à des restrictions : des exigences de délai avant de pouvoir entamer le processus de modification peuvent être prévues ou des limites peuvent être apportées aux domaines de la révision ou aux circonstances permettant un tel exercice. S'il paraît préférable de prévoir un dispositif de révision constitutionnelle, celui-ci n'est pas forcément aisé à établir car il doit à la fois ne pas empêcher les modifications nécessaires, ni permettre de trop faciles révisions qui nuiraient à l'indispensable stabilité constitutionnelle.

La révision constitutionnelle sous la Ve République

Le texte de la Constitution de 1958 comporte un titre intitulé *De la révision*. Ce titre composé d'un article unique, l'article 89, détermine la procédure applicable en la matière. Si le caractère républicain du régime ne peut être l'objet de révision, la modification des autres dispositions n'est soumise à d'autres limites que circonstancielles, atteinte à l'intégrité du territoire, intérim présidentiel, usage de l'article 16. L'initiative de la révision appartient au Président de la République sur proposition du Premier ministre et aux membres du Parlement. La modification du texte constitutionnel doit ensuite être votée en termes identiques par les deux chambres. Enfin, il appartient au peuple de ratifier la modification lors d'un référendum. Cependant, si le texte a été proposé par le Gouvernement, le Président de la République peut demander au Congrès, c'est-à-dire la réunion des deux chambres, de se prononcer en votant à la majorité des trois cinquièmes. Lors de la mise en œuvre de l'article 89, ce dispositif dérogatoire a été utilisé pour la totalité des révisions constitutionnelles sauf la réduction de la durée du mandat présidentiel. De façon à contourner l'exigence d'un vote par les deux assemblées, le général de Gaulle a eu recours à l'article 11 pour organiser les référendums de 1962 et 1969 interrogeant les Français sur des modifications constitutionnelles. Cette procédure a été contestée. Elle est cependant à l'origine de la principale révision constitutionnelle de la Ve République puisqu'elle a instauré l'élection du Président de la République au suffrage universel direct. Depuis son entrée en vigueur, la Constitution de la Ve République a été fréquemment modifiée, surtout depuis 1974. Plus de la moitié des articles est rédigée différemment du texte originel de 1958.

Commentaire d'un texte

E. Pierre, *Traité de droit politique, électoral et parlementaire, Livre premier, Répartition des pouvoirs politiques, Première section, Du pouvoir constituant*, 2e éd., 1902.

« Les Constitutions sont soumises aux coups du temps comme toute chose humaine. Elles vieillissent et se trouvent souvent très vite en désaccord avec l'esprit des générations que l'âge jette au premier rang des batailles politiques. C'est pourquoi rien n'est si sage que de placer à côté d'un pacte constitutionnel les instruments qui doivent servir à le modifier. Il est rare qu'un danger public sorte des espérances légalement données à tous ceux qui poursuivent des réformes soit par fidélité aux doctrines, soit dans un but d'ambition personnelle.

Il arrive au contraire que les Constitutions trop fermées aux idées du dehors, trop rebelles aux mouvements nouveaux, se brisent sans résistance contre un événement imprévu.

Le droit de révision formellement inscrit dans la Charte d'un peuple, mis loyalement à la portée des convictions sincères, des besoins sérieux, c'est une soupape de sûreté pour les utopies en même temps qu'une arme puissante pour le progrès ».

Approche générale du sujet

La possibilité de révision des Constitutions est une question qui s'est posée dès l'élaboration des premiers textes constitutionnels au XVIIIe siècle. Le document à commenter provient d'un ouvrage datant d'une centaine d'années ; il a été rédigé par Eugène Pierre, spécialiste français du droit parlementaire, fondateur pourrait-on dire de cette matière indispensable au bon fonctionnement des chambres. Le texte est un plaidoyer en faveur du droit de modifier les Constitutions. Il convient dès lors de décortiquer les arguments fournis par l'auteur et de se demander s'ils ont été entendus. Pour ce faire, il sera intéressant d'avoir une approche large des choses : la France fournit de nombreux exemples de Constitutions depuis 1789 et les États du monde entier se sont dotés de Constitutions ; il y a matière pour apprécier la pertinence du propos d'Eugène Pierre.

Proposition de plan

Introduction

Si en 1789 les rédacteurs de la déclaration des droits de l'homme et du citoyen de 1789 sont préoccupés par l'établissement d'un cadre constitutionnel et considèrent qu'un tel exercice doit respecter la séparation des pouvoirs, la possibilité d'y apporter des modifications n'est pas primordiale. La première Constitution française, celle de 1791, comporte néanmoins une disposition sur ce sujet en déclarant que « la Nation a le droit imprescriptible de changer sa Constitution ».
Un siècle après, dans son Traité de droit politique et parlementaire, Eugène Pierre développe un argumentaire en faveur du droit de révision constitutionnelle comme si on avait à tort négligé de permettre la modification des Constitutions. À l'appui de sa position, il développe une série de raisons justifiant que le texte constitutionnel puisse être modifié. Il mentionne en outre les risques pris par un pays qui ne prévoit pas cette « soupape de sûreté » à inscrire dans la « Charte d'un peuple ».

Il apparaît que, dans l'ensemble, ses arguments ont convaincu et la solution de sagesse suggérée par Eugène Pierre a été, après quelques errements, suivie : les Constitutions contiennent des clauses de révision mais la rédaction de celles-ci est cependant délicate.

Annonce de plan

La nécessité de faire figurer des clauses de révision dans les Constitutions résultant à la fois de raisons positives et des risques que l'absence de telles dispositions fait courir (I) a conduit la plupart des Constitutions à intégrer de telles clauses, ce qui ne doit ni permettre des révisions trop aisées, ni interdire des modifications plus fondamentales (II).

Développement

I. La nécessité de faire figurer des clauses de révision constitutionnelle résulte...

A. ... de raisons positives justifiant l'existence de telles dispositions

Les Constitutions sont des œuvres humaines ; elles sont rédigées en fonction des préoccupations du temps ; elles vieillissent et peuvent « devenir en désaccord avec l'esprit des générations que l'âge jette au premier rang des batailles politiques ». Elles ne doivent pas « être trop fermées aux idées du dehors ». Le droit de révision peut être « une arme puissante pour le progrès ».
Chacun voit bien que les rédacteurs d'une Constitution sont les hommes d'une époque, d'un temps particulier. Les générations suivantes peuvent avoir d'autres attentes, d'autres soucis. Les temps changent ; ce que l'on attend d'une Loi fondamentale peut évoluer. Au fond, on pourrait dire que la Constitution doit pouvoir être adaptée, avoir une certaine plasticité et épouser son temps.

B. ... des risques impliqués par l'absence de telles règles

Eugène Pierre ne s'en tient pas à ces raisons. Il met en garde contre les risques d'avoir des Constitutions trop rigides, « trop fermées aux idées du dehors, trop rebelles aux mouvements nouveaux ». Ces textes « se brisent sans résistance contre un événement imprévu ». En écrivant à la fin du XIXe siècle, Eugène Pierre avait sans doute à l'esprit la révolution de juillet, ces quelques jours de protestation qui ont emporté la Charte de 1814. Mais plus près de lui, le coup d'État du 2 décembre 1851 a été pour beaucoup un moment inattendu et a mené à la fin de la Seconde République. La Charte avait été octroyée « à toujours » tandis que les modalités de révision de la Constitution de 1848 étaient assez rigoureuses.
D'autres exemples peuvent être cités : la journée du 10 août 1792 aboutit à la chute de Louis XVI qui avait usé de son véto à trois reprises et à la fin de la Constitution de 1791. Le coup d'État du 18 brumaire met un terme au Directoire. Il ne paraît pas exagéré de considérer que les « événements d'Algérie » constituent d'une certaine façon cet « événement imprévu » sur lequel s'est brisée la IVe République.

Transition L'histoire nous montre les risques d'établir des Constitutions rigides. Comment cependant déterminer les clauses de révision ?

II. L'inclusion générale de clause de révision dont la rédaction est délicate

A. Une inclusion quasi-systématique de clauses de révision...

L'inscription dans le texte constitutionnel d'un article permettant la modification de la Constitution est la pratique la plus fréquente. Rares en effet sont les Constitutions qui ne contiennent pas de telles dispositions : les Constitutions établies sous Napoléon Bonaparte et les Chartes ignorent cependant ces dispositions.
En général, on hésite plutôt entre une disposition rendant très difficile la modification et une procédure qui ne l'empêche pas.
Dans la première catégorie, on pourrait ranger la Constitution de 1791 qui introduit une clause de révision rendant pratiquement impossible la révision avant dix ans. La révision de la Constitution du Directoire est possible mais également très lente. Dans une moindre mesure, la Constitution de 1848 est rigide. Elle pouvait être modifiée relativement rapidement mais il fallait au sein de l'Assemblée législative les trois quarts des voix favorables à une révision, ce qui ne fut pas atteint en juillet 1851.
La plupart des Constitutions se montrent plus souples. Tel est le cas de la Constitution fédérale américaine ou de la Constitution suisse. L'article 89 de la Constitution de la Ve République n'est pas des plus contraignants, ce qui peut expliquer que plus de la moitié des dispositions actuelles ne figuraient pas en 1958 ou ont été modifiées.

B. ... qui ne doivent pas déboucher sur des changements trop aisés mais n'empêcheront pas des modifications plus radicales

Avoir inscrit une clause de révision constitutionnelle est certainement faire preuve de sagesse comme l'écrit Eugène Pierre. On ne peut cependant pas manquer de faire deux observations.

La première est que la souplesse du dispositif de révision peut permettre des changements fréquents de la Constitution, ce qui peut déboucher sur une dévalorisation de la norme suprême. Si, comme le suggère Montesquieu, il ne faut « toucher aux lois que d'une main tremblante », combien plus devrait-on hésiter avant de « toucher » à la Constitution ? Nous avons eu 24 révisions constitutionnelles en France depuis 1958. Cette adaptabilité peut expliquer la durabilité de la Constitution mais aussi être à l'origine de formules inutiles.

La seconde observation est qu'une clause de révision n'empêchera jamais, le moment venu, un désir de changement plus radical d'abolir le texte existant : une guerre, un changement économique, le comportement d'une famille régnante, certaines circonstances bousculent un pays qui va aussi vouloir changer radicalement ses institutions. Ce ne seront pas les règles du régime précédent qui encadreront les choses ou arrêteront le mouvement.

Conclusion

Était-il judicieux de changer de Constitutions aussi souvent qu'on le fit pendant les cent ans qui ont précédé la rédaction de l'ouvrage d'Eugène Pierre sur nos institutions ? Pendant ce siècle, la France a connu trois royautés, deux empires, trois républiques ; chaque Constitution a duré à l'époque moins de dix ans.

Ces variations constitutionnelles ont pu préoccuper. On a pu chercher à en déterminer la cause. La possibilité de modifier une Constitution est sans doute une condition nécessaire pour que les Lois fondamentales durent. La Constitution des États-Unis existe depuis 1787. Elle n'a jamais exclu les amendements. Inversement, les régimes peu ouverts aux ajustements ont été victimes de cette rigidité comme le relève Eugène Pierre.

Pour autant, l'existence de ces clauses de révision n'est pas une condition suffisante assurant cette pérennité. On aura beau avoir permis des changements, des adaptations. Cela n'empêchera rien. Ce qui est attendu est quelquefois plus ample et l'on ne révise pas alors la Constitution ; on en fait une autre.

Section III. Le contenu des Constitutions

Avec l'émergence du constitutionnalisme, on cherche à encadrer le pouvoir politique, à déterminer le rôle des différentes institutions politiques. Rédiger une Constitution, c'est faire confiance à des textes et chercher à éviter l'arbitraire. Les premiers textes constitutionnels ont été dans une large mesure une réaction face à la situation antérieure où pouvait dominer la coutume et où l'exercice du pouvoir se faisait sans toujours de limites. Cette réaction ne permet pas de déterminer immédiatement quel sera le contenu des Constitutions.

Il y sera forcément question des institutions politiques. La Constitution évoquera les différentes institutions, leur désignation, leur rôle, leurs prérogatives, leur statut, le contrôle exercé vis-à-vis de ces institutions. Y a-t-il en ces domaines des règles impératives ? Existe-t-il pour les rédacteurs des Constitutions obligation de faire figurer un ensemble d'éléments ? Il serait assez aventureux de le prétendre.

D'un texte à l'autre, on relève de grandes différences. Pour s'en convaincre, on aura tout intérêt à comparer les textes de diverses Constitutions : Constitutions contemporaines de plusieurs pays, Constitutions successives d'un même pays. À chaque fois, on pourra examiner les instances évoquées, l'exécutif, le législatif, le judiciaire, la manière dont ils sont composés, le nombre d'articles qui y sont consacrés, le degré de détail.

La Constitution n'évoque-t-elle cependant que les institutions politiques ? S'en tient-elle aux organes de l'État ou aborde-t-elle aussi des institutions infra-étatiques ? Ne traite-t-elle que des institutions de l'État ou fait-elle allusion aux relations de cet État avec d'autres États, aux rapports du droit de cet État avec d'autres règles de droit ? La Loi fondamentale incorpore-t-elle des règles garantissant aux personnes un ensemble de droits ? On peut penser aux droits électoraux et aux prérogatives des citoyens pour participer à la vie des institutions, notamment en désignant les membres. Mais il faut aller au-delà et s'intéresser aux droits fondamentaux accordés à chacun. Les Constitutions ne sont pas les seuls textes affirmant les droits de l'homme ; des conventions internationales peuvent également intervenir en la matière mais il sera utile d'observer la place accordée aux droits de l'homme dans les textes constitutionnels, qu'une déclaration de droits ait été proclamée ou que ces droits aient été incorporés dans le texte même de la Constitution.

L'examen du contenu des Constitutions peut amener à relever des dispositions plus inhabituelles. Certains textes intègrent des éléments que peu de Constitutions retiennent. Formellement, ils figurent dans la Constitution ; ils ont été énoncés dans la Constitution mais ils auraient pu figurer dans un texte d'un autre niveau. D'un texte à l'autre, de sérieuses nuances peuvent exister. L'époque au cours de laquelle la Constitution a été préparée peut avoir des incidences sur leur contenu. N'y a-t-il pas des thèmes qui émergent au fur et à mesure ? Les questions environnementales ont pu ainsi surgir assez récemment.

Cela rappelé et avec toute la prudence qui s'impose lorsqu'il est question de déterminer le contenu des Constitutions, on trouvera très souvent dans les textes fondamentaux des dispositions sur le contrôle de constitutionnalité. Au moins dans les textes récents. Les Constitutions plus anciennes ont pu être durablement discrètes sur ce sujet ; on y reviendra par ailleurs. Les modalités de révision de la Constitution sont en général également évoquées.

Un autre ensemble d'éléments pouvant figurer dans la norme suprême concerne les acteurs de la vie politique. Des précisions pourront figurer sur la citoyenneté, les élus, les partis politiques. Les choses peuvent varier sensiblement d'un système à l'autre mais lorsqu'on examine le fonctionnement des institutions, il n'est pas inutile de vérifier ce qui peut être dit dans la Constitution elle-même de ceux qui font vivre les démocraties.

Enfin, l'attention des étudiants pourra, lorsqu'ils examinent le contenu des Constitutions, se porter sur le niveau de précision des textes. Dans les procédures décrites dans ces Lois fondamentales, est-on très précis ? Relevons que l'émergence du parlementarisme rationalisé a conduit à incorporer dans les textes constitutionnels des règles détaillées sur les rapports entre le Parlement et le Gouvernement. Les règles inscrites dans la Constitution sont-elles cependant exhaustives On pourra à ce sujet s'interroger sur les autres textes qui peuvent compléter la Constitution comme le font en France les lois organiques. Mais il ne sera pas inutile non plus de se demander si, au-delà des textes, des règles non écrites s'appliquent en droit constitutionnel. Y a-t-il une place pour la coutume à l'époque contemporaine ?

Déclaration de droits **: texte solennel pouvant être placé en tête d'une Constitution et réunissant un ensemble de droits accordés aux citoyens**

Parlementarisme rationalisé **: introduction dans la Constitution de dispositifs précisant les rapports entre le Gouvernement et le Parlement ; ces mécanismes renforcent en général l'exécutif**

Constitution formelle **: ensemble des règles adoptées selon la procédure constitutionnelle et figurant dès lors dans la Constitution**

Lois organiques **: lois prises en application de la Constitution de Vᵉ République selon une procédure particulière et complétant la Constitution**

Coutume constitutionnelle **: pratique dans le fonctionnement des institutions qui est répétée sur une longue période et apparaît obligatoire**

Commentaire d'un document constitutionnel

Dans quelle mesure les institutions de la Vᵉ République sont-elles conformes aux principes énoncés dans la loi constitutionnelle du 3 juin 1958 ?
Extraits de la loi constitutionnelle du 3 juin 1958

« Article unique. – Par dérogation aux dispositions de son article 90, la Constitution sera révisée par le Gouvernement investi le 1ᵉʳ juin 1958, et ce, dans les formes suivantes :

Le Gouvernement de la République établit un projet de loi constitutionnelle mettant en œuvre les principes ci-après

1) Seul le suffrage universel est la source du pouvoir. C'est du suffrage universel ou des instances élues par lui que dérivent le pouvoir législatif et le pouvoir exécutif ;

2) Le pouvoir exécutif et le pouvoir législatif doivent être effectivement séparés de façon que le Gouvernement et le Parlement assument chacun pour sa part et sous sa responsabilité la plénitude de leurs attributions ;

3) Le Gouvernement doit être responsable devant le Parlement ;

4) L'autorité judiciaire doit demeurer indépendante pour être à même d'assurer le respect des libertés essentielles telles qu'elles sont définies par le préambule de la Constitution de 1946 et par la Déclaration des droits de l'homme et du citoyen à laquelle il se réfère ;

5) La Constitution doit permettre d'organiser les rapports de la République avec les peuples qui lui sont associés. »

Approche générale du sujet

Le document à commenter est un maillon essentiel dans la transition opérée entre les IVe et Ve Républiques. Il est relativement court. En même temps on doit immédiatement observer que le sujet n'est pas constitué que d'un texte mais qu'il est précédé d'une question. L'exercice consiste à répondre à la question à partir du document joint mais aussi des connaissances acquises en droit constitutionnel. Dans l'énoncé de la question, il peut être remarqué que l'on évoque en général les institutions de la Ve République ; on aurait pu écrire « dans quelle mesure, *la Constitution* de la Ve République (...) », ou bien encore « dans quelle mesure les *constituants en 1958* (...) ». Avec la formule retenue, l'appréciation demandée peut porter non seulement sur le texte établi en 1958 mais également sur les révisions ultérieures et aussi la pratique constitutionnelle. Dans la présentation que l'on va suivre, on n'est pas tenu de suivre le texte joint au sujet de façon linéaire. De façon générale, on n'a pas à le faire dans les commentaires juridiques. Dans le cas d'espèce avec un texte précédé d'une question, on l'est d'autant moins.

Proposition de plan

Introduction

Si l'appel « au plus illustre des Français » selon la formule du Président de la République René Coty à la tête du Gouvernement résulte des difficultés que rencontre la IVe République, notamment du fait des « événements d'Algérie », la désignation du général de Gaulle comme Président du conseil en 1958 ne va pas seulement conduire au règlement de ces difficultés ; la France va modifier ses institutions. Une nouvelle phase de transition constitutionnelle s'ouvre. Plusieurs étapes vont se suivre pour l'élaboration de la nouvelle Constitution qu'entend faire adopter le général de Gaulle. Le document joint au sujet constitue la première étape dans ce processus : par la loi constitutionnelle du 3 juin 1958, les parlementaires de la IVe République adoptent un texte qui définit la « lettre de mission » du Gouvernement en vue de préparer les nouvelles règles. On a pu discuter la régularité du processus de transition. La loi du 3 juin 1958 admet une forme de distance par rapport à la Constitution à l'époque en vigueur : la révision se fera « par dérogation » à l'article 90 de la Constitution.

Mais la question posée par le sujet n'est pas de savoir si la transition a été régulière. Elle est de s'intéresser à la « postérité » des principes énumérés dans la loi du 3 juin 1958. Ont-ils été suivis ? La réponse est indéniablement positive au moins dans les textes. Si l'on envisage le fonctionnement, la pratique des institutions depuis 1958, on peut être plus dubitatif.

Annonce de plan

En effet, si les constituants ont conformément aux principes énoncés dans la loi constitutionnelle du 3 juin 1958 établi des institutions démocratiques, autonomes et responsables (I), les nombreuses révisions engagées depuis l'entrée en vigueur de la Constitution s'y montrent également fidèles mais ne parviennent à aller contre une pratique nettement favorable au renforcement de l'exécutif (II).

I. Les rédacteurs de la Constitution de la Ve République ont établi un texte constitutionnel respectueux des principes énumérés par la loi du 3 juin 1958

A. Les principes généraux devant fonder les nouvelles institutions

– La loi du 3 juin 1958 énonce cinq principes que doivent respecter les nouvelles institutions. Ces principes sont centrés sur la démocratie, l'autonomie et la séparation des différents pouvoirs et les conditions de leur responsabilité.
La démocratie est mentionnée en premier. Le suffrage universel dit la loi « est la source du pouvoir ». Ce rôle déterminant du suffrage concerne aussi bien l'exécutif que le législatif.
L'autonomie et la séparation des pouvoirs sont évoquées ensuite. Le point 2 évoque la séparation entre le pouvoir exécutif et le pouvoir législatif. Cette séparation est opérée « de façon que le Gouvernement et le Parlement assument chacun (...) la plénitude de (ses) attributions ». Le point 4 aborde la situation de la justice en indiquant que l'autorité judiciaire « doit demeurer indépendante pour être à même d'assurer le respect des libertés essentielles... ».
Même si cela se situe sur un autre registre, l'autonomie pour ne pas dire l'indépendance des territoires outre-mer est évoquée au point 5 qui pose la nécessité d'« organiser les rapports de la République avec les peuples qui lui sont associés ».
La responsabilité est évoquée aux points 2 et 3, le point 2 mentionnant de façon très générale la responsabilité du Gouvernement et du Parlement, le point 3 « affirmant la responsabilité du Gouvernement devant le Parlement ».
– Ces principes affirmés en juin 1958 n'étonnent pas à la vérité ; ils ne sont pas inédits ; le suffrage universel est un fondement essentiel des institutions depuis 1848. Et surtout, les principes énoncés se rapprochent fortement des thèmes abordés par le général de Gaulle dans son discours de Bayeux en 1946.

B. Des principes auxquels se conforme pour l'essentiel la Constitution rédigée en 1958

– Le rôle central du suffrage universel comme source du pouvoir est effectivement reconnu. D'après l'article 24, les deux chambres sont issues du suffrage universel, direct pour l'Assemblée nationale, indirect pour le Sénat. Le Président de la République est, selon l'article 6 rédigé à l'origine, issu également du suffrage universel indirect mais avec un corps électoral de plus de 80 000 personnes en 1958. Les collectivités territoriales, essentiellement communes et départements à l'époque, « s'administrent librement par des conseils *élus* » selon les termes de l'article 72 de la Constitution.
– Les attributions des différents pouvoirs sont clairement définies. L'exécutif est confié au Président de la République et à un Gouvernement dirigé par un Premier ministre. Le titre II énonce les attributions du Président de la République, certaines d'entre elles étant dispensées du contreseing selon l'article 18 de la Constitution. Le titre suivant définit les rôles du Premier ministre et du Gouvernement. Ce dernier « détermine et conduit la politique de la Nation » selon l'article 20. Un domaine réglementaire autonome est établi en application de l'article 37. Quant au Parlement, le titre V sur les rapports entre le Parlement et le Gouvernement contient ses principales prérogatives.
– Conformément au point 3 de la loi du 3 juin 1958, le Gouvernement est responsable devant le Parlement. Les modalités d'engagement de cette responsabilité sont déterminées aux articles 49 et 50 de la Constitution.
Il est peu contestable d'estimer que les auteurs de la Constitution ont rédigé un texte conforme aux principes énoncés en juin.

Transition Peut-on s'en tenir à cette constatation alors que le texte a été fréquemment modifié et que la pratique ne correspond pas forcément au texte.

II. Les nombreuses révisions engagées depuis l'origine se montrent également fidèles aux principes de 1958 mais ne parviennent pas à aller contre la pratique allant vers un net renforcement de l'exécutif

A. Des révisions nombreuses elles-mêmes fidèles à la loi constitutionnelle du 3 juin 1958

La Constitution de 1958 a été modifiée en beaucoup de ses articles, plus de la moitié n'existait pas à l'origine dans leur rédaction actuelle. Ces amendements ont-ils respecté « la lettre de mission » de 3 juin 1958 ?

Pour certains d'entre eux, la question ne se pose pas vraiment ; leur contenu n'a pas lieu d'être impacté par les principes. Citons par exemple la nouvelle référence à l'Union européenne dans le nouveau titre XV, les dispositions concernant les collectivités territoriales ou bien encore les modifications sur la saisine du Conseil constitutionnel. Le lien s'il existe est assez indirect.

D'autres révisions, parmi les plus importantes, peuvent être examinées à l'aune des principes de juin 1958. On pense à la révision de 1962 sur l'élection du Président de la République au suffrage universel direct ; on peut également citer la réforme du Conseil supérieur de la magistrature et la modification du régime des immunités dont bénéficie le Président de la République ; la réforme de 2008 dans ses dispositions sur le rôle du Parlement peut aussi être mentionnée. Dans tous ces cas, les modifications se conforment aux principes : la réforme de 1962 apparaît clairement comme une mise en œuvre directe du premier principe énoncé en 1962 le rôle central du suffrage universel ; c'est aussi un moyen de légitimer la séparation des pouvoirs qui est recherché. La modification du rôle du CSM garantit davantage l'indépendance de la justice recherchée par le point 4. La réforme de 2008 est destinée à assurer au Parlement « la plénitude de ses attributions ». La révision constitutionnelle du statut du Président peut sembler ouvrir une plus grande responsabilité.

B. Mais ces modifications ne parviennent pas à contrecarrer la pratique constitutionnelle allant vers un renforcement de l'exécutif

À aucun moment dans la loi du 3 juin 1958, il n'est dit que l'exécutif dominera l'ensemble des institutions ; le rôle primordial du Chef de l'État n'est pas davantage prévu ; on ne parle même pas expressément de lui dans la loi du 3 juin. Pourtant, c'est bien lui qui centre le jeu, vers qui tout remonte, de qui tout part. Cela a été le cas dès 1958 avec le général de Gaulle ; la modification opérée en 1962 avec l'élection au suffrage direct a confirmé cette situation. Au sein de l'exécutif, il est clair que le Président domine ; sauf période de cohabitation qui rétablit un peu d'équilibre entre eux, le Premier ministre est un second qui dépend pratiquement exclusivement du Président, par ce monisme inversé, pratique presque exclusive sous la Ve République.

Ces constatations ne résultent pas des textes mais de la pratique, pratique favorisée par l'émergence d'une majorité présidentielle qui est déterminante. La majorité au Parlement dépend de celle qui a soutenu le Président.

Cette pratique nous éloigne du principe de responsabilité du Gouvernement par rapport au Parlement. Il n'est même pas vraiment excessif de considérer qu'un tout autre principe s'applique celui de la dépendance du Gouvernement face au Président. Pratiquement aucun Gouvernement n'a été renversé par la Chambre ; même en 1962, le Président a refusé la démission du Gouvernement victime de l'unique motion de censure ayant abouti.

Conclusion

La loi du 3 juin 1958 n'est incontestablement pas restée lettre morte. Le texte de 1958 comme les nombreux ajustements opérés depuis lors la respectent scrupuleusement.

Cependant, on a aussi l'impression qu'aux principes écrits dans la loi du 3 juin 1958 s'en ajoute un autre ; celui-là est non écrit mais pourtant bien plus essentiel : c'est le pouvoir exécutif qui domine et plus spécialement, sous la Ve, tout émane du Président de la République. Une institution que pourtant la loi du 3 juin 1958 ne mentionne même pas.

Autre sujet pouvant susciter la réflexion

Peut-on se passer d'une déclaration de droits ?

Section IV. Le respect de la norme constitutionnelle

Dès la fin du XVIIIe siècle, plusieurs États vont se doter d'une Constitution. On n'a pas forcément immédiatement considéré qu'à l'élaboration de ce nouveau cadre juridique applicable aux institutions devait correspondre l'instauration d'un dispositif de contrôle permettant de garantir le respect de cette Constitution. Il ne faudrait pas croire qu'on a alors négligé cette question. Selon la Constitution de 1791, le Roi doit prêter le serment non seulement d'être fidèle à la Nation et à la loi, mais aussi « d'employer tout le pouvoir qui lui est délégué à maintenir la Constitution décrétée par l'Assemblée nationale constituante ». Un peu plus tard, l'abbé Sieyès a prôné la création d'un « jury constitutionnaire » devant la Convention nationale, l'an III de la République. Comme un jury juge des personnes, ce jury aurait jugé la loi pour en apprécier la constitutionnalité. Son idée n'est pas reprise dans la nouvelle Constitution du Directoire. De l'autre côté de l'Atlantique, l'on n'est guère plus audacieux. Ni la Constitution américaine de 1787, ni les amendements qu'on lui apporte rapidement ne contient de dispositif à ce sujet. Si la possibilité d'un contrôle de constitutionnalité est affirmée par l'article 21 de la Constitution du Consulat qui dispose que le Sénat conservateur, « maintient ou annule tous les actes qui lui sont déférés comme inconstitutionnels par le Tribunat ou par le Gouvernement », la portée de cette disposition est quasiment nulle. C'est en 1803 que la Cour suprême des États-Unis posant le principe qu'il lui appartient d'exercer le contrôle de constitutionnalité sera initiée la vérification du respect de la Constitution. Des mécanismes existent en la matière dans presque tous les pays mais ils fonctionnent selon des procédures assez différentes. Il ne s'agit pas de connaître l'ensemble de ces dispositifs mais de s'intéresser à ce qui existe dans les principaux pays au programme des enseignements de droit constitutionnel.

État de droit **(de l'allemand Rechsstaat) : État dans lequel l'État, le pouvoir politique, les institutions sont soumis au droit et dans lequel les citoyens peuvent faire valoir leurs droits**

Contrôle de constitutionnalité par voie d'action **: contrôle par lequel on attaque la loi en demandant à la juridiction constitutionnelle d'en empêcher la promulgation**

Contrôle de constitutionnalité par voie d'exception **: contrôle opéré par une juridiction constitutionnelle spéciale qui est saisie lors d'un litige par le tribunal chargé de trancher une affaire mettant en cause la règle contestée**

Recours d'amparo **: recours dirigé contre un acte administratif ou une décision juridictionnelle, déposé par une personne physique ou morale, lui permettant de saisir directement la Cour constitutionnelle dès lors qu'elle invoque un intérêt légitime. (Espagne)**

Il paraît notamment important d'examiner :

1° la procédure par laquelle on va s'assurer du respect de la constitutionnalité : contrôle *a priori*/contrôle *a posteriori* ; contrôle par voie d'action/contrôle par voie d'exception ;
2° le ou les organes chargés d'opérer ce contrôle :
3° juridictions / organes *ad hoc* ; modalités de nomination des membres de ces institutions ;
4° l'appréciation qui peut être portée sur le contrôle exercé.

Gouvernement des juges **: formule inventée par un auteur français, E. Lambert (1921,** ***Le gouvernement des juges et la lutte contre la législation sociale aux États-Unis*****), par laquelle on observe que les juges ne se contentent pas d'exercer un rôle juridictionnel mais vont au-delà, se substituant au Gouvernement**

Questions à réponse courte

L'État de droit

Quels rapports doit-il exister entre l'État et le droit ? L'État va intervenir au moyen du droit. Il va prendre des normes, des règles. Ces règles seront à différents niveaux. Une règle générale primera ; il faudra s'y conformer ; ainsi, ces différentes règles seront subordonnées les unes ou autres. Dans un État de droit, le principe de légalité est ainsi valorisé. Comment éviter cependant que la loi, le droit, ne devienne oppressif ? Comment éviter que le législateur ne prenne des mesures contestables ? Plusieurs méthodes peuvent être imaginées. Des procédures législatives complexes garantissant un équilibre des pouvoirs permettant d'éviter de telles dérives peuvent être mises en place. On peut aussi affirmer la soumission des règles et en premier lieu des lois à des principes supérieurs et instituer pour garantir le respect de ces principes des mécanismes de contrôle. Pour ce faire, un contrôle de constitutionnalité devra être instauré. On pourra alors vérifier si les lois sont bien conformes au droit tel qu'il est affirmé dans la Constitution. Faut-il s'en tenir à cette confrontation ? N'y a-t-il pas au-dessus du droit positif des principes primordiaux qu'il faut respecter ? On peut considérer pour résumer que l'État de droit est celui dans lequel l'État, le pouvoir politique, les institutions sont soumis au droit et dans lequel un contrôle apporte des garanties face aux dérives et à l'arbitraire. Les citoyens doivent pouvoir être en mesure de faire valoir leurs droits. L'État de droit peut ainsi apporter ainsi une forme de protection.

La hiérarchie des normes

Il existe dans tous les systèmes juridiques une diversité de règles. Ces normes n'ont cependant pas toutes la même valeur. Il apparaît clairement que certaines règles dépendent d'autres, que les règles sont subordonnées à d'autres règles. Il existe entre ces différentes normes une hiérarchie. Certaines règles sont supérieures à d'autres. Les règles supérieures étant moins nombreuses que celles qui leur sont inférieures, l'image d'une pyramide a pu, à l'instar du juriste autrichien Hans Kelsen, être utilisée pour figurer la place des règles les unes par rapport aux autres. La pyramide s'élargit jusqu'à atteindre les normes de moindre valeur.

On considère le plus souvent qu'au sommet de la hiérarchie se situe la Constitution qui s'impose à toutes les autres normes. Cette primauté de la Constitution est cependant quelquefois contestée lorsqu'on considère qu'existe un droit naturel qui se situe au-dessus de toutes les règles y compris constitutionnelles. S'il est clair que la loi est située au-dessous de la Constitution mais au-dessus des règlements et des décisions individuelles, la place du droit international doit être précisée. La Constitution française considère, comme d'autres Constitutions, que les traités et les conventions internationales ont une autorité supérieure à celle des lois.

Jusnaturalisme (École du droit naturel) **: conception des théoriciens et auteurs considérant qu'il existe des règles tenant à la nature et à Dieu qui s'imposent aux États**

Positivisme **: théorie selon laquelle l'État est la seule source du droit qu'il peut modifier à son gré, aucune règle ne pouvant s'y opposer**

Dissertation

Sujet : Le rôle des cours constitutionnelles dans les démocraties occidentales

Approche générale du sujet

On a ici un sujet qui, dans sa formulation, ne suscite pas de difficultés. Des cours constitutionnelles existent dans de nombreux pays peu importe la manière dont elles sont intitulées. Les enseignements de droit constitutionnel abordent la situation de différents régimes, de diverses « démocraties occidentales ». L'intérêt du sujet, c'est de réfléchir aux fonctions de ces cours et donc au contrôle de constitutionnalité, dans une approche globale et non pas limitée à un seul pays. La qualité du devoir s'appréciera dans sa capacité de synthèse – il est nécessaire de déterminer une problématique portant sur le rôle de ces cours – tout en étant en mesure d'appuyer son propos par des illustrations venant de plusieurs pays. Ce qui serait dommage ici serait de s'en tenir à une présentation abstraite des fonctions des cours constitutionnelles sans se référer à tel ou tel exemple concret. Il ne serait pas non plus vraiment satisfaisant de ne traiter le sujet qu'à partir de l'exemple du Conseil constitutionnel. Le sujet, ce n'est ni « le rôle du Conseil constitutionnel », ni « le rôle des cours constitutionnelles ». Le plus regrettable dans le traitement du sujet serait surtout de le considérer comme une question de cours et de reproduire dans la copie des pans de l'enseignement suivi sans élaborer de démonstration. Il n'y a il est vrai dans le sujet ni question, ni point d'interrogation mais cela ne doit pas conduire à envisager les choses de façon descriptive.

Proposition de plan

Introduction

On peut relever une situation contradictoire, caractéristique de toutes nos Constitutions à quelques réserves près jusque 1958 : on reconnaît la supériorité de la Constitution par rapport à la loi mais il y a une quasi-absence de moyens juridictionnels pour garantir cette supériorité passant par une censure des lois contraires à la Constitution.

Cette contradiction est aujourd'hui largement effacée en France avec la formation du Conseil constitutionnel instauré par la Constitution de la Ve République. Il en va de même dans la quasi-totalité des démocraties occidentales qui disposent d'une Cour constitutionnelle qui assure cette garantie de conformité à la Constitution. La Grande-Bretagne fait exception à cette règle.

Cet essor des cours constitutionnelles appelle cependant deux remarques.

Elles ne sont pas seulement des juges de la conformité de la loi à la Constitution mais ont un rôle plus large dans l'équilibrage des pouvoirs publics et le respect du droit en général.

Elles sont quelquefois contestées à la fois dans le recrutement, jugé trop politique, de leurs membres et pour les effets de leurs décisions qui peuvent remettre en cause des lois votées par le Parlement.

Ces remarques soulignent en fait le rôle important des cours constitutionnelles dans les démocraties occidentales et si on les a estimées longtemps peu utiles ou nécessaires, elles sont devenues indispensables.

Annonce de plan

En effet, la volonté de définir un contrôle rigoureux du respect de la Constitution a favorisé l'émergence de cours constitutionnelles dans les démocraties occidentales (I) dont le rôle s'est élargi par rapport au seul contrôle de constitutionnalité des lois, ce qui a quelquefois impliqué quelques contestations à l'encontre d'organes pourtant utiles pour assurer la pérennité de l'État de droit (II).

I. La volonté de définir un contrôle rigoureux du respect de la Constitution a favorisé l'émergence de cours constitutionnelles dans les démocraties occidentales.

A. Une volonté de définir un contrôle rigoureux du respect de la Constitution

Cet essor n'est concevable qu'avec le développement des Constitutions écrites, ce qui est le cas dans la plupart des pays du monde, le Royaume-Uni étant un des seuls pays n'ayant pas rédigé de Constitution écrite. Le constitutionnalisme est un mouvement très largement répandu et aujourd'hui la plupart des pays du monde disposent de Constitutions écrites.

La mise en place d'un contrôle juridictionnel destiné à assurer le respect par la loi de la constitutionnalité s'est cependant heurtée à plusieurs difficultés. La primauté absolue de la loi a constitué un premier obstacle. L'article 6 de la déclaration des droits de l'homme et du citoyen affirmant que « la loi est l'expression de la volonté générale », on peut redouter un conflit entre la volonté générale qu'expriment la loi et la décision d'un organe juridictionnel. Il peut y avoir ensuite une certaine

méfiance à l'encontre des juridictions. L'esprit conservateur des parlements de l'ancienne royauté, ces tribunaux de l'ancien régime, avait d'ailleurs conduit les rédacteurs de la Constitution de 1791 à énoncer que « les tribunaux ne peuvent ni s'immiscer dans l'exercice du pouvoir législatif ou suspendre l'exécution des lois, ni entreprendre sur les fonctions administratives ou citer les administrateurs pour raison de leurs fonctions » texte qui reprend les dispositions de la loi des 17 au 24 août 1790. Enfin, on peut ajouter une méfiance vis-à-vis des organes non parlementaires ayant déjà existé et qui furent chargés de surveiller le respect des lois par rapport à la Constitution. Dès la fin du XVIIIe siècle Sieyès avait suggéré la création d'un Sénat conservateur de la Constitution du Consulat établie l'an VIII et repris en 1852 sous le Second Empire. L'organe chargé de contrôler les lois n'apparaît guère indépendant.
Le développement de ces cours fut progressif. Aux États-Unis, la Constitution de 1787 ne confie pas à la Cour suprême un tel rôle. C'est un magistrat, le juge Marshall, qui en 1803 va affirmer que les juges, ayant pour mission d'appliquer le droit, doivent appliquer la Constitution, règle de droit supérieure. Cette affirmation, résultant de l'affaire *Marbury contre Madison*, n'aura d'incidence que plusieurs décennies plus tard, à partir de 1865. Le Comité constitutionnel établi par la Constitution de 1946 en France est plus un organe de conciliation et de protection du Conseil de la République qu'une véritable Cour constitutionnelle. Il intervint très peu. Il faudra attendre le texte suivant de la Ve République pour qu'un véritable mécanisme de contrôle soit mis en place.

B. Une instauration générale dans les démocraties occidentales d'organes de contrôle de la constitutionnalité

Des cours constitutionnelles existent dans la plupart des démocraties occidentales. L'instance la plus ancienne à s'être chargée de ce rôle est la Cour suprême des États-Unis. Une Haute Cour constitutionnelle a été établie par la Constitution autrichienne de 1920. En Allemagne, la Loi fondamentale de 1949 instaure dans son article 92 le Tribunal constitutionnel de Karlsruhe. La Cour constitutionnelle italienne fonctionne depuis 1955. En France, le Conseil constitutionnel est créé par la Constitution de la Ve République.
On peut relever de sensibles différences entre ces organes tant au plan de leur fonctionnement que de leur composition.
La saisine de ces cours peut suivre des modalités diverses. Ce peut être par voie d'action, ce qui permet un contrôle direct exercé à la demande d'un requérant estimant que la loi est contraire à la Constitution. L'article 61 de la Constitution de la Ve République ouvre cette possibilité à plusieurs autorités. Le Président de la République, le Premier ministre, le Président du Sénat comme celui de l'Assemblée nationale, 60 députés, 60 sénateurs peuvent demander au Conseil constitutionnel d'examiner la conformité de la loi à la norme suprême. En Allemagne fédérale, le Tribunal constitutionnel peut être saisi par une demande du Gouvernement fédéral, le Gouvernement d'un Land ou un tiers du Bundestag. Le contrôle peut aussi s'exercer par voie d'exception. L'appréciation de la constitutionnalité se fera lors d'un litige. Ce sera le cas aux États-Unis ou en Italie. En Allemagne, une telle saisine peut outre le recours par voie d'action également être opérée pour atteinte aux droits fondamentaux. La question prioritaire de constitutionnalité introduite en France récemment permet ce contrôle par voie d'exception.
La composition de ces instances constitutionnelles est variable. Ainsi aux États-Unis, les juges à la Cour suprême sont-ils nommés par le Président après approbation à la majorité simple par le Sénat. Ils sont nommés à vie. En Allemagne, les membres du Tribunal constitutionnel de Karlsruhe sont élus par les deux chambres du Parlement pour une durée de 12 ans et ne sont pas rééligibles. La cour italienne composée de 15 personnes choisies parmi les juristes de profession est désignée pour un tiers par le Président, un tiers par le Parlement, un tiers par les magistratures suprêmes du pays.
On constate ainsi une généralisation de l'existence de ces cours constitutionnelles avec ce rôle fondamental de contrôle du respect de la Constitution.
Peut-on cependant considérer que ces organes ne font que vérifier le respect par le législateur de la Constitution ? Leur rôle est plus large, ce qui peut susciter des interrogations sur l'influence de ces instances.

II. Le rôle des cours constitutionnelles s'élargit par rapport au seul contrôle de constitutionnalité des lois provoquant des contestations à l'égard d'organes pourtant fort utiles pour assurer la pérennité de l'État de droit.

A. L'élargissement des compétences des cours constitutionnelles

Outre la vérification de conformité des lois, ces instances peuvent contrôler la répartition des compétences entre les différents pouvoirs publics. C'est notamment le cas dans les systèmes fédéraux ou dans ceux qui ont établi une régionalisation assez poussée. La Cour constitutionnelle examinera le partage des compétences entre par exemple en Allemagne le Bund et les Länder. La détermination d'un partage entre compétences considérées comme législatives et d'autres comme réglementaires pourra amener la haute instance à vérifier si la frontière entre ces domaines est bien respectée. On peut ici se référer aux articles 37 et 41 de la Constitution française.

Des rôles complémentaires peuvent être joués par les cours constitutionnelles. En France, le Conseil constitutionnel veille au respect de la régularité de certaines élections politiques (art. 58 et 59), les législatives et les présidentielles, ainsi qu'aux opérations de référendum (art. 60). On peut aussi avoir confié à cette instance une forme de surveillance vis-à-vis des partis politiques comme c'est le cas en Allemagne fédérale conformément à l'article 21 de la Loi fondamentale qui permet, le cas échéant, au Tribunal constitutionnel d'interdire une formation politique comme cela a déjà été le cas par rapport à des mouvements communiste ou national-socialiste.

On peut aussi relever un élargissement des normes de référence auxquelles recourent les organes constitutionnels. En France, par sa décision du 16 juillet 1971, le Conseil constitutionnel considère que la constitutionnalité des lois devra être appréciée non seulement par rapport aux articles de la Constitution mais également au préambule de la Constitution qui renvoie lui-même à la déclaration des droits de l'homme et du citoyen de 1789 et au préambule de 1946. La protection et la garantie des libertés et droits fondamentaux affirmés par la Constitution allemande de 1949 sont assurées par la Cour de Karlsruhe.

B. Au-delà des reproches qui sont faits, un rôle central pour la garantie de l'État de droit

Les cours constitutionnelles peuvent faire l'objet de certains reproches voire de critiques. En premier lieu, ce sera la critique du gouvernement des juges selon la formule imaginée par Edouard Lambert. En censurant des actes pris par la représentation nationale, par les représentants du peuple, ces instances n'empêchent-elles par la souveraineté nationale d'agir, d'exprimer sa volonté ? Il suffit ici de se référer aux censures de textes pris dans le cadre des mesures de *new deal* aux États-Unis dans les années 1930 ou bien encore aux décisions du Conseil constitutionnel français remettant partiellement en cause les nationalisations décidées au début des années 1980. Le reproche revient régulièrement lorsqu'une loi jugée importante par la majorité est condamnée par le Conseil ou même lorsque la remise en cause de mesures fiscales peut avoir des incidences sérieuses sur le budget de l'État comme ce fut le cas au début des années 2010. Inversement, la validation d'un texte controversé tant dans le fond que par la procédure utilisée peut susciter de vives réactions : ce fut le cas pour la décision du Conseil constitutionnel du 14 avril 2023 portant sur la loi de financement rectificative de la sécurité sociale. Il n'allait pas de soi d'établir une réforme des retraites qui doit s'appliquer durablement dans un texte qui a vocation à déterminer chaque année les modalités de financement de la sécurité sociale. C'était d'autant plus curieux que les lois de financement contenant une partie portant sur l'année en cours, elles n'ont pas en principe à être l'objet de loi rectificative.

Un second reproche pas forcément déconnecté du premier est la politisation de ces organes. Les nominations des membres des cours constitutionnelles sont souvent politiques. Politiques en raison des autorités qui choisissent les juges mais aussi du fait de l'origine des membres de ces organes. Comment ne pas relever que les anciens Présidents de la République appartiennent en France de droit au Conseil constitutionnel et que nombre des autres membres sont d'anciens ministres ?

Si l'on peut nier ces reproches, on ne doit pas négliger le rôle central joué par les cours constitutionnelles dans la garantie des libertés publiques. Qu'on se réfère aux exemples d'un pays ou d'un autre, on voit les cours assurer en général la protection des droits. Citons seulement quelques exemples : celui des États-Unis où l'on voit la Cour suprême combattre la chasse aux sorcières et le maccarthysme, celui du Conseil constitutionnel garantissant la liberté d'association en 1971, l'égalité des citoyens devant les charges publiques, l'égalité devant la justice, la protection de la vie privée... En Allemagne fédérale, on retrouve cette même attention pour les libertés et droits fondamentaux tels qu'ils résultent du début de la Loi fondamentale. *A contrario*, on regrette le silence de ces organes lorsque des textes qui impactent les libertés fondamentales ne leur sont pas soumis. La loi établissant le régime de l'état d'urgence sanitaire n'a pas été contrôlée *a priori* par le Conseil constitutionnel. Le moins qu'on puisse dire est que ce texte a eu de sérieuses conséquences sur l'exercice des libertés.

Conclusion

Depuis qu'elles existent et que leurs rôles se sont développés, les cours constitutionnelles ont pu être l'objet de critiques. Certaines sont structurelles : peut-on accepter la remise en cause de la volonté populaire ? D'autres plus circonstancielles sont souvent consécutives à une décision négative rendue par les cours constitutionnelles.

Par-delà les reproches voire les critiques, les cours constitutionnelles ont des rôles indispensables. Plutôt que de rappeler le détail des choses, on peut tenter de résumer en considérant que les cours permettent d'assurer un équilibre entre les pouvoirs publics et qu'elles garantissent les citoyens face aux empiétements du législateur.

Rappelons pour finir que la loi n'exprime la volonté générale que dans le respect de la Constitution.

Questionnaire à choix multiples sur les thèmes du chapitre

(les réponses et explications sont données dans le dernier chapitre de l'ouvrage)

L'établissement d'une nouvelle Constitution implique
- A – l'élection d'une constituante
- B – la formation d'un groupe d'experts
- C – le recours à différentes méthodes
- D – le vote d'un référendum

Une Constitution
- A – est toujours écrite
- B – garantit à l'État qui s'en dote un caractère démocratique
- C – ne peut être modifiée que dans les mêmes conditions où elle a été acceptée
- D – peut comporter une déclaration de droits

Le contrôle du respect de la Constitution
- A – est toujours prévu par le texte constitutionnel
- B – peut résulter de l'initiative d'un organe de l'État
- C – n'a été mis en œuvre qu'au XXe siècle
- D – ne peut se faire que pour les actes législatifs

Une Constitution rigide
- A – est celle qui établit un régime autoritaire
- B – peut difficilement être modifiée
- C – est celle qui sépare strictement les pouvoirs
- D – définit précisément les rôles respectifs de l'exécutif et du législatif

La théorie de la séparation des pouvoirs est attribuée à
A – James Cook
B – John Locke
C – Adam Smith
D – Jonathan Swift

Dans quel ouvrage, Montesquieu s'intéresse-t-il aux régimes de plusieurs États ?
A – Qu'est-ce que le Tiers-État ?
B – L'itinéraire de Rome à Jérusalem
C – Le Nœud gordien
D – L'esprit des lois

Où figure la formule « Toute Société dans laquelle la garantie des droits n'est pas assurée, ni la séparation des pouvoirs déterminée, n'a point de Constitution » ?
A – dans un ouvrage de l'Abbé Sieyès
B – dans l'acte d'Habeas Corpus
C – dans la déclaration d'indépendance américaine
D – à l'article 16 de la déclaration des droits de l'homme et du citoyen de 1789

La Constitution des États-Unis a été l'objet d'une dizaine d'amendements
A – pratiquement immédiatement après son entrée en vigueur
B – juste après la fin de la guerre de sécession
C – pour permettre la politique de New Deal
D – à l'issue de la seconde guerre mondiale

Dans la pyramide de Kelsen :
A – la Constitution est à égalité avec les traités
B – les traités peuvent être supérieurs à la Constitution
C – la Constitution est supérieure à tous les textes juridiques
D – la Constitution doit respecter la loi naturelle

La formule « la liberté de la presse est un des plus forts bastions de la liberté de l'État et ne peut être restreinte que dans les gouvernements despotiques » figure
A – dans l'*Act d'Habeas Corpus* de 1679
B – dans le *Bill of Rights* pris en 1689 par le Parlement britannique
C – dans la Déclaration des droits de Virginie de 1776
D – dans la Déclaration des droits de l'homme et du citoyen

Selon l'article 89 de la Constitution de la Ve République
A – la forme républicaine du gouvernement ne peut faire l'objet d'une révision
B – la procédure de révision de la Constitution ne peut être modifiée
C – on ne peut réviser la même disposition deux fois en moins d'un an
D – le préambule de la Constitution ne peut être modifié

Dans une Constitution figurent des dispositions portant sur
A – le mode de scrutin permettant de désigner les élus
B – les conditions de révision des règles constitutionnelles
C – les mécanismes permettant de garantir le respect de la Constitution
D – les principales institutions d'un État

L'élaboration d'une nouvelle Constitution
A – ne peut se faire en temps de guerre
B – exige la convocation d'une assemblée constituante

C – s'impose à la suite d'un conflit militaire
D – n'est soumise à aucune règle *a priori*

Le gouvernement des juges
A – est la situation dans laquelle les juges ne se contentent pas d'exercer un rôle juridictionnel mais se substituent au Gouvernement
B – est l'autorité politique donnant des instructions aux juges
C – est le code éthique que doivent respecter les magistrats
D – consiste pour les magistrats à garantir la liberté des citoyens

Pendant les périodes de transition constitutionnelle
A – on doit continuer d'appliquer provisoirement la Constitution précédente
B – il n'y a aucun cadre applicable
C – on doit élire une convention
D – des situations diverses peuvent être constatées

Lequel de ces ouvrages n'est pas de Tocqueville ?
A – L'ancien régime et la révolution
B – De la démocratie en Amérique
C – Du système pénitentiaire aux États-Unis et de son application en France
D – Recherche sur la nature et les causes de la richesse des Nations

Chapitre 3

Formes d'État et types de régime

Pratiquement tous les États du monde se sont à l'heure actuelle dotés d'une Constitution. La Loi fondamentale que chaque État a établie contient cependant des règles qui peuvent assez sensiblement différer. Ces différences peuvent porter sur plusieurs catégories d'éléments.

Une première question porte sur l'exécutif et spécialement le Chef de l'État. Aura-t-on un souverain héréditaire ou fera-t-on appel à d'autres modes de désignation ? Une Constitution peut aussi bien s'appliquer à une monarchie qu'à une république.

Un autre point portera sur la forme de l'État. Va-t-on soumettre les citoyens à un seul et unique pouvoir ou va-t-on décomposer l'État en plusieurs entités chacune ayant certaines fonctions ? Dès la mise en place des premières Constitutions à la fin du XVIIIe siècle on va établir des textes affirmant une plus ou moins grande unité juridique.

Le texte constitutionnel établira par ailleurs certains rapports entre les pouvoirs publics. Quels liens a-t-on prévus entre les autorités chargées de l'exécutif et celles du pouvoir législatif ? Plusieurs schémas peuvent être suivis ; c'est la nature du régime qui va se poser.

Peut-on s'en tenir à ces considérations sur la désignation du Chef de l'État, la forme de l'État et le régime retenu dans les rapports entre pouvoirs publics ? Ces éléments sont essentiels mais il ne faudrait pas négliger la pratique des Constitutions. On peut en effet relever dans le fonctionnement des institutions des évolutions assez significatives. Quel système politique peut-on observer ?

Reprenons chacun de ces éléments.

Section I. Quel Chef d'État ? Monarque ou Président

Lorsqu'on veut chercher des caractères communs à plusieurs régimes politiques, on peut en premier lieu prendre en considération la manière dont est désigné le dirigeant suprême du pays. On peut ainsi distinguer d'une part les monarchies, les royautés, les empires avec, même s'il faudrait apporter des précisions et des nuances, des Chefs d'État héréditaires, et d'autre part des républiques qui font appel à un autre mode de désignation du Chef de l'État, le plus souvent une élection, avec un corps électoral plus ou moins large.

Monarchie **: régime où le pouvoir appartient à un seul individu désigné généralement de façon héréditaire**

Empire **: État ou ensemble d'États soumis à l'autorité d'un Chef d'État portant le titre d'empereur**

République **: forme de gouvernement où le pouvoir n'est pas détenu par un seul et où le Chef d'État n'est pas désigné héréditairement**

La question de la désignation du Chef de l'État est antérieure à l'édiction des Constitutions. On connaissait déjà sous l'Antiquité des monarchies et des républiques. À l'époque moderne pour reprendre la chronologie des historiens on a pu aussi avoir des républiques, en Suisse, à Venise, à Gênes mais il est vrai que les monarchies sont les plus nombreuses. Bien des pays sont restés jusqu'au début du XXe siècle des monarchies. À ce moment-là, seules la France et la Suisse ont en Europe un régime républicain. L'Allemagne, l'Italie, l'Autriche, la Russie pour ne citer que des États qui allaient modifier les choses ultérieurement étaient des monarchies.

Ces monarchies ont, cela dit, connu la plupart du temps des évolutions significatives par rapport au XVIIIe siècle. La question n'est pas tant de relever les changements dynastiques ou les évolutions des domaines de ces monarchies que celle du caractère plus encadré des fonctions confiées au souverain. Sauf quelques exceptions, on passe à des monarchies constitutionnelles.

Les régimes républicains vont avoir à préciser plusieurs points lorsqu'ils abordent les règles concernant leur exécutif. Leur mode de désignation doit être déterminé. On peut ici de façon schématique distinguer deux grandes méthodes, l'élection au suffrage universel et l'intervention du Parlement.

La composition de cet exécutif peut appeler des précisions. S'agit-il d'une seule personne ? On pense au Président des États-Unis. A-t-on décidé de faire appel à deux personnes ? C'est le schéma retenu par les régimes parlementaires avec un Chef d'État et un Chef du Gouvernement. Mais il peut y avoir des systèmes plus complexes avec un exécutif collégial comme sous le Directoire et le Consulat en France ou en Suisse actuellement.

Monarque **: Chef de l'État dans une monarchie**

Roi **: Chef d'État au pouvoir souverain confié à vie en général par voie héréditaire et quelquefois à la suite d'une élection**

Monarchie constitutionnelle **: système monarchique dans lequel les prérogatives des différentes institutions dont le monarque sont délimitées par une Constitution**

Directoire **: pouvoir exécutif collégial confié à cinq personnes dans la Constitution française de l'an III**

Conseil fédéral **: collège de sept membres élus par l'Assemblée fédérale suisse à qui est confié collectivement l'exécutif**

Homme providentiel **: personnalité appelée pour faire face à une situation délicate ou désespérée**

Pronunciamento **: coup d'État organisé ou favorisé par l'armée**

Questions à réponse courte

La désignation du Chef de l'État

Les modalités de désignation des Chefs d'État varient sensiblement d'un pays à l'autre. Dans les systèmes monarchiques, qu'il s'agisse d'empires ou de royautés, les souverains sont la plupart du temps désignés héréditairement. Les règles de succession peuvent être intégrées dans le texte constitutionnel comme ce fut le cas sous le Ier Empire en France. Quelques monarchies peuvent cependant être électives comme le fut par exemple la Pologne.

Dans les régimes républicains, le Chef de l'État est en général désigné par une élection. Celle-ci peut être organisée au suffrage universel direct mais on peut aussi faire appel à des grands électeurs et permettre aux parlementaires de désigner le Chef de l'État. La première hypothèse se retrouve en France dans la Constitution de 1848 de la Seconde République et dans celle de la Ve République après la révision de 1962. La seconde possibilité fut utilisée sous les III et IVe Républiques en France et est appliquée actuellement en Italie et en Allemagne fédérale. Les États-Unis ont recours à un système particulier puisque l'ensemble des citoyens américains est appelé à participer à la désignation du Président. Cette participation se fait par la désignation de grands électeurs dans chaque État en nombre égal à celui des membres du Congrès. L'élection du Président est faite par les grands électeurs. Il s'agit d'une élection au suffrage universel indirect. Avant sa révision, la Constitution de la Ve République avait confié à des grands électeurs le soin de désigner le Président français.

Le recours à un corps électoral nombreux confère à celui qui est élu de la sorte une certaine légitimité. On ne saurait pour autant en déduire qu'à une élection au suffrage universel direct du Chef de l'État correspondent toujours des prérogatives étendues confiées au Président de la République. Si la moitié des Chefs d'État européens est élue de la sorte, seul le Président français exerce un rôle aussi étendu.

Les détenteurs du pouvoir exécutif

Au même titre que le pouvoir législatif peut être confié à une ou plusieurs assemblées, le pouvoir exécutif peut être attribué à un ou plusieurs détenteurs. Si dans l'histoire constitutionnelle les fonctions les plus éminentes de l'État ont pu être confiées à des instances collégiales comme sous le Directoire ou le Consulat, elles sont aujourd'hui, sauf en Suisse avec un Conseil fédéral qui a une structure collégiale, confiées à une seule personnalité.

Dans les régimes contemporains, le pouvoir exécutif peut être confié à une seule autorité, le Président, comme c'est le cas aux États-Unis et plus généralement dans les régimes présidentiels. Les régimes parlementaires partagent eux en revanche le pouvoir exécutif entre plusieurs détenteurs, le Chef de l'État et le Gouvernement. Cette seconde possibilité se retrouve aussi bien dans des monarchies comme la Grande-Bretagne ou en Espagne que dans des républiques comme l'Italie ou l'Allemagne fédérale. Dans les différents cas, s'il apparaît qu'il y a un partage des rôles, celui-ci est le plus souvent favorable au Gouvernement les Chefs d'État n'exerçant que des fonctions résiduelles et protocolaires.

Le Gouvernement

Dans les régimes parlementaires, le pouvoir exécutif est partagé entre le Chef de l'État et le Gouvernement. Organe collégial, le Gouvernement est composé de ministres ou secrétaires d'État et a, à sa tête, un Chef de Gouvernement appelé selon les pays Premier ministre, Chancelier, Président du Gouvernement, Président du Conseil...

Le Gouvernement est responsable devant le Parlement. Cette responsabilité peut, selon les cas, être engagée devant les deux chambres comme ce fut le cas en France sous les III et IVe Républiques ou comme c'est aujourd'hui prévu par la Constitution italienne ou devant uniquement une des deux Chambres. Cette dernière hypothèse se retrouve en Grande Bretagne, en Allemagne ou en France sous la Ve République. Dans les régimes parlementaires dualistes, le Gouvernement dépend également du Chef de l'État dont il faut avoir la confiance pour pouvoir être investi.

Dissertation

Sujet : Faut-il ne confier le pouvoir exécutif qu'à une seule personne ?

Approche générale du sujet

Lorsqu'on compare les Constitutions, on observe que les fonctions exécutives sont diversement réparties : on a aussi bien dans certains régimes – notamment les régimes présidentiels – une concentration du pouvoir exécutif en une personne que dans d'autres – les régimes parlementaires – une répartition établie entre plusieurs autorités. C'est que chaque système a ses mérites. Dans un sujet comme celui proposé, on est invité à prendre position. Il faut donner une préférence pour un des schémas mais cela doit se faire en argumentant. Autrement dit, il faudra à la fois présenter les avantages et inconvénients de chaque hypothèse et orienter sa démonstration en faveur d'une des possibilités. Le sujet n'ayant apporté aucune précision de pays ou d'époque, il ne faudra pas hésiter à faire appel à des illustrations provenant des régimes étrangers et de la diversité des solutions retenues dans les Constitutions françaises successives.

Proposition de plan

Introduction

Si les théoriciens de la séparation des pouvoirs critiquent la concentration de l'ensemble des pouvoirs en une seule autorité, ils n'apportent pas de réponses uniques à la répartition des rôles qui devrait être établie entre les diverses institutions. De fait, d'une Constitution à l'autre, de sensibles différences peuvent être relevées avec une séparation plus ou moins rigide entre les pouvoirs, entre des régimes présidentiels et des régimes parlementaires. Dans l'exercice des compétences législatives et exécutives, on peut déterminer de sérieuses nuances.

La loi sera de la seule compétence des chambres dans certains systèmes tandis que dans d'autres elles partageront avec d'autres institutions l'initiative des textes.

L'exécutif ne sera pas toujours organisé selon les mêmes schémas. La direction de l'État n'est pratiquement plus aujourd'hui confiée à un organe collégial comme on le fit sous le Directoire et le Consulat en France. Seule la Suisse pratique encore cela avec son Conseil fédéral. Cela rappelé, il ne faudrait pas en déduire que le pouvoir exécutif n'est confié qu'à une seule personne. Les régimes présidentiels procèdent certes ainsi mais les systèmes parlementaires partagent ce rôle entre un Chef d'État et un Gouvernement.

Quel schéma privilégier ? Il y a matière à hésiter. Des éléments contradictoires influent sur le choix qui est fait. Des considérations historiques expliquent les préférences accordées à l'une ou l'autre réponse. Si confier à une seule personne le pouvoir exécutif a des avantages, un partage du pouvoir exécutif paraît dans la plupart des cas un schéma plus approprié.

Annonce de plan

En effet, la concentration du pouvoir exécutif entre les mains d'une seule personne pratiquée dans les anciennes monarchies et dans les régimes présidentiels a certes des avantages d'efficacité mais confie des responsabilités écrasantes à une seule personne. Dans un contexte de renforcement des compétences confiées aux exécutifs, il paraît préférable de privilégier un partage de ces compétences entre plusieurs détenteurs.

Développement

I. L'exercice du pouvoir exécutif par une seule personne : une possibilité risquée

On aurait pu imaginer que la critique de la concentration des pouvoirs débouche sur une remise en cause du pouvoir d'un seul y compris pour les seules tâches exécutives. Il n'en est rien. Les régimes présidentiels sont fondés sur cette concentration qui a son utilité mais qui peut aussi présenter des inconvénients.

A. Une concentration établie dans les monarchies traditionnelles et dans les régimes présidentiels

Dans les anciennes monarchies, on constate une certaine concentration des différentes fonctions de l'État. Cette concentration bénéficie au souverain. Comme le montre l'origine du terme, la monarchie c'est le pouvoir d'un seul. Le monarque est seul détenteur du pouvoir, seul détenteur, entre autres, du pouvoir exécutif. Les régimes établis en réaction à cette organisation traditionnelle apporteront des modifications sensibles à la répartition des rôles entre les pouvoirs publics. Ils ne vont pas pour autant écarter la possibilité de confier à une seule personne l'exercice du pouvoir exécutif. C'est notamment le cas aux États-Unis où l'on confie en 1787 au Président la totalité du pouvoir exécutif. Cette prérogative ne lui sera jamais enlevée. Aucun amendement à la Constitution des États-Unis n'a remis en cause cette règle. Qu'il y ait auprès du Président des États-Unis des conseillers, des ministres, ne doit pas être interprété comme des tempéraments à ce principe : ce sont des collaborateurs du Chef de l'État ; ils lui donnent des avis, lui suggèrent des mesures, peuvent avoir une affluence réelle, mais formellement seul le Président a le pouvoir exécutif. Cette concentration du pouvoir exécutif confié à une personne est une des caractéristiques essentielles du régime présidentiel. On retrouve cette situation dans la Constitution française de la IIe République en 1848. Même si l'on ne peut évidemment pas parler à son sujet de régime présidentiel, le système introduit dans la Constitution française de 1791 est assez comparable car c'est bien au Roi que l'on confie le pouvoir exécutif. Les ministres apparaissent comme des conseillers.

B. Une efficacité indéniable mais une charge écrasante

On pourrait *a priori* s'étonner que des régimes réagissant contre la concentration des rôles aient gardé autant de fonctions au Chef de l'État. À cela on pourrait rétorquer que ce que l'on veut éviter, c'est l'absolutisme, l'exercice par un seul de tous les pouvoirs. Limiter les choses à l'exécutif, c'est déjà procéder à une réduction du rôle par rapport aux dérives antérieures. Mais surtout, charger un seul de la fonction exécutive, c'est rechercher une certaine efficacité, une certaine rapidité, se donner la possibilité d'avoir une ligne claire, bénéficier de l'unité dans l'action. Confier l'exécutif à un seul a incontestablement des mérites.

En même temps, on ne peut sous-estimer les inconvénients d'un tel schéma. On fait reposer sur une personne bien des responsabilités. Or, lorsqu'on a établi ce genre de configuration, le rôle des États était bien différent de ce qu'il est devenu aujourd'hui. Plus de deux siècles après les premières Constitutions, les décisions qu'il faut prendre à chaque instant sont bien plus nombreuses qu'elles n'étaient. Même si l'on voit qu'un Chef d'État peut se faire aider par des conseillers proches et au-delà par toute une administration, il n'empêche qu'on peut s'interroger sur la capacité d'un seul à exercer la totalité du pouvoir exécutif.

Transition On peut dès lors s'interroger sur l'opportunité d'un tel schéma et se demander s'il ne faudrait pas préférer d'autres méthodes.

II. Le partage de l'exécutif entre plusieurs détenteurs : une complexité nécessaire au temps du renforcement des pouvoirs centraux

Les régimes présidentiels sont cependant finalement assez peu nombreux. Dans la plupart des démocraties, on semble préférer un partage des fonctions exécutives entre plusieurs détenteurs.

A. A. Un partage de l'exécutif affirmé dans les monarchies constitutionnelles et dans les régimes parlementaires

Si les deux régimes contemporains de la fin du XVIIIe siècle ont confié un rôle primordial au Chef de l'État, le Président des États-Unis, et le Roi des Français, on trouve dans bien d'autres cas une organisation différente. Le régime parlementaire qui naît au Royaume-Uni ne va pas laisser au souverain un rôle aussi étendu. Si formellement, le Roi garde des prérogatives étendues, celles-ci sont en réalité partagées. Le Gouvernement à la tête duquel est nommé un Premier ministre exerce effectivement le pouvoir exécutif.

On va retrouver dans beaucoup de pays une répartition des rôles similaires. Les monarchies constitutionnelles mettent en œuvre des systèmes parlementaires comparables à ce que les Britanniques ont progressivement établi. Les deux Chartes françaises de 1814 et de 1830 conduisent à ce genre de situation. On retrouvera le même genre de schéma dans les républiques parlementaires qu'il s'agisse de la France à partir de 1875 ou de l'Italie ou de l'Allemagne dans les Constitutions qu'elles ont adoptées après la seconde guerre mondiale.

B. Un équilibre plus approprié à une époque de renforcement du rôle des exécutifs

Le partage du pouvoir exécutif entre plusieurs titulaires peut à première vue présenter certains inconvénients. On peut redouter une plus grande difficulté à prendre des décisions ; il va falloir chercher à définir des positions cohérentes, ce qui est plus complexe si plusieurs intervenants participent à cette décision.

En même temps, n'est-il pas préférable d'avoir ce genre de configuration ? N'est-il pas plus opportun de confier à plusieurs le pouvoir exécutif ? Face à l'immensité des tâches à remplir au niveau de l'exécutif, on pourra établir une forme de partage des rôles, une espèce de spécialisation. On dépassera ce mythe de l'omniscience et de l'omnipotence.

À bien des égards, il paraît plus approprié de répartir le pouvoir exécutif entre plusieurs personnes. Les reproches que l'on peut faire à la présidentialisation des régimes ne sont-ils pas autant d'arguments en faveur d'une telle division des rôles.

Conclusion Rien ne s'oppose radicalement à ce que le pouvoir exécutif soit confié à une autorité unique. À certains égards, on peut même trouver des avantages à cette concentration du pouvoir exécutif vers une personne.

Une telle formule n'est cependant ni très réaliste, ni très opportune. Autant confier ce rôle à plusieurs organes et permettre à plusieurs personnalités de participer à ce rôle. On ne peut manquer de relever à ce sujet que si des Constitutions récentes s'inspirent du système américain sur plusieurs aspects, elles ont aussi tendance à partager l'exécutif entre plusieurs organes comme on le voit en Russie.

Autres sujets pouvant appeler réflexion :

La responsabilité du Chef de l'État
Faut-il élire le Chef de l'État au suffrage universel ?

Section II. La forme de l'État : l'unité ou le fédéralisme

Dès les premières Constitutions à la fin du XVIIIe siècle, on a des constructions assez différentes. D'un côté, les anciennes colonies américaines proclament leur indépendance ; elles forment des États qui vont se doter d'une Constitution fédérale. De l'autre, quelques années plus tard, la France établit une suite de textes constitutionnels qui seront tous marqués par le caractère unitaire.

État unitaire **: État dans lequel une même volonté politique s'impose à l'ensemble des citoyens et où les mêmes lois s'appliquent à eux**

Confédération **: association d'États établie par un traité international mettant en place des organes destinés à coordonner la politique de ces États en certains domaines. En principe, la confédération respecte la souveraineté des États et prend ses décisions à l'unanimité**

Fédération **: État composé de plusieurs entités qui sont dotées en matières constitutionnelle, législative et juridictionnelle d'une véritable autonomie et dont l'organisation repose sur une Constitution**

Deux siècles après, on peut toujours distinguer les textes constitutionnels selon la forme de l'État, fédéral ou unitaire. Mais on ne peut envisager les choses au début du XXIe siècle dans les mêmes conditions qu'on a pu le faire à l'origine.
Le fédéralisme est devenu un schéma fréquent. Il pourra être utile de faire la liste des régimes fédéraux contemporains. Plusieurs points pourront retenir l'attention.
On pourra s'intéresser à la répartition des pouvoirs entre les différentes entités d'une fédération et aux organes du fédéralisme.

Questions à réponse courte

Les États fédérés

Ce sont les unités territoriales qui composent une fédération. Ces unités sont dotées en matière constitutionnelle, législative et juridictionnelle d'une certaine autonomie. Ces États fédérés qu'on les désigne Länder en Allemagne, cantons en Suisse, États aux États-Unis, ont des compétences propres qu'ils exercent sans l'ingérence des autorités de l'union. Ils tiennent leurs compétences de la Constitution et non pas de l'État central comme dans les systèmes unitaires décentralisés. Les États fédérés déterminent leur propre Constitution. Ils ont souvent drapeau voire hymne propre.
Les États fédérés participent à la direction de la politique fédérale. Ils sont toujours représentés au sein du Parlement, une des deux chambres assurant cette représentation des États, le plus souvent de façon égalitaire comme le fait le Sénat des États-Unis. Cette

chambre a un rôle législatif, la plupart du temps proche de celui de l'autre chambre mais il y a des exceptions à cela comme on le voit avec le Bundesrat allemand. Les États fédérés peuvent également être associés à la désignation de l'exécutif. Le corps électoral chargé d'élire le Président allemand est pour moitié désigné par les Länder. Le droit à sécession est généralement exclu.

La répartition des pouvoirs dans un régime fédéral

Dans les systèmes fédéraux, l'État fédéral et les États fédérés ont chacun des compétences particulières. La Constitution fédérale détermine leurs rôles respectifs. Bien souvent, la Constitution énumère les compétences confiées à l'État fédéral, les autres compétences étant laissées aux États fédérés. Un dispositif quelquefois plus complexe peut cependant être établi. Ainsi la Loi fondamentale allemande de 1949 distingue-t-elle trois domaines : les secteurs exclusivement confiés à la fédération, le Bund, les domaines de législation concurrente entre le Bund et les Länder et enfin les autres matières non énumérées qui sont laissées à la compétence exclusive des Länder.

Les compétences confiées à l'État fédéral portent pratiquement toujours sur la diplomatie et les affaires étrangères, la défense et les questions militaires, la monnaie, les questions douanières et commerciales.

Pour garantir à l'État fédéral et aux États fédérés le respect de leurs compétences respectives, un organisme est chargé de trancher des éventuels conflits d'attribution. On fait appel pour cela à une instance juridictionnelle comme la Cour suprême aux États-Unis ou le Tribunal constitutionnel de Karlsruhe en Allemagne fédérale.

Il est important de bien connaître l'organisation des systèmes fédéraux. Mais outre cette connaissance des organes du fédéralisme, il sera utile de s'interroger sur plusieurs points.

- Quelle est l'histoire de ces pays fédéraux ? S'agit-il de pays divers, du regroupement d'ensembles avant divisés ? Est-ce au contraire un système unitaire qui va connaître des changements radicaux ? On constatera rapidement que la généalogie des régimes fédéraux est variable et qu'il faut être attentif à la longue histoire. En réaction au centralisme qu'elle avait connu jusque-là, l'Allemagne a un régime fédéral depuis 1949. On ne doit pas cependant négliger que l'Allemagne fut avant de réaliser son unité en 1870 divisée entre de multiples composantes.
- Quelle est la taille de ces fédérations ? On pourrait à première vue considérer que ce seront de grands ensembles. En réalité, on peut constater qu'il y a des situations très différentes.
- De nouveaux États se dotent-ils d'institutions de type fédéral ? On peut trouver des exemples en Europe de pays qui décident de passer au fédéralisme ou qui envisagent de le faire.

Si le nombre d'États fédéraux progresse, les États unitaires ont tendance à modifier leur mode d'organisation. Le caractère unitaire du pays reste affirmé mais des composantes de ces États reçoivent des prérogatives accrues. La décentralisation est une pratique très fréquente des États unitaires. Les collectivités territoriales, les régions, les provinces, ont des pouvoirs étendus.

Collectivités territoriales **: collectivités infra-étatiques autonomes déterminées sur la base de critères géographiques et auxquelles le législateur confie des prérogatives. En France, il s'agit notamment des communes, des départements et des régions. Ces collectivités doivent selon la Constitution de 1958 avoir des conseils élus**

***Décentralisation* : organisation suivie par un État unitaire dans lequel une partie des décisions administratives est prise par des collectivités territoriales**

***Régionalisation* : décentralisation très approfondie pratiquée par certains États unitaires qui accordent une large autonomie à leurs régions ou provinces comme c'est le cas en Italie ou en Espagne. Avant d'évoluer vers le fédéralisme, la Belgique avait établi un cadre de ce type**

Au sujet des États unitaires, on pourra s'interroger sur plusieurs points.

- Quels sont les pouvoirs qui sont confiés à ces collectivités ?
- Comment les choses évoluent-elles ? On pourra par exemple comparer à ce sujet le texte constitutionnel. Que prévoyait la Constitution de 1946 ? Que prévoyait-on en 1958 ? Qu'affirme la Constitution de la Ve République dans sa version actuelle ?

Cette évolution des États unitaires doit conduire à s'interroger sur ce qui les distingue des régimes fédéraux.

Questions à réponse courte

La décentralisation

Si dans les États unitaires, les décisions aux plans politique et administratif relèvent en principe du pouvoir central, on a fait le choix dans un souci d'efficacité et de rapprochement des organes de décisions des destinataires de ces décisions d'instaurer la décentralisation. Avec ce type d'organisation établie dans un État unitaire une partie des décisions administratives est prise par des collectivités territoriales. Le législateur vote un certain nombre de textes qui permettent à ces collectivités d'intervenir. Les collectivités territoriales de la République sont les communes, les départements, les régions, les collectivités à statut particulier et les collectivités d'outre-mer. Elles sont devenues des acteurs importants de la vie publique. La Constitution française affirme dès son article 1er que l'organisation de la République est décentralisée. Elle comporte en outre un ensemble de dispositions qui portent sur le rôle et les grands principes applicables aux collectivités décentralisées. Il s'agit du titre XII de la Constitution. Selon l'article 72 de la Constitution, premier article du titre XII, les collectivités territoriales « s'administrent librement par des conseils élus et disposent d'un pouvoir réglementaire pour l'exercice de leurs compétences ». Elles ont « vocation à prendre les décisions pour l'ensemble des compétences qui peuvent le mieux être mises en œuvre à leur échelon ».

Dissertation

Sujet : Les différentes formes d'État

Approche générale du sujet

Dans leur formulation, certains sujets font penser à une question de cours. C'est à première vue un exercice qui peut sembler rassurant. Dès lors qu'on connaît son cours, on peut s'estimer capable de traiter le thème proposé. Il ne faudrait pas cependant faire preuve d'un excès de confiance et ne voir que de la facilité dans ce genre d'hypothèse. Ce qui est attendu, ce ne sera pas la récitation plus ou moins fidèle des éléments développés dans le cours. Ce sera un plan étayé. Ce sera une démonstration. Lorsque le sujet est constitué d'une question, il est quelquefois plus aisé d'élaborer un argumentaire que lorsqu'il est formulé comme dans notre cas. Ici, il faut trouver des points clefs qui caractérisent le sujet tout en montrant qu'on maîtrise la matière. Pour ce faire, nous suggérons d'une part de voir ce qui distingue les différentes formes d'État et d'autre part de montrer que les différences entre fédérations et États unitaires ont tendance à se réduire.

Proposition de plan

Introduction

Les deux cents États qui se partagent le monde présentent entre eux de sérieuses différences. Sans doute réunissent-ils tous les trois éléments constitutifs des États, un territoire, une population et un gouvernement.

Mais que de nuances pour ne pas dire de situations fort éloignées quand on compare ces éléments d'un pays à l'autre ! Un État peut ainsi ne réunir que quelques milliers d'habitants comme Nauru tandis que les plus peuplés dépassent largement le milliard de personnes comme la Chine et l'Inde. Son territoire comme celui du Vatican ou de Monaco peut représenter quelques hectares tandis que la fédération de Russie s'étend sur des immensités, des espaces infinis de plus de 17 millions de kilomètres carrés. Quant à la forme de gouvernement, la comparaison des Constitutions montre la diversité des situations.

Le mode de gouvernement de chaque État dépend assurément de nombreuses considérations. On pressent assez facilement que l'organisation constitutionnelle variera en fonction de la taille du pays et de l'ampleur et la diversité de sa population. L'histoire, la géographie, la langue ont certainement une influence.

La forme des États peut sensiblement varier d'un pays à l'autre. À ce sujet, on regroupe les États en deux grandes catégories, les États unitaires et les États composés. Les premiers semblent donner une priorité à l'unité des règles tandis que les seconds paraissent plus préoccupés par la diversité. Cette distinction entre systèmes centralisés et fédéraux est aujourd'hui encore fondamentale mais elle doit être nuancée compte tenu des aménagements apportés à la forme des États.

Annonce de plan

En effet, si la distinction entre États unitaires et États composés qui résulte de considérations diverses et qui implique des modes de fonctionnement différents demeure essentielle (I), l'évolution que connaissent régimes unitaires et fédéraux conduit à une forme de rapprochement entre eux (II).

Développements

I. La distinction entre régimes fédéraux et États unitaires est essentielle

Lorsqu'on examine la forme des États, il apparaît que certains sont unitaires tandis que d'autres composés de plusieurs entités sont fédéraux.

A. La distinction fondée sur la forme des États est largement répandue et s'explique par des considérations diverses

Sur les différents continents, on trouve des États ayant opté soit pour une forme fédérale, soit pour un système plutôt centralisé et unitaire. Ainsi en Europe, la France, la Grande-Bretagne, l'Italie, l'Espagne, le Luxembourg ont-ils des régimes unitaires tandis que la Russie, l'Allemagne, la Suisse ou la Belgique ont opté pour le fédéralisme. En Asie, l'Inde est une fédération tandis que la Chine est unitaire.

On pourrait imaginer que ce sont notamment la taille et l'origine de ces États qui les ont conduits à préférer telle ou telle organisation. On pourrait ainsi considérer que les grands États sont amenés à préférer le fédéralisme et inversement les plus petits à s'en tenir à l'État unitaire. Ce genre de considérations a de l'influence mais en réalité, les choses ne sont pas toujours aussi nettes que cela. C'est sans doute plutôt un ensemble de considérations diverses qui font que l'une ou l'autre forme d'État est préférée. Les liens anciens et étroits entre des peuples peuvent les inciter à avoir une organisation la plus unie possible comme en France. L'on peut aussi à l'opposé vouloir aller vers le fédéralisme par réaction à un centralisme excessif comme en Allemagne. En outre, l'unité allemande ne date que de la deuxième moitié du XIXe siècle, ce qui peut donner à penser que les particularismes y sont solides.

B. Fédéralisme et État unitaire mettent en valeur des préoccupations différentes tout en impliquant des organisations institutionnelles spécifiques

Si les États unitaires semblent soucieux d'appliquer les règles de façon uniforme, les États composés paraissent plus préoccupés par les différences et la diversité. Dans le premier cas, on recherche l'unité, une égalité quelle que soit la partie du territoire de l'État concerné. La loi est la même pour tous et partout. Dans le second cas, on accepte une plus grande diversité, une singularité y compris des règles. Les composantes de la fédération auront de l'autonomie, elles pourront édicter des règles particulières.

L'organisation des deux grandes formes d'États sera différente. Dans les fédérations, on aura plusieurs niveaux étatiques ; chacun d'entre eux sera doté de compétences et l'on aura prévu une instance pour trancher les éventuelles questions posées dans le partage de ces compétences. Une assemblée parlementaire représentera les États fédérés.

Dans les États unitaires, les institutions seront beaucoup plus centralisées. Nul besoin d'avoir une répartition entre plusieurs catégories de compétences, nul besoin d'avoir une assemblée représentant des collectivités autres que l'État central. Le schéma institutionnel peut ici être plus simple.

Transition On pourrait avoir l'impression de voir deux mondes complètement séparés. Deux constructions étrangères l'une à l'autre. En réalité, les choses ne sont pas aussi cloisonnées que cela. Dans leur organisation, les États ont apporté des ajustements assez significatifs. On peut dès lors s'interroger sur une forme de rapprochement entre les différentes formes d'États.

II. L'évolution croisée des différents régimes conduit à envisager un rapprochement entre eux

Lorsqu'ils sont mis en place, régimes fédéraux et États unitaires présentent assurément d'importantes différences. Elles ont ceci dit tendance à s'estomper.

A. Les évolutions significatives constatées aussi bien au sein des régimes fédéraux que des États unitaires

Dans les États unitaires, bien des décisions sont prises au centre du pays dans la capitale et l'on est désireux d'avoir une application uniforme des règles. Pour autant, est-il opportun de tout décider du centre ? Ne vaut-il pas mieux confier un rôle à des organes plus proches de l'endroit où la décision va s'appliquer ? N'est-il pas utile de confier à des élus locaux, à des administrations locales des décisions plutôt que tout ramener dans la capitale ou au moins aux administrations de l'État ? Les États unitaires pratiquent très fréquemment la décentralisation. Les collectivités territoriales se voient confiées des pouvoirs étendus. Communes, départements, régions jouent en France un rôle accru. De même en Italie ou en Espagne, les provinces et les autonomies ont-elles reçu des rôles significatifs.
Il n'est pas exagéré de relever à l'inverse dans les États fédéraux une forme de recentralisation. On voit l'État fédéral progressivement se renforcer au détriment des États fédérés. De nombreuses raisons expliquent ce phénomène. Les structures fédérales situées dans la capitale fédérale ont tendance à favoriser le poids des compétences fédérales. Sur le plan politique, les partis se structurent au niveau fédéral et non pas prioritairement dans chaque État fédéré. Les ressources financières et fiscales sont plus concentrées au niveau fédéral qu'à celui des États fédérés. La logique économique est enfin favorable aux espaces les plus vastes et donc plus à la fédération qu'à ses composantes. L'échelon fédéral est amené à se renforcer.
Il y a ainsi un mouvement un peu croisé de décentralisation des États unitaires et de centralisation des États fédéraux.

B. Une différenciation moins évidente entre les différentes formes d'État

On ne peut plus dire aujourd'hui qu'il n'y a pas de rapport entre État unitaire et fédération. Le développement de la régionalisation et de la décentralisation en France, en Italie ou en Espagne fait que régions françaises, provinces italiennes ou autonomies espagnoles se rapprochent sensiblement des Länder allemands ou des cantons suisses. Tout en restant attachés à leur unité, les Britanniques ont par la *devolution* accru sensiblement les prérogatives du pays de Galles et de l'Écosse. Lorsque réforme après réforme on accroît les prérogatives des collectivités territoriales, on est peu surpris de voir un pays passer au fédéralisme comme l'a décidé la Belgique.
On ne saurait pour autant assimiler les deux formes d'organisation des États. En effet, sur le plan des principes, même la décentralisation la plus généreuse dépend du bon vouloir de l'État central qui décide de son propre chef de ce qu'il veut bien concéder aux collectivités territoriales. Ce seront les lois, pas la Constitution, qui fixeront le cadre. Or, ces lois peuvent être facilement modifiées, en tout cas plus facilement que ne peut l'être la Constitution. Sur le plan du fond, les États fédéraux donnent plus de rôles à leurs États fédérés que les entités régionales ou locales n'en ont dans le cadre de la décentralisation. Il y a comme une frontière à ne pas franchir, comme un principe essentiel d'unité qu'on ne peut totalement ignorer dans les États unitaires. Inversement, l'autonomie est une valeur essentielle des fédérations.

Conclusion

Les différences entre les formes suivies dans les États s'estompent. Pour autant, on aurait tort de considérer qu'il y a une espèce de système uniforme. Les bases de chaque système sont quand même toujours assez différentes. En même temps, on voit les vertus de l'unité et de l'autonomie. Au fond, États unitaires et États fédéraux tentent de prendre dans l'autre système des éléments utiles : ajouter de l'autonomie dans les régimes unitaires, revenir à des règles plus uniformes dans les États composés, ce sont sans doute des attentes raisonnables des citoyens. Pourquoi ne pas leur donner raison ?

Sujet : L'Union européenne, une fédération ?

Approche générale du sujet

De façon générale, il est assez facile de déterminer quelle est la forme d'État établie par une Constitution. S'interroger sur l'Union européenne, c'est aborder un rivage plus inhabituel. Même s'il a été tenté de la doter d'une Constitution, ce texte a été rejeté et l'Union européenne n'en a donc pas. Elle n'est pas un État et demeure une organisation internationale. Faut-il alors ne voir dans la construction européenne qu'une confédération ? Ce serait sans doute trop restrictif. L'exercice proposé consiste à voir jusqu'à quel point il est possible de considérer que l'Union européenne est organisée comme l'est un régime fédéral. Nombre d'éléments permettent de trouver une convergence. Il n'est pas complètement possible d'assimiler l'Union à un système fédéral

De façon inhabituelle, chaque partie du corrigé est divisée en trois sous-parties qui correspondent à des arguments qui ont chacun une valeur équivalente. S'en tenir à la construction classique en deux sous-parties aurait eu l'inconvénient de réunir des éléments de façon un peu artificielle.

Proposition de plan

Introduction

Des différents éléments de la construction européenne bâtis depuis plus de 70 ans, l'Union européenne (UE) est assurément l'organisation la plus influente. On lui a attribué les missions les plus importantes, notamment aux plans économique et monétaire et elle réunit depuis 2020 27 États qui représentent la première puissance commerciale mondiale.

L'Union occupe une place particulière dans le développement des liens entre États et peuples européens. L'influence du droit de l'UE est considérable et l'on a non seulement des règles européennes, directives et règlements notamment, qui vont irriguer le droit des États européens mais aussi des principes qui devraient s'imposer au plan budgétaire.

Il a été imaginé de doter l'Union européenne d'une Constitution. Un texte intitulé « Constitution pour l'Europe » a été préparé par une convention pour l'avenir de l'Europe. Ce texte a certes été abandonné à la suite de son double rejet par des référendums organisés en France et aux Pays-Bas mais il est significatif qu'on ait souhaité transposer à une organisation internationale un dispositif applicable en principe aux États. En outre, à beaucoup d'égards, le traité actuellement applicable en remplacement de la « Constitution », le Traité de Lisbonne de 2007, a un contenu assez proche de celui qui a été l'objet des consultations référendaires.

La construction établie par ce texte est assez singulière. À l'instar des confédérations, le traité instaure un rapprochement entre les États et crée des institutions communes. En même temps bien des éléments sont singuliers tant par l'ampleur des missions confiées à l'Union, que par les organes qui ont été créés ou le mode de décision qui s'applique. On semble se rapprocher d'un système fédéral. On ne doit pas complètement

s'étonner d'un tel rapprochement tant il est vrai que les fondateurs de l'Europe défendaient un projet fédéraliste et que l'outil fédéral paraît approprié pour établir des liens entre des États divers sur un si vaste espace.
On verra que si incontestablement un rapprochement peut être fait entre l'Union européenne et une fédération, on ne peut cependant aller jusqu'à une identification en raison notamment des fondements de cette construction.

Annonce de plan

En effet, tant l'ampleur des attributions confiées à l'Union, que les organes créés en commun et le mode de décision adopté au sein de l'Union européenne permettent d'établir un vrai rapprochement entre l'Union européenne et une fédération (I). Le fondement juridique de l'organisation comme les rôles qui demeurent ceux des États ne permettent cependant pas de l'identifier à une fédération (II).

Développements

I. Tant l'ampleur des attributions confiées à l'Union, que les organes créés en commun et le mode de décision adopté au sein de l'Union européenne permettent d'établir un vrai rapprochement entre l'Union européenne et une fédération

A. L'Union européenne héritière des communautés européennes a des compétences très étendues

Selon le projet défendu dans la déclaration Schuman, la construction européenne est un exercice progressif opérant un rapprochement économique étape par étape préalable à un rapprochement politique. Les questions traitées à l'origine étaient limitées et de nature économique. L'Union européenne actuelle intervient en des domaines très divers, l'économie, le commerce, la concurrence, l'agriculture, la monnaie, les douanes, la justice, la circulation des personnes, la défense, les affaires étrangères... C'est elle qui négocie au plan commercial au nom des États membres ; la monnaie unique l'euro a remplacé la monnaie de chaque État. Il y a un partage des compétences entre les États membres de l'Union européenne et l'Union qui distingue les compétences exclusives confiées à l'Union, celles qui sont partagées entre elle et les États et des compétences spécifiques. Cette distribution des rôles entre l'Union et les États est du même type que celle d'une Constitution fédérale et ressemble particulièrement au schéma inscrit dans la Loi fondamentale allemande de 1949.
Les organes compétents au sein de l'Union se rapprochent de ceux d'une fédération.
L'Union européenne s'est dotée de sept institutions, c'est-à-dire ses sept principaux organes.
Au sein du Conseil des ministres et du Conseil européen, les États membres sont représentés. Ces enceintes qui réunissent des membres des Gouvernements ou les principaux dirigeants de chaque État font penser aux organes parlementaires des États fédéraux tels que le Bundesrat allemand composé de ministres des Länder. La Commission européenne fait penser au Gouvernement d'un l'État fédéral tandis que la Cour de justice de l'Union européenne tranche des litiges entre les États et l'Union à l'instar du rôle assuré par le Tribunal constitutionnel de Karslruhe en Allemagne ou de la Cour suprême aux États-Unis.

B. Le mode de décision qui n'est plus l'unanimité renforce le rôle de l'Union

Dans un système confédéral, les États restent souverains et s'ils ont accepté de coopérer sur certains sujets y compris les plus sensibles comme la diplomatie, les questions militaires ou la monnaie, les décisions se prennent à l'unanimité. La construction européenne a hésité à renoncer à ce mode de décision. Certains membres se sont opposés à toute autre méthode de décision comme le fit la France sous le général de Gaulle. Mais aujourd'hui, la décision se prend à la majorité qualifiée au sein de l'Union. Il s'agit d'un élément supplémentaire pour considérer qu'on est au-delà d'une simple confédération mais plutôt dans une construction fédérale.

Transition Lorsqu'on ajoute les différents points rappelés plus haut, force est de constater que l'on se rapproche nettement du système fédéral. L'assimilation ne peut cependant pas complètement être faite.

II. Le fondement juridique de l'organisation comme les rôles qui demeurent ceux des États ne permettent cependant pas de l'identifier à une fédération

A. Une organisation fondée sur des accords internationaux

Tant par les rôles que les États lui ont confiés, les prérogatives des institutions de cette organisation ou bien encore le processus de décision, on semble se rapprocher d'une fédération. La fédération est cependant une construction constitutionnelle. Elle est une des formes d'État que l'on choisit au même titre que l'on pourrait préférer un système unitaire. Une fédération n'est pas établie par un traité comme c'est le cas de l'Union européenne créée à l'origine par le Traité de Maastricht en 1992 et soumise actuellement au Traité de Lisbonne signé en 2007. Un traité résulte de la volonté de plusieurs États, actuellement 27, et non pas d'un seul État comme lorsqu'est établie une Constitution. Matériellement, il est vrai que ces traités font penser à une Constitution. Et il est vrai qu'il y a eu une volonté certaine de chercher un rapprochement comme on l'a vu avec l'élaboration d'une Constitution européenne par une convention sorte d'assemblée constituante à l'intitulé inspiré de celui choisi à la fin du XVIIIe siècle en France et aux États-Unis pour désigner l'assemblée chargée de préparer la Constitution. Le vocabulaire s'est voulu proche. Il n'a pu transformer le fond des choses et le fondement juridique de ce qui reste une organisation internationale.

B. Des États qui conservent leur souveraineté internationale

Lorsqu'on énumère les compétences confiées à l'Union, par exemple la monnaie ou les négociations internationales commerciales, lorsqu'on fait allusion à la primauté revendiquée du droit de l'Union sur le droit des États, lorsqu'on se réfère aux modifications des Constitutions nationales qui ont été amendées pour permettre à l'Union d'intervenir, on pourrait considérer que les États membres de l'Union constituent les États fédérés comparables aux États appartenant à l'Union américaine créée par les USA.

Les 27 gardent en réalité leur souveraineté internationale. Ils ont peut-être décidé d'établir entre eux des coopérations très approfondies y compris avec un dispositif décisionnel qui leur impose des choix. Certains ont pu accepter une monnaie commune. Les attributs de leur souveraineté demeurent. Ils sont responsables de leur diplomatie, de leur défense, de l'attribution de leur nationalité, de la définition de leur budget et du vote de leurs impôts...

S'ils acceptent de limiter leur souveraineté, ils peuvent décider de revenir sur cette hypothèse alors qu'il y a une dimension irréversible dans la situation des États fédérés d'une fédération qui ont perdu en la rejoignant tous ces attributs.

C. Une possibilité de quitter l'organisation, impensable dans une fédération

Lorsqu'elles rejoignent une fédération les différentes composantes indépendantes jusque-là prennent un chemin qui ne pourra connaître de retour. Elles ne peuvent faire sécession. Elles rejoignent définitivement l'État fédéral. Celui-ci n'hésitera pas à empêcher toute velléité de départ et à s'opposer par tous les moyens à cette séparation. On ne peut ici que se référer à la *Civil War* américaine, la guerre interne par laquelle Washington s'est opposé à toute amputation du territoire de l'Union et pour mentionner des faits plus récents, les Russes sont prêts à éviter toute sécession par rapport à leur fédération comme l'a montré par exemple leur réaction en Tchétchénie. Le traité sur l'Union européenne comporte depuis 2007 une disposition permettant à un État de quitter l'Union, l'article 50. Même si le processus est complexe en la matière – le report du *Brexit* au-delà de mars 2019 comme initialement prévu l'illustre –, le vote des Britanniques en juin 2016 montre qu'un départ de l'Union peut être décidé, un événement invraisemblable dans une fédération. La Grande Bretagne a quitté l'Union le 31 janvier 2020.

Conclusion

Ce n'est pas sans raison qu'on a pu voir dans l'Union européenne une construction proche d'une fédération. Il ne serait pas exagéré même de lui trouver plus de proximité avec les fédérations qu'avec les confédérations qui établissent des liens moins étroits entre leurs participants que ceux qu'on trouve entre l'Union et ses États membres.

Cela dit, l'Union aussi puissante soit-elle n'est pas un super État ; elle n'a ni les attributs ni les caractères d'un État. Elle est une organisation internationale qui exige de ses adhérents des transferts de compétences. Mais ils ne renoncent pas à leur souveraineté et ne peuvent être dès lors assimilés à des États fédérés.

Entre l'Union et les États est établie une sorte de lien fédéral ; on ne peut aller jusqu'à l'analyser comme établissant une fédération.

Section III. Le type de régime : quelle mise en œuvre de la séparation des pouvoirs ?

La forme de l'État étant définie, le Chef de l'État étant désigné, il reste à déterminer les rapports entre les différents pouvoirs publics et à fixer le régime politique du pays. On distingue trois grandes catégories de régimes démocratiques : les régimes présidentiels, les régimes parlementaires et les régimes d'assemblée ou régimes conventionnels. On va aborder successivement ces trois possibilités avant de considérer un thème connexe qui est la composition du Parlement.

A. Les régimes présidentiels

Historiquement, les États-Unis sont le premier pays à s'être doté d'un régime présidentiel. Bien souvent, lorsqu'on évoque ce type de régime, on décrit le système établi d'abord en Amérique du Nord puis repris dans d'autres États du continent américain. Dans le reste du monde, on retrouve relativement peu d'exemples d'établissement de ce régime. On peut même se demander s'il s'agit vraiment de régime présidentiel tant certains mécanismes qu'ils introduisent paraissent les éloigner du régime présidentiel au sens strict. La Constitution de la Fédération de Russie de 1990 peut être examinée à ce sujet.

***Régime présidentiel* : régime politique dans lequel les pouvoirs exécutif et législatif sont détenus par des autorités distinctes désignées séparément et qui n'ont pas de moyen de se renverser. Sans avoir auprès de lui de Gouvernement, le Président est élu au suffrage universel comme le sont les chambres ; celles-ci ne peuvent renverser le Président qui de son côté ne détient pas le droit de dissolution**

***Veto présidentiel* : les textes adoptés par le Congrès n'ont de force que si le Chef de l'État les signe. Le refus de signature empêche au moins provisoirement au texte d'entrer en vigueur : ce faisant, le Président exerce son véto**

***Impeachment* : procédure permettant de poursuivre les dirigeants et fonctionnaires et juges d'un pays. Plus spécialement aux États-Unis, procédure permettant à la Chambre des représentants, par un vote à la majorité simple, de mettre en accusation le Président des États-Unis comme les fonctionnaires et juges fédéraux, le Sénat, présidé par le président de la Cour suprême, se prononçant sur les faits reprochés. La destitution du Président ne peut être prononcée qu'avec une majorité des deux tiers**

Discours sur l'état de l'Union **: discours annuel du Président des États-Unis adressé aux membres du Congrès**

Document

Extraits du discours de Michel Debré garde des sceaux devant le Conseil d'État le 27 août 1958

« Le régime présidentiel est la forme de régime démocratique qui est à l'opposé du régime d'assemblée. Sa marque est faite de l'importance du pouvoir donné en droit et en fait à un Chef d'État élu au suffrage universel.

Les pouvoirs, dans un tel régime, ne sont pas confondus. Ils sont au contraire fort rigoureusement séparés. Les Assemblées législatives sont dépourvues de toute influence gouvernementale : leur domaine est celui de la loi, et c'est un domaine bien défini. Elles approuvent également le budget, et, normalement, les traités. En cas de conflit, le Président, pour le résoudre, dispose d'armes telles que le véto ou la promulgation d'office. La justice occupe une place à part et d'ordinaire privilégiée afin d'assurer la défense des individus contre ce chef très puissant, et contre les conséquences d'une entente entre ce chef et les Assemblées.

Les qualités du régime présidentiel sont évidentes. L'État a un chef, la démocratie un pouvoir et la tentation est grande après avoir pâti de l'anarchie et de l'impuissance, résultats d'un régime conventionnel, de chercher refuge dans l'ordre et l'autorité du régime présidentiel ».

Question à réponse courte

La collaboration des pouvoirs dans un régime présidentiel

Dans un régime présidentiel, le Chef de l'État ne peut dissoudre les chambres du Parlement ; inversement, les chambres ne peuvent renverser le Président. Ce dernier se voit attribuer le pouvoir exécutif tandis que les chambres détiennent le pouvoir législatif. Il ne faudrait pas en déduire une séparation étanche des pouvoirs comme s'il n'y avait entre les autorités aucun moyen d'action. Si le Président n'a pas formellement l'initiative de la loi, il peut suggérer l'examen de textes lors de son Discours sur l'état de l'Union et des congressistes proches de lui peuvent reprendre ses suggestions. Inversement, le Chef de l'État peut s'opposer à des projets votés par le Congrès en refusant de les signer et en opposant ainsi son veto. Les décisions présidentielles peuvent être soumises à confirmation par le Sénat. Il est nécessaire que chacun fasse des concessions faute de quoi les nominations soumises à cette procédure ou les ratifications de textes internationaux ne pourront intervenir. Le régime présidentiel exige une collaboration entre les différents pouvoirs et fonctionne convenablement dès lors que ses différents acteurs se montrent disposés à accepter des concessions réciproques et dépassent les *a priori* idéologiques. À cet égard, les élus américains font preuve d'un pragmatisme qui permet au système de fonctionner, ce qui n'irait pas de soi dans d'autres contextes politiques. Mais des incidents sérieux peuvent intervenir comme le *government shut down*.

Fondé sur l'indépendance entre exécutif et législatif, le régime présidentiel peut connaître une mise en œuvre complexe. Lorsqu'on ne parvient pas à établir des accommodements entre les pouvoirs publics, lorsque le dialogue est difficile voire impossible entre les différentes autorités, la pérennité du régime peut être menacée. La France qui avait tenté l'expérience de ce système en 1848 sous la Seconde République n'y a eu recours que moins de quatre ans. La trentaine d'États qui a adopté depuis la fin de la seconde guerre mondiale le régime présidentiel n'a pas toujours connu la stabilité avec ce régime.

À défaut de régime présidentiel, c'est vers une évolution du régime parlementaire que vont bien des pays avec un régime « semi-présidentiel » selon la formule imaginée par Maurice Duverger ou « présidentialiste » selon une autre formule largement répandue. Le point commun de ces régimes est le renforcement du rôle joué par le Chef de l'État alors même que le régime ne peut être qualifié de présidentiel.

> ***Le régime semi-présidentiel*** **: selon la formule de Maurice Duverger dans l'*Échec au Roi*, 1978, à propos du régime français établi sous la Ve République, système dans lequel le Président de la République est élu au suffrage universel et le Gouvernement responsable devant le Parlement. On trouve des systèmes similaires en Autriche, en Finlande, en Irlande, au Portugal, en Roumanie, en Pologne et en Russie**

B. Les régimes parlementaires

Le régime parlementaire naît au Royaume-Uni de l'évolution du rôle que vont jouer les souverains britanniques par rapport à leurs conseillers et à leur Gouvernement. C'est un régime de coopération et de la collaboration entre les pouvoirs publics.
Pour le définir de la façon la plus générale, on peut s'intéresser à l'organisation des pouvoirs publics et relever que l'exécutif est partagé entre un Chef d'État et un Gouvernement tandis que le législatif est confié à un Parlement souvent divisé en deux chambres. On peut aussi s'attacher à la nécessaire confiance qui doit exister entre les différents pouvoirs.

> ***Régime parlementaire*** **: régime dans lequel il doit y avoir en permanence la confiance entre le Gouvernement et le Parlement et qui a instauré des mécanismes pour la rétablir si elle fait défaut**

Les Constitutions de régime parlementaire sont plus ou moins précises et détaillées ; elles peuvent être composées de règles écrites ou de pratiques acquises au fur et à mesure du temps ; elles peuvent être plus ou moins protectrices de l'une ou l'autre autorité mais ce qui est commun à toutes les formes de parlementarisme est d'avoir un ensemble de mécanismes permettant la coopération entre les différentes institutions. Il importe dès lors de connaître ces différents outils. Certains existent dans tous les systèmes parlementaires, le droit de dissolution, la motion de censure. D'autres sont plus spécifiques comme l'interpellation. On doit avoir une idée précise de ces techniques.

Les outils du parlementarisme

- *Investiture* : acte par lequel on désigne officiellement un candidat à une élection et plus spécialement désignation d'une personnalité candidate à exercer la direction du Gouvernement ou d'une équipe candidate à exercer les fonctions gouvernementales
- *Droit de dissolution* : droit accordé à l'exécutif de mettre fin avant la date normale aux mandats des membres du Parlement
- *Motion de censure* : texte rédigé par les parlementaires et soumis à leur vote dans lequel ils contestent l'action du Gouvernement
- *Mise en cause de la responsabilité* : engagement à l'initiative du Gouvernement ou des parlementaires de la politique menée par le Gouvernement
- *Interpellation* : procédure spécifique au parlementarisme français par laquelle un parlementaire met en demeure le Gouvernement de s'expliquer sur l'exercice de son autorité
- *Question préalable* : question posée par un parlementaire visant à faire décider qu'il n'y a pas lieu à délibérer
- *Ordre du jour* : calendrier et programme des débats du Parlement
- *Session parlementaire* : période pendant laquelle siège le Parlement

Le parlementarisme a d'abord été un ensemble de pratiques initiées dans une monarchie dans laquelle le souverain avait un rôle qui se restreignait. Ce type de gouvernement s'est ensuite largement diffusé et si tous les régimes parlementaires ont des caractéristiques communes, on peut trouver entre eux de sensibles différences :

- établi à l'origine dans une royauté, il sera instauré également dans des républiques ; on aura des systèmes parlementaires dans des monarchies comme dans des républiques, la France des IIIe et IVe Républiques ayant adapté le parlementarisme au système républicain.
- la responsabilité politique du Gouvernement peut revêtir plusieurs formes. La règle à l'origine au Royaume-Uni est que le Gouvernement était responsable à la fois devant le Chef de l'État et devant le Parlement. On a un régime parlementaire dualiste. Mais le Gouvernement peut également ne dépendre que du Parlement et l'on aura un parlementarisme moniste.

***Régime parlementaire dualiste (ou orléaniste)* : régime parlementaire dans lequel le Gouvernement est responsable à la fois devant le Chef de l'État et le Parlement. On retrouve une telle pratique en France sous le règne de Louis XVIII et surtout celui de Louis-Philippe d'Orléans, d'où le terme orléanisme**

***Régime parlementaire moniste* : régime parlementaire dans lequel avec l'effacement du rôle du Chef de l'État le Gouvernement n'est responsable que devant le Parlement**

***Monisme inversé* : régime parlementaire dans lequel le Gouvernement ne dépend que du Chef de l'État quand bien même formellement il reste responsable devant le Parlement**

Si le parlementarisme apparaît dans un pays de Constitution non écrite, le Royaume-Uni, dans les autres pays il sera l'objet d'indications et de précisions dans le texte des Constitutions. On va avoir une formalisation des règles en la matière. On va faire allusion à un « parlementarisme rationalisé » dès le début du XXe siècle. Il faut être ici bien conscient qu'au-delà de cette formalisation des règles, on va chercher à améliorer le fonctionnement des régimes parlementaires, leur donner plus d'efficacité. La question qui devra se poser sera celle de leur réussite.

***Parlementarisme rationalisé* : terme imaginé par Boris Mirkine-Guetzevitch pour désigner la formalisation du parlementarisme aux lendemains de la première guerre mondiale et qui à l'époque plus récente renvoie aux différents mécanismes destinés à donner plus d'efficacité et de stabilité aux régimes parlementaires**

Questions à réponse courte

La dissolution

Le droit de dissolution est une prérogative accordée à l'exécutif qui l'autorise à mettre fin de façon anticipée au mandat des parlementaires et à provoquer des élections législatives anticipées. Ce droit peut être attribué au Chef de l'État, au Gouvernement ou à son Chef. Il est fréquemment confié au Premier ministre même si formellement c'est le Chef de l'État qui prononce la dissolution. Ainsi au Royaume-Uni, la Reine prend formellement la décision de dissoudre mais c'est son Premier ministre qui a pris cette initiative. En France, il appartient sous la Ve République au Président de la République de dissoudre. Même s'il est tenu de procéder au préalable à des consultations sa décision est libre et cet acte est dispensé du contreseing. Sous la IIIe République, le Président de la République avait aussi cette prérogative mais non seulement elle était soumise au contreseing mais en outre ne pouvait être engagée qu'après un avis favorable du Sénat à la dissolution de la Chambre des députés. En Allemagne fédérale, la dissolution ne peut intervenir qu'après un vote négatif vis-à-vis du Gouvernement et l'incapacité à désigner un remplaçant au Chancelier.

Le droit de dissolution est théoriquement une arme vis-à-vis du Parlement entre les mains de l'exécutif au même titre que le Parlement peut mettre en cause le Gouvernement. Elle est actuellement d'un usage relativement limité. On est loin des dissolutions à répétition du XIXe siècle et même de la première moitié du XXe siècle par exemple en Allemagne. La dissolution reste utile pour trancher en cas de difficultés entre le Gouvernement et le Parlement. Elle permet en outre à la majorité sortante de choisir la date des élections.

Le parlementarisme rationalisé

Le régime parlementaire est né de l'évolution de la monarchie britannique avec l'émergence d'un ensemble de pratiques établissant les rapports entre le Gouvernement et le Parlement. Les États qui se sont inspirés de ces pratiques ont intégré ces mécanismes dans les textes et notamment leur Constitution. Ce phénomène a été relevé dans les Constitutions du début du XXe siècle par Boris Mirkine-Guetzevitch qui utilise la formule de « parlementarisme rationalisé ». Les auteurs des Constitutions plus récentes ont continué à procéder ainsi faisant plus confiance à la norme écrite qu'à la pratique établie empiriquement. Ils ont aussi cherché à tirer les leçons du passé et à dépasser les errements du parlementarisme. Après la seconde guerre mondiale, plusieurs Constitutions européennes ont ainsi incorporé des formulations très précises et ont cherché une plus grande stabilité politique. On a pu ainsi rendre plus difficile le renversement du Gouvernement ou poser des conditions restrictives pour l'exercice du droit de dissolution. Ainsi, la Loi fondamentale de 1949 rend-elle en Allemagne compliquée la mise en œuvre de la dissolution et la motion de censure est-elle constructive car elle ne permet le renversement du Chancelier que si on parvient à lui désigner un successeur. Le parlementarisme rationalisé a pu montrer sa capacité à protéger l'exécutif et assurer la stabilité. Son efficacité est cependant relative lorsqu'on fait allusion au bilan de la IVe République qui avait certes mis en place des procédés contraignants mais qui a été incapable de les respecter.

C. Les régimes d'assemblée ou conventionnels

Des différents types de régime, le régime d'assemblée n'est pas le plus fréquent dans les démocraties. Il place au centre des institutions l'assemblée. Étant élue, elle exprime la volonté populaire et toutes les autres institutions dépendent d'elle. Le pouvoir exécutif ne fait que mettre en œuvre la politique que l'assemblée a décidée. Il est le « commis » de l'assemblée souvent unique.

Avec un tel système, il y a une certaine confusion des pouvoirs. Un acteur joue un rôle central : la chambre. On ne trouve pas dans un tel système des moyens à la disposition de la chambre et de l'exécutif pour agir réciproquement l'un par rapport à l'autre : pas de dissolution, pas de mise en cause de la responsabilité de l'exécutif.

Le régime d'assemblée ou conventionnel **: régime où l'assemblée domine les différents pouvoirs et où l'exécutif lui est subordonné. On utilise l'expression régime conventionnel pour faire allusion à ce type d'organisation des institutions qu'a connu la France sous la Convention à la fin du XVIIIe siècle. Par extension, le régime parlementaire est assimilé au régime d'assemblée lorsque le Parlement domine des différents pouvoirs**

À certains égards, le régime d'assemblée apparaît comme une réaction face à un régime de concentration des pouvoirs au profit de l'exécutif. On a peu d'exemples de ce régime. La France a cependant pratiqué ce régime sous la Convention et la Constitution de l'an I dite Constitution montagnarde était de ce type. Pendant les phases de transitions constitutionnelles de 1848 et 1871, on a également connu cette formule. Le régime suisse actuel est sans doute le plus durable des systèmes qu'on peut qualifier de régime conventionnel. En outre, l'évolution du régime parlementaire peut être rattachée au régime d'assemblée dès lors que l'on y constate le renforcement du rôle de la chambre et sa domination par rapport à l'exécutif.
Lorsqu'on aborde le régime d'assemblée, il faut être bien conscient des deux acceptions que peut prendre cette expression.

Commentaire d'un document

Extraits du discours de M. Michel Debré, alors garde des Sceaux, ministre de la Justice, le 27 août 1958 devant le Conseil d'État :
« Le régime d'assemblée, ou conventionnel, est celui où la totalité du pouvoir, en droit et en fait, appartient à un Parlement, et plus précisément, à une assemblée. L'assemblée n'est pas seulement le pouvoir législatif et le contrôle budgétaire. Elle est la politique et le Gouvernement, qui tient d'elle l'origine de son autorité et qui dépendant de son arbitraire, n'est que son commis. Ses décisions ne peuvent être critiquées par personne, fussent-elles contraires à la Constitution. Leur domaine est illimité et l'ensemble des pouvoirs publics est à leur discrétion. Le fonctionnement de l'assemblée la met en mesure d'exercer cette tâche : sessions qui n'ont pratiquement pas de fin ; commissions multiples et puissantes ; système de vote par délégation qui permet de multiplier les séances et les scrutins.
Ai-je besoin de continuer la description ? Ce régime est celui que nous avons connu. On a tenté de corriger ses défauts en modifiant le règlement de l'assemblée. Peine perdue ! Celles des modifications du règlement contraires au fonctionnement du régime conventionnel ne sont pas appliquées, ou elles sont impuissantes. On a tenté un nouveau remède en augmentant les pouvoirs de la deuxième assemblée. Peine également perdue ! La division en deux chambres est une bonne règle du régime parlementaire car elle permet à un Gouvernement indépendant de trouver, par la deuxième assemblée, un secours utile contre la première : en régime conventionnel, on neutralise ou plutôt on diminue l'arbitraire d'une assemblée par une autre sans créer l'autorité. On a tenté enfin un remède par des coalitions ou contrats entre partis. Peine toujours perdue ! L'entente entre faction ne résiste pas au sentiment d'irresponsabilité que donne à chacune d'entre elles et à ses membres le fonctionnement du régime d'assemblée.
(...)
Pas de régime conventionnel. (...) La voie nous est étroite, c'est celle du régime parlementaire. À la confusion des pouvoirs dans une seule assemblée, (...) il convient de préférer la collaboration des pouvoirs – un Chef de l'État et un Parlement séparés,

encadrant un Gouvernement issu du premier et responsable devant le second, entre eux un partage des attributions donnant à chacun une semblable importance dans la marche de l'État et assurant les moyens de résoudre les conflits qui sont, dans tout système démocratique, la rançon de la liberté ».

Approche générale du sujet

Le texte à commenter est un extrait d'un document qui date de l'époque de la préparation de la Ve République. Michel Debré qui fut un des principaux rédacteurs de la nouvelle Constitution évoque dans cette partie de son intervention un des régimes possibles, le régime d'assemblée dont il va faire la critique. Inversement, il fait l'éloge d'un autre schéma institutionnel, le régime parlementaire. Pour aborder un tel sujet, il est important de maîtriser les différents types de régime possible. En même temps, il faut être attentif lorsqu'on va commenter les propos du garde des sceaux du général de Gaulle au contexte et à la signification des termes. Quel sens donne-t-il au régime d'assemblée ? Est-ce le sens classique ? Ensuite, comment comprendre l'allusion au régime parlementaire faite par le futur Premier ministre ? Il ne faut pas faire ici d'anachronisme. Il est nécessaire de bien avoir à l'esprit que l'extrait de l'intervention à commenter n'a pas été rédigé récemment mais qu'il l'a été avant même que la nouvelle Constitution ne soit appliquée.

Proposition de plan

Introduction

Le dernier Gouvernement de la IVe République dirigé par le général de Gaulle a une mission principale : préparer une nouvelle Constitution. La loi de juin 1958 lui confie ce rôle en encadrant de façon assez générale les choses. Cette loi pose plusieurs principes sur le contenu du futur du texte et prévoit qu'il sera soumis au référendum. Son élaboration se fera cependant sans l'intervention d'une assemblée constituante élue comme ce fut le cas pour la préparation de la Constitution de la IVe République qui fut soumise *in fine* au vote des Français. Le projet de nouvelle Constitution est en 1958 élaboré par le seul Gouvernement. Deux instances vont cependant être amenées à donner leur avis sur ce texte : le comité consultatif constitutionnel composé de parlementaires et de personnalités qualifiées et, comme pour tout projet de loi, le Conseil d'État. Michel Debré alors garde des sceaux prononce le 27 août 1958 un discours devant le Conseil d'État au sujet du projet de Constitution. Cette intervention est un texte essentiel prononcé au moment où la rédaction de la nouvelle Constitution vient d'être achevée. Le garde des sceaux y évoque les différentes formes de régime en commençant par le régime d'assemblée. Ce faisant, il fait allusion à la pratique des institutions que la France a connues jusque-là.

Après avoir défini le régime conventionnel qui est plutôt selon lui une dérive du régime parlementaire, il en fait la critique jugeant qu'il n'est guère possible de l'amender. C'est une des raisons de prôner une refondation du parlementarisme selon un schéma original qui sert de base aux institutions nouvelles de la Ve République.

Annonce de plan Ainsi, Michel Debré se fait le critique assez sévère mais convaincant d'un système, le régime d'assemblée, qui fonctionne mal et qui n'a pas été en mesure de se corriger (I). Cela l'amène à préconiser la fondation d'un nouveau parlementarisme qui peut susciter des interrogations lorsqu'on relève son originalité et qu'on observe l'évolution de la Ve République (II).

Développements

I. Michel Debré fait une critique sévère mais convaincante du régime d'assemblée qui fonctionne mal et qui n'a pas été capable de se corriger

A. Critique sévère et convaincante d'un système qui fonctionne mal

Le garde des sceaux part certes d'une définition assez extensive du régime d'assemblée. C'est celui « où la totalité du pouvoir, en droit ou en fait, appartient à un Parlement, et plus précisément à une assemblée ». S'il envisage à la fois le cadre juridique théorique et la pratique, le droit et le fait, Michel Debré fait dans son propos plus allusion à la dérive que peut connaître le régime parlementaire qu'au régime conventionnel proprement dit. Ce dernier régime, la France l'a effectivement connu à la fin du XVIIIe siècle notamment sous la Convention mais la concentration du pouvoir vers une chambre que déplore le garde des sceaux renvoie à l'évidence aux républiques parlementaires que furent les IIIe et IVe Républiques. Sous ces deux régimes et spécialement depuis 1946 avec la IVe République, le poids du Parlement et singulièrement de la chambre désignée directement par les citoyens, la Chambre des députés puis l'Assemblée nationale est considérable. Il cumule les pouvoirs législatif et budgétaire. En outre, le Gouvernement dépend nettement du Parlement qui n'hésite pas à le renverser fréquemment. Comment ne pas rappeler ici la centaine de Gouvernements qui se sont succédé sous la IIIe République et la durée moyenne de six mois laissée aux Gouvernements de la IVe République ? Il peut être jugé sévère de voir dans les Gouvernements de l'époque que des « commis » du Parlement ; en même temps, l'instabilité de l'exécutif est manifeste. Le Parlement peut prendre des décisions discutables comme de déléguer par l'autorisation des décrets-lois au Gouvernement le pouvoir législatif alors que la lettre même de la Constitution de la IVe République proscrit cette pratique, nul ne peut remettre en cause ce comportement. Pas plus sous la IVe République que sous le régime précédent il n'y a d'instance pour sanctionner ces comportements contraires à la Constitution.
Ce rôle central du Parlement et de la chambre basse est favorisé par la durée presque ininterrompue des sessions et l'influence des commissions parlementaires.
La description est sévère mais assez conforme au fonctionnement des institutions depuis près d'un siècle quand le garde des sceaux prononce son discours.

B. Un système qui n'a pas été capable de se réformer

La critique de ce fonctionnement des institutions n'est pas inédite ; de Casimir-Périer à Millerand, de Tardieu à Blum, on s'inquiète de ces pratiques ou plutôt de ces dérives. On va tenter d'y remédier et Michel Debré rappelle les trois voies qui furent envisagées pour corriger les choses : la modification du règlement de l'assemblée, le renforcement de la deuxième chambre, l'établissement de liens étroits entre formations politiques autour d'une coalition. Sur le premier point, le garde des sceaux rappelle que si l'on a voulu intégrer dans le règlement de l'Assemblée nationale de nouvelles dispositions visant à empêcher les dérives du parlementarisme vers le régime d'assemblée, elles n'y sont pas parvenues, soit qu'elles n'aient pas été « appliquées », soit qu'elles aient été « impuissantes » à y parvenir. Michel Debré loue ensuite le souhaitable rééquilibrage entre les deux chambres. On se rappelle que la première version de la Constitution de la IVe République n'avait prévu qu'une seule chambre et qu'il faut attendre le milieu du régime pour qu'on renforce le rôle du Conseil de la République, la chambre haute. Michel Debré est favorable au bicaméralisme, « bonne règle du régime parlementaire car elle permet à un Gouvernement indépendant de trouver dans la deuxième assemblée un secours utile contre la première ». Il constate que l'existence de cette seconde chambre, même un peu renforcée, ne suffit pas à régler les problèmes. « On neutralise ou plutôt on diminue l'arbitraire d'une assemblée », autrement dit on ne parvient pas à vraiment revenir sur le rôle confié à une des chambres. De fait, l'Assemblée nationale a gardé sous la IVe République l'essentiel de son rôle, le pire étant que l'on ne parvient pas à « créer l'autorité ». Le troisième moyen, la formation de coalitions ou contrats entre partis, n'a pas non plus prospéré. Les formations politiques ont certes semblé établir entre elles des liens plus étroits ; la loi électorale des apparentements devait par construction inciter les partis à se rapprocher, à « s'apparenter », les partis coalisés recevant la totalité des sièges des députés dans un département s'ils parvenaient à la majorité. « Peine perdue » pour reprendre la formule figurant dans le discours tant il est vrai que les coalitions ne semblent guère solides comme le montre la chute rapide des Gouvernements sous la IVe République.

Transition La gravité des défauts du régime précédent et l'impossibilité de les surmonter conduisent à rejeter le schéma institutionnel suivi jusque-là. C'est pourtant vers le parlementarisme que Michel Debré entend se tourner. Le régime parlementaire qui est présenté est cependant assez singulier.

II. La préconisation d'une refondation du parlementarisme peut susciter des interrogations lorsqu'on en relève l'originalité et observe l'évolution de la Ve République

A. Une refondation du parlementarisme

On peut à première vue trouver un peu paradoxal le choix défendu par un des auteurs de la Constitution de prôner le régime parlementaire. N'est-ce pas en effet ce régime qui a débouché sur un système fort discutable, celui du régime d'assemblée, que Michel Debré critique fortement. Le régime parlementaire présenté dans le discours est cependant assez particulier.

Il en a certes les caractères classiques fondamentaux : l'exécutif est partagé entre un Chef d'État et un Gouvernement ; ce dernier est responsable devant le Parlement ; il y a un « partage des attributions » ; et on « s'assure les moyens de résoudre les conflits ». On pense ici au droit de dissolution de l'assemblée et aux motions de censure à l'encontre du Gouvernement.

Le régime décrit peut sur certains points paraître assez particulier : le Gouvernement est issu du Chef de l'État même s'il n'est responsable que devant le Parlement ; on prévoit entre le Chef de l'État et le Parlement « un partage des attributions donnant à chacun une semblable importance », le Chef de l'État et le Parlement sont séparés. Conformément à ces affirmations, la Constitution de 1958 donne au Président de la République le pouvoir de nommer, certes sur proposition du Premier ministre, les membres du Gouvernement. Le Chef de l'État dispose de façon inédite de pouvoirs dispensés du contreseing ; quant à l'élection du Président de la République, elle n'est pas au suffrage universel direct mais elle n'est pas non plus confiée au Parlement contrairement aux IIIe et IVe Républiques : le suffrage est bien plus large.

B. Un nouveau schéma qui suscite des interrogations

Le projet « parlementaire » présenté en 1958 a d'emblée conduit à des interrogations. Des éléments classiques dans un régime parlementaire sont formulés assez différemment. Le droit de dissolution est accordé sans limite et sans contreseing au Chef de l'État. Les rapports entre le Gouvernement et le Parlement sont très encadrés, notamment avec l'article 49, et il ne semble pas que ce soit dans un sens favorable aux chambres. Avec un corps électoral d'environ 100 000 personnes pour le désigner, le Président devrait avoir une certaine légitimité. D'autres éléments comme le référendum ou la limitation du domaine de la loi peuvent aussi susciter des questions dès la phase de transition institutionnelle.

La mise en œuvre des nouvelles institutions renforce ces interrogations. De qui dépendent vraiment le Gouvernement et le Premier ministre ? Ces derniers sont-ils responsables devant le Parlement ? En droit, oui mais dans la pratique, c'est le Chef de l'État qui décide du maintien ou non de l'équipe gouvernementale. On a pu parler de « monisme inversé ». Depuis 1958, une seule motion de censure a été adoptée par l'Assemblée nationale, encore précisera-t-on que le général de Gaulle refusa la démission que le Premier ministre lui présenta. Peut-on vraiment considérer qu'il y a un « partage des attributions donnant à chacun une semblable importance dans la marche de l'État » comme l'affirme Michel Debré ? La présidentialisation de la Ve République est une évidence que même les périodes de cohabitation n'ont pas complètement interrompue.
La France ne connaît pas tout à fait un régime présidentiel depuis 1958. Mais c'est d'emblée un régime parlementaire assez particulier avec les fonctions confiées dès l'origine au Chef de l'État. L'élection au suffrage universel direct du Président de la République décidée en 1962 a renforcé cette singularité et le rapprochement fait avec le régime présidentiel, encore faut-il sans doute considérer que la pratique des institutions sous la Ve République semble faire, le plus souvent, du Chef de l'État, une personnalité bénéficiant de prérogatives plus étendues que le Président des États-Unis qui lui ne peut pas par exemple dissoudre les chambres.

Conclusion

Il pourrait paraître excessif de paraphraser le futur Premier ministre en affirmant que le régime de la Ve République est celui « où la totalité du pouvoir, en droit et en fait, appartient, à une personne, et plus précisément au Président de la république ».
À bien des égards, c'est pourtant ce que l'on peut constater dans le fonctionnement de nos institutions depuis 1958. Formellement, elles sont parlementaires. Pratiquement, elles sont assez éloignées du parlementarisme. On peut alors se demander si le diagnostic de la situation fait en 1958 aussi convaincant qu'il ait été n'a pas fait passer le pays d'une dérive à une autre. On avait une chambre trop influente ; on a un Chef de l'État trop central dans nos institutions. N'a-t-on pas remplacé l'*hyperparlementarisme* par un *hyperprésidentialisme* ?

D. La composition du Parlement

La question de la composition du Parlement est dans une large mesure indépendante des questions évoquées plus haut :

- le nombre de chambres du Parlement n'a pas d'incidence sur le fait d'opter pour un régime républicain ou monarchique. Le bicaméralisme est compatible avec le parlementarisme comme avec le régime présidentiel. Le monocaméralisme également ;
- le mode de désignation des parlementaires n'a pas non plus d'impact déterminant sur la forme du régime ou son caractère. Cela dit, une assemblée aristocratique a plutôt sa place dans une monarchie.

S'agissant du régime d'assemblée, on peut sans doute considérer en revanche à la fois qu'il sera plutôt républicain – on imagine assez mal une monarchie dont le souverain serait le « commis » de l'assemblée – monocaméral – on rechigne à diviser la souveraineté et donc le Parlement – la chambre unique étant élue au suffrage universel direct.

***Chambre basse* : assemblée du Parlement élue directement par les citoyens, par exemple la Chambre des Communes au Royaume-Uni ou l'Assemblée nationale sous les IV et Ve Républiques**

Haute assemblée **: chambre du Parlement généralement non élue directement par les citoyens voire désignée héréditairement qui peut avoir une existence ancienne et bénéficier d'un certain prestige et d'un rang protocolaire favorable, par exemple la Chambre des Lords au Royaume-Uni ou le Sénat en France**

Monocaméralisme **: régime dans lequel le Parlement n'est constitué que d'une seule chambre**

Bicaméralisme **: régime dans lequel le Parlement est composé de deux chambres**

Bicaméralisme inégalitaire **: régime dans lequel les deux chambres du Parlement n'ont pas les mêmes prérogatives et l'une des deux domine, par exemple en France sous la IVe ou la Ve République**

Dissertation

Lors des exercices d'examen, la question de la composition du parlement peut être posée de différentes manières. On peut envisager la chose au niveau d'un pays : un sujet pourrait ainsi porter sur « le bicaméralisme en France depuis 1875 » ou bien encore sur « les chambres du Parlement britannique ». L'intérêt de ces sujets est d'examiner le poids respectif de chaque assemblée et les évolutions qu'elles ont pu connaître. Encore faut-il bien maîtriser la situation de ces chambres. Mais le bicaméralisme peut aussi être envisagé de façon plus transversale. Ce pourra être le cas lorsque le sujet ne mentionne pas de pays en particulier. C'est ce que nous proposons dans le sujet corrigé suivant.

Sujet : Peut-on se passer d'une deuxième chambre ?

Approche générale du sujet

Le sujet proposé ne contient pas de piège : les termes utilisés ne suscitent pas d'interrogation particulière ; il y a une question, il faut y répondre et l'on est totalement libre d'opter pour l'une ou l'autre réponse. Ce qui est attendu est à la fois une argumentation convaincante dans un sens ou dans l'autre et des exemples concrets à l'appui des arguments. À ce sujet, il sera opportun de puiser ses illustrations aussi bien dans des formules retenues en France que dans la pratique suivie dans les régimes étrangers. Il faut que les étudiants se convainquent que ce n'est pas l'orientation qu'ils vont suivre qui va donner de la qualité à leur exposé mais la solidité de leur argumentaire.

Proposition de plan

Introduction

Parmi les institutions pouvant être établies dans un pays, certaines n'apparaissent pas indispensables ou en tout cas n'ont pas toujours semblé l'être. Ainsi, les organes chargés du contrôle du respect de la Constitution ont une histoire relativement courte ; ils n'existaient pratiquement pas sauf aux États-Unis au XIXe siècle.
Dans la structuration des institutions, on a aussi pu choisir des solutions diverses. Ainsi, l'exécutif a-t-il longtemps été confié à un seul, dans les monarchies, ces régimes au pouvoir d'un seul. Dans les régimes présidentiels, on a aussi un pouvoir monocéphale. On peut aussi répartir le pouvoir exécutif entre plusieurs détenteurs comme le font les régimes parlementaires.

À propos du Parlement justement, il y a également matière à hésiter. Doit-on le constituer d'une seule chambre ? Est-il nécessaire d'établir plusieurs chambres ? Entre le monocaméralisme et le bicaméralisme, entre l'unité du Parlement et sa division en deux assemblées, quel schéma préférer ?
La réponse ne va pas de soi. Certes, dans certaines hypothèses, le bicaméralisme se justifie. C'est le cas des régimes fédéraux où une des chambres sert à représenter les États fédérés. Encore pourrait-on trouver d'autres moyens de permettre à ces États de participer au fonctionnement du fédéralisme, par exemple dans la désignation du Chef de l'État ou dans la définition des circonscriptions électorales.
Dans les autres configurations, c'est-à-dire la très grande majorité des situations, le bicaméralisme ne va pas de soi. Non seulement, il n'a pas une utilité évidente mais encore pourrait-on lui trouver des inconvénients.
La tendance est pourtant au développement du bicaméralisme, comme si à défaut de se justifier par des arguments imparables, l'existence de la deuxième chambre s'imposait par les inconvénients impliqués par son absence.

Annonce de plan

En effet, indispensables uniquement dans les régimes fédéraux, les secondes chambres ne s'imposent dans les autres, en dépit de la difficulté à les désigner, que par les inconvénients que peut impliquer leur absence.

Développements

I. Indispensables dans les régimes fédéraux, les secondes chambres ne s'imposent pas avec évidence dans les autres

A. Les régimes fédéraux ont généralement besoin d'établir une seconde chambre

Dans les régimes fédéraux, on associe différentes entités, les États fédérés, qui vont partager avec un État fédéral les compétences étatiques. Il est nécessaire de constituer dans de tels régimes des instances fédérales où les États fédérés seront représentés et participeront aux décisions fédérales. On peut certes aménager les choses en permettant à ces États de participer à l'élection du Chef de l'État ou en définissant des circonscriptions électorales calées sur ces États mais la pratique la plus fréquente est d'instaurer une assemblée parlementaire représentant les États fédérés : le Sénat aux États-Unis ou le Bundesrat en Allemagne fédérale. Une des caractéristiques des États fédéraux est l'existence d'une telle seconde chambre.

B. L'instauration d'une seconde chambre n'apparaît pas absolument nécessaire dans les autres formes d'État

Le Parlement a classiquement trois grandes fonctions : des compétences budgétaire, législative et de contrôle. Pour les exercer, une seule assemblée suffit. Une chambre est tout à fait en mesure d'examiner puis de voter le budget qui est en général proposé par l'exécutif. Les textes législatifs proposés par l'exécutif ou par les parlementaires peuvent être tout à fait de façon pertinente adoptés par une assemblée législative unique. On voit que pour ces deux éléments centraux, on aura un double regard, une double appréciation. Quant au contrôle, les parlementaires d'une seule chambre sont assez nombreux pour l'exercer : ils sont tout à fait en mesure d'assurer le contrôle des administrations ; quant au contrôle plus spécialement politique, une chambre suffit et d'ailleurs même dans des régimes bicaméraux inégalitaires comme la France de la Ve République ou le Royaume-Uni, seule une des deux chambres peut renverser le Gouvernement.

Il n'est pas très étonnant dès lors qu'une majorité de Constitutions dans le monde n'ait prévu qu'une seule chambre. Si la France a deux chambres aujourd'hui, le Sénat a un rôle modeste comme le Conseil de la République sous la IVe République. En 1791, dans notre première Constitution comme sous l'an I, avec la première Constitution républicaine, en 1848 avec la IIe République comme dans la première version de Constitution pour la IVe République, on a eu un système monocaméral.

Transition La nécessité de la seconde chambre ne va pas de soi. On peut cependant constater un essor du bicaméralisme. L'instauration d'une seconde assemblée n'est pourtant pas si évidente tant dans sa composition que dans le rôle qu'on lui donne. Il paraît cependant assez judicieux d'y avoir recours.

II. En dépit de la difficulté à les désigner et à définir leur rôle, ce sont les inconvénients que peut générer leur absence qui suggèrent de privilégier l'instauration d'une seconde chambre

A. La désignation et le rôle des secondes chambres sont délicats à déterminer

L'instauration d'une seconde chambre ne va pas de soi. Au moins pour deux séries de raisons.

Il est nécessaire de déterminer le mode de désignation de cette seconde assemblée. Dans les régimes fédéraux, on va le lier aux États fédérés mais comment faire dans les autres formes d'État ? La dimension aristocratique de la Chambre des Lords au Royaume-Uni ou de la Chambre des Pairs sous la Restauration en France ne paraît guère envisageable aujourd'hui ; la composition de la Chambre des Lords a d'ailleurs été réformée. Une désignation de la seconde chambre dans les mêmes conditions que l'autre assemblée pose des questions de principe : on est alors quasiment tenu de lui donner le même rôle ; quel est surtout l'intérêt d'avoir côte à côte deux assemblées désignées dans des conditions proches ou identiques ? Quant au suffrage indirect, il n'emporte pas la conviction. Désignée ainsi, la chambre apparaît moins démocratique et le mode de désignation n'apparaît pas neutre : il favorise certains candidats.

Ensuite se pose la question du rôle de cette chambre. Le bicaméralisme égalitaire est difficile à concevoir lorsque la désignation n'est pas comparable dans les deux chambres ; le bicaméralisme inégalitaire peut conduire à s'interroger sur l'utilité de la seconde chambre. Si la voix de la chambre basse l'emporte en toute hypothèse comme au Royaume-Uni ou en France depuis 1958, l'intervention de la chambre haute paraît au mieux superflue et au pire une perte de temps car la navette entre les deux chambres retarde le travail parlementaire.

B. Mais leur absence peut présenter certains inconvénients

Il y a vraiment matière à hésiter. Il est difficile de trouver des arguments positifs justifiant l'existence d'une seconde chambre. Comme on vient de le voir il y a même des inconvénients à préférer le bicaméralisme. Cela dit, n'y a-t-il des risques à opter pour une seule chambre ? Lorsqu'on reprend les expériences françaises de monocaméralisme, on a des régimes qui n'ont guère duré, quelques mois, au plus quelques années. Quand on regarde la situation des États européens dont la plupart ne sont pas fédéraux et qui ne sont pourtant pas toujours de grands États, on observe que la plupart ont deux chambres. Les États semblent de façon assez convergente considérer que le travail parlementaire est amélioré par l'intervention successive de deux assemblées. On a l'impression d'éviter grâce à ces deux lectures les excès, les emportements qui pourraient résulter des choix d'une seule chambre. Laisser intervenir successivement deux chambres, c'est prendre plus de temps avant de décider d'une nouvelle règle. C'est permettre d'assurer un examen plus approfondi ou au moins plus divers. On peut voir selon la formule célèbre avec un seul œil mais on voit mieux avec deux yeux.

Conclusion

Sans doute pourrait-on se passer d'une seconde chambre. Une majorité d'États du monde le font. Le fonctionnement hasardeux des régimes qui avaient fait converger le pouvoir vers une seule assemblée conduit à hésiter à recourir à un tel schéma. On observe que les régimes les plus durables ont opté pour le bicaméralisme : États-Unis, Royaume-Uni, IIIe et Ve Républiques. Dans une certaine mesure, on est assez démuni pour justifier cette solution. On a du mal à la justifier de façon imparable mais en même temps, on se laisse convaincre que le bicaméralisme doit être utile.

Section IV. Les systèmes politiques : quelle pratique des institutions ?

Toute classification a un côté nécessairement réducteur. On distingue de grandes catégories mais il faudrait sans doute ajouter d'autres possibilités et à tout le moins apporter des nuances. Il n'est pas forcément toujours aisé de ranger un régime dans une catégorie ou l'autre. Que dire par exemple des systèmes dans lesquels le Chef de l'État est élu au suffrage universel mais où existe un Gouvernement que le Parlement peut contrôler ? Comment qualifier un système dans lequel le Parlement exerce une influence décisive et où le Gouvernement semble avoir perdu toute autonomie ? Le régime conventionnel fait-il nécessairement de l'exécutif un simple exécutant des volontés de la chambre ? On pourra avoir des systèmes politiques qui empruntent des caractéristiques à plusieurs sortes de régimes. Sans doute par exemple le terme « régime semi-présidentiel » renvoie-t-il à ce caractère un peu double qui fait de certains régimes parlementaires des systèmes qui se rapprochent également du régime présidentiel.

Questions à réponse courte

Les régimes d'assemblée

Les régimes d'assemblée sont des régimes où l'assemblée domine les différents pouvoirs et où l'exécutif lui est subordonné. Les premiers régimes de ce type apparaissent à la fin du XVIIIe siècle par réaction au rôle central antérieurement joué par le pouvoir exécutif. On utilise aussi pour les désigner l'expression régime conventionnel pour faire allusion au type d'organisation des institutions qu'a connu la France sous la Convention à la fin du XVIIIe siècle. La Constitution de l'an I dite Constitution montagnarde établit un régime d'assemblée et la Constitution du Directoire préparée immédiatement après peut également être considérée comme celle d'un régime d'assemblée. À l'époque contemporaine, le régime suisse dans lequel l'Assemblée fédérale est l'autorité suprême et où le Conseil fédéral formé d'un collège de plusieurs membres élus par cette même assemblée et placés « sous sa haute surveillance » est chargé de l'exécutif, est un des rares régimes d'assemblée. Par extension, le régime parlementaire est assimilé au régime d'assemblée lorsque le Parlement domine des différents pouvoirs. Ce rapprochement a pu être fait compte tenu du fonctionnement des institutions françaises sous les Constitutions des IIIe et IVe Républiques.

La présidentialisation

Le régime parlementaire se caractérise par l'existence au sein de l'exécutif à la fois d'un Chef de l'État et d'un Gouvernement et par des mécanismes permettant à chacun de disposer de moyens de contrôle réciproque, dissolution et motion de censure. Né dans la monarchie britannique, ce régime a correspondu à une réduction du rôle du Chef de l'État au profit du Gouvernement et de son chef. Dans les Républiques qui ont adopté ce régime, le Chef de l'État, souvent élu par les chambres du Parlement, a la plupart du temps ce rôle modeste. À l'instar des régimes présidentiels, certaines Constitutions ont décidé de prévoir l'élection du Chef de l'État à un suffrage plus large tout en gardant les autres caractéristiques du régime parlementaire. Dans certains cas, notamment la France sous la Ve République, le Président de la République est devenu le personnage central du régime, la *clef de voûte* des institutions. Il y a une présidentialisation du régime. Il est singulier de relever que cette présidentialisation était déjà amorcée avant même que le Président ne soit élu au suffrage universel direct. Il l'est encore plus de constater que d'autres pays, tels que le Portugal, l'Autriche ou la Pologne qui ont décidé de procéder ainsi pour désigner leur Chef d'État n'ont pas pour autant connu la même évolution. La présidentialisation du régime de la Fédération de Russie est en revanche particulièrement marquée depuis l'élection de Vladimir Poutine à la présidence de la fédération. Dans l'étude des différents régimes, il ne faut pas s'arrêter qu'au seul examen des règles établies dans leur Constitution. Même s'ils ont des schémas institutionnels théoriquement très proches, le fonctionnement d'un régime peut sensiblement différer d'un pays à l'autre. Toute une série de considérations, de paramètres peuvent intervenir. Les traditions politiques, l'histoire, la répartition des forces politiques, la rigueur avec laquelle on applique le texte constitutionnel, les pratiques et usages qui se sont forgé au-delà des textes mêmes, agissent et l'on pourra constater des systèmes politiques fort différents.
Comment ne pas relever par exemple les différences sensibles d'un pays à l'autre sur la place du Chef d'État élu au suffrage universel ? Le seul contexte politique peut influer comme on l'a vu en France avec les cohabitations.
Comment ne pas constater le décalage sensible entre le fonctionnement du régime américain et celui des autres systèmes présidentiels ?

Dissertation

Sujet : L'élection du Chef de l'État au suffrage universel implique-t-elle sa suprématie au sein des institutions ?

Approche générale du sujet

Ce sujet ne contient pas de formule ambiguë, ni ne fait référence à des concepts complexes. Il porte sur un des acteurs des institutions dont le rôle et le mode de désignation sont toujours abordés dans les cours. Nul ne peut prétendre qu'il s'agit d'un thème marginal dont on a à peine entendu parler. Il peut alors être attirant voire séduisant de choisir de traiter une telle rédaction. Elle n'est pas pour autant si aisée que cela à préparer.

En effet, il s'agit d'un thème large. Il n'est pas limité à la situation d'un pays. C'est un sujet de synthèse qui exige de rassembler des éléments de connaissances épars qui se situent dans les développements consacrés aux régimes étrangers et dans ceux portant sur les systèmes français, actuel ou antérieurs.

C'est aussi un sujet qui appelle à réfléchir sur l'éventuel écart entre les textes et la pratique. Est-ce uniquement la Constitution qui confère son rôle au Chef de l'État ou n'y a-t-il pas d'autres éléments agissant sur sa place effective ?

La qualité du devoir dépendra largement de la capacité à réunir ces éléments divers, à aller au-delà d'une présentation polarisée sur la situation française sous la Ve République.

Proposition de plan

Introduction

Comment désigner son Chef de l'État ? La question a appelé durablement une réponse assez uniforme. Le Chef de l'État, quel que soit son titre, Roi, Empereur, Prince, Duc, était bien souvent désigné héréditairement, à part dans quelques monarchies électives comme la Pologne.

Au-delà de la question du choix du monarque se pose celle du rôle confié à ce souverain. La tendance engagée dès le XVIIe siècle au Royaume-Uni puis étendue un siècle après sur le continent européen va consister à restreindre les prérogatives du Chef de l'État. Les souverains des régimes parlementaires n'auront guère de prérogatives très amples.

Certains États ont conservé cette forme d'organisation institutionnelle après le XIXe siècle. Plus de la moitié des États membres des Communautés européennes ont longtemps été des monarchies. Les régimes républicains sont aujourd'hui très nombreux en Europe et dans le monde. Leurs dirigeants suprêmes ne sont pas héréditaires mais élus. L'élection peut prendre plusieurs formes en faisant appel à un corps électoral plus ou moins large. Les États-Unis, l'ancienne colonie britannique, n'ont pas établi une nouvelle monarchie en Amérique mais instauré un système assez complexe où chaque Américain est appelé à désigner le Président. Premier grand pays européen établissant une république à l'époque moderne, la France a organisé sous la Seconde République une élection ouverte

à tous les Français et destinée à sélectionner le Chef de l'État. Dans le monde, de nombreux pays, du Brésil à la Russie en passant par la Pologne ou le Portugal, ont des Constitutions prévoyant l'élection du Président au suffrage universel. D'autres pays tels que l'Allemagne et l'Italie, ont choisi de confier à un corps électoral plus restreint le choix du Chef de l'État.
Un examen rapide des choses semblerait conduire à estimer que les premiers ont assez largement des rôles très conséquents tandis qu'inversement sans désignation populaire, les Chefs d'État ne bénéficieraient pas de la même autorité. Une comparaison plus fine des choses conduit à avoir une approche plus nuancée.

Annonce de plan

En effet, si dans les régimes démocratiques les Chefs d'État qui ont le plus de prérogatives sont ceux qui sont désignés par le plus large corps électoral (I), l'onction du suffrage universel ne garantit pas leur prédominance au sein des institutions, que les textes ou la pratique ne l'aient pas permis, ou que les circonstances électorales aient amoindri la situation du Chef de l'État (II).

Développements

I. Dans les régimes démocratiques, les Chefs d'État qui ont le plus de prérogatives sont ceux qui sont désignés par le corps électoral le plus large

Dans la diversité des régimes démocratiques, tous les Chefs d'État n'ont pas les mêmes rôles. Leur importance semble dépendre du mode de désignation.

A. Les Présidents les plus influents sont élus au suffrage universel

Plusieurs démocraties ont choisi de désigner leur Chef de l'État au suffrage universel. Les modalités de cette élection peuvent être variables puisqu'il peut s'agir d'une élection sans intermédiaire comme en France, au Brésil ou en Russie, les électeurs votant directement pour le candidat de leur choix, ou au contraire d'un dispositif plus complexe où les citoyens votent pour de grands électeurs qui désigneront le Président comme aux États-Unis. C'est parmi les États qui ont déterminé le corps électoral le plus étendu que le Président a le rôle le plus large.
Le Président des États-Unis détient la totalité du pouvoir exécutif et dispose d'une puissante administration. Il ne peut, sauf la très exceptionnelle procédure d'impeachment, être renversé. Il peut s'opposer aux textes votés par le Congrès. Le Président français avait une position assez similaire à celle du Président américain sous la Seconde République. Sous la Ve République, la présidentialisation du régime fait du Chef de l'État le personnage central du régime disposant d'importantes prérogatives dispensées du contreseing et récupérant l'essentiel des fonctions confiées théoriquement au Gouvernement et au Premier ministre. Il peut dissoudre l'Assemblée nationale, ce que ne peut faire son homologue américain. Le Président de la fédération de Russie doit théoriquement composer avec un Gouvernement dirigé par un Président. Mais comme son homologue français, c'est lui qui l'emporte au sein de l'exécutif. Il a en outre d'importants pouvoirs propres qu'il peut exercer par des oukases.

B. Les Chefs d'État non désignés par les suffrages populaires ont des rôles plus réduits

Les dirigeants qui ne bénéficient pas de l'onction du suffrage universel sont dans une situation très différente de celle de leurs homologues élus par un large corps électoral.

Chefs d'État d'un régime parlementaire, leurs attributions effectives sont souvent mineures. La coutume et, plus souvent, les textes constitutionnels peuvent leur avoir confié des fonctions nombreuses. Ils participent au pouvoir exécutif ; ils désignent le Chef du Gouvernement voire les ministres ; les agents de l'État sont nommés par eux ; le droit de dissolution peut leur être confié. Le Roi d'Angleterre ou le Président de la IIIe République a théoriquement beaucoup de rôles. Mais en réalité les choses sont beaucoup plus réduites : les actes présidentiels sont contresignés comme sous la IIIe République ; l'initiative revient au *Prime minister* comme au Royaume-Uni. On peut sans doute trouver quelques nuances d'un pays à l'autre mais dans ces régimes que, le Chef d'État soit héréditaire comme dans les monarchies ou désigné par le Parlement ainsi que le font les Républiques, il aura un rôle qui ne sera pas insignifiant mais habituellement limité. On ne peut sous-estimer l'influence qu'a eue la Reine Elisabeth II, ou oublier la solidité du Roi Juan-Carlos Ier lors de la tentative de coup d'État. On ne peut pas nier l'utilité de l'action des Présidents allemands ou italiens à certains moments délicats comme lors de la composition des Gouvernements. Leurs fonctions n'ont cependant rien de comparables à celles des Présidents élus par le pays tout entier comme nous l'avons vu précédemment.

Transition L'élection du Chef de l'État au suffrage universel est une condition nécessaire pour que lui soient confiées des fonctions éminentes. Est-ce pour autant une condition suffisante ?

II. L'onction du suffrage universel ne garantit pas la prédominance au sein des institutions, textes ou pratique ne le permettant pas, quand ce ne sont pas les circonstances qui amoindrissent la situation du Chef de l'État

A. Des dirigeants élus au suffrage universel que textes et pratiques réduisent à des fonctions limitées

L'élection au suffrage universel du Chef de l'État n'est pas utilisée que dans de très rares pays. Elle l'est dans les régimes présidentiels. Plusieurs pays d'Amérique y ont recours, au Brésil, au Mexique par exemple. Des régimes d'autres natures y font aussi appel. En Europe, en dehors de la France et de la Russie plus d'une douzaine d'États élisent leur Président au suffrage universel. En 2018, la moitié des Chefs d'État de l'Union européenne ont été élus au suffrage universel : Autriche, Bulgarie, Chypre, Croatie, Finlande, France, Irlande, Lituanie, Pologne, Portugal, Roumanie, Slovénie, Slovaquie et République tchèque.

Ces Présidents n'occupent pas tous une position centrale dans les institutions. Seule une minorité d'entre eux exercent une forme de suprématie au sein des institutions. Des textes ne confient que des fonctions limitées ou en tout cas très formelles. En Croatie, en Slovénie, en Slovaquie, en Irlande, les Présidents ont des pouvoirs limités. Si d'autres textes sont plus ambitieux et permettraient au Chef de l'État d'exercer un rôle plus large, la pratique n'en fait pas des hyper-présidents. Les Chefs d'État autrichien, finlandais, portugais n'ont pas une situation comparable à celle du Président français.

B. Des circonstances, notamment électorales, peuvent affaiblir les Présidents élus par le peuple

Que les Chefs d'État désignés sans l'onction du suffrage universel n'occupent pas une place hégémonique, nul n'en doute. Il ne faudrait pas oublier que, même ceux qui en ont bénéficié dans un régime qui leur accorde cette position, peuvent la perdre.

Aux États-Unis, pour mettre en œuvre sa politique, le Président dépend du Congrès. Or, celui-ci n'est pas nécessairement composé de majorités favorables à son projet, voire à sa personne. Les élections de mid-term peuvent apporter des résultats empêchant de mener à bien les projets présidentiels. Les élus du Congrès, même s'ils appartiennent au même parti que lui, ne le suivent pas nécessairement. La mise en cause directe du Président comme ce fut le cas pour Bill Clinton peut aussi le fragiliser.

Les cohabitations répétées entre 1986 et 2002 ont en France montré que les Présidents n'avaient pas en toutes circonstances une place hégémonique. La Vᵉ République devenait alors un régime parlementaire dans lequel le Chef de l'État avait une position assez classique dans ce type de système. Sa suprématie était mise à mal. La situation est fort ambiguë depuis 2022 avec un Président qui n'a pas de majorité favorable à l'Assemblée.
En Russie où l'autorité présidentielle semble évidente, on doit cependant rappeler que le premier Président élu de la Fédération, Boris Elstine, a été dans une situation assez inconfortable. Lorsque Dmitri Medvedev est devenu Président, c'est le Président du Gouvernement Vladimir Poutine qui conservait une position centrale.

Conclusion

Il serait aventureux de considérer que le vote par le peuple tout entier pour désigner le Chef de l'État n'a pas d'incidence sur l'autorité qu'il détient. L'élu de tout un pays, l'élu d'un peuple occupe nécessairement une place à part. Cette onction populaire remplace à certains égards le lien séculaire établi entre une famille régnante et un pays.
Il est cependant délicat d'aller beaucoup plus loin. Les textes constitutionnels, la pratique de ces textes, les circonstances politiques, les événements, ne font pas toujours de cet élu une figure tutélaire qui, quoi qu'il en soit, dominerait le paysage politique et les institutions. Quel Président élu aura jamais l'influence d'un souverain régnant plusieurs décennies ? Laissera-t-on durablement au Chef de l'État un rôle hégémonique dans un pays qui a subi un pouvoir totalitaire comme on l'a vu à l'Est du Continent ? Les situations des dirigeants français et russes sont particulières. Cette domination du Chef d'État élu apparaît en définitive assez exceptionnelle.

Quelques pistes de réflexion au travers de sujets de dissertation :
Les régimes parlementaires n'évoluent-ils pas vers les régimes d'assemblée ?
La distinction entre régime unitaire et régime fédéral est-elle encore pertinente ?

Questionnaire à choix multiples sur les thèmes du chapitre

(les réponses et explications figurent au dernier chapitre de l'ouvrage)

Lequel de ces Chefs d'État est élu au suffrage universel indirect ?
A – Le Président autrichien
B – le Président français
C – le Président de la Fédération de Russie
D – le Président des États-Unis

Le droit de dissolution peut être prononcé à l'encontre
A – de la Chambre des Représentants aux États-Unis
B – du Sénat des États-Unis
C – du Bundesrat
D – du Bundestag

L'Allemagne n'a un régime fédéral que
A – depuis le XIXᵉ siècle
B – depuis la république de Weimar
C – depuis 1949
D – la réunification

Un régime parlementaire dans lequel le Gouvernement ne dépend que du Chef de l'État quand bien même il reste responsable devant le Parlement est

A – dualiste
B – orléaniste
C – moniste
D – moniste inversé

Un régime ne peut être à la fois

A – monarchique et parlementaire
B – républicain et parlementaire
C – républicain et présidentiel
D – monarchique et présidentiel

Laquelle de ces structures est-elle confédérale ?

A – la Suisse
B – l'Union européenne
C – l'ONU
D – la RFA

Lequel de ces États est unitaire ?

A – la Belgique
B – la Suisse
C – la Russie
D – l'Italie

Lequel de ces pays est une république ?

A – la Suède
B – le Danemark
C – la Suisse
D – le Maroc

Lequel de ces pays est une monarchie ?

A – l'Espagne
B – le Portugal
C – l'Italie
D – la Grèce

Dans un régime parlementaire

A – il faut deux chambres
B – le Chef de l'État peut être renversé
C – le droit de dissolution doit être prévu
D – le Chef de l'État ne peut être élu au suffrage universel

Dans un régime présidentiel

A – le droit de dissolution n'existe pas
B – les chambres doivent avoir les mêmes prérogatives
C – le Chef de l'État doit être élu au suffrage universel direct
D – une des chambres peut mettre en cause la responsabilité du Président

Le parlementarisme rationalisé

A – a été imaginé au Royaume-Uni
B – est un ensemble de pratiques coutumières
C – exige une Constitution écrite
D – est un ensemble de règles favorables au Parlement

Dans un régime d'assemblée

A – l'exécutif peut dissoudre le Parlement
B – l'exécutif est collégial
C – les chambres déterminent la politique que doit mener l'exécutif
D – l'exécutif est élu au suffrage universel direct

Qui a déclaré « j'assume totalement « la verticalité » du pouvoir qui croise l'horizontalité de l'action publique » ?

A – Nicolas Sarkozy
B – Donald Trump
C – Vladimir Poutine
D – Emmanuel Macron

Chapitre 4

La démocratie

Les élections, les procédés de démocratie directe

Les pays étudiés dans le cadre des enseignements de droit constitutionnel sont pour la plupart des démocraties. On pourrait s'intéresser à des régimes fondés sur d'autres principes. L'on ne manquerait sans doute pas de matière tant il est vrai que bien des pays, même à l'époque contemporaine, ne donnent au peuple, quels que soient les qualificatifs dont ils se parent, aucun véritable rôle. La transition de certains pays vers des systèmes plus respectueux des élections régulières pourrait également susciter d'importants développements ; il suffira ici de rappeler les bouleversements institutionnels connus dans plusieurs parties du monde. L'est du continent européen a connu à cet égard des changements spectaculaires.
Dans les démocraties, le peuple a le pouvoir. La Grèce a non seulement imaginé un tel mode de gouvernement mais est aussi à l'origine du terme qui lui correspond.

L'article 2 de la Constitution de la Vᵉ République indique *in fine* quel est le principe qui régit la République :

« Gouvernement du peuple, par le peuple et pour le peuple »

Mais comment le peuple exerce-t-il le pouvoir qui est le sien ?
Plusieurs moyens peuvent théoriquement lui permettre de s'exprimer : les élections sont assurément le procédé démocratique le plus répandu. À l'époque contemporaine au moins, on n'imagine pas une démocratie sans l'organisation de consultations électorales. Celles-ci ne sont cependant pas la seule occasion donnée aux citoyens pour s'exprimer. Ils peuvent être appelés à se prononcer directement sans laisser ce rôle à leurs représentants. Le référendum peut, entre autres, ainsi être prévu.

Le premier alinéa de l'article 3 de la Constitution de la Vᵉ République affirme que :
« La souveraineté nationale appartient au peuple qui l'exerce par ses représentants et par la voie du référendum »

La place accordée à chacune de ces consultations populaires varie fortement d'un pays à l'autre. Les procédés de démocratie directe sont ainsi plus ou moins utilisés voire pratiquement ignorés. Il importe de connaître les différentes méthodes par lesquelles les citoyens vont participer à la démocratie.

Section I. Les élections

Les consultations électorales sont le principal instrument permettant aux citoyens de s'exprimer. L'article 3 précité de la Constitution semble placer sur le même plan élection et référendum ; la déclaration des droits de l'homme et du citoyen dans son article 14 qui évoque les questions budgétaires et les impôts ouvre également une alternative en indiquant que « tous les citoyens ont le droit de constater, *par eux-mêmes ou par leurs représentants*, la nécessité de la contribution publique, de la consentir librement, d'en suivre l'emploi et d'en déterminer la quotité, l'assiette, le recouvrement et la durée ».
En réalité, ce sont les élections auxquelles sont le plus souvent appelés les citoyens. L'organisation des élections implique le recours à un ensemble de techniques et appelle un certain nombre de précisions.

1) Les circonscriptions électorales

Les élections peuvent être organisées en appelant tous les électeurs à voter au niveau du pays, les résultats obtenus dans chaque bureau de vote étant collationnés. Il y a une circonscription électorale unique dans laquelle l'ensemble du corps électoral vote. C'est ainsi que les Français désignent leur Président de la République.

On peut également diviser le territoire en sous-ensembles. Les électeurs y choisissent leurs représentants. Dans chacune de ces circonscriptions, on va désigner les élus. Aux élections législatives, de nombreux pays déterminent les circonscriptions infra-étatiques où se présenteront les candidats à la députation. Les membres de la Chambre des Communes au Royaume-Uni sont élus à ce niveau. Les États-Unis, la France, l'Allemagne procèdent également de cette façon, qu'il s'agisse des membres du Congrès, des députés à l'Assemblée nationale ou des membres du Bundestag.

Pour les élections locales, on peut également constituer des circonscriptions électorales à l'intérieur du territoire de la collectivité territoriale, comme on le fait à l'occasion des élections départementales en France.

Si la première hypothèse n'appelle pas techniquement de commentaires particuliers – on vote au niveau d'un pays, il n'y a pas répartition à établir entre les électeurs sauf l'hypothèse d'une élection indirecte comme aux États-Unis –, il n'en va de même lorsqu'on est amené à établir des circonscriptions infra-étatiques. On doit alors diviser le pays. C'est à ce niveau qu'on comptabilisera les votes et désignera les élus. On procède à un découpage électoral. Cette division est un sujet extrêmement sensible. Comment fait-on ? Quelle population, quel espace, quel nombre d'élus pour chacune de ces circonscriptions ? On voit immédiatement qu'il est assez difficile d'avoir une égalité parfaite sur ces différents aspects : il n'est guère concevable d'avoir exactement la même surface, ni le même nombre d'habitants ou d'électeurs. On pourra tenter d'avoir des rapprochements sur un des points mais il est pratiquement impossible de converger sur les deux sauf à imaginer une densité démographique égale sur le territoire. Si on parvient à une certaine convergence sur la population, celle-ci sera-t-elle durable ? La démographie évolue et ce qui pouvait être proche lors d'une élection ne l'est plus lors de la consultation suivante. Il paraît nécessaire de corriger les choses régulièrement. Mais outre ces considérations objectives en quelque sorte, le découpage électoral peut être fait en incorporant d'autres préoccupations, notamment politiques. À partir du comportement politique présumé des électeurs, on va fixer les limites des circonscriptions. D'une rive à l'autre de l'Atlantique, on pourra être tenté de procéder ainsi et l'on parlera de *gerrymandering* ou de charcutage.

Circonscription électorale **: élément du territoire servant de cadre aux consultations électorales**

Découpage électoral **: division du territoire en différentes circonscriptions électorales**

Charcutage électoral **: découpage électoral opéré en vue de favoriser une tendance politique**

Gerrymandering **: mot formé d'une contraction du nom du gouverneur du Massachussetts aux États-Unis et du mot anglais *mander* signifiant salamandre pour visualiser la forme de certaines circonscriptions établies avec des considérations électoralistes. Équivalent aux États-Unis de charcutage électoral**

La constitution des circonscriptions est un sujet à fort enjeu. Il est nécessaire que l'exercice soit sérieusement encadré.

Extraits de l'article 25 de la Constitution française de la Ve République
« Une commission indépendante, dont la loi fixe la composition et les règles d'organisation et de fonctionnement se prononce par un avis public sur les projets de texte et propositions de loi délimitant les circonscriptions pour l'élection des députés ou modifiant la répartition des sièges des députés ou de sénateurs »

2) Les modes de scrutin

Les circonscriptions électorales étant définies, il faut déterminer les modalités du choix par les électeurs de leurs représentants. Plusieurs méthodes peuvent être employées. Classiquement, on distingue deux grandes sortes de modes de scrutin : les scrutins majoritaires et les représentations proportionnelles. À ces deux principales méthodes de désignation des élus, il est nécessaire d'ajouter les scrutins mixtes qui comportent des éléments de la proportionnelle et de scrutin majoritaire.

Représentation proportionnelle **: mode de scrutin dans lequel le nombre d'élus sur les listes de candidats est proportionnel au nombre de voix obtenues par celles-ci**

Scrutin majoritaire **: mode de scrutin dans lequel la liste de candidats ou le candidat qui a obtenu le plus de voix gagne l'élection**

Mode de scrutin mixte **: mode de scrutin combinant la représentation proportionnelle et le scrutin majoritaire**

À propos des modes de scrutin, il n'est pas dans l'objet de ce livre de les présenter successivement, ni d'évoquer les différentes variations qu'il est possible d'envisager en la matière.
On voudrait plutôt attirer l'attention sur deux séries de points.
1) Il est nécessaire de connaître les différentes techniques utilisées pour désigner parmi les candidats ceux qui seront élus. La détermination d'un mode de scrutin exige en général de faire des choix entre plusieurs possibilités : scrutin uninominal ou scrutin de listes ; nombre de tours de scrutin ; attribution des sièges à la proportionnelle ou au scrutin majoritaire, voire mélange entre les deux avec les scrutins mixtes. Si l'on se dirige vers la représentation proportionnelle, il va falloir, après avoir déterminé le quotient électoral, opter entre différents systèmes, la proportionnelle intégrale, la répartition des sièges non pourvus à la plus forte moyenne ou aux plus forts restes. S'il est bien de savoir qu'on peut avoir recours à ces différentes possibilités, il est indispensable de maîtriser plus précisément les modalités pratiques utilisées pour mettre en œuvre ces différents modes de scrutin.

Tours de scrutin **: nombre maximal de consultations devant permettre de désigner les représentants**

Scrutin de liste **: élection dans laquelle on désigne collectivement plusieurs représentants et où dès lors les candidats présentent des listes constituées d'autant de noms que de sièges à pourvoir**

Scrutin uninominal **: élection dans laquelle on ne désigne qu'une personne qui se présente individuellement**

Élection partielle **: scrutin organisé en vue de pourvoir les sièges vacants**

Quotient électoral **: résultat de la division du nombre des suffrages exprimés par le nombre de sièges à pourvoir à partir duquel les sièges seront attribués aux différentes listes**

Répartition des restes **: méthode d'attribution des sièges restants après l'affectation des sièges obtenus en fonction du quotient électoral dans un scrutin proportionnel**

Proportionnelle intégrale **: répartition au plan national des sièges restants aux voix non représentées après détermination d'un nouveau quotient**

Système des plus forts restes **: attribution des sièges restants aux listes totalisant le plus grand nombre de suffrages non représentés**

Système de la plus forte moyenne **: attribution des sièges restants en attribuant fictivement à chaque liste un siège supplémentaire ; le siège est attribué à la liste pour laquelle le rapport entre le nombre de voix au nombre de sièges est le plus élevé**

Système D'Hondt **: forme de répartition des sièges à la plus forte moyenne imaginée par le mathématicien D'Hondt**

Apparentements **: mode de scrutin mis en place en France sous la IVᵉ République par la loi du 9 mai 1951 permettant aux listes ayant fait une déclaration d'apparentement avec d'autres listes d'obtenir la totalité des sièges attribués au niveau d'un département si elles obtenaient dans ce département la majorité des voix. Si les listes apparentées ont la majorité, les autres listes n'ont alors aucun élu**

***Seuil* : pourcentage minimal de voix requis lors d'une élection à la proportionnelle pour avoir des élus**

2) Le choix d'un mode de scrutin n'est pas neutre, ni même les différents détails techniques qui seront retenus. En effet, aux modes de scrutin correspondent certaines conséquences sur les résultats électoraux et le poids respectifs des différentes formations politiques. Au-delà de la connaissance des divers modes de scrutin, il paraît utile de s'intéresser à leur influence sur le système politique : Quelle représentativité du corps électoral ? Quelle structure du système de partis ? Quelle stabilité gouvernementale ? On observe un certain nombre de tendances en la matière.

Questions à réponse courte

Quels sont les principaux modes de scrutin ?

Toute élection exige de déterminer un mode de désignation des élus parmi les différents candidats qui se présentent à la consultation. Traditionnellement on distingue deux principaux modes de scrutin : le scrutin majoritaire par lequel le candidat ou la liste qui a obtenu le plus de voix est élu ; la représentation proportionnelle par laquelle le nombre d'élus est proportionnel au nombre de voix obtenues par chacune des listes. Dans la plupart des cas, l'élection se fait à un tour. La France et le Brésil se singularisent par des systèmes à deux tours. Depuis quelques années existent aussi des modes de scrutin mixtes qui combinent le recours à l'un et l'autre modes de scrutin dans le but de réunir les avantages des scrutins classiques. Cela est pratiqué en Italie et en Allemagne fédérale au niveau national, en France au niveau local.

Le mode de scrutin utilisé aux élections au Bundestag en Allemagne

Les citoyens allemands désignent leurs députés au Bundestag dans des élections où ils vont s'exprimer de deux façons.

Ils disposent en effet d'un bulletin leur permettant de voter à la fois d'une part pour une liste se présentant au niveau du Land et d'autre part pour un candidat se présentant dans leur circonscription déterminée à l'intérieur du Land. En principe, une moitié d'élus est désignée au scrutin de liste, l'autre au scrutin direct uninominal.

La désignation des candidats dans les circonscriptions internes aux Länder se fait au scrutin majoritaire à un tour.

Le vote pour le scrutin de liste se fait à la proportionnelle avec répartition des restes à la plus forte moyenne.

Ce dernier choix est déterminant. En effet, le nombre total d'élus pour le Land est défini à la proportionnelle à partir du vote en faveur des listes ; chaque parti aura un nombre d'élus proportionnel à son nombre de voix obtenues pour l'élection des listes. Si le parti n'a vu aucun de ses candidats élus au scrutin uninominal, on prendra la totalité de ses élus sur la liste qu'il a présentée ; si en revanche il a des élus au scrutin majoritaire dans les circonscriptions internes aux Länder, leur nombre sera défalqué de celui obtenu à la proportionnelle, les autres élus seront pris sur les listes.

On a ainsi un mode de scrutin dans lequel la représentation proportionnelle est essentielle puisqu'elle permet de déterminer le nombre d'élus pour chaque tendance. En même temps, les électeurs choisissent directement une partie de leurs élus par le scrutin uninominal.

Afin d'éviter l'éparpillement des sièges en un trop grand nombre de formations politiques, un seuil de 5 % a été prévu. Rien n'interdit de se présenter dans les circonscriptions internes aux Länder même si l'on n'appartient pas aux partis présentant des listes. Si l'on est élu de cette façon, on ne pourra défalquer le siège d'aucune liste ; il y aura un siège supplémentaire.

Dissertations

Sujet : Qu'est-ce qu'un bon mode de scrutin ?

Approche globale du sujet

Le sujet proposé ne porte pas sur une partie du cours délicate ; l'enseignement magistral, les manuels présentent avec détails les différents modes de scrutin. Il n'y a pas de termes qui suscitent l'interrogation. On va aborder une partie du cours tout à fait classique. Le sujet invite cependant à se prononcer, à prendre parti, à exprimer un jugement. Autrement dit, au-delà des connaissances qu'il faut avoir, il va être nécessaire de défendre une position, il va falloir argumenter. Cette nécessaire prise de position ne doit pas dissuader de se tourner vers ce type de sujet. Bien au contraire. On est ici très loin du QCM : il n'y a pas une réponse unique ; il n'y a pas une bonne réponse ; il y a un point de vue à défendre. Pour ce faire, il faut évoquer les différents modes de scrutin en envisageant leurs mérites respectifs et opter pour l'un d'entre eux. Voire pour aucun d'entre eux. L'important, ce sera de présenter, d'argumenter et de convaincre le correcteur.

Proposition de corrigé

Introduction

Le choix du mode de scrutin n'est pas un sujet indifférent. Qu'on se tourne vers une forme ou une autre de mode de scrutin, l'on n'aura pas les mêmes résultats électoraux. La représentation du corps électoral sera différente. Il n'est guère étonnant que l'opinion soit divisée lorsqu'il s'agit de se prononcer sur la méthode d'attribution des sièges aux élections. Le monde politique ne l'est pas moins lorsqu'il s'agit de prendre position sur une loi électorale.

Chacun pèse les conséquences d'une méthode plutôt qu'une autre. Le consensus est difficile à atteindre sur un tel sujet.

Peut-on cependant établir une loi électorale qui divise moins, qui emporte l'adhésion du plus grand nombre ? N'est-il pas possible d'introduire un système permettant une représentation satisfaisante du corps électoral ?

L'enjeu est essentiel tant il est vrai que le mode de scrutin est un élément important dans une démocratie.

À première vue, la bonne loi électorale semble celle qui parvient à gommer les inconvénients rencontrés dans le fonctionnement des systèmes classiques et l'on aura tendance à se tourner vers des systèmes mixtes. Avec un peu plus de recul, l'on peut s'interroger sur la pertinence d'un tel choix qui n'aura pas la force des scrutins traditionnels.

Annonce de plan Si les inconvénients respectifs de la proportionnelle et du scrutin majoritaire suggèrent d'avoir recours à des systèmes de scrutin mixtes (I), les avantages de ces derniers semblent trompeurs par rapport aux dispositifs classiques qui permettent efficacité ou représentativité (II).

Développements

I. Les inconvénients respectifs du scrutin majoritaire et de la représentation proportionnelle suggèrent d'avoir recours aux modes de scrutin mixtes

A. La mise en œuvre de la représentation proportionnelle et du scrutin majoritaire peut présenter des inconvénients

Si la représentation proportionnelle a vocation à restituer au sein des assemblées qu'elle permet d'élire une image fidèle du corps électoral, elle n'est pas exempte d'inconvénients. Elle a généralement pour conséquence de fragmenter les assemblées et de rendre difficile la formation de majorités gouvernementales solides. Elle implique des tractations complexes entre les différentes formations politiques et peut aboutir à des coalitions étranges. Les appareils partisans ont une influence décisive. La IVe République française et la République italienne ont souffert de l'instabilité chronique induite par le mode de scrutin proportionnel.

Le scrutin majoritaire favorise l'émergence de majorités solides et dès lors assure une certaine stabilité utile à la mise en œuvre des politiques. Mais sur-représentant certaines formations politiques, il n'accorde que peu voire pas de place aux tendances minoritaires.

De nombreux partis peuvent ainsi comme en France sous la Ve République être quasiment absents du Parlement y compris s'ils représentent une incontestable force électorale. Le scrutin majoritaire favorise une personnalisation des élections qui met au second plan les questions plus directement politiques et idéologiques.

B. Réunissant des traits propres à chaque système, les scrutins mixtes rencontrent un certain succès

Les modes de scrutin mixtes contiennent des éléments de proportionnelle et de scrutin majoritaire : une partie des candidats peut être élue avec un mode de scrutin et l'autre par l'autre ; on va chercher à combiner les avantages de chaque système. Ainsi en Allemagne, la moitié des élus est-elle désignée avec un scrutin personnalisé majoritaire qui permet aux citoyens allemands d'opter directement dans leur circonscription pour un candidat tandis que l'autre moitié est issue de listes et désignée à la proportionnelle permettant aux partis dès 5 % des voix d'avoir des élus.

La représentativité des assemblées ainsi élues paraît fidèle à l'opinion du corps électoral et en même temps une partie des candidats a été élue directement dans leur propre circonscription. Il y a un contact direct entre l'électorat et l'élu.

En Russie comme en Italie, on a introduit aux élections parlementaires des modes de scrutin mixtes. Les élections municipales sont dans beaucoup de communes en France organisées avec un mode de scrutin mixte. D'une certaine façon, les élections sénatoriales françaises font appel à un tel mode d'élection puisqu'une partie des sénateurs est élue à la proportionnelle et l'autre au scrutin majoritaire.

Transition Les scrutins mixtes sont-ils si satisfaisants ? S'ils l'étaient, pourquoi les démocraties n'y ont-elles pas toutes recours ? Certains pays semblent très attachés aux formes plus traditionnelles, le scrutin majoritaire en Grande-Bretagne et aux États-Unis, la proportionnelle dans beaucoup de pays d'Europe du Nord. C'est que sans sous doute ces modes de scrutin ne sont pas aussi parfaits que cela.

II. Les avantages des scrutins mixtes sont trompeurs par rapport à des systèmes classiques qui assurent efficacité ou représentativité

A. Les scrutins mixtes n'ont pas nécessairement les vertus qu'on leur prête

On voit souvent les modes de scrutin mixtes comme des mécanismes remarquables qui réussiraient à tirer de chaque loi électorale ce qu'elle peut apporter de mieux. On va ainsi chercher notamment à prendre de la proportionnelle ses vertus de représentativité et du scrutin majoritaire sa capacité à établir des majorités stables et à rapprocher l'électeur de l'élu grâce à la personnalisation des candidatures. Il n'est pas sûr qu'on y parvienne. Dès lors que la proportionnelle sert à désigner tout ou partie des élus, il est probable qu'on aura du mal à avoir une majorité. En Allemagne, quand bien même certains députés sont désignés grâce au vote direct au scrutin majoritaire, le nombre de députés résulte de la proportionnelle et l'Allemagne a été obligée et est obligé de réunir des tendances opposées pour parvenir à une majorité au Bundestag.

Avec des scrutins mêlant proportionnelle et majoritaire, on peut avoir des élus désignés de façon différente qui siègent pourtant dans la même assemblée. Est-il tout à fait satisfaisant de voir cette différenciation ? Certains auront un contact direct avec les électeurs, d'autres seront élus grâce à leur bonne place sur une liste.

Les scrutins mixtes impliquent un savant dosage entre la part de proportionnelle et celle de scrutin majoritaire. Est-on sûr qu'il n'y ait pas des calculs politiques en arrière-plan ? Les scrutins mixtes instaurés en Italie comme en Russie ne peuvent-ils pas appeler quelques interrogations ?

B. Efficacité ou représentativité se retrouvent d'abord avec un scrutin majoritaire ou la proportionnelle

Les formes traditionnelles de scrutin, la proportionnelle, le scrutin majoritaire, n'ont pas que des qualités ; en optant pour l'une ou l'autre catégorie, on sait que l'on renonce à certaines caractéristiques. Le scrutin majoritaire a toujours un peu de mal à représenter la diversité politique d'un pays ; inversement, la représentation proportionnelle rend quasiment inévitable la nécessité de former des coalitions avec quelquefois le rapprochement entre des tendances éloignées et une plus grande fragilité politique.

Cela rappelé, qu'un scrutin permette d'atteindre la stabilité est un sérieux avantage. Il n'est pas exagéré de considérer qu'une telle loi électorale est un « bon » mode de scrutin. Réciproquement, un dispositif permettant aux différentes forces politiques d'être représentées au sein des assemblées politiques est séduisant et il n'est pas là non plus excessif d'estimer qu'un tel schéma constitue un « bon » mode de scrutin. On peut plus particulièrement avoir cet avis à propos de la proportionnelle intégrale et du scrutin majoritaire à un tour qui sont les modes de scrutin les plus typés.

Conclusion

Le cynisme pourrait conduire à estimer que le « bon mode de scrutin » est celui qui est favorable à la formation que je préfère ou aux candidats que je soutiens.

Lorsqu'on choisit un mode de scrutin, on ne peut d'un revers de main écarter la part de calcul et d'intérêt de ceux qui décident d'aller vers un système plutôt qu'un autre.

Cet intérêt bien compris, il n'est pas certain que l'avantage escompté sera durable, ni même réel. Ce que l'on croyait être le « bon » mode de scrutin se retourne quelquefois contre celui qui l'a préconisé.

Au-delà de ces considérations intéressées, la qualité d'un mode de scrutin se mesure plutôt dans sa capacité à répondre aux attentes légitimes des citoyens. À cet égard, l'efficacité que procure le plus souvent le scrutin majoritaire, la représentativité qu'assure la proportionnelle, sont des objectifs tout à fait respectables. Il paraît un peu illusoire d'espérer réunir ces deux aspects. En voulant combiner proportionnelle et majoritaire, on risque de n'avoir ni les avantages de l'un, ni ceux de l'autre.

Sujet : La stabilité et l'instabilité gouvernementale ne dépendent-elles que du mode de scrutin ?

Approche globale du sujet

On a ici un sujet à la rencontre des questions institutionnelles et de science politique. Le choix du mode de scrutin a assurément des conséquences sur le fonctionnement des institutions. Les influences des modes de scrutin sur le résultat des élections sont connues. Mais ici on doit à la fois s'interroger sur la nature des effets des différents systèmes électoraux, et sur les autres paramètres pouvant agir. Outre la loi électorale, le cadre institutionnel a aussi des incidences sur la stabilité gouvernementale.
Pour bien traiter un tel sujet, il sera utile d'illustrer son propos d'arguments pris dans plusieurs pays et à plusieurs époques.

Proposition de traitement du sujet

Introduction

En France, on a quelquefois tendance à attribuer la stabilité gouvernementale que nous connaissons sous la Ve République au mode de scrutin utilisé lors des élections des députés à l'Assemblée nationale : le scrutin majoritaire à deux tours.
Cette affirmation peut être relativisée par des exemples pris dans le fonctionnement de régimes étrangers ou dans la situation constatée en France avant la Constitution actuelle. En effet, l'Allemagne fédérale utilise pour désigner les députés au Bundestag un mode de scrutin proportionnel pour ce qui est du nombre d'élus de chaque tendance ; or, l'Allemagne a connu une certaine stabilité gouvernementale. Inversement, la France de la IIIe République avait recours à un mode de scrutin proche de celui que nous utilisons quasiment constamment depuis 1958 et elle connaissait pourtant une instabilité gouvernementale chronique avec une centaine de Gouvernements en soixante-quinze ans.
Il apparaît que le mode de scrutin a une influence certaine sur la stabilité gouvernementale mais d'autres éléments doivent être pris en compte.

Annonce de plan

En effet, si les différents modes de scrutin ont en principe des effets sur la stabilité gouvernementale, ils ne sont pas toujours simples (I). Il faut surtout prendre en compte d'autres facteurs qu'électoraux, les modes de scrutin n'ayant de conséquences radicales que lorsqu'ils sont purs (II).

Développements

I. Si les différents modes de scrutin ont en principe des effets sur la stabilité gouvernementale, ils ne sont pas toujours simples

A. Les effets évidents des modes de scrutin

De façon générale, il n'est pas exagéré de considérer que le recours au scrutin majoritaire permet d'obtenir des majorités assez claires à l'issue des élections, contrairement à ce qui résulte de la mise en œuvre de la proportionnelle.

Avec ce dernier mode de scrutin, il est nécessaire de constituer des alliances *a posteriori* et ces alliances peuvent être fragiles. Certains partis charnières, même avec des scores électoraux modestes, peuvent avoir un rôle exagéré et faire basculer les alliances et donc chuter les Gouvernements.
La IVe République a fréquemment connu ce type de situation. L'Italie a elle aussi subi ce genre de contexte tant qu'elle a pratiqué la proportionnelle pure. De façon générale, la proportionnelle favorise le rôle des formations politiques et celles-ci ne tiennent pas toujours à assurer la stabilité politique.

B. Un lien de causalité pas toujours simple

Le lien de causalité entre le choix d'un mode de scrutin et la stabilité gouvernementale n'est cependant pas toujours évident.
La IIIe République a en France pratiqué le scrutin majoritaire sans pour autant connaître la stabilité gouvernementale. Inversement, l'Allemagne fédérale ou la Suède ont connu avec la proportionnelle une certaine stabilité gouvernementale ; dans ces deux pays, on n'a pas vu à l'époque contemporaine une succession rapide de Gouvernements.
Par ailleurs, si la proportionnelle implique plutôt l'instabilité, le scrutin majoritaire n'empêche pas des renversements brutaux d'alliance avec des alternances difficiles. On a pu constater au Royaume-Uni des épisodes de ce type.
La stabilité résultant de la mise en œuvre du scrutin majoritaire est quelquefois plus apparente que réelle : en 1967, la majorité à l'Assemblée nationale n'était que d'une voix et on a connu l'année suivante la secousse de mai 1968. On peut aussi connaître des difficultés à l'intérieur de la majorité : à partir de 1976, le Premier ministre n'appartient pas au parti dominant au sein de la majorité, ce qui amène à des frictions sérieuses, par exemple lors du vote du budget fin 1979. Dans les années 1980, l'union de la gauche se fendille entre PS et PCF. Plus récemment, les « frondeurs » manifestent leur opposition à la ligne gouvernementale sous la présidence Hollande.
En outre, si la majorité parlementaire demeure, les Gouvernements peuvent connaître des remaniements fréquents voire des changements à leur tête. Si Nicolas Sarkozy a conservé tout son quinquennat le même Premier ministre, celui-ci a dirigé plusieurs Gouvernements différents. Quant aux autres Présidents, ils ont tous nommé plusieurs Premiers ministres successifs, sans que cela résulte toujours d'un changement de majorité parlementaire.

Transition On ne peut de façon générale et systématique identifier stabilité gouvernementale et utilisation du scrutin majoritaire et inversement instabilité et proportionnelle.

II. D'autres facteurs qu'électoraux doivent être pris en compte, les modes de scrutin n'ayant de conséquences radicales que lorsqu'ils sont purs

A. Des effets radicaux résultent des modes de scrutin « purs »

Les effets électoraux qu'on prête à chaque mode de scrutin ne sont pas aussi systématiques que cela. En effet, la proportionnelle peut avoir un effet d'émiettement dans la représentation qu'elle opère si l'on a un quotient électoral de faible importance, notamment lorsqu'on a beaucoup de sièges à répartir et que l'on n'a pas fixé de seuil minimal pour l'attribution des sièges. Une proportionnelle qui n'a pas posé de limites comme celle qui s'est appliquée en Israël ou en Italie peut déboucher sur une assemblée composée de formations politiques très nombreuses et conduire à une instabilité gouvernementale chronique. La mise en place de seuils élevés réduit fortement ce risque.
Inversement, la « simplification » du paysage politique est le fait du scrutin majoritaire à un tour. Avec un tel mode de scrutin, peu de formations politiques vont avoir des élus et l'on aura presque toujours une majorité à la chambre. Si les contre-exemples existent, ils sont peu nombreux. Les choses sont un peu moins marquées avec le scrutin à deux tours.

B. D'autres facteurs doivent être pris en compte pour expliquer la stabilité ou l'instabilité gouvernementale

La stabilité gouvernementale dépend d'autres facteurs que les seuls éléments électoraux.

On peut faire allusion ici aux mécanismes de répartition des compétences entre l'exécutif et le législatif dans le cadre du parlementarisme rationalisé et notamment aux systèmes de mise en cause de la responsabilité gouvernementale. Lorsque la mise en cause de la responsabilité du Gouvernement est conditionnée à la désignation d'un successeur au Chancelier, dans le mécanisme dit de motion de censure constructive, on rend plus rares les renversements de Gouvernement. Ce système rigoureux protège à l'évidence les Gouvernements allemands. De même, l'article 49 de la Constitution française qui exige un vote à la majorité des membres composant l'Assemblée nationale pour l'adoption de la motion de censure limite les menaces pesant sur le Gouvernement.

Le poids dans les institutions du Chef de l'État peut avoir des incidences sur la stabilité gouvernementale. En France, c'est moins du Parlement que du Chef de l'État dont dépend le Gouvernement. Si le Président tient, sous la Ve République, à garder son Gouvernement, il pourra être très durable. Inversement, les Chefs de l'État de la IVe République comme les Présidents italiens ont plus de difficultés à imposer longtemps leur point de vue en la matière.

La personnalité des dirigeants politiques peut avoir des effets sur la stabilité gouvernementale. Des caractères bien tranchés, des personnages marquants peuvent par leurs qualités obtenir des votes favorables au Parlement leur assurant une longue présence à la tête du Gouvernement. Il suffira ici de se référer aux Premiers ministres britanniques tels que Gladstone ou Disraeli qui ont marqué le XIXe siècle.

Conclusion

Si les modes de scrutin étaient les seuls déterminants dans la stabilisation gouvernementale, les dirigeants des Gouvernements français et britanniques devraient être les personnalités qui exercent de la façon la plus durable leurs fonctions. Or, actuellement, c'est la Chancelière allemande qui occupe ses fonctions éminentes depuis le plus longtemps, alors même qu'elle a été désignée dans le cadre d'un scrutin proportionnel.

Le choix du mode de scrutin n'est certes pas indifférent en matière de stabilité gouvernementale mais il n'est pas le seul paramètre. D'autres éléments interviennent et notamment les règles de fonctionnement des institutions.

Une question qu'on peut cependant se poser est de savoir si la stabilité est forcément une bonne chose. Ou plutôt si la stabilité est toujours obtenue avec la volonté des citoyens.

Sujet : La Constitution de la Ve République et les élections

Approche globale du sujet

Dans tout examen et sans doute davantage encore lors d'un concours, il peut y avoir une part de surprise. On ne s'attend pas à telle ou telle formulation ou à tel ou tel thème ; on voit quelle partie du cours envisage la question mais l'on se demande comment l'on va tenir sur un sujet de façon à « remplir une copie ». Les sujets « pointus » ou ceux qui appellent une espèce de synthèse peuvent à première vue inquiéter. Avec un peu de recul, cette crainte est exagérée. L'on se rend compte qu'il y a en réalité de quoi rédiger un devoir. Certes l'essentiel des règles électorales figure plus dans les lois voire des règlements que dans la Constitution de la Ve République. Mais notre Loi fondamentale n'est pas cependant complètement silencieuse sur le sujet : la désignation du principal personnage des institutions est précisément évoquée ; en outre, des éléments concernent les membres des assemblées parlementaires ou des collectivités territoriales ; d'autres éléments comme l'affirmation de la parité évoquée dès l'article 1er de la Constitution peuvent avoir des incidences sur la désignation des candidats aux élections.

L'intérêt d'un tel sujet est d'apprécier comment à partir d'un thème un peu transversal l'on va réagir, c'est-à-dire répondre au sujet en réunissant les éléments utiles sans déraper vers des développements connexes inutiles.

Proposition de traitement du sujet

Introduction

Dès ses premières dispositions, la Constitution de la Vᵉ République pose un certain nombre de principes fondamentaux caractérisant le régime mis en place en 1958 : La République est selon l'article 1ᵉʳ « indivisible, laïque, démocratique et sociale » et le premier alinéa de l'article 3 de la Constitution de la Vᵉ République affirme que « la souveraineté nationale appartient au peuple qui l'exerce par ses représentants et par la voie du référendum ».

Ces formules générales sur le caractère démocratique du régime sont complétées par des dispositions plus précises. L'article 11 contient un certain nombre d'éléments portant sur le référendum ; d'autres articles, tels que l'article 89, évoquent également le référendum. Mais les procédés de démocratie directe ne sont pas les seuls mis à la disposition des citoyens. Le peuple exerce aussi sa souveraineté par des représentants.

Comment ceux-ci sont-ils désignés ? La Constitution apporte à ce sujet des éléments de réponse. Ils peuvent être précis comme c'est le cas pour l'élection présidentielle. Mais, ce qui figure dans notre Loi fondamentale ne l'est pas autant pour les autres élections.

Annonce de plan

En effet, si la Constitution de la Vᵉ République évoque avec précision les modalités de désignation du Chef de l'État, elle ne contient que peu d'éléments sur la désignation des autres représentants des citoyens (I) ; il en résulte une grande liberté pour législateur lorsqu'il définit les modalités des élections, ce qui n'est pas forcément très opportun (II).

Développements

I. Une Constitution précise pour les modalités de choix du Président de la République mais laconique à propos de la désignation des parlementaires et des autres représentants des citoyens

A. La Constitution contient des éléments précis concernant la désignation du Président de la République

Les articles 6 et 7 de la Constitution déterminent les modalités de désignation du Président de la République. Même si l'article 6 fait *in fine* allusion à une loi organique fixant les modalités de son application, les dispositions constitutionnelles précisent beaucoup les choses. Le Président est selon l'article 6 élu au suffrage universel direct. Ce principe a été introduit à la suite de la révision constitutionnelle adoptée par référendum voté en 1962 et mis en œuvre pour la première fois en 1965. Auparavant, l'élection se faisait au suffrage universel indirect, seuls les grands électeurs formant un collège proche de celui désignant les sénateurs participaient à l'élection du Chef de l'État.

La durée du mandat a été ramenée à 5 ans, l'article 6 prévoyant auparavant qu'elle était de 7 ans. L'article 7 précise qu'il est élu à la majorité absolue des suffrages exprimés. Ce scrutin majoritaire est à deux tours : un deuxième tour décisif est organisé si aucun des candidats n'a obtenu au premier tour la majorité des suffrages exprimés ; seuls deux candidats peuvent se présenter à ce second tour, ceux qui, après d'éventuels retraits, ont recueilli le plus de voix au premier tour.
Le texte constitutionnel va jusqu'à préciser la période, avant la fin du mandat du Président sortant, au cours de laquelle l'élection devra être organisée. On envisage l'hypothèse où un candidat décéderait ou serait empêché. Si tel était le cas avant le premier tour, il y aurait report de l'élection. L'empêchement ou le décès d'un de deux candidats du second tour impliquerait la réorganisation de l'ensemble des opérations électorales. Ces dernières règles ne figuraient pas en 1958 mais ont été ajoutées en 1974.

B. La Constitution est cependant est plus laconique concernant la désignation des parlementaires et des autres représentants

Le degré de détail est, dans la Constitution, pour les autres élections, bien moindre.
L'article 24 se contente de préciser que les députés « sont élus au suffrage direct » tandis que le Sénat « est élu au suffrage indirect ». Le nombre de parlementaires est plafonné. On n'a en revanche aucune indication sur le mode de scrutin applicable ou la durée du mandat des parlementaires. La Constitution renvoie à une loi organique pour la fixation de différents points : durée des pouvoirs de chaque assemblée, nombre de parlementaires, indemnité, conditions d'éligibilité, régime des inéligibilités et incompatibilités, remplacement sont autant de points que le législateur organique devra préciser. Il appartiendra au législateur ordinaire de déterminer la loi électorale.
À propos des collectivités territoriales, la Constitution est encore plus elliptique. On sait seulement que celles-ci « s'administrent librement par des conseils élus » selon les termes de l'article 72 de la Constitution. On n'a pas d'indication sur la durée du mandat, le mode de scrutin auquel on peut faire appel, le nombre de tours de scrutin, le caractère direct ou indirect de l'élection. Il n'est fait allusion qu'à cette nécessité d'avoir dans ces collectivités des conseils « élus ».

Transition Sauf les modalités de l'élection présidentielle assez précisément, les règles électorales ne sont pas évoquées avec détail dans la Constitution. Celle-ci n'est pas cependant complètement silencieuse sur ce sujet.

II. Peu de contraintes étant établies au plan constitutionnel en matière d'élection, le législateur a, en la matière, une marge de manœuvre pas forcément opportune

A. Peu de règles constitutionnelles portent sur les élections

L'écart de traitement entre élections présidentielles et autres élections est assez flagrant. Mais même pour les élections présidentielles, tout n'est pas évoqué au plan constitutionnel. Il n'y a rien dans le texte constitutionnel sur les parrainages, ni sur les questions de financement des campagnes présidentielles. On ne trouve pas non plus d'indication sur l'organisation d'élections primaires préalables à l'élection proprement dite. Sur ce dernier point, les partis qui ont décidé d'avoir recours à cette sélection font ce qu'ils veulent. Pour les autres questions, c'est le législateur qui va intervenir.
Pour les autres élections, on a peu d'éléments dans la Constitution. Cela ne signifie pas pour autant qu'elle est totalement silencieuse sur le sujet. Selon l'article 34 de la Constitution, la loi « fixe également les règles concernant le régime électoral des assemblées parlementaires, des assemblées locales et des instances représentatives des Français établis hors de France ainsi que les conditions d'exercice des mandats électoraux et des fonctions électives des membres des assemblées délibérantes des collectivités territoriales ».

Le deuxième alinéa de l'article 1er de la Constitution précise de façon générale que « la loi favorise l'égal accès des femmes et des hommes aux mandats électoraux et fonctions électives... ». On pourrait ajouter que l'article 1er de la déclaration des droits de l'homme et du citoyen du 26 août 1789 affirme solennellement que « les hommes naissent et demeurent égaux en droit. Les distinctions sociales ne peuvent être fondées que sur l'utilité commune ». Enfin comme on l'a vu plus haut, l'article 25 impose de faire intervenir le législateur organique à propos d'un certain nombre de questions portant sur le régime des parlementaires. Le mode de scrutin applicable aux différentes élections, nationales ou locales, n'est pas précisé. Il n'y a guère d'éléments pouvant donner à penser que la norme constitutionnelle est favorable à l'un ou l'autre mode de scrutin. Même la disposition relative à la parité ne paraît pas nécessairement impliquer le recours à la proportionnelle. La loi peut favoriser l'égal accès des femmes et des hommes aux mandats électoraux en sanctionnant financièrement les partis qui présentent plus de candidats d'un sexe aux élections au scrutin majoritaire.

B. La concision de la Constitution laisse au législateur en la matière une large marge de manœuvre qui n'est pas forcément opportune

Le régime électoral est, comme l'indique l'article 34, fixé par le législateur. Il est compréhensible que l'on ait préféré laisser le soin au législateur d'intervenir en la matière plutôt que d'indiquer les règles dans la Constitution. Ce texte n'a pas à rentrer dans les détails des règles relatives aux institutions ; il est légitime de laisser ce soin au législateur organique ou au législateur ordinaire. La Loi fondamentale n'a pas vocation à être un texte de grande longueur. On peut ajouter qu'inscrire au plan constitutionnel la loi électorale c'est rendre plus difficile les modifications.

Mais, justement, ne serait-il pas plus sage d'être plus précis dans la Constitution, à propos de ces événements essentiels dans une démocratie que sont les élections ? En laissant le législateur intervenir dans la définition des règles électorales, on laisse à la majorité du Parlement la possibilité de choisir les règles. Ne va-t-elle être exposée à la tentation de modifier à son avantage le cadre applicable ? Cela vaut pour les élections parlementaires. On peut ici se référer aux modifications de la loi électorale opérées pour les élections à l'Assemblée nationale de 1986 puis de 1988. Ce fut un mauvais calcul des majorités parlementaires qui ont échoué mais on ne peut pas ne pas voir à ces deux moments des arrière-pensées électorales. Cette tentation peut aussi apparaître pour les élections locales lorsque sont modifiés le régime électoral puis le format des circonscriptions comme on l'a vu pour les régions. Les modifications apportées aux conditions de désignation des députés européens ne paraissent pas non plus échapper à ce travers.

Quand bien même les modifications apportées au régime électoral ne s'avèrent finalement pas favorables à ceux qui les ont établies, on peut juger préférable qu'il y ait en matière électorale une certaine continuité ou en tout cas qu'on ait l'assurance que la règle électorale respecte bien un certain nombre de principes. En l'état actuel de notre Constitution, il n'y a aucun contrôle systématique de la conformité constitutionnelle de la loi électorale, celle-ci ne devant pas figurer dans un texte organique. À propos de la solennité que devrait avoir cette question du choix du système électoral, on rappellera que les Britanniques ont récemment organisé un référendum à propos d'un éventuel changement du mode de désignation des membres de la Chambre des Communes ; autrement dit, c'est le peuple lui-même qui était appelé à dire sa préférence pour le choix de ses représentants. Une telle méthode montre l'importance de la question et donne aux premiers intéressés une voix décisive. Ne faudrait-il pas s'en inspirer ?

Conclusion

La Ve République a longtemps été dominée par le scrutin majoritaire applicable pratiquement à toutes les élections nationales. À part pour la désignation d'une partie des sénateurs et une incursion de 1986 à 1988 pour l'élection des députés, la proportionnelle n'est pas utilisée en France à ces élections. Tout au plus envisage-t-on de désigner une partie des députés à la proportionnelle. On a longtemps eu le même schéma pour les élections locales.

Si l'on élargit le spectre vers les différentes élections locales et européennes auxquelles les Français sont appelés à s'exprimer, on observe que depuis le début des années 1980, les règles électorales ont été plusieurs fois modifiées et qu'elles sont plus diverses puisqu'à la domination sans partage du scrutin majoritaire ont fait place des modes de scrutin plus divers, proportionnelle, majoritaire, mixte.

Ces variations peuvent susciter l'interrogation. Établies à la suite du vote d'une simple loi, sans que la Constitution n'impose au législateur de fortes contraintes, elles ont pu être établies à la suite de calculs politiques. Elles peuvent générer de la confusion chez des électeurs appelés quelquefois à devoir éliminer et dans d'autres cas être plus sûrs d'avoir des représentants appartenant à leur tendance politique.
La Constitution laisse le choix au législateur. Peut-être ne devrait-elle pas être aussi souple.

Section II. La démocratie directe et semi-directe

La plupart des démocraties accordent une place centrale aux élections ; bien des pays privilégient la démocratie représentative. La consultation directe des citoyens existe cependant dans certains pays.
Au sens strict, les pays de démocratie directe seraient ceux qui n'acceptent que des consultations directes des citoyens à l'exclusion de toute élection. Les démocraties semi-directes auraient recours aux deux sortes de techniques démocratiques. La première hypothèse est un peu théorique et dès lors qu'une population est nombreuse on voit les limites d'un usage exclusif de procédés de démocratie directe. Certains cantons suisses ont cependant gardé l'usage d'assemblées législatives réunissant l'ensemble des citoyens, les Landsgemeinde.

Landsgemeinde **: en Suisse, assemblée composée de la réunion de l'ensemble des citoyens d'un canton qui exerce des compétences législatives. Fréquente au Moyen-Âge, cette pratique ne demeure que dans les cantons d'Appenzell, de Glaris et d'Unterwald**

La consultation directe de la population est en général utilisée parallèlement à l'organisation d'élections.
Lorsqu'on s'intéresse à la démocratie directe, il paraît en premier lieu nécessaire d'inventorier les différents procédés en usage. Le référendum est le plus célèbre de ces procédés mais il n'a pas toujours la même portée et ne vise pas toujours la même catégorie de règles. On pourra ici à propos du référendum examiner ces différents points : le référendum permet d'adopter une règle mais aussi de s'y opposer via la véto populaire ou d'abroger un texte via le référendum abrogatif. La nature des textes qui peuvent être visés par un référendum est diverse : le référendum peut porter sur des dispositions législatives mais aussi des règles supérieures comme la Constitution ou les traités ; des décisions locales peuvent également être l'objet de référendum.
Même si l'on identifie volontiers démocratie directe et référendum législatif ou constitutionnel, il ne faudrait pas considérer que l'intervention des citoyens est forcément décisive : elle peut consister en un droit d'initiative par le droit de pétition. Ce n'est pas non plus toujours un texte qui est l'enjeu de la consultation. En effet, l'on peut aussi viser une personne et décider le renvoi d'un élu par le schéma du rappel, du *recall* ou de la révocation populaire.
Le mouvement des *Gilets jaunes* qui a débuté à l'automne 2018 a popularisé la formule de référendum d'initiative citoyenne (RIC). À beaucoup d'égards, le RIC s'apparenterait à l'initiative populaire prévue dans certains pays. L'originalité se

situe plutôt dans la diversité des ambitions de cet instrument. Il aurait en effet des vocations diverses : adoption d'un texte, modification de la Constitution, révocation d'un membre d'une institution, remise en cause d'une loi, ratification ou dénonciation d'un traité…

Référendum **: vote de l'ensemble des citoyens pour approuver une mesure proposée le plus souvent par le pouvoir exécutif**

Plébiscite **(du latin plebiscitum, décision du peuple) : vote direct du corps électoral par oui ou par non sur une question qu'on lui soumet**

Référendum abrogatif **: référendum visant à décider l'abrogation d'un texte en vigueur**

Référendums locaux **: consultation référendaire organisée par une collectivité territoriale**

Initiative populaire **: droit accordé aux citoyens d'obliger le Parlement à légiférer dans un domaine déterminé**

Véto populaire **: droit donné au peuple de s'opposer à la mise en vigueur d'une loi votée par le Parlement**

Pétition **: écrit adressé aux pouvoirs publics par les citoyens pour leur exprimer une opinion**

Recall **: procédure adoptée dans certains États des USA permettant aux électeurs de destituer de leurs fonctions les titulaires de mandats électifs**

Démocratie de la prairie **(USA) : ensemble des procédés de démocratie directe aux États-Unis**

Votation **: vote et plus spécialement en Suisse votation populaire est synonyme de référendum**

RIC (référendum d'initiative citoyenne) : **référendum organisé à l'initiative d'une partie des citoyens. Il se rapproche de l'initiative populaire. Ses promoteurs évoquent la possibilité d'y recourir en toutes matières ; il pourrait être constitutionnel, législatif, abrogatif, constituant, suspensif, permettre une révocation, une ratification ou une convocation**

RIP (référendum d'initiative partagée) : **procédure définie à l'article 11 de la Constitution permettant d'organiser un référendum sur une proposition de loi présentée par au moins un cinquième des parlementaires et soutenue par un dixième du corps électoral**

Le cadre juridique applicable au référendum et sa pratique peuvent dans certains pays retenir plus particulièrement l'attention : la Suisse, l'Italie, les États-Unis fournissent d'intéressants exemples. La situation française est singulière car la Constitution de la Ve République, contrairement aux régimes précédents, comporte plusieurs dispositions établissant le recours à des consultations référendaires.

Dispositions de la Constitution de la Ve République portant sur le référendum

Article 11

Le Président de la République, sur proposition du Gouvernement pendant la durée des sessions ou sur proposition conjointe des deux assemblées, publiées au *Journal officiel*, peut soumettre au référendum tout projet de loi portant sur l'organisation des pouvoirs publics, sur des réformes relatives à la politique économique ou environnementale de la Nation et aux services publics qui y concourent ou tendant à autoriser la ratification d'un traité qui, sans être contraire à la Constitution, aurait des incidences sur le fonctionnement des institutions.

Lorsque le référendum est organisé sur proposition du Gouvernement, celui-ci fait devant chaque assemblée, une déclaration qui est suivie d'un débat.

Un référendum portant sur un objet mentionné au premier alinéa peut être organisé à l'initiative d'un cinquième des membres du Parlement, soutenue par un dixième des électeurs inscrits sur les listes électorales. Cette initiative prend la forme d'une proposition de loi et ne peut avoir pour objet l'abrogation d'une disposition législative promulguée depuis moins d'un an.

Les conditions de sa présentation et celles dans lesquelles le Conseil constitutionnel contrôle le respect des dispositions de l'alinéa précédent sont déterminées par une loi organique.

Si la proposition de loi n'a pas été examinée par les deux assemblées dans un délai fixé par la loi organique, le Président de la République la soumet au référendum.

Lorsque la proposition de loi n'est pas adoptée par le peuple français, aucune nouvelle proposition de référendum portant sur le même sujet ne peut être présentée avant l'expiration d'un délai de deux ans suivant la date du scrutin.

Lorsque le référendum a conclu à l'adoption du projet ou de la proposition de loi, le Président de la République promulgue la loi dans les quinze jours qui suivent la proclamation des résultats de la consultation.

Article 53, 3e alinéa

Nulle cession, nul échange, nulle adjonction de territoire n'est valable sans le consentement des populations intéressées

Article 60

Le Conseil constitutionnel veille à la régularité des opérations de référendum prévues aux articles 11 et 89 et au titre XV. Il en proclame les résultats

Article 61, 1er alinéa

(...) les propositions de loi mentionnées à l'article 11 avant qu'elles ne soient soumises au référendum... doivent être soumises au Conseil constitutionnel qui se prononce sur leur conformité à la Constitution

Article 72-1
La loi fixe les conditions dans lesquelles les électeurs de chaque collectivité territoriale peuvent, par l'exercice du droit de pétition, demander l'inscription à l'ordre du jour de l'assemblée délibérante de cette collectivité d'une question relevant de sa compétence.
Dans les conditions prévues par la loi organique, les projets de délibération ou d'acte relevant de la compétence d'une collectivité territoriale peuvent, à son initiative, être soumis, par la voie du référendum, à la décision des électeurs de cette collectivité.
Lorsqu'il est envisagé de créer une collectivité territoriale dotée d'un statut particulier ou de modifier son organisation, il peut être décidé par la loi de consulter les électeurs inscrits dans les collectivités intéressées. Les modifications des limites des collectivités territoriales peuvent également donner lieu à consultation des électeurs dans les conditions prévues par la loi

Article 88-5
Tout projet de loi autorisant la ratification d'un traité relatif à l'adhésion d'un État à l'Union européenne est soumis au référendum par le Président de la République.
Toutefois, par le vote d'une motion adoptée en termes identiques par chaque assemblée à la majorité des trois cinquièmes, le Parlement peut autoriser l'adoption du projet de loi selon la procédure prévue au troisième alinéa de l'article 89.

Article 89, 2e et 3e alinéas
Le projet ou la proposition de révision (de la Constitution) doit être examiné dans les conditions de délai fixées au troisième alinéa de l'article 42 et voté par les deux assemblées en termes identiques. La révision est définitive après avoir été approuvée par référendum.
Toutefois, le projet de révision n'est pas présenté au référendum lorsque le Président de la République décide de le soumettre au Parlement convoqué en Congrès ; dans ce cas, le projet de révision n'est approuvé que s'il réunit la majorité des trois cinquièmes des suffrages exprimés. Le bureau du Congrès est celui de l'Assemblée nationale.

Dissertation

Sujet : Pourquoi les procédés de démocratie directe ou semi-directe tels que le référendum n'occupent-ils dans les démocraties occidentales qu'une place limitée ?

Approche globale du sujet

On peut commencer par examiner les termes du sujet qui ont le plus d'importance : « démocratie directe » et « démocratie semi-directe ». On peut ensuite observer que le sujet contient en lui-même un élément de réponse puisqu'on parle de « place limitée ». Ensuite, on peut noter que le sujet se situe « dans les démocraties occidentales ».
Sur le fond, le sujet ne présente pas de difficultés particulières. Il est assez large. Il n'en aurait pas été autant si l'on n'avait évoqué que le référendum ou plus encore la démocratie directe qui au sens strict ne couvre que des hypothèses tout à fait exceptionnelles. On est invité à envisager les choses largement et la référence aux démocraties occidentales suggère d'avoir recours à des exemples pris dans plusieurs pays. Le correcteur s'attend *a priori* à ce que les copies soient bien informées. Le degré d'exigence sur les connaissances sera plus élevé que pour un sujet plus pointu. Et comme à chaque fois qu'il y a une question précise, il faut y répondre et ne pas se contenter de la récitation même complète d'une partie du cours magistral.

Proposition de plan

Introduction

Quoi de plus démocratique, quoi de plus proche de la définition étymologique de la démocratie que les procédures référendaires ? Avec le référendum, l'assemblée de l'ensemble des citoyens comme la pratiquent certains cantons suisses, ou la procédure de *recall* américaine, le peuple intervient directement ; c'est lui qui tranche, qui décide ; c'est vraiment le peuple qui a le pouvoir. *Demos kratos*.
Pourtant, les pays qui pratiquent fréquemment ces méthodes sont peu nombreux. Si la Suisse semble le haut lieu de la pratique référendaire et si l'Italie n'y est pas hostile et connaît des procédés originaux comme le référendum abrogatif, la plupart des pays semblent préférer les procédés de démocratie représentative, ne laissant aux autres mécanismes que la portion congrue : il n'y a pas de référendum au niveau fédéral aux États-Unis ; la pratique référendaire en France est, surtout depuis une quinzaine d'années, modeste. Quant aux Britanniques ou aux Allemands, ils ne sont consultés directement que très rarement, quand bien même il y a eu quelques consultations au Royaume-Uni.
Cela peut paraître paradoxal si l'on ajoute que les mécanismes possibles sont divers et vont au-delà du seul référendum législatif. Quel que soit leur mérite, les procédés de démocratie directe ou semi-directe suscitent dans bien des démocraties occidentales une forme de méfiance.

Annonce de plan

En effet, si les procédés de démocratie directe et semi-directe qui peuvent prendre des formes variées n'occupent qu'une place restreinte dans les démocraties occidentales (I), c'est que ces procédés sont quelquefois contestés et ne paraissent utiles que dans des cas limités (II).

Développements

I. Pouvant prendre des formes très variées, les procédés de démocratie directe et semi-directe n'occupent qu'une place restreinte dans les démocraties occidentales

A. Les formes que peut prendre la démocratie directe ou semi-directe sont variées

Cela peut être la réunion de l'ensemble des citoyens en un même lieu afin qu'ils décident directement des affaires communes. Ce fut la pratique à l'époque antique de cités grecques telles Athènes et celle de quelques cantons suisses à l'époque contemporaine, tels que Obwald, Nidwald, Appenzell Rhodes…
Dans des cas relativement peu fréquents, la révocation des élus pourra être décidée par le peuple ; certains textes révolutionnaires français avaient prévu cela et à l'époque actuelle certains États fédérés américains le permettent. La Californie donne cette prérogative aux citoyens de l'État.
Le procédé le plus classique est le référendum, cette possibilité accordée au peuple de se prononcer sur un texte. Le niveau de la norme est variable : la Constitution, les traités, la loi, des textes de niveau inférieur ou local. On pourra permettre l'adoption du texte mais on peut aussi envisager l'abrogation de la règle existante. L'initiative de la consultation peut aussi être accordée au peuple.

B. Mais on peut considérer que la place qu'occupent ces différents instruments est limitée

Certes, il existe quelques cas où le recours à la démocratie semi-directe et notamment au référendum est fréquent. On pense en premier lieu à la Suisse qui n'hésite pas à utiliser pratiquement tous les procédés possibles du texte cantonal à la Constitution fédérale ; mais l'exemple italien doit être cité avec un cadre assez complet et une pratique non négligeable, notamment de cet instrument particulier, le référendum abrogatif de la loi.
Deux pays ont prévu le référendum mais ne le pratiquent que modérément ; les États Unis par la *démocratie de la prairie* laissent aux citoyens le droit de décider de certains textes et du renvoi des élus, tout cela avec une certaine intensité mais au niveau des États fédérés. La France a dans sa Constitution actuelle plusieurs articles permettant le référendum : concernant les modifications territoriales, le vote de certaines lois ordinaires, la révision de la Constitution, l'adhésion de nouveaux États au sein de l'Union européenne. Le référendum local est également possible. Mais la pratique est modeste, le dernier référendum organisé au niveau national étant celui portant sur le projet de traité établissant une Constitution pour l'Europe.
Enfin, la plupart des démocraties occidentales ne pratiquent que peu ou pas le référendum : le Royaume-Uni n'y a recours que fort exceptionnellement, encore la Chambre des Communes ayant le dernier mot. L'Allemagne fédérale ne l'utilise pratiquement pas. En Espagne, les consultations catalanes sont isolées.

Transition La consultation directe des citoyens n'est qu'exceptionnelle ; comment expliquer un tel phénomène, en arriver à un tel constat ?

II. C'est que ces procédés sont quelquefois contestés et ne paraissent utiles que dans des cas limités

A. Des mécanismes suscitant des controverses

Certes, ces procédés présentent de vrais avantages. Rapprocher la décision des citoyens, donner la parole au peuple, ne pas laisser seulement entre les mains des élus le pouvoir de décision. L'appel au peuple permet de trancher un point, un sujet délicat, un thème que les représentants ne parviennent pas à trancher.
Ils appellent cependant des critiques.
Le référendum ne peut appeler qu'une réponse négative ou positive mais interdit les positions intermédiaires.
Les citoyens ne sont pas nécessairement plus outillés que les élus pour répondre au problème posé.
Il y a un risque de fluctuation, de variation dans les positions. À quelques mois d'écart, les citoyens irlandais ont nettement évolué dans leurs positions relatives à des traités européens.
Les sujets des référendums sont quelquefois un peu farfelus voire polémiques. Dans la masse des sujets abordés en Suisse, certains exemples sont étonnants voire affligeants.
La faible participation des électeurs lors de certaines consultations n'affaiblit-elle pas la portée de la décision ainsi rendue ?
On ne saurait omettre pour finir la critique classique du référendum pour sa dérive plébiscitaire et son ambiguïté. Vote-t-on sur la question posée ou non pas plutôt par rapport à l'auteur de la question ?

B. Ces mécanismes peuvent être utiles en étant encadrés dans des règles précises

Il serait excessif de refuser toute place aux procédés de démocratie semi-directe. Ils ont d'indéniables mérites. Ils permettent de trancher d'épineux sujets. Et lorsqu'il s'agit du texte constitutionnel, de la Loi fondamentale, n'est-il pas légitime que son adoption et même ses modifications, au moins les plus importantes, soient soumises au peuple ?
Cela dit, il n'est pas inutile d'encadrer l'utilisation de ces mécanismes. N'a-t-on pas intérêt à définir précisément les modalités d'initiative et les domaines qui peuvent faire l'objet de telles consultations ? Le niveau de la participation nécessaire pourrait être précisé. La légitimité du référendum est relativisée lorsque peu d'électeurs se sont déplacés.

Conclusion

On peut regretter la place réduite voire inexistante accordés aux procédés référendaires dans beaucoup de démocraties. Il peut sembler dommage qu'à la suite de l'échec des référendums sur le traité constitutionnel européen, on ait renoncé à en pratiquer d'autres.

En même temps, la démocratie directe ne peut avoir réponse à tout et chacun voit ses limites, y compris dans le pays qui la pratique le plus, la Suisse.

Ce qu'il faut déterminer, c'est le lien entre la démocratie représentative et les autres précédés ; il manque quelque chose à une démocratie qui n'organise jamais de référendum ; mais cela ne doit se faire au détriment de la démocratie représentative.

Commentaire de texte

Commentez les changements apportés à l'article 11 de la Constitution de la Vᵉ République entre la version initiale établie en 1958 et sa rédaction actuelle.

« Article 11 – Rédaction 1958

Le Président de la République, sur proposition du Gouvernement pendant la durée des sessions ou sur proposition conjointe des deux assemblées, publiées au *Journal officiel*, peut soumettre au référendum tout projet de loi portant sur l'organisation des pouvoirs publics, comportant approbation d'un accord de Communauté ou tendant à autoriser la ratification d'un traité qui, sans être contraire à la Constitution, aurait des incidences sur le fonctionnement des institutions.

Lorsque le référendum a conclu à l'adoption du projet, le Président de la République le promulgue dans le délai prévu à l'article précédent.

Article 11 – Rédaction actuelle

Le Président de la République, sur proposition du Gouvernement pendant la durée des sessions ou sur proposition conjointe des deux assemblées, publiées au *Journal officiel*, peut soumettre au référendum tout projet de loi portant sur l'organisation des pouvoirs publics, sur des réformes relatives à la politique économique ou environnementale de la Nation et aux services publics qui y concourent ou tendant à autoriser la ratification d'un traité qui, sans être contraire à la Constitution, aurait des incidences sur le fonctionnement des institutions.

Lorsque le référendum est organisé sur proposition du Gouvernement, celui-ci fait devant chaque assemblée, une déclaration qui est suivie d'un débat.

Un référendum portant sur un objet mentionné au premier alinéa peut être organisé à l'initiative d'un cinquième des membres du Parlement, soutenu par un dixième des électeurs inscrits sur les listes électorales. Cette initiative prend la forme d'une proposition de loi et ne peut avoir pour objet l'abrogation d'une disposition législative promulguée depuis moins d'un an.

Les conditions de sa présentation et celles dans lesquelles le Conseil constitutionnel contrôle le respect des dispositions de l'alinéa précédent sont déterminées par une loi organique.

Si la proposition de loi n'a pas été examinée par les deux assemblées dans un délai fixé par la loi organique, le Président de la République la soumet au référendum.

Lorsque la proposition de loi n'est pas adoptée par le peuple français, aucune nouvelle proposition de référendum portant sur le même sujet ne peut être présentée avant l'expiration d'un délai de deux ans suivant la date du scrutin.

Lorsque le référendum a conclu à l'adoption du projet ou de la proposition de loi, le Président de la République promulgue la loi dans les quinze jours qui suivent la proclamation des résultats de la consultation. »

Approche globale du sujet

Comme on le sait, la Constitution de la Vᵉ République a été fréquemment modifiée. Certaines révisions ont porté sur des points techniques, d'autres sur des questions plus importantes. Ici, nous avons un article ayant été changé à plusieurs reprises sans que l'on n'ait jamais utilisé les nouvelles potentialités offertes. Le commentaire contiendra trois séries d'éléments : d'une part, les modifications apportées au texte initial, d'autre part, les raisons de ces amendements, enfin la pratique qui a été faite de ces nouvelles règles.

Proposition de plan

Introduction

La Constitution de la Vᵉ République se singularise d'emblée par rapport aux textes précédents sur divers sujets. Parmi ces différences figure le possible recours au référendum. La consultation directe du peuple n'est certes pas une nouveauté dans l'histoire constitutionnelle française comme le montre un de nos premiers textes, la Constitution de l'an I. Le recours aux plébiscites sous les deux empereurs Napoléon Iᵉʳ et Napoléon III avaient mis de la distance par rapport à ces mécanismes.

En 1958, le référendum a à nouveau droit de citer. Il est utilisé pour l'approbation de la nouvelle Constitution. Celle-ci contient en outre plusieurs dispositions qui y font référence. L'article 89 pose comme principe que la révision constitutionnelle est conditionnée par un vote des Français. L'article 11 introduit la possibilité d'un référendum législatif.

Les premiers Présidents n'ont pas hésité à y avoir recours, le général de Gaulle à plusieurs reprises, Georges Pompidou à une occasion. Si sous le mandat de Valéry Giscard d'Estaing, il n'a pas été utilisé, sous le mandat de ses deux successeurs immédiats, plusieurs référendums ont été organisés.

Le cadre juridique applicable à ce type de consultation a été en outre modifié en 1995 puis en 2008. On a élargi les possibilités d'avoir recours au référendum législatif mais paradoxalement cela n'a pas conduit à un essor des consultations de ce type.

Annonce de plan

En effet, si depuis 1958, les règles constitutionnelles applicables au référendum ont été l'objet d'une double extension, dans les domaines pouvant être l'objet d'une consultation d'une part, dans l'initiative, d'autre part (I), les potentialités offertes par le nouveau cadre juridique n'ont pas été utilisées non seulement en raison de leurs formulations peu convaincantes mais aussi des réticences à faire appel au référendum (II).

Développements

I. Depuis 1958, les règles constitutionnelles applicables au référendum législatif ont été l'objet d'une double extension, dans les domaines pouvant être l'objet d'une consultation d'une part, dans l'initiative, d'autre part

A. Une extension des domaines du référendum législatif

Contrairement aux textes précédents, la Constitution de la Ve République contient des dispositions permettant le recours au référendum. Outre le référendum constitutionnel, on peut citer les consultations liées aux modifications du territoire et le référendum législatif.

Cette dernière catégorie est prévue dès 1958 à l'article 11 de la Constitution. À l'origine, ce type de consultation peut concerner « tout projet de loi sur l'organisation des pouvoirs publics, comportant approbation d'un accord de Communauté ou tendant à autoriser la ratification d'un traité qui, sans être contraire à la Constitution, aurait des incidences sur le fonctionnement des institutions ».

On observe d'emblée que les domaines du référendum apparaissent à l'origine peu nombreux. Les accords de Communauté sont les conventions conclues par France avec les États auparavant parties de son empire colonial ; les autres traités pouvant appeler référendum sont ceux qui « auraient des incidences sur le fonctionnement des institutions » donc *a priori* seulement une partie des accords internationaux ; quant aux lois sur « l'organisation des pouvoirs publics », on a ici une formule générale mais aussi assez vague comme le démontre l'usage qu'en fit le général de Gaulle pour obtenir en 1962 ou tenter d'obtenir en 1969 la modification de la Constitution.

La formulation actuelle de l'article 11 qui résulte des révisions de 1995 et de 2008 supprime un des domaines initialement prévus, les projets de loi comportant approbation des accords de Communauté, et ajoute un nouveau domaine au référendum législatif puisque ceux-ci peuvent à présent porter également sur les « réformes relatives à la politique économique, sociale ou environnementale de la Nation et aux services publics qui y concourent ».

On a avec cette nouvelle rédaction un article qui demeure assez imprécis mais qui devrait permettre une extension du champ d'application du référendum. Au-delà de la seule question de l'organisation des pouvoirs publics, il s'agit de soumettre au référendum des projets de loi sur les questions économiques, sociales et, depuis 2008 environnementales. Parmi les thèmes pouvant être abordés, on a pu citer l'école ou les réformes de la protection sociale. On pourrait sans doute ajouter des textes abordant la transition énergétique ou bien encore le financement des retraites.

B. Une extension de l'initiative du référendum législatif

La seconde dimension du changement des règles relatives au référendum porte sur sa procédure de mise en œuvre.

Avant la réforme de 2008, le référendum ne pouvait être engagé que par le Président de la République s'il avait reçu une proposition en ce sens soit formulée conjointement par les deux assemblées, soit émanant du Gouvernement. Le Président seul ne pouvait rien engager. Le Gouvernement seul pas davantage. En période de cohabitation, chacun pouvait bloquer le référendum. Quant aux assemblées, elles n'avaient pas non plus cette possibilité mais étant législatives cela pouvait s'expliquer. Les citoyens de leur côté n'avaient aucune part dans l'initiative du référendum.

La révision de 2008 ne retire ni au Président de la République, ni au Gouvernement, ni aux chambres les prérogatives qu'ils ont depuis 1958 en matière de référendum. Ils gardent leurs rôles respectifs dans l'initiative des consultations référendaires. Au niveau de la procédure applicable dans ce cas, on a seulement décidé d'inscrire dans le texte constitutionnel une consultation des assemblées lorsque l'initiative est gouvernementale ; on a en effet ajouté que « lorsque le référendum est organisé sur proposition du Gouvernement, celui-ci fait devant chaque assemblée, une déclaration qui est suivie d'un débat ».

Le point central de la réforme n'est pas cependant là. Il est dans l'élargissement de l'initiative du référendum. À présent, une partie des parlementaires soutenue par une partie du corps électoral peut déposer une proposition de loi. Cette proposition portant sur les mêmes objets que les autres référendums évoqués à l'article 11 est en principe d'abord examinée par les deux assemblées et est le cas échéant soumise au référendum par le Président de la République. On a parlé à propos de cette nouvelle disposition de référendum d'initiative partagée (RIP). C'est une formule un peu ramassée et trompeuse. En réalité, selon les termes du nouvel alinéa de l'article 11, l'initiative est confiée à un cinquième des parlementaires et elle est soutenue par un dixième des électeurs inscrits. De même que dans l'hypothèse d'origine le Président ne peut seul demander l'organisation d'un référendum, de même ici ni les parlementaires minoritaires, ni les citoyens ne peuvent seuls demander l'organisation d'un référendum. Contrairement en revanche au cas général, le Président de la République a ici compétence liée : il soumet au référendum la proposition, il ne peut s'y opposer. Permettre aux citoyens de participer à l'engagement d'une procédure référendaire est un réel changement par rapport au texte de 1958. Il ne s'agit pas cependant au regard des règles existant dans d'autres pays comme l'Italie ou la Suisse d'une innovation, l'initiative populaire étant depuis longtemps reconnue dans ces deux démocraties.

Transition On a coup sur coup apporté deux modifications non négligeables relatives au référendum. Pourtant, il n'en est pas résulté un développement de la pratique référendaire. Comment expliquer ce paradoxe ?

II. Les potentialités offertes par le nouveau cadre juridique n'ont pas été utilisées non seulement en raison de leurs formulations peu convaincantes mais aussi des réticences à faire appel au référendum

Alors que les révisions constitutionnelles ont été prises en 1995 puis 2008, aucun référendum n'a été organisé depuis lors conformément aux nouvelles dispositions de la Constitution. Tout au plus une initiative a été engagée concernant la privatisation des aéroports. Cette situation semble assez étonnante. On peut tenter de l'expliquer par deux séries de considérations, les unes portant sur les nouvelles formulations, les secondes sur les réticences qui semblent demeurer face aux consultations directes du peuple.

A. Des extensions du recours au référendum formulées de façon compliquée

Les modifications apportées à l'article 11 de la Constitution ne brillent pas par leur simplicité, ni ne traduisent une véritable volonté de changer le cadre antérieur.

C'est particulièrement le cas lorsqu'on reprend le schéma visant théoriquement à élargir l'initiative du référendum. Les citoyens ne sont pas à l'origine de la proposition de loi pouvant déboucher sur un référendum ; ils appuient un texte élaboré par des parlementaires. Il n'y a pas d'automaticité à l'organisation du référendum : il y a au préalable une intervention des chambres. Si celles-ci ne veulent pas du texte, alors il est soumis au référendum. Le point le plus frappant dans le nouveau dispositif est la condition requise de réunir un dixième des électeurs inscrits, c'est-à-dire plus de 4 millions de personnes. Non seulement le processus est complexe mais surtout le nombre de soutiens requis paraît considérable. À titre d'exemple, on exige dans un pays de taille comparable qu'est l'Italie seulement 500 000 signatures pour organiser un référendum abrogatif. Le nombre de parlementaires devant lancer l'initiative, le cinquième des membres du Parlement, est aussi fort élevé ; ce sont près de 200 députés ou sénateurs qui doivent lancer la demande. Cela paraît, à certains égards, plus abordable que la condition relative au corps électoral mais cela semble néanmoins élevé. On peut relever ici que cette condition n'existe pas en Italie. Les parlementaires n'ont pas dans ce pays à appuyer le référendum abrogatif. On peut aussi noter que pour une saisine du Conseil constitutionnel on se contente en application de l'article 61 de 60 députés ou 60 sénateurs. Les conditions à remplir pour organiser un référendum en application des nouvelles règles semblent lourdes. Le Conseil constitutionnel a validé la procédure engagée en vue d'un R.I.P., mais les signatures citoyennes n'ont pas été réunies : il fallait 4,7 millions de votants ; or, selon les indications fournies par le Conseil constitutionnel, 1 116 000 soutiens avaient « seulement » été déposés en mars 2020. La procédure avait été engagée pour une proposition de loi visant à réaffirmer le caractère de service public de l'exploitation des aéroports de Paris. Le Conseil constitutionnel a en revanche rejeté le 14 avril 2023 et le 3 mai 2023 deux initiatives portant sur l'âge de la retraite en considérant qu'à la date où elles étaient déposées, les initiatives ne modifiaient pas l'état de droit et ne constituaient pas dès lors une réforme relative à la politique sociale au sens de l'article 11 de la Constitution.

La formulation retenue pour étendre les domaines du référendum est à peine plus convaincante. Se référer aux « réformes relatives à la politique économique, sociale ou environnementale de la Nation et aux services publics qui y concourent », ce n'est pas choisir une formule ni très explicite, ni très ouverte. Plutôt que cette formulation assez contournée qui s'ajoute à la déjà peu claire et controversée référence à « l'organisation des pouvoirs publics », pourquoi ne s'est-on référé à l'article 34 qui énumère les domaines pouvant être l'objet de loi ? Dès lors qu'on veut organiser un référendum législatif, il aurait pu sembler logique de se tourner vers l'article de la Constitution déterminant le domaine de la loi.

B. Des réserves vis-à-vis du référendum

On peut se demander si les nouvelles dispositions relatives au référendum ne traduisent pas les réticences qui demeurent à l'encontre du référendum. Il aurait été aisé de faire plus simple dans les domaines ouverts aux consultations référendaires et la procédure d'engagement du processus. Ce faible enthousiasme correspond probablement aux réserves et aux inquiétudes suscitées par le référendum.

Historiquement, les consultations directes organisées sous les deux empires ont provoqué un durable rejet par rapport au référendum assimilé aux plébiscites napoléoniens. La IIIe République a complètement ignoré ce dispositif et après elle seule la ratification du texte de la nouvelle Constitution de la IVe République a été l'objet de deux référendums. La pratique gaullienne du référendum a ravivé ces réserves. Certains y ont vu un retour des pratiques plébiscitaires. Le référendum a des adversaires.

Cette aversion peut émaner des élus. Ceux-ci peuvent en effet considérer que cette technique leur ôte une partie de leur rôle. Si le peuple décide, ce ne sont plus ses mandataires qui ont la voix décisive. Si le peuple a l'initiative d'un texte puis vote sur ce texte, il se substitue entièrement à ses mandataires.

Le reproche le plus fort fait au référendum vient cependant sans doute de l'inquiétude provoquée par les résultats des consultations les plus récentes tant en France que dans d'autres pays. Le vote favorable mais très serré en faveur du traité de Maastricht puis le rejet du traité établissant une Constitution pour l'Europe ont marqué les esprits. Certains en ont déduit qu'il valait mieux user du référendum avec modération. Ce n'est sans doute pas le hasard si la loi organique nécessaire à la mise en œuvre des nouvelles dispositions de l'article 11 a été préparée si lentement. Les sujets des votations suisses alimentent également cette réserve.

L'enthousiasme envers le référendum est très relatif de la part du législateur, cela peut expliquer la façon dont il a permis l'extension de sa place dans nos institutions.

Conclusion

Décider d'élargir les possibilités de référendum, c'est confier un rôle plus grand dans la vie des institutions aux citoyens. Les modifications successives apportées à l'article 11 de la Constitution apparaissaient, en dépit de leurs faiblesses rédactionnelles, intéressantes. Elles semblaient aller dans le même sens que la nécessité d'organiser un référendum préalable à l'entrée de nouveaux États dans l'Union européenne.

Ces révisions suscitent cependant une grande déception. La Constitution a été révisée mais l'on n'a pas connu de référendum mettant en œuvre les nouvelles règles. Tout au plus, trois procédures ont été lancées en vue d'un référendum d'initiative partagée mais sans succès. Les sujets de consultations ne devraient pourtant pas manquer. Mais techniquement est-il réaliste d'espérer remplir les conditions requises pour organiser un référendum populaire ? On a modifié les règles tout en les rendant très difficilement applicables.

Voulait-on vraiment élargir les possibilités de référendum ? La manière dont les choses ont été prévues n'incite pas à répondre favorablement. La modification apportée à l'article 88-5 qui a supprimé l'automaticité de la consultation populaire pour les adhésions à l'Union européenne – les chambres peuvent à la majorité des trois-cinquième voter une motion évitant le vote des citoyens – semble aller dans le même sens.

Quelques pistes de réflexion

Plusieurs démocraties ont recours à la fois à la démocratie représentative et aux procédés de démocratie directe. Les citoyens sont appelés à s'exprimer lors d'élections et de référendum.

- – Quel dosage entre les différents procédés, élections et consultations directes ?
- – Quelle participation électorale à ces diverses consultations ?
- – Y a-t-il une différenciation en matière d'abstention à faire entre les différentes sortes de consultations ?
- – De façon plus générale, comment expliquer le développement de l'abstention ?

Avec le constat d'une distance entre les électeurs et les rendez-vous électoraux, la réflexion peut porter sur les moyens de faire évoluer les choses et d'inciter les électeurs à participer davantage. Cette question concerne la plupart des démocraties contemporaines. Sur le plan européen, le fonctionnement des institutions européennes a suscité des interrogations en raison de leur « déficit démocratique ».
De nouvelles méthodes sont imaginées ; un rapprochement entre les décideurs et la décision ; la subsidiarité ; une participation plus directe ; une démocratie de participation ; une démocratie participative... Le « RIC » auquel on a fait allusion auparavant suggère qu'il y a une attente, un désir de plus grande participation directe aux décisions communes. Réinventer, réenchanter la démocratie.

Grassroots democracy (USA) **: ensemble de procédures où l'on tend à rapprocher tant géographiquement que socialement les décisions de ceux auxquelles elles vont s'appliquer**

Démocratie participative **: ensemble de mécanismes permettant une forme de partage dans l'exercice du pouvoir via notamment le renforcement de la participation des citoyens à la prise de décision**

Questionnaire à choix multiples sur les thèmes du chapitre

(les réponses et explications figurent au dernier chapitre)

En Allemagne fédérale, le nombre total d'élus pour chaque parti au Bundestag

A – résulte de la somme du nombre d'élus à la proportionnelle dans chaque Land corrigée le cas échéant par l'élection de députés dans les circonscriptions

B – est l'addition du nombre d'élus à la proportionnelle et de celui au scrutin majoritaire
C – résulte de l'application au niveau fédéral de la proportionnelle
D – résulte de la somme du nombre d'élus au scrutin majoritaire à un tour dans les circonscriptions internes aux Länder

Le scrutin majoritaire à un tour n'est pas utilisé
A – en France pour l'élection des députés
B – en Allemagne pour la désignation des membres du Bundestag
C – au Royaume-Uni pour l'élection des députés à la Chambre des Communes
D – aux États-Unis pour l'élection des sénateurs

Dans quelle démocratie, le recours au référendum est exceptionnel ?
A – aux États-Unis
B – en Italie
C – en Allemagne fédérale
D – en Suisse

La représentation proportionnelle
A – peut être utilisée pour désigner le Chef de l'État
B – ne peut pas être à deux tours
C – est appliquée uniquement au niveau national
D – exige la détermination d'un quotient

Les scrutins mixtes
A – sont destinés à assurer l'égale représentation des femmes et des hommes
B – permettent la désignation d'élus au niveau national et local
C – comportent des éléments de proportionnelle et de scrutin majoritaire
D – ne sont jamais utilisés en France

Avec le scrutin majoritaire, les élus
A – ont au moins 50 % des voix
B – ont au moins 50 % des inscrits
C – sont ceux qui ont eu plus de voix sans nécessairement atteindre 50 %
D – sont toujours désignés lors du premier tour

Le référendum est obligatoire en France
A – lorsque la révision constitutionnelle a été proposée par les parlementaires
B – lorsque la révision constitutionnelle est proposée par l'exécutif
C – lorsque le vote de la révision par les chambres en termes identiques n'atteint pas la majorité des membres de chaque assemblée
D – lorsque le Congrès n'a pas atteint la majorité des trois cinquièmes

La ratification de l'adhésion d'un nouvel État membre de l'Union européenne
A – exige toujours un référendum en France
B – exige un vote des deux chambres à la majorité des membres de chaque assemblée
C – exige un référendum sauf si chaque assemblée vote une motion en faveur de l'adhésion à la majorité des trois cinquièmes
D – n'appelle aucune intervention du Parlement

Chapitre 5

Les acteurs de la vie démocratique

Les élus, les partis politiques, les électeurs

La démocratie, ce n'est pas qu'une définition générale, un contexte général qui lui est favorable avec certaines conditions remplies comme l'existence de l'État de droit, la garantie de la liberté, des libertés, d'expression, d'opinion. La démocratie, ce n'est pas qu'un système rythmé par un certain nombre d'événements, les élections et les consultations référendaires.

La démocratie, c'est aussi et c'est d'abord un ensemble d'acteurs qui ont chacun leur rôle. Les électeurs doivent être mentionnés en premier lieu. Ils sont le fondement de la démocratie. Sans eux, comment parler d'un régime, d'une forme de gouvernement fondé sur le pouvoir du peuple ? Qui sont les électeurs et quels sont leurs droits, tels seront les sujets abordés dans la première section.

Que peut faire un individu seul dans ce groupe immense que forme le corps électoral ? Assurément, chaque citoyen a des prérogatives mais n'a-t-il pas intérêt à se rapprocher d'autres personnes pour participer activement à la vie de la cité, à la politique ? De même que pour de multiples préoccupations l'on se regroupe en associations, les citoyens peuvent-ils décider d'adhérer à un parti politique. Dans toutes les démocraties se sont créées des formations politiques. L'objet de la seconde section sera de s'intéresser à cette autre catégorie d'acteurs de la vie politique.

Dans les démocraties représentatives, il est évidemment nécessaire d'évoquer un troisième ensemble : les représentants des citoyens. C'est à eux que les électeurs confient le fonctionnement des institutions pour la durée de leur mandat. La troisième section est consacrée aux élus.

Section I. Les électeurs

Dans les démocraties contemporaines, le droit de vote est accordé largement. L'évolution de la taille du corps électoral a été variable, certains pays comme le Royaume-Uni établissant un accroissement progressif du nombre d'électeurs, d'autres comme la France modifiant les choses de façon irrégulière, avec par exemple une extension au début de la révolution puis des réductions successives jusqu'au début du XIXe siècle. Le suffrage est à présent universel et égalitaire mais il n'en a pas toujours été ainsi. Sous la révolution comme sous la monarchie au début du XIXe siècle, on a eu recours à des systèmes censitaires. On a aussi eu dans quelques pays un suffrage capacitaire. L'élargissement du suffrage a été opéré par l'extension du droit de vote aux femmes et par l'abaissement de l'âge de la majorité électorale.

Dans l'expression du suffrage, on peut distinguer encore une participation des électeurs à la désignation directe ou non de leurs représentants : existent en effet des suffrages directs ou indirects. En général, chaque électeur n'a qu'un droit de voter mais il peut y avoir des exceptions avec le vote plural et le vote multiple. Le vote est personnel ; il peut cependant arriver que l'électeur n'étant pas en mesure de voter confie par une procuration son droit à un autre électeur. Le vote peut aussi dans ce genre d'hypothèses être fait par correspondance.

***Droit de suffrage* : droit de participer aux consultations électorales, élections ou consultations référendaires**

***Suffrage censitaire* : droit de suffrage limité par l'argent ou par la fortune avec généralement des conditions au niveau des impôts payés**

Suffrage capacitaire **: droit de suffrage réservé aux titulaires de certains diplômes**

Suffrage universel **: droit de suffrage qui n'est pas limité par des considérations tenant à l'argent, la fortune, les diplômes, les fonctions**

Majorité électorale **: âge à partir duquel on devient électeur**

Incapacité électorale **: situation entraînant la perte du droit de vote**

Vote multiple **: possibilité donnée à un citoyen de voter dans plusieurs endroits**

Vote plural **: possibilité d'accorder plusieurs voix à un même électeur pour favoriser certains citoyens en raison de leur fortune, de leurs diplômes ou de leur situation familiale ; avec le suffrage familial, le chef de famille dispose d'autant de voix que de personnes dans son foyer**

Procuration **: mandat confié à un autre électeur déléguant son droit de vote**

Privation des droits civils et politiques **: exclusion des droits politiques et notamment du droit de vote prononcée à la suite d'une décision de justice**

3e et 4e alinéas de l'article 3 de la Constitution de la Ve République

« Le suffrage peut être direct ou indirect dans les conditions prévues par la Constitution. Il est toujours universel, égal et secret.
Sont électeurs, dans les conditions déterminées par la loi, tous les nationaux français majeurs des deux sexes, jouissant de leurs droits civils et politiques »

Quels sont les droits des citoyens ?

Il ne faut pas confondre droit de suffrage et éligibilité. Avoir le droit de voter n'implique pas nécessairement la possibilité d'être élu. On peut ainsi fort bien par exemple exiger des conditions d'âge différentes et imposer aux candidats un âge supérieur à celui de la majorité électorale.

On ne doit non plus confondre incompatibilité et inéligibilité. On peut tout à fait être éligible à une élection mais être soumis à des incompatibilités. On peut ainsi considérer que certaines fonctions ne peuvent être exercées en même temps que certains mandats. Il appartiendra à l'élu d'y renoncer.

La principale prérogative des citoyens est le droit de vote. Ils ont également la possibilité de se présenter aux élections. Ils peuvent aussi avoir le droit de pétition. À côté de ces droits politiques de participer au fonctionnement des pouvoirs publics, les citoyens peuvent participer à la vie des formations politiques.

Droit de pétition **: droit accordé aux citoyens d'adresser aux pouvoirs publics des demandes et revendications pour leur exprimer une opinion**

Éligibilité **: aptitude légale à être élu**

Incompatibilité **: impossibilité légale d'occuper certains mandats ou fonctions**

Si l'on peut avoir une participation en quelque sorte plus active en s'impliquant dans le fonctionnement des partis politiques, on peut aussi avoir une plus grande distance, non seulement vis-à-vis des mouvements politiques mais plus globalement par rapport à la politique et à la vie démocratique. Comme on l'a mentionné à la fin du chapitre précédent, l'abstention est un phénomène qui s'accroît dans la plupart des démocraties occidentales. Dans la « veille » suggérée dans le chapitre initial, il est utile de s'intéresser aux consultations électorales. On porte son attention en général sur les résultats électoraux en se polarisant sur le nom du candidat victorieux ou de la formation politique qui a remporté l'élection. C'est nécessaire mais l'on devrait aussi être attentif à la participation électorale. Il est ainsi significatif de relever qu'aux États-Unis elle plafonne à 50 %. L'abstention n'est pas la seule attitude de distance par rapport à la vie démocratique ou aux candidats aux élections. Les électeurs peuvent voter blanc ; leur vote peut être nul. On ne peut sans doute pas assimiler abstention et vote nul ou blanc ; dans la seconde hypothèse, l'électeur s'est déplacé ; dans la première, il ne participe pas. On peut s'interroger sur les raisons de tels comportements et réfléchir aux moyens de faire évoluer ces comportements. Même si cette règle ne débouche pas nécessairement sur la disparition de l'abstention, on peut relever que certains pays, la Belgique par exemple, ont prévu que le vote est obligatoire.

Participation (taux de) **: proportion d'électeurs ayant voté**

Abstention (taux d') **: proportion d'électeurs n'ayant pas participé au scrutin**

Vote blanc **: suffrage n'exprimant pas de vote en faveur de l'un des candidats ou ne répondant ni favorablement, ni négativement à la question posée lors d'un référendum**

Vote nul **: suffrage émis avec un bulletin irrégulier**

Vote obligatoire **: système électoral imposant aux électeurs de voter et les sanctionnant en cas de défaillance par une amende ou d'autres mesures**

Questions à réponse courte

Les conditions pour être électeur

Selon l'article 3 de la Constitution de la Vᵉ République, « Sont électeurs, dans les conditions déterminées par la loi tous les nationaux français majeurs de deux sexes, jouissant de leurs droits civils et politiques ». Les conditions actuelles pour être électeurs sont de trois types : il faut avoir la nationalité française, la seule exception à cette règle concernant les ressortissants des autres États de l'Union européenne qui, depuis la révision constitutionnelle, peuvent voter aux élections municipales ; une condition d'âge est exigée car il est nécessaire d'avoir la majorité électorale, soit 18 ans depuis la loi du 5 juillet 1974 ; enfin, il faut jouir de ses droits civils et politiques, autrement dit ne pas être frappé d'une incapacité électorale qui peut être une incapacité intellectuelle, résultant de la mise sous tutelle, ou une incapacité morale constatée par un juge compte tenu du comportement délictueux d'une personne. Pour l'exercice de ses droits d'électeur, il est nécessaire en outre d'être inscrit sur les listes électorales.

Les droits des citoyens

Dès le tout début de la révolution, les représentants du peuple français constitués en Assemblée nationale exposent dans une déclaration solennelle du 26 août 1789 les droits de l'homme et du citoyen. Si dès leur naissance, les hommes ont des droits, ils acquièrent, plus tard, en tant que citoyens un ensemble de prérogatives. L'article 6 de la déclaration leur garantit une égale admission « à toutes dignités, places et emplois publics, selon leur capacité, et sans autre distinction que celle de leurs vertus et de leurs talents ». Le même article leur donne le droit de « concourir personnellement, ou par leurs représentants à la loi ». L'article 11, se référant à la libre communication des pensées et des opinions, affirme que « tout citoyen peut donc parler, écrire, imprimer librement, sauf à répondre de l'abus de cette liberté dans les cas déterminés par la loi ». L'article 14 de la même déclaration donne le droit aux citoyens de « constater par eux-mêmes ou par leurs représentants la nécessité de la contribution publique... » sachant que selon l'article 13 cette contribution « doit être également répartie entre tous les citoyens, en raison de leurs facultés ». De ces différentes formules établies dès la fin du XVIIIᵉ siècle, on peut déduire que les citoyens ont un droit de suffrage qui leur permet de choisir des représentants ou de s'exprimer lors de consultations directes ; ils participent à l'élaboration de la loi et donnent leur consentement à l'impôt ; ils ont la liberté d'opinion et d'expression.

Dissertation

Sujet : Comment peut-on élargir le droit de vote ?

Approche globale du sujet

À période régulière revient le débat sur l'étendue du droit de vote. Cette question est de tous les régimes. On s'est à plusieurs reprises au XIXᵉ puis au XXᵉ siècles interrogé sur cette question avec des réflexions sur les conditions requises pour voter qu'il s'agisse d'exigences portant sur les impôts payés, la durée de résidence, le sexe. Plus récemment, ce sont des considérations liées à l'âge de la majorité électorale et à la nationalité qui sont mises en avant. Pour traiter un tel sujet, il va falloir s'interroger à la fois sur la nature des extensions possibles du droit de vote et à la fois sur les règles à respecter pour modifier les choses. Le sujet ne précisant rien en la matière, on peut théoriquement envisager la question de façon générale sans se polariser sur un pays ou un autre, sur une période ou une autre. On peut aussi, sans s'attirer de reproche, envisager le sujet en examinant les choses en France. Ce sera d'autant plus pertinent qu'il serait difficile d'évoquer les procédures applicables à l'étranger pour établir une telle extension du corps électoral.

Proposition de plan

Introduction

Si l'on a affirmé dans la déclaration des droits de l'homme et du citoyen, dès le début de la révolution, que « les hommes naissent et demeurent libres et égaux », on ne leur a pas à tous accordé immédiatement le droit de suffrage. Des considérations portant sur la fortune et le niveau des impôts payés, le sexe, l'âge, la durée de la résidence, ont conduit à limiter le corps électoral.

En ce début du XXIe siècle, le droit de vote est largement accordé. Le troisième alinéa de l'article 3 de la Constitution affirme à ce sujet que le suffrage « est toujours universel, égal et secret ». Secret, il l'est incontestablement grâce à l'usage d'une enveloppe enfermant le bulletin de vote et au passage par l'isoloir. Égal, il l'est aussi dans un pays qui proscrit vote plural ou vote multiple. Universel, il semble l'être également, le même article se concluant en affirmant que sont électeurs « dans les conditions déterminées par la loi tous les nationaux français majeurs des deux sexes, jouissant de leurs droits civils et politiques ».

Si cette dernière formule ouvre largement le droit de vote, elle donne cependant à penser que tous les résidents sur le territoire français n'en disposent pas. Ni les plus jeunes, ni les étrangers ne disposent de cette prérogative. Des voix se font entendre pour demander des évolutions en la matière. Il est alors utile d'examiner quelles extensions du droit de suffrage pourraient être réalisées et selon quelles modalités elles pourraient être opérées.

Annonce de plan

Un élargissement du droit de vote peut être envisagé à la fois en modifiant les conditions d'âge requises pour l'exercer, à la fois en ouvrant aux ressortissants étrangers le droit de suffrage (I). De telles modifications nécessitent la révision de la Constitution pour ce qui est du vote des étrangers et l'adaptation des règles législatives pour ce qui est de l'abaissement de la majorité électorale (II).

Développements

I. L'élargissement du droit de vote peut être envisagé à la fois en modifiant les conditions d'âge requises pour l'exercer, à la fois en ouvrant aux ressortissants étrangers le droit de suffrage

A. Un élargissement du droit de vote par l'abaissement de la majorité électorale

Selon la formule précitée de la Constitution, seuls les majeurs ont le droit de vote. La majorité étant fixée à 18 ans, c'est à cet âge que l'on peut actuellement voter.

Il n'en a pas toujours été ainsi. Lorsque le suffrage universel masculin a été instauré en France en 1848, le droit de vote ne pouvait être exercé qu'à partir de 21 ans. Cette règle a perduré puisqu'il a fallu attendre 1974 pour que l'on abaisse la majorité à 18 ans.
La plupart des pays ont intégré la même règle électorale. Rares sont les pays tels que l'Iran à l'avoir située plus jeune.
Pour justifier un abaissement de l'âge requis pour voter – en général, il est proposé de le situer à 16 ans –, il est fait valoir que la scolarisation étant généralisée jusque 16 ans on disposerait dès cet âge de la maturité nécessaire au vote et que faire participer tôt au jeu électoral limiterait l'abstention. En outre, d'ores et déjà on a abaissé l'âge de l'éligibilité à certains mandats comme dans le cas des sénateurs. Inversement, à l'encontre de cette modification, on peut relever que le vote par de jeunes électeurs risque d'être influencé et que l'on peut manquer encore à cet âge de capacité de discernement suffisante. On peut aussi noter que les plus jeunes électeurs sont ceux qui votent le moins et qu'avancer la majorité électorale n'y changerait rien.

B. Une ouverture aux ressortissants étrangers du droit de suffrage

Dans sa rédaction actuelle, la Constitution réserve de façon générale le droit de vote aux « nationaux français » selon l'expression figurant à son article 3. Outre cette disposition, la Constitution contient cependant une dérogation en faveur des ressortissants de l'Union européenne. Le traité sur l'Union européenne du 7 février 1992 leur a en effet accordé de nouveaux droits électoraux. Ils peuvent participer dans leurs pays de résidence aux élections européennes organisées dans cet État. En outre, ils peuvent participer aux élections municipales. L'article 88-3 évoque spécialement ce dernier point en indiquant que « le droit de vote et d'éligibilité aux élections municipales peut être accordé aux seuls citoyens de l'Union résidant en France ». Il est en revanche exclu qu'ils puissent être maire ou adjoints. Ils ne participent pas non plus à la désignation des électeurs sénatoriaux.
Une extension du corps électoral pourrait consister à accorder le droit de vote aux ressortissants étrangers hors Union européenne. Le plus souvent, on envisage cette évolution pour les élections locales et non pas les élections nationales comme les présidentielles et les législatives.
Pour justifier une telle mesure, on souligne que cette participation permettrait une meilleure intégration et qu'ayant d'ores et déjà accordé le droit de vote à certains étrangers il n'y a guère d'obstacle à généraliser la mesure. À l'inverse, on peut estimer que le droit de vote accordé aux Européens manifeste l'étroitesse des liens établis entre les membres de l'Union et qu'il n'a pas lieu de l'étendre ; en outre, l'acquisition de la nationalité permet d'obtenir le droit de vote.

Transition Les modifications pouvant être apportées étant rappelées et les arguments en leur faveur étant donnés, doivent être évoquées les modalités devant être suivies pour engager de telles réformes.

II. Des modifications apportées au droit de vote nécessiteraient l'adaptation des règles législatives pour ce qui est de l'abaissement de la majorité électorale et la révision de la Constitution pour ce qui est du vote des étrangers

A. L'abaissement de la majorité électorale impose une adaptation des règles législatives

Lorsqu'elle aborde les conditions pour être électeurs, la Constitution mentionne la majorité. Elle fait également une allusion générale à la loi. La Constitution n'indique pas précisément quel est l'âge de la majorité électorale. Il appartient au législateur de la déterminer.
On peut observer à ce sujet que l'abaissement en 1974 à 18 ans de l'âge requis pour voter n'a pas impliqué de modification constitutionnelle. On aurait pu le faire et le constituant aurait pu indiquer à l'époque à quel âge on acquiert le droit de vote. Il ne l'a pas fait.
Plusieurs Constitutions antérieures avaient d'ailleurs procédé ainsi. En 1791 comme en 1848, la Constitution indique explicitement à quel âge on a le droit de voter. En revanche, sous la Ve République, comme sous la IVe, on se réfère seulement à la majorité. Il en résulte qu'il est relativement aisé juridiquement de procéder à une modification des règles en la matière.
Il n'en va pas de même pour le vote des étrangers.

B. Le vote des étrangers exige une révision constitutionnelle

La condition de nationalité pour acquérir le droit de vote est inscrite dans la Constitution. Pour permettre aux étrangers de voter, il serait nécessaire de réviser la Constitution. À cet égard, il n'y a pas de différences dans l'état actuel du droit entre élections locales ou nationales. Pour les unes comme pour les autres, la règle s'impose. Si l'on entend modifier cette règle, la Constitution doit être changée à l'instar de ce qui a été fait préalablement à la ratification du Traité de Maastricht permettant le vote des ressortissants européens à certaines élections.

On peut ne souhaiter engager cette réforme que pour les élections locales. On pourrait alors intégrer dans la Constitution une formule comparable à celle qui a été ajoutée à l'article 88-3 en faveur des ressortissants de l'Union européenne.

Si l'on entend accorder de façon générale le droit de vote aux étrangers, l'article 3 devra être modifié. Cette question est cependant fort délicate car elle impliquerait de faire participer des ressortissants étrangers à l'expression de la souveraineté nationale.

La Constitution devant être modifiée, reste à déterminer les modalités de cette révision. L'article 89 détermine de façon générale les règles applicables à cette modification. On sait qu'il y a ici, s'il s'agit d'un projet de révision, une alternative entre deux possibilités, l'intervention du Congrès et le référendum. Il appartiendrait au Président de la République de décider s'il applique la procédure dérogatoire confiée au Congrès.

Conclusion

Les règles électorales ne sont pas figées. En matière de mode de scrutin, on sait qu'on peut changer les choses et que la loi suffit pour le faire. En ce qui concerne le corps électoral, la réponse est plus nuancée. Elle dépend de la nature de l'élargissement. S'il s'agit d'abaisser l'âge de la majorité électorale, la procédure est assez simple à l'instar de ce qui a été fait en 1974. Pour accorder le droit de vote aux étrangers, la modification du cadre constitutionnel est indispensable. Une extension du droit de suffrage aux élections locales pourrait se faire dans des conditions proches de celles retenues en faveur des ressortissants de l'Union européenne. Un changement plus radical soulève plusieurs interrogations. Est-il concevable de l'opérer sans demander aux citoyens de se prononcer ?

Commentaire

Commentez cette disposition de la Constitution du 4 octobre 1958

Article 3, 1er alinéa

« La souveraineté nationale appartient au peuple qui l'exerce par ses représentants ou par la voie du référendum »

Approche globale du sujet

Commenter une formule aussi courte que celle qui est proposée dans ce sujet n'est pas un exercice qui se distingue fondamentalement d'une dissertation. Pour commenter cette brève disposition, il est nécessaire de bien réunir les différents éléments qui découlent de cette affirmation du début de la Constitution : on devra ainsi évoquer les règles permettant aux citoyens de participer aux élections et aux consultations référendaires, apprécier le poids de chacune de ces possibilités et illustrer son propos d'exemples. On pourra ainsi montrer que si sous la Ve République les citoyens peuvent être théoriquement appelés à se prononcer à l'occasion des élections et des référendums, les premières sont bien plus fréquentes que les autres.

Proposition de plan

Introduction

Se référant aux débats de la fin du XVIIIe siècle, on oppose fréquemment souveraineté populaire et souveraineté nationale. La première fait du peuple l'acteur principal de la démocratie. Il décide lui-même sans intermédiaire. La seconde n'enlève pas tout rôle au peuple mais place au centre des institutions les représentants qu'il va désigner.
Dans le premier cas, il y aura une consultation directe des citoyens. Dans le second, ceux-ci désigneront des mandataires qui prendront les décisions.
Nos Constitutions, après quelques hésitations sous la révolution, ont pris leurs distances par rapport à la souveraineté populaire et ont préféré se référer à la souveraineté nationale. La Constitution de la Ve République ne fait apparemment pas exception à ce choix lorsque dans son premier titre intitulé *De la souveraineté* son article 3 fait allusion à la souveraineté nationale.
La Constitution de 1958 apparaît cependant assez en rupture avec les régimes précédents. Respectueux de la théorie de la souveraineté nationale, ceux-ci confiaient tous les rôles aux représentants et ne contenaient pas de dispositions relatives au référendum. L'article 3 du texte de 1958 affirme en revanche que « la souveraineté nationale appartient au peuple qui l'exerce par ses représentants et par la voie du référendum ». L'électeur peut théoriquement être appelé aux urnes non seulement pour désigner des représentants et aussi pour répondre aux questions de référendum. Mises sur le même pied, ces deux formes de consultations sont détaillées dans d'autres dispositions de la Constitution ; mais elles n'ont pas, loin de là, la même importance dans le fonctionnement de nos institutions.

Annonce de plan

La Constitution développe les modalités selon lesquelles les citoyens désignent leurs représentants et peuvent participer à des consultations référendaires (I) mais si le recours aux élections est régulier, les électeurs sont peu fréquemment appelés à se prononcer directement, la pratique référendaire étant devenue relativement modeste dans notre pays après le départ du général de Gaulle (II).

Développements

I. La Constitution développe les modalités selon lesquelles les citoyens désignent leurs représentants et peuvent participer à des consultations référendaires

L'article 3 de la Constitution évoque les deux possibilités ouvertes aux citoyens pour participer à la vie de la cité : les élections, le référendum. Chacune d'entre elles est évoquée dans la suite du texte constitutionnel.

A. Des citoyens désignant leurs représentants

La Constitution détermine les principales règles applicables aux institutions. Elle évoque non seulement leur rôle mais aussi leur mode de nomination.

Dans certains cas, les électeurs n'interviennent pas dans le processus de désignation. Les magistrats et les membres du Conseil constitutionnel ne sont pas choisis par eux.

C'est le plus souvent le suffrage des électeurs qui va permettre de désigner les personnes responsables des institutions. Selon l'article 6 de la Constitution, le Président de la République est élu au suffrage universel direct. De même, en application de l'article 24, les députés sont élus au suffrage universel direct. Les sénateurs sont selon le même article élus au suffrage indirect. C'est ce qui était prévu également avant la révision de 1962 pour la désignation du Chef de l'État, un collège de grands électeurs issus du suffrage universel étant chargé d'élire le Président. Ainsi, la Nation désigne ses représentants qu'il s'agisse de l'exécutif ou du législatif.

Les électeurs ne désignent pas seulement des représentants au niveau national. Ils interviennent également au niveau local. Les collectivités territoriales doivent avoir des conseils élus comme le précise l'article 72 de la Constitution. On pourrait ajouter qu'au plan international également les citoyens peuvent être amenés à intervenir. En effet, même si cette question n'est pas réglée par la Constitution, les députés européens sont élus directement par les citoyens des États membres de l'Union européenne.

B. Des citoyens pouvant participer à des consultations référendaires

L'élection des représentants n'est pas la seule occasion donnée aux citoyens pour exercer leur souveraineté. La voie du référendum leur est ouverte. On pourrait même dire que plusieurs hypothèses peuvent impliquer le recours au référendum. D'abord, l'article 11 permet l'organisation de référendums législatifs ou portant sur des traités ayant des incidences sur le fonctionnement des institutions ; ensuite, l'article 88-5 évoque la ratification d'un traité relatif à l'adhésion d'un État à l'Union européenne pour laquelle un référendum devrait être organisé ; enfin, la ratification de la révision constitutionnelle est en principe aux termes de l'article 89 confiée au peuple à l'occasion d'un référendum.

À ces trois principales possibilités, on peut ajouter la nécessité de consulter les populations lors de cession, d'échange ou d'adjonction de territoire, ainsi que le prévoit l'article 53 de la Constitution *in fine*. Le titre XII consacré aux collectivités territoriales évoque également des référendums locaux. Certains peuvent être organisés dans la totalité des collectivités, d'autres sont plus spécifiques à l'outre-mer.

La Constitution de la Ve République est assurément des Constitutions françaises celle qui ouvre le plus de possibilités à l'organisation de consultations référendaires. Au demeurant, elle est entrée en vigueur à la suite d'un référendum.

Transition La Constitution évoquant les différentes occurrences permettant aux citoyens de s'exprimer, peut-on considérer qu'elles ont la même importance dans la vie de la démocratie française ?

II. Si le recours aux élections est régulier, les électeurs sont peu fréquemment appelés à se prononcer directement, la pratique référendaire étant devenue relativement modeste dans notre pays après le départ du général de Gaulle

A. L'organisation régulière d'élections

Les Français sont régulièrement appelés à désigner leurs représentants. Ils le sont à l'échéance du mandat de leurs élus. Actuellement, la durée du mandat présidentiel est de cinq ans ; les députés sont élus pour la même durée tandis que les sénateurs sont à présent désignés pour six ans.

On peut constater au cours des dernières années une légère tendance au raccourcissement de la durée des mandats puisque les Présidents étaient élus auparavant pour sept ans tandis que les sénateurs l'étaient pour neuf ans. Les citoyens sont ainsi plus fréquemment appelés à se prononcer pour désigner le Chef de l'État.

Ils pourraient l'être également si la dissolution était prononcée ou si le mandat présidentiel était écourté. Cette dernière hypothèse est intervenue la dernière fois en 1974 à la suite du décès du Président Pompidou. Il n'y a pas eu de dissolution depuis 1997.
Aux élections nationales, il faut ajouter les consultations locales : les citoyens sont également appelés à désigner leurs conseillers municipaux, régionaux et départementaux.
En outre, tous les cinq ans, ils désignent leurs représentants au Parlement européen.
La durée de chaque mandat étant d'au moins cinq ans et les élections n'étant pas organisées le même jour simultanément, les citoyens sont pratiquement appelés chaque année à désigner leurs représentants. Il peut même y avoir la même année plusieurs élections. C'est notamment le cas pour les élections nationales, l'élection présidentielle précédant de quelques semaines les élections législatives.

B. Une pratique référendaire modeste après le départ du général de Gaulle

En dépit d'un cadre favorable à son expansion, le référendum n'occupe dans la vie des citoyens qu'une place modeste. Certes, il y eut pendant la première partie de la Ve République un recours assez fréquent au référendum : janvier 1961 et avril 1962 sur l'Algérie, octobre 1962 sur l'élection présidentielle, avril 1969 sur les régions et le Sénat, avril 1972 sur l'entrée des Britanniques dans la Communauté européenne. Depuis lors, la pratique du référendum est peu fréquente. Le Président Pompidou qui avait décidé l'organisation de la consultation de 1969 n'a pas fait le même choix pour la réduction de la durée du mandat présidentiel à cinq ans, les chambres ayant pourtant voté cette réduction. Après 1972, il n'y a eu que quatre consultations référendaires nationales : sur la Nouvelle Calédonie en novembre 1988, le traité sur l'Union européenne en septembre 1992, le quinquennat en septembre 2000 et le traité établissant une Constitution pour l'Europe en mai 2005. On a en moyenne un référendum tous les plus de dix ans. Ce rythme apparaît très faible. Cette situation est paradoxale si l'on rappelle que l'on a très fréquemment modifié la Constitution. Il y a eu depuis 1958 vingt-quatre lois constitutionnelles mais seulement deux ont été prises par référendum : en 1962 et en 2000. Elle l'est également si on ajoute que le champ d'application du référendum s'est accru. On doit en principe y avoir recours pour les élargissements de l'Union européenne et les citoyens peuvent participer à l'initiative du référendum. Ce faible recours au référendum se constate aussi au niveau local où la pratique en la matière est modeste.

Conclusion

Les citoyens sont les acteurs fondamentaux de la démocratie. Si l'article 3 de la Constitution donne à penser que l'intervention peut passer par l'élection et le vote lors du référendum, un des deux modes d'expression des citoyens est privilégié. Les élections occupent une place primordiale. On ne peut pas complètement s'en étonner tant l'organisation d'un référendum peut être lourde et que cet instrument n'est pas adapté à tous les aspects de la vie démocratique. Le référendum ne peut occuper qu'une place seconde. Il est surprenant qu'elle soit aussi faible dans un pays qui ne s'est pas interdit d'y avoir recours comme le montrent les diverses dispositions qui permettent l'usage du référendum. Aurait-on peur des réponses que pourrait donner le peuple ?

Section II. Les partis politiques

Au commencement de la démocratie étaient les citoyens. Ils en demeurent les acteurs fondamentaux comme le suggère le principe rappelé au dernier alinéa de l'article 2 de la Constitution de la Ve République : « gouvernement du peuple, par le peuple, pour le peuple ». L'article 3 rappelle immédiatement après que « la souveraineté nationale appartient au peuple qui l'exerce par ses représentants et par la voie du référendum ».

Les électeurs ont le droit de suffrage mais ce droit l'exercent-ils seuls ? C'est théoriquement concevable. Le plus souvent, d'autres acteurs interviennent dans la vie démocratique : les partis politiques. Comme l'affirme d'emblée l'article 4 de la Constitution, « les partis et groupements politiques concourent à l'expression du suffrage ».

Lorsqu'on aborde cette deuxième catégorie d'acteurs de la vie politique, on peut évoquer plusieurs thèmes.

- Il y a la typologie qui peut être faite entre les différentes formations politiques. À ce sujet, on a pu opposer parti de cadres ou parti de notables à parti de masse. D'autres expressions ont été ajoutées ; on peut plutôt faire référence à présent aux partis d'électeurs ou partis attrape-tout. On pourrait compléter par d'autres formules comme parti butte témoin ou faire référence à d'autres considérations comme la solidité des structures ou les liens établis entre les formations politiques et d'autres structures comme les syndicats ;
- L'organisation et la participation au sein des partis peuvent retenir l'attention. Comment le parti se structure-t-il ? Il a un siège, des fédérations locales, des organes qui peuvent se rattacher à lui comme des centres de formation ou des fondations. Quel est le niveau d'implication par rapport à un parti ? Électeurs et sympathisants sont certes favorables aux partis mais ils ne participent que peu directement à sa vie. Il n'en est pas de même pour les adhérents, les militants et les permanents.
- La participation aux campagnes électorales est évidemment un rôle majeur des formations politiques. Elle se manifeste par l'investiture de candidats aux élections. Une question qui peut se poser ici est la manière dont les partis procèdent pour choisir ces candidats. Chaque formation est libre de déterminer les modalités en question. On relève cependant que plusieurs formations politiques ne laissent pas à l'appareil du parti cette prérogative mais demandent à leurs adhérents voire à leurs sympathisants de participer à ce choix via les primaires. Cette méthode n'est pas généralisée et aux États-Unis où l'on y a fréquemment recours, on fait aussi appel au caucus, une procédure interne au parti politique pour choisir les candidats.
- La composition du système partisan doit retenir l'attention. On sait que le mode de scrutin peut avoir des incidences sur le nombre de formations politiques. Mais au-delà de cette question on peut relever que le « paysage » politique varie d'un pays à l'autre, d'une époque à l'autre. Les partis politiques ne sont pas éternels. On assiste à la naissance de certaines formations et à la régression de certaines voire à leur disparition. Des évolutions moins radicales peuvent intervenir avec des modifications significatives de la ligne politique ou le changement de nom du parti. On ne peut pas transposer la composition du système partisan d'un pays à l'autre ; de sérieuses nuances existent entre des pays pourtant géographiquement, linguistiquement ou culturellement proches.
- Le poids de chaque formation politique doit également être pris en compte. On peut le faire à partir du nombre d'adhérents mais également en fonction du poids électoral. Les fluctuations peuvent être grandes. D'une consultation électorale à l'autre, les partis peuvent voir leur représentation électorale sensiblement modifiée. Le niveau du militantisme est un sujet délicat à maîtriser tant les données statistiques à ce sujet appellent le commentaire mais il est utile de réunir des éléments à ce sujet. La tendance semble assez nettement à la baisse du nombre d'adhérents.
- Un autre thème pouvant être abordé est celui des règles applicables aux partis politiques. La Constitution et la loi peuvent préciser les choses. Les questions de financement sont un sujet délicat, presque tous les pays ayant légiféré en la matière. Si les partis ont des obligations, ils peuvent avoir aussi des droits. Des liens peuvent exister

entre les formations politiques et les institutions. Les groupes parlementaires réunissent par exemple les députés appartenant en général à la même formation politique et ces groupes peuvent bénéficier de facilités dans le travail parlementaire.

Militant **: adhérent de formation politique qui participe activement à la vie du parti**

Sympathisant **: citoyen favorable à une formation politique sans y avoir adhéré**

Adhérent **: membre d'une formation politique qui apporte sa cotisation et peut participer plus ou moins activement aux actions du parti**

Permanent **: personnel exerçant des fonctions rémunérées au sein d'une formation politique**

Appareil du parti **: ensemble des dirigeants d'un parti**

Caucus **: aux États-Unis, dispositif permettant aux responsables locaux d'un parti de désigner dans certains États de l'Union les délégués qui participeront à la convention nationale du parti chargée de désigner le candidat à l'élection présidentielle. Dans d'autres États, on a recours aux primaires**

Élections primaires **: dispositif permettant aux électeurs sympathisants ou adhérents d'un parti de participer à la désignation des candidats de cette formation. Aux États-Unis, les élections primaires permettent de désigner les délégués participant à la convention chargée de choisir le candidat à la présidentielle. Les primaires sont fermées lorsqu'elles sont réservées aux sympathisants ou adhérents ou ouvertes lorsqu'elles sont accessibles à tous**

Investiture **: soutien officiel apporté par une formation politique à une candidature à une élection**

Congrès **: réunion solennelle d'une formation politique**

Fédération **: instance locale d'une formation politique**

Siège **: lieu de la direction d'un parti**

Fondation **: organisme proche des partis politiques et chargé de la réflexion et des études**

Groupe parlementaire **: réunion des parlementaires appartenant au même parti ou ayant décidé de s'en rapprocher**

Parti de cadres **: formation politique dont la base militante est limitée et dont les structures partisanes sont réduites**

Parti de notables **: autre terme pour parti de cadres**

Parti de masse **: formation politique disposant d'une base militante nombreuse et de structures partisanes complètes et implantées sur le territoire**

Parti attrape tout (catch all party) **: formation politique cherchant à capter le plus de voix dans les différentes catégories d'électeurs et mettant au second plan les questions idéologiques et programmatiques ; très proche de parti d'électeurs**

Parti d'électeurs **: autre formule pour parti attrape-tout ; formation ne disposant pas nécessairement d'une base militante ample mais cherchant par tout moyen à capter des voix**

Questions à réponse courte

Les partis politiques

Ce sont des groupements de personnes partageant un ensemble d'idées communes qui déterminent un projet politique et qui présentent des candidats aux élections. Si certains partis ont une longue histoire comme les formations politiques britanniques que sont les Whigs et les Tories, le développement des partis ne se fait qu'à partir du XIXe siècle dans la plupart des pays. Ils se généralisent avec l'extension du droit de vote. La configuration du système de partis est liée au mode de scrutin, le scrutin majoritaire favorisant le bipartisme ou la bipolarisation. On distingue entre des partis de masse ayant vocation à réunir un grand nombre d'adhérents et des partis de cadres aux effectifs militants restreints. Plusieurs Constitutions dont la Constitution française de 1958 en son article 4 reconnaissent l'existence des partis politiques. Leurs effectifs tendent à fondre dans la plupart des démocraties contemporaines.

Le financement des partis politiques

Jusqu'à la fin des années 1980, les partis politiques n'étaient soumis à aucune obligation pour leur financement. À partir de 1988, plusieurs lois ont, comme elles le font par ailleurs pour les candidats aux élections, encadré les conditions du financement des formations politiques. Ils peuvent recevoir les cotisations de leurs adhérents ainsi que des dons des personnes physiques. En outre, l'État leur verse une subvention proportionnelle pour une part au nombre de voix obtenues par leurs candidats lors des élections à l'Assemblée nationale et pour une autre part au nombre de parlementaires, députés et sénateurs. Depuis 1995, les partis ne peuvent plus légalement recevoir en revanche de dons émanant des entreprises. Chaque année les formations politiques doivent produire des comptes qui sont transmis à une commission spécialisée. Ces comptes sont publiés. Il apparaît à l'heure actuelle que le financement public représente une part déterminante des ressources des partis politiques.

Le statut des partis politiques

Si la création des premières formations politiques est relativement plus ancienne, leur développement se fait à partir de la deuxième moitié du XIXe siècle. Les partis politiques n'ont durablement pas eu de statut particulier. Leur première reconnaissance constitutionnelle est opérée par la Constitution du 4 octobre 1958 dans son article 4. Il y est prévu que « les partis et groupements politiques concourent à l'expression du suffrage. Ils se forment et exercent leur activité librement. Ils doivent respecter les principes de la souveraineté nationale et de la démocratie ». La liberté que cet article leur reconnaît leur laisse le choix sur les modalités de leur organisation. Ils se constituent bien souvent sous la forme d'associations de la loi du 1er juillet 1901. Les lois des 11 mars 1988 et 15 janvier 1990 apportent pour la première fois des éléments constituant les bases d'un statut des partis politiques. Ceux-ci se voient reconnaître la personnalité juridique, le droit d'ester en justice et d'acquérir des biens. Ils reçoivent un financement public et peuvent être destinataires de dons bénéficiant d'avantage fiscal.

Les fonctions des partis politiques

Les partis politiques sont des organisations qui disposent en général de structures nationales et locales qui réunissent des citoyens. Ces formations concourent comme l'affirme l'article 4 de la Constitution « à l'expression du suffrage ». Les partis politiques sont généralement porteurs d'une certaine idéologie ou au moins d'une certaine orientation, d'une vision du monde. Leur but principal est de parvenir au pouvoir ; ils espèrent y parvenir seul ou avec des alliés. Pour ce faire, ils préparent des programmes et les diffusent. Cela passe à l'heure actuelle moins par l'affichage ou la diffusion de tracts que par la communication dans les médias ou dans les réseaux sociaux. Les partis ont un rôle de formation. Elle est destinée à leurs militants mais pas seulement. Un des points centraux dans l'activité des partis est la participation aux élections et au débat public. Les formations politiques présentent des candidats aux élections. Ils leur accordent leur soutien par l'investiture. On peut à ce sujet relever que même si les candidatures peuvent se faire sans appartenance à un parti, la plupart d'entre elles émanent de partis ; les élus quant à eux appartiennent presque toujours à des formations politiques, y compris pour les élections locales. L'appui d'un parti est essentiel dans l'organisation d'une campagne électorale.

On a pu voir chez certaines formations politiques moins une volonté de participer directement aux affaires que d'exprimer des revendications, une opposition aux politiques menées ; Georges Lavau fait alors allusion à la « fonction tribunicienne ».

On peut résumer en considérant que les partis ont pour vocation de participer à la vie politique.

Les différentes sortes de partis politiques

Il existe de sérieuses différences entre les partis politiques. Elles portent sur l'idéologie qu'ils défendent. Elles portent aussi sur leur organisation, leurs structures et leur force militante. On a pu ainsi établir une typologie distinguant d'une part des partis de cadres aux structures légères proches des comités électoraux et des groupes parlementaires mais avec peu d'adhérents, d'autre part des partis de masse qui regroupent beaucoup de militants avec des organes très structurés. Cette deuxième catégorie s'est développée avec l'extension du droit de suffrage au détriment des partis de notables qui existaient depuis le début du XIXe siècle. Depuis plusieurs décennies, on constate un déclin du militantisme dans les démocraties occidentales. Les partis qui perdent des adhérents cherchent malgré tout toujours à capter des voix. La priorité est moins la transmission d'un message idéologique clair que le succès électoral. En reprenant une formule américaine, on parle de partis « attrape-tout » ou, pour marquer cette préoccupation d'attirer des votants, de partis d'électeurs.

Dissertations

Sujet : Le changement de nom des partis politiques a-t-il de l'importance ?

Approche générale du sujet

On a ici un sujet orienté vers les institutions politiques. On a aussi un thème très actuel. Le traitement de ce devoir appelle moins des éléments juridiques qu'une bonne connaissance de la vie politique et notamment de ces acteurs essentiels que sont les partis politiques. Il n'y a pas une réponse unique à apporter à l'interrogation posée.

Il faut ceci rappelé avoir bien à l'esprit le double sens du terme "importance". Cela renvoie à la fois à l'ampleur du phénomène : beaucoup de partis ont-ils changé de nom ?, à la fois aux conséquences, aux effets d'une telle modification : quelles sont les incidences pour une formation politique de changer son intitulé ? Chacun peut avoir sur ces questions des appréciations différentes. On peut tout aussi bien considérer que le nom des partis n'a guère d'importance qu'estimer que le terme utilisé fédère ceux qui sont proches de cette formation. On peut également juger l'ampleur du phénomène assez modeste, la plupart des formations politiques restant fidèles à leur nom comme s'il s'agissait d'une espèce de marque de fabrique.

L'important ici sera d'avoir une position et de la démontrer. Pour être convaincant, il sera utile d'avoir des illustrations concrètes trouvées dans divers pays et de ne pas se polariser sur la France.

Proposition de plan

Introduction

Les acteurs de la vie politique, les élus, les partis, traversent depuis quelques années dans de nombreuses démocraties une crise. Ils n'inspirent plus, chez beaucoup de citoyens, la confiance. La crise économique durable, la persistance de difficultés qu'ils rencontrent, créent entre les uns et les autres une distance.

Sans avoir connu d'échec manifeste, sans appeler sur leur personne des reproches directs, des élus ne sont pas renouvelés dans leur mandat ; des alternances politiques se répètent au niveau gouvernemental ; la popularité des élus est fragile. Certaines personnalités abandonnent la vie politique et se reconvertissent en rejoignant les entreprises ou en exerçant une activité libérale.

Les interrogations frappant les partis ne sont pas moins graves. Ils sont confrontés à des situations difficiles. Des partis classiques alternant au pouvoir depuis des décennies ont des résultats en baisse sensible. La CDU en Allemagne ou le parti conservateur en Grande-Bretagne ont des scores en régression mais se maintiennent aux affaires. D'autres formations, encore puissantes il y a quelques années, semblent suivre une pente descendante comme le Parti socialiste. Les formations politiques ne peuvent cependant pas, comme certains de leurs anciens dirigeants, se reconvertir. Elles doivent imaginer d'autres solutions pour dépasser cette perte de confiance, cette maladie des démocraties contemporaines : changement de dirigeants, congrès de rénovation, appel à de nouvelles adhésions, adaptation des programmes, démocratie participative… Il est cependant une méthode qui tente beaucoup de partis : changer leur nom. Certains l'ont déjà fait et même à plusieurs reprises : du Rassemblement du Peuple Français à Les Républicains, on ne compte plus les intitulés du parti initialement gaulliste. Le changement a pu concerner la plupart des partis, comme on l'a vu en Italie depuis l'opération Mani pulite. À l'est de l'Europe, les cadres des partis communistes ont rejoint des formations politiques aux nouveaux intitulés. Le phénomène n'est sans doute pas achevé comme le montre le changement de nom du Front national en Rassemblement national ou les hésitations à garder le nom du Parti socialiste ou celui de Parti communiste. Ces ajustements sémantiques ont-ils cependant une réelle importance ? On verra que si le phénomène est ample, il ne parvient guère à sauver les partis en difficultés.

Annonce de plan

Si certaines démocraties semblent assez peu impactées, on constate dans beaucoup d'autres une évolution sensible des noms des formations politiques (I). Ces modifications n'ont pas toujours d'effet utile pour les formations politiques qui ont recours à ces nouveaux intitulés (II).

Développements

I. Si certaines démocraties semblent assez peu impactées, on constate dans beaucoup d'autres une évolution sensible des noms des formations politiques

A. Des démocraties peu impactées par les modifications de noms des partis

Certains pays ont connu quelques changements dans leur paysage partisan. En Allemagne, le parti communiste, puissant en RDA, a disparu. Il a été remplacé par une formation réunissant plusieurs tendances progressistes, Die Linke. Plus récemment, a émergé une nouvelle formation l'AfD, cette alternative pour l'Allemagne proche d'autres formations populistes européennes. De façon un peu similaire, en Grande-Bretagne, on a vu la création du parti pour l'indépendance du Royaume-Uni, UKIP. Le Parti libéral s'est rapproché du Parti social démocrate pour fonder le parti libéral démocrate. À côté de ces changements mineurs, on constate globalement dans ces pays une grande stabilité : aux États-Unis, les deux grands partis, républicain et démocrate, ne semblent guère préoccupés par un éventuel changement de nom. On avait connu cela au XIXe siècle. En Allemagne, les trois forces qui ont dominé la vie politique depuis 1949, la CDU-CSU, le SPD et le FDP ne semblent guère tentées par des modifications sémantiques, quand bien même elles ont connu des difficultés électorales. On pourrait faire la même observation au Royaume-Uni où partis conservateur et travailliste demeurent les principales forces politiques sans songer à modifier leur nom. On ne peut guère considérer que le passage au New Labour sous Tony Blair soit un véritable changement.

B. Un phénomène significatif dans plusieurs pays

On a une situation inverse dans bien d'autres démocraties.

Certains partis existent depuis plusieurs décennies sans avoir changé leur nom. Les Partis communiste et socialiste ont gardé en France un nom que leurs homologues étrangers ont abandonné. Le Parti radical existe depuis le XIXe siècle. Aux Pays-Bas et en Belgique, les Chrétiens-Démocrates ont gardé leur nom.

On peut, cela rappelé, constater des changements significatifs à la fois dans le système de partis et dans les intitulés des formations politiques. Après 1992, avec l'opération Mani pulite qui a conduit à la mise en cause de l'ensemble des partis de gouvernement italiens, les partis de l'« ancien monde » ont disparu au premier rang desquels la Démocratie chrétienne. On a vu alors l'émergence à droite de Forza Italia, de la Ligue du Nord et de l'Alliance nationale et à gauche du Parti démocrate de gauche. Quelques années plus tard, on a connu de nouveaux changements avec l'apparition de l'Italie des valeurs, du Parti démocrate fondé en 2007 et du Peuple de la liberté en 2008. Le Mouvement 5 étoiles naît en 2009 et obtient aux dernières élections de 2018, le premier rang aux élections législatives. Le parti du Président du Conseil italien désigné en 2022, Georgia Meloni, Fratelli d'Italia, n'a été créé qu'en 2012. Un de ses prédécesseurs à la tête du Gouvernement, Matteo Renzi, a fondé Italia Viva en 2019. En Suisse, pays pourtant de grande stabilité démocratique, on voit d'anciens partis changer de nom comme le Parti démocrate-chrétien qui devient Le Centre, ou de nouvelles formations surgir : Les Vert-e-s, SolidaritéS, Vert'libéraux, Union démocratique fédérale… La France n'est pas épargnée par ce type de changement. L'Union pour Démocratie Française (UDF) créée pendant la présidence Giscard se décompose en plusieurs formations, Démocratie libérale, Force démocrate… Avant de changer à nouveau d'intitulé avec Force démocrate puis Mouvement démocrate (Modem). Au centre, une évolution récente est la création de l'Union des Démocrates et des Indépendants (UDI). Le parti gaulliste Union des démocrates pour la Ve République (UDR) devient le Rassemblement Pour la République (RPR) en 1976. Il rejoint en 2002 deux autres formations pour constituer l'Union pour un Mouvement Populaire qui devient récemment Les Républicains. À l'extrême gauche, la Ligue Communiste Révolutionnaire est devenue le Nouveau Parti Anticapitaliste et la France insoumise a été créée. À l'extrême-droite, les scissions au sein du Front National (FN) ont conduit à la création de nouveaux partis qui n'ont pas duré comme le Mouvement National Républicain (MNR) ou qui ont des résultats modestes comme le parti de la France ou les Patriotes, le FN devenant le Rassemblement national. Enfin, on doit mentionner le mouvement accompagnant la candidature d'Emmanuel Macron En marche ! devenu d'abord La République En Marche (LREM) puis Renaissance en 2022.

Transition Le phénomène de changement de nom des partis est ample, notamment dans certains pays. Est-il pour autant utile ?

II. Les modifications d'intitulés n'ont pas toujours d'effet utile pour les formations politiques qui ont recours à ces nouveaux noms

A. De nouveaux noms correspondant à l'émergence d'une nouvelle offre politique

Les « nouveaux noms » de la politique, les nouveaux intitulés de partis, correspondent dans certains cas à l'émergence de nouvelles formations, à l'apparition sur le « marché politique » de nouvelles propositions. Il ne s'agit pas toujours de nouveautés complètes. Une partie des cadres, des structures, quelquefois des idées, peuvent être issues de partis plus anciens. Mais il est vrai que pour des raisons diverses on a vu naître au cours des dernières années des mouvements politiques nouveaux. Ce peut être la conséquence de l'effondrement d'un ancien système comme la disparition du bloc communiste à l'est ou de la mise en cause d'un ensemble de partis pour leur comportement et notamment leur corruption comme en Italie. Cela peut résulter aussi de la désaffection vis-à-vis des anciennes formations jugées inefficaces et dépassées. Il y aura souvent une hésitation à garder le mot « parti » et même à retenir un adjectif synthétisant le programme de la formation. On a ainsi quelquefois des appellations tout à fait inédites comme en Italie *Cinq étoiles.* En France, on a *En marche, La France insoumise, Horizons, Reconquête, Une nouvelle énergie, Debout la France, La Convention...* On va même ajouter au nom du parti un point d'exclamation comme pour *En marche !* Ou *Libres !...*

Il est difficile de prévoir si ces formations existeront durablement ou si elles subiront le même sort que les plus anciennes. Elles pourront aussi être tentées par une forme de normalisation pour ne pas trop dépayser l'électeur et le sympathisant. On peut cependant considérer qu'il y a une cohérence entre la nouveauté de l'intitulé de la formation et la nouveauté de ce qu'elle propose. La nouvelle offre politique s'accompagne de nouveaux noms et sans doute de nouvelles méthodes politiques. Les intitulés novateurs des mouvements politiques récents peuvent séduire.

B. Les modifications de noms apportées à d'anciennes formations ne font guère illusion

Le renouvellement des noms de partis ne touche pas cependant que les mouvements arrivant « sur le marché ». Il est aussi un phénomène touchant des partis plus anciens. Ceux-ci, prenant conscience de la distance des électeurs à leur encontre, changent leur nom. Les partis communistes ou ouvriers de l'est européen deviennent socio-démocrates. L'UDR devient le RPR puis évolue vers l'UMP puis LR. Ces changements successifs exigeraient des précisions et on pourrait trouver des nuances dans ces évolutions. La création du RPR est une opération destinée à relancer le déclinant parti gaulliste mais aussi à propulser l'ancien Premier ministre Chirac. La fondation de l'UMP rebaptisée ensuite LR répond à un souci d'élargir la base électorale et à la volonté de réunir les composantes de la droite française. Mais au-delà de ces arguments qui contiennent une dimension de marketing, on peut s'interroger sur l'utilité de ces opérations. Les électeurs sont-ils sensibles à ces arguments ? Par-delà les changements des mots, y a-t-il un changement de fond ? Si les partis changent leur nom, changent-ils leur manière de fonctionner, leur programme, leurs dirigeants ? Changer le nom d'une formation politique est un exercice qui peut paraître alors très artificiel et qui ne fera pas illusion très longtemps s'il ne s'accompagne pas d'autres ajustements au sein du parti. On le voit avec l'effondrement de LR en 2019 aux européennes, prolongé par l'échec de la candidature de Valérie Pécresse aux présidentielles de 2022.

Conclusion On sait de façon générale la vertu prêtée en politique au changement. Lorsqu'on ajoute la place prise par la communication et le marketing, la priorité donnée au faire savoir sur le savoir-faire, on est peu surpris par la propension des partis politiques à modifier leur nom, à faire usage de nouveaux intitulés, avoir recours en quelque sorte à une nouvelle marque. Ces modifications n'apparaissent guère concluantes. Par lui-même, le nom d'une formation politique a peu de répercussion ; il n'apporte en lui-même que peu de choses. Les communicants politiques sont capables de développer des arguments en faveur de l'évolution sémantique. Les électeurs ne sont pas forcément insensibles à ces évolutions. Changer de nom pourquoi pas ? Encore faut-il ne pas oublier le préalable, l'essentiel : pour que cela ait du sens, le mouvement doit effectivement évoluer, dans ses structures, son programme, sa manière de fonctionner, apporter une nouvelle offre, une nouvelle approche. Sinon, cela restera des mots.

Sujet : Peut-on se passer de partis politiques ?

Approche globale du sujet

S'interroger sur la nécessité d'avoir des partis politiques aurait sans doute paru incongru il y a quelques années. Certes, il y a toujours eu des adversaires des formations politiques. Le fondateur de la Ve République ne se signale pas par une affection excessive en leur faveur. Le texte qu'il a porté est pourtant la première Constitution française faisant allusion aux partis. En cette première partie du XXIe siècle, la critique à l'encontre des partis est assez répandue. Un ensemble d'éléments expriment une distance, une lassitude par rapport aux partis. En même temps, on ne peut omettre l'utilité des formations politiques dans la vie des institutions. Dans le traitement du sujet, on doit intégrer ces deux séries d'éléments. Il serait en effet dommage de faire l'impasse sur un des deux aspects. Nier complètement l'utilité des partis serait aussi discutable que de ne pas voir les critiques qui sont émises à leur encontre.

Proposition de plan

Introduction

Lorsqu'on remonte un peu en arrière, on constate que les partis politiques tels que nous les connaissons à l'époque actuelle n'ont pas toujours existé. Il s'agit d'une création relativement récente à la fin du XIXe siècle qui se développe avec l'élargissement du droit de suffrage.

Si l'on envisage les choses sur la période plus récente, on relève des phénomènes assez frappants concernant les partis politiques. Il y a des disparitions de formations politiques. Ainsi en Italie, après l'opération *Mani pulite* la plupart des partis politiques qui gouvernaient le pays ont disparu. Sans atteindre une situation aussi radicale, on constate en France des changements dans l'intitulé de plusieurs formations politiques et les difficultés électorales de partis jusque-là dominants. De façon assez transversale, la participation des citoyens à la vie des partis semble régresser si l'on se réfère à la baisse du nombre d'adhérents.

Les partis politiques semblent en perte de vitesse au point qu'il n'est pas excessif de se demander si l'on n'est pas en train d'atteindre une époque « post-partisane » comme si l'on pouvait se passer des partis politiques.

Les choses n'en sont sans doute pas là mais il n'empêche que l'utilité et la nécessité des partis politiques n'apparaît plus aussi avérée qu'elle ne fut.

Annonce de plan Si les formations politiques ont longtemps joué un rôle central dans le fonctionnement des démocraties à la fois par la détermination de programmes de gouvernement et la présentation de candidats aux élections (I), elles semblent aujourd'hui souvent remises en cause compte tenu de leurs difficultés à remplir un rôle vraiment utile (II)

Développements

I. Les formations politiques ont longtemps joué un rôle central dans le fonctionnement des démocraties à la fois par la détermination de programmes de gouvernement et la présentation des candidats aux élections

A. Un rôle essentiel en matière de programme et de présentation des candidats

Dans les démocraties représentatives qui sont les nôtres, les partis politiques ont longtemps montré leur utilité. Face à l'ampleur des interventions publiques, les formations politiques sont en mesure de proposer des programmes abordant l'ensemble des questions posées. Elles ont un rôle d'information des électeurs et participent aux grands débats. On le voit dans de nombreuses occasions. Les partis sont également en mesure de constituer les équipes nécessaires à la mise en œuvre des politiques publiques. Ils sont également capables de réunir et de présenter des candidats qui se présentent sur l'ensemble du territoire. L'exercice paraît beaucoup plus délicat pour des personnes isolées.

B. Une place centrale dans le fonctionnement des démocraties

Ces capacités particulières des formations politiques font que dans l'ensemble des pays les partis politiques jouent un rôle central. Certes, les organisations partisanes sont plus ou moins structurées. L'influence des partis peut être plus ou moins forte mais qu'on se réfère à des démocraties confiant un rôle essentiel aux partis comme l'Allemagne ou la Grande Bretagne ou d'autres qui ne leur accordent pas toujours un rôle aussi déterminant comme les États-Unis ou la France, on voit que les dirigeants de l'exécutif comme les membres des chambres sont pratiquement tous issus d'une formation politique. Les Chanceliers allemands sont tous issus du SPD ou de la CDU ; les Premiers ministres britanniques sont les leaders des grands partis, conservateur ou travailliste, et libéral auparavant. Tous les Chefs d'État français et américains appartiennent à une formation politique. Il en va de même au sein du Congrès des États-Unis, du Bundestag, de la Chambre des Communes ou de l'Assemblée nationale. Les non-inscrits sont très peu nombreux.

II. Les partis semblent cependant aujourd'hui souvent remis en cause compte tenu de leurs difficultés à remplir leur rôle et à se montrer efficaces

A. Des partis en difficulté dans le gouvernement des pays

Dans les grandes démocraties, les Gouvernements sont soutenus par un parti ou une coalition de partis. Or, ces Gouvernements rencontrent dans beaucoup de pays de sérieuses difficultés dans la gestion des affaires publiques. Les critiques dont sont l'objet les gouvernants rejaillissent sur le ou les partis qui les soutiennent. La durable situation de crise, économique, sociale, que traversent bien des pays a des effets sur les formations politiques. Au premier chef, les partis dits de gouvernement subissent ces reproches mais la critique va bien au-delà. Certes, les formations qui n'ont pas participé au Gouvernement échappent au départ à ces reproches mais ce n'est pas forcément durable. L'abstention qui se développe traduit une distance à l'encontre de l'ensemble de l'offre politique, de l'ensemble des partis politiques. D'ailleurs, la baisse des adhésions partisanes touche l'ensemble des formations politiques.

B. Des partis en difficulté dans leur fonctionnement

Contestées dans leur capacité à faire face aux problèmes des pays, les formations politiques rencontrent des difficultés dans leur fonctionnement interne. On assiste à une baisse régulière du nombre d'adhérents. Alors qu'on pouvait dans les grands pays atteindre et même dépasser le million d'adhérents par parti, on a actuellement du mal à aller jusque 500 000 adhérents. Le SPD et la CDU allemands, le parti travailliste britannique ont perdu plusieurs centaines de milliers d'adhérents. En France, il n'est pas certain que l'ensemble des formations politiques réunissent 500 000 personnes.

Les partis ont par ailleurs du mal à désigner en leur sein des dirigeants solides et durables. On observe plutôt des changements fréquents. Réunissant peu de monde, n'ayant pas des dirigeants incontestés, les partis peinent à désigner eux-mêmes leurs candidats et sont amenés, comme on le voit en France et en Italie, à faire usage du système des primaires. Des personnes extérieures aux partis peuvent ainsi être amenées à choisir celui qui représentera le parti.

On ose à peine faire allusion aux affaires qui ont pu ou qui peuvent encore conduire à mettre en cause un parti ou ses dirigeants pour des questions financières.

Il y a un ensemble d'éléments qui conduisent à douter de l'utilité des partis. Il n'est pas certain qu'ils aient la capacité de se réformer pour séduire à nouveau des électeurs.

Conclusion

Il serait sans doute excessif de conclure que les citoyens souhaitent se passer des partis politiques. Lorsqu'ils votent, ils continuent de se tourner vers les candidats que les formations politiques présentent aux élections. Les élus appartiennent à ces formations et même en sont bien souvent les dirigeants.

Les partis suscitent cependant des interrogations. Le faible niveau du militantisme et le taux d'abstention aux élections ne sont pas des signes très encourageants pour eux. Le succès de candidats aux élections qui se définissent comme assez éloignés des appareils partisans comme c'est le cas avec Donald Trump aux États-Unis ne l'est pas non plus.

On ne se passe pas encore des partis politiques mais la tentation existe de s'en éloigner.

Sujet : Pourquoi les partis politiques réunissent-ils de moins en moins d'adhérents ?

Approche globale du sujet

L'important est de participer. La formule du baron de Coubertin semble de moins en moins appropriée lorsqu'on examine l'implication des citoyens dans le fonctionnement des institutions et dans ces relais que sont les partis politiques. La participation aux élections régresse et l'adhésion aux partis politiques baisse significativement. La question est délicate et il n'y a pas une explication unique à cette désaffection. L'exercice va consister à envisager des éléments de réponse à un phénomène assez profond. L'objectif n'est pas de rentrer dans une discussion statistique sur le nombre d'adhérents aux partis mais de comprendre et expliquer la situation.

Proposition de plan

Introduction

Les partis politiques sont souvent assez discrets en matière de nombre d'adhérents. Ils sont plus secrets sur ce sujet qu'ils ne le sont sur les questions de financement où il faut le rappeler ils sont soumis dans beaucoup de pays à des obligations de transparence.
Lorsqu'on parvient à rassembler des données sur le niveau des adhésions, on est frappé par la proportion assez faible d'adhérents aux partis par rapport au nombre d'électeurs. À part les lendemains du second conflit mondial où l'on a eu un développement du militantisme partisan y compris en France, on a du mal à atteindre quelques millions d'adhérents tout parti confondu dans des pays dépassant largement 50 millions d'habitants comme l'Allemagne, la France, l'Italie ou la Grande-Bretagne. Même de très puissantes formations politiques comme la CDU et le SPD en Allemagne, les partis travailliste et conservateur au Royaume-Uni, la Démocratie chrétienne en Italie, ont peiné pour dépasser le million d'adhérents.

De tels chiffres ne sont plus atteints et l'on plafonne plutôt aux alentours de 500 000 adhérents pour les partis politiques européens les plus rassembleurs.
Comment expliquer la modestie de l'adhésion des citoyens aux partis politiques dont on sait pourtant qu'ils concourent à l'expression du suffrage ?
Les circonstances expliquent pour une part cette désaffection mais à cela s'ajoute des raisons plus structurelles dans l'organisation et le fonctionnement des partis.

Annonce de plan

Face à l'ampleur et à la diversité des problèmes auxquels sont confrontées les sociétés contemporaines, les formations politiques ne montrent pas leur capacité à trouver des réponses convaincantes (I).
Le manque de renouvellement dans le fonctionnement des partis et dans la désignation de leurs représentants renforce la distance entre citoyens et partis politiques (II).

Développements

I. Face à l'ampleur et à la diversité des problèmes auxquels sont confrontées les sociétés contemporaines, les formations politiques ne montrent pas leur capacité à trouver des réponses convaincantes

A. Ampleur et diversité des problèmes auxquels sont confrontées les sociétés contemporaines

Dans l'ensemble des démocraties, on a souhaité confier aux institutions publiques un rôle important. Il peut y avoir des nuances d'un pays à l'autre avec une intervention publique plus ou moins ample mais depuis le milieu du XXe siècle les collectivités publiques ont partout un rôle central. Les États ne se contentent pas de légiférer et protéger, ils ont des interventions multiformes.

Les citoyens attendent souvent beaucoup des institutions. À ce développement du rôle des collectivités publiques amorcé il y a plusieurs décennies, s'ajoute un contexte général marqué par de nombreux bouleversements : changements géopolitiques, émergence de nouvelles puissances, développement mondial des échanges, essor des moyens numériques, évolution démographique, inquiétude sur l'environnement… Les questions sont multiples et complexes. Chacun voit bien qu'on ne peut les esquiver. Des changements profonds sont engagés et il faut y faire face.

B. L'incapacité des partis à apporter des réponses convaincantes

Les partis politiques jouent dans tous les pays – y compris d'ailleurs ceux qui ne sont pas démocratiques avec un parti unique qui centralise tout comme en Chine – un rôle essentiel dans le fonctionnement des institutions. Les dirigeants politiques, les élus sont pratiquement toujours issus de formations politiques. Ce sont eux qui prennent les décisions, mènent les politiques aux niveaux national comme local. Ce sont eux qui sont responsables des politiques menées. Ce sont eux qui sont mis en cause lorsqu'elles ne donnent pas satisfaction. Eux et leur parti. Les interrogations qui se posent sur les politiques engagées, les réponses données aux problèmes rencontrés, la capacité à faire face aux bouleversements, ont des répercussions sur la participation des citoyens aux élections et au-delà sur leur adhésion aux partis politiques. La prolongation de la crise économique, les inquiétudes sociales, les incertitudes sur la sécurité favorisent cette distance. Dans des circonstances durablement incertaines, les citoyens expriment une défiance vis-à-vis des gouvernants et des formations politiques dont ils sont issus.

Transition À ces éléments conjoncturels défavorables au développement du militantisme s'ajoutent des explications plus structurelles dans l'organisation des partis.

II. Le manque de renouvellement dans le fonctionnement des partis et dans la désignation de leurs représentants renforce la distance entre citoyens et partis politiques

A. Un fonctionnement des partis peu en phase avec la société contemporaine

Les partis ont la plupart du temps une organisation assez pyramidale avec des dirigeants et un siège qui exercent une influence décisive. La base, les adhérents, les militants, dans une telle construction n'ont pas nécessairement un grand rôle.

Il n'est pas certain que les partis se soient bien adaptés aux évolutions que rencontre le monde contemporain et à l'essor de nouveaux moyens technologiques. Suffit-il de créer un beau site sur internet ou ne faudrait-il pas plus associer les militants à la décision y compris par la voie numérique ? Les partis ont recours aux nouveaux moyens numériques mais n'ont-ils pas un peu rapidement abandonné les moyens plus classiques de contact avec les citoyens comme l'affichage, le tractage, les réunions publiques ? Il est vrai que la rencontre « sur le terrain » peut occasionner des difficultés, impliquer des moments désagréables lorsque fleurissent les insultes. Mais si un parti n'est qu'une machine un peu abstraite, s'il privilégie la communication aux échanges directs avec les électeurs, il risque de ne pas vraiment séduire et l'on aura peu de raisons de vouloir y adhérer.

Même si l'on abaisse le montant des cotisations, les adhésions ne vont pas se multiplier si elles ne donnent qu'une place limitée dans la vie du parti et s'il apparaît comme une structure un peu abstraite.

B. Un difficile renouvellement des personnels politiques

Parmi les fonctions des partis, la présentation de candidats aux élections est essentielle. Comment les formations politiques procèdent-elles pour choisir leurs candidats ? De façon plus générale, comment procèdent-elles pour désigner leurs dirigeants ? Il n'y a pas de réponse uniforme à ces interrogations. Pas plus qu'il n'y en a sur la manière dont se constitue le personnel politique. Il est clair cependant que plus les adhérents participent au choix de leurs dirigeants, plus ils sont associés à la désignation des candidats, plus l'adhésion à un parti ouvre des perspectives de devenir candidat de ce parti, plus on peut escompter un développement des adhésions à une formation politique. Le mécanisme des primaires ouvertes soulève à cet égard un vrai questionnement. Si les partis ne sont en mesure de choisir eux-mêmes leurs candidats et font appel à des sympathisants pour exercer ce choix, ne découragent-ils les adhésions ? À quoi bon adhérer à un parti si une des fonctions essentielles des partis est laissée à des personnes qui se situent en dehors des partis ?

Conclusion

Les causes de la désaffection des citoyens pour les partis politiques sont profondes et diverses. Il ne sera sans doute pas facile de les surmonter. La simplification de la procédure d'adhésion par une simple connexion sur internet et la réduction du montant demandé pour pouvoir faire partie d'une formation politique ne vont pas inverser ces tendances. Au mieux, on aura une augmentation provisoire des adhésions.

Un retour de l'adhésion passe sans doute par un renouvellement de l'offre politique. Cela veut dire non seulement de nouveaux partis porteurs de nouveaux courants mais aussi de nouvelles opportunités permises par l'appartenance à un parti.

On ne soulignera jamais assez l'immense décalage entre la réussite du monde associatif et le déclin du militantisme politique et syndical. Comme si la participation aux activités de l'un n'avait pas son équivalent dans l'autre.

Commentaire

Commentez cet extrait de la Loi fondamentale allemande du 8 mai 1949

« Article 21

1 – Les partis concourent à la formation de la volonté politique du peuple. Leur fondation est libre. Leur organisation interne doit être conforme aux principes démocratiques. Ils doivent rendre compte publiquement de la provenance et de l'emploi de leurs ressources ainsi que de leurs biens.

2 – Les partis qui, d'après leurs buts ou d'après le comportement de leurs adhérents tendent à porter atteinte à l'ordre constitutionnel libéral et démocratique, ou le renverser, ou à mettre en péril l'existence de la République fédérale d'Allemagne sont inconstitutionnels. La Cour constitutionnelle fédérale statue sur la question de l'inconstitutionnalité.

3 – Les modalités sont réglées par des lois fédérales. »

Approche globale du sujet

L'Allemagne fédérale est un des pays régulièrement étudiés dans le cadre de l'enseignement du droit constitutionnel. Les étudiants doivent avoir des connaissances sur ce pays. Avoir à commenter une disposition de la Loi fondamentale d'un pays qui est si proche ne doit pas surprendre même s'il est vrai que lorsqu'on étudie ce régime on porte son attention essentiellement sur le fédéralisme et sur les règles du parlementarisme. L'attention que le constituant allemand porte aux partis n'est cependant pas étonnante compte tenu de l'histoire de ce pays. La disposition à commenter est consacrée aux formations politiques. Elle leur impose de respecter plusieurs principes faute de quoi ils sont sous la menace d'une interdiction. Dans un commentaire comme celui-là, il pourra être utile d'illustrer dans la mesure du possible son propos ; il ne le sera pas moins de faire des comparaisons avec des dispositifs existant dans d'autres pays, par exemple la France.

L'organisation du commentaire est assez comparable à celle de la dissertation. On va le plus souvent retenir un plan en deux parties. C'est ce que l'on fait ici. La tendance est également à diviser ces parties en deux sous-parties. On dépend toutefois du texte à commenter. On a ici fait le choix de distinguer quatre paragraphes dans la première partie en raison du contenu de l'article à commenter.

Proposition de plan

Introduction

Comment l'Allemagne a-t-elle réagi au plan constitutionnel lorsqu'elle a préparé sa nouvelle Loi fondamentale au lendemain de la chute du régime totalitaire qu'elle avait connu depuis le début des années 1930 ?
La nouvelle Constitution va comporter plusieurs éléments en claire réaction au système qui vient de s'effondrer. Le régime est parlementaire et cherche à éviter les dysfonctionnements de la république de Weimar ; il est fédéral de façon à répartir sur l'ensemble du territoire les prérogatives institutionnelles ; il garantit les droits des personnes qui avaient été méprisés. La Loi fondamentale du 23 mai 1949 accorde également une attention particulière à une catégorie d'acteurs de la démocratie : les partis politiques.

Dans l'histoire de l'Allemagne unifiée depuis 1870, les partis n'ont pas très bonne réputation. Le chancelier Bismarck les méprise volontiers considérant que l'important c'est l'État et non les formations politiques, « tout pour l'État, rien pour les partis » professe-t-il ; sous la république de Weimar, ils sont nombreux et divisés et n'ont pas été capables d'empêcher la dérive du régime et le succès du parti national-socialiste ; le troisième Reich dominé par un parti unique a encore accru cette méfiance.
L'article 21 de la Loi fondamentale est entièrement consacré aux partis politiques. Il va fixer les grandes lignes du cadre qui s'appliquent à eux et déterminer les modalités selon lesquelles un contrôle peut être exercé sur les partis.

Annonce de plan

En application de la Constitution allemande, les partis politiques dont le rôle est rappelé doivent non seulement se conformer à un ensemble de principes qui portent sur leur organisation et leur fonctionnement, leur financement et leur patrimoine, ainsi que leur ligne par rapport aux institutions et à l'ordre libéral (I), mais un contrôle du respect de ces principes est confié notamment à la Cour constitutionnelle fédérale qui peut prendre des sanctions à l'encontre des partis qui s'en dispenseraient (II).

Développements

I. Après avoir rappelé leur rôle et la liberté de leur création, la Constitution allemande affirme que les partis politiques doivent se conformer à un ensemble de principes portant sur leur organisation et leur fonctionnement, leur financement et leur patrimoine, ainsi que leur attitude par rapport aux institutions et à l'ordre libéral

A. D'abord, l'article 21 de la Loi fondamentale rappelle le rôle général rempli par les partis politiques :

ils « concourent à la formation de la volonté politique du peuple », une formulation que l'on retrouve à l'article 4 de la Constitution française qui précise que les partis « concourent à l'expression du suffrage ». La Loi fondamentale souligne en outre leur liberté de création en indiquant que « leur fondation est libre ». On peut à nouveau relever ici une proximité avec l'article 4 de notre Constitution qui énoncera en 1958 à propos des partis politiques qu'« ils se forment et exercent leur activité librement ».

Ensuite, la disposition de la Constitution allemande énonce un ensemble de principes auxquels doivent se conformer les partis politiques. Ils portent sur trois séries d'éléments

Un premier point porte sur leur organisation interne. Il est ici précisé que « leur organisation interne doit être conforme aux principes démocratiques ». On peut rapprocher cette exigence des événements que l'Allemagne venait de connaître : le IIIe Reich et la fondation d'un régime communiste sur la partie orientale de l'Allemagne. On entend souligner le caractère démocratique des partis politiques. La Constitution française contient une semblable exigence mais y ajoute une allusion à la souveraineté en affirmant que les partis doivent respecter les « principes de la souveraineté nationale et de la démocratie ».

C. L'article 21 fait ensuite allusion au financement et au patrimoine des partis

Ceux-ci « doivent rendre compte de la provenance et de l'emploi de leurs ressources ainsi que de leurs biens ». La Loi fondamentale exige ainsi doublement de la transparence de la part des partis politiques. Ils devront communiquer des informations sur leurs recettes et leurs différents biens.

En revanche, la Loi fondamentale n'inscrit pas d'interdiction dans les modes de financement ; elle n'exclut pas par exemple des recettes émanant des entreprises. On ne relève pas non plus d'allusion aux dépenses des partis. Il n'y a ainsi pas d'indication portant sur la participation des partis aux campagnes électorales, ni a fortiori sur la limitation du niveau des dépenses de campagne. On ne peut pas ici prolonger le parallèle avec l'article de la Constitution française sur les partis ; celui-ci ne contient aucun élément sur les questions financières.

Enfin, l'article 21 évoque l'attitude des partis politiques par rapport aux institutions et à « l'ordre constitutionnel libéral et démocratique »

La Constitution met en garde les partis et leurs adhérents contre des attitudes les mettant en cause. Elle condamne tout ce qui pourrait « porter atteinte à l'ordre constitutionnel libéral et démocratique, ou à le renverser, ou à mettre en péril l'existence de la République fédérale d'Allemagne ». Les partis dont les buts ou dont les membres agiraient de la sorte seraient inconstitutionnels.

Le constituant allemand entend empêcher tout retour d'un régime du type de celui qui vient de s'effondrer. Il exprime également sa distance vis-à-vis du système mis en place à l'est de l'Allemagne. La disposition de la Loi fondamentale est très ferme et on comprend qu'il en soit ainsi vu le contexte dans lequel elle a été rédigée.

La Loi fondamentale par son article 21 procède à une reconnaissance assez solennelle des partis politiques et en même temps elle leur fixe un cadre assez précis. Ils vont avoir à jouer un rôle majeur dans le fonctionnement de la démocratie allemande mais ils doivent se conformer à un certain nombre de règles placées au niveau le plus élevé, celui de la Constitution.

Transition La Constitution ne se contente pas d'énoncer différents principes essentiels. Elle met en place un dispositif visant à garantir leur application. Le Tribunal constitutionnel de Karlsruhe y joue un rôle majeur.

II. Le contrôle du respect de ces principes est confié à la Cour constitutionnelle fédérale qui peut prendre des sanctions à l'encontre des partis qui s'en dispenseraient

A. Le contrôle du respect des principes constitutionnels est confié à la Cour constitutionnelle fédérale

Parmi les institutions mises en place par la Loi fondamentale du 23 mai 1949, la Cour constitutionnelle fédérale occupe une place particulière. Composée de 16 juges désignés pour moitié par chacune des deux chambres, elle se prononce sur la constitutionnalité des règles et peut être amenée à trancher sur la répartition des compétences entre les Länder et le Bund. Elle peut aussi avoir à intervenir par rapport aux partis politiques comme l'indique l'article 21.

Les partis ont, comme on vient de le voir, des obligations organisationnelles, financières et politiques. Ils sont donc soumis à un ensemble de règles constitutionnelles et il apparaît assez logique que la Cour constitutionnelle fédérale ait à jouer un rôle en la matière. Après avoir évoqué dans son point (2) l'inconstitutionnalité pour « atteinte à l'ordre constitutionnel libéral et démocratique » ou « pour mise en péril de la République fédérale d'Allemagne », l'article 21 confie explicitement ainsi à la Cour constitutionnelle la mission de se prononcer « sur la question de l'inconstitutionnalité ». Le point (1) de l'article 21 exigeant une organisation interne « conforme aux principes démocratiques », on peut considérer qu'un parti qui n'aurait pas une organisation interne démocratique risquerait la même sanction et pourrait être jugé inconstitutionnel. De même, une formation ne rendant pas compte de ses ressources ni de son patrimoine se comporterait à l'encontre des règles constitutionnelles.

B. La Cour peut prononcer l'interdiction d'une formation ne respectant pas la Loi fondamentale

Les partis politiques s'ils ne respectent pas les règles affirmées par la Constitution peuvent, conformément à l'article 21, être déclarés inconstitutionnels. Ils peuvent ainsi être donc interdits par la Cour constitutionnelle. Celle-ci a ici un rôle tout à fait considérable. Ce rôle n'est pas théorique ou seulement dissuasif. La Cour a été amenée à plusieurs reprises à se prononcer sur la situation de partis politiques en raison de leurs buts et du comportement de leurs adhérents. Le Gouvernement fédéral a sollicité l'interdiction de partis extrémistes à plusieurs reprises. Ce fut le cas dans les années 1950 à l'encontre d'une part du parti d'inspiration national-socialiste Sozialistische Reichspartei et d'autre part du Parti communiste, le KPD. À ces demandes initiées en novembre 1951 par le Chancelier Adenauer, la Cour constitutionnelle répondit en 1952 pour le SRP et en 1956 pour le KDP, en prononçant leur interdiction. Plus récemment, le NPD, Parti national démocrate, a été l'objet de deux demandes d'interdiction : une première en 2003 puis une seconde en 2013. Cette dernière demande a été engagée par des membres du Bundesrat à la suite d'une série de meurtres racistes commis par des personnes appartenant à un groupe proche du NPD. La Cour constitutionnelle s'est prononcée en janvier 2017 sur cette demande et n'a pas prononcé l'interdiction de la formation extrémiste. Elle a considéré que si le parti avait des objectifs anticonstitutionnels, la faiblesse de son audience faisait qu'il ne constituait pas une menace pour les fondements de la RFA.

Conclusion

L'article 21 de la Loi fondamentale du 8 mai 1949 traduit l'importance que le constituant allemand entend donner aux partis politiques. Ils sont reconnus constitutionnellement. Ils jouent un rôle dans l'expression du suffrage. L'État est généreux vis-à-vis des partis en leur allouant d'importantes subventions proportionnelles au nombre de voix obtenues.

On est loin de la formule de Bismarck. On pourrait plutôt dire « beaucoup pour les partis ».

Mais, les partis ne peuvent faire n'importe quoi. Ils doivent respecter un certain nombre de principes au premier rang desquels il y a l'ordre constitutionnel libéral. Les partis qui constitueraient une menace contre les institutions pourront être interdits par le juge constitutionnel.

La mesure est radicale. Les textes constitutionnels prévoient rarement ce genre de mesure quand bien même comme en France des textes subalternes pourraient permettre la dissolution d'une formation politique. On y a eu peu recours depuis 1949. Cette règle constitutionnelle semble une précaution que l'Allemagne s'est donnée pour empêcher tout retour à un système totalitaire qui l'a profondément traumatisé.

Section III. Les élus

Dans des démocraties qui privilégient la représentation à la participation directe des citoyens à la prise de décision, les élus jouent un rôle central. Certains sont désignés au niveau national comme les parlementaires, d'autres au plan local comme les membres des assemblées des collectivités territoriales. Sauf quelques cas particuliers comme au Royaume-Uni avec la Chambre des Lords, la désignation se fait au moyen d'élections, directes le plus souvent et quelquefois indirectes comme pour l'élection des sénateurs en France ou des Chefs d'État dans plusieurs régimes parlementaires comme l'Italie. Pour ces élections, on fait appel à différentes techniques électorales comme on l'a vu au chapitre précédent.

Un point qui peut être ajouté porte sur les résultats de ces consultations électorales. Ceux-ci parviennent-ils à assurer une représentation conforme à la composition du corps électoral ? Il ne s'agit pas ici de revenir sur la question des effets des différents modes de scrutin mais de s'interroger sur le point de savoir si parmi les élus on a une répartition sociologique, sexuelle, communautaire, etc. équivalente à celle de l'électorat. Autrement dit, y a-t-il par exemple autant de femmes parmi les élus que parmi les électeurs ? Le principe d'égalité devant la loi de tous les citoyens mis en exergue dès l'article 1er de la Constitution de la Ve République interdit en principe d'établir des discriminations. L'égalité des citoyens est affirmée « sans distinction d'origine, de race ou de religion ». Peut-on cependant se satisfaire d'une situation dans laquelle la sociologie des détenteurs des mandats électoraux est fort différente de celle de la population qu'ils vont représenter ? Se fondant sur les principes d'égalité et d'universalité du suffrage posés par l'article 3 de la Constitution, le Conseil constitutionnel a rejeté des dispositions établissant « toute division par catégories des électeurs ou des éligibles » (Décision du 18 novembre 1982). Le législateur français ne pouvait procéder par discrimination positive ou *affirmative action* comme on le fait aux États-Unis. Pour combattre les inégalités de fait, on ne pouvait accorder des avantages à des catégories défavorisées, sous représentées parmi les élus. Pour lever cet obstacle, la Constitution a été modifiée afin de pouvoir aller vers la parité. Le deuxième alinéa de l'article 1er dispose ainsi que « la loi favorise l'égal accès des femmes et des hommes aux mandats électoraux et fonctions électives, ainsi qu'aux responsabilités professionnelles et sociales ».

Les élus se voient attribuer un mandat pour une certaine durée. Il peut être écourté ; cela peut résulter d'une décision s'appliquant collectivement comme la dissolution du Parlement ; cela peut aussi découler d'une situation individuelle. Dans certains cas, l'élu pourra être remplacé par son suppléant mais dans d'autres des élections partielles seront organisées.

Les représentants sont titulaires d'un mandat. Si l'on voulait le rapprocher du mandat de droit privé, les électeurs confieraient leurs instructions aux élus, ceux-ci ayant l'obligation de s'y conformer. Un tel système a eu ses partisans au début de la révolution. On parle de mandat impératif. Les différentes Constitutions le prohibent explicitement ou implicitement et optent pour le mandat représentatif.

À propos des mandats, un sujet qui retient depuis plusieurs années l'attention est celui de déterminer s'il convient d'en limiter le nombre. Cette limitation peut porter sur l'exercice simultané de fonctions électives ; elle peut aussi être déterminée dans le temps et encadrer le nombre de mandats successifs. Le législateur français est intervenu à plusieurs reprises pour aller dans le sens d'une réduction du nombre de mandats exercés simultanément. Le plafonnement du nombre de mandats successifs est prévu aux États-Unis et en France pour la présidence. Il en est question pour d'autres mandats.

Les élus bénéficient d'un ensemble de facilités et d'un régime juridique particulier. Des indemnités et des remboursements de frais peuvent être accordés pour l'exercice de leur mandat. Des personnels peuvent les assister et un ensemble de facilités en bureau et en transport peuvent être prévues. Les représentants des citoyens peuvent bénéficier d'un régime juridique particulier. Les choses varient d'un pays à un autre mais si l'on s'en tient à la situation des parlementaires il apparaît qu'ils bénéficient de protections pour les propos tenus dans les assemblées. S'ils doivent respecter les règles communes, l'inviolabilité leur est souvent accordée et ils ne peuvent être poursuivis qu'à l'issue de procédures particulières. Le préalable est souvent la levée de leur immunité parlementaire par l'assemblée dont ils sont membres. Des sanctions d'inéligibilité peuvent être prononcées à leur encontre. Les Chefs d'État peuvent bénéficier pendant leur mandat de protections conséquentes. Là aussi, on ne peut pas généraliser et chaque régime définit précisément les choses.

Les élus sont protégés mais on ne saurait en déduire qu'ils bénéficient en raison de leurs fonctions d'une impunité.

Parité (principe) **: pratique visant à favoriser l'égal accès des femmes et des hommes aux mandats électoraux et fonctions électives (*cf.* art. 1er de la Constitution française ou Loi fondamentale allemande)**

Discrimination positive **(*affirmative action USA*) : ensemble de règles visant à obtenir notamment par l'instauration de quotas la représentativité conforme à la répartition sociologique**

Suppléant **: remplaçant d'un élu**

Élection partielle **: élection visant à pourvoir un siège vacant en raison de la fin anticipée d'un mandat électif**

Indemnité parlementaire **: allocation pécuniaire perçue par les membres du Parlement**

Mandat représentatif **: mandat par lequel le député représente la Nation et n'a pas de compte à rendre à ses électeurs ; il s'oppose au mandat impératif**

Mandat impératif **: acte établissant un rapport de droit entre le mandataire et les mandants, tel que le premier se trouve dans leur dépendance étroite et pouvant conduire à la révocation de l'élu ne se conformant pas aux engagements pris**

Irresponsabilité **: impunité accordée aux parlementaires pour les opinions ou votes émis pendant leur mandat ; l'article 26 de la Constitution précise ainsi qu'« aucun membre du Parlement ne peut être poursuivi, recherché, arrêté, détenu ou jugé à l'occasion des opinions ou votes émis par lui dans l'exercice de ses fonctions »**

Inviolabilité **: garantie de procédure protégeant individuellement le parlementaire contre des poursuites pénales abusives ou vexatoires intentées contre lui à raison de faits étrangers à l'exercice de son mandat. L'article 26 de la Constitution précise ainsi qu'« aucun membre du Parlement ne peut être l'objet en matière criminelle ou correctionnelle d'une arrestation ou de toute autre mesure privative ou restrictive de liberté qu'avec l'autorisation du bureau de l'assemblée dont il fait partie »**

Immunité parlementaire **: ensemble de protections accordées aux parlementaires visant à lui assurer son indépendance qu'à le garantir contre des entraves apportées à l'exercice de son mandat**

Impunité **: situation qui permet d'échapper à la punition**

Questions à réponse courte

Le cumul des mandats

Le cumul des mandats est la situation dans laquelle une même personne exerce simultanément plusieurs mandats électoraux. Dans certains pays, cette pratique est fréquente, des élus étant à la fois désignés pour un mandat de parlementaire et pour un ou plusieurs mandats locaux. En France, la majorité des parlementaires des deux assemblées exerce un second mandat. Une telle situation se discute car on peut se demander s'il est effectivement possible d'exercer effectivement les différentes fonctions. À plusieurs reprises, le législateur a décidé de plafonner cette possibilité en tenant compte de l'exercice de fonctions d'exécutif au plan local, maire ou président d'une assemblée de collectivité territoriale. Il avait été décidé de limiter en principe à deux le nombre de mandats pouvant être remplis. Cette réglementation a été modifiée et il a été décidé de progressivement interdire d'exercer deux mandats dès lors que le mandat local avait permis d'être désigné exécutif d'une collectivité. Reste en revanche la possibilité d'être parlementaire et membre d'une assemblée locale sans rôle exécutif. La limitation du nombre de mandats dans le temps n'est pas prévue sauf pour la Présidence de la République où l'on ne peut avoir plus de deux mandats consécutifs. Le Président Macron a souhaité un temps aller vers un plafonnement à trois mandats consécutifs pour les maires.

La durée des mandats

Les électeurs désignent des représentants qui vont assurer certaines responsabilités au nom des citoyens pendant une certaine période. Cette durée peut sensiblement différer. Elle peut être très courte, un ou deux ans, comme l'avaient prévu les premières Constitutions françaises et comme c'est le cas pour les membres de la Chambre des Représentants aux États-Unis. La durée de quatre années correspond au mandat du Président des États-Unis. Les députés français comme les membres de la Chambre des Communes sont élus pour cinq ans. Les membres des conseils municipaux ont un mandat de six ans. Il en va de même pour les sénateurs en France comme aux États-Unis. La durée des mandats a pu être dans le passé plus longue puisque les Présidents français ont été élus pendant plus d'un siècle pour sept ans. Les sénateurs français étaient élus pour neuf ans. La durée totale effective des mandats peut être très longue dès lors que les mandats sont renouvelés. La brièveté des mandats peut être compensée par leur répétition. La durée des mandats peut être écourtée en cas de dissolution.

Le financement des campagnes électorales

Si les conditions de financement des campagnes électorales n'ont longtemps pas été encadrées ni dans les ressources utilisées, ni dans le montant des dépenses, elles sont à présent soumises à un ensemble de règles portant sur la provenance et le montant des fonds. Les ressources utilisées peuvent provenir de versements apportés par les électeurs. Les partis politiques participent également aux budgets des campagnes. Inversement, on peut aussi interdire les dons émanant des entreprises. Une certaine transparence sur les ressources peut être établie en rendant publique l'origine des fonds. La tendance est à prévoir un financement public qu'il passe par les subventions aux partis ou le remboursement d'une partie des frais de campagne. Les dépenses peuvent être plafonnées avec en arrière-plan l'idée de ne pas voir de trop grands écarts entre les moyens dont disposent les différents candidats et rétablir une forme d'égalité entre eux. Les budgets sont examinés *a posteriori* de façon à vérifier que les règles ont été bien respectées et à prononcer des sanctions contre ceux qui s'en éloigneraient. En France, les candidats peuvent notamment être déclarés inéligibles et les élus perdre leur mandat.

Dissertations

Sujet : La responsabilité en France des élus de la Nation

Approche globale du sujet

Pour traiter ce sujet, il est nécessaire en premier d'être attentif aux termes utilisés. On se réfère aux « élus de la Nation ». On aurait pu rédiger autrement le sujet et se référer à la responsabilité des « élus » sans précision supplémentaire. Dans ce cas, c'est l'ensemble des représentants aux plans local et national qui étaient visés ; avec la formule retenue, on s'en tient aux parlementaires, la « représentation nationale », et au Chef de l'État qui est lui aussi un élu de la Nation tout entière. Faut-il en outre évoquer la responsabilité des membres du Gouvernement ? La réponse est négative. Les ministres ne sont pas des élus de la Nation, au moins tant qu'ils exercent des fonctions gouvernementales ; comme on sait, on a établi, sous la Ve République, une originale incompatibilité entre l'appartenance au Gouvernement et au Parlement. Ce cadre étant déterminé, il est nécessaire de bien connaître le régime juridique applicable aux élus et notamment les dispositions pertinentes de la Constitution sachant que l'on doit avoir une conception large de la responsabilité. On doit en effet considérer la responsabilité juridique mais aussi politique.

Proposition de plan

Introduction

La France fait partie des pays des États qui, comme les États-Unis, permettent à leurs citoyens de désigner à la fois leur Président et leurs parlementaires.
Ces élus de Nation remplissent un ensemble de fonctions qui sont déterminées par la Constitution. L'article 5 détermine globalement le rôle du Chef de l'État : veiller au respect de la Constitution, assurer le fonctionnement régulier des pouvoirs publics ainsi que la continuité de l'État, garantir l'indépendance nationale, l'intégralité du territoire et du respect des traités. Les autres articles du titre II ainsi que des dispositions plus éparses complètent ce schéma général tandis que la pratique des institutions a encore élargi son rôle. Le titre IV est consacré au Parlement et son article 24 résume ses différentes missions : voter la loi, contrôler l'action du Gouvernement, évaluer les politiques publiques.

Mais ces personnes qui nous représentent dans les institutions et auxquelles d'importants rôles ont été confiés, sont-elles soumises à une forme de contrôle ? Peut-on mettre en cause leur responsabilité ?
Dans un climat de doute vis-à-vis du personnel politique, certains imaginent que les élus sont des intouchables et qu'ils échappent à tout contrôle. Le régime juridique auquel ils sont soumis est, il est vrai, particulier et se distingue de ce qui s'applique aux citoyens « ordinaires ». Sur le plan politique, si l'action des élus ne peut pas non plus être en permanence remise en cause, il n'empêche qu'un contrôle de leur action peut être exercé.
Ainsi, tant à titre personnel, qu'au plan politique, la responsabilité des élus de la Nation peut être engagée, la Constitution déterminant les modalités selon lesquelles elle peut être engagée.

Annonce de plan

Échappant aux règles communes, les parlementaires comme le Président de la République peuvent être l'objet de poursuites dans des conditions particulières (I) et sont responsables devant les électeurs à échéance régulière à l'issue de leur mandat voire de façon anticipée (II).

Développements

I. Les parlementaires comme le Président de la République échappent aux règles communes mais peuvent être l'objet de poursuites dans des conditions particulières

A. Le Président de la République et les parlementaires échappent aux règles communes

Le Président de la République est élu par la Nation dans une circonscription unique ; les parlementaires le sont dans des circonscriptions constituées à l'intérieur du territoire national. Ils bénéficient conformément à la Constitution d'un statut particulier qui les fait échapper à la loi commune.
Le Chef de l'État est, pendant son mandat, très protégé. De façon générale, conformément au premier alinéa de l'article 67 de la Constitution, « le Président de la République n'est pas responsable des actes accomplis en cette qualité » et l'alinéa suivant ajoute qu'« il ne peut, durant son mandat et devant aucune juridiction ou autorité administrative française, être requis de témoigner non plus que faire l'objet d'une action, d'un acte d'information, d'instruction ou de poursuite. Tout délai de prescription ou de forclusion est suspendu ». À cette irresponsabilité du Chef de l'État, on n'a mis que deux exceptions : pour des faits passibles de poursuites devant la Cour pénale internationale d'une part, et pour « des manquements à ses devoirs manifestement incompatibles avec l'exercice du mandat », d'autre part. Cette dernière formule remplace les faits de « haute trahison » qui constituaient depuis la IIIe République l'exception à l'irresponsabilité présidentielle.
Les parlementaires bénéficient également de l'irresponsabilité mais de façon beaucoup plus limitée. Cette protection est accordée pour les opinions et votes émis par eux dans l'exercice de leurs fonctions. Le premier alinéa de l'article 26 de la Constitution prévoit en effet qu'« aucun membre du Parlement ne peut être poursuivi, recherché, arrêté, détenu ou jugé » dans ce genre d'hypothèse. Les parlementaires peuvent en revanche « faire l'objet, en matière criminelle ou correctionnelle, d'une arrestation ou de toute autre mesure privative ou restrictive de liberté ».
Ces protections accordées aux élus peuvent apparaître conséquentes. On doit cependant remarquer qu'il ne s'agit pas d'une innovation établie par la Ve République. Les Constitutions successives ont accordé aux parlementaires et aux membres de l'exécutif au premier rang desquels le Chef de l'État des protections. Les formules ne diffèrent pas considérablement d'un régime à l'autre. Il s'agit de permettre aux élus d'exercer sereinement leur mandat sans être sous la pression de procédures judiciaires.

B. Mais les élus peuvent être l'objet de poursuites dans des conditions particulières

Le statut protecteur accordé aux élus n'exclut pas cependant que des poursuites soient engagées contre eux. D'une part, certains faits ne permettent pas de bénéficier de protection. D'autre part, des procédures applicables sont particulières.
Le Chef de l'État a un régime protecteur mais comme on l'a vu il ne s'applique pas pour « les manquements manifestement incompatibles avec l'exercice du mandat ». En outre, l'immunité dont il bénéficie est provisoire ; en application du dernier alinéa de l'article 67, « à l'expiration d'un délai d'un mois suivant la cessation des fonctions » du Président, les instances et procédures peuvent être reprises ou engagées contre lui.
La procédure applicable au Chef de l'État est particulière. Celui-ci en effet est soumis à la Haute Cour évoquée à l'article 68 de la Constitution. Cet organe exceptionnel est constitué du Parlement ; la Haute Cour ne peut prononcer qu'une sanction à l'encontre du Chef de l'État : sa destitution. Les décisions prises en application de l'article 68 le sont à la majorité de deux tiers.
Les parlementaires bénéficient d'une complète irresponsabilité pour leurs opinions et votes dans leurs fonctions. En revanche, pour leurs autres actes, pour ce qu'ils font en dehors de l'exercice de leurs fonctions, ou pour d'autres mandats que celui de parlementaires, ils sont en principe soumis aux règles communes avec cependant des dispositions particulières. En application du 2e alinéa de l'article 26 de la Constitution les arrestations et autres mesures privatives de liberté ne peuvent être mises en œuvre qu'avec l'autorisation du bureau de l'assemblée dont le parlementaire fait partie. Par ailleurs, selon l'article 26 dans son 3e alinéa, « la détention, les mesures privatives de liberté ou la poursuite d'un membre du Parlement sont suspendues pour la durée de la session si l'assemblée dont il fit partie le requiert ».

Un régime particulier s'applique ainsi aux élus de la Nation mais leur responsabilité personnelle peut cependant être mise en cause.

Transition Il ne s'agit pas de la seule possibilité de contrôle exercé sur l'action des élus. Ils sont en effet également soumis à une autre forme de mise en cause de leur responsabilité : celle que réalisent les citoyens.

II. Les élus de la nation sont responsables devant les citoyens à échéance régulière à l'issue de leur mandat, voire de façon anticipée

A. Les élus de la Nation sont responsables devant les citoyens à échéances régulières

Dans tout système démocratique, le mandat des élus n'est pas accordé de façon illimitée. En France sous la Ve République, la Constitution ne précise que la durée du mandat du Président de la République. Elle était de sept ans jusqu'à la révision de 2000 et a été réduite à cinq ans depuis l'élection de 2002. Pour les parlementaires, le texte ne dit rien. C'est la loi qui a déterminé les règles. Les députés sont élus pour cinq ans tandis que les sénateurs le sont pour six ans. Ces derniers étaient auparavant désignés pour neuf ans.

À l'issue de ces différentes durées, le mandat des élus de la Nation est remis en cause. Sauf pour l'élection présidentielle où l'on a limité – récemment – à deux le nombre de mandats consécutifs, pour les élections des parlementaires il n'y a pas de maximum. Les candidats sortants peuvent ainsi se représenter. On constate que la majorité des parlementaires se représentent à l'issue de leur mandat. Les Présidents de la République se sont également représentés à la fin de leur premier mandat ; seul François Hollande ne s'est pas considéré en position de pouvoir le faire pour les élections de 2017.

Les citoyens ont ainsi une voix décisive pour apprécier l'action de leurs représentants.

On peut relever que l'on a eu tendance au cours des dernières années à réduire la durée des mandats des élus de la Nation. Certes, l'on n'a pas des mandats aussi brefs que ceux des premières Constitutions françaises qui ne laissaient qu'une ou deux années aux élus, mais on est passé de sept à cinq ans pour le Président et de neuf à six ans pour les sénateurs.

Cette accélération du calendrier électoral augmente les occasions pour les citoyens d'exercer leur contrôle sur les élus. Au moins tous les cinq ans, la responsabilité des élus est mise en jeu devant les électeurs.

B. La responsabilité politique peut être engagée également de façon anticipée

L'engagement de la responsabilité politique ne se fait pas toujours qu'à l'échéance normale du mandat des élus de la Nation.

Le Président de la République dispose en application de l'article 12 de la Constitution du droit de dissolution. Il peut mettre fin de façon anticipée au mandat des députés. Il peut user de cette prérogative avec la plus grande liberté puisque c'est un acte dispensé du contreseing et que les avis qu'il doit solliciter ne le lient pas. Les députés peuvent ainsi devoir retourner devant les urnes avant l'échéance des cinq années. Cette hypothèse n'est pas théorique. Depuis 1958, plusieurs législatures ont été écourtées à la suite d'une dissolution : en 1962, en 1968, en 1981, en 1988 et en 1997. Depuis l'échec de cette dernière dissolution, les députés n'ont jamais dû retourner plus tôt que prévu devant les urnes mais le droit de dissolution n'est pas supprimé. Le rapprochement de la durée des mandats présidentiel et parlementaire n'implique pas non plus une disparition de la dissolution. Il la rend peut-être moins probable.

Le Chef de l'État n'est pas soumis à une contrainte symétrique à la dissolution. Sauf le cas très particulier d'une révocation prononcée par la Haute Cour, le Président ne peut être obligé par une autre institution d'écourter son mandat. En revanche, il peut tout à fait décider de lui-même d'engager sa responsabilité devant les électeurs. Il pourrait le faire en démissionnant puis en demandant aux électeurs de lui redonner leur confiance. Aucun Chef de l'État ne l'a fait depuis 1958. Il peut aussi associer son sort à la réponse donnée à une consultation dont il prend l'initiative. Il engage sa responsabilité devant les électeurs. C'est ce que fit le général de Gaulle. Si les résultats aux premières consultations référendaires le renforcèrent, l'échec du référendum de 1969 le conduisit à démissionner. Cet exemple n'a pas été suivi et le Président Chirac n'a pas quitté ses fonctions après l'échec de la dissolution prononcée en 1997, ni après le rejet du référendum organisé en 2005 sur le traité établissant une Constitution pour l'Europe.

Conclusion

Les élus de la Nation bénéficient d'un statut qui les protège. Le Chef de l'État dispose en France d'un régime très particulier et l'on peut considérer que pendant au moins la durée de son mandat il est difficile de l'atteindre. Les parlementaires ont des protections moins conséquentes mais pas insignifiantes. Il y a en faveur des élus une part d'irresponsabilité. Il n'existe pas cependant d'impunité et tous les élus peuvent engager leur responsabilité devant les électeurs. Certains considèrent cependant que le régime appliqué est trop favorable aux élus et qu'ils sont dans une large mesure des intouchables. On peut s'interroger sur ce point mais est-il vraiment préférable d'en faire des citoyens comme les autres ?

Sujet : Le statut de l'opposition

Approche globale du sujet

Bien lire le sujet est une règle qu'on doit toujours se répéter. Comparer l'intitulé du sujet avec des formulations différentes peut en outre aider à bien le comprendre. Le sujet aurait pu porter sur « l'opposition ». Il aurait fallu concentrer son attention sur la définition en se demandant sans doute s'il existe une ou plusieurs oppositions. Dans le sujet proposé ici, ce qui importe est moins la définition de l'opposition que la détermination des règles ou des pratiques qui s'appliquent aux partis et candidats aux élections qui ne soutiennent pas le Gouvernement. Le sujet ne mentionnant pas de pays en particulier, le rédacteur de la copie bénéficie d'une certaine liberté dans le traitement du sujet. On ne pourra pas lui reprocher de s'intéresser plus particulièrement à un pays en particulier. Des éléments pris dans d'autres démocraties seront naturellement appréciés favorablement. Il pourra également être intéressant de relever comment le statut accordé à l'opposition a pu évoluer au fil du temps.

Proposition de plan

Introduction

Qu'est-ce que l'opposition ? À cette interrogation simple, la réponse est doublement malaisée.

Il s'agit en premier lieu de déterminer quelles sont les forces politiques qui se considèrent dans l'opposition. Ce peut être une opposition à la majorité gouvernementale mais également une opposition plus radicale hostile au régime lui-même. Ce peut être une opposition constituée par les formations politiques qui gouvernaient jusque-là mais qui ont perdu les élections et espèrent revenir aux affaires après la prochaine consultation électorale. L'opposition ce sont aussi des mouvements situés plus aux extrêmes et désirant des changements plus forts.

Il s'agit en second lieu de définir le poids de cette opposition dans le fonctionnement des institutions. Que représente-t-elle au plan politique ? Que peut faire l'opposition ? Quels sont les moyens dont elle dispose ? Quelles sont ses prérogatives ? En a-t-elle même ?

Dans un régime qui a accordé un rôle si central au Chef de l'État et à la majorité qui le soutient, dans un pays qui pendant si longtemps n'a pas vraiment connu l'alternance, on ne serait pas très surpris de constater que l'opposition n'ait guère de droits. Les parlementaires, même ceux de la majorité, ne voient-ils pas leur rôle relativement limité ?
Sans doute l'opposition n'a-t-elle pas la même place que dans d'autres pays mais il serait excessif de considérer que sa situation ne s'est pas améliorée au cours des dernières années.

Annonce de plan

Si l'opposition n'a longtemps eu en France que des prérogatives limitées et apparaissant réduites par rapport à celles accordées au Royaume-Uni (I), son rôle est davantage reconnu depuis quelques années moins en tant que tel que par le renforcement des droits du Parlement (II).

Développements

I. L'opposition n'a longtemps eu en France que des prérogatives limitées qui apparaissaient réduites par rapport à celles accordées au Royaume-Uni

A. Les prérogatives longtemps limitées accordées à l'opposition

Longtemps, l'opposition n'a, dans notre pays, bénéficié que de droits restreints. Les parlementaires de l'opposition, ont, comme tous les parlementaires, l'initiative des lois en application de l'article 39 de la Constitution. Ils disposent également conformément à l'article 44 du droit d'amendement. En vertu de l'article 11, ils peuvent être à l'origine d'une proposition de référendum. L'article 89 donne aussi aux membres du Parlement la possibilité de faire une proposition en vue de la révision constitutionnelle. À ces prérogatives portant sur le travail législatif, on peut ajouter la possibilité de participer au contrôle parlementaire. Les parlementaires peuvent ainsi prendre l'initiative de déposer une motion de censure contre le Gouvernement en application de l'article 49. L'article 28 permet aussi aux parlementaires de demander l'ouverture d'une session extraordinaire.
Ces prérogatives ne donnent en réalité à l'opposition que des moyens d'action limités. Ce qui a réduit radicalement les choses est que l'ordre du jour des travaux parlementaires était fixé par le Gouvernement. Avoir l'initiative sans pouvoir faire inscrire le texte à l'agenda des débats anéantit ce droit. Même la majorité parlementaire subissait cette règle. S'agissant du référendum, l'article 11 fait allusion à une « proposition conjointe des deux assemblées », ce qui doit réunir bien davantage que les seuls parlementaires de l'opposition. L'opposition avait et a toujours le droit de participer aux débats et d'exprimer une position différente. Un moyen qui lui était donné et qui demeure est le dépôt d'une motion de censure. Il suffit aux termes de l'article 49-2 de la signature d'au moins un dixième des membres de l'Assemblée nationale pour pouvoir déposer un tel texte de défiance à l'encontre du Gouvernement. Le faire adopter est bien plus délicat puisque pour cela il faut réunir le vote de la majorité des membres composant l'Assemblée nationale. Enfin, la majorité requise pour confirmer la révision constitutionnelle étant des trois cinquièmes des suffrages exprimés au sein du Congrès, l'opposition a une faculté d'empêcher la modification constitutionnelle. Au total, l'opposition n'avait que peu de pouvoirs effectifs.

B. Des prérogatives semblant réduites par rapport à celles accordées au Royaume-Uni

La modestie des droits conférés à l'opposition apparaît nettement lorsqu'on évoque la situation de l'opposition au Royaume-Uni. Dans ce pays, on accorde une reconnaissance officielle à l'opposition et d'autre part celle-ci dispose d'importants moyens pour s'exprimer au sein de la Chambre des Communes.

La reconnaissance de l'opposition passe par la position donnée au leader du parti ayant perdu les élections ; celui-ci devient chef de l'opposition. C'est un personnage ayant un rôle officiel. *Leader de l'opposition de Sa Majesté*, il bénéficie d'un traitement non négligeable ; il peut être consulté par le Premier ministre ; il dirige le cabinet fantôme, le *shadow cabinet*, cette équipe de parlementaires constituée comme un Gouvernement qui se prépare à gouverner. Les partis d'opposition reçoivent également une aide financière dépendant du nombre de sièges et de voix obtenus aux élections législatives.
Le statut de l'opposition est aussi composé d'un ensemble de prérogatives accordées dans le cadre du travail parlementaire. Les parlementaires de l'opposition peuvent s'exprimer pendant les débats, un tiers du temps des débats leur est réservé ; ils peuvent demander l'organisation de séances supplémentaires ; dans l'examen du budget, ils exercent un rôle primordial ; quotidiennement, les membres de la Chambre des Communes posent des questions au Gouvernement. Ces droits sont nombreux et le *speaker* qui préside les débats veille au respect de l'équité dans les travaux parlementaires.
Tous les pays ne vont pas aussi loin dans l'affirmation des droits de l'opposition. On peut ici vraiment parler d'un statut de l'opposition.

Transition L'exemple britannique a, à certains égards, servi de modèle à d'autres pays. Il n'est pas excessif de considérer que la situation actuelle, obtenue progressivement, s'inspire de ce qui a été établi de l'autre côté de la Manche.

II. Le rôle de l'opposition est maintenant davantage reconnu moins en tant que tel que par le renforcement des droits du Parlement

A. La reconnaissance de l'opposition en tant que telle

La situation de l'opposition a été modifiée au cours des dernières décennies par la définition d'un certain nombre de règles et la mise en œuvre de pratiques qui constituent une espèce de reconnaissance voire une sorte de statut de l'opposition.
Des séances de questions au Gouvernement sont organisées au sein du Parlement. Les parlementaires peuvent ainsi outre des questions écrites s'adresser directement oralement aux membres du Gouvernement. Il ne s'agit pas d'un droit spécifique accordé aux membres de l'opposition mais ils en bénéficient directement. En élargissant le droit de saisine du Conseil constitutionnel à 60 députés ou 60 sénateurs, la révision constitutionnelle de l'article 61 opérée en 1974 a conféré une prérogative nouvelle aux parlementaires mais il est clair que le nombre prévu permet surtout à l'opposition de saisir le conseil, la majorité ayant voté le texte n'y ayant pas un intérêt évident.
Beaucoup plus récemment, la Constitution a été modifiée en 2008 pour accorder des droits spécifiques aux « groupes d'opposition et aux groupes minoritaires ». Cette reconnaissance est affirmée par un nouvel article 51-1 qui renvoie au règlement de chaque assemblée pour la détermination plus détaillée de ces droits. L'article 48 précise en outre dans son 5e alinéa qu'« un jour de séance par mois est réservé à un ordre du jour arrêté par chaque assemblée à l'initiative des groupes d'opposition de l'assemblée intéressée ainsi qu'à celle des groupes minoritaires ». C'est la première fois qu'une référence explicite à l'opposition figure dans la Constitution, référence au demeurant double puisqu'on évoque également les groupes minoritaires.
La reconnaissance de l'opposition ne passe pas que par l'inscription au plan constitutionnel et dans le règlement des assemblées de droits spécifiques. Elle résulte également de pratiques qui sont suivies. Ainsi, le Chef de l'État peut recevoir les dirigeants des principales formations politiques, y compris donc ceux de l'opposition. Au Parlement, on a pu également donner une plus grande place à l'opposition en lui permettant de présider la commission des finances. Les deux derniers premiers présidents de la Cour des comptes ont été nommés alors qu'ils étaient issus des rangs de l'opposition.

B. Le renforcement des droits du Parlement

À ces droits spécifiques accordés à l'opposition, il faut surtout ajouter les nouveaux droits accordés aux parlementaires qui résultent notamment des révisions constitutionnelles de 1995 et 2008 qui ont revalorisé le rôle du Parlement. Selon l'article 48, il appartient au Parlement de fixer son ordre

du jour. La cadence des séances consacrées aux questions au Gouvernement est inscrite dans ce même article. L'article 50-1 permet aux groupes parlementaires dont ceux de l'opposition de demander au Gouvernement de faire une déclaration qui peut donner lieu à débat. En application de l'article 88-4, les projets d'actes législatifs européens sont soumis à l'Assemblée nationale et au Sénat. Ceux-ci peuvent émettre à leur sujet un avis motivé. En application de l'article 42 la discussion porte en séance sur le texte adopté en commission et non plus sur le texte présenté par le Gouvernement. L'article 24 confie explicitement au Parlement un rôle d'évaluation des politiques publiques qui s'ajoute au vote de la loi et au contrôle de l'action du Gouvernement.
Cette revalorisation du rôle du Parlement intéresse l'ensemble des parlementaires. Elle n'est pas établie que pour favoriser la situation de l'opposition mais il est clair qu'en donnant plus de droits aux parlementaires la Constitution permet aux opposants de plus se faire entendre.

Conclusion

Pour paraphraser Sieyès dans son *Qu'est-ce que le Tiers-État* ? on pourrait à l'interrogation, qu'est-ce que l'opposition ? répondre « rien » ou plutôt on aurait pu longtemps répondre « rien ». Il serait très excessif de se montrer toujours aussi radical. L'opposition dispose clairement de droits. Sans doute n'a-t-on pas encore défini un statut aussi complet que celui qui est accordé au Royaume-Uni. Nous n'avons pas de *shadow cabinet* et il n'est pas facile de dire qui est le chef de l'opposition. La composition du système partisan en Grande-Bretagne facilite sur ce dernier point les choses. Mais en quelques décennies, les opposants ont vu leur situation plus reconnue. Quoi qu'il en soit, on ne peut manquer de relever que le vœu de l'opposition c'est de ne pas le demeurer et de ne pas bénéficier si avantageux soit-il du statut de l'opposition. Que veut devenir l'opposition ? Tout, c'est-à-dire gouverner.

Quelques pistes complémentaires de réflexion

Électeurs, partis, élus sont les acteurs principaux de la vie politique. Ou plutôt les acteurs traditionnels de la démocratie. Ne faut-il pas cependant ajouter d'autres participants ? N'est-il pas nécessaire de faire allusion à l'influence d'autres acteurs ?
Les moyens de communication, les médias, interviennent. Qu'elle soit écrite et plus souvent audiovisuelle ou numérique, la presse a une influence. Peut-on évoquer la vie d'une démocratie sans faire allusion aux réseaux sociaux ?
Dans l'autre sens, n'y a-t-il pas également des influences sur les élus ? Le lobbying, les groupes d'intérêt, n'agissent-ils pas vis-à-vis des représentants du peuple pour faire avancer leurs projets, des textes, des règles ?
La vie des démocraties n'est pas rythmée que par les consultations électorales. Les sondages sont régulièrement réalisés, notamment dans le domaine politique. Sont-ils une indication de la situation à un moment précis ? Influent-ils sur les débats publics ? Leur place est-elle trop grande ? Quelle confiance leur donner ?
À propos des acteurs de la démocratie, une dernière question un peu transversale peut être posée : chacun d'entre eux n'est-il à certains égards l'objet d'interrogations sérieuses pour ne pas dire de contestations ? Les électeurs semblent dans beaucoup de démocraties ne pas être que tentés par l'abstention. La participation électorale suit le plus souvent une pente descendante. L'adhésion aux formations politiques paraît également se réduire. Les effectifs des partis politiques s'effritent sensiblement. Quant aux élus, ils peuvent souffrir de critiques quelquefois sévères de la part des électeurs. Ces questionnements ne doivent pas être esquivés. Il n'est pas inutile de s'arrêter sur ces sujets en se rappelant que les institutions ne peuvent fonctionner sans la participation de différents acteurs.

Document

« Personne ne conteste que la pandémie constitue une urgence et qu'avec l'urgence certaines mesures inhabituelles s'imposent. Mais la fragilité de la santé humaine constitue en quelque sorte une urgence permanente qui peut fournir à l'État une justification permanente pour un état d'exception permanent. Nous ne voyons plus dans l'État que le protecteur de nos droits ; dès lors, la vie étant le premier de nos droits, un boulevard est ouvert à l'inquisition de l'État.

Cela dit, il y a longtemps que nous nous en sommes remis à l'État, que nous lui avons accordé souveraineté sur nos vies. Cette tendance longue a pris un tour aigu dans la dernière période. La spontanéité de la parole sociale a été soumise à une sorte de censure préalable, qui a pour ainsi dire exclu du débat légitime la plupart des enjeux importants de notre vie commune, ou même de notre vie personnelle. Qu'il s'agisse de la question migratoire ou de la relation entre les sexes, et en général des questions dites sociétales, une idéologie commune à la société et à l'État dicte le permis et le défendu, qui ne fait qu'un avec l'honorable et le déshonorant, le noble et le vil. Bref, nous avons parfaitement intériorisé le principe d'une discipline de parole et d'expression à laquelle il serait suspect d'opposer la moindre résistance. Aussi sommes-nous sortis à petit bruit du régime démocratique et libéral qui était informé et animé par des projets collectifs rivaux, qui mettait devant nos yeux de grandes choses à faire, des actions communes à accomplir, bonnes ou ruineuses mais qui justifiaient qu'on s'opposât, que les arguments s'échangent vigoureusement, que les grandes questions nourrissent de grands désaccords. Cet heureux temps n'est plus. Le monde s'est pour nous rempli de victimes qui, d'une voix gémissante et menaçante à la fois, se disent blessées par tout ce bruit, voient dans les règles d'accord de l'adjectif une offense à toutes les femmes et, dans une grossièreté de cour d'école, une insulte homophobe. Qu'opposerions-nous à l'État gardien des droits, alors que nous le supplions de venir au chevet de notre intimité incessamment blessée ? »

P. Manent, *Le Figaro*, 24 avril 2020.

Dissertation

Sujet : Comment pourrait-on redynamiser la démocratie française ?

Approche globale du sujet

On a ici un sujet qui n'est pas déconnecté de l'actualité. Des revendications en vue de renforcer la place des citoyens dans la vie émergent, une illustration de cette demande étant le référendum d'initiative citoyenne, le RIC. On a en outre une question qui est assez large. On ne se polarise pas sur un seul point, ce qui conduira à devoir faire œuvre de synthèse. Enfin, au-delà du diagnostic à établir de la situation actuelle, le sujet appelle des suggestions ; on ne peut se contenter de décrire la situation existante mais on doit évoquer des modifications. Le plan proposé s'articule autour de deux séries de développements : les premiers porteront sur l'état des lieux ; les seconds sur des moyens pouvant être imaginés pour dépasser cette langueur de la vie démocratique actuelle.

Proposition de plan

Introduction

Dès ses premières lignes, la Constitution de 1958 affirme solennellement en quelques formules fortes des principes essentiels de notre pays et notamment son attachement à la démocratie. L'article 1er énonce que « la France est une République indivisible, laïque, démocratique et sociale ». L'article suivant donne son principe qui est « gouvernement du peuple, par le peuple et pour le peuple ». Quant à l'article 3, il affirme que « la souveraineté nationale appartient

au peuple qui l'exerce par ses représentants et par la voie du référendum ».
Il est assez classique que les textes constitutionnels rappellent l'attachement à la démocratie. Il l'est un peu moins que soit reconnue la possibilité à la fois d'organiser des élections et d'avoir recours au référendum. Certes, l'Italie et la Suisse le font mais la Grande Bretagne fait rarement appel au référendum et l'Allemagne pratiquement jamais.

Dans un pays ouvert aux différents moyens d'expression démocratique, où les élections sont fréquentes pour désigner les membres des institutions, du local au national, où la Constitution a été modifiée pour élargir les occasions de référendum, il n'est pourtant pas exagéré de constater une forme d'insatisfaction des citoyens. Cela peut paraître paradoxal avec le cadre juridique actuel accueillant aux diverses formes de participation de chacun au fonctionnement des institutions. Cela conduit à s'interroger sur les voies qui permettraient aux citoyens de retrouver une place qui leur convienne.

Annonce de plan

Les citoyens occupant une place centrale au sein des institutions mais se montrant assez insatisfaits du fonctionnement de notre démocratie (I), de nécessaires ajustements portant sur les modalités applicables aux élections et aux règles concernant la démocratie directe ne suffiront cependant sans doute pas à dépasser les doutes (II).

Développements

I. Des citoyens occupant une place centrale au sein des institutions mais insatisfaits du fonctionnement de notre démocratie

A. La place centrale des méthodes démocratiques

Au-delà des principes énoncés aux premiers articles de la Constitution, celle-ci contient des dispositions déterminant les conditions du recours aux élections et au référendum. D'autres textes, notamment législatifs, les complètent et les précisent.

1 – Le recours aux élections
Si les membres de certaines institutions ne sont pas élus – on pense aux membres du Conseil constitutionnel, du Conseil supérieur la magistrature, du Conseil économique, social et environnemental, au défenseur des droits – l'élection est le mode le plus fréquent de désignation. Sauf les sénateurs qui sont élus indirectement et le Président de la République avant la réforme de 1962 qui était désigné par un collège composé notamment d'élus locaux, les citoyens français élisent directement leurs représentants. C'est vrai au niveau national avec en vertu de l'article 6 de la Constitution l'élection au suffrage universel direct du Président de la République et celle des députés en application de l'article 24. C'est aussi le cas au niveau local pour la désignation des conseillers municipaux, départementaux et régionaux. Selon l'article 72 de la Constitution, les collectivités territoriales sont en effet « administrées par des conseils élus ». À ces consultations nationales, il faut ajouter les élections européennes avec depuis 1979 une désignation dans chaque pays des parlementaires européens directement par les citoyens.

2 – La possibilité d'organiser un référendum
La Constitution a été approuvée en 1958 à la suite d'un référendum. Plusieurs dispositions permettent d'y avoir recours. La révision constitutionnelle est en principe ratifiée par référendum selon l'article 89. Seuls les projets de révision constitutionnelle peuvent être éventuellement acceptés par le Congrès si le Président de la République le décide. L'article 11 permet d'organiser un référendum sur des projets de loi (organisation des pouvoirs publics, politique économique, sociale ou environnementale de la Nation et aux services publics qui y concourent, ratification d'un traité). Selon l'article 88-5, l'adhésion d'un nouvel État à l'Union européenne est en principe, sauf adoption de résolution à la majorité qualifiée par chaque chambre, soumise à un référendum. Le référendum local est également prévu à l'article 72-2 de la Constitution.

B. Une insatisfaction assez répandue

1 – Des interrogations face aux élections
Si des élections sont régulièrement organisées, plusieurs sortes d'interrogations se posent. Les assemblées élues sont-elles représentatives ? Le scrutin majoritaire utilisé pour les législatives amène certes à l'Assemblée nationale une majorité capable de soutenir l'action du Gouvernement mais n'y a-t-il pas une sur-représentation de quelques formations politiques, notamment le premier parti et inversement une quasi-absence de députés pour des partis dont les candidats aux présidentielles obtiennent pourtant au total près de la moitié des voix ? Au niveau national et plus encore au niveau local, on constate une longue répétition des mandats accordés aux élus. Les dernières élections législatives ont certes apporté un renouvellement – à nuancer cependant avec les ralliements d'élus de formations anciennes au parti présidentiel –, mais on constate en général plutôt une certaine permanence du personnel politique. Cette distance par rapport aux élus n'est pas sans lien avec l'éloignement des citoyens par rapport aux partis politiques qui ne rassemblent que bien peu d'adhérents – sans doute moins de 500 000 adhésions réelles toutes tendances confondues. L'illustration concrète de ces interrogations est l'abstention. L'élection présidentielle ne rassemble plus 80 % des inscrits. Les suffrages exprimés au deuxième tour en 2022 ne représentent que 65,76 % des inscrits ; au premier tour, ils étaient de 72,07 % La participation aux élections locales fléchit : aux municipales 2020, on est descendu à 44,66 %. Quant aux élections européennes, elles sont habituellement les moins suivies, même si on peut noter en 2019 une progression de la participation qui dépasse celle des législatives françaises de 2017. On a atteint 50,12 %.

2 – Une démocratie directe largement virtuelle
Les citoyens ne semblent pas exprimer d'aversion pour le référendum. Sauf le cas de la révision constitutionnelle portant sur la durée du mandat présidentiel, on ne relève pas d'effondrement de la participation à ces consultations. La problématique est ici différente. C'est plutôt l'absence de recours au référendum qui suscite l'insatisfaction. La réponse négative des Français à la ratification du traité établissant une Constitution pour l'Europe a, semble-t-il, traumatisé les dirigeants qui n'osent plus avoir recours à ce type de consultation. Beaucoup de citoyens regrettent cette désuétude du référendum et les quelques consultations locales ne permettent pas d'infirmer le propos. L'insatisfaction des citoyens tient aussi sans doute au sentiment que la voix populaire n'est pas toujours bien entendue. Le référendum de 2005 a rejeté un traité qui en définitive a été repris dans ses grandes lignes par le traité de Lisbonne en 2007 sans que cette fois les citoyens ne soient consultés. Les électeurs peuvent avoir l'impression d'avoir été trahis. On ne peut manquer de trouver paradoxal d'avoir instauré en 2008 le référendum d'initiative partagée sans jamais avoir eu l'occasion de l'utiliser, l'unique initiative acceptée par le Conseil constitutionnel n'ayant pas réuni les 10 % d'électeurs en 2020.

Transition Les reproches faits aux élections et les regrets face à la quasi-disparition du référendum alimentent une insatisfaction qui n'est pas illégitime. Il ne paraît pas dès lors superflu de réfléchir aux moyens de surmonter cette crise.

II. Des ajustements aux règles de fonctionnement de la démocratie nécessaires mais pas forcément suffisants pour dépasser les doutes

A. Des ajustements à apporter aussi bien à la démocratie représentative qu'à la démocratie directe

Le cadre actuel applicable aux élections et au référendum ne paraît pas donner satisfaction. On peut alors envisager d'apporter des ajustements à ces règles.

1 – Pour ce qui est des élections

Deux pistes sont quelquefois évoquées : l'élargissement du corps électoral et le vote obligatoire. On évoque ici l'abaissement de l'âge de la majorité électorale et l'extension du droit de vote aux étrangers. Quant au vote obligatoire, il existe dans certains pays comme la Belgique. Il n'est pas certain que ces mesures soient très utiles pour réenchanter la démocratie. Voter plus jeune donnerait-il pour la vie un goût pour les joutes électorales ? Accorder le droit de vote aux étrangers est-ce de nature à dynamiser la vie politique ? Le vote obligatoire n'est guère plus convaincant. Il ne garantit jamais un suffrage universel et s'accompagne d'un régime répressif à l'encontre des non-votants. D'autres hypothèses semblent plus intéressantes. L'utilisation de modes de scrutin qui permettent une meilleure représentation du corps électoral en fait partie. Sans aller jusqu'à la proportionnelle intégrale, des systèmes mixtes peuvent séduire. Les règles de cumul des mandats pourraient aussi évoluer. Une limitation dans le temps des mandats pourrait générer un renouvellement des effectifs au niveau local comme national. On pourrait organiser le même jour plusieurs consultations électorales ou référendaires.

2 – Pour ce qui est du référendum et de la démocratie directe

Compte tenu de la modestie de la pratique référendaire depuis plus de 20 ans, la nécessité de procéder à des ajustements paraît plus grande. En matière constitutionnelle, il est paradoxal que la Constitution ayant été acceptée par référendum, elle soit modifiée pratiquement toujours à la suite du vote du Congrès. Il devrait être possible d'exiger un vote des citoyens. Les conditions de mise en œuvre du référendum d'initiative partagée sont trop restrictives – pour ce faire, il faut pratiquement dix fois plus de citoyens qu'en Italie. On devrait assouplir les choses et exiger nettement moins qu'un dixième du corps électoral. Certains textes relatifs à la construction européenne pourraient être systématiquement soumis au corps électoral. Deux autres points pourraient être examinés. Ne pourrait-on pas permettre aux citoyens de présenter des candidats aux présidentielles en lieu et place des élus locaux qui ont actuellement cette prérogative ? Par ailleurs, la remise en cause du mandat des élus est une question quelquefois évoquée. Les États-Unis permettent le *recall*, le rappel, la révocation d'élus au sein des États fédérés. Notre pays avait prévu ce genre de mécanisme pendant la révolution. Le référendum d'initiative citoyenne devrait selon ses promoteurs contenir cet aspect. Il est permis de s'interroger sur l'introduction d'un système révocatoire. Les mandats électoraux sont de durée raisonnable et les électeurs peuvent ne pas renouveler le mandat d'un élu. En outre, des mécanismes existent pour poursuivre un élu gravement fautif.

B. Des doutes pouvant durablement s'exprimer

On pourrait sans doute déterminer d'autres changements de nature à redynamiser notre démocratie. On aurait pu évoquer la démocratie participative. Mais au-delà des suggestions portant sur le cadre applicable aux élections et consultations référendaires, il n'est pas inutile de rappeler que l'insatisfaction que l'on constate dans notre démocratie mais également dans d'autres proches de nous tient à la situation que traversent nos pays. L'insatisfaction tient aux mauvais résultats des politiques menées, aux promesses non tenues, aux interrogations que suggèrent les bouleversements économiques et sociaux. Il y a sans doute en France un vieux fond d'insatisfaction, de contestation habituelle des gouvernants. La tentation de la jacquerie existe. Mais la situation contemporaine exacerbe à certains égards ces tendances. Un sentiment de révolte existe et le mouvement des *gilets jaunes* l'illustre. On a ici une protestation forte et durable contre les pouvoirs constitués. Les ajustements qui pourraient être apportés aux règles électorales ou référendaires ne permettront sans doute pas de dépasser ces doutes. La réussite des politiques engagées et des modifications plus essentielles dans l'architecture du pouvoir seraient sans doute de nature à faire évoluer les esprits.

Conclusion

Des voies existent pour renforcer la voix des citoyens. Même dans un pays qui depuis deux siècles n'a cessé d'accroître la taille de son corps électoral et les droits qui lui sont accordés. Cela ne suffira pas cependant pour anéantir une insatisfaction réelle vis-à-vis des pouvoirs publics. Il appartient aux électeurs de dépasser leurs doutes et de s'engager davantage dans la vie de la cité. Il appartient aux élus de se montrer à la hauteur dans un contexte difficile.

Questionnaire à choix multiples sur les thèmes du chapitre

(Les réponses et explications figurent au dernier chapitre de l'ouvrage)

En France, le nombre d'élus politiques est environ de
- A – 500 000 personnes
- B – 200 000 personnes
- C – 100 000 personnes
- D – 50 000 personnes

Les partis politiques
- A – peuvent être interdits par le Conseil constitutionnel en France
- B – peuvent être interdits par le Tribunal constitutionnel allemand
- C – doivent être autorisés par la Cour suprême américaine
- D – ne sont reconnus au Royaume-Uni que s'ils ont de députés

Lorsqu'ils désignent leurs candidats
- A – les partis doivent organiser des primaires
- B – les partis leur accordent l'investiture
- C – les partis consultent leurs adhérents
- D – les partis financent leur campagne

Selon la réglementation française, les partis politiques
- A – doivent avoir au moins 10 000 adhérents
- B – doivent avoir au moins 100 élus locaux
- C – sont libres de leur organisation
- D – sont tenus de rendre leurs comptes publics

La Constitution de 1958
- A – indique qu'il faut avoir dix-huit ans pour voter
- B – ne contient aucune indication sur le droit de vote
- C – permet aux citoyens de l'Union européenne de voter aux élections européennes
- D – permet aux nationaux majeurs des deux sexes d'être électeurs

Les Français établis hors de France
- A – sont représentés uniquement au Sénat
- B – sont représentés uniquement à l'Assemblée nationale
- C – ne sont pas représentés au Parlement
- D – sont représentés au Sénat et à l'Assemblée nationale

Chapitre 6

Les régimes étrangers

États-Unis, Royaume-Uni, Allemagne fédérale, Russie, Chine, Suisse

Pour la présentation des régimes étrangers, on va s'intéresser à six pays : la Grande-Bretagne, les États-Unis, l'Allemagne, la Russie, la Chine et la Suisse. D'autres régimes présentent des intérêts évidents et on aurait pu se tourner vers la situation de l'Italie, de la Belgique, de l'Espagne, du Brésil, de l'Inde. Le choix qui a été fait correspond à celui qui est communément opéré et qui s'explique par la diversité des systèmes considérés. Avec ces six régimes, on a à la fois de très grands pays, de bien plus petits ; certains ont recours au fédéralisme, d'autres insistent davantage sur la dimension plus unitaire et centralisée ; le Chef de l'État est élu directement par les citoyens tandis qu'ailleurs il l'est indirectement ou désigné héréditairement ; les modes de scrutin et le système partisan diffèrent assez sensiblement ; la démocratie est implantée de façon plus ou moins ancienne ; les pratiques démocratiques y sont assez diverses, voire seulement apparentes. Pour utiliser le vocabulaire des sondages, ces six systèmes politiques constituent un échantillon représentatif des différents régimes existants.
Pour chacun de ces pays, on fera figurer les mêmes éléments : la présentation générale complétée par un ensemble d'éléments clefs sur les institutions du pays sera suivie de questions à réponse courte et de dissertations.

Section I. La Grande-Bretagne

Points clefs

Date de la Constitution

Pas de Constitution écrite. Des textes comme les Parliament Acts régissent les institutions

Chef d'État

Charles III

Liste des Chefs du Gouvernement

Margaret Thatcher (Tory) (1979-1990) ; John Major (Tory) (1990-1997) ; Tony Blair (Labour) (1997-2007) ; Gordon Brown (Labour) (2007-2010) ; David Cameron (Tory) (2010-2016) ; Theresa May (Tory) (2016-2019) ; Boris Johnson (Tory) (2019-2022) ; Liz Truss (Tory) 2022 ; Rishi Sunak (Tory) (depuis octobre 2022)

Mode de scrutin aux législatives

Scrutin majoritaire uninominal à un tour (Chambre des Communes)

Composition du Parlement

Bicamérale. Une chambre élue dans des circonscriptions la Chambre des Communes ; une chambre composée de pairs dont la plupart sont nommés à vie, la Chambre des Lords

Principales formations politiques

Parti conservateur (Tory), parti travailliste (Labour), parti libéral démocrate (anciennement parti libéral), parti national écossais (Scottish National Party)

Le régime britannique, le modèle de Westminster, est toujours au programme des enseignements de droit constitutionnel. À première vue, la place qu'il occupe peut paraître paradoxale. D'abord bien sûr, on peut relever l'absence de Constitution écrite alors que pratiquement partout dans le monde on a privilégié l'écrit à la coutume dans un domaine comme celui du fonctionnement des institutions. Ensuite, présenté comme un haut lieu de la démocratie, les îles britanniques ont plusieurs de leurs dirigeants qui ne sont pas élus. La pratique du référendum y est en outre modérée et le paysage partisan est assez simplifié avec seulement deux ou trois formations politiques participant au pouvoir.
La Grande-Bretagne constitue pourtant un modèle que bien des pays ont cherché à imiter sans forcément le reproduire exactement.
L'affirmation de droits est ancienne et le parlementarisme y est né.

Dès le Moyen Âge, des textes essentiels sont pris pour l'affirmation des droits et la protection des individus : Grande Charte, acte d'Habeas Corpus, pétition de droits. Parmi ces règles, il y a l'affirmation du rôle du Parlement au détriment de celui du Roi. Celui-ci conserve cependant des pouvoirs et l'on évoque encore la prérogative royale. Mais c'est vrai qu'il a perdu comme d'ailleurs la Chambre des Lords une part non négligeable de ses compétences. Avec les Parliament Acts, les deux chambres du Parlement ne sont plus à égalité mais les assemblées ont au sein des institutions un rôle central. Le régime parlementaire naît en Angleterre et l'on y pratique un équilibre institutionnel très subtil. Certaines formules du droit parlementaire britannique peuvent intriguer : speaker, kangourou, guillotine, whips littéralement fouet... Les MPs ont de vraies prérogatives au sein de la Chambre des Communes qui légifère, vote le budget et assure le contrôle.

Modernité et traditions vénérables cohabitent.

Démocratie ancienne et vivante, la Grande-Bretagne a établi un savant mélange entre l'attachement à des institutions très anciennes comme la monarchie et la Chambre des Lords et une modernité dans la garantie des droits et l'affirmation d'un statut de l'opposition. Le Roi est le personnage le plus éminent du pays. Comme les Lords, il n'a pourtant pas été désigné lors d'une élection. Son discours du trône n'est certes pas rédigé par lui et la prérogative royale est limitée mais on aurait tort de ne lui trouver qu'un rôle subalterne et symbolique. Les rapports entre les différentes forces politiques peuvent être tendus mais chacun est reconnu avec un statut. À la majorité qui gouverne réplique une opposition qui se prépare à gouverner un jour avec un cabinet fantôme, le *shadow cabinet*. Quotidiennement, l'ensemble des députés dispose au début des séances d'une heure consacrée aux questions orales posées au Gouvernement.

Des changements et des ajustements significatifs doivent être soulignés.

Si les soubresauts de la famille régnante ont suscité des reproches, la Reine avait échappé largement aux critiques et la question de la monarchie ne se pose pas vraiment. Le couronnement du nouveau Roi Charles III a montré la ferveur autour du souverain. Sur d'autres sujets, le royaume connaît des évolutions ou au moins des interrogations. La Chambre des Lords n'est plus depuis la réforme de 1999 que de façon minoritaire composée de lords héréditaire. Une décentralisation poussée, la *devolution*, a donné un rôle important au Parlement de composantes du Royaume-Uni. Dans ce pays où le Parlement a un rôle central, le référendum a été utilisé à plusieurs reprises au cours des dernières années. L'une de ces consultations a porté d'ailleurs sur un des « fondamentaux » du pays, le mode de scrutin majoritaire. La démocratie britannique a connu temporairement à partir de 2010 une configuration particulière : aucun des deux grands partis n'ayant la majorité, il y a eu une coalition entre deux partis rivaux, les conservateurs et les libéraux-démocrates. Les conservateurs ont repris la main sans avoir besoin du soutien d'un autre parti mais on a assisté à plusieurs changements successifs de Premier ministre depuis 2022, la présence de Liz Truss au *10 Downing street*, ayant battu le record de brièveté à 49 jours.

Ces divers éléments ne sont pas à l'origine de bouleversements institutionnels mais ils représentent cependant des changements non négligeables.

Mots-clefs

Grande Charte : signé en 1215 par Jean Sans Terre, ce texte obtenu par les barons anglais les garantit ainsi que les bourgeois des villes et les ecclésiastiques contre la puissance royale

Habeas Corpus : originaire de Rome et développé dès le Moyen Âge en Angleterre, il s'agit d'un ensemble de règles protégeant de l'arbitraire ; l'acte d'Habeas Corpus datant de 1679 garantit le principe de la liberté individuelle, et notamment de ne pas être emprisonné sans jugement et de connaître les raisons de son arrestation et de son accusation

Pétition de droits : texte proposé par le Parlement et accepté par le Roi Charles Ier en 1628 qui vise à maintenir les libertés fondamentales de l'Angleterre, en particulier le consentement à l'impôt par les représentants de la population et l'interdiction de toute arrestation et détention illégales

Prérogative royale : pouvoirs attribués à la couronne fondés sur la coutume et ne résultant pas d'une autorisation législative expresse

Chambre des Lords : chambre haute du Parlement britannique composée de lords nommés à vie, les lords viager, de lords héréditaires, de hauts dignitaires de l'Église anglicane, les lords spirituels, de hauts magistrats, les lords judiciaires

Chambre des Communes : chambre basse du Parlement britannique composée d'élus

MP : Member of Parliament, député de la Chambre des Communes

Parliament Acts : textes pris en 1911 et 1949 par la Chambres des Communes réduisant les prérogatives de la Chambre des Lords alors qu'elle avait auparavant un rôle similaire à celui de la Chambre des Communes

Whips (fouet en anglais) parlementaires chargés de l'encadrement des MPs de leur parti : donner les consignes de vote, surveiller leur présence – le vote est personnel –, négocier avec les whips de l'autre parti pour compenser les absences par des abstentions. Ils participent à l'élaboration de l'ordre du jour

Speaker : président de la Chambre des Communes

Backbenchers : députés qui n'occupent pas de postes officiels au Gouvernement ou dans le cabinet fantôme. Leur surnom tient à leur place au Parlement qui se situe aux derniers rangs de la Chambre des Communes

Question time : période d'une heure au début des séances consacrée aux questions orales des parlementaires au Gouvernement

Guillotine : (1887) système permettant de fixer une durée précise pour l'examen de chaque partie d'un texte devant le Parlement. Ce délai atteint, les MPs devront passer au vote, que l'examen ait ou non été achevé

Kangourou : (1909) procédure permettant au speaker de choisir parmi les amendements ceux qui semblent de nature à faire avancer le débat et éviter les discussions inutiles

Discours du trône : discours lu par le souverain britannique devant la Chambre des Lords à l'ouverture de la session parlementaire mais rédigé par le Premier ministre et présentant le programme législatif du cabinet

Shadow cabinet : équipe assistant le leader de l'opposition constituée de membres spécialisés dans les problèmes traités par un département ministériel

Devolution : décentralisation maximale en faveur du pays de Galles et de l'Écosse avec rétablissement de leur Parlement

Torys (origine du mot : brigands irlandais attaquant les colons protestants) à l'origine partisans du Roi, de l'Église anglicane et de la prérogative royale contre le Parlement ; aujourd'hui les conservateurs

Whigs (origine du mot : paysans presbytériens de l'ouest de l'Écosse) à l'origine, défenseurs du Parlement contre le Roi, défenseurs des libertés civique et religieuse ; plus récemment les libéraux

Labour : Parti travailliste

Composition de la Chambre des Communes (650 sièges) (dernières élections générales 12 décembre 2019), (situation au 20 mai 2023)
Speaker 1 siège
Gouvernement
Parti conservateur 355 sièges
Opposition officielle
Parti travailliste 196 sièges
Autres oppositions 91 sièges
SNP (Scottish National Party) 45 sièges
LD (Liberal Democrats) 14
DUP (Democratic Unionist Party) 8 sièges (Irlande du Nord)
Plaid Cymru 3 sièges (Pays de Galles)
Alba 2 sièges (Scission du parti national écossais)
SDLP (Social Democratic and Labour Party) 2 sièges (Irlande du Nord)
Green 1 siège (Pays de Galles)
Alliance 1 siège (Irlande du Nord)
Indépendant 15 sièges
Abstentionnistes
SF (Sinn Fein) 7 sièges (Irlande du Nord)

Questions à réponse courte

La Chambre des Lords

Remontant loin dans l'histoire britannique et descendant du Magnum concilium, c'est une chambre aristocratique. Pendant très longtemps composée essentiellement de pairs héréditaires, la chambre haute du Royaume-Uni a connu plusieurs modifications. Aux lords héréditaires qui étaient jusqu'à récemment majoritaires au sein de l'assemblée, il faut ajouter depuis 1958 des pairs désignés à vie qui sont nommés par le souverain sur proposition du Premier ministre. Une réforme résultant de la loi du 11 novembre 1999 ayant posé le principe de l'abolition de la pairie héréditaire, les lords viagers sont à présent les plus nombreux. Les hauts dignitaires de l'Église anglicane sont les lords spirituels. Avant le *Constitutional Reform Act* de 2005, de hauts magistrats faisaient partie de la chambre. Depuis la création de la Cour suprême du Royaume-Uni, les lords judiciaires ou *law lords* ne sont plus membres de la Chambre des Lords. Elle est une des deux chambres du Parlement britannique. Alors qu'elle avait un rôle similaire à celui de la Chambre des Communes, la Chambre des Lords a perdu progressivement plusieurs de ses prérogatives y compris en matière législative, en application des deux Parliament Acts de 1911 et 1949. Elle ne peut plus s'opposer ou amender les projets financiers ; quant aux autres projets de loi, elle ne peut que temporairement s'y opposer. Les lords ne peuvent pas en outre mettre en jeu la responsabilité du cabinet. Le parlementarisme britannique est devenu inégalitaire. Le Premier ministre est d'ailleurs obligatoirement issu de la Chambre des Communes, Lord Salisbury ayant été en 1901 le dernier membre de la chambre haute nommé Premier ministre.

Les partis politiques britanniques

Les élections à la Chambre des Communes se faisant au scrutin majoritaire à un tour, on a une simplification du système partisan. Deux formations politiques dominent le paysage politique. Elles ont varié dans le temps. Dès les lendemains de la révolution de 1648, le Parlement est divisé en deux courants, les Torys, partisans du Roi et les

Whigs plus attentifs aux libertés individuelles. Au XIXe siècle, les conservateurs et les libéraux se partagent le pouvoir. Au début du XXe siècle, on a pendant une trentaine d'années une forme de tripartisme avec l'émergence d'une troisième force politique de premier plan, le parti travailliste, proche des syndicats, les Trade Unions. Le succès de ce dernier se fait au détriment des libéraux qui ne disparaissent pas mais ne se trouvent plus au premier plan. Les libéraux feront une courte alliance avec les travaillistes dans le pacte Lib-Lab. Devenue parti libéral-démocrate, cette formation s'alliera avec les conservateurs dans un Gouvernement dirigé par David Cameron. Au cours des dernières années, un nouveau parti s'est créé, UKIP, le parti pour l'indépendance du Royaume-Uni qui prône la sortie du royaume de l'Union européenne. Premier parti lors des élections européennes de 2014, il ne parvient pas à faire élire des députés au sein de la Chambre des Communes. Le report du départ britannique de l'Union européenne a conduit le fondateur de UKIP à créer le parti du Brexit pour les élections européennes. Des formations régionales existent en outre au Pays de Galles, en Écosse et en Irlande du Nord.

Le Parlement britannique

Au sens strict, dans le vocabulaire politique britannique, le Parlement est constitué du souverain, de la Chambre des Lords et des Communes. De façon plus courante, on ne se réfère qu'aux deux chambres. Leur composition est très différente puisque la chambre haute réunit des pairs dont certains sont héréditaires et d'autres sont nommés à vie tandis que les membres des Communes sont élus. Jusqu'au début du XXe siècle les deux chambres avaient les mêmes prérogatives mais à la suite des deux Parliament Acts de 1911 et 1949, le Royaume-Uni a un bicaméralisme inégalitaire. La Chambre des Communes vote la loi et le budget, investit et peut renverser le Gouvernement, a une compétence générale de contrôle qui s'exerce au moyen des questions et des select committees. Les Lords ne peuvent s'opposer, ni amender les projets financiers. Quant aux autres textes législatifs, leur opposition ne peut être que provisoire. Les attributions du Parlement apparaissent conséquentes mais on assiste néanmoins au Royaume-Uni, comme dans la plupart des démocraties, à un renforcement du poids relatif de l'exécutif par rapport au Parlement.

Dissertations

Sujet : Peut-on encore résumer le système britannique comme le Gouvernement d'un parti sous le contrôle de l'opposition et l'arbitrage du peuple ?

Approche globale du sujet

Le sujet invite à réfléchir à la pertinence d'une formule résumant le fonctionnement du régime britannique. Globalement, on peut considérer qu'elle correspond assez bien aux rôles remplis par les différents acteurs de la démocratie britannique. Les choses ne sont pas cependant figées. Les grands partis rencontrent des difficultés électorales. Alors que la place du référendum est habituellement limitée, plusieurs consultations référendaires ont été organisées ces dernières années. Dans le devoir, on doit retrouver ces différents éléments : dire en quoi on peut se laisser convaincre par la formule qui place au premier rang deux formations politiques dominantes ; mais également nuancer les choses en considérant que le système des partis peut évoluer et que des consultations directes peuvent être organisées. On ne peut traiter un tel sujet sans illustrer son propos par des exemples précis pris dans le fonctionnement du système britannique, tant au plan institutionnel que partisan.

Proposition de plan

Introduction

S'il est un pays qui affectionne la continuité institutionnelle, c'est bien la Grande-Bretagne. Certaines de ses institutions sont quasiment millénaires et même s'il a lui aussi connu des révolutions, le royaume n'a pas été comme la France soumis à une instabilité constitutionnelle. L'équilibre entre les pouvoirs y est globalement bien établi depuis plus de 200 ans. Le système électoral connaît également une stabilité certaine. Le scrutin majoritaire favorise habituellement l'émergence d'une majorité, deux grandes formations dominant le paysage politique.

On peut cependant constater au cours de ces dernières années certains changements dans la vie politique britannique. Ni les travaillistes, ni les conservateurs ne sont parvenus il y a quelques années à atteindre la majorité nécessaire pour gouverner.

Alors que le Parlement est au centre des institutions et qu'il peut légiférer en tout domaine, des décisions essentielles ont été soumises directement au verdict populaire. Le mode de scrutin lui-même a été l'objet d'une telle consultation.

Le Royaume-Uni serait-il en train de se transformer ? Le système britannique se déréglerait-il ? Il serait exagéré de le considérer.

Annonce de plan

Le système britannique établissant un partage des rôles entre le parti majoritaire et l'opposition dans lequel le peuple intervient pour déterminer le rôle joué par chacun (I) ne semble pas être fondamentalement remis en question par un affaiblissement des deux grandes formations politiques et un recours répété et inhabituel au référendum (II).

Développements

I. Le système britannique établit un partage des rôles entre le parti majoritaire et l'opposition dans lequel le peuple intervient pour déterminer le rôle joué par chacun

A. Un système donnant les moyens à un parti de gouverner et à l'opposition d'exercer un rôle utile

Principale institution du pays, la Chambre des Communes est élue au scrutin majoritaire à un tour. Avec ce type de scrutin, on est presque assuré de voir une formation politique obtenir une majorité de sièges. C'est un système bipartisan qui s'est mis en place avec la marginalisation des autres formations politiques. Le parti qui gagne les élections voit son leader devenir Premier ministre et le Gouvernement qu'il constitue à partir des parlementaires qui appartiennent eux aussi au parti majoritaire a les moyens pour mettre en œuvre sa politique. Le discours du trône est certes lu par le Roi mais il est rédigé par le Premier ministre qui peut ce faisant exposer la politique qu'il entend mener. Compte tenu du rapport de force, le parti minoritaire sait qu'il ne peut immédiatement parvenir à faire passer la politique qu'il a défendue mais il bénéficie d'un ensemble de règles et usages qui lui permettent de s'exprimer, contrôler et se préparer aux fonctions qu'il occupera ultérieurement. L'opposition répond par une adresse au discours du trône rédigé par le Premier ministre et peut demander un débat sur un thème important. Le contrôle est quotidien notamment grâce aux questions orales au début des séances. Ce contrôle s'exerce tout particulièrement vis-à-vis des projets budgétaires. Les opposants peuvent aussi déposer une motion de censure. La reconnaissance de l'opposition passe aussi par le statut du leader de l'opposition de Sa Majesté, leader qui deviendra Premier ministre si son parti gagne les élections. Avec le cabinet fantôme, il aura pu se préparer aux fonctions qu'il va exercer.

B. Un peuple déterminant le rôle joué par chacun des protagonistes

Si le rôle de chacun est bien balisé, ce ne sont pas des jeux d'appareil ou des tractations entre formations politiques qui vont faire que tel parti gouvernera et tel autre sera l'opposition. Le choix est entre les mains du peuple qui lors des élections législatives va donner une majorité. Il n'y a certes pas une certitude absolue de voir une formation avoir la majorité nécessaire mais on observe qu'il en a pratiquement presque toujours été ainsi. Pour les électeurs, les choses sont d'ailleurs très claires ; ils savent qu'en portant leur voix pour le candidat local d'un parti, ils votent en faveur du leader du parti comme futur Premier ministre.

Les électeurs sont effectivement les arbitres du jeu politique et confient à un parti le Gouvernement ou le rôle d'opposant. Ce peut être à l'échéance normale des cinq ans du mandat des députés mais cela peut intervenir plus tôt si le Premier ministre, appuyé par un vote favorable de la chambre, demande au Roi de dissoudre les Communes.

La chute d'un Gouvernement du fait du vote d'une motion de censure est en revanche exceptionnelle et ne peut intervenir qu'en cas de majorité étroite ou composite, une petite formation décidant de revenir sur son soutien.

Partage clair des rôles entre les partis majoritaire et minoritaire avec arbitrage des électeurs, telle est bien la situation habituelle du Royaume-Uni.

Transition S'agit-il d'un modèle en train de se défaire ? Faut-il de certains événements récents inférer une évolution du système ?

II. L'affaiblissement des deux grandes formations politiques et un recours répété et inhabituel au référendum ne remettent pas en question les fondamentaux du régime

A. Un affaiblissement des deux grandes formations politiques et un recours répété et inédit au référendum

La vie politique britannique a été marquée par plusieurs événements significatifs au cours des dernières années, la difficulté d'atteindre la majorité et le recours au référendum.

Lors des élections de 2010, aucune des deux formations qui alternent au pouvoir depuis les années trente, les conservateurs et les travaillistes, n'a obtenu la majorité même avec ses petits alliés des partis régionaux. Plutôt que de constituer un Gouvernement minoritaire, les conservateurs se sont rapprochés des libéraux-démocrates pour constituer une coalition inédite. On avait certes eu quelques décennies plus tôt le pacte Lib-Lab entre libéraux et travaillistes mais il s'agissait alors d'un accord politique antérieur aux élections. Le Gouvernement formé en 2010 par David Cameron a réuni en revanche des personnalités qui s'étaient affrontées pendant la campagne électorale. C'est pour éviter l'impasse gouvernementale que ces forces opposées se sont rapprochées et ont établi une espèce de « grande coalition » entre adversaires de la veille. À la suite des élections suivantes, les conservateurs ont obtenu suffisamment de sièges pour ne pas avoir à s'unir à une autre formation mais leur avance était faible. Après la dissolution de 2019, Boris Johnson a obtenu un brillant succès.

Les travaillistes peinent quant à eux à remonter la pente depuis le départ de Gordon Brown. Cette faiblesse des deux partis principaux de Gouvernement est un phénomène que l'on retrouve dans d'autres pays européens comme l'Allemagne qui a dû établir une grande coalition ou la France où les candidats de ces partis ont été éliminés dès le premier tour de la présidentielle de 2017 et en 2022. La nécessité de constituer en 2010 une « grande coalition » a été un événement exceptionnel dans un système très favorable aux deux grands partis.

Le recours au référendum est un autre point singulier pour les Britanniques. Habituellement peu utilisé, il l'a été successivement sur plusieurs sujets d'importance : le mode de scrutin, l'indépendance de l'Écosse et plus récemment en 2016 le départ de l'Union européenne. Au-delà des réponses données aux questions posées, négatives dans les deux premiers cas, et positive dans le dernier, on peut percevoir ici un changement dans le rôle du Parlement. Il n'est plus omniscient. Il donne aux électeurs la voix décisive sur des sujets importants.

B. Une absence de remise en question des fondamentaux du régime

L'affaiblissement des résultats des conservateurs et des travaillistes et le recours au référendum ne doivent pas cependant être surinterprétés. Il est vrai que ces deux grandes formations n'obtiennent en général plus les scores du passé. À cet égard, le résultat le plus significatif a été celui des élections européennes où le parti pour l'indépendance du Royaume-Uni (UKIP) en 2014 puis le pari du Brexit en 2019 ont obtenu la première place avec un tiers des élus. Il s'agit il est vrai d'une consultation à la proportionnelle avec un enjeu différent et dans un autre cadre mais cela illustre ce net fléchissement. Cela rappelé, on peut aussi relever que le Gouvernement de coalition conservateur/libéraux-démocrate n'a pas été renouvelé. Il apparaît plutôt comme une parenthèse. Il est certain que le mode de scrutin y est pour beaucoup. Le scrutin majoritaire rend difficile l'émergence de nouvelles forces politiques. Or, les Britanniques, consultés par référendum sur le maintien de ce dispositif ont exprimé clairement leur rejet de la proportionnelle en 2011. Le succès de UKIP aux élections au Parlement européen n'a pas été confirmé aux élections nationales en raison pour une part du mode de scrutin.

Si le référendum sur le Brexit aura des conséquences importantes pour le Royaume-Uni, on ne doit sans doute pas exagérer sa nouveauté : les Britanniques avaient été consultés pour l'adhésion à la Communauté européenne. On revient à la même procédure pour emprunter le chemin inverse. Quant à la consultation sur l'Écosse, elle était réservée aux Écossais et n'a pas été organisée dans tout le royaume.

On ne peut nier que la démocratie britannique connaît des événements marquants mais ils ne semblent pas vraiment remettre en cause le schéma que pratique le pays depuis des décennies.

Conclusion

Résumer d'une formule le fonctionnement d'un régime politique peut sembler réducteur. Même s'il faudrait apporter nuances et précisions, se référer à quelques situations contredisant le propos, il apparaît que globalement la présentation est juste ; une majorité qui gouverne, une opposition qui contrôle, des électeurs qui tranchent.

Mais ne faudrait-il pas élargir le propos et considérer qu'un tel partage des rôles entre plusieurs forces politiques, un rôle décisif confié au peuple, c'est fondamentalement la démocratie ? Comment en effet ne pas *a contrario* s'interroger sur les systèmes dans lesquels quel que soit le sens du vote des électeurs ce sont les appareils des partis qui décident qui doit gouverner ? *Right or wrong my majority.*

Sujet : En quoi la démocratie britannique apparaît-elle singulière ?

Approche globale du sujet

Personne ne doute du caractère démocratique du régime britannique. En même temps, force est de relever plusieurs curiosités : on y trouve plusieurs institutions politiques non élues ; on y cultive la démocratie représentative mais on garde une certaine distance par rapport à la démocratie directe ; on y pratique un mode de scrutin favorable à deux partis mais laissant la portion congrue à tous les autres. Il ne s'agit pas de faire le procès de la démocratie à l'anglaise. Inversement, il ne serait pas opportun au contraire de basculer dans l'anglomanie inconditionnelle en gommant ces traits singuliers. La démocratie anglaise est particulière par des choix qu'elle a faits. L'exercice va insister sur ces spécificités britanniques qu'on peut quelquefois qualifier de paradoxes.

Proposition de plan

Introduction

La Grande-Bretagne est une grande et vieille démocratie. Mais on peut y trouver des paradoxes.

D'un côté, le corps électoral n'a pas, au cours de plusieurs siècles successifs, cessé de s'accroître. De nombreux acteurs des institutions britanniques sont élus. Chacun a un rôle bien établi et l'on reconnaît des droits importants à l'opposition.

D'un autre côté, dans ce même pays, ni le souverain, ni une des chambres du Parlement ne sont élus. Par ailleurs, le mode de scrutin utilisé depuis des décennies paraît un peu brutal et simplificateur. La Chambre des Communes donne-t-elle une représentation fidèle des diverses tendances politiques du pays ? Quant au référendum, on semble l'utiliser avec modération comme si la voix directe du peuple avait moins de poids que celle de ses représentants.

Incontestable démocratie, la Grande-Bretagne permet au peuple de s'exprimer par divers moyens mais valorise ses représentants qui appartiennent essentiellement à deux grandes formations politiques et n'hésite pas à conserver des institutions très anciennes.

Annonce de plan

Réservée par rapport au référendum, la démocratie britannique laisse un rôle non négligeable à des instances non élues (I) et pratique un mode de scrutin efficace mais simplificateur tout en accordant des droits inégalés à l'opposition (II).

Développements

I. Réservée par rapport au référendum, la démocratie britannique laisse un rôle non négligeable à des instances non élues

A. Une démocratie réservée par rapport au référendum

Dans les moyens donnés au peuple pour s'exprimer dans une démocratie, l'on peut avoir recours à des consultations directes lui permettant de trancher sur un sujet voire sur une personne mais également lui demander de choisir des représentants. La démocratie britannique a manifestement quelques réserves à l'encontre du référendum. Certes, cet instrument n'est pas proscrit. Pour trancher la délicate question des liens du Royaume-Uni avec la construction européenne, un référendum a été organisé pour l'adhésion du pays aux Communautés européennes en 1973 puis un autre en 2016 pour le maintien dans l'Union européenne. Le choix du mode de scrutin a été également l'objet d'une telle consultation en 2011. Il est cependant assez clair que ce n'est pas l'instrument privilégié de la démocratie britannique. Il reste tout à fait exceptionnel et en dernier ressort la position de la Chambre des Communes primerait. Le référendum est un instrument qui paraît subsidiaire comme si le choix fait en faveur de la démocratie représentative et le rôle rempli par la Chambre des Communes rendait superflu de consulter directement le peuple par d'autres moyens que l'élection.

B. Des institutions non élues au rôle non négligeable

Une autre singularité de cette démocratie réservée face aux consultations directes est son attachement à des organes non élus. Dans la plupart des régimes on laisse une place à des institutions désignées autrement que par l'élection. Les juges ne sont qu'exceptionnellement élus comme aux États-Unis. Le Chef de l'État est souvent désigné au suffrage indirect comme en Allemagne. Les organes de contrôle comme ceux qui se chargent des comptes sont composés de techniciens. Au Royaume-Uni, le Chef de l'État et une de deux chambres du Parlement ne sont pas élus. Les souverains sont désignés héréditairement ; les membres de la Chambres des Lords sont pour la majorité d'entre eux nommés par le souverain à la demande du Premier ministre et une minorité est héréditaire. On peut certes relever que ni le Roi, ni la Chambre des Lords n'ont un pouvoir décisif. Les souverains britanniques règnent mais ne gouvernent plus ; depuis les Parliament Acts de 1911 et 1949, la chambre haute ne peut que retarder l'entrée en vigueur des projets législatifs. On peut cependant trouver un peu paradoxale, dans une démocratie, la place donnée à des instances qui n'ont pas l'onction du suffrage universel.

Transition Réticente à pratiquer un des moyens d'expression du peuple et maintenant des organes non élus, la démocratie britannique se singularise également lorsqu'elle fait appel aux élections.

II. Pratiquant un mode de scrutin efficace mais simplificateur, elle accorde des droits inégalés à l'opposition

A. Un mode de scrutin efficace mais simplificateur

La Chambre des Communes est la principale institution britannique. Contrairement au souverain et aux lords, les MPs sont élus au suffrage universel. Le mode de scrutin retenu est majoritaire à un tour ; c'est le candidat qui a le plus de voix à l'unique tour de scrutin qui remporte le siège. Les effets d'un tel système sont connus. Sauf exception, on parvient à obtenir une majorité claire de sièges au sein du Parlement. Ce résultat se fait en faveur de deux formations politiques qui se partagent l'essentiel des sièges mais au détriment des autres partis qui sont marginalisés dès lors qu'ils n'obtiennent que le troisième résultat sur l'ensemble du territoire ou qu'ils n'ont pas une forte implantation dans certaines circonscriptions. La composition de la Chambre des Communes n'apparaît guère représentative des différentes sensibilités politiques. Le mode de scrutin rend difficile l'émergence de nouvelles forces politiques. Il est à cet égard significatif de relever le décalage entre les résultats des élections dans le même pays selon qu'elles sont faites à la proportionnelle et au scrutin majoritaire. UKIP et les libéraux-démocrates n'auraient pas le même poids à Westminster si l'on avait recours à la proportionnelle pour désigner les MPs. Les électeurs britanniques ont refusé en 2011 un tel changement.

B. Des droits inégalés accordés à l'opposition

Si peu de partis sont représentés au sein de la Chambre des Communes, il apparaît en revanche que le statut qui est accordé à la minorité du Parlement est particulièrement avantageux. Le leader du parti minoritaire est le leader de l'opposition de Sa Majesté ; il bénéficie à ce titre d'avantages divers et d'une reconnaissance officielle. Il est le potentiel successeur du Premier ministre en fonction. Les députés de l'opposition disposent de moyens pour exercer leur contrôle, notamment au plan financier. Comme leurs collègues de la majorité, ils peuvent poser des questions orales chaque jour aux membres du cabinet lors de *Question time*. L'opposition bénéficie également d'une aide financière publique.

Le *speaker* qui préside les débats de la chambre veille au respect des droits de l'opposition. Il est d'autant plus à même de le faire qu'il est nommé par consensus et n'a pas la dimension politique des présidents de chambre comme on peut le voir aux États-Unis ou en France. Ce respect de l'opposition est une constante dans ce pays. Elle est d'autant mieux ancrée que chacun sait que l'opposition d'aujourd'hui se prépare à devenir la majorité de demain.
Il n'est excessif de considérer que ces facilités accordées à l'opposition constituent une sorte de modèle. Il n'est pas étonnant dès lors que d'autres pays s'en soient inspirés comme la France quand elle a mis en place la séance des questions au Gouvernement.

Conclusion

Dans tout système démocratique, il y a une espèce de dosage à déterminer entre plusieurs techniques l'élection et le référendum, un choix à opérer entre plusieurs modes de scrutin, un inventaire à établir des institutions soumises au principe de l'élection.
Les Britanniques ont fait des choix tranchés : une préférence pour une démocratie représentative privilégiant le scrutin majoritaire.
« La démocratie, c'est le pire des systèmes à l'exception de tous les autres » disait un célèbre Britannique. En paraphrasant cette formule devrait-on considérer que le système représentatif est le pire des systèmes à l'exception de tous les autres et avoir la même interrogation sur le mode de scrutin majoritaire à un tour ?
Peut-être. Ce qui est plus avéré, c'est l'attachement des Britanniques à leurs institutions et à leur modèle démocratique.

Section II. Les États-Unis d'Amérique

Points clefs

Date de la Constitution

17 septembre 1787

Liste des Chefs d'État

J.F. Kennedy (D) 1961-1963 ; L. Johnson (D) 1963-1969 ; R. Nixon (R) 1969-1974 ; G. Ford (R) 1974-1977 ; J. Carter (D) 1977-1981 ; R. Reagan (R) 1981-1989 ; G. Bush (R) 1989-1993 ; B. Clinton (D) 1993-2001 ; G.W. Bush (R) 2001-2009 ; B. Obama (D) 2009-2017 ; D. Trump (R) 2017-2021 ; J. Biden (D) 2021-

Liste des Chefs du Gouvernement

Pas de Gouvernement

Mode de scrutin aux législatives

Scrutin majoritaire uninominal à un tour dans les deux chambres

Composition du Parlement

Bicamérale, Chambre des Représentants élus dans chaque État fédéré proportionnellement à la population ; Sénat élu à raison de deux sénateurs par État fédéré

Principales formations politiques

Parti républicain, parti démocrate

Le détour par l'étranger passe toujours en droit constitutionnel par les États-Unis. Dans l'histoire constitutionnelle, ils apparaissent également comme des pionniers avec une Constitution établie il y a plus de deux siècles. À l'époque, rédiger un tel texte est une idée neuve. Il est remarquable qu'il ait si durablement résisté au temps. Il a certes été amendé, ce qui a pu contribuer à l'adapter et à le maintenir mais l'essentiel des règles en vigueur dès la fin du XVIIIe siècle n'a pas été modifié. Les Pères fondateurs ont été à l'origine d'un travail extrêmement solide. Le contraste est saisissant avec l'histoire constitutionnelle mouvementée de la France qui s'y reprend beaucoup avant de se stabiliser.

Le régime américain est présidentiel et fédéral. Le Président des États-Unis est le personnage clef du pays. Cela ne signifie pas que les chambres du Congrès aient un rôle subalterne ou que le Chef de l'État ne connaisse des périodes difficiles lorsqu'en fin de mandat, il se retrouve sans soutien dans les chambres, mais c'est autour de lui que tournent les institutions américaines. Dans l'étude de régime, il est encore plus nécessaire que pour les autres pays d'associer une connaissance des règles à celle du fonctionnement des institutions. La séparation entre les pouvoirs semble stricte et l'on peut avoir du mal à comprendre comment peut durer un système aussi cloisonné. Les poids et contre-poids, les *checks and balances*, doivent retenir l'attention. Les caractères du personnel politique doivent être également pris en compte. Ils sont fort différents de ceux d'autres démocraties. Le système américain tient parce que ses acteurs n'ont pas les mêmes préventions que celles constatées ailleurs : l'appartenance à des partis différents n'empêche pas un dialogue constructif, une coopération. S'il n'en était pas ainsi, le fonctionnement des institutions pourrait être fréquemment bloqué compte tenu du fréquent décalage entre les tendances dominant au Congrès et à la Maison Blanche. La place, le rôle, les fonctions du Président vont forcément beaucoup retenir l'attention. Son élection également. Les deux chambres du Congrès disposent de moyens très conséquents et tout présidentiel qu'il soit le régime donne au moins autant de rôle à son Parlement que celui d'un régime parlementaire. Les deux chambres échappent au demeurant à toute dissolution.

Lorsqu'on aborde les États-Unis, la dimension fédérale ne doit pas être négligée tant il est vrai que les États fédérés ont d'importantes prérogatives et que d'emblée l'Amérique s'est bâtie dans le fédéralisme. Son histoire est fort différente d'une Allemagne fédéralisée seulement récemment. Le système particulier de l'élection présidentielle est lié au caractère fédéral du pays. Le rôle et l'influence des juges ne doivent pas non plus être omis. Il y a en Amérique un vrai pouvoir des juges, la Cour suprême qui a décidé, en dehors de toute disposition figurant dans la Loi fondamentale, d'assurer un contrôle de constitutionnalité dans l'exercice de ses fonctions judiciaires, en est l'illustration la plus frappante. On comprend également l'enjeu que représentent les nominations des juges de la Cour suprême.

Mots-clefs

Pères fondateurs : rédacteurs de la Constitution américaine à la convention de Philadelphie

Bill of rights : dix premiers amendements apportés en 1791 à la Constitution de 1787

Amendement : modification apportée à la Constitution

Congrès : Parlement américain composé de la Chambre des Représentants et du Sénat

Checks and balances : recherche d'un équilibre entre les différents pouvoirs, les uns et les autres se limitant, de façon à préserver la liberté des personnes et des États fédérés

Veep : Vice-Président

Government shut down : arrêt des activités de l'administration fédérale lorsque le Congrès refuse le vote du budget.

Veto : Possibilité donnée au Président de ne pas promulguer les lois votées par le Congrès

Spoil system (littéralement système des dépouilles) : nomination et révocation d'un grand nombre d'agents de l'administration à la discrétion du Président

Executive agreement : accord négocié par le Président n'ayant pas à être soumis au Sénat

État de l'Union (message) : message adressé par le Président au Congrès réuni en séance commune au début de chaque session ; destiné en principe à évoquer les problèmes de la vie de la Nation, il est devenu un exposé du programme présidentiel appelant à prendre des mesures législatives

Caucus : réunion de délégués ou de militants d'un parti pour désigner ses candidats

Primaires : élections organisées au niveau des États dans la perspective de la désignation du candidat à l'élection présidentielle

Mid term elections : élections organisées au milieu du mandat du Président

Lameduck : (litteralement canard boiteux) situation d'un élu en fin de mandat et dont le successeur est déjà désigné, pour le Président entre novembre et janvier suivant.

Impeachment : Procédure destinée à mettre en cause la responsabilité pénale et non politique du chef de l'exécutif, de ses agents et des juges. Partant d'une mise en accusation décidée à la majorité simple par la Chambre des Représentants, le jugement est rendu par le Sénat à la majorité des deux tiers de ses membres
Cour suprême : juridiction suprême composée de neuf juges inamovibles nommés à vie par le Président des États-Unis après confirmation du Sénat à qui selon la Constitution est dévolu le pouvoir judiciaire. À la tête du pouvoir judiciaire, elle assure le contrôle de constitutionnalité
Chief justice : Président de la Cour suprême

Composition du Congrès
(dernières élections : 8 novembre 2022)
Chambre des représentants (435 sièges)
- Parti républicain 222 sièges
- Parti démocrate 212 sièges
- 1 siège vacant

Sénat (100 sièges)
- Parti républicain 49 sièges
- Parti démocrate 48 sièges
- Indépendants 3 sièges

Questions à réponse courte

La séparation des pouvoirs aux États-Unis

On a en principe une séparation stricte des pouvoirs aux États-Unis : le Président ne peut dissoudre aucune des deux chambres du Congrès ; ce dernier ne peut renverser le Président ni mettre fin aux fonctions de ses conseillers ; sauf cas particuliers, ni les conseillers, ni le Président ne se rendent au Congrès et ils n'assistent pas à ses séances ; en principe, le Chef de l'État n'a pas l'initiative des lois.
Ils existent des moyens d'action dont disposent le Président et le Congrès l'un par rapport à l'autre. Le Président a une faculté de suggestion des textes qui passe notamment par les messages adressés au Congrès : le message sur l'État de l'Union adressé au Congrès lui permet de susciter l'initiative de lois que des élus des chambres relayeront ; inversement, en refusant la promulgation des textes adoptés, il a une faculté d'empêcher. Les chambres disposent de leur côté de moyens d'action vis-à-vis du Président. Elles pourraient le mettre personnellement en cause via l'*impeachment* pour sa responsabilité pénale ; elles peuvent aussi refuser d'accorder les moyens financiers de sa politique en rejetant le vote des crédits. ; elles peuvent exercer un « veto législatif » lors du réexamen des mesures prises par le Président qui avait été habilité à prendre des mesures générales.
Il n'y a pas ainsi un isolement total entre l'exécutif et le législatif. C'est ce qui évite les blocages qui pourraient surgir.

Le Congrès des États-Unis

La Chambre des Représentants et le Sénat forment le Congrès des États-Unis. La première est composée de 435 membres élus pour deux ans dans des circonscriptions tandis que le second réunit 100 sénateurs élus pour six ans à raison de deux par État. Les deux assemblées ont le pouvoir législatif, l'initiative des lois venant le plus souvent des représentants. Elles bénéficient d'un large pouvoir d'information et peuvent exercer un contrôle approfondi. Le Sénat autorise en outre la ratification des traités à la majorité de deux tiers et les nominations décidées par le Président sont soumises à la confirmation du Sénat. Le bicaméralisme apparaît inégalitaire. Si les deux chambres ne peuvent pas être dissoutes, elles n'ont pas non plus la possibilité de mettre en cause la responsabilité politique du Président. Elles peuvent en revanche engager la procédure d'*impeachment* à l'encontre du Président, de ses agents et des juges mais il s'agit d'une mise en cause de la responsabilité pénale. Le Congrès est souvent assez divisé et n'est pas en général à l'initiative des textes qui seront pris. Le Président a un rôle bien plus actif en la matière et profite de son message sur l'état de l'Union pour susciter l'édiction de nouvelles règles. Reste que le Congrès peut empêcher que ces initiatives soient menées à bien.

Les pouvoirs du Sénat américain

Le Sénat partage avec la Chambre des Représentants le pouvoir législatif aux États-Unis. Si l'initiative des textes est le plus souvent exercée par les Représentants, qui ont d'ailleurs le monopole pour les textes budgétaires, les Sénateurs participent pleinement au travail législatif ; ils le peuvent d'autant plus aisément que leur mandat est avec une durée de six ans, nettement plus longue que celui des Représentants qui n'ont que deux ans. Comme leurs collèges de l'autre chambre, ils sont informés et exercent des investigations et contrôles. Ils disposent en outre de compétences supplémentaires. S'ils ne sont pas le conseil de l'exécutif qu'avait voulu la Convention de Philadelphie, ils disposent malgré tout de pouvoirs propres. Les nominations par le Président des États-Unis des juges à la Cour suprême doivent être confirmées par le Sénat. Il en va de même pour la nomination des hauts fonctionnaires fédéraux. Les traités internationaux ne peuvent être ratifiés que si le Sénat donne son accord à la majorité de deux tiers. Ces prérogatives sénatoriales pourraient gêner le Chef de l'État mais on peut nuancer les choses en relevant que certains accords, les plus nombreux, les *executive agreements*, échappent au contrôle du Sénat, en outre, celui-ci ne fait pas une obstruction systématique aux nominations présidentielles quand bien même la majorité des Sénateurs n'appartiendrait pas au même parti que le Président.

La Cour suprême des États-Unis

Si la Constitution des États-Unis de 1787 n'avait institué aucune procédure de contrôle de la constitutionnalité, elle avait cependant dévolu le pouvoir judiciaire des États-Unis à une Cour suprême (art. III-section 1re). Celle-ci va considérer que si elle est saisie d'un litige mettant en cause la conformité d'une loi à la Constitution, elle doit se prononcer sur la constitutionnalité de la loi. L'affaire Marbury c/ Madison de 1803 est à l'origine de l'apparition de ce contrôle. L'exception d'inconstitutionnalité peut être soulevée devant n'importe quel juge mais la Cour suprême peut intervenir en dernier ressort et ses décisions s'imposeront à tous. La Cour suprême est en effet la plus haute juridiction des États-Unis. Si son rôle en matière de contrôle de constitutionnalité est déterminant, elle n'est pas qu'un juge constitutionnel ; elle connaît des recours dirigés contre toutes les juridictions inférieures. Ses décisions revêtent la plus haute importance. Elles peuvent ainsi remettre en cause des lois. Elle a pu être contestée lorsqu'elle a semblé quitter le strict terrain juridique. On a pu alors critiquer ce « gouvernement des juges ». Ces reproches sont moins vifs actuellement que dans la première partie du XXe siècle mais les nominations des nouveaux juges sont scrutées avec beaucoup d'attention. Il appartient au Président des États-Unis avec confirmation du Sénat de nommer les juges. Ceux-ci sont neuf et désignés à vie.

Dissertation

Sujet : L'élection du Président des États-Unis est-elle démocratique ?

Approche globale du sujet

L'interrogation posée par le sujet peut à certains égards paraître incongrue. Il paraît même un peu curieux de s'interroger sur le caractère démocratique d'une élection. C'est d'autant plus surprenant que les Américains ne se contentent pas de désigner le Président, ils choisissent aussi les candidats à l'élection. L'interrogation n'est pas aussi paradoxale que cela lorsqu'on examine plus en détail les modalités de l'élection avec un système de suffrage indirect qui peut aboutir à des résultats en contradiction avec le vote populaire. En outre, les moyens dépensés pendant la campagne peuvent paraître excessifs. Pour traiter le sujet, on ne peut se contenter de généralités sur le mode de désignation du Président et il faut prendre position de façon nuancée.

Proposition de plan

Introduction

Comment désigner son Chef d'État lorsqu'on était jusque-là un ensemble de territoires dépendant de la couronne britannique et que les différentes composantes de la future union souhaitent garder le plus possible une forme d'autonomie ? La réponse ne va de soi. L'on a pu songer à confier cette charge à un héros de l'indépendance, George Washington. Allait-on transposer outre-Atlantique la monarchie ? À la fin du XVIIIe siècle, la royauté est le modèle dominant. Les Pères fondateurs vont se tourner vers autre chose, une république. Or, on a peu d'exemples à l'époque de républiques. Si l'on entend aller vers ce système, la désignation du Chef de l'État ne pourra se faire de façon héréditaire et il est nécessaire d'organiser une élection. Comment faire ? Comment tenir compte du caractère fédéral du régime mis en place ? Comment organiser les choses dans un pays si vaste ?

Le mode d'élection du Président des États-Unis est très particulier. Comme il ne s'agit pas d'un mode de scrutin direct, celui qui obtient le plus de voix ne gagne pas forcément l'élection. En outre, les moyens dépensés pour soutenir les candidats sont considérables au point que l'on peut s'interroger sur l'influence de l'argent sur le scrutin. Faut-il pour autant contester le caractère démocratique de cette élection ? Les failles du dispositif ne doivent pas conduire une appréciation erronée.

Annonce de plan

Le mode de désignation du Président américain suscite des interrogations en raison d'une part de son caractère indirect et de la débauche de moyens notamment financiers engagés pendant la campagne (I). Mais la participation du peuple américain à la fois à la désignation des candidats de chaque parti et au choix final du futur président confère à l'élection du Chef d'État américain un caractère démocratique certain (II).

Développements

I. Le mode de désignation du Président américain suscite des interrogations en raison d'une part de son caractère indirect et d'autre part de la débauche de moyens engagés pendant la campagne

A. Un mode de scrutin indirect pouvant aboutir à des résultats en contradiction avec le vote populaire

Le Président des États-Unis est élu au suffrage universel mais les électeurs américains ne désignent pas directement le Président. L'élection se fera par des grands électeurs désignés dans chaque État en nombre égal à celui des membres du Congrès pour cet État. Les citoyens ne participent qu'à la désignation de ces grands électeurs. Selon le principe, « *the winner takes all* », le gagnant remporte tout, autrement dit le candidat qui a le plus de voix dans un État obtient la totalité des grands électeurs pour cet État. Pour être élu, il faut avoir le plus grand nombre de personnes dans le collège des grands électeurs qui se réunira pour élire le Président. Avec ce système qui tient au caractère fédéral du pays – depuis l'origine des États-Unis, ce sont des grands électeurs désignés, sans forcément suivre les mêmes règles, au niveau des États fédérés qui désignent le Président –, il y a inévitablement un décalage entre le pourcentage des suffrages populaires et celui des mandats électoraux. Un nombre de voix équivalent peut déboucher sur un nombre de délégués très différents comme en 1960 Kennedy battant Nixon en ayant 50 % de délégués en plus pour pratiquement le même nombre de voix. Il est nettement plus fâcheux que cette organisation du scrutin débouche sur l'élection du candidat qui a eu le moins de voix du vote populaire comme ce fut le cas en 2000 dans l'élection opposant George W. Bush à Al Gore et en 2016 dans celle opposant Donald Trump à Hillary Clinton.

B. Une débauche de moyens notamment financiers nuisible à la sincérité du scrutin

La désignation du Président des États-Unis est un exercice qui se déroule sur une période d'environ une année qui commence par l'organisation des primaires et des caucus jusqu'à la convention du parti et qui se poursuit par la campagne proprement dite entre les finalistes de chaque parti. Tout au long de cette année, on assiste à une débauche de moyens destinés à capter les voix et également à dénigrer l'adversaire. Pendant la campagne sont dépensées des sommes considérables en progression d'une élection à l'autre. Si un plafonnement a été mis en place, il n'a pratiquement pas d'effet, les candidats pouvant contourner cette règle par des dépenses dites indépendantes. Ils ont également recours aux « superpac », ces comités créés spécialement, qui peuvent engager des dépenses sans véritables limites, la Cour suprême ayant censuré la réglementation permettant de les encadrer. Surtout, les versements de riches donateurs contribuent à la hausse des budgets. Ce sont des centaines de millions de dollars qui sont ainsi dépensés. On a même battu tous les records pour les élections de 2020 avec 11 milliards de dollars dépensés lors des présidentielles : 484 millions pour Biden, 456 pour Trump. Cette inflation des budgets de campagne frappe les candidats de toutes les tendances et on peut s'interroger sur l'influence de l'argent sur le résultat du scrutin.

Transition Ces imperfections du système électoral et cette dérive des budgets des campagnes présidentielles doivent-elles conduire à dénier à la désignation du Président des États-Unis son caractère démocratique ?

II. La participation du peuple américain d'une part à la désignation des candidats de chaque parti et d'autre part au choix final du futur président confère à l'élection du Chef d'État américain un caractère démocratique certain

A. Des citoyens participant à la désignation des candidats

Dans le processus de désignation du futur Président des États-Unis, la participation des citoyens intervient dès avant l'élection elle-même. En effet, les deux grandes formations politiques des États-Unis, le parti républicain et le parti démocrate, ont décidé de faire appel dans une majorité d'États au système des primaires. État après État, les citoyens vont être appelés à se prononcer entre les candidats à la candidature ; ils vont ainsi désigner des délégués qui se réuniront dans une convention du parti qui choisira le ticket, l'équipe composée de deux candidats à la présidence et à la vice-présidence, qui se présentera lors de l'élection proprement dite en novembre tous les quatre ans. Ces primaires peuvent être fermées et réservées aux sympathisants du parti ou ouvertes et accessibles à tous. Même si dans un environ un tiers des États, c'est l'appareil du parti qui désignera les délégués à la convention, on a avec ce système une implication directe des citoyens dans le choix des candidats. Le mécanisme des primaires a sans doute des inconvénients, notamment de renforcer, pendant l'exercice, des rivalités à l'intérieur de chaque parti qu'il sera difficile de surmonter. Il a cependant un caractère démocratique indéniable. On observe d'ailleurs que des partis dans d'autres démocraties comme l'Italie ou la France ont décidé d'avoir recours à ce système pour désigner leurs candidats à certaines fonctions.

B. Des citoyens choisissant le futur Président

La désignation des candidats de chacun des partis n'est pas l'élection elle-même. On peut au demeurant relever que le dispositif des primaires ne s'impose pas à tous les candidats. Il n'y a pas dans le droit électoral américain d'obligation de ce type. C'est un schéma retenu par les grands partis. Des candidats indépendants peuvent se présenter sans passer par ce dispositif. La désignation par l'élection s'impose en revanche à tous. On a vu dans les développements précédents comment le dispositif retenu avec le système de vote indirect pouvait présenter quelques inconvénients. Mais cela ne doit pas conduire à dénier au système retenu son caractère démocratique. Les grands électeurs sont désignés par les citoyens eux-mêmes et s'il y a eu des décalages entre la majorité des grands électeurs et celle du vote populaire, ils ont été très exceptionnels. Il ne s'agit pas en outre d'une situation unique dans les démocraties. Lors des élections législatives organisées au scrutin majoritaire, on peut aussi parvenir en raison du découpage électoral à des situations similaires : le nombre de sièges ne reflète pas toujours le nombre de voix obtenues. Ces situations ne sont pas satisfaisantes mais elles demeurent exceptionnelles.
Le caractère indirect de l'élection présidentielle américaine ne lui enlève pas son caractère démocratique.

Conclusion

Le Président des États-Unis est le dirigeant de la première puissance mondiale. Sa désignation a des conséquences qui vont bien au-delà des frontières de la fédération. En décidant à la fin du XVIIIe siècle qu'il serait élu, les Pères fondateurs ont fait un choix audacieux mais ils n'avaient pas tout décidé. Les États fédérés devaient choisir comment seraient choisis les grands électeurs. Ils ont tous opté pour une élection par l'ensemble des citoyens de ces grands électeurs. Quant aux candidats, ils sont désignés par des conventions réunissant des délégués choisis eux aussi pour la majorité d'entre eux par les citoyens.

Ce dispositif n'est pas exempt de défauts. Il peut paraître complexe. Les résultats peuvent apparaître en décalage avec le vœu des électeurs. Ce dernier reproche est sérieux. Pour autant, contester le caractère démocratique de cette désignation paraît exagéré. Dans quel autre pays au monde réunit-on plusieurs centaines de millions d'électeurs pour choisir entre plusieurs candidats le futur Chef de l'État ?

La comparaison des règles applicables d'un pays à l'autre peut être exercée en toute matière. Le droit constitutionnel aborde cependant un ensemble de questions où la confrontation des dispositifs retenus dans les différents États présente un intérêt tout particulier. Des sujets invitant les étudiants à comparer deux régimes peuvent être dès lors proposés. C'est la raison pour laquelle un exercice de ce type est proposé ici.

Dissertation

Sujet : Comparer le Premier ministre britannique et le Président des États-Unis

Approche globale du sujet

En droit constitutionnel, la comparaison présente un réel intérêt. Dans l'exercice proposé ici, les deux institutions mentionnées sont fort connues. Il est assez légitime qu'aucun document ne soit fourni dans le sujet. Chaque étudiant doit maîtriser assez de connaissances relatives à ces dirigeants de deux grands pays pour pouvoir traiter le sujet. La difficulté consiste plutôt à déterminer l'organisation du plan. On ne va pas évoquer successivement la situation de chacun. Il faut plutôt déterminer des éléments fondamentaux caractéristiques des deux fonctions que l'on doit comparer. Nous suggérons ainsi d'aborder d'une part les modes de désignation respectifs et d'autre part les rôles confiés à chacun. Dans cette présentation, il sera souhaitable d'avoir à l'esprit, outre les prérogatives accordées aux deux dirigeants, le contexte dans lequel ils interviennent, le régime dans lequel ils exercent leurs fonctions.

Proposition de plan

Introduction

Lorsqu'on compare de façon un peu générale les régimes des États-Unis et de la Grande-Bretagne apparaissent de sensibles différences. La Grande-Bretagne est une monarchie avec à sa tête un souverain héréditaire depuis des siècles tandis que les États-Unis sont depuis leur indépendance une république. Le Royaume-Uni s'en tient pour l'essentiel à une organisation constitutionnelle non écrite alors que les institutions américaines sont l'objet d'une constitution écrite vieille de plus de deux siècles. Quant aux régimes établis dans ces deux pays, ils sont fort différents : les Britanniques ayant inventé le parlementarisme dans une organisation qui se veut unitaire, il s'agit du Royaume-Uni ; les États-Unis ont opté pour un système présidentiel qu'ils ont inventé et le fédéralisme est inséparable de leur origine.

À première vue, beaucoup d'éléments semblent, sur le plan institutionnel, opposer Grande-Bretagne et États-Unis. On ne peut complètement s'en étonner si l'on rappelle que les États-Unis sont une ancienne colonie des Britanniques dont ils n'ont pas voulu reprendre les formes d'organisation. Les deux régimes se distinguent à beaucoup d'égards et on pourrait avoir tendance à pressentir que les Présidents des États-Unis et les Premiers ministres Britanniques occupent des positions significativement différentes. Existent indéniablement de sérieuses nuances entre eux mais les éléments de rapprochement entre ces deux dirigeants semblent pourtant l'emporter.

Annonce de plan

En effet, désignés à l'issue d'un processus bien balisé dans lequel les électeurs assurent le choix décisif (I), le Président américain et le Premier ministre britannique tout en exerçant leurs fonctions dans des contextes différents occupent tous les deux un rôle prépondérant dans leurs pays respectifs (II).

Développements

I. Une désignation à l'issue d'un processus bien balisé dans lequel les électeurs assurent le choix décisif

A. Les modalités bien balisées pour désigner les candidats aux fonctions suprêmes

Les conditions de la désignation des candidats aux fonctions suprêmes aux États-Unis et au Royaume-Uni sont certes à plusieurs égards différentes. Elles ont pu varier dans le temps. Il n'empêche que les candidats au poste de Premier ministre et ceux qui souhaitent devenir Présidents des États-Unis doivent se plier à un processus bien déterminé. Au Royaume-Uni, les fonctions de Premier ministre sont confiées au leader du parti qui a gagné les élections à la Chambre des Communes et il se doit d'appartenir à cette chambre. Chaque parti désigne, selon un processus qu'il a défini, son leader. Le parti conservateur a longtemps confié ce rôle aux membres du Parlement tandis que le parti travailliste associait à ce choix les syndicats qui étaient à l'origine de sa création. Actuellement les deux principales formations britanniques donnent à leurs adhérents un rôle décisif. Aux États-Unis, le processus de désignation des candidats est aussi très balisé. Chaque parti a mis en place un ensemble de consultations qui se déroulent pendant l'année précédant l'élection qui permettront de choisir des délégués au congrès du parti qui choisira le candidat à la présidence ainsi qu'à la vice-présidence. La plupart de ces délégués sont choisis lors de primaires dans desquelles les citoyens votent. Il revient cependant aussi à l'appareil du parti par des caucus de désigner certains délégués. Ces dispositifs ne sont pas prévus par la Constitution et un candidat indépendant pourrait s'en affranchir mais, dans les faits, seuls les candidats ainsi désignés par le parti républicain et le parti démocrate ont des chances de devenir Président.

B. Le rôle décisif accordé aux électeurs pour le choix du dirigeant

Le choix des candidats n'est pas tout. On doit évoquer par la suite la désignation de ces dirigeants. Même si cela peut apparaître assez paradoxal compte tenu de l'organisation des deux pays, la désignation a de sérieux points communs : il s'agit d'une désignation dans laquelle les électeurs ont la voix décisive tout en exerçant leur rôle de façon indirecte. Les électeurs américains votent pour des délégués dans chaque État en nombre égal à celui des membres du Congrès pour cet État. Ces délégués qui se réuniront ultérieurement s'engagent à voter pour le candidat qui a obtenu la majorité des voix dans cet État : les électeurs américains ne votent pas directement. Au Royaume-Uni, il n'y a pas à proprement parler une élection au suffrage universel du Premier ministre. Mais celui-ci sera désigné par les membres de la Chambre des Communes. Or, ceux-ci appartiennent à l'une ou l'autre des formations politiques dont le leader deviendra, si le parti est majoritaire à la chambre, le Premier ministre. Voter pour le candidat d'un parti, c'est voter pour que son leader devienne le chef du Gouvernement. On a au Royaume-Uni une forme d'élection indirecte du Premier ministre. Dans ces deux systèmes, les électeurs ont ainsi en principe la voix décisive. Ces systèmes indirects présentent cependant un inconvénient qui doit être mentionné. Compte tenu de la répartition des délégués aux États-Unis et des sièges de députés au Royaume-Uni, il peut arriver que la personnalité désignée n'ait pas eu le plus de voix. Cela a été le cas au Royaume-Uni à la fin des années 1970 et aux États-Unis, George W. Bush et Donald Trump ont été élus alors même que leurs adversaires démocrates avaient eu plus de voix.

Transition Ces modes de désignation démocratiques du Premier ministre britannique et du Président américain en font-ils des personnalités jouant un rôle comparable ?

II. Un rôle prépondérant exercé dans des contextes différents

A. Un rôle exercé dans des environnements différents

Les États-Unis et le Royaume-Uni ont beau avoir une histoire partagée, de sérieuses différences les distinguent. Un premier point doit être relevé, celui de l'importance sur la scène mondiale des deux pays. Les États-Unis occupent la première place qui fut jadis celle du Royaume-Uni. Le Président des États-Unis a une influence mondiale, ce que n'a pas le chef du Gouvernement de Sa Majesté.

Mais au-delà de ces considérations géopolitiques, le régime institutionnel des deux pays diffère à plusieurs titres. Un partage est fait aux États-Unis entre l'État fédéral et les États fédérés alors que la Grande Bretagne est un système qui, certes, a fait quelques concessions avec la « dévolution » accordée à certaines composantes du royaume mais reste unitaire. Le Président des États-Unis ne peut empiéter sur les compétences des États fédérés. En outre, les régimes parlementaire et présidentiel fonctionnent différemment : le Premier ministre dépend du soutien de la Chambre des Communes mais il peut la dissoudre ; le Président des États-Unis n'est pas soumis au contrôle du Congrès mais ne peut renvoyer aucune de ses deux assemblées devant les électeurs. Un élément qui doit enfin être mentionné et qui distingue les deux pays : le rythme électoral y est sensiblement différent. Les élections législatives britanniques donnent en principe un mandat de 5 ans. Aux États-Unis, les élections ont lieu tous les deux ans. Même s'il est élu pour 4 ans, le Président peut connaître en cours de son mandat des fluctuations dans la composition du Congrès, ce qui peut modifier les conditions de mise en œuvre de sa politique. L'environnement où exercent leurs fonctions les Présidents américains et les Premiers ministres britanniques est fort différent.

B. Des fonctions éminentes dans leur pays respectif

Même si les éléments précédents ne peuvent être niés, d'incontestables rapprochements doivent être faits entre ces deux dirigeants. On sait que les personnalités nommées au 10 *Downing Street* et à la Maison Blanche ont souvent des liens étroits. Les politiques menées, surtout au niveau international, sont fréquemment convergentes. Le Royaume-Uni est de façon générale le principal allié des États-Unis ; les deux dirigeants sont proches. Mais leur proximité n'est pas que dans la ligne suivie, elle est aussi dans la nature des fonctions exercées dans leur pays respectif. Il s'agit de deux dirigeants qui sont à la tête de l'exécutif. Il peut y avoir des conflits entre le Président et les Chambres du Congrès, le *shut down* en est une illustration, mais nul ne conteste les fonctions de chef de l'exécutif du Président. Quant au Premier ministre, il est sous le contrôle des Communes mais les majorités sont en général solides et bien encadrées. Il n'est pas « *primus inter pares* », premier parmi des égaux, au sein du cabinet mais véritablement le chef de l'exécutif. La Reine n'exerce plus par ailleurs un véritable rôle gouvernemental. La durée des fonctions occupées par les deux dirigeants n'est pas fondamentalement différente quand bien même on a des mandats respectivement de 4 et 5 ans. Certains Premiers ministres sont reconduits. Il en va de même pour les Présidents. Les chefs de Gouvernement britanniques ne gardent pas à l'époque contemporaine leurs fonctions plus d'une dizaine d'années comme au XIXe siècle. Les Présidents américains ne peuvent pas avoir plus de deux mandats. Pendant des durées similaires, Présidents et Premiers ministres, qui bénéficient de la légitimité démocratique, ont des fonctions éminentes.

Conclusion

On relève de temps à autre la tentation en Amérique comme en Grande-Bretagne de modifier radicalement la donne : les États-Unis semblent quelquefois rêver à établir une dynastie, des membres de la même famille sont élus ; les Britanniques doutent quelquefois de leur monarchie, ils ont connu deux révolutions et les frasques de la famille royale ont pu provoquer des interrogations.

Tout cela ne va pas très loin. On a l'impression que c'est bien plutôt la continuité qui l'emporte, chacun des deux pays étant attaché à son régime. Cela dit, en confrontant la place des Présidents américains et celle des Premiers ministres britanniques, il n'apparaît pas évident qu'elles soient si différentes l'une de l'autre.

Il y a en quelque sorte un « air de famille » entre ces deux dirigeants.

Section III. L'Allemagne fédérale

Points clefs

Date de la Constitution

23 mai 1949

Liste des Chefs d'État

Joachim Gauck (2012-2017) ; Frank-Walter Steinmeier (2017-)

Liste des Chefs du Gouvernement

Konrad Adenauer (CDU) 1949-1963 ; Ludwig Erhard (CDU-CSU) 1963-1966 ; Kurt-Georg Kiesinger (CDU-CSU) 1966-1969 ; Willy Brandt (SPD) 1969-1974 ; Helmut Schmidt (SPD) 1969-1982 ; Helmut Kohl (CDU-CSU) 1982-1998 ; Gerhard Schroeder (SPD) 1998-2005 ; Angela Merkel (CDU) 2005-2021 ; Olaf Scholz (SPD) depuis 2021.

Mode de scrutin aux législatives

Scrutin mixte (Bundestag)

Composition du Bundestag

736 députés : 206 SPD, 197 CDU/CSU, 118 Alliance 90/Grünen, 92 FDP, 80 AfD, 39 Die Linke, 4 indépendants

Principales formations politiques

CDU/CSU, SPD, FDP, Die Linke, Alliance 90/Grünen (vert), AfD

La Loi fondamentale, la Constitution de l'Allemagne, est relativement récente par rapport au cadre applicable en Grande-Bretagne et aux États-Unis. Rédigée au milieu du XXe siècle, elle est profondément marquée par les circonstances qui ont mené à son élaboration. Établissant un régime parlementaire et fédéral, la Loi fondamentale réagit par rapport aux dérives qu'avait connues la république de Weimar. Comme sa devancière de 1919, la nouvelle Constitution est précise mais en tirant les leçons du passé. L'Allemagne fédérale fournit depuis 1949 l'exemple d'un parlementarisme rationalisé qui fonctionne. On y est très attentif aux rapports entre le Gouvernement et le Parlement. La volonté de disposer en permanence d'un dirigeant en mesure de gouverner avec le dispositif de la motion de censure constructive et la possibilité de recourir à l'état de nécessité législative ont conduit à introduire des règles rigoureuses. Ces dispositions ont-elles vocation à s'appliquer ou ne sont-elles pas plutôt dissuasives ? Le mode de scrutin mixte qui permet aux électeurs de se prononcer à la fois en faveur d'une tendance politique et d'un candidat est un dispositif intéressant mais dont la mise en œuvre paraît au premier abord complexe. Il a en tout cas montré le plus souvent son efficacité et d'ailleurs d'autres pays comme la Russie ou l'Italie se sont dirigés vers ce type de scrutin.

Les institutions de l'Allemagne fédérale ont montré leur qualité et elles ont été en mesure d'opérer la réunification entre les deux Allemagnes sans avoir à être modifiées fondamentalement. L'Allemagne apparaît à beaucoup d'égards comme un État assez stable. Le système partisan, *Parteienstaat*, est beaucoup pour cette stabilité. En dépit d'un système électoral proportionnel, deux partis ont dominé le paysage politique allemand, la CDU-CSU et le SPD. Cette primauté semble depuis quelques élections remise en cause. Aucun des deux grands partis ne parvient à gouverner seul. L'appoint d'une formation aux résultats plus modestes, le FDP, les Verts, lui a été nécessaire. Il n'est pas toujours suffisant et à l'instar de la période 1966-1969, le Gouvernement allemand a été soutenu, une majorité du temps depuis 2005, par une grande coalition unissant les adversaires de la campagne, la CDU et le SPD. Plusieurs autres formations politiques, Alliance90/Die Grünen, le FDP, Alternative für Deutschland (AfD) et Die Linke ont des élus au Bundestag. Une recomposition du système partisan apparaît et débouche sur une majorité composée en 2021 de trois partis : SPD, Alliance 90/Grünen, FDP.

Mots-clefs
Bund : État fédéral
Land : État fédéré
Bundesversammlung : (littéralement assemblée fédérale) assemblée composée d'une part des membres du Bundestag et d'autre part d'un nombre égal d'élus à la représentation proportionnelle par les diètes locales, qui élit le Président fédéral
Bundestag : chambre basse du Parlement allemand composée de députés désignés au scrutin mixte
Bundesrat : haute assemblée représentant les Länder qui disposent en fonction de leur population de 3 à 6 sièges. Ces sièges sont occupés par des ministres du Land qui votent globalement
Bundespräsident : Président fédéral
Chancelier fédéral : Chef du Gouvernement fédéral
Tribunal constitutionnel fédéral : Cour constitutionnelle fédérale composée de seize juges répartis en deux chambres
État de nécessité législative/État de détresse législative : procédure pouvant être engagée par le Président fédéral et permettant au Chancelier de légiférer avec l'accord du Bundesrat pendant une durée maximale de six mois (art. 81 de la Loi fondamentale)
Motion de censure constructive : obligation pesant sur le Bundestag de ne pouvoir exprimer sa défiance au Chancelier qu'en lui élisant un successeur à la majorité des membres (art. 67 de la Loi fondamentale)

Questions à réponse courte

Les coalitions en Allemagne

L'élection des députés au Bundestag se fait par un scrutin mixte mais le nombre total de parlementaires pour chaque formation politique est déterminé par la proportionnelle. Il est évidemment très difficile pour un parti d'atteindre à lui tout seul les voix lui donnant accès à la majorité des sièges. La CDU-CSU a pu gouverner de 1957 à 1961 sans avoir besoin de l'appui d'un allié. C'est une exception. Les deux grandes formations que sont la CDU et le SPD ont toujours dû trouver un autre parti pour atteindre la majorité. De petites coalitions peuvent être constituées. Le FDP s'est rapproché d'une des grandes formations : ce fut avec la CDU-CSU de 1961 à 1965, de 1982 à 1998 et de 2009 à 2013 et avec le SPD de 1969 à 1982. L'Alliance 90-Les Verts a été l'allié du SPD de 1998 à 2005. Cet apport d'un « petit parti » n'étant pas toujours suffisant pour atteindre la majorité, les deux grandes formations ont formé une « grande coalition ». La CDU-CSU a gouverné avec le SPD à quatre reprises : de 1966 à 1969, de 2005 à 2009, de 2013 à 2017 et de 2018 à 2021. Depuis décembre 2021, une coalition formée de trois partis, SPD, Alliance 90/Grünen, FDP gouverne. Elle est surnommée « feu tricolore », en raison des couleurs de chaque formation (rouge SPD, verte Grünen, jaune FDP).
La pratique de la coalition est ainsi fréquente au niveau fédéral ; elle l'est aussi au niveau des Länder. On peut considérer qu'elle est la règle, aucun parti ne parvenant en général à gouverner seul.

Le Tribunal constitutionnel de Karlsruhe

La Cour constitutionnelle établie par la Loi fondamentale de 1949 siège à Karlsruhe. Elle est composée de 16 juges élus à la majorité des deux tiers pour moitié par le Bundesrat, pour moitié par le Bundestag. Choisis parmi les juristes, juges fédéraux ou ayant les diplômes requis pour entrer dans la magistrature, ils doivent avoir au moins 40 ans et sont nommés pour 12 ans.
Ils sont juges de la constitutionnalité des lois qu'ils exercent principalement par un contrôle concret des normes dans le cadre d'un procès mais également par un contrôle abstrait, la loi étant déférée en tant que telle.

Ils assurent la défense de la répartition des compétences entre les pouvoirs publics et peuvent examiner la conformité des règles prises par les Länder au droit fédéral. Ils sont chargés de la protection de l'ordre constitutionnel et des principes politiques sur lesquels repose la démocratie allemande. À ce titre, la Cour peut vérifier le caractère constitutionnel d'un parti politique, contrôler la régularité de l'élection des députés du Bundestag, apprécier la responsabilité des juges ayant contrevenu à l'ordre constitutionnel. Elle juge le Président.

Dissertation

Sujet : Bundestag et Bundesrat

Approche globale du sujet

Le sujet nous invite à évoquer les deux chambres du Parlement allemand. Il les mentionne toutes les deux ; il faudra les évoquer l'une et l'autre ; en même temps, il n'y a pas ici de question précise qui orienterait la réflexion dans une direction ou une autre ; cela laisse une certaine liberté d'approche. Dans une présentation du bicaméralisme allemand, on peut examiner d'une part la composition des deux chambres et d'autre part les rôles qu'elles remplissent en relevant les nuances entre elles.

Proposition de plan

Introduction

Doter un pays de deux chambres n'est absolument pas une obligation. D'ailleurs, une majorité d'États s'en tient à une seule. Aller vers le bicaméralisme, c'est sans doute être séduit par la fameuse formule selon laquelle on peut voir avec un seul œil mais on voit mieux avec deux yeux, mais c'est aussi devoir trancher une série de questions. Pourquoi avoir deux chambres ? Comment les composer ? Quels rôles donner à chacune d'entre elles ? Faut-il établir une primauté entre elles ?

Les constituants allemands n'ont guère hésité en 1949 à opter pour le bicaméralisme. Le choix du fédéralisme commandait un tel choix. Les systèmes fédéraux tiennent à se doter d'une chambre qui aura des liens avec les États fédérés. Des États-Unis à la fédération de Russie en passant par la Suisse, on a toujours deux chambres. La Loi fondamentale a ainsi établi le Bundesrat et le Bundestag.

Restait à répondre aux autres questions mentionnées plus haut. Les auteurs de la Loi fondamentale n'ont pas repris les réponses apportées un siècle et demi plus tôt par les Pères fondateurs aux États-Unis. On peut même considérer que la Constitution fédérale des États-Unis n'a guère influencé ces rédacteurs de la Constitution de 1949 lorsqu'ils ont défini la composition et le rôle des deux chambres ; le Bundestag et le Bundesrat n'ont que des rapports limités avec la Chambre des Représentants et le Sénat américains.

Annonce de plan Le partage des rôles au sein du Parlement allemand favorable au Bundestag au détriment du Bundesrat (I) s'explique largement par la composition de chaque chambre fondamentalement différente et liée à leurs missions respectives (II).

Développements

I. Un partage des rôles au sein du Parlement allemand favorable au Bundestag au détriment du Bundesrat

A. Les deux chambres partagent certaines fonctions

Constituant le Parlement allemand, le Bundestag et le Bundesrat partagent plusieurs compétences. Elles désignent le Président fédéral en formant la Bundesversammlung, une assemblée composée d'une part des membres du Bundestag et d'autre part d'un nombre égal d'élus à la représentation proportionnelle par les diètes locales.
Le Bundestag et le Bundesrat participent au pouvoir législatif en votant les lois, les textes étant le plus souvent proposés par le Gouvernement. En cas de désaccord entre les deux chambres sur un texte, on pourra constituer une commission de médiation composée paritairement de 16 membres du Bundestag et 16 membres du Bundesrat.
Elles ont une organisation interne similaire. Les effectifs des deux chambres sont significativement différents avec un Bundestag réunissant environ 600 députés – le nombre est ajusté en fonction des votes directs – et un Bundesrat a moins de 70 délégués.

B. mais le Bundestag a une position nettement plus favorable

La comparaison entre les situations des deux chambres est nettement favorable au Bundestag.
Certes, le Bundesrat ne peut être soumis à la dissolution. En outre, il intervient lors de la mise en œuvre de l'état de détresse législative prévu à l'article 81 de la Loi fondamentale. Dans l'hypothèse où le Chancelier n'a pas de majorité au Bundestag et qu'il ne démissionne il peut demander au Président fédéral l'application de cette procédure qui lui permet, pendant au plus six mois, de gouverner avec l'appui du Bundesrat. La mise en œuvre de l'article 81 ne peut se faire qu'avec l'accord de la chambre haute.
Hors de ces points, la situation du Bundesrat est inférieure à celle du Bundestag. Ce dernier va élire le Chancelier sur proposition du Président fédéral. Il peut également manifester sa défiance à son encontre en lui trouvant un successeur. Le Bundesrat n'intervient pas ici en revanche. Dans le travail législatif, l'égalité entre les deux chambres n'est que partielle. Le Bundestag est seul à avoir l'initiative législative au sein du Parlement. En outre et surtout, le Bundestag vote l'ensemble des lois tandis que le Bundesrat n'a des prérogatives pleines et entières que sur une partie des lois : celles concernant les Länder, c'est-à-dire les lois constitutionnelles, les lois relatives à l'Union européenne et celles modifiant les attributions ou les ressources des Länder. L'accord du Bundesrat est nécessaire pour ces lois ; il ne l'est pas pour les autres textes. Il n'a pour ces « lois simples » qu'un veto suspensif. Ce partage entre différentes catégories de texte n'a pas empêché une progression du nombre de lois soumises à l'accord obligatoire des deux chambres. La révision constitutionnelle de 2006 qui a modifié plusieurs dispositions relatives au fédéralisme a apporté des changements à l'article 81 et diminué le nombre de cas où l'accord du Bundesrat est exigé.

Transition Comment expliquer de telles différences entre les rôles confiés à chaque chambre ? Leur composition explique largement les choses.

II. Le Bundestag et le Bundesrat, l'un représentant les citoyens, l'autre les Länder, sont constitués de façon sensiblement différente

A. Le Bundestag, représentant les citoyens, est élu par eux au scrutin mixte

Le Bundestag est la chambre basse du Parlement allemand. Il est élu directement par les citoyens allemands lors d'élections organisées tous les quatre ans. Cette élection se fait par un scrutin mixte organisé à l'intérieur de chaque Land. Pour chaque Land, un nombre de députés est attribué en fonction de la population. Le Land est lui-même divisé en circonscriptions en nombre égal à la moitié du nombre total de députés affectés au Land. Des candidats appartenant en général aux partis politiques vont se présenter dans ces circonscriptions et sont élus au scrutin majoritaire à un tour. Chaque électeur est invité à voter dans chacune de ces circonscriptions internes au Land. En outre, il est appelé à voter pour des listes présentées au niveau du Land là aussi en général par les partis. Ce vote pour des listes permet de déterminer à la proportionnelle le nombre total d'élus pour chaque parti dans le Land. Ce vote est déterminant. Si le parti n'a obtenu aucun élu dans les circonscriptions internes au Land, ses élus sont tous pris sur la liste qu'il a présentée. S'il a des élus dans ces circonscriptions, on défalque leur nombre de celui que doit avoir le parti pour le Land et on prend les élus manquant sur la liste. La proportionnelle permet ainsi de déterminer le total des élus par formation politique mais certains sont issus des listes, d'autres de scrutins internes au Land. Le seuil pour avoir des élus est de 5 % des suffrages exprimés.

B. Le Bundesrat, représentant les Länder, est composé de membres de leurs Gouvernements

L'Allemagne est une fédération. Elle est divisée en États fédérés, les Länder. Le Bundesrat est l'assemblée du Parlement allemand qui représente ces États.
Sa composition est très particulière.
La population des Länder étant différente, il a été décidé d'attribuer à chaque Land un nombre de délégués dépendant de cette population. On va ainsi de 3 délégués pour un Land allant jusqu'à 2 millions d'habitants, 4 de 2 à 6 millions, 5 de 6 à 7 millions, 6 à partir de 7 millions d'habitants. Il n'y a pas d'égalité de représentation des Länder comme on a aux États-Unis une stricte égalité entre les États lorsqu'il s'agit du nombre de sénateurs.
Les délégués ne sont pas désignés au suffrage universel directement par la population du Land. Ils sont désignés par les Gouvernements de chaque Land. La délégation du Land vote globalement en fonction des directives arrêtées par le Gouvernement de chaque Land. Le système est très organisé et discipliné. Il n'est pas question que les délégués improvisent ou prennent des positions personnelles. Le mode de désignation sans élection particulière et le système de vote collectif peuvent surprendre mais cela ne doit pas conduire à estimer que ce dispositif n'est pas démocratique. Les délégués sont en effet des élus ; ce sont des membres des Gouvernements des Länder. Les élections au niveau des Länder n'étant pas organisées en même temps mais par roulement chaque année permettant l'élection dans quelques Länder, la composition de la chambre peut fluctuer chaque année. La sensibilité politique des délégués dépend directement de la tendance politique de l'assemblée élue dans chaque Land.

Conclusion Le bicaméralisme établi par la Loi fondamentale de 1949 est clairement inégalitaire. Le Bundestag a l'ensemble des compétences attribuées à une assemblée de régime parlementaire : elle légifère, elle contrôle le Gouvernement, elle vote le budget. Le Bundesrat n'en a qu'une partie : il peut s'opposer ou approuver certaines lois. La sélection entre les textes qui lui sont ou non soumis résulte de l'influence qu'ils ont sur le fédéralisme. Il n'y a rien d'étonnant à cela dès lors que le Bundesrat est la chambre des Länder. Il est assez logique d'autre part que la chambre élue directement, le Bundestag, ait des prérogatives plus amples.

Loi fondamentale allemande du 23 mai 1949

Article 67 – Motion de défiance constructive

1 – Le Bundestag ne peut exprimer sa défiance envers le Chancelier fédéral qu'en élisant un successeur à la majorité de ses membres et en demandant au Président fédéral de révoquer le Chancelier fédéral.

Le Président fédéral doit faire droit à la demande et nommer l'élu.

2 – Quarante-huit heures doivent s'écouler entre le dépôt de la motion et l'élection

Article 68 – Motion de confiance ; dissolution du Bundestag

1 – Si une motion de confiance proposée par le Chancelier fédéral n'obtient pas l'approbation de la majorité des membres du Bundestag, le Président fédéral peut, sur proposition du Chancelier fédéral, dissoudre le Bundestag dans les vingt et un jours.

Le droit de dissolution s'éteint dès que le Bundestag a élu un autre Chancelier fédéral à la majorité de ses membres.

2 – Quarante-huit heures doivent s'écouler entre le dépôt de la motion et le vote.

Section IV. La Fédération de Russie

Points clefs

Date de la Constitution

12 décembre 1993

Liste des Présidents de la Fédération de Russie (Chefs d'État)

B. Eltsine 1991-1999 ; V. Poutine 2000-2008 ; D. Medvedev 2008-2012 ; V. Poutine 2012-2018 et 2018-2024

Liste des Présidents du Gouvernement de la Fédération de Russie (Chefs du Gouvernement)

V. Poutine 2008-2012 ; D. Medvedev 2012-2020 ; M. Michoustine depuis 2020

Mode de scrutin aux législatives

Scrutin mixte, moitié des députés élus à la proportionnelle ; moitié au scrutin majoritaire à un tour

Composition du Parlement

Bicaméral. Parlement fédéral composé de la Douma d'État et du Conseil de la fédération

Principales formations politiques (nombre de sièges à la Douma élue les 17/19 septembre 2021, total 450)

Russie Unie (V. Poutine) 324 sièges ; Parti communiste de Russie 57 sièges ; Parti libéral-démocrate de Russie (Nationaliste) 27 sièges ; Russie Juste (gauche) 27 sièges ; Nouvelles personnes 13.

La Fédération de Russie est le dernier grand pays à avoir vu ses institutions évoluer sensiblement. La Constitution actuelle date du 12 décembre 1993. Elle fait suite à plusieurs « Constitutions » qui avaient été établies depuis le début du XXe siècle à la fin du régime des Tsars et à l'époque soviétique. Contrairement à ces derniers textes, la loi constitutionnelle actuelle peut être rapprochée des Constitutions en vigueur dans d'autres pays. On peut y déceler des éléments faisant penser au régime américain, à la pratique de la Ve République ou, dans une moindre mesure, au fédéralisme allemand. Comme l'indique l'intitulé même du pays, la Russie est une fédération. Elle se décompose en une centaine d'entités. La Constitution répartit les compétences en accordant à la fédération des compétences exclusives, en en attribuant d'autres conjointement à la fédération, les compétences résiduelles étant attribuées aux entités réunies au sein de la Fédération de Russie. Une des deux chambres représente les collectivités fédérées. Il est plus difficile de rattacher le schéma proposé par la Constitution de 1993 à une catégorie de régime bien déterminé. Il emprunte des éléments à la fois au régime présidentiel et au régime parlementaire. Du présidentialisme, on a l'élection au suffrage universel d'un Président de la Fédération de Russie qui a des compétences propres et un statut très protégé. Du parlementarisme, on a l'existence d'un Gouvernement dirigé par un Président du Gouvernement de la Fédération de Russie et contrôlé à la fois par le Parlement et le Chef de l'État qui dispose du droit de dissolution de la Douma d'État.

Le décalage entre l'affirmation dans la Constitution de valeurs essentielles et de droits et libertés de l'homme d'une part, et la pratique et la réalité effective de la situation d'autre part, en Russie est ce qui désarçonne le plus.

La Constitution du 12 décembre 1993 commence ainsi par un chapitre initial consacré aux fondements de l'ordre constitutionnel nouveau où l'on se réfère à un État de droit, à un « État démocratique fédéral ayant une forme républicaine », aux « droits et libertés de l'homme reconnues comme valeurs suprêmes » qui seront développés dans le chapitre II de la Constitution. La Russie est présentée comme un « État social », un État favorable aux libertés économiques, un État qui reconnaît la séparation des pouvoirs et qui admet le pluralisme idéologique. On affirme vouloir éviter les dérives autoritaires et despotiques. Les près de 50 articles du chapitre II énumèrent les droits et libertés de l'homme de façon très détaillée et complète.

Si des changements radicaux ont été constatés par rapport à l'époque soviétique avec des élections ouvertes à divers candidats et partis, un développement de la presse et des médias, des libertés dans les déplacements, l'expression des idées, de nombreuses interrogations surgissent lorsqu'on évoque le déroulement des élections, la limitation des candidatures, les arrestations, les menaces pesant sur les opposants, l'autoritarisme et la personnalisation du pouvoir.

Beaucoup de questions se posent et l'on manque de recul par rapport à un régime mis en place il y a 30 ans. Le pessimisme est fréquent, la dérive autoritaire du pays incitant à penser qu'il n'a connu qu'une très courte parenthèse démocratique. D'un autre côté, ne doit-on pas estimer qu'après le long totalitarisme qu'elle a connu, la Russie a besoin de temps pour se tourner effectivement vers de nouvelles pratiques ? Le conflit engagé en Ukraine en février 2022 renforce les doutes.

Mots-clefs

Président de la Fédération de Russie : Chef de l'État

Président du Gouvernement de la Fédération de Russie : Chef du Gouvernement

Parlement fédéral : deux chambres, la Douma d'État et le Conseil de la Fédération

Douma d'État : chambre basse élue au suffrage universel direct

Conseil de la Fédération : chambre représentant les collectivités fédérales

Cour constitutionnelle : juge de la constitutionnalité des actes normatifs et des traités, elle règle aussi les conflits de compétence entre les organes ; ses membres sont nommés par le Conseil de la Fédération sur proposition du Président de la Fédération de la Russie.

Communauté des États indépendants : organisation internationale réunissant la plupart des États issus de l'Union soviétique

Révision constitutionnelle de 2020

La Constitution de la Fédération de Russie est actuellement l'objet d'une procédure de révision. Pour être adoptée, la modification doit obtenir le vote de la Douma, l'accord de la Cour constitutionnelle et le vote du Peuple russe. Les premières étapes accomplies, le référendum initialement prévu le 22 avril 2020 a été reporté du fait de l'épidémie de coronavirus et a eu lieu du 25 juin au 1er juillet 2020.
Cette révision porte sur plusieurs éléments de la Constitution :
- développement du rôle du Conseil d'État aux prérogatives limitées jusque-là ;
- renforcement du rôle de l'exécutif ;
- introduction d'un salaire minimum garanti ;
- indexation des pensions ;
- interdiction de la double nationalité pour les juges, les élus, les responsables politiques fédéraux ;
- définition du mariage comme une alliance entre un homme et une femme ;
- affirmation de la foi en Dieu du Peuple russe.

Un dernier point a été ajouté. Il porte sur le nombre de mandats présidentiels. Il est permis d'en accomplir deux sachant que le décompte se fera à partir de 2024. Cette « réinitialisation » a donné à penser que le Président actuel de la Fédération de Russie pourrait ainsi occuper encore fort durablement ses fonctions s'il était réélu.
La révision a été adoptée avec 77,92 % de oui, la participation étant de 67,88 %.

Question à réponse courte

Le Parlement fédéral russe

Le Parlement de la Fédération de Russie est composé de deux chambres, la Douma d'État et le Conseil de la Fédération. La Douma d'État est une assemblée élue de 450 membres pour 4 ans au suffrage universel au scrutin mixte tandis que le Conseil de la Fédération représente les collectivités fédérales avec un effectif de moins de la moitié de la Douma. Le mode de désignation de cette deuxième chambre a été modifié à plusieurs reprises d'abord élue au suffrage universel, composée ensuite du chef de l'exécutif et du parlement local, nommée enfin par les dirigeants locaux avant d'être à nouveau élue.
Les deux chambres ont des compétences législatives assez classiques mais le Conseil de la fédération ne peut intervenir que pour certaines lois fédérales sachant que la Douma d'État a la prééminence pour l'adoption des lois. Le silence du Conseil de la Fédération vaut même approbation tacite. La Douma est en outre la seule chambre à pouvoir approuver le choix du Chef de Gouvernement puis à lui accorder ou refuser la confiance. Elle peut être dissoute. Le Conseil de la Fédération approuve lui les nominations des juges.
Le Parlement n'est pas dans une situation toujours très favorable. Il doit partager l'initiative des lois avec d'autres, le Président de la Fédération de Russie, le Gouvernement, la Cour constitutionnelle… Le Gouvernement ne dépend pas que de la Douma puisque le Président de la Fédération peut, à tout moment, modifier ou révoquer le Gouvernement. Il peut aussi le maintenir en fonction contre la volonté de la Douma. Le Président peut aussi, sous certaines conditions, incapacité du Parlement à voter les textes, légiférer lui-même par décrets.
Le Parlement russe souffre de l'ampleur des prérogatives accordées au Chef de l'État.

Dissertation

Sujet : Dans quelle mesure la Russie est-elle une démocratie ?

Approche globale du sujet

La Russie a connu une rupture radicale au début des années 1990. On a ici à donner une appréciation sur la situation de ce pays au plan des institutions. Il faut éviter d'être manichéen dans le traitement du sujet même si les jugements à l'emporte-pièce peuvent tenter. L'intitulé y invite : « dans quelle mesure ? » demande-t-il. Il est nécessaire de partir des textes, du cadre établi par la nouvelle Constitution du 12 décembre 1993. Ce ne sera pas suffisant pour traiter le sujet. La pratique qui en a été faite depuis 25 ans doit évidemment être prise en compte. C'est à partir de ces deux éléments que l'on pourra faire des observations. S'en tenir à l'un des deux ne permettrait pas de se prononcer convenablement. En évoquant comme bases de l'observation, les règles applicables d'une part, le fonctionnement effectif, d'autre part, on ne veut pas pour autant inciter à traiter le sujet autour de deux parties, l'une sur les textes, l'autre sur leur application.

Proposition de plan

Introduction

Plus de soixante-dix ans après la révolution d'octobre 1917, l'Union des républiques socialistes soviétiques, l'URSS, se disloque et la Russie connaît un bouleversement radical de ses institutions. Une nouvelle Constitution est prise le 12 décembre 1993. Elle est établie dans des conditions particulières ; le Président Boris Eltsine avait dissous le Parlement et fait donner l'assaut au bâtiment l'abritant, puis avait demandé aux Russes de se prononcer sur la nouvelle Constitution et d'élire une nouvelle assemblée.

Les premières années du nouveau régime semblent un peu chaotiques. On ne voit pas bien qui dirige le pays. L'équilibre est difficile à trouver entre un Président élu au suffrage universel et une assemblée, la Douma, également élue directement. À ce fonctionnement erratique des débuts ont suivi d'autres développements. Le pouvoir exécutif s'est imposé et depuis 1999, une nouvelle personnalité s'est affirmée et gouverne sans discontinuer : Vladimir Poutine, d'abord Président du Gouvernement sous Boris Eltsine, est devenu Président de la Fédération, fonction qu'il occupe depuis lors, à l'exception des quatre années du mandat de Dimitri Medvedev pendant lesquelles il était redevenu Chef du Gouvernement. La durée du mandat présidentiel a été allongée et le Gouvernement dirigé d'une main de fer. Le Président pourrait se représenter à nouveau à la suite de la révision constitutionnelle adoptée en 2020.

Les appréciations portées sur le fonctionnement des nouvelles institutions russes sont souvent assez tranchées. La dimension démocratique paraît incertaine aux uns qui s'interrogent sur la personnalisation du pouvoir, l'autoritarisme, la répression des opposants et le déroulement des élections. D'autres au contraire valorisent les progrès accomplis par ce pays par rapport à ce qu'il fut et son long éloignement par rapport aux procédés de démocratie authentique. La Russie est l'objet de prises de position assez divergentes comme si les choses en la matière n'étaient pas bien certaines.

Annonce de plan Élaborée en réaction au régime totalitaire dominant le pays depuis 1917, la nouvelle Constitution russe établit les bases d'une démocratie (I). Mais si les institutions mises en place depuis 25 ans sont les plus démocratiques que la Russie ait connues, elles suscitent régulièrement de nombreuses interrogations (II).

Développements

I. Élaborée en réaction au régime totalitaire dominant le pays depuis 1917, la nouvelle Constitution russe établit les bases d'une démocratie

A. Une réaction face au système totalitaire que la Russie a connu

La Russie est un pays dont l'histoire constitutionnelle est très décalée par rapport à celle des autres pays.

Alors que le continent européen connaît à partir de la fin du XVIIIe siècle un mouvement plus ou moins rapide en faveur de l'établissement de Constitutions, la Russie reste à l'écart. Les Tsars refusent ces évolutions ; la Russie connaît un régime autocratique qui n'est l'objet de quelques ajustements qu'au tout début du XXe siècle à la suite de la révolution de 1905 : la loi électorale de décembre 1905 est très inégalitaire et les Lois fondamentales d'avril 1906 qu'on appelle « petite Constitution » laissent au Tsar un rôle central même si une Douma élue se voit confier quelques attributions.

La révolution de 1917 conduit à la chute de l'empire des Tsars mais n'apporte pas la démocratie en Russie. Certes, plusieurs Constitutions seront élaborées en 1918 pour la Russie, en 1924, 1936 et 1977 pour l'ensemble des Républiques réunies au sein de l'URSS. Formellement démocratiques et fédérales, ces Constitutions sont celles d'un régime totalitaire avec un parti unique qui ne garantit pas les droits individuels et dont le fonctionnement est très centralisé. Le parti unique, le parti communiste, y joue le rôle central, les Secrétaires généraux du PCUS, Staline, Malenkov, Khrouchtchev, Brejnev, étant à la tête du pays.

Si le dernier Secrétaire général du parti, Mikhaïl Gorbatchev, désigné en 1985, a commencé à engager des réformes avec la *Perestroïka* contre les rigidités bureaucratiques et la *Glasnost* pour plus de transparence, elles n'ont pas empêché la chute du régime. Celui qui s'instaure au début des années 1990 est ainsi une réaction à ce que la Russie avait connu jusque-là.

B. Des bases démocratiques affirmées à la fois dans les principes et dans l'organisation des institutions

1. L'affirmation du caractère démocratique du nouveau régime résulte d'un ensemble de principes mis en exergue dès le début de la Constitution. Ses deux premiers chapitres portent sur les fondements de l'ordre constitutionnel nouveau et sur les droits et libertés de l'homme. Parmi les fondements du régime, on relève que la Fédération de Russie est un État démocratique fédéral ayant une forme républicaine, un État de droit, un régime où les droits et libertés sont reconnus comme valeur suprême. Cet État permet une expression directe des citoyens par le référendum et a recours aux élections. Un long chapitre énumère les droits et libertés de l'homme en des termes proches de ceux utilisés dans les déclarations affirmant les droits individuels.

2. L'organisation des institutions est établie en reconnaissant la séparation des pouvoirs. Des organes distincts sont prévus avec pour principe de désignation l'élection. La Douma d'État est ainsi élue au suffrage universel direct comme l'est le Président de la Fédération de Russie. L'exécutif est partagé entre un Chef d'État et un Gouvernement tandis que les chambres, Douma d'État et Conseil de la Fédération, ont les attributions classiques d'un Parlement, légiférer, voter le budget, contrôler le Gouvernement. Le bicaméralisme est inégalitaire, la Douma ayant le premier rôle comme l'ont les

chambres élues directement comme la Chambre des Communes ou l'Assemblée nationale. Le Président de la Fédération réunit un ensemble de pouvoirs qui le rapproche de la situation des Présidents français sous la Ve République hors cohabitation. La répartition entre la fédération et les différentes entités qui la composent est évoquée précisément. Plusieurs juridictions sont prévues. Parmi elles figure une Cour constitutionnelle dont les membres sont nommés par le Conseil de la Fédération sur proposition du Président de la Fédération.

Transition Ces bases inscrites solennellement dans la Constitution font-elles de la Russie une authentique démocratie ?

II. Si les institutions mises en place depuis 25 ans sont les plus démocratiques que la Russie ait connues, elles suscitent régulièrement de nombreuses interrogations

A. Le régime le plus démocratique que la Russie ait connu

Les changements apportés par la nouvelle Constitution sont indéniables par rapport aux périodes antérieures.

1. Des élections sont effectivement organisées et concernent la plupart des institutions du pays. Le Chef de l'État est élu au suffrage universel de même que le sont les membres de la Douma. Il est vrai que les conditions pour se présenter aux présidentielles sont exigeantes mais il y a toujours eu plusieurs candidats issus de formations politiques différentes. Jamais dans le passé les Russes n'avaient été appelés à désigner leur Chef d'État et rares sont les pays dans le monde qui organisent une élection au suffrage universel direct pour ce faire.

2. Des formations politiques diverses ont pu se constituer et présenter des candidats aux élections. Le système partisan a beaucoup évolué depuis les élections de 1993. Il était au départ difficile d'avoir une majorité dans la Douma tandis qu'un seul parti y parvient actuellement. D'une élection à l'autre, des partis disparaissent ou n'ont que des scores très réduits. Les choses ne sont pas stabilisées mais là aussi force est de constater que jamais en Russie on n'avait connu avant 1993 une diversité de l'offre politique. Jusqu'à la fin des années 1980, le parti communiste a régné sans partage.

3. Les juges ne sont pas sans pouvoirs. Si les magistrats des juridictions inférieures sont nommés par le Président de la Fédération de Russie, il ne peut que proposer ceux des plus hautes juridictions, le Conseil de la Fédération devant trancher. Les mandats des juges étant longs et l'inamovibilité étant garantie, les magistrats peuvent exercer les contrôles nécessaires. Une fois encore, il n'est pas certain que la Russie ait connu antérieurement une situation comparable.

B. Un régime suscitant de nombreuses interrogations

1. En premier lieu, la longue présence de Vladimir Poutine à la tête du pays suscite des questions. Depuis plus de vingt ans, la même personne dirige ; Chef du Gouvernement d'abord, Chef d'État par intérim puis Président élu à deux reprises il redevient Chef du Gouvernement avant d'être élu une nouvelle fois à la présidence pour six ans. Rééligible à l'issue de ce mandat, il s'est représenté et a été réélu le 18 mars 2018 avec 76,66 % des voix. Cette longue présence est inhabituelle dans les démocraties. Elle pourrait être accrue avec la révision constitutionnelle de 2020 permettant au Président de se représenter. Elle suscite d'autant plus de questions que les prérogatives du Chef de l'État sont considérables : non seulement vis-à-vis du Gouvernement qu'il peut congédier, mais encore vis-à-vis de la Douma qu'il peut dissoudre. En outre, il peut légiférer seul. N'est-ce pas un genre de pouvoir personnel qui s'est mis en place ?

2. Cette interrogation est renforcée par la manière dont se déroulent les élections. Certains candidats potentiels semblent écartés pour des raisons discutables. Les budgets des campagnes dépendent de puissances financières. Des irrégularités sont relevées dans le déroulement des élections. Les résultats des élections suscitent l'interrogation tant il est vrai que les scores obtenus semblent pour les uns très élevés et pour les autres très modestes. Pour le dire autrement, la simplification du paysage politique telle qu'on la constate notamment dans la Douma ne paraît pas refléter la diversité des opinions.

3. Par-delà les affirmations de la Constitution, l'État de droit ne semble pas toujours respecté. Des opposants au régime sont menacés ; des atteintes aux droits fondamentaux sont relevées ; la Fédération de Russie, membre du Conseil de l'Europe, a été d'ailleurs régulièrement condamnée par la Cour européenne des droits de l'homme. À la suite du conflit en Ukraine, la Russie a décidé en mars 2022 de quitter le Conseil de l'Europe.

Conclusion

Comment faire pour devenir une authentique démocratie lorsqu'on a vécu pendant des décennies dans une dictature ? Il est difficile de répondre à une telle question. Le changement des institutions est un préalable indispensable. Cette condition nécessaire n'est pas suffisante. La Russie a fondamentalement révisé ses institutions à la fin du XXe siècle. Leur apparence démocratique est incontestable. La Russie est entrée dans un nouveau système, un schéma qu'elle n'avait jamais connu. Vu de l'extérieur, son fonctionnement nous déroute volontiers. Les désordres de la période Eltsine sont suivis d'un ordre que certains rattachent aux temps antérieurs. La Russie semble rétive à la démocratie au point qu'on a forgé le mot de « démocrature » pour illustrer cette situation intermédiaire. La démocratie russe est sans doute imparfaite mais la situation n'a rien à voir avec ce qui a si longtemps frappé le pays.

Section V. La Chine

Il y a matière à hésiter à évoquer le régime chinois. Il est évidemment très singulier par rapport aux autres abordés dans ce chapitre. Il n'apparaît pas fondé sur les mêmes principes. On sent un écart entre les textes qui introduisent des fondements louables et des pratiques qui sont fort éloignées des standards de la démocratie. Contrairement à l'Est du continent européen, la Chine ne semble pas chercher à faire évoluer significativement son système institutionnel. Si les hommes ont pu changer – encore que la rééligibilité sans limite du Président de la République décidée en 2018 n'aille pas dans ce sens –, le schéma général semble stable pour ne pas dire immobile. Mais comment pourtant ne pas aborder un système qui s'applique à la première population mondiale ? L'approche du régime chinois est assurément plus difficile que celle des autres pays. Elle doit se faire en partant des éléments institutionnels : Assemblée populaire nationale, Présidence de la République, Conseil des affaires de l'État, Conférence consultative politique du peuple chinois. Mais l'examen du régime chinois ne peut être envisagé sans considérer la place centrale du parti communiste. Ce parti fort de plusieurs dizaines de millions d'adhérents a une structure pyramidale dominée par le secrétariat général. L'imbrication entre le parti et les structures de l'État est fondamentale en Chine.

Points clefs

1er octobre 1949 proclamation de la République populaire de Chine
1966 révolution culturelle
1976 mort de Mao

Dates des Constitutions

20 septembre 1954
17 janvier 1975
5 mars 1978
4 décembre 1982 (Constitution actuelle ; dernière révision en mars 2018)

Chefs de l'État

Jiang Zemin (1989-2003) ; Hua Jintao (2003-2012) ; Xi Jinping (depuis 2012)

Gouvernement

Conseil des affaires de l'État présidé par le Premier ministre Li Qiang

Organe législatif

Assemblée populaire nationale

Organe consultatif

Conférence consultative du peuple chinois

Organisation du territoire

État unitaire divisé en entités

Contrôle de constitutionnalité

Inexistant

Partis politiques

Parti communiste chinois, parti unique même si d'autres formations sont reconnues

Mots-clefs

Chef de l'État : désigné par l'Assemblée populaire nationale pour une durée de 5 ans ; mandat renouvelable sans limite depuis la révision de 2018 ; auparavant mandat renouvelable une fois

Conseil des affaires de l'État : organe collégial détenant le pouvoir exécutif ; il est censé exécuter les décisions de l'Assemblée populaire nationale ; il est présidé par le Premier ministre.

Assemblée populaire nationale : élue au suffrage universel indirect, elle est composée de 3 000 personnes et détient le pouvoir législatif mais ne se réunit qu'une fois par an quelques jours. Elle désigne en son sein un comité permanent

Conférence consultative politique du peuple chinois : assemblée consultative comparable à une seconde chambre mais non mentionnée dans la Constitution

Parti communiste chinois : parti unique, il exerce un pouvoir total mais occulte ; il réunit plus de 70 millions de membres. Il a une organisation pyramidale : un Congrès national d'environ 2 000 délégués ; un Comité central de 200 personnes élues par le Congrès national ; un Bureau politique et son Comité permanent sont des instances importantes, le Secrétariat général du Comité central composé de 8 membres étant la structure dirigeante. Le Secrétaire général est à sa tête et cumule les fonctions de Chef de l'État et de l'armée.

Questions à réponse courte

Le parti communiste chinois

Le parti communiste chinois a depuis la naissance de la République populaire de Chine un rôle central dans ce pays. Il rassemble près de 80 millions d'adhérents, ce qui en fait la formation politique la plus nombreuse dans le monde. Chaque année se réunit le Congrès du parti qui rassemble 2 000 délégués, émanation de la base militante. Son principal rôle est d'élire les membres du Comité central et de ratifier l'élection du Secrétaire général élu par le Comité central mais il vote également des résolutions. Dans un parti comme celui-ci, le pouvoir réel ne vient pas de la base mais du haut. Le Comité central composé d'environ 150 membres remplit certains rôles puisqu'il élit le Bureau politique et le Secrétariat général. Ce sont cependant les personnalités appartenant aux organes situés en haut de la pyramide qui ont la plus grande influence : le Bureau politique du Comité central du parti communiste est chargé de définir la ligne idéologique du parti et regroupe une petite trentaine de personnes ; le Secrétariat général du Comité central composé de 8 personnes est l'organe le plus important. À sa tête, le Secrétaire général est le personnage le plus éminent du régime. Outre ses fonctions dans le parti, il est le Chef de l'État et de l'armée.
La réalité du pouvoir en Chine appartient au parti communiste ; celui-ci possède un rôle dirigeant central en définissant la ligne politique du pays, en désignant les candidats officiels aux différents postes et en s'occupant de la gestion de l'administration. Il n'a pas qu'un rôle au sein de l'exécutif. On retrouve aussi une évidente imbrication entre le parti et les organes législatifs ou judiciaires : l'Assemblée populaire nationale est composée de membres du PC et une commission judiciaire du parti coordonne l'action du ministère de la justice.
Parti unique, le parti communiste chinois domine le pays à tous les niveaux, nationaux comme locaux ; c'est un système totalitaire.

Dissertation

Sujet : Entre dictature et démocratie, où se situent la Chine et la Russie ?

Approche globale du sujet

Le sujet invite à faire une comparaison entre deux régimes qui ont pu être caractérisés par une certaine opacité et qui ne sont pas les plus connus. On a cependant eu souvent tendance à les rapprocher compte tenu de leur durable proximité idéologique. On a pu en effet voir dans le régime chinois une espèce de reproduction du système soviétique Ce rapprochement est-il toujours pertinent ? Pour traiter ce thème, il est nécessaire d'avoir une connaissance des systèmes établis dans ces deux pays, ce qui exige d'avoir des bases sur les structures institutionnelles et politiques de ces deux pays, celles d'aujourd'hui comme celles d'hier. Il faudra cependant aller au-delà de la description des organes existants et évoquer leur fonctionnement réel. Une présentation complète et réaliste est ainsi souhaitable. Elle ne débouchera pas nécessairement sur une assimilation entre ces deux régimes qui ont certes l'un et l'autre évolué mais pas sur les mêmes points.

Proposition de plan

Introduction

La Chine et la Russie ont plusieurs points communs. Ce sont d'immenses pays : la Chine est le pays le plus peuplé au monde ; la Russie le plus vaste. Ces deux États ont d'ailleurs une frontière commune. Ils ont l'un et l'autre connu des changements majeurs, des révolutions qui ont bouleversé leur longue histoire et ont instauré des régimes communistes fort éloignés du modèle occidental, l'un après 1917, l'autre après 1949.

Ce sont des puissances de première importance aux plans économique et militaire, toutes deux membres permanents du Conseil de sécurité des Nations unies.

Ces deux puissances mondiales ont connu ces dernières années de profonds changements. Sur le plan économique, ces deux pays se sont transformés profondément ; ils sont des acteurs essentiels de l'économie mondiale, la Chine devenant l'atelier du monde, la Russie exploitant de multiples richesses naturelles sur son territoire étendu. Ils ont beaucoup évolué au plan économique, s'éloignant des dogmes de l'étatisme pour être des acteurs à part entière de l'économie mondialisée contemporaine.

Qu'en est-il au plan institutionnel ? Ces deux pays ont-ils parcouru une évolution similaire aux plans constitutionnel et politique ? On pourrait avoir tendance à considérer que le rapprochement rappelé plus haut, cette insertion sans complexe dans les échanges mondiaux, cette modernisation, ne s'est pas accompagnée d'une transformation parallèle au niveau institutionnel ; Chine et Russie semblent à première vue fort éloignées des standards démocratiques comme si elles demeuraient l'une et l'autre des régimes fondamentalement autoritaires pour ne pas dire dictatoriaux. Lorsqu'on y regarde de plus près, les deux régimes ne sont pas comparables ; ils sont même nettement différents car si la Russie a connu une évolution significative par rapport à l'époque soviétique, la Chine n'a guère changé depuis la fondation de la république populaire.

Annonce de plan

Si la Chine et la Russie sont héritières de régimes qui avaient fondé au XXe siècle des institutions nouvelles prétendument démocratiques (I), la première reste prisonnière d'un régime dictatorial tandis que la seconde semble, certes avec difficulté, évoluer vers la démocratie (II).

Développements

I. La Russie et la Chine sont héritières de régimes qui avaient fondé au XXe siècle des institutions nouvelles prétendument démocratiques

La Russie puis la Chine ont connu au XXe siècle des changements institutionnels radicaux en établissant des régimes communistes

A. Des régimes édifiés au XXe siècle avec des institutions radicalement nouvelles

À la suite de la révolution d'octobre de 1917 en Russie et de la proclamation de la République populaire de Chine en octobre 1949, ces deux pays vont connaître des bouleversements profonds. Ils vont se doter de Constitutions nouvelles. La Russie soviétique aura ainsi quatre Constitutions successives en 1918, en 1924, en 1936 et en 1977. De son côté, la Chine populaire établira des Constitutions en 1954, 1975, 1978 et 1982.

Les institutions créées par ces textes constitutionnels sont assez différentes de celles des régimes occidentaux. Des instances rassemblant de nombreux délégués sont créées : l'Union soviétique forme ainsi un Soviet suprême comme fera quelques années plus tard la Chine en se dotant d'une Assemblée populaire nationale (APN). Lorsque ces chambres ne sont pas réunies, ce sont des instances permanentes qui exercent la réalité du pouvoir, praesidium du Soviet suprême en Russie, comité permanent de l'APN en Chine. À cela s'ajoute un Conseil, Conseil des ministres en URSS, Conseil des affaires générales en Chine populaire, c'est-à-dire un organe chargé d'exécuter les décisions de l'assemblée. À beaucoup d'égards, la Chine communiste ne fait que reproduire les instances de l'Union soviétique. Cela dit, l'URSS est une union de républiques ; elle établit un lien théoriquement fédéral entre ses composantes. Une chambre du Soviet suprême, le Soviet des nationalités, représente ces entités. La Chine se veut en revanche un État centralisé.

B. Des régimes prétendument démocratiques à parti unique

Établis à la suite de révolutions, les deux régimes paraissaient amener dans ces pays des systèmes confiant une place centrale au peuple. Dans les deux pays, on semble vouloir donner un rôle aux élections. De fait, on organise des consultations électorales. L'URSS a des élections directes mais la Chine s'en tient à des élections indirectes. Ces élections n'offrent cependant pas de choix, un seul candidat étant présenté. Ce candidat émane du parti unique, le parti communiste.

Qu'ils se qualifient de socialiste ou de populaire, ces deux régimes ne sont nullement démocratiques. Ce sont des systèmes dominés par une formation politique, le Parti Communiste de l'Union Soviétique ou le Parti Communiste Chinois. Le pouvoir de décision est assuré par le parti qui a une structure pyramidale. À la tête du parti communiste, le comité central et son bureau politique sont les instances dirigeantes. On relève une imbrication étroite entre le parti et les structures de l'État. On a très souvent un cumul de fonctions au sein du parti et des institutions de l'État.

C'est un système totalitaire qui s'est développé dans ces pays avec bien souvent une forme de gérontocratie et un mépris pour les droits fondamentaux. Les opposants au régime et au parti sont ainsi poursuivis voire éliminés. Les libertés les plus élémentaires ne sont pas respectées. Au-delà des mots, ces régimes sont des dictatures qui ne donnent pas de vrais pouvoirs au peuple. Ils sont l'antithèse de la démocratie.

Transition

Ces deux systèmes totalitaires nés dans la première moitié du XXe siècle subsistent-ils au début du siècle suivant ? On ne peut apporter une réponse uniforme à cette interrogation tant l'un s'y est maintenu, tant l'autre s'est doté d'institutions radicalement différentes de celles du régime communiste.

II. S'il ne fait guère de doute que la Chine populaire a conservé un régime totalitaire, la Russie semble, certes avec difficulté, évoluer vers la démocratie

A. Une Chine prisonnière d'un régime dictatorial

La Chine a, il est vrai, connu des changements conséquents au cours des dernières décennies. Elle s'est attelée à un effort considérable de modernisation. Le pragmatisme l'a emporté au plan économique et la Chine a modernisé son industrie, son agriculture, son armée, ses capacités scientifiques et technologiques. Ce mouvement amorcé après la mort de Mao et développé par Deng Xiao Ping a remporté d'incontestables succès : la Chine est devenue une des premières puissances économiques mondiales.

À cette réforme en profondeur du système économique n'a pas correspondu une réforme politique et institutionnelle. Il n'y a pas eu de "5e modernisation". Après les manifestations de Tian'anmen en 1989, le pays ne s'est pas dirigé vers la démocratie. La Constitution de 1982 est toujours en vigueur. On a toujours une Assemblée populaire nationale de près de 3 000 personnes censée être l'instance représentative qui élit le Président de la République et le Président du Conseil des affaires de l'État, vote les projets de loi et peut modifier la Constitution. Ses réunions annuelles brèves n'en font pas un organe essentiel. Les organes influents sont plutôt le Comité permanent de l'Assemblée, le Conseil des affaires de l'État et surtout le Président de la République.

En outre, le parti communiste chinois n'a nullement perdu de son rôle. L'important ici n'est sans doute pas le nombre élevé d'adhérents ou le Congrès annuel. Le pouvoir en Chine réside dans les hautes sphères du parti, le Comité central, le Bureau politique, le Secrétariat général. Le pouvoir vient d'en haut et il y a une imbrication étroite entre l'appareil du parti et celui de l'État. Xi Jinping a été nommé Secrétaire général du PCUS juste avant de devenir Président de la République et Chef de l'armée. À la tête du pays depuis plus de dix ans, il a été réélu et fait modifier en 2018 la Constitution afin de supprimer le plafonnement antérieur des mandats présidentiels à deux. Son pouvoir est immense et ne connaît plus de limite temporelle. Il n'y a pas eu de démocratisation en Chine et elle ne semble pas probable à brève échéance.

B. Une Russie semblant, certes avec difficulté, évoluer vers la démocratie

La Russie a connu au cours des dernières années une évolution autrement significative.

Après la chute du mur de Berlin, l'Union soviétique va se disloquer. La Fédération de Russie naît en 1991. Sa Constitution date du 12 décembre 1993. Le schéma institutionnel qu'elle établit n'a pas de rapport avec celui de l'URSS. Il affirme la séparation des pouvoirs ainsi que les libertés fondamentales et les droits de l'homme. Le Président de la Fédération de Russie est, comme les membres de la Douma d'État, élu au suffrage universel direct. L'exécutif est bicéphale avec outre le Président de la République un Président du Gouvernement et des ministres. Le Parlement est bicaméral, la seconde chambre représentant les entités constituées au sein de la fédération. Une Cour constitutionnelle est prévue.

Lorsqu'on examine plus en détail le texte, il apparaît que le Chef de l'État a des prérogatives très étendues. Au pouvoir exécutif largement entendu, il faut ajouter des compétences au plan législatif puisqu'il a l'initiative de la loi et peut opposer son véto. Les juges sont nommés sur sa proposition. Le Président est en outre rééligible. Ces prérogatives présidentielles sont plus étendues en Russie qu'elles ne le sont aux États-Unis. Elles semblent assez proches de celles du Président français sous la Ve République telle que la pratique les a établies. Des rapprochements peuvent ainsi être faits avec des régimes occidentaux tant au plan des principes que de l'organisation des institutions.

Cela rappelé, le régime mis en place depuis 1993 n'est pas à l'abri de reproches. Le Chef de l'État a des pouvoirs très larges, et si sous Elstine ils n'apparaissaient pas hégémoniques, son successeur Poutine les exerce pleinement. Sa longue présence à la tête du pays interroge puisqu'il entame en 2018 son 4e mandat auquel il faudrait ajouter son passage à la tête du Gouvernement sous la présidence Medvedev. Avec la révision constitutionnelle de 2020, il pourrait se présenter à nouveau. La régularité des consultations électorales est quelquefois mise en doute. Les droits fondamentaux ne paraissent pas toujours parfaitement garantis. On s'inquiète d'une dérive autoritaire du régime qui ne laisse qu'une place limitée aux formations opposées à Russie Unie, le parti du Président Poutine. La dérive militariste du régime inquiète. Elle était antérieure à l'intervention en Ukraine. Le régime peut contenir des pratiques peu compatibles avec la démocratie. Il est assurément perfectible mais il se distingue de la dictature qu'il a remplacée.

Conclusion

En forgeant le mot de « démocrature », le sociologue Gérard Mermet a paru créer un terme qui s'appliquerait à la fois à la Russie et à la Chine, comme si ce mélange de démocratie et de dictature caractérisait ces deux pays. On y partage le culte du chef. On le garde longtemps. Un parti domine. Le respect des droits des personnes n'est pas toujours une priorité. Mais rapprocher Russie et Chine, voir dans ces deux régimes des systèmes proches, c'est faire preuve d'anachronisme. Si l'une et l'autre ont connu un régime très proche à maints égards, les choses ont significativement évolué depuis plus d'une trentaine d'années. Rapprocher aujourd'hui encore Chine et Russie, c'est faire beaucoup d'honneur à la Chine populaire et ne pas encourager la Fédération de Russie. La première n'a de populaire que le nom ; elle n'organise pas d'élections libres et est impitoyable avec ses adversaires ; la seconde n'est pas parfaite : la dérive autoritaire est frappante mais on a pu y voter, des formations politiques différentes ont été présentes aux consultations électorales. La guerre en Ukraine alimente les doutes sur le régime russe.

Section VI. La Suisse

Points clefs

Date de la Constitution

12 septembre 1848 refondue en 1874, consolidée du 18 avril 1999

Liste des Chefs d'État

Le Président de la confédération désigné chaque année n'est pas le Chef de l'État ; ce rôle est confié collégialement au conseil fédéral

Liste des Chefs du Gouvernement

Pas de Chef du Gouvernement

Modes de scrutin aux législatives

Scrutin majoritaire à deux tours pour le Conseil des États ; représentation proportionnelle pour le Conseil national

Composition du Parlement

Bicamérale ; Assemblée fédérale composée de deux chambres, le Conseil national et le Conseil des États

Principales formations politiques :

Le Centre (jusque fin 2020 PDC, Parti démocrate-chrétien)

Parti socialiste suisse (PS)

Les Vert-e-s

Vert'libéraux (PVL)

Parti libéral radical (fusion du parti radical démocratique et parti libéral suisse) (PLR)

UDC (Union démocratique du centre)

Le régime suisse retient l'attention à plusieurs égards.
Sa stabilité institutionnelle peut être relevée avec une Constitution dont la base remonte à 1848. On doit cela dit relativiser en rappelant que le texte a été assez nettement refondu en 1874 et qu'il est depuis lors fréquemment remanié avec pratiquement une révision en moyenne par an, environ 150 modifications de 1874 à nos jours.
Sa stabilité politique pouvait également être notée. D'une élection à l'autre, les chambres composant l'Assemblée fédérale, le Conseil des États et le Conseil national ne connaissaient pas des bouleversements radicaux. Il est à présent nécessaire de nuancer avec l'émergence de l'UDC dont le poids électoral s'est accru depuis une trentaine d'années au point de remettre en cause la « formule magique », cette répartition permanente au sein du Conseil fédéral, l'exécutif suisse, maintenue auparavant au-delà des variations électorales. Le paysage politique suisse évolue aussi avec les succès de deux partis écologistes qui ont, au total, un quart des élus au Conseil national, et la désignation inédite d'élus de plusieurs partis à l'idéologie plus marquée (Union démocratique fédérale, Lega, SolidaritéS, Parti suisse du travail, Parti évangélique suisse).
La référence au caractère « confédéral » n'est certes plus appropriée du fait de l'évolution de la situation des cantons au plan international mais le caractère fédéral du régime semble également singulier si l'on se réfère à la démographie et à la taille du pays. C'est un fédéralisme classique où des États fédérés appelés cantons se sont réunis dans un État fédéral et où l'on a une des deux chambres, le Conseil des États, qui représente les cantons.
C'est un fédéralisme qui rassemble des cantons aux langues et aux religions différentes.
L'attention se porte sur la Suisse du fait de la nature du régime et de la composition de son exécutif. Même si l'on peut discuter ce point, la Suisse est le pays dont les institutions se rapprochent le plus du régime d'assemblée. Il est également singulier de confier à un collège les fonctions de Chef d'État. Si le Directoire et le Consulat en France disposaient de structures similaires, cette dimension collégiale est très originale à l'époque contemporaine. Le Président de la confédération n'a qu'un rôle symbolique et de courte durée. Comment ne pas souligner le contraste entre un Président français élu sept ans jusqu'à récemment et, qui plus est, rééligible et son homologue suisse exerçant cette fonction un an ?
Enfin, la Suisse est sans doute le pays qui permet et pratique le plus largement la démocratie directe. Si les *Landsgemeinden* se pratiquent encore, ils sont devenus marginaux, ce qui n'est pas le cas du référendum. La diversité des hypothèses doit être soulignée : diversité dans la nature des textes, constitutionnel, législatif, administratif, initiative de la consultation lancée par les citoyens ou par les institutions, niveau de l'interrogation, national, cantonal, local. La fréquence des référendums est remarquable. Elle doit retenir l'attention en s'intéressant aux thèmes pour lesquels la population est interrogée mais aussi au niveau de la participation des citoyens à ces consultations.

Mots-clefs

Confédération helvétique : expression habituellement utilisée pour désigner la Suisse. La formule est trompeuse, les cantons n'étant pas des États indépendants reconnus en droit international. La Suisse est en réalité une fédération

Votation : terme utilisé en Suisse pour vote et plus spécialement référendum

Référendum d'initiative populaire : référendum demandé à l'initiative des citoyens qui peut porter aussi bien sur la Constitution, la loi que des actes administratifs et être organisé au niveau cantonal qu'au niveau national

Landsgemeinende : consultation directe de la population qui se réunit en un même lieu pour arrêter des décisions et procéder à des nominations. Pratique tombée en désuétude et maintenue dans quelques cantons

Référendum constituant : référendum portant sur la Constitution

Assemblée fédérale : assemblée élue pour 4 ans divisée en deux chambres, le Conseil national et le Conseil des États

Conseil des États : une des deux chambres de l'Assemblée fédérale suisse chargée de représenter les cantons sur la base de deux délégués par canton

Conseil national : une des deux chambres de l'Assemblée fédérale suisse chargée de représenter la population sur la base d'un député pour 25 000 habitants

Conseil fédéral : organe collégial composé de sept membres élus un par un pour quatre ans par l'Assemblée fédérale indéfiniment rééligibles et chargé d'exécuter la politique définie par l'Assemblée fédérale. Un des membres du conseil est élu pour un an comme Président de la Confédération

Président de la confédération : un des membres du Conseil fédéral désigné pour un an non renouvelable immédiatement ; il exerce des fonctions honorifiques, les compétences exécutives étant exercées collégialement par les sept membres

Formule magique : répartition des sièges au sein du Conseil fédéral établie de façon permanente quelles que soient les variations électorales avec des considérations liées aux cantons et aux partis d'origine. Cette répartition imaginée en 1959 a été remise en cause à partir de 1999

Canton : terme utilisé en Suisse pour les États fédérés au sein de cet État fédéral

Composition de l'Assemblée fédérale (Dernières élections : 2022)

Conseil National (200 sièges)

UDC (Union démocratique du centre) 53 sièges
PSS (Parti socialiste suisse) 39 sièges
PLR (Parti libéral radical) 29 sièges
Le Centre 28 sièges
Les Vert-e-s 28 sièges
PVL (Vert libéral) 16 sièges
PEV 3 sièges
Lega 1 siège
SolidaritéS 1 siège
PST-Pop 1 siège
UDF 1 siège
Indépendant 1 siège

Conseil des États (46 sièges)

Le Centre 14 sièges
PLR (Parti libéral radical) 12 sièges
PSS (Parti socialiste suisse) 8 sièges
UDC (Union démocratique du centre) 6 sièges
Les Verts 5 sièges
Indépendant 1 siège

Conseil fédéral

Guy PARMELIN (UDC)
Ignazio CASSIS (PLR)
Alain BERSET (PS), Président de la Confédération (2023)
Karin KELLER-SUTTER (PLR)
Viola AMHERD (LC)
Albert RÖSTI (UDC)
Elisabeth BAUME-SCHNEIDER (PS)

Questions à réponse courte

La formule magique

Le pouvoir exécutif est confié en Suisse au Conseil fédéral, un organe collégial composé de sept membres. Ceux-ci sont élus, individuellement, à la majorité absolue, par l'Assemblée fédérale, après chaque renouvellement intégral du Conseil national, c'est-à-dire une des deux chambres de l'Assemblée fédérale. La Constitution n'apporte pas de restriction au renouvellement des mandats des membres du Conseil fédéral ; elle se contente de prévoir qu'aucun canton ne pourra avoir plus d'un des membres. On pourrait s'attendre à ce que lors de chaque renouvellement du collège l'on tienne compte de l'évolution dans la répartition des sièges au sein de l'assemblée fédérale. Il a été décidé d'établir à partir de 1959 une répartition fixe des sièges entre les quatre grands partis, le Parti socialiste suisse (PS), le Parti démocrate-chrétien (PDC) et le Parti radical démocrate (PLR) ayant deux élus, l'Union démocratique du centre (UDC) un. Cette répartition permanente constitue la formule magique. Elle s'est appliquée plus de quarante ans. Les succès électoraux de l'UDC devenu en 1999 le premier parti suisse en nombre de voix l'ont conduit à réclamer deux sièges. En 2003, l'UDC a obtenu deux sièges au détriment du PDC – devenu LC – qui n'en garde qu'un. Une nouvelle répartition a été ainsi établie mais elle a connu des aléas compte tenu de divisions au sein de l'UDC. Depuis 2015, la nouvelle répartition opérée en 2003 s'applique effectivement avec cette « nouvelle formule magique ». À l'issue des élections de novembre 2022, on a 2 UDC, 2 PS, 2 PLR et 1 LC. Les Verts ont sans succès réclamé une place. On peut sérieusement s'interroger sur la possibilité de transposer un tel système dans d'autres pays.

Les procédures de démocratie semi-directe en Suisse

Outre quelques cantons qui pratiquent la démocratie directe en permettant aux citoyens de se réunir pour prendre les décisions via les *Landsgemeinden*, on a recours en Suisse au niveau national comme cantonal à divers procédés de démocratie semi-directe. Sur le plan fédéral, le référendum est obligatoire pour le peuple et les cantons en matière de révision de la Constitution et d'adhésion de la Confédération à certaines organisations internationales (sécurité collective et communautés supranationales). Une double majorité, populaire et cantonale, est alors requise. Le référendum est en revanche facultatif pour les lois fédérales, les arrêtés fédéraux et certains traités. Le peuple peut demander que soient engagées ces procédures. La révision totale de la Constitution peut ainsi être demandée par une initiative populaire de 100 000 citoyens. Pour les autres textes, il suffit de 50 000 signatures. Sur le plan cantonal, on retrouve des possibilités similaires avec initiative populaire et référendum. En outre, certains cantons ont établi un droit de révocation populaire permettant de dissoudre le Parlement cantonal ou de destituer le Gouvernement cantonal. Ces derniers procédés proches du *recall* américain sont rarement utilisés. En revanche, le référendum est d'un usage courant ; il a pu ainsi porter sur l'adhésion de la Suisse à l'ONU comme sur le rapprochement avec l'Union européenne ; chaque année plusieurs consultations sont organisées sur des sujets qui peuvent apparaître plus marginaux. Si l'attachement à ces procédés est confirmé par l'usage fréquent de ces techniques, il apparaît en revanche que la participation à ces consultations plafonne voire régresse et se situe souvent au-dessous de 50 %.

Le pouvoir exécutif suisse

Le pouvoir exécutif est confié en Suisse à une autorité collégiale à l'instar du Directoire français établi par la Constitution de l'an III : le Conseil fédéral. Ce collège composé de sept membres est élu par l'Assemblée fédérale qui les désigne individuellement, après chaque renouvellement intégral du Conseil national, pour une durée de quatre ans. La durée de ce mandat est identique à celle des membres du Conseil national. Un des membres du Conseil est élu Président de la confédération par l'Assemblée fédérale pour la durée d'une année. Il assure à ce titre des fonctions protocolaires. Les fonctions de Chef d'État sont confiées à l'ensemble du collège. Les conseillers fédéraux, chargés chacun d'entre eux d'un département ministériel, mettent en œuvre la politique définie par l'Assemblée fédérale. Il ne faut pas cependant les considérer comme de simples exécutants des volontés de l'assemblée. Ils sont souvent réélus et ne sont pas soumis à un régime de session comme les parlementaires. L'assemblée ne peut les faire démissionner. Ils ont ainsi une certaine permanence. Ils n'ont certes pas la possibilité de dissoudre le Conseil national et doivent s'incliner devant les volontés de l'Assemblée fédérale. Il apparaît au total que les conseillers fédéraux bénéficient d'une vraie autorité par rapport aux autres institutions fédérales.

Dissertation

Sujet : La démocratie suisse constitue-t-elle un modèle ?

Approche globale du sujet

Pour traiter ce sujet, il faut en premier lieu déterminer les principales spécificités de la démocratie suisse. La place du référendum est un élément notable. À cela, on peut ajouter la manière dont sont répartis les membres du Conseil fédéral. Ensuite, le sujet faisant allusion à un « modèle », les questions posées par la pratique référendaire et la remise en cause de la formule magique doivent alimenter la réflexion. Enfin, on doit se demander si le mode de fonctionnement de la démocratie suisse inspire d'autres pays.

Proposition de plan

Introduction

Dans le fonctionnement des démocraties, le citoyen peut avoir un rôle plus ou moins actif. Les droits qui lui sont accordés diffèrent en effet assez sensiblement d'un pays à l'autre. S'il lui est toujours accordé le droit de voter pour choisir ses représentants, il a plus rarement l'occasion de s'exprimer directement lors de consultations référendaires. Le citoyen n'a alors plus voix au chapitre pendant la durée du mandat accordé à l'élu. Cette situation peut être d'autant plus désagréable si son candidat n'a pas été élu ou s'il appartient à l'opposition et ne peut faire passer les décisions espérées. Le parti ou le candidat qui a remporté l'élection semble détenir tous les pouvoirs, les minoritaires ou opposants n'ayant qu'à attendre la prochaine élection.

L'association directe des électeurs à la prise de décision est ainsi assez exceptionnelle. Le référendum semble en général être utilisé plutôt à dose homéopathique. Quant au Gouvernement, le ou les formations majoritaires le détiennent sans partage.

Existe-t-il des contre-exemples à cela ?

Un pays, la Suisse, se distingue par la diversité des occasions données aux électeurs de participer à la vie de la démocratie.

Il n'y a pratiquement pas de pays où l'on a plus d'occasions de répondre aux questions posées lors de référendum et où bien sûr les différentes institutions sont confiées à des élus. Dans ce même pays, des personnalités de tendances différentes se retrouvent à gouverner ensemble de façon durable et quasiment institutionnalisée. Faut-il voir dans ces pratiques un modèle ?

Annonce de plan

Avec sa pratique référendaire intense et sa recherche du consensus au sein de l'exécutif, la démocratie suisse paraît exemplaire (I). Elle est pourtant traversée par des interrogations et ne fait pas d'émules à l'étranger (II).

Développements

I. Avec sa pratique référendaire intense et sa recherche du consensus au sein de l'exécutif, la démocratie suisse paraît exemplaire

A. Une pratique référendaire intense

La Suisse est une démocratie représentative. L'ensemble de ses institutions au niveau national comme au niveau cantonal sont confiées à des personnalités élues. Mais outre les élections, les citoyens helvétiques sont fréquemment appelés à participer plus directement à la vie démocratique du pays. La démocratie directe au sens strict, la réunion des citoyens en un même lieu pour décider des affaires communes est certes devenue marginale et ne se pratique plus que dans quelques cantons. Le référendum en revanche est prévu au plan national mais aussi cantonal. Il peut porter sur la Constitution comme sur des textes législatifs mais aussi sur des actes administratifs émanant d'exécutifs fédéraux ou cantonaux. Le référendum peut être obligatoire s'il s'agit de la révision de la Constitution, d'adhérer à une organisation de sécurité collective ou à une communauté ayant un caractère supranational. Les citoyens peuvent en demander l'organisation par initiative populaire. Dans certains cantons, on peut organiser des référendums pour révoquer le parlement local.
Il ne s'agit pas d'un ensemble de possibilités appliquées épisodiquement. La pratique du référendum est très conséquente. Rien qu'au niveau national, plus de 200 référendums législatifs d'initiative populaire ont été organisés en un siècle.

B. Un exécutif collégial stable quel que soit le résultat des élections

Dans le fonctionnement de ses institutions, la démocratie suisse cultive la recherche d'une forme de consensus. C'est particulièrement flagrant lorsqu'on examine la composition du Conseil fédéral. Cet organe collégial est composé de sept membres chargés du pouvoir exécutif. Ceux-ci sont élus, individuellement, à la majorité absolue, par l'Assemblée fédérale, après chaque renouvellement intégral du Conseil national, c'est-à-dire une des deux chambres de l'Assemblée fédérale. Il a été décidé d'établir à partir de 1959 une répartition fixe des sièges entre les quatre grands partis, quel que soit le résultat des élections. Cette répartition permanente constitue la « formule magique ». Autrement dit, dans le même exécutif relativement restreint, travaillent des personnes appartenant à des tendances politiques assez nettement différentes et la répartition des sièges est faite par-delà les variations électorales.

Transition

Des citoyens acteurs centraux de la démocratie, des représentants travaillant dans le consensus, la situation semble exemplaire. L'est-elle vraiment ? Inspire-t-elle d'autres pays ?

II. Une démocratie traversée par des interrogations et ne faisant pas d'émules à l'étranger

A. Des référendums à la participation réduite et une formule magique contestée

Comme toutes les démocraties, la Suisse peut être sujette à des interrogations. Le référendum et la « formule magique » n'y échappent pas.

Le référendum n'a pas connu au cours des dernières années une désaffection dans le sens où chaque année plusieurs consultations de ce type sont organisées. Le rythme ne s'est pas réduit. Si le référendum est l'objet de reproches, c'est quelquefois du fait des sujets qu'ils traitent, mais c'est surtout en raison de la faible participation des électeurs. Elle a tendance à se situer au-dessous des 50 %. Quelle est la légitimité d'un vote populaire dans lequel une majorité de citoyens s'est abstenue ? La répétition des consultations référendaires semble nuire au référendum comme si se développait une forme de lassitude face à ce type d'interrogations.

La « formule magique » a subi également quelques coups de boutoir. Établie en 1959, la répartition des sièges ne semblait plus correspondre à la fin du XXe siècle aux rapports de force de la fin des années 1950. La première force politique du pays dans les urnes, l'UDC, a contesté cette répartition qui lui laissait la dernière place au Conseil fédéral. Après quelques atermoiements et tensions internes à l'UDC, la répartition a été modifiée et une « formule magique » nouvelle a été définie. Les choses ne paraissent pas aussi stables qu'elles le furent. Les ajustements qui ont été faits et qui consistent à ajouter un siège à l'UDC sont légitimes mais ils fragilisent les choses. Il y a une connexion entre les résultats aux élections et la répartition dans le Conseil fédéral. La stabilité de la répartition au sein du Conseil fédéral est mise à mal alors même qu'on avait voulu à toute force cette permanence jusque-là. Le consensus au sein du Conseil fédéral a été en outre gêné par les positions prises par l'UDC. Le succès électoral des écologistes les conduit à souhaiter rentrer au Conseil fédéral. On peut aussi relever une forme de fébrilité inédite lors des élections au Conseil national : des partis plus radicaux y font leur entrée. Leurs élus sont peu nombreux mais cela peut traduire une évolution de l'électorat.

B. Un système sans équivalent à l'étranger

Les autres démocraties ne semblent guère s'être inspirées du modèle suisse.

Plusieurs pays ont prévu des règles en la matière et font usage du référendum. En Europe, la Constitution de l'Italie permet le recours au référendum. La révision constitutionnelle peut être décidée de cette façon et des référendums abrogatifs peuvent être organisés pour retirer un texte législatif. Ces consultations sont engagées à la demande des citoyens qui signent des pétitions en ce sens. Il ne s'agit pas d'un cadre théorique. Les Italiens sont régulièrement appelés à se prononcer directement comme récemment sur une révision constitutionnelle d'ampleur. Aux États-Unis, des consultations diverses peuvent être organisées au niveau des États fédérés. Là aussi, la pratique est réelle. Dans un cas comme dans l'autre, l'usage du référendum est malgré tout bien plus limité qu'en Suisse. Les traités européens n'ont par exemple pas été l'occasion d'un référendum en Italie. Aux États-Unis, on ne peut faire de référendum au niveau de la fédération.

Quant à la recherche du consensus, quant à cette volonté de faire travailler ensemble des adversaires politiques, on ne peut pas dire qu'elle est totalement absente dans les démocraties. Mais elle n'est ni institutionnalisée, ni durable. Ce qui s'en rapproche le plus est la formation de « grandes coalitions » appuyant les Gouvernements de plusieurs démocraties européennes. En Allemagne et en Grande-Bretagne, mais aussi dans bien d'autres pays comme la Belgique ou l'Autriche, on a eu ce type de rapprochement entre des formations opposées pendant la campagne électorale. Ces rapprochements étaient indispensables pour parvenir à une majorité. Ce sont les circonstances électorales qui ont mené à ces pratiques. On a temporairement agi ainsi mais cessé de le faire dès lors que l'on revenait à un contexte plus classique. Il n'est pas question de pérenniser les choses.

Conclusion

La démocratie suisse est certainement exemplaire par la place effective qu'elle donne au référendum et par la culture du consensus dans le fonctionnement des institutions.

Cette belle mécanique démocratique connaît cependant quelques dérèglages. Les électeurs se lassent de consultations très ou trop fréquentes et ils y participent avec modération. Quant à la « formule magique », les vainqueurs des élections lui ont reproché son indifférence face aux variations du climat électoral et ont fragilisé le consensus politique.

La démocratie suisse aussi exemplaire soit-elle ne constitue pas un exemple qui est suivi par les autres pays. Si le citoyen de Genève avait en son temps séduit nombre de ses lecteurs pour son plaidoyer en faveur de la souveraineté populaire, c'est bien Sieyès qui a remporté le plus de suffrages avec sa souveraineté nationale. Deux siècles et demi après Rousseau, la démocratie suisse peut séduire mais personne ne l'imite.

Questions sur les thèmes du chapitre

(les réponses et explications figurent au dernier chapitre de l'ouvrage)

Le Président de la République fédérale d'Allemagne est élu :

A – par le Bundestag

B – par le Bundesrat

C – par une assemblée composée des membres du Bundesrat et du Bundestag

D – par une assemblée constituée d'autant de représentants du Bundestag que du Bundesrat

Les membres de la Chambre des Représentants aux États-Unis sont :

A – désignés pour un mandat de 2 ans

B – désignés pour un mandat de 4 ans

C – désignés pour un mandat de 6 ans

D – deux par État

Le Président des États-Unis est :

A – élu au suffrage universel direct

B – désigné par des grands électeurs en nombre égal à celui des sénateurs

C – désigné par des grands électeurs en nombre égal à celui des membres du Congrès

D – désigné par des grands électeurs en nombre égal à celui des représentants

Le Premier ministre britannique :

A – peut être membre de la Chambre des Lords

B – ne peut plus être le leader de son parti

C – doit être membre de la Chambre des Communes

D – ne peut exercer ses fonctions au-delà de 10 ans

Au Royaume-Uni, le Speaker :

A – est le porte-parole du Roi

B – est le président de la Chambre des Communes

C – est le ministre des relations avec le Parlement

D – est le délégué du Premier ministre

Lorsqu'un député britannique doit cesser ses fonctions :

A – il n'est pas remplacé jusqu'à la prochaine élection générale
B – il est remplacé par son suppléant
C – une élection partielle est organisée
D – son parti désigne un remplaçant

Le Chancelier allemand :

A – est désigné par le Bundestag et le Bundesrat
B – quitte le Parlement allemand lorsqu'il est désigné
C – ne peut être renversé que si l'on lui désigne un successeur
D – ne peut avoir recours à la dissolution

Les membres du Bundesrat :

A – sont élus directement par les électeurs de chaque Land
B – sont des membres des Gouvernements de chaque Land
C – sont en nombre égal pour chaque Land
D – sont tous élus le même jour

La « formule magique » établissait en Suisse :

A – la représentation des cantons suisses au sein du Conseil fédéral
B – une représentation stable des partis au sein du Conseil fédéral
C – une rotation dans le temps des membres du Conseil fédéral
D – un partage linguistique entre les membres du Conseil fédéral

Les membres de la Cour suprême aux États-Unis :

A – ont un mandat de 15 ans
B – sont désignés par le Président des États Unis au début de son mandat
C – exercent leurs fonctions à vie
D – jugent le Président lors de la procédure d'impeachment

En Allemagne fédérale, la grande coalition :

A – est l'alliance électorale la plus durable de l'histoire du pays
B – a été constituée pour la première fois sous l'égide d'Angela Merkel
C – réunit des partis opposés pendant la campagne des législatives
D – réunissait en 1949 les nouveaux partis démocratiques constitués à la naissance du nouveau régime

Au Royaume-Uni :

A – les deux Chambres du Parlement sont à égalité
B – les prérogatives des deux Chambres sont stables depuis deux siècles
C – le rôle des Chambres ne résulte que de la coutume
D – des Parliament Acts peuvent modifier les rôles des Chambres

La Chambre des Lords :

A – ne comporte plus actuellement de membres héréditaires
B – reste composée d'une majorité de membres héréditaires
C – réunit uniquement membres à vie et membres héréditaires
D – comporte des ecclésiastiques

Le Président des États-Unis :

A – ne peut exercer plus de deux mandats consécutifs
B – ne peut exercer plus de trois mandats
C – ne peut exercer plus de deux mandats
D – peut exercer sans limites plusieurs mandats

Depuis les élections de mi-mandat de 2022

A – Les républicains dominent les deux chambres

B – Les républicains dominent uniquement la chambre des représentants

C – Les démocrates ont plus de la moitié des sénateurs

D – Les démocrates ont la majorité relative à la chambre des représentants

Chapitre 7

Histoire constitutionnelle française

La France a une riche et longue histoire constitutionnelle. Elle se dote d'une des premières Constitutions écrites dès la fin du XVIIIe siècle, en 1791 quelques années après celle des États-Unis. Mais si les deux textes sont presque contemporains, les États-Unis ont gardé le leur jusqu'à l'époque actuelle tandis que la France a connu depuis lors deux empires, deux royautés, cinq républiques, sans compter les phases de transition entre deux régimes ou les périodes sans Constitution bien établie. Peu de pays ont connu autant d'expériences constitutionnelles – le Brésil en fait partie qui lui aussi a pratiqué des régimes variés – et l'on ne peut, ni doit ignorer cette diversité dans l'organisation et le fonctionnement des institutions politiques.
L'apport de l'histoire constitutionnelle française peut être envisagé d'abord en examinant la diversité des schémas retenus avec des régimes fort différents les uns des autres. Il peut l'être ensuite dans une recherche de synthèse entre les différentes expériences en déterminant certaines lignes de fond.
Enfin, on peut essayer de mieux comprendre le régime actuel de la Ve République à partir de l'histoire constitutionnelle.

Section I. La diversité des expériences constitutionnelles

Document
« C'est en ma personne seule que réside la puissance souveraine, dont le caractère propre est l'esprit de conseil, de justice et de raison. C'est à moi seul qu'appartient le pouvoir législatif sans dépendance et sans partage. L'ordre public tout entier émane de moi ».
Louis XV, 3 mars 1766, séance dite de la flagellation

Pourquoi placer au début de cette section une déclaration du Roi Louis XV ? Parce qu'en quelques mots elle résume le fonctionnement des institutions de l'Ancien régime au temps de l'absolutisme. Or, c'est en réaction à ce système que l'on va établir les nouvelles règles. C'est en réaction à l'arbitraire, à la coutume, à l'autorité d'un seul, que l'on va préparer un nouveau cadre juridique inscrit dans un texte, la Constitution. Trente-trois ans après la déclaration du Roi, le Serment du jeu de Paume affirme un engagement solennel : celui d'établir une Constitution.

Document
« L'Assemblée nationale, considérant qu'appelée à fixer la Constitution du royaume, opérer la régénération de l'ordre public et maintenir les vrais principes de la monarchie, rien ne peut empêcher qu'elle ne continue ses délibérations dans quelque lieu qu'elle soit forcée de s'établir, et qu'enfin partout où ses membres sont réunis, là est l'Assemblée nationale.
Arrête que tous les membres de cette Assemblée prêteront serment solennel de ne jamais se séparer, et de se rassembler partout où les circonstances l'exigeront, jusqu'à ce que la Constitution du Royaume soit établie et affermie sur des fondements solides, et que ledit serment étant prêté, tous les membres et chacun en particulier, confirmeront par leur signature cette résolution inébranlable ».
20 juin 1789, Serment du Jeu de Paume

La parole donnée le 20 juin 1789 conduira à l'établissement de la première Constitution écrite du pays, la Constitution de 1791. Il aura fallu plus de deux ans pour qu'elle soit achevée et entre en vigueur. Avant la préparation proprement dite de la Constitution, la priorité sera donnée à la rédaction de la déclaration des droits de l'homme et du citoyen.

Question à réponse courte

La déclaration des droits de l'homme et du citoyen de 1789

Votée le 26 août 1789 et placée en exergue de la Constitution du 3 septembre 1791 dont elle constitue le préambule, la déclaration des droits de l'homme et du citoyen est un texte court, 17 articles, qui va avoir une influence qui va très au-delà du moment où il a été rédigé. Synthèse de réflexions engagées depuis plusieurs siècles, des théologiens du Moyen Âge aux philosophes du XVIIIe siècle, il affirme des droits inhérents à la personne humaine. Exposant les principes de philosophie politique qui guident les rédacteurs de la Constitution française, ceux-ci ont voulu donner à ces droits une dimension universelle, proclamant des droits de l'homme et non pas seulement du citoyen d'un État. Il s'agit de droits de l'individu. Si l'égalité est mentionnée dès le premier article, c'est la liberté qui est la plus souvent citée. La liberté, la propriété, la sûreté, la résistance à l'oppression sont les « droits naturels et imprescriptibles de l'Homme » (art. 2). La déclaration contient également des règles qui s'imposent aux pouvoirs publics. Le principe de la souveraineté nationale est affirmé (art. 3) tandis que plusieurs articles portent sur la loi « expression de la volonté générale » (art. 6) et précise les conditions de son intervention (art. 5, 6, 7, 8, 9, 10, 11). Le principe du consentement à l'impôt figure à l'article 14 tandis que l'article 13 affirme l'égalité des citoyens devant les charges publiques. Le principe de la séparation des pouvoirs est cité à l'article 16.
Les droits affirmés par la déclaration de 1789, guides pour le législateur, n'ont acquis que relativement récemment une valeur juridique éminente. L'incorporation reconnue en 1971 par le Conseil constitutionnel du préambule de la Constitution de 1958 dans le bloc de constitutionnalité a permis à la Déclaration d'acquérir cette position.

Dissertation

Sujet : La Constitution de 1791, dernière chance de la monarchie ou première étape vers la république ?

Approche globale du sujet

La Constitution de 1791 est la première Constitution française. Elle retient nécessairement plus l'attention que d'autres. Ce premier essai ne fut guère concluant si l'on en juge par la brièveté de son application. On va vite passer à autre chose avec la proclamation de la république. Mais les Constitutions républicaines ne vont pas non plus beaucoup durer et plusieurs systèmes monarchiques vont être établis. Les faits sont assez bien établis et dans l'alternative proposée par le sujet on peut aisément trancher. L'important va consister à expliquer pourquoi la première monarchie constitutionnelle pas plus que la première république n'a pu durer et que dès lors on est revenu au système monarchique.

Proposition de plan

Introduction

Deux siècles après, avec le recul, la Constitution de 1791 semble avoir connu l'échec. L'échec car elle sera appliquée moins d'une année. Échec également pour les constituants qui avaient pris leur temps et dont l'œuvre est abandonnée. Quelle appréciation porter sur le dispositif mis en place par cette première Constitution française ? À première vue, si elle est monarchique, elle paraît fort négative pour la royauté : celle-ci est abaissée et va disparaître à l'issue de moins d'un an. À l'inverse, elle peut sembler un point de départ pour une idée neuve à l'époque : la république. La première république naît immédiatement après l'échec en 1792 de notre première Constitution. L'idée républicaine quasiment absente en 1789 semble l'emporter trois ans après comme si l'émergence d'une nouvelle institution composée d'élus représentant la Nation, l'Assemblée nationale, avait convaincu le pays de confier son destin à des représentants élus issus du suffrage plutôt qu'à l'héritier d'une famille régnant depuis des siècles.
La Constitution de 1791 établit une royauté trompeuse dans laquelle la république semble en germe et naît en 1792. Quelques années plus tard cependant, elle disparaît et la France va expérimenter plusieurs monarchies.

Annonce de plan

En effet, si la Constitution de 1791 en dépossédant le Roi de la plupart de ses prérogatives et en confirmant le rôle central d'une Chambre élue semble ouvrir la voie à la république proclamée un an après son entrée en vigueur (I), cette première république n'est guère pérenne, ce qui donnera à la monarchie plusieurs chances pour se rétablir (II).

Développements

I. La Constitution de 1791 opère un renversement des rôles favorable à la Chambre élue et ouvre la voie à la république

A. Un renversement des rôles en faveur de l'assemblée élue

À beaucoup d'égards, la Constitution de 1791 ratifie la remise en cause profonde de système institutionnel applicable antérieurement en France : le Roi est dépossédé. On conserve certes la royauté mais on ne confie au monarque que bien peu de rôles. Il peut s'opposer aux décisions de l'Assemblée. Le préambule de la Constitution souligne d'ailleurs la rupture.
L'Assemblée nationale constituante se continue en Assemblée nationale législative ; on a l'émergence de la représentation nationale issue de l'élection.
La Constitution ne laisse guère de chance au Roi. Non seulement il perd la plupart de ses prérogatives mais ce qui lui est laissé l'expose à la contestation : même si c'est parfaitement le droit du monarque de ne pas vouloir entériner les actes de l'Assemblée, certains condamnent cette éventualité d'un refus de la volonté nationale venant d'un personnage désigné héréditairement.

B. ... qui mène rapidement à l'émergence de la république

Dans la chute du régime qui intervient dès 1792, moins d'un an après le début de l'application de la Constitution, les hommes comme les circonstances ont leur part de responsabilité.

Mais surtout, en établissant une Chambre élue et en laissant des prérogatives, même limitées à un monarque, la Constitution rendait probables des conflits. Elle n'a pas non plus en outre prévu de moyens de sortir de ces difficultés en permettant un règlement pacifique des choses. Il n'y a pas d'institution qui pourrait amortir les frictions entre les différents pouvoirs publics. Dès lors qu'un conflit va surgir, on rentre en crise avec l'élimination probable de l'un des deux. L'exécutif va être éliminé. La France rentre en république.

Transition La monarchie constitutionnelle cède ainsi rapidement sa place à la république. Ce bouleversement est-il cependant durable ?

II. La Première République n'est guère pérenne, ce qui donnera à la monarchie plusieurs chances pour se rétablir

A. Une Première République guère pérenne

Dans le bras de fer entre l'exécutif et le législatif, la Chambre l'emporte et on change de régime. La Première République rencontre cependant de grandes difficultés. Elle peine à établir des institutions stables et équilibrées. Plusieurs Constitutions se suivent en peu d'années : an I, an III, an VIII.
Alors qu'on reprochait au système antérieur à la révolution le rôle central exercé par le Roi, on a tendance à rétablir une forme de concentration de pouvoirs au profit de l'Assemblée, une espèce de nouvel absolutisme avec formation au sein de la Chambre des noyaux restreints, les Comités dont surtout le Comité de salut public qui veut tout décider. On assistera à des affrontements très violents avec la terreur. Les relations entre l'exécutif et le législatif seront très difficiles, y compris sous le Directoire. La Première République chute à la fin du siècle. Si le Consulat est formellement une république, il va mener à un régime qui n'est pas vraiment républicain.

B. Les monarchies auront plusieurs occasions de se rétablir

La monarchie est alors rétablie en France et ce pour une très longue durée.
Le Consulat est rapidement remplacé par le Premier Empire jusqu'en 1814. Si Napoléon tient à se montrer enfant de la révolution, les institutions qu'il fait établir rétablissent une forme d'absolutisme monarchique. Une grande partie des dispositions figurant dans les textes constitutionnels de l'Empire portent sur la succession et les titres honorifiques.
Après la chute de Napoléon Ier, c'est une autre monarchie qui s'impose. Les deux Chartes de 1814 et 1830 établissent des monarchies parlementaires avec à leur tête des Rois dont sous la Restauration les deux frères de Louis XVI, Louis XVIII et Charles X et sous la monarchie de juillet leur cousin de la branche cadette des Orléans, Louis-Philippe.
Les régimes institués à partir de 1814 sont proches de la monarchie britannique. Les souverains gardent cependant d'importantes prérogatives mais on a un partage assez équilibré entre les différentes institutions.

Conclusion Le texte de 1791 n'a pas été capable d'établir durablement la monarchie constitutionnelle. Il n'a que très temporairement ouvert la voie à la république. Celle-ci ne tient même pas 10 ans. On est plus proche de 7 ans. La période est troublée, les Constitutions se suivent à court intervalle, les institutions fonctionnent avec difficulté. À beaucoup d'égards, la Première République semble plus une parenthèse dans une période dominée par les monarchies. Monarchie impériale d'abord avec Napoléon Ier puis la restauration royale à compter de 1814 et le retour des Bourbons. Il faut attendre 1848 pour retrouver une république. Elle ne sera guère durable, ni très républicaine par ses élus.

La Constitution de 1791 a été appliquée moins longtemps qu'il n'a fallu de temps pour la préparer.
Elle est suivie d'une dizaine d'autres textes sans parler des projets qui n'ont jamais été adoptés. Des différences sensibles existent entre eux et chacun peut retenir l'attention.

Document
Extraits de l'avant-propos de l'ancien régime et la révolution, Alexis de Tocqueville (1856)
La Révolution a eu deux phases bien distinctes : la première pendant laquelle les Français semblent vouloir tout abolir dans le passé ; la seconde où ils vont y reprendre une partie de ce qu'ils avaient laissé. Il y a un grand nombre de lois et d'habitudes politiques de l'ancien régime qui disparaissent ainsi tout à coup en 1789 et qui se remontrent quelques années après, comme certains fleuves s'enfoncent dans la terre pour reparaître un peu plus loin, faisant voir les mêmes eaux à de nouveaux rivages.
(...)
Je parcourrai d'abord (avec les Français) cette première époque de 89, où l'amour de l'égalité et celui de la liberté partagent leur cœur ; où ils ne veulent pas seulement fonder des institutions démocratiques, mais des institutions libres ; non seulement détruire des privilèges, mais reconnaître et consacrer des droits ; temps de jeunesse, d'enthousiasme, de fierté, de passions généreuses et sincères, dont, malgré ses erreurs, les hommes conserveront éternellement la mémoire, et qui, pendant longtemps encore, troublera le sommeil de tous ceux qui voudront les corrompre ou les asservir.
Tout en suivant rapidement le cours de cette même Révolution, je tâcherai de montrer par quels événements, quelles fautes, quels mécomptes ces mêmes Français en sont arrivés à abandonner leur première visée, et, oubliant la liberté, n'ont plus voulu que devenir les serviteurs égaux du maître du monde ; comment un gouvernement plus fort et beaucoup plus absolu que celui que la Révolution avait renversé ressaisit alors et concentre tous les pouvoirs, supprime toutes ces libertés si chèrement payées, met à leur place leurs vaines images ; appelant souveraineté du peuple les suffrages d'électeurs qui ne peuvent ni s'éclairer, ni se concerter, ni choisir ; vote libre de l'impôt l'assentiment d'assemblées muettes ou asservies ; et, tout en enlevant à la nation la faculté de se gouverner, les principales garanties du droit, la liberté de penser, de parler et d'écrire, c'est-à-dire ce qu'il y a de plus précieux et de plus noble dans les conquêtes de 89, se pare de ce grand nom.

Commentaire

Proclamation du 24 frimaire an VIII des Consuls présentant la nouvelle Constitution du Consulat
« Les Consuls de la République aux Français
Une Constitution vous est présentée.
Elle fait cesser les incertitudes que le Gouvernement provisoire mettait dans les relations extérieures, dans la situation intérieure et militaire de la République.
Elle place dans les institutions qu'elle établit, les premiers magistrats dont le dévouement a paru nécessaire à son activité.
La Constitution est fondée sur les vrais principes du Gouvernement représentatif, sur les droits sacrés de la propriété, de l'égalité, de la liberté.
Les pouvoirs qu'elle institue seront forts et stables, tels qu'ils doivent l'être pour garantir les droits des citoyens et les intérêts de l'État.
Citoyens, la révolution est fixée aux principes qui l'ont commencée : elle est finie ».

Approche globale du sujet

Le texte à commenter a été rédigé par les dirigeants du nouveau régime, le Consulat, après le coup d'État ayant renversé le Directoire. En quelques lignes adressées aux citoyens, les Consuls présentent le contexte dans lequel est prise la nouvelle Constitution et ce qu'elle cherche à faire. Dans ce texte, la formule la plus importante est la dernière phrase « la révolution est fixée aux principes qui l'ont commencée : elle est finie ». Cette affirmation suggère que le texte présenté aux Français établit une charnière entre deux périodes, la révolution engagée à partir de 1789, une nouvelle étape avec l'arrivée aux affaires de Napoléon Bonaparte. L'exercice va consister à montrer ce qui dans le nouveau texte du Consulat est dans la continuité de ce qui a été engagé depuis une dizaine d'années, et ce qui montre qu'on a atteint une nouvelle phase.

Proposition de plan

Introduction

Le Directoire établi par la Constitution de l'an III était un régime qui devait permettre de stabiliser la situation institutionnelle de la France. Les Français y aspiraient sans doute alors que depuis 1789 ils avaient connu des changements assez radicaux et que les Constitutions ne semblaient capables de durer. Le Directoire n'a pas vraiment tenu ses promesses. C'est un régime d'assemblée avec désignation annuelle d'une partie du collège des Directeurs. On a divisé les rôles entre les deux Chambres, le Conseil des 500 et le Conseil des Anciens. Les tensions sont grandes entre les Chambres d'un côté, les cinq Directeurs de l'autre. Chacun essaie d'imposer ses positions au point qu'on a pu parler de coup d'État annuel. Dans un autre contexte, le système aurait peut-être pu fonctionner – la Suisse applique encore à l'époque actuelle un dispositif proche du Directoire – mais la France est dans une situation intérieure et militaire qu'on pourrait qualifier de compliquée pour ne pas dire qu'elle est délicate : troubles à l'intérieur, guerre à l'extérieur. La proclamation du 24 frimaire an VIII y fait allusion en évoquant les « incertitudes dans les relations extérieures, dans la situation intérieure et militaire de la République ».

Par le coup d'État du 18 brumaire, le Directoire est renversé et l'on ne va pas tarder à établir un nouveau cadre pour les institutions. « Une Constitution vous est présentée » ajoutent les Consuls dans leur proclamation. Préparée en petit comité avec pour auteur principal Sieyès, la nouvelle Constitution a été largement revue par Napoléon Bonaparte. Elle est soumise au peuple français, raison pour laquelle la proclamation du 24 frimaire est rédigée. On inaugure avec la préparation de la Constitution du Consulat une méthode qui sera souvent répétée par la famille Bonaparte : on décide d'en-haut puis on demande au peuple de ratifier les choses par un plébiscite. Moins que la procédure suivie, c'est le contenu de ce nouveau texte, l'orientation des choses qui retient l'attention. D'un côté, il est affirmé que la « Constitution est fondée sur les vrais principes du Gouvernement représentatif » et il est ajouté que « la révolution est fixée aux principes qui l'ont commencée » comme si la nouvelle Constitution était ancrée dans le processus révolutionnaire. D'un autre côté, la proclamation conclut par une formule forte : la révolution « est finie ». Le Consulat apparaît comme le point d'achèvement d'un processus engagé dix ans plus tôt.

Annonce de plan Si au plan des principes sur lesquels elle se fonde et de certaines institutions sur lesquelles elle s'appuie, la Constitution du Consulat peut se rattacher à l'inspiration révolutionnaire (I), le nouveau régime fondé en 1799 fait passer la France à une autre étape de son histoire constitutionnelle du fait du renforcement de l'exécutif établi tant par les textes que par une pratique néo-absolutiste (II).

Développements

I. La Constitution du Consulat peut se rattacher à l'inspiration révolutionnaire

A. Des principes héritiers de ceux affirmés depuis 1789

Contrairement à ses devancières, la Constitution de l'an VIII ne contient pas de déclaration de droits mais plusieurs de ses articles apportent des garanties aux citoyens, inviolabilité du domicile, liberté individuelle, droit de pétition, primauté du pouvoir civil, garantie de l'irrévocabilité de la vente des biens nationaux... Comme le dit la proclamation du 24 frimaire, la Constitution est fondée « sur les droits sacrés de la propriété, de l'égalité, de la liberté ».

Surtout, on se place dans cette perspective ouverte en 1789 de déterminer dans un écrit les règles applicables aux institutions ; la Constitution, complétée par des lois organiques, joue ce rôle. L'on reste en principe dans une république et l'exercice des droits du citoyen est l'objet d'un chapitre entier. On revient au suffrage universel, même si ce n'est pas pour désigner les représentants mais les candidats à la représentation. Cela doit correspondre à ces « vrais principes du Gouvernement représentatif » mentionnés dans la proclamation des Consuls.

B. Certaines institutions se situent dans la continuité du mouvement révolutionnaire

Le Consulat apporte certes des novations par rapport à ce qui précède. De nouvelles institutions inédites sous la révolution sont créées : le Sénat conservateur de la Constitution et le Conseil d'État qui donne des avis sur les projets de lois et les règlements d'administration publique et est le juge du contentieux administratif.

Mais on peut aussi trouver dans la nouvelle Constitution de l'an VIII des éléments de continuité avec le régime précédent. Comme le Directoire, le Consulat confie l'exécutif à un organe collégial, on passe de cinq à trois membres d'une Constitution à l'autre. Comme sous l'an III, le pouvoir législatif est confié à deux Chambres, le Tribunat et le Corps législatif, avec également un partage des rôles entre ces deux Chambres.

Transition On peut faire des rapprochements mais on aperçoit rapidement la nouveauté du cadre.

II. La Constitution de l'an VIII mène à une autre étape de l'histoire constitutionnelle française avec le renforcement de l'exécutif

A. Un exécutif renforcé par les dispositions de la Constitution

La proclamation affirme que les pouvoirs qu'institue la Constitution « seront forts et stables ». On ne peut en douter lorsqu'on examine la répartition des pouvoirs établis sous l'an VIII. Le Consulat confie l'exécutif à trois Consuls assistés de ministres et du Conseil d'État. Ils ont un rôle au plan législatif pouvant proposer des lois. Ils dirigent les relations extérieures. Ils nomment et révoquent les fonctionnaires civils et militaires ainsi que les juges. Leurs fonctions sont longues puisque les Consuls sont nommés pour dix ans par le Sénat. Mais les premières nominations furent faites par l'Abbé Sieyès. Le Premier Consul est le Chef de l'État ; il a des pouvoirs immenses tant au plan de l'exécutif que du législatif ; les deux autres Consuls n'ont qu'une voix consultative.

B. Une pratique néo-absolutiste du régime

Une présentation rapide pourrait donner à penser que le Consulat stabilise les choses avec un exécutif renforcé mais respecte une espèce de séparation des pouvoirs. Le maintien de diverses institutions chargées d'intervenir au plan législatif est assez trompeur. Il est vrai qu'existent sous le Consulat un Corps législatif, un Tribunat et un Sénat. À part ce dernier qui a quelques compétences effectives, les autres organes n'ont que peu de rôles réels. On a en réalité une concentration des pouvoirs en la personne du Premier Consul. Celui-ci dispose par la lettre du texte des pouvoirs supérieurs à ceux des deux autres Consuls. Au-delà des formules de ce texte « court et obscur », Bonaparte réunit pratiquement tous les pouvoirs et le droit de suffrage n'est qu'une apparence.
Il n'est sans doute pas excessif de qualifier d'absolutiste la pratique du pouvoir établie à partir de 1799.

Conclusion

La révolution a plusieurs sens : le bouleversement complet, le changement radical comme celui engagé à partir de 1789 ; la révolution, c'est aussi un parcours astral qui ramène au point de départ. Sans doute faut-il à propos de la formule finale des Consuls dans leur proclamation du 24 frimaire voir une allusion au deuxième sens. La révolution est finie car l'on est revenu à l'absolutisme qui caractérisait les anciennes institutions. Est-on certain d'ailleurs que le Roi Louis XVI ait jamais eu autant de pouvoirs que le Premier Consul avant même qu'il devînt Empereur ?

Document

Message adressé par le Président Grévy au Parlement le 6 février 1879

« L'Assemblée nationale, en m'élevant à la présidence de la République, m'a imposé de grands devoirs. Je m'appliquerai sans relâche à les accomplir, heureux si je puis, avec le concours sympathique du Sénat et de la Chambre des députés, ne pas rester au-dessous de ce que la France est en droit d'attendre de mes efforts et de mon dévouement.
Soumis avec sincérité à la grande loi du régime parlementaire, je n'entrerai jamais en lutte contre la volonté nationale exprimée par les organes constitutionnels.
Dans les projets de loi qu'il présentera au vote des Chambres et dans les questions soulevées par l'initiative parlementaire, le Gouvernement s'inspirera des besoins réels, des vœux certains du pays, d'un esprit de progrès et d'apaisement ; il se préoccupera surtout du maintien de la tranquillité, de la sécurité, de la confiance, le plus ardent des vœux de la France, le plus impérieux de ses besoins.
Dans l'application des lois, qui donne à la politique générale son caractère et sa direction, il se pénétrera de la pensée qui les a dictées ; il sera libéral, juste pour tous, protecteur de tous les intérêts légitimes, défenseur résolu de ceux de l'État.
Dans sa sollicitude pour les grandes institutions qui sont les colonnes de l'édifice social, il fera une large part à notre armée, dont l'honneur et les intérêts seront l'objet constant de ses plus chères préoccupations.
Tout en tenant un juste compte des droits acquis et des services rendus, aujourd'hui que les deux pouvoirs sont animés du même esprit, qui est celui de la France, il veillera à ce que la République soit servie par des fonctionnaires qui ne soient ni ses ennemis, ni ses détracteurs.
Il continuera à entretenir et à développer les bons rapports qui existent entre la France et les puissances étrangères, et à contribuer ainsi à l'affermissement de la paix générale.
C'est par cette politique libérale et vraiment conservatrice que les grands pouvoirs de la République, toujours unis, toujours animés du même esprit, marchant toujours avec sagesse, feront porter ses fruits naturels au gouvernement que la France, instruite par ses malheurs, s'est donné comme le seul qui puisse assurer son repos et travailler utilement au développement, de sa force et de sa grandeur ».

Remarques sur le document

Le message du 6 février 1879 est fondamental pour la IIIe République. Il décrit comment elle va fonctionner dès lors que Jules Grévy remplace le maréchal de Mac-Mahon, son premier Président de la République, qui avait démissionné. Ce que l'on surnomme la « Constitution Grévy » laisse un rôle modeste au Chef de l'État. Cette déclaration essentielle pour le régime illustre l'importance, lorsqu'on s'intéresse aux institutions, d'associer règles et pratiques. Connaître les lois constitutionnelles de 1875 ne suffit pas pour connaître la IIIe République. La manière dont elles ont été mises en œuvre pendant les premières années du nouveau régime, les tensions qui ont pu exister entre le Président de la République et les Chambres, la crise du 16 mai, le message de Grévy sont des éléments indispensables. La lecture des lois de 1875 est très insuffisante pour comprendre les rapports entre les pouvoirs publics sous la IIIe République.

Commentaire

Sujet : commentez les extraits suivants du message du 14 décembre 1877 du Président de la République aux Chambres

« Messieurs les sénateurs,
Messieurs les députés,
Les élections du 14 octobre ont affirmé, une fois de plus, la confiance du pays dans les institutions républicaines. Pour obéir aux règles parlementaires, j'ai formé un cabinet choisi dans les deux chambres, composé d'hommes résolus à défendre et à maintenir ces institutions par la pratique sincère des lois constitutionnelles.
L'intérêt du pays exige que la crise que nous traversons soit apaisée ; il exige avec non moins de force qu'elle ne se renouvelle pas.
L'exercice du droit de dissolution n'est, en effet, qu'un mode de consultation suprême auprès d'un juge sans appel, et ne saurait être érigé en système de gouvernement. J'ai cru devoir user de ce droit, et je me conforme à la réponse du pays.
La Constitution de 1875 a fondé une République parlementaire en établissant mon irresponsabilité, tandis qu'elle a institué la responsabilité solidaire et individuelle des ministres. Ainsi sont déterminés nos devoirs et nos droits respectifs. L'indépendance des ministres est la condition de leur responsabilité.
Ces principes tirés de la Constitution sont ceux de mon Gouvernement. La fin de cette crise sera le point de départ d'une nouvelle ère de prospérité.
Tous les pouvoirs publics concourront à en favoriser le développement. L'accord établi entre le Sénat et la Chambre des députés, assurée désormais d'arriver régulièrement au terme de son mandat, permettra d'achever les grands travaux législatifs que l'intérêt public réclame. »

Approche générale du sujet

Le message du 14 décembre 1877 adressé par Mac Mahon aux parlementaires n'est pas un document anodin mais un texte déterminant dans l'histoire de la IIIe République. Pour le commenter, il est nécessaire de le replacer dans le contexte, celui des débuts d'un nouveau régime, mais il faut surtout en souligner la portée. L'intervention du Président de la République va avoir en effet des conséquences qui dépassent largement la crise du 16 mai. Le commentaire sera apprécié dans sa capacité à mettre en perspective le propos du Chef de l'État. S'agissant d'un épisode assez connu de notre histoire constitutionnelle, il faudra cependant résister à la tentation de replacer dans le commentaire des éléments d'un cours portant sur les prémices de la IIIe République.

Proposition de plan

Introduction

Quel genre de régime souhaitaient établir les rédacteurs des lois constitutionnelles de 1875 ?

On peut raisonnablement considérer qu'ils entendaient éviter que la nouvelle république ait les travers des régimes précédents : le régime présidentiel de la IIe République était encore dans les mémoires et on voulait éviter de prendre le risque d'avoir un Président trop puissant ; l'omnipotence d'une seule chambre comme l'avait imaginée la première République n'avait pas non plus les faveurs des rédacteurs des textes de 1875.

Il paraît tout aussi raisonnable de considérer que les auteurs de la nouvelle Constitution penchaient pour le régime parlementaire. Cela paraît d'autant plus logique que la majorité de l'assemblée était monarchiste.

Cela rappelé, le parlementarisme peut prendre plusieurs formes. Dans le pays qui l'a inventé, la Grande Bretagne, les rapports entre les pouvoirs publics, les rôles respectifs du Chef de l'État et du Premier ministre, les conditions de mise en œuvre de la responsabilité ont connu plusieurs modes avant de se stabiliser.

Lorsqu'en France on a cherché à acclimater ce régime sous la Restauration et la Monarchie de Juillet, on a aussi fluctué. Les lois constitutionnelles de 1875 sont brèves et si elles évoquent les rôles respectifs de chaque grand organe, elles ne tranchent pas tout. Les choses vont se décider au fur et à mesure.

Le message adressé aux Chambres par le Président de la République le 14 décembre 1877 est un élément important de notre histoire constitutionnelle. Rédigé au moment où la France traverse une crise institutionnelle sérieuse, il va fournir des éléments de réponse aux questions qui peuvent se poser à propos des lois constitutionnelles de 1875. Pour sortir de l'affrontement qui s'est engagé entre lui, le Président de la République, et la Chambre des députés, Mac Mahon va accepter de désigner un Chef du Gouvernement conforme aux idées des parlementaires et reconnaître que la dissolution n'est pas un outil très opportun. Ce faisant, il s'oriente vers une lecture moniste des institutions de la IIIe République, ce qui n'était pourtant pas la seule application qu'on pouvait faire de la nouvelle Constitution.

Annonce de plan

Le message du 14 décembre 1877 du Président de la République est destiné à apaiser la crise engagée à partir du 16 mai 1877 et amorce une lecture moniste les lois constitutionnelles de 1875 (I). Mais si cette interprétation sera confirmée et renforcée après le départ de Mac Mahon, elle débouche sur un système qui présente des faiblesses et qui n'était pas le seul à pouvoir résulter des textes établis en 1875 (II).

Développements

I. Le message du 14 décembre 1877 du Président de la République aux Chambres est destiné à apaiser la crise engagée à partir du 16 mai 1877 et amorce une lecture moniste des lois constitutionnelles de 1875

A. Un message présidentiel destiné à apaiser la crise engagée à partir du 16 mai 1877

Le Président de la République, Patrice de Mac Mahon, n'a pas la possibilité de se déplacer dans les Chambres. On se rappelle en effet que l'inquiétude face à l'influence croissante d'Adolphe Thiers avait conduit à proscrire les interventions directes du chef de l'exécutif devant l'Assemblée. Cependant, conformément aux lois constitutionnelles de 1875, le Chef de l'État a le droit de message. C'est ce droit qu'utilise le Maréchal de Mac Mahon le 14 décembre 1877. Son message est transmis après les résultats de l'élection des députés organisée après la dissolution décidée par le Chef de l'État. L'important n'est pas que le Président constate que ces élections « ont affirmé la confiance du pays dans les institutions républicaines » mais qu'après cette élection ait été formé « un cabinet choisi dans les deux chambres, composé d'hommes résolus à défendre et à maintenir (les) institutions par la pratique sincère des lois constitutionnelles ». Le point déterminant est de rechercher à dépasser la crise.

Cette crise s'était engagée à partir du 16 mai 1877 lorsque le Président de la République avait tenu à nommer un Président du Conseil conforme à ses idées mais en décalage avec celles de la Chambre des députés. Pour tenter d'obtenir dans la Chambre des députés l'appui qui lui manquait, le Chef de l'État avait décidé de dissoudre cette assemblée comme les lois de 1875 le permettaient après avis conforme du Sénat (article 5 de la loi du 25 février 1875 relative à l'organisation des pouvoirs publics). Les résultats n'avaient pas été extrêmement mauvais puisque le nombre de députés favorables au Président de la République avait augmenté mais sans devenir majoritaire. Le Chef de l'État n'obtient pas cependant l'appui qu'il espérait au sein de la Chambre.

B. Une amorce d'une lecture moniste des lois constitutionnelles de 1875

Mac Mahon tire des conséquences du résultat des urnes. Il décide de former un cabinet issu des chambres et conforme à leurs idées. Il ajoute que le droit de dissolution « ne saurait être érigé en système de gouvernement ». En indiquant qu'il avait « cru devoir user de ce droit », on sent qu'il regrette de l'avoir utilisé.

Jusque-là, on avait plutôt une lecture dualiste du régime parlementaire : le Gouvernement était responsable à la fois devant le Chef de l'État et devant le Parlement ; les lois constitutionnelles étaient lues dans la continuité des régimes parlementaires antérieurs. On peut rappeler que, sous le règne de Louis XVIII comme celui de Louis-Philippe, on avait eu une telle pratique. Ce n'est guère surprenant : les lois de 1875 avaient été votées par des parlementaires majoritairement monarchistes. Avec la déclaration du Maréchal de Mac Mahon, on arrive à une lecture moniste des institutions politiques, c'est-à-dire un régime parlementaire dans lequel avec l'effacement du Chef de l'État le Gouvernement n'est responsable que devant le Parlement. Cette évolution peut paraître paradoxale puisqu'elle est affirmée par une personnalité monarchiste mais le rapport de forces au plan électoral ne permet pas à l'ancien légitimiste de maintenir la ligne traditionnelle. Le Président doit composer avec la majorité républicaine.

II. Cette interprétation sera confirmée et renforcée après le départ de Mac Mahon et débouchera sur un système présentant des faiblesses qui n'était pourtant pas le seul à pouvoir résulter des lois de 1875

A. Une interprétation confirmée et renforcée après le départ de Mac Mahon

Lorsque le Président de la République intervient en décembre 1877, les choses ne semblaient pas être définitivement établies : le Chef de l'État et le Sénat appartiennent à la même tendance ; on aurait pu imaginer que la position de Mac Mahon en décembre 1877 était un « repli stratégique ». Dans notre histoire constitutionnelle, on peut citer l'exemple du Roi Charles X semblant se conformer dans un premier temps aux vues de la Chambre pour ensuite prendre d'autres initiatives. Il aurait pu y avoir une nouvelle dissolution. Il est vrai que le message rend cette hypothèse peu probable tant ce « mode de consultation suprême auprès d'un juge sans appel » ne paraît plus séduire le Chef de l'État. Mais même sans dissolution, la majorité parlementaire aurait pu évoluer et se rapprocher de la ligne présidentielle. En réalité, le Président de la République n'osera plus dissoudre et, lorsque la majorité sénatoriale changera, il démissionnera.

La lecture « circonstancielle » de Mac Mahon devient permanente ; elle est théorisée par la « Constitution Grévy », du nom du Président qui remplace Mac Mahon après son départ : il ne se mettra pas en conflit avec les Chambres. La lecture moniste est confirmée ; le Parlement et notamment la Chambre des députés occupent la place centrale dans les institutions.

B. Une lecture à l'origine de faiblesses de la IIIe République qui aurait pu suivre un autre fonctionnement

Le renoncement à l'usage du droit de dissolution et l'affirmation de la dépendance exclusive du Gouvernement par rapport au Parlement sont à l'origine des faiblesses de la IIIe République : le régime est instable car les parlementaires qui ne risquent en rien d'être renvoyés devant les électeurs n'hésitent pas à renverser fréquemment les Gouvernements. Les cabinets ministériels se suivent à un rythme rapide puisque leur durée moyenne est de six mois. Cela implique un manque de continuité dans les politiques gouvernementales et réduit les ambitions dans les projets.

La IIIe République aurait pu connaître une autre évolution. Les textes de 1875 avaient confié au Président de la République beaucoup de pouvoirs et lui avaient accordé la durée avec un mandat de sept ans. Si le Chef de l'État avait été plus patient et su utiliser avec plus de justesse le droit de dissolution, on aurait pu avoir un régime plus équilibré avec une plus grande continuité gouvernementale et une Chambre qui n'aurait pas été omnipotente. Cela aurait été plus conforme au texte même des lois constitutionnelles et à leur esprit. Elles n'avaient pas consacré autant d'articles au Chef de l'État pour en faire un personnage secondaire.

Conclusion

Une Constitution, ce sont des règles mais ce sont aussi des pratiques. Au-delà des lois constitutionnelles de 1875, au-delà des textes donc, va s'établir une pratique des institutions de la IIIe République. Elle va se fixer assez rapidement après l'élaboration de ces lois. Le message du 14 décembre 1877 fixe les bases de cette pratique. Le Président suivant, Jules Grévy, énoncera lui aussi en 1879 des principes auxquels on se conformera. Il n'est pas complètement étonnant que des lois constitutionnelles aussi brèves que celles de 1875 aient été complétées mais on peut regretter que la parole présidentielle ait conduit à établir un mode de fonctionnement si défavorable à l'exécutif et si éloigné de la lettre des règles elles-mêmes.

Dissertation

Sujet : La IVe République, réplique des institutions précédentes ?

Approche globale du sujet

Le régime mis en place en 1946 est souvent décrié. Il n'a certes pas que des vertus mais il est surtout situé immédiatement avant la Ve République. La critique de la IVe a pu être utile pour justifier le passage à un nouveau dispositif, celui de 1958. L'on peut emprunter le chemin inverse et examiner la IVe République par rapport aux institutions antérieures comme le suggère le sujet proposé. Cela ne va pas nécessairement valoriser le bilan de ce régime mais cela permet d'envisager les choses autrement. Dans cet examen de la IVe République, quels régimes envisager ? Le sujet n'apporte pas de précisions ici mais il paraît raisonnable de s'en tenir à la IIIe République. Remonter plus loin ne mènerait pas à grand-chose sauf à envisager les choses en évoquant la première version de la Constitution, celle qui a été rejetée ; on aurait pu lui trouver des liens avec les précédentes républiques. Évoquer le régime qui la précède immédiatement, l'État français, ne semble guère plus pertinent tant il est vrai qu'il sert de repoussoir aux rédacteurs de la nouvelle Constitution.

Proposition de plan

Introduction

Lorsqu'après la fin de la seconde guerre mondiale, ils ont préparé la nouvelle Loi fondamentale, les membres de l'Assemblée constituante avaient plusieurs régimes en tête. Dans certains cas comme l'État français, il s'agissait de repoussoir ; dans d'autres cas comme les premières républiques, il pouvait y avoir de la fascination à tel point d'ailleurs que le premier projet préparé prévoyait un Parlement monocaméral à l'instar de l'an I et 1848. La IIIe République occupait nécessairement les esprits. C'était le régime le plus proche, celui qui avait duré le plus longtemps, qui avait traversé tant d'épreuves sans sombrer avant le choc le plus brutal de 1940. Il avait des mérites mais les Français avaient décidé lors du référendum de ne pas y revenir ; en outre, il avait montré des faiblesses ; il avait été l'objet de critiques dès le XIXe siècle avec Casimir-Perrier mais surtout au XXe ; Alexandre Millerrand aurait souhaité le faire évoluer et André Tardieu avait montré ses inconvénients.
Pour de nombreuses raisons, la IVe République n'avait ainsi pas lieu d'être une copie de la république précédente. À beaucoup d'égards, elle paraît même à première vue s'en éloigner. C'est pourtant bien d'elle qu'elle se rapproche le plus.

Annonce de plan

La IVe République apporte une réponse quelquefois audacieuse aux critiques faites aux institutions antérieures (I) mais reproduisant les travers qu'avait connus le régime précédent elle disparaît rapidement (II).

Développements

I. La IVe République apporte une réponse quelquefois audacieuse aux critiques faites aux institutions antérieures

A. Des réponses aux critiques faites au régime antérieur

Si la IIIe République a montré sa capacité à durer, à surmonter de nombreuses crises, elle a été aussi l'objet d'assez vives critiques pour son instabilité gouvernementale, la faiblesse de son exécutif, l'imprécision de ses lois constitutionnelles particulièrement brèves puisque composées d'une trentaine d'articles. Il est singulier de relever que le personnage le plus influent du régime, le Président du Conseil, n'est même pas cité dans les lois constitutionnelles de 1875 et qu'inversement le Président de la République dont les rôles y sont très détaillés a en réalité essentiellement une magistrature morale.

La IVe République corrige les choses. Les fonctions confiées au Chef de l'État sont réduites et la Constitution ne dit pas autre chose. Le Président du Conseil est cette fois mentionné et ses rôles sont clairement énumérés. Les rapports entre le Parlement et le Gouvernement sont définis précisément : les modalités de l'investiture du Gouvernement sont détaillées ; les conditions à respecter pour pouvoir dissoudre l'Assemblée nationale sont précisément inscrites ; la possibilité de mise en cause de la responsabilité gouvernementale est également détaillée. La IVe République est la première Constitution française pratiquant le parlementarisme rationalisé.

B. Des formulations quelquefois audacieuses

La nouvelle Constitution ne se contente pas de chercher à dépasser les errements du passé en se montrant plus précise que la IIIe République. Elle apporte aussi des nouveautés, des innovations. Avec la IVe, le vote des femmes est admis ; aucune autre Constitution antérieure ne le permettait. Une ébauche de contrôle de constitutionnalité est introduite avec le Comité constitutionnel qui peut examiner si les lois votées par l'Assemblée Nationale supposent une révision de la Constitution (art. 91). Le caractère innovant et audacieux apparaît en fait dès le préambule de la Constitution avec l'affirmation de principes nouveaux considérés comme nécessaires à notre temps avec notamment les droits créances, des obligations de la société vis-à-vis de ses membres.

Transition On semble à la fois tirer les leçons du passé en rationalisant le texte constitutionnel et introduire des nouveautés. Est-ce vraiment efficace ?

II. Mais reproduisant les travers qu'avait connus le régime précédent, elle disparaît rapidement

A. La reproduction des travers précédents

Malgré toute sa bonne volonté, la Constitution de 1946 n'a pu empêcher qu'on en revienne aux pratiques contestées du régime précédent. Le vote de la loi est du seul ressort du Parlement qui ne peut déléguer ce droit. On revient pourtant rapidement à la pratique des décrets-lois. Les conditions d'investiture sont précises comme celles du renvoi d'une équipe gouvernementales. On ne respecte pas les articles de la Constitution. Les Gouvernements démissionnent sans y être tenus. Les conditions pour dissoudre étaient destinées à dissuader la Chambre de chercher à renverser le Gouvernement. On évite les crises qui pourraient déboucher sur une dissolution. On y a eu recours qu'une seule fois en 1955. On avait voulu stabiliser les Gouvernements ; ils ne durent qu'environ six mois comme sous la IIIe République… On reproduit les travers du régime précédent.

B. Des errements qui conduisent rapidement à l'effondrement du régime

La chute de la IVe République n'est pas liée qu'à la manière dont elle était conçue. Les circonstances extérieures et intérieures y ont leur part. La France doit faire face à l'aspiration à l'indépendance de ses colonies ; en Indochine, en Afrique du nord, de tels mouvements se développent et des interventions militaires sont nécessaires. Certaines formations politiques, les communistes et les gaullistes, ne sont pas seulement dans l'opposition politique mais dans la critique du régime.

Le texte de 1946 n'a pas su trouver les bonnes réponses pour dépasser les difficultés du passé. Le personnel politique du temps n'a pas su faire durer le régime. Alors qu'on avait établi des mécanismes destinés à assurer une certaine stabilité, on ne les respecte pas, les Gouvernements démissionnant sans y être tenus. Le mode de scrutin, la proportionnelle, n'arrange rien. Il ne favorise pas l'émergence de majorités solides.

Le nouveau régime n'est pas une réplique de la IIIe République ; les lois de 1875 avaient, elles, été capables de durer. Elles n'avaient pourtant pas échappé aux épreuves diverses, scandales politiques, conflits militaires, reconstruction économique, mouvements sociaux, crise mondiale. En 12 ans, la IVe République s'effondre.

Conclusion

Alors qu'elle avait été conçue pour éviter de reproduire les défaillances des institutions de la IIIe République, la Constitution de 1946 reproduit les faiblesses qu'on avait connues. On peut trouver cela étrange et même paradoxal. Le parlementarisme rationalisé qui en général protège l'exécutif n'a pas été en mesure de réussir de 1946 à 1958. Le paradoxe est moins flagrant si l'on se réfère à la continuité du personnel politique. Il l'est d'autant moins si l'on rappelle que les élus n'avaient pas forcément envie de respecter le nouveau cadre constitutionnel et qu'aucune instance ne pouvait les sanctionner.

1946 aurait dû être une rénovation du parlementarisme en France ; cela a été plutôt une répétition de ses travers.

Dissertation

Sujet : La IVe République, un échec ?

Approche générale du sujet

Dans les sujets portant sur l'histoire constitutionnelle, ceux ayant trait à la IVe République sont parmi les plus fréquents : ce régime précède directement celui que nous connaissons actuellement et c'est en réaction à son évolution qu'est née la Ve République. La Constitution de 1946 et surtout son fonctionnement sont souvent critiqués. Cela a été particulièrement net après 1958. Le temps passant, l'appréciation portée sur ce régime évolue. Il ne s'agit pas de le « réhabiliter » mais d'avoir sur lui une position plus équilibrée, moins tranchée que celles affirmées auparavant : les anciens de la IVe République avaient du mal à supporter un régime si original que celui de 1958 ; il les avait en outre chassés du pouvoir. Quant aux partisans du nouveau régime, ils ne cachaient pas leur mépris pour ce « régime d'assemblée » fondamentalement défaillant à leurs yeux. Il s'agit donc d'envisager les forces et les faiblesses de la IVe République, ce qui n'interdit pas de prendre position par rapport à ce régime.

Proposition de plan

Introduction

La IVe République a mauvaise réputation. L'appréciation portée sur elle est généralement défavorable. Elle a du mal à supporter la comparaison avec les deux régimes qui l'encadrent : appliquée seulement 12 ans, elle apparaît comme la reprise peu efficace du régime antérieur, la IIIe République qui, elle, a eu le mérite de durer ; à beaucoup d'égards, la IVe République est par ailleurs présentée comme l'antithèse de la Ve République qui est établie sur les décombres du régime qui l'a précédée.

Il paraît peu contestable de considérer que la IVe République présente des faiblesses. Avec ce régime, la France est revenue à l'instabilité institutionnelle : les Gouvernements se succèdent à un rythme rapide et l'application de la IVe République dure à peine plus d'une décennie, ce qui nous rapproche de l'époque où la France gardait peu de temps ses Constitutions comme ce fut le cas au début de notre histoire constitutionnelle à la fin du XVIIIe siècle.

Pour autant, faut-il condamner la IVe République ? Il n'est pas complètement évident de considérer que ce régime ait conduit à un échec.

Annonce de plan

En effet, si la IVe République n'est pas exempte de reproches qui tiennent moins au texte même de la Constitution qu'à la pratique qui en a été faite (I), elle constitue un régime qui a évité une personnalisation excessive du pouvoir et qui chute moins du fait de défauts intrinsèques qu'en raison des circonstances troublées qu'elle traverse (II).

Développements

I. La IVe République n'est pas exempte de reproches qui tiennent moins au texte de la Constitution qu'à la pratique qui en a été faite

A. La Constitution de 1946, un texte novateur qui cherche à mieux organiser le régime parlementaire

Lorsque la Constitution de 1946 est rédigée, la France a déjà une longue histoire constitutionnelle. Les rédacteurs de la nouvelle Loi fondamentale cherchent à établir un système mieux organisé que ceux qui précèdent en tenant compte des problèmes rencontrés.

Le texte contient des nouveautés : énonciation plus complète de droits et principes que ceux énumérés par la déclaration des droits de l'homme et du citoyen de 1789 ; prise en compte des liens entre le France et ses colonies ; amorce d'un contrôle de constitutionnalité ; confiance plus grande accordée à l'écrit qu'à la pratique constitutionnelle.

La nouvelle Constitution entend mieux organiser le régime parlementaire. On peut rappeler ici que les lois constitutionnelles de 1875 étaient concises ; même des éléments centraux du régime parlementaires n'étaient pas évoqués explicitement : on pense notamment au Président du Conseil qui n'est pas du tout mentionné. Avec le texte de 1946, on va au contraire aller vers le parlementarisme rationalisé et mettre par écrit les conditions des relations entre l'exécutif et le législatif. On va ainsi détailler les procédures portant sur l'investiture du Gouvernement, les conditions de mise en œuvre de sa responsabilité devant la Chambre. Le droit de dissolution est prévu avec des conditions particulières d'application. Ces différentes dispositions sont complètes et précises.

B. Une Constitution souffrant cependant de ne pas être appliquée rigoureusement

S'il est un texte qui souffre du décalage entre ce qu'il prévoit et la manière dont il est appliqué, c'est bien la IVe République.

On avait déterminé de façon précise les modalités de l'investiture du Gouvernement afin que le Président du Conseil ait un rôle central. On pratique autrement en ajoutant des contraintes. Les partis politiques, les groupes parlementaires ont une influence déterminante sur la composition des Gouvernements.

On avait voulu rendre difficiles les crises parlementaires et laisser des prérogatives à l'exécutif. On contourne ces dispositions et affaiblit l'exécutif : les Gouvernements démissionnent sans y être tenus par la Constitution et on évite les « crises constitutionnelles » pour ne pas permettre le recours à la dissolution.

Tout donne à penser que le nouveau régime est appliqué par des gens qui considèrent qu'on est toujours sous la IIIe République avec les pratiques établies par son personnel politique. On peut d'ailleurs relever que bien des parlementaires du nouveau régime avaient déjà été élus sous la IIIe République.

Mais si la IVe République mérite une appréciation moins critique que celle qui est faite habituellement, ce n'est pas parce que le texte n'avait pas que des défauts. C'est aussi parce qu'il paraît plus équilibré et que le contexte dans lequel il a été mis en œuvre était délicat.

II. Un régime qui évite la personnalisation du pouvoir mais chute largement du fait des circonstances qu'il traverse

A. Un régime pas si instable qui évite la personnalisation du pouvoir, travers du régime suivant, la Ve

Il serait ridicule de nier que la IVe République n'ait pas souffert d'une certaine instabilité. Les cabinets ministériels durent peu de temps : une vingtaine de Gouvernements en une douzaine d'années est évidemment excessif. Cela ne veut pas dire pour autant que tous les six mois les équipes changent. On constate en réalité beaucoup de continuité car d'un Gouvernement à l'autre, ce sont souvent les mêmes ministres qui sont désignés une nouvelle fois. Quant au Président du Conseil, il peut être nommé plusieurs fois ou rester au Gouvernement sans être à sa tête.

On doit surtout relever par ailleurs que la IVe République évite la personnalisation du pouvoir, la concentration des prérogatives en une seule personne. Le régime ne manque pas de personnalités fortes, de personnages marquants. La IVe République, c'est cependant tout sauf l'hyperprésidentialisme ; la IVe République n'est en aucun cas une « monarchie républicaine ». La IVe République est l'antithèse de la Ve République de plus en plus critiquée en raison du rôle excessif joué par le Président de la République qui cumule tant de pouvoirs.

La IVe République n'est pas un système où tout repose sur une personne. Il y a plus de partage, plus d'équilibre que sous les deux régimes situés juste avant et juste après elle, l'État français et la Ve République. Peut-on estimer qu'un régime qui permet un partage des responsabilités entre plusieurs personnalités est un échec ?

B. Un régime qui disparaît largement du fait des circonstances qu'il connaît

Dans l'appréciation négative de la IVe République, on invoque souvent certaines procédures, certaines pratiques suivies contre la lettre de la Constitution. On met en cause le personnel politique de l'époque. Les Gaullistes affectionnaient de critiquer le régime qui précède la Ve République, un régime dominé par les partis, un régime souvent qualifié de « régime d'assemblée » alors qu'il en est fort éloigné : la IVe République est en effet difficile à assimiler au Directoire. Si le régime est certes critiquable, il est clair aussi que ceux qui entendaient en instaurer un nouveau devaient trouver des arguments pour justifier le renversement du système précédent.

Lorsqu'on y regarde de plus près, lorsqu'on examine la situation sans vouloir justifier le changement constitutionnel de 1958, on se rend compte que la Constitution française de 1946 est proche de celle de l'Italie de 1947 ou de celle de la République fédérale d'Allemagne de 1949. Or, ces deux Constitutions sont toujours en vigueur. Contemporaines de la Constitution de la IVe République, elles continuent de s'appliquer jusqu'à maintenant sans changement majeur au niveau de leur rédaction. Pour expliquer qu'il n'en a pas été de même pour la Constitution de 1946, faut-il incriminer le personnel politique de la IVe République ? Est-ce le mode de scrutin ? Y aurait-il une spécificité française ? On a du mal à considérer que les élus de la IVe République soient plus incapables que d'autres. La proportionnelle utilisée en France entre 1946 et 1958 est un mode de scrutin qui domine aussi bien en Italie qu'en Allemagne même s'il présente dans ces pays des nuances avec ceux utilisés en France.

Ce qui va empêcher la Constitution de 1946 de durer, ce sont très largement les circonstances. La France de l'après-guerre fait face à des mouvements divers : difficultés coloniales notamment en Indochine et en Afrique du Nord. Ni les Italiens, ni les Allemands ne connaissant cela. On ne subit pas en Allemagne ou en Italie les conséquences des difficultés liées à l'Outre-Mer. On peut durer. Personne ne dit que la République de Bonn est un échec. Même si elle est critiquée et qu'elle connaît des crises, la République italienne dure depuis plus de 70 ans, un temps plus long que la IIIe République en France. Là non plus, on ne va pas parler d'échec.

Conclusion

La Constitution de 1946 n'était sans doute pas parfaite. La manière dont elle a fonctionné peut certainement attirer des critiques. Pour autant, il peut sembler excessif d'évoquer un échec à son sujet. On connaît la formule « lorsque je m'examine, je me désole ; lorsque je me compare je me console ». Il y a eu certainement une partie du personnel politique de la IVe République qui s'est désolé du fonctionnement du régime. C'était déjà le cas sous la IIIe République. Mais si on prend un peu de distance, qu'on compare la Constitution de 1946 avec d'autres Lois fondamentales, on peut relativiser, consoler même ceux qui regrettaient les appréciations injustes. La Constitution de 1946 n'a pas vraiment échoué ; elle a plutôt été victime de ces temps troublés.

Section II. Chercher des lignes de fond dans l'histoire constitutionnelle

La richesse de l'histoire constitutionnelle de la France permet d'y puiser un ensemble d'exemples, chaque régime a des traits qui peuvent retenir l'attention, mais l'on peut aussi chercher à faire des comparaisons entre les différentes solutions apportées par les régimes successifs. En préalable, on peut s'intéresser aux raisons qui ont conduit au passage d'un régime à un autre. Dans les choix faits par les constituants, qu'a-t-on décidé en matière d'exécutif, de Parlement, de rapports entre eux, de modes de désignation des membres des différentes institutions ?

Dissertation

Sujet : La république est-elle vouée au parlementarisme ?

Approche globale du sujet

Ce sujet exige un effort de synthèse ; on doit pour le traiter disposer d'éléments théoriques, les différents systèmes institutionnels, d'éléments historiques, les Constitutions que la France a connues, d'éléments comparés, les régimes étrangers. L'appréciation portée sur un tel exercice qui fait appel à de nombreux « matériaux » dépendra de la capacité de la copie à avoir une approche large et bien organisée. On est ici loin de la question de cours ; la récitation n'a pas non plus sa place. Un tel devoir permet d'évaluer la maîtrise de la matière dans ses divers aspects.

Proposition de plan

Introduction

Depuis 1789, la France a essayé les différentes formes de régime, parlementaire ou présidentiel ou d'assemblée, les diverses compositions du Parlement, monocaméral ou bicaméral, les désignations variées du Chef d'État, héréditaire ou élu. Cela s'est opéré à la suite de nombreux changements institutionnels, plus ou moins brutaux.

On constate cependant une forme de stabilisation. La république s'est finalement imposée. De 1875 à nos jours, elle domine et selon l'article 89 de la Constitution de 1958 « la forme républicaine de gouvernement ne peut faire l'objet de révision ».

Parmi les différentes formes d'organisation des pouvoirs publics, le parlementarisme est celle qui s'applique peu ou prou depuis plus d'un siècle.

On pourrait alors réunir parlementarisme et république, une association qui n'a pas pourtant toujours été évidente. Le régime parlementaire naît dans la monarchie britannique et il s'étend d'abord dans d'autres royautés et même des empires finissant en 1815 et en 1870. Quant à la république, elle a commencé en France en préférant donner le premier rôle à l'Assemblée ou inversement à l'exécutif.

Annonce de plan

Si les premières expériences républicaines françaises firent appel à d'autres types d'organisation (I), la durabilité de la république a été assurée par la transposition en France du système parlementaire (II).

Développements

I. La république ne fut pas en France d'abord parlementaire

A. Des républiques adoptant le régime d'assemblée et le système présidentiel

Après la proclamation de la république en 1792, l'an I de la République, la France va se doter successivement de plusieurs Constitutions, celle de l'an I, de l'an III et de l'an VIII. Les deux premières, la Constitution montagnarde de l'an I et celle du Directoire de l'an III, établissent des régimes d'assemblée dans lesquels l'exécutif dépend assez étroitement des Chambres. La Constitution de l'an VIII est plus difficile à rattacher à une sorte de régime car le Consulat instaure un régime qui donne un rôle essentiel à l'exécutif et plus précisément au Premier Consul. Il est clair cependant que ce régime est tout sauf parlementaire et l'on peut s'interroger sur son caractère républicain en raison du rôle limité du corps électoral et de la durée des fonctions des Consuls.

La Seconde République établie en 1848 est directement inspirée du régime américain avec deux instances élues directement par les citoyens, le Chef de l'État et la Chambre, et une séparation assez stricte des pouvoirs. Il s'agit manifestement d'un régime présidentiel.

B. Des expériences peu durables

Le point commun à toutes ces premières Constitutions républicaines est la brièveté de leur application. La Constitution de l'an I est adoptée mais son application est immédiatement suspendue ; le Directoire « dure » de 1795 à 1799 ; quant à la Seconde République établie en 1848, elle cesse de s'appliquer après le 2 décembre 1851.

Cette brièveté peut s'expliquer par les circonstances et les événements. La chute de la royauté est un temps troublé avec des difficultés intérieures et extérieures. Le Directoire disparaît après le coup d'État de Bonaparte du 18 brumaire comme 50 ans plus tard son neveu fera tomber la seconde république. Mais ces républiques portent en elles des faiblesses : elles sont déséquilibrées voulant sous la révolution donner un rôle trop grand rôle aux Chambres ; elles sont trop cloisonnées, la Seconde République ayant séparé trop rigoureusement les pouvoirs ; en outre et surtout, elle avait interdit la réélection immédiate du Chef de l'État et rendu très difficiles les révisions constitutionnelles.

Transition Pendant la première partie de son histoire constitutionnelle, la république ne tient pas longtemps et elle n'est jamais parlementaire. Les choses vont changer par la suite.

II. La durabilité de la république a été assurée par la transposition en France du système parlementaire

A. La transposition en république du système parlementaire

Le régime parlementaire est né au Royaume-Uni et se met en place lorsque les souverains britanniques cessent d'exercer un rôle actif et le laissent au Gouvernement et au Parlement. Si l'on ne peut voir dans la Constitution de 1791 un régime parlementaire, les Chartes de 1814 et 1830 établissent en France pour la première fois le parlementarisme mais il s'agit dans les deux cas de royauté. Plusieurs monarchies européennes suivent le même mouvement : en Belgique, aux Pays-Bas, en Suède, en Italie...

Après bien des hésitations – la transition constitutionnelle dure de 1870 à 1875 et l'amendement Wallon qui y met fin est adopté à une voix près –, la France se dote des trois lois constitutionnelles de 1875 qui établissent, dans un cadre républicain, un régime parlementaire. On a ainsi en France un schéma inédit, un régime parlementaire en république. Jusque-là, le parlementarisme ne s'était appliqué que dans des royautés.

B. Au-delà des vicissitudes, un parlementarisme durable

Sans rentrer dans le détail des événements, le régime parlementaire rencontre bien des difficultés et doit faire face à des crises. Les débuts de la IIIe République sont tendus tant il est vrai qu'on a du mal à établir un équilibre entre les pouvoirs : de qui doit dépendre le Gouvernement ? Jusqu'au dénouement de la crise du 16 mai, le régime est dualiste avec ce double contrôle des Chambres et du Président de la République. Non seulement le régime est frappé par les scandales, vente de décorations par le gendre de Grévy, Panama, Stavisky, les grandes tensions avec le boulangisme, l'affaire Dreyfus, mais on vit dans une grande instabilité gouvernementale. Les tensions coloniales, la guerre de 1914, la crise de 1929 sont de nouveaux coups mais le régime résiste jusqu'à la fin des années 1930. La fin de la IIIe République ne sonne pas la fin du parlementarisme puisque les régimes suivants seront également parlementaires. Le régime mis en place en 1946 connaît lui aussi des difficultés, des oppositions fortes mais il parvient à engager de nouvelles politiques, notamment au plan européen. Quant à la Ve République, ses rédacteurs affirment qu'elle est parlementaire et l'examen de ses dispositions ne permet pas de contester leur propos. Dans son fonctionnement, on peut considérer qu'elle fait la part belle au Chef de l'État, que ce soit à l'époque de de Gaulle comme de ses successeurs ; il n'empêche qu'il est difficile de l'assimiler à un régime présidentiel. Le général de Gaulle a toujours refusé cette assimilation et sa conférence de presse de 1964 est très claire sur ce point ; il n'est pas question de transposer en France le régime américain. Les trois dernières Constitutions de la République française sont parlementaires.

Conclusion La France a permis au parlementarisme de s'adapter à la république. Jusque-là, il s'agissait plutôt d'une formule réservée aux monarchies à l'instar de la royauté britannique où l'on avait réduit le rôle du souverain au profit du Gouvernement et du Parlement. Les rares républiques préféraient telle la Suisse le régime d'assemblée et tels les États-Unis le régime présidentiel.

Cette greffe du parlementarisme en république pour durable qu'elle soit n'en demeure pas moins fragile. Notre pays semble en effet attaché à d'autres constructions constitutionnelles : nostalgie pour les régimes donnant plus de rôles aux assemblées comme sous la révolution, dans le premier projet de 1946 ou dans une virtuelle VIe République ; goût pour des institutions donnant à l'exécutif le premier rôle, un parlementarisme à la française bien proche du présidentialisme.

Questions à réponse courte

Les circonstances amenant au changement de Constitution

Les nombreux changements constitutionnels que la France a connus depuis plus de deux siècles sont liés à des circonstances diverses que l'on peut regrouper autour de plusieurs sortes d'événements. Le bouleversement radical provoqué par une révolution conduit à l'établissement d'un nouveau cadre pour les institutions. À partir de 1789, plusieurs textes sont établis dans ce contexte révolutionnaire, la Constitution de 1791, celles de l'an I et de l'an III. La révolution de juillet 1830 conduit à l'abdication de Charles X et à l'adoption d'une nouvelle Charte, celle de 1830. La révolution de 1848 conduit à l'instauration de la Seconde République qui fait l'objet d'un texte préparé cette même année. Les conflits militaires ont conduit à la chute des Premier et Second Empires. La Charte de 1814 a été octroyée par Louis XVIII après l'abdication de Napoléon Ier tandis qu'après cinq ans de transition on finira par établir en 1875 les lois constitutionnelles de la IIIe République. La Constitution de la IVe République est préparée après la fin de la seconde guerre mondiale. Le coup d'État peut précéder le changement constitutionnel ainsi qu'on l'a vu avec le 18 brumaire et la Constitution de l'an VIII établissant le Consulat et le coup d'État du 2 décembre 1851 provoquant la chute de la Seconde République, et en deux étapes, l'instauration du Second Empire. Les circonstances menant à la naissance de la Ve République ne peuvent être complètement rattachées à une des catégories précédentes. On pourrait évoquer des difficultés internes et un conflit intérieur.

La théorie des cycles constitutionnels

Le nombre élevé de Constitutions qui se suivent en France depuis deux siècles a conduit à se demander si l'on ne pourrait pas déterminer un fil directeur dans cette succession de régimes. Maurice Hauriou dans son précis de droit constitutionnel de 1929 a élaboré une théorie selon laquelle il y aurait dans notre histoire constitutionnelle des cycles qui se répéteraient et seraient composés successivement dans un premier temps d'un régime de domination des Chambres, ce que l'on a connu de 1789 à 1799 avec les Constitutions révolutionnaires, suivi dans un deuxième temps d'un régime réagissant en instaurant un exécutif fort, ce qui va du Consulat au Premier Empire, le troisième temps ouvrant sur un régime plus équilibré et parlementaire, la monarchie constitutionnelle de 1814 à 1848. Ce premier cycle est suivi d'un second avec la domination de la Chambre sous la Seconde République suivi de la réaction autoritaire de l'exécutif sous le Second Empire puis la synthèse équilibrée entre exécutif et législatif de 1870 aux débuts de la IIIe République. Hauriou écrit au moment où l'on est dans la première étape d'un troisième cycle : la IIIe République est dominée par les Chambres. Pour compléter le déroulement du cycle, on a après la chute de la IIIe et l'État français un régime autoritaire dominé par l'exécutif. Le Gouvernement provisoire pourrait constituer le troisième temps de ce cycle avec plus d'équilibre entre les pouvoirs. Le dernier cycle commencerait avec la IVe République à domination de la chambre pour le premier temps puis la Ve République, deuxième temps caractérisé par la réaction favorable à l'exécutif. Faut-il voir dans la cohabitation le troisième temps synthèse plus équilibrée ? Si les deux premiers cycles convainquent, il est plus délicat d'aller au-delà. Il faut décomposer des périodes à l'intérieur d'un même régime pour parvenir à retrouver le rythme des cycles. On peut se réjouir que la théorie des cycles ait quelques failles car cela suggère que l'histoire constitutionnelle n'est pas écrite d'avance.

La composition du Parlement depuis la fin du XVIIIe siècle

Depuis 1791, le Parlement est dans les Constitutions françaises composé de façon très variable. Plusieurs textes ont prévu une Chambre unique : la Constitution de 1791, celle de l'an I, la Constitution de 1848 de la Seconde République et le premier projet de Constitution de la IVe République. C'est aussi le cas pendant les périodes transitoires comme au début de la révolution. Les Constitutions élaborées pour le Consulat et les deux Empires ont confié le travail législatif à trois organes, le Corps législatif, le Tribunat et le Sénat. Les autres Constitutions ont opté pour le bicaméralisme ; c'est ce qui est décidé pour le Directoire avec le Conseil des 500 et le Conseil des Anciens, les Chartes de 1814 et 1830 avec la Chambre des Députés et la Chambre des Pairs, la IIIe République avec la Chambre des Députés et le Sénat, IVe République avec l'Assemblée Nationale et le Conseil de la République et la Ve République avec l'Assemblée Nationale et le Sénat.

Section III. Comprendre la Ve République à partir de l'histoire constitutionnelle

La Constitution de 1958 a été établie après quatre républiques, trois royautés, deux empires, un régime autoritaire sans véritable Constitution. Il est difficile d'imaginer que les rédacteurs de la nouvelle Constitution n'aient pas été à certains moments influencés par leurs prédécesseurs. D'ailleurs, lorsqu'on examine le texte de la Ve République, on trouve des dispositions qui reprennent des formules du régime précédent, par exemple sur le statut du Chef de l'État. On ne peut étudier la Constitution de 1958 sans songer à ce qu'elle doit à ses devancières, ni sans la replacer dans notre longue histoire constitutionnelle.

Commentaire

Extraits de la Constitution du 27 octobre 1946
titre XI – De la révision de la Constitution
« Article 90
La révision a lieu sous les formes suivantes.
La révision doit être décidée par une résolution adoptée à la majorité absolue des membres composant l'Assemblée nationale.
La résolution précise l'objet de la révision.
Elle est soumise, dans le délai minimum de trois mois, à une deuxième lecture à laquelle il doit être procédé dans les mêmes conditions qu'à la première, à moins que le Conseil de la République, saisi par l'Assemblée nationale, n'ait adopté à la majorité absolue la même résolution.

Après cette seconde lecture, l'Assemblée nationale élabore un projet de loi portant révision de la Constitution. Ce projet est soumis au Parlement et voté à la majorité et dans les formes prévues pour la loi ordinaire.
Il est soumis au référendum, sauf s'il a été adopté en seconde lecture par l'Assemblée nationale à la majorité des deux tiers ou s'il a été voté à la majorité des trois cinquièmes par chacune des deux Assemblées.
Le projet est promulgué comme loi constitutionnelle par le Président de la République dans les huit jours de son adoption.
Aucune révision constitutionnelle relative à l'existence du Conseil de la République ne pourra être réalisée sans l'accord de ce Conseil ou le recours à la procédure de référendum.
(...)
Article 94
Au cas d'occupation de tout ou partie du territoire métropolitain par des forces étrangères, aucune procédure de révision ne peut être engagée ou poursuivie.
Article 95
La forme républicaine du gouvernement ne peut faire l'objet de révision.
À partir des éléments reproduits de la Constitution du 27 octobre 1946, dans quelle mesure la procédure de révision constitutionnelle prévue par la Constitution de 1958 peut-elle être rapprochée de celle établie par le régime précédent ? »

Approche générale du sujet

Les constituants avaient en 1958 certes la volonté de renouveler le système institutionnel français mais ils n'ont pas toujours complètement bouleversé les choses. On retrouve dans le nouveau texte des formules proches de ce qui existait auparavant. À la lecture du document à commenter, on voit que la révision constitutionnelle est une illustration de cette continuité. Les auteurs de la Constitution de la Ve République ne partent pas de rien ; ils n'élaborent pas un schéma complètement nouveau. Le titre consacré à la révision dans la loi constitutionnelle du 27 octobre 1946 a visiblement servi d'inspiration aux rédacteurs du nouveau texte. Pour traiter un tel sujet, il est nécessaire d'avoir une bonne connaissance du dispositif de l'article 89 du texte actuel. Il n'est pas fourni par le sujet, ce qui est assez légitime car il fait partie de ceux que tout étudiant doit bien connaître.

Proposition de plan

Introduction

Quels que soient les mérites qu'ils attribuent à leur œuvre, les rédacteurs des Constitutions contemporaines ne considèrent pas qu'une révision devra être impossible ou très compliquée à opérer. La sagesse conduit à introduire un dispositif permettant la modification du texte constitutionnel. Nos deux dernières Constitutions ont incorporé un mécanisme permettant la révision constitutionnelle. À chaque fois, un titre de la Constitution, respectivement les titres XI et XV, est consacré à ce sujet.
Le dispositif mis en place en 1946 était bien connu des rédacteurs de la nouvelle Constitution. C'est par une lecture qui peut être jugée discutable de ces dispositions qu'a été engagée la préparation de la nouvelle Constitution : ce qui devait permettre la révision a permis, a servi de base à l'élaboration d'un texte nouveau.

Mais le mécanisme instauré en 1958 à propos de la révision est-il fondamentalement différent de celui déterminé douze ans plus tôt ? À l'examen des deux schémas, il apparaît que les procédures prévues contiennent des éléments similaires, le renouvellement du dispositif venant surtout de la place donnée à l'exécutif dans le mécanisme de modification de la Constitution.

Annonce de plan

En effet, si la détermination d'un schéma particulier pour la modification des règles constitutionnelles et les limites à l'exercice rapprochent les deux Constitutions (I), en revanche les règles relatives à l'initiative de la révision et aux modalités de son acceptation semblent significativement différentes (II).

Développements

I. Un schéma particulier pour la révision constitutionnelle et les limites à l'exercice rapprochent les deux Constitutions

A. Existence d'un schéma particulier pour la révision constitutionnelle

Dans notre histoire constitutionnelle, les constituants n'ont pas toujours eu la même attitude vis-à-vis de la possibilité de modifier le texte fondamental. Ils ont pu être tentés par des dispositifs complexes qui auraient été délicats à mettre en œuvre comme en 1791 ou 1848. D'autres fois, ils semblent plus ouverts à la révision avec une procédure peu éloignée du vote de la loi ordinaire comme sous la IIIe République. Les IVe et Ve Républiques n'ont pas introduit des dispositifs empêchant les modifications par leur complexité mais ce qui est prévu rend plus difficile la modification de la Constitution que le vote de la loi ordinaire. L'article 90 de la Constitution de 1946 distingue plusieurs étapes dans le processus : résolution parlementaire, délai de réflexion, élaboration du projet, examen par le Parlement, référendum sauf adoption à la majorité qualifiée par les chambres. L'article 89 contient lui aussi un dispositif particulier par rapport à celui suivi pour l'adoption des lois ordinaires : après l'examen par les chambres d'un projet ou d'une proposition et l'adoption en termes identiques du texte, le référendum est prévu sauf adoption à la majorité qualifiée par le Congrès réunissant les deux chambres.

B. Exclusions quant au contenu et aux circonstances des révisions

Les deux procédures de révision contiennent des exclusions quasi identiques.

1) Certaines circonstances excluent l'engagement ou la poursuite de la révision.

L'article 94 de la Constitution de 1946 interdit la révision « au cas d'occupation de tout ou partie du territoire métropolitain » tandis que l'article 89 prévoit cette interdiction « lorsqu'il est porté atteinte à l'intégrité du territoire ». Les rédacteurs de la Constitution de 1946 avaient certainement en mémoire les circonstances qui avaient conduit à la chute de la IIIe République. Quant à ceux du texte suivant, ils étaient non moins influencés par ces événements ; faut-il rappeler que le général de Gaulle appartint à l'avant-dernier Gouvernement de la IIIe République ?

2) Quant au contenu des révisions, la même interdiction est prévue.

Les deux Constitutions contiennent pratiquement la même formule aux articles 95 en 1946 et 89 en 1958 : « la forme républicaine du gouvernement ne peut faire l'objet d'une proposition de révision » indique l'article 95, l'article 89 évoquant seulement la révision sans mentionner qu'elle serait issue d'une proposition. Cette formule est classique dans les textes républicains : on ne fait en 1946 que reproduire ce qui avait été inscrit en 1884 lors de la révision partielle des lois constitutionnelles de la IIIe République.

Transition La Constitution de 1958 ne reproduit pas cependant tel quel le schéma établi en 1946 pour la révision. Tant pour l'initiative que pour l'adoption de la révision, on observe des nuances.

II. Les règles relatives à l'initiative de la révision et aux modalités de son acceptation semblent significativement différentes

A. Initiative de la révision sensiblement différente d'un texte à l'autre

En 1946, le Parlement a le monopole de l'initiative de la révision : il doit d'abord y avoir une résolution de l'Assemblée nationale décidant d'apporter une révision. Une seconde résolution, toujours de l'Assemblée est nécessaire, sauf adoption de la même résolution par le Conseil de la République. Il appartient ensuite à l'Assemblée nationale d'élaborer le projet de révision. Il s'agit bien d'un texte d'initiative parlementaire quand bien même on parle de « projet ». Sous la Vᵉ République, les choses sont significativement différentes puisque selon l'article 89, l'initiative de la révision est certes accordée aux membres du Parlement mais ils partagent cette initiative avec l'exécutif : le Président de la République sur proposition du Premier ministre a lui aussi l'initiative de la révision. En accordant ce droit à l'exécutif, la Vᵉ République innove par rapport au texte antérieur qui réservait ce droit aux chambres.

B. Conditions d'adoption de la révision assez éloignées

L'initiative de la révision étant lancée, les modalités d'adoption du texte diffèrent d'une Constitution à l'autre. La première étape est certes proche. En 1946 comme en 1958, la révision exige d'abord le vote par les chambres. « ce projet est soumis au Parlement et voté à la majorité et dans les formes prévues pour la loi ordinaire » énonce l'article 90 de la Constitution de 1946 tandis que l'article 89 de 1958 précise que le texte est « voté par les deux assemblées en termes identiques ». La procédure diffère par la suite. Un référendum est en principe nécessaire dans les deux cas pour ratifier le texte. Mais on peut déroger à cette consultation. En 1946, on peut se dispenser de cette étape si le texte a été adopté en seconde lecture par l'Assemblée nationale à la majorité des deux tiers ou à la majorité des trois cinquièmes par chacune des chambres. Selon l'article 89 de la Constitution de 1958, le référendum n'est pas nécessaire si le Congrès réunissant les deux chambres vote à la majorité des trois cinquièmes des suffrages exprimés le texte. Cette dérogation ne s'applique que si d'une part, le pouvoir exécutif est à l'origine de la révision et que d'autre part le Président de la République décide de mettre en œuvre cette dérogation. On peut relever en outre qu'en 1946 il avait été prévu qu'aucune révision relative au Conseil de la République ne pourrait se faire sans son accord ou le recours au référendum.
Lorsqu'on examine un peu vite les modalités de révision on peut estimer qu'elles sont comparables en 1946 et 1958. Si l'on regarde les choses avec plus d'attention, on observe qu'il n'en est rien. En 1946, la chambre haute n'a pas de droit de véto, y compris pour son existence même. En 1958, le Sénat peut tout bloquer, la révision exigeant un vote en termes identiques. Une majorité qualifiée au sein de l'autre chambre ne permettrait pas de surmonter cette opposition. Les procédures retenues sont en définitive assez différentes.

Conclusion Les procédures de révision prévues en 1946 et 1958 peuvent être rapprochées en ce qu'elles ne font pas obstacle à la modification de la Constitution. On n'a pas hésité sous la IVᵉ comme sous la Vᵉ République à apporter des changements au texte constitutionnel. C'est beaucoup plus flagrant sous la Vᵉ République : bien plus de la moitié des articles ont été modifiés, ce qui est lié à la longue histoire de ce texte mis en place il y a plus de 60 ans. La IVᵉ République n'a guère eu le temps d'être amendée. Cela rappelé, les constituants de 1958 ont peut-être dû regretter de ne pas avoir repris plus fidèlement les dispositions de 1946 relatives à la révision ; cela aurait permis d'éviter d'avoir à faire usage de l'article 11 consacré au référendum pour modifier ou tenter de modifier la Constitution. C'était le seul moyen de contourner le Sénat.

Dissertation

Sujet : La Ve République met-elle fin, en France, à l'instabilité institutionnelle ?

Approche globale du sujet

La lecture attentive des sujets est une règle essentielle. Le rapprochement avec des sujets proches mais différents est un réflexe qu'on doit avoir. Aurait-il fallu traiter de la même façon un sujet précisant l'instabilité en faisant allusion par exemple à l'« instabilité constitutionnelle » ou à « l'instabilité gouvernementale » ? L'absence de précision ouvre le sujet. Il doit être envisagé largement en considérant les choses sous l'angle des Constitutions mais également sous celui de leur fonctionnement avec la question de l'instabilité gouvernementale. Dernière remarque, on ne peut invoquer comme prétexte à absence de réponse à la question du sujet le manque de recul. La Ve République existe depuis plus de 60 ans.

Proposition de plan

Introduction

Il ne fait pas de doute que l'histoire constitutionnelle française est caractérisée par l'instabilité. Aucun pays n'a connu autant de régimes, ceux-ci prenant des formes aussi diverses. Dans cette histoire mouvementée, on peut cependant noter deux exceptions : la IIIe République a été le temps d'une stabilisation avec un régime qui dure de 1875 à 1940, une longueur jamais dépassée ; la Ve République se caractérise également par une certaine stabilité puisqu'elle existe depuis plus d'une soixantaine d'années. La IIIe République connaît une instabilité gouvernementale chronique avec une centaine de Gouvernements en 65 ans, instabilité qui se prolonge sous la IVe République. La Ve République en revanche a semblé capable en outre d'opérer une stabilisation des équipes gouvernementales.

Annonce de plan

La France a connu depuis 1789 une instabilité institutionnelle chronique avec de nombreux changements de régime et une évidente difficulté à garder durablement les mêmes équipes gouvernementales (I). La Ve République semble, au-delà de certaines contestations et au prix de plusieurs modifications, solide et capable également de mettre fin à l'instabilité gouvernementale (II).

Développements

I. La France a connu depuis 1789 une instabilité institutionnelle chronique qui se manifeste dans les nombreux changements de régime intervenus et dans la difficulté à garder durablement les mêmes équipes gouvernementales

A. Une histoire constitutionnelle mouvementée depuis 1789

L'histoire constitutionnelle française commence à la fin du XVIIIe siècle à peu près en même temps que celle des États-Unis avec une différence majeure entre les deux pays. Les premiers appliquent depuis

1787 une Constitution certes amendée mais dont l'essentiel remonte à deux siècles alors qu'en France on a expérimenté une quinzaine de Constitutions, républicaines ou monarchiques, parlementaires ou présidentielles après avoir été d'assemblée. On pourrait ajouter à cela des périodes transitoires pendant lesquelles à défaut de Constitution on applique un cadre provisoire qui dure quelquefois assez longtemps comme de 1870 à 1875. Ces variations sont particulièrement nettes dans la première période qui va jusque 1875.

B. Des institutions au fonctionnement souvent erratique

L'instabilité ne se constate pas qu'au changement de Constitution. Le fonctionnement des institutions peut apparaître lui aussi erratique. Dès la chute de la royauté en 1792, on constate des difficultés à gouverner ; à la dictature du Comité de salut public, à la terreur, aux troubles dans l'Assemblée vont suivre des affrontements entre les deux Chambres et les Directeurs. Sous la Restauration, on multiplie, surtout sous Charles X, les dissolutions. Si les lois constitutionnelles de 1875 demeurent assez stables – elles ne sont modifiées que très marginalement –, une centaine de Gouvernements se suivent sous la IIIe République, soit nettement moins d'une année en moyenne. En dépit d'un effort de rationalisation du parlementarisme, la IVe République reste sur la même tendance qu'elle et a même tendance à l'aggraver avec une moyenne de six mois par Gouvernement.

Transition Instabilité constitutionnelle, instabilité gouvernementale, la France a durablement des institutions qui sont secouées. Le changement n'est que très récent.

II. La Ve République semble, au-delà de certaines contestations et au prix de plusieurs modifications, solide et capable également de mettre fin à l'instabilité institutionnelle

A. Au-delà des contestations et au prix de modifications, une Constitution solide

Il est fréquent et quelquefois même de bon ton de critiquer la Ve République. Elle accorde trop de rôle à l'exécutif et singulièrement au Chef de l'État ; elle n'apparaît pas très ouverte à la diversité des tendances avec un Parlement peu représentatif...
Ces critiques n'ont pas conduit à sa chute et elle s'applique depuis une soixantaine d'années ; elle est le régime le plus durable juste après la IIIe République. Plusieurs raisons expliquent cette durabilité ; l'équilibre trouvé entre les pouvoirs publics par la Constitution satisfait plutôt ; le texte a été régulièrement révisé et s'est adapté à de nouvelles préoccupations ; le changement fréquent des Constitutions peut en outre avoir provoqué une certaine lassitude ; enfin, il n'y a pas un accord évident pour aller vers une autre forme d'organisation.
La Constitution est solide parce qu'elle est souple.

B. Un régime qui met fin à l'instabilité institutionnelle

La Ve République a été établie en réaction à l'instabilité antérieure. Le général de Gaulle et Michel Debré ne voulaient pas que se prolonge l'instabilité que les deux régimes précédents avaient connue. Ils y sont parvenus. La France connaît depuis 1958 une stabilité gouvernementale certaine. Les premiers ministres exercent leurs fonctions de façon très durable. Si Edith Cresson ou Bernard Cazeneuve ont dirigé l'hôtel de Matignon moins d'une année, leurs homologues y sont demeurés bien plus longtemps : Lionel Jospin et François Fillon sont restés en fonction la totalité d'une législature soit cinq ans. Avant eux, Georges Pompidou avait été Chef du Gouvernement près de six ans. On peut bien sûr nuancer ces données en considérant que le même Premier ministre peut constituer plusieurs équipes gouvernementales successives. Il n'empêche que sous les républiques précédentes, on n'avait jamais connu dans l'action gouvernementale une telle continuité. Le cadre constitutionnel y est pour beaucoup. Il est difficile de remplir les conditions pour renverser un Gouvernement : elles n'ont été réunies qu'une seule fois en 1962, encore faut-il préciser que le Président de la République, le général de Gaulle, refusa dans un premier temps la démission que lui présenta son Premier ministre Georges Pompidou. Le mode de scrutin majoritaire favorise cette stabilité en éliminant beaucoup de formations politiques du Parlement, facilitant ainsi la formation de majorité de soutien au Gouvernement.

Conclusion

Il est difficile de nier que la Ve République stabilise nos institutions.

Le cadre constitutionnel même s'il est ponctuellement révisé est durable.

L'exécutif, Président de la République, Premier ministre, ministres, ont du temps devant eux lorsqu'ils accèdent à leurs fonctions.

Le Parlement bénéficie lui aussi du temps ; la dissolution n'est pas proscrite mais elle intervient finalement assez rarement.

Cette stabilisation a eu un prix qui peut paraître élevé : l'affaiblissement du Parlement et la simplification du paysage politique. Il est compréhensible de le regretter et de souhaiter changer les choses. Faut-il lâcher la proie pour l'ombre ?

Commentaire

Préambule de la Constitution du 27 octobre 1946

« Au lendemain de la victoire remportée par les peuples libres sur les régimes qui ont tenté d'asservir et de dégrader la personne humaine, le peuple français proclame à nouveau que tout être humain, sans distinction de race, de religion ni de croyance, possède des droits inaliénables et sacrés. Il réaffirme solennellement les droits et libertés de l'homme et du citoyen consacrés par la Déclaration des droits de l'homme et du citoyen de 1789 et les principes reconnus par les lois de la République.

Il proclame, en outre, comme particulièrement nécessaires à notre temps, les principes politiques, économiques et sociaux ci-après :

La loi garantit à la femme, dans tous les domaines, des droits égaux à ceux de l'homme.

Tout homme persécuté en raison de son action en faveur de la liberté a droit d'asile sur les territoires de la République.

Chacun a le devoir de travailler et le droit d'obtenir un emploi. Nul ne peut être lésé, dans son travail ou son emploi, en raison de ses origines, de ses opinions ou de ses croyances.

Tout homme peut défendre ses droits et ses intérêts par l'action syndicale et adhérer au syndicat de son choix.

Le droit de grève s'exerce dans le cadre des lois qui le réglementent.

Tout travailleur participe, par l'intermédiaire de ses délégués, à la détermination collective des conditions de travail ainsi qu'à la gestion des entreprises.

Tout bien, toute entreprise, dont l'exploitation a ou acquiert les caractères d'un service public national ou d'un monopole de fait, doit devenir la propriété de la collectivité.

La Nation assure à l'individu et à la famille les conditions nécessaires à leur développement.

Elle garantit à tous, notamment à l'enfant, à la mère et aux vieux travailleurs, la protection de la santé, la sécurité matérielle, le repos et les loisirs. Tout être humain qui, en raison de son âge, de son état physique ou mental, de la situation économique, se trouve dans l'incapacité de travailler a le droit d'obtenir de la collectivité des moyens convenables d'existence.

La Nation proclame la solidarité et l'égalité de tous les Français devant les charges qui résultent des calamités nationales.

La Nation garantit l'égal accès de l'enfant et de l'adulte à l'instruction, à la formation professionnelle et à la culture. L'organisation de l'enseignement public gratuit et laïque à tous les degrés est un devoir de l'État.

La République française, fidèle à ses traditions, se conforme aux règles du droit public international. Elle n'entreprendra aucune guerre dans des vues de conquête et n'emploiera jamais ses forces contre la liberté d'aucun peuple.
Sous réserve de réciprocité, la France consent aux limitations de souveraineté nécessaires à l'organisation et à la défense de la paix.
La France forme avec les peuples d'outre-mer une Union fondée sur l'égalité des droits et des devoirs, sans distinction de race ni de religion. L'Union française est composée de nations et de peuples qui mettent en commun ou coordonnent leurs ressources et leurs efforts pour développer leurs civilisations respectives, accroître leur bien-être et assurer leur sécurité.
Fidèle à sa mission traditionnelle, la France entend conduire les peuples dont elle a pris la charge à la liberté de s'administrer eux-mêmes et de gérer démocratiquement leurs propres affaires ; écartant tout système de colonisation fondé sur l'arbitraire, elle garantit à tous l'égal accès aux fonctions publiques et l'exercice individuel ou collectif des droits et libertés proclamés ou confirmés ci-dessus ».

Approche globale du sujet

Le préambule de la Constitution de la IVe République aborde un ensemble de sujets pour la plupart inédits dans les Constitutions françaises. Les droits qu'il mentionne ne se retrouvent pratiquement pas dans les textes antérieurs. La lecture de ce texte ne doit pas se limiter à cette constatation d'une inspiration nouvelle. Un point important à avoir à l'esprit lorsqu'on commente ce texte, c'est que ce préambule n'est pas que la formule préliminaire placée en exergue du texte de 1946. Il a une portée bien plus grande. La Constitution de Ve République s'y réfère et le Conseil constitutionnel en a tiré toutes les conséquences.

Proposition de plan

Introduction

Contrairement à d'autres Constitutions antérieures, par exemple celle de 1848, et au premier projet de Constitution établi en 1946, le texte finalement retenu et adopté à la suite du référendum portant sur la Constitution de la IVe République ne contient pas de déclaration de droits. On a en revanche fait précéder les articles de la Constitution d'un long préambule. Ce texte réunit divers éléments. S'il garantit droits et principes, il le fait soit en se référant à des textes pris avant 1946, la déclaration de 1789 et aussi différentes lois antérieures à la Constitution de la IVe République, soit en posant un ensemble de nouveaux principes « nécessaires à notre temps ».
Il convient non seulement d'inventorier les divers principes résultant du préambule de 1946 mais aussi de déterminer la portée qui est la leur.

Annonce de plan

Le préambule de la Constitution de 1946 est essentiel tant par l'apport d'un ensemble de principes et droits novateurs que par sa confirmation de règles mises à jour auparavant (I) mais il fut sans portée juridique avant sa reconnaissance sous la Ve République par le Conseil constitutionnel qui l'incorpore au bloc de constitutionnalité (II).

Développements

I. Le préambule de 1946 essentiel tant par des principes et droits novateurs que par la confirmation de règles

A. L'apport de principes et droits novateurs

Si la Constitution de 1946 ne contient pas de déclaration de droits, le préambule proclame « comme particulièrement nécessaire à notre temps » un ensemble de « principes politiques, économiques et sociaux ».
On va ainsi garantir à « la femme, dans tous les domaines, des droits égaux à ceux de l'homme » et le droit d'asile sur les territoires de la république à « tout homme persécuté en raison de son action en faveur de la liberté ». Plusieurs principes affirmés dans le préambule ont une forte dimension sociale : liberté syndicale, droit de grève, protection de la santé, de la sécurité matérielle, du repos et des loisirs, assistance aux chômeurs, accès à l'instruction, à la formation et à la culture, solidarité devant les calamités naturelles... Il s'agit souvent de droits-créance, la collectivité devant assurer des prestations.
Quelques principes ont une dimension économique comme la nationalisation des services publics et des monopoles de fait. À cette énumération, il faut ajouter des engagements vis-à-vis des peuples d'outre-mer et des principes dans les relations internationales, respect du droit public international, consentement aux « limitations de souveraineté nécessaires à l'organisation et à la défense de la paix ». La France s'engage à « n'employer jamais ses forces contre la liberté d'aucun peuple ».

B. La confirmation d'autres règles antérieures

Le préambule de 1946 ne se contente pas d'énumérer une série de nouveaux droits et principes. Il se rattache aux affirmations antérieures, il « proclame à nouveau » et « réaffirme » des règles et principes qui avaient été affirmés auparavant.
Il rappelle d'abord que « tout être humain, sans distinction de race, de religion, ni de croyance, possède des droits inaliénables et sacrés ».
Il réaffirme ensuite les « droits et libertés de l'homme et du citoyen consacrés par la Déclaration des droits de 1789 ».
Une même réaffirmation porte enfin sur les « principes fondamentaux reconnus par les lois de la République ». Cette dernière formule renvoie aux législations en vigueur avant la chute du régime précédent en 1940. Il s'agit principalement de grandes lois prises sous la IIIe République comme la loi sur la liberté d'association mais cela peut porter sur des textes antérieurs comme ceux portant sur la liberté de l'enseignement pris sous la IIe République et même éventuellement des principes énoncés sous la révolution de 1789 comme le principe de séparation des autorités administratives et judiciaires.

Transition Avec le préambule, on se rattache à des affirmations déjà faites de droits et principes mais on ajoute des éléments très nouveaux. Quelle est la portée de ce riche ensemble ?

II. Le préambule de 1946 fut cependant sans portée juridique avant sa reconnaissance, sous la Ve République, par le Conseil constitutionnel qui l'incorpore au bloc de constitutionnalité

A. Un texte longtemps sans portée juridique effective

Même si les formulations retenues dans le préambule semblent aller dans le sens d'une dimension contraignante – il est rédigé au présent ayant une valeur impérative, on énumère des « droits », on « garantit »... – le préambule n'a eu longtemps guère de portée juridique. Certains observateurs estimaient qu'il n'avait pas la même valeur que la déclaration des droits de l'homme de 1789. Il s'agissait plutôt d'une déclaration morale et philosophique. De toute façon, il n'y avait pas sous la IVe République de contrôle de constitutionnalité, le Comité constitutionnel prévu par la Constitution n'ayant qu'un rôle très réduit.

Les premières années de la Ve République n'ont pas changé les choses. Certes, un Conseil constitutionnel a été mis en place mais son intervention est au début peu fréquente et il n'est pas amené à se prononcer sur la valeur du préambule de 1946.

B. Une reconnaissance opérée par le Conseil constitutionnel qui l'incorpore au bloc de constitutionnalité

Un changement radical intervient avec la décision de 1971 du Conseil constitutionnel portant sur la législation des associations. Appelé à se prononcer sur la constitutionnalité de la loi, le Conseil constitutionnel se réfère dans sa décision au préambule de la Constitution de 1958 dont il dit qu'il fait partie du bloc de constitutionnalité. Or, ce préambule renvoie lui-même à la « déclaration de 1789, confirmée et complétée par le préambule de la Constitution de 1946 ». Ces deux textes font alors partie du bloc de constitutionnalité. Le Conseil constitutionnel doit donc confronter les textes dont il est saisi non seulement aux articles de la Constitution mais aussi à ces éléments complémentaires. Le préambule appartient aux normes de référence qu'il faut respecter.
Le Conseil constitutionnel va s'y employer. Cela ne sera pas toujours aisé si l'on rappelle que l'inspiration de la déclaration de 1789 n'est pas identique à celle du préambule de 1946. L'une entend protéger la propriété alors que l'autre exige des nationalisations.
Un subtil exercice de conciliation va devoir être réalisé.

Conclusion

Le préambule de la Constitution de 1946 est sans doute ce qui dans le texte de la IVe République a la plus grande prospérité. Il doit cette prospérité aux institutions du régime suivant. Le Conseil constitutionnel a permis à ce texte rédigé par les constituants du régime précédent d'avoir une portée qu'il n'avait pas auparavant.
Avec le préambule de 1946, le bloc de constitutionnalité a pris une grande ampleur.
Sans doute n'a-t-on pas encore tiré de ce texte toutes les potentialités qu'il contient. Les deux élargissements des saisines du Conseil constitutionnel, celui de 1974 puis celui résultant de l'introduction de la question prioritaire de constitutionnalité vont certainement le permettre.

Questionnaire à choix multiples sur les thèmes du chapitre

(les réponses et explications se trouvent dans le dernier chapitre de l'ouvrage)

Qui n'est pas évoqué dans les lois constitutionnelles de 1875 ?
- A – le Président de la République
- B – le Sénat
- C – la Chambre des Députés
- D – le Président du Conseil

Napoléon III est
- A – le petit-fils de Napoléon Ier
- B – le neveu de Napoléon Ier
- C – le fils de Napoléon II
- D – le frère du Roi de Rome

Le dernier Président du Conseil de la IVe République fut
- A – Maurice Bourgès-Maunoury
- B – Félix Gaillard

C – Pierre Pfimlin
D – Charles de Gaulle

La fuite du Roi Louis XVI à Varennes date
A – de 1789
B – de 1790
C – de 1791 avant l'entrée en vigueur de la Constitution
D – de 1791 après l'entrée en vigueur de la Constitution

La fin de la Seconde République résulte
A – de la Commune de Paris
B – de la défaite de Sedan
C – de la Révolution de 1848
D – du Coup d'État du 2 décembre

Lequel de ces quatre monarques n'est pas le frère des trois autres ?
A – Louis XVI
B – Louis XVIII
C – Charles X
D – Louis-Philippe Ier

Louis-Napoléon Bonaparte n'a jamais été
A – député
B – sénateur
C – Président de la République
D – Empereur

Laquelle de ces Constitutions instaure-t-elle un organe conservateur de la Constitution ?
A – Le Directoire
B – Le Consulat
C – La Monarchie de juillet
D – La Seconde République

Le Conseil d'État est instauré par la Constitution
A – du Directoire
B – du Consulat
C – du Premier Empire
D – du Second Empire

Lequel de ces souverains n'a pas dû abdiquer ?
A – Napoléon Ier
B – Louis-Philippe Ier
C – Charles X
D – Louis XVIII

Le premier Président de la République de l'histoire de France
A – a été élu au suffrage universel direct
B – a été élu par les deux assemblées
C – a été élu par un collège de grands électeurs proche de celui désignant les sénateurs
D – a été désigné par une assemblée constituante

Pour laquelle de ces Constitutions n'y a-t-il pas eu de consultation populaire approuvant le texte ?

A – le Second Empire
B – la IIIe République
C – 27 octobre 1946
D – 4 octobre 1958

La première Constitution républicaine française date de

A – 1791
B – 1793
C – 1795
D – 1799

La Charte de 1814

A – restaure la Constitution de 1791
B – a été établie après la révolution de juillet
C – a été préparée par une assemblée constituante
D – est inspirée par le régime britannique

Lequel de ces régimes a un Parlement bicaméral ?

A – la Constitution de 1791
B – le Directoire
C – la Seconde République
D – la Constitution de l'an I

Lequel de ces régimes confie l'exécutif à une seule personne ?

A – la Constitution de 1791
B – la Constitution de l'an I
C – le Directoire
D – le Consulat

Lequel de ces régimes applique le suffrage universel pour la désignation des députés ?

A – le Directoire
B – la Charte de 1814
C – la Charte de 1830
D – le Second Empire

L'Assemblée nationale

A – est l'une des deux Chambres de la IIIe République
B – est l'une des deux Chambres de la IVe République
C – est l'une des deux Chambres de la Monarchie de juillet
D – est l'une des deux Chambres sous la Restauration

Laquelle de ces Constitutions n'a pas été préparée par une assemblée constituante ?

A – la Charte de 1814
B – la Constitution de la Seconde République
C – la Constitution de la Troisième République
D – la Constitution de la Quatrième République

Le Président de la IIIe République est élu par

A – l'Assemblée nationale
B – la Chambre des Députés
C – le Sénat
D – un collège équivalent à celui désignant les sénateurs

La « Constitution Grévy »

A – est une révision des lois constitutionnelles de 1875 adoptée au palais Grévy

B – est un projet de nouvelle Constitution proposée par le président du Sénat

C – correspond à la pratique présidentielle initiée par Jules Grévy après la démission du maréchal de Mac-Mahon

D – met en 1875 un terme aux discussions engagées depuis 1870 sur la nature du nouveau régime

Le premier projet de Constitution établi en 1946 pour la IVe République

A – prévoyait deux Chambres

B – supprimait la fonction présidentielle

C – ne contenait pas de déclaration de droits

D – ne prévoyait qu'une seule Chambre

Le septennat présidentiel

A – a été instauré par Bonaparte sous le Consulat

B – a été introduit par la Seconde République

C – a été prévu dans l'attente de la restauration monarchique

D – a été supprimé pendant la Quatrième République

De 1875 à 1940 se sont suivis

A – 78 Gouvernements

B – 104 Gouvernements

C – 153 Gouvernements

D – 210 Gouvernements

Le droit de dissolution

A – est exclu par la Constitution de 1946

B – peut s'appliquer aux deux Chambres sous la IIIe République

C – ne peut être décidé sous la IIIe République qu'avec l'accord du Sénat

D – est permis dans la Constitution de la Seconde République

Le dernier Président du Conseil de la IIIe République est

A – le maréchal Joffre

B – le maréchal Foch

C – le maréchal Pétain

D – le général de Gaulle

Laquelle de ces Constitutions ne contient de déclaration de droits ?

A – la Constitution de 1791

B – la Constitution de l'an I

C – la Constitution de 1848

D – les lois constitutionnelles de 1875

Qui n'a pas été Président de la République ?

A – Georges Clemenceau

B – Raymond Poincaré

C – Louis Napoléon Bonaparte

D – Vincent Auriol

Qui n'a pas été Président du Conseil ?

A – Charles de Gaulle

B – François Mitterrand

C – Edgar Faure

D – Pierre Mendès-France

Chapitre 8

La Ve République (I)

L'exécutif

L'ordre suivi par une Constitution pour traiter des différentes institutions n'a pas *a priori* de valeur en lui-même. Il n'est pas cependant indifférent de relever quels choix ont fait les constituants. Dans le texte de la Constitution de la IVe République, après le préambule et les développements concernant la souveraineté, on avait évoqué le Parlement au titre II tandis que les dispositions portant sur le Président de la République étaient reléguées au titre V. La Constitution de 1958 inverse les choses. Immédiatement après avoir évoqué la souveraineté, le long titre II est consacré au Président de la République et le titre suivant concerne également l'exécutif puisqu'il porte sur le Gouvernement ; le Parlement n'est évoqué qu'au titre IV.

Cet ordre reflète la place dans nos institutions des différents pouvoirs publics. L'exécutif, singulièrement le Chef de l'État, est central. On ne manque pas de formules pour exprimer cette situation, un Président « clef de voûte qui couvre et soude l'édifice de nos institutions », un régime présidentialiste, une hyperprésidence... Le fait est que les Chefs de l'État sont depuis 1958 les personnages principaux de notre république. Même les circonstances qui semblent défavorables comme les cohabitations ne changent pas radicalement la donne.

Le Gouvernement et le Premier ministre ne sont pas maltraités par le texte de la Constitution. Il leur donne d'importants pouvoirs et les moyens de mettre en œuvre leur politique. Ils disposent de prérogatives utiles vis-à-vis du Parlement ; ce dernier en revanche n'empêche guère le Gouvernement d'agir.

La division au sein de l'exécutif entre un Chef d'État et un Gouvernement, la dyarchie, est cependant très favorable au premier face au second et si le Gouvernement peut maîtriser les choses face au Parlement, il dépend des volontés du Président. Cette situation, le monisme inversé, peut être nuancée en fonction des circonstances. En cas de divergences entre les majorités présidentielle et parlementaire, le Chef de l'État pourra moins aisément faire primer ses vues. De telles situations sont cependant l'exception et représentent 9 ans d'un régime qui dépasse les 60 ans.

Lorsqu'on aborde la place de l'exécutif sous la Ve République, il est nécessaire de se référer aux textes, aux articles de la Constitution qui définissent les rôles de chacun. Mais, plus encore qu'en toute autre question, il est indispensable de considérer également la pratique. Celle-ci ne résulte pas exactement de la lettre des dispositions constitutionnelles. En outre, la mise en œuvre de la Constitution est influencée par les circonstances et les hommes.

Section I. Le Président de la République

Les articles 5 à 19 qui constituent le titre II de la Constitution lui sont consacrés. En outre, plusieurs articles dans d'autres titres évoquent l'intervention du Président : ce sont les titre VI pour les traités et accords internationaux, titre VII pour le Conseil constitutionnel, titre VIII pour l'autorité judiciaire, titre IX pour la Haute Cour et titre XVI pour la révision de la Constitution.

A. La désignation du Président

Les articles 6 et 7 portent sur le mandat et l'élection du Président de la République. À leur sujet deux remarques doivent être faites.

- Pour détaillées qu'elles soient ces deux dispositions ne précisent pas toutes les règles en la matière, l'article 6 *in fine* renvoie à une loi organique. Ce n'est pas par exemple la Constitution qui pose l'exigence des parrainages.

- Ces deux articles font partie de ceux qui ont été l'objet de modifications par rapport à l'origine en 1958. Le mode de désignation a été changé mais aussi la durée du mandat, le nombre maximum de mandats consécutifs ainsi que les règles en cas d'incident pendant la campagne et la possibilité de report des opérations électorales.

La Constitution est complétée par des dispositions législatives organiques. Les candidatures doivent respecter un ensemble de conditions pour être recevables, notamment les signatures d'élus appuyant la candidature à l'élection. En outre, pendant leur campagne, les candidats sont tenus à un ensemble d'obligations financières. Ils ne doivent pas dépasser un plafond dans leurs dépenses.

À cet ensemble de règles, les formations politiques peuvent ajouter des procédures internes particulières pour la sélection de leur candidat. On a développé au cours des dernières années l'usage des primaires dans certains partis. Il s'agit de pratiques décidées par les formations politiques. Aucun texte officiel n'impose une telle formalité.

Question à réponse courte

Les conditions pour se présenter à l'élection présidentielle

L'article 6 de la Constitution prévoit que le Président de la République est élu pour cinq au suffrage universel direct et que les modalités d'application de cette élection font l'objet d'une loi organique. Les conditions précises pour se présenter à l'élection présidentielle résultent notamment de la loi organique du 6 novembre 1962 modifiée le 5 avril 2016 et de lois ordinaire et organique du 25 avril 2016. Pour se présenter, il faut être de nationalité française, avoir 18 ans révolus, être électeur, ne pas être privé de ses droits d'éligibilité par voie de justice, ne pas être sous tutelle ou curatelle, avoir satisfait aux obligations imposées par le service national, et faire preuve de dignité morale. Deux points particuliers s'appliquent pour les candidatures à l'élection présidentielle : le premier est de rassembler sur son nom 500 formulaires de présentation émanant d'élus, parlementaires, conseillers régionaux, départementaux, maires émanant d'au moins 30 départements sans que plus d'un dixième, 50, ne vienne du même département. La liste de la totalité des signataires est publiée pour la première fois en 2017 ; le second est que les candidats doivent faire une déclaration de leur situation patrimoniale. Elle est, depuis 2017, publiée. Parmi ces différentes conditions celle qui porte sur les « parrainages », les formulaires de présentation, est la plus contraignante. Elle est destinée à limiter le nombre de candidatures. Elle est régulièrement contestée car elle n'empêche pas des candidatures qui pourtant n'atteignent pas des résultats remarquables. Il a été suggéré de remplacer cette présentation émanant des élus par un parrainage citoyen émanant des électeurs.

Dissertation

Sujet : Pourrait-on revenir sur l'élection du Président de la République au suffrage universel direct ?

Approche globale du sujet

Les termes du sujet ne soulèvent pas de difficultés. Pour répondre à la question posée, on doit se demander d'une part si un mode de sélection autre que le suffrage universel direct est envisageable pour la désignation du Chef de l'État et d'autre part comment juridiquement l'on pourrait modifier les règles sur l'élection présidentielle. Sur le deuxième point, les règles de révision sont connues de tous, encore faut-il relever que l'article 89 contient deux procédures et que l'instauration de l'élection au suffrage universel direct ne s'est pas faite en application de l'article 89. Sur le premier point, il n'est pas certain que la remise en cause de l'élection présidentielle rencontre à première vue une large adhésion. En même temps, on voit bien élection après élection que les candidats élus n'obtiennent au premier tour que des scores modestes et que l'« hyperprésidence » ou au moins le présidentialisme ne rencontre pas toujours une grande adhésion. La réponse à la question posée est ouverte.

Proposition de plan

Introduction

L'élection présidentielle est l'événement majeur de la démocratie française. Tous les cinq ans, l'attention des électeurs est pendant des mois polarisée sur cet exercice souvent déterminant sur le cours de la vie politique pendant plusieurs années.

Dans l'histoire constitutionnelle française, seuls deux régimes ont introduit une élection au suffrage universel direct du Chef de l'État, les IIe et Ve Républiques. Encore faut-il préciser qu'en 1958, l'élection n'était qu'au suffrage universel indirect, un collège électoral comparable à celui des grands électeurs sénatoriaux désignant le Président. Si aux États-Unis, on élit au suffrage universel le Président, en Europe, nos voisins ne procèdent pas ainsi. Certains, étant des monarchies, n'organisent pas d'élection. La Grande-Bretagne et l'Espagne sont par exemple dans ce cas. D'autres confient aux parlementaires le choix du Chef de l'État. C'est la règle en Allemagne ou en Italie.

La France ne devrait-elle pas revenir sur le dispositif actuel de sélection de son Chef de l'État qui la distingue de beaucoup de grands pays européens ?

Si la procédure pour modifier le cadre actuellement applicable est assez claire, il est loin d'être acquis qu'il débouche sur une réponse favorable.

Annonce de plan

Revenir sur l'élection du Président de la République au suffrage universel ramènerait la France dans la norme des grandes démocraties européennes et exigerait une révision constitutionnelle probablement soumise à l'approbation populaire (I) qui apparaît cependant bien improbable compte tenu de l'attachement majoritaire des Français à un pouvoir fort et stable, concevable uniquement si son titulaire bénéficie de l'onction du suffrage universel (II).

Développements

I. Exigeant une révision constitutionnelle, l'abandon de l'élection du Président au suffrage universel rapprocherait la France des grandes démocraties européennes

A. Ne pas élire directement le Chef de l'État rapprocherait la France des autres grandes démocraties européennes

On ne doit pas sous-estimer le nombre de pays qui ont décidé d'introduire une élection de leur Chef de l'État au suffrage universel. En Amérique, plusieurs grands pays comme les États-Unis, le Mexique et le Brésil y ont recours. En Europe également, plusieurs pays, et non des moindres comme la Russie et la Pologne, élisent au suffrage universel leur principal dirigeant. C'est aussi le cas de pays moins peuplés comme le Portugal ou l'Autriche. Cela rappelé, aucun des États voisins de la France ne désigne ainsi son Chef d'État : ni l'Allemagne, ni l'Italie, ni l'Espagne, ni la Grande-Bretagne n'agisse ainsi.

La France en renonçant à l'élection au suffrage universel direct de son Chef de l'État ne ferait que se rapprocher de la pratique de plusieurs grands pays européens. Elle reviendrait aussi à la pratique des régimes républicains précédant la Ve République : sous les IIIe et IVe Républiques, les Présidents étaient élus par les Chambres.

B. Une modification constitutionnelle exigeant sans doute le vote populaire

On doit rappeler ici que, à l'origine, la Constitution de 1958 ne prévoyait pas une élection au suffrage universel direct. La modification a été décidée à la suite d'un référendum organisé à la demande du général de Gaulle conformément à l'article 11 de la Constitution, le Chef de l'État faisant valoir que cette disposition permet de soumettre au référendum des projets relatifs à l'organisation de pouvoirs publics. Cette procédure a été fortement contestée mais elle a permis d'opérer ce changement et de le faire adopter par le peuple tout entier. Il est peu probable cependant qu'on fasse à nouveau appel à cet article pour réviser la Constitution. Lorsqu'on se réfère à la procédure de révision constitutionnelle prévue par l'article 89, on observe que l'initiative peut émaner de l'exécutif, proposition du Premier ministre au Président, ou des membres du Parlement et la ratification de la révision se fait par référendum sauf si le texte ayant été proposé par l'exécutif, le Président décide la réunion du Congrès. Sans rentrer dans trop de conjectures, une telle modification émanerait plutôt des parlementaires ; un référendum serait obligatoire. Si c'était malgré tout l'autre hypothèse qui l'emportait, le Chef de l'État devrait ne pas demander l'application de la procédure dérogatoire par le Congrès. Juridiquement il n'y est pas tenu mais la révision antérieure ayant été décidée à la suite d'un référendum, il paraîtrait singulier de modifier les choses sans passer par l'adhésion populaire.

Transition Est-il vraisemblable qu'une telle révision sera engagée ?

II. La suppression de l'élection présidentielle au suffrage universel direct apparaît cependant bien improbable compte tenu de l'attachement majoritaire des Français à un pouvoir fort et stable, concevable uniquement si son titulaire bénéficie de l'onction du suffrage universel

A. Une révision improbable compte de l'attachement à un pouvoir fort et stable

Rien n'est écrit. Quand bien même existe un mouvement critique de la Ve République pour sa présidentialisation, l'éventuelle VIe République n'abandonnera probablement pas le suffrage universel direct pour la désignation du Chef de l'État et la Ve République ne supprimera pas ce mode de désignation du Chef de l'État.

L'autorité du Président est accrue par cette élection. Une personnalité désignée dans ces conditions peut exercer un pouvoir fort et stable. La « monarchie républicaine » qu'est la Ve République serait difficilement compréhensible si son principal dirigeant n'était pas élu par un très large collège. Enfin, si les Français ne se montrent pas toujours satisfaits de leurs Présidents, ils tiennent à pouvoir les choisir. L'élection présidentielle est vraiment l'élection essentielle comme le montrent les taux de participation certes en baisse mais supérieurs pour cette élection à ceux des autres élections : en 2022, au deuxième tour, l'abstention a été de 28 %.

B. La légitimation des pouvoirs étendus par l'onction du suffrage universel

On a depuis 1958 eu une conception très extensive des pouvoirs du Chef de l'État. Dans la dyarchie de l'exécutif, il est clair que le Président de la République bénéficie du rôle le plus enviable. La pratique de la Ve lui a été favorable. Ne faut-il pas considérer que cette extension est validée par la manière dont il est désigné. Accepterait-on que le Chef de l'État ait autant de place dans le fonctionnement des institutions s'il était désigné comme un Président allemand ou un Président de la IIIe République ? Sans doute pas. La pratique des institutions instaurée dès les premières années de la Ve République s'est durablement maintenue grâce à cette élection où peuvent participer l'ensemble des électeurs du pays. Si l'on revenait sur l'élection du Chef de l'État dans les conditions définies en 1962, il faudrait aussi revoir la pratique des institutions. Il n'est certain qu'une majorité de citoyens y soient favorables.

Conclusion

L'histoire constitutionnelle nous enseigne qu'un schéma constitutionnel appliqué un temps peut être remis en cause. La IIe République avait établi l'élection du Chef de l'État au suffrage universel en 1848 ; on n'y a plus eu recours pendant plus de cent ans. On pourrait partir de cette observation pour douter de la pérennité de l'élection présidentielle dans sa forme actuelle. L'élection directe par les Français de leur Chef d'État est sur la longue période l'exception.

Pour autant, on peut légitimement s'interroger sur le succès d'une remise en cause de l'élection présidentielle au suffrage universel. Cette méthode porte les dirigeants. La participation électorale supérieure est un signe d'intérêt mais on ne peut cacher une évolution défavorable : le Président élu en 2022 n'a obtenu que 18,7 millions de voix sur 47,7 millions d'inscrits, moins de 40 % du corps électoral.

Résultats de l'élection présidentielle de 2022

1er tour

Inscrits 48 447 876
Abstentions 12 824 169 (26,31 % des inscrits)
Blancs 543 609 (1,12 % des inscrits, 1,51 % des votants)
Nuls 247 151 (0,51 % des inscrits, 0,69 % des votants)
Exprimés 35 132 947 (72,07 % des inscrits, 97,8 % des votants)
E. Macron 9 783 058 (27,85 % exprimés, 20,07 % inscrits)
M. Le Pen 8 133 828 (23,15 % exprimés, 16,69 % inscrits)
J. L. Mélenchon 7 712 520 (21,95 % exprimés, 15,82 % inscrits)
E. Zemmour 2 485 226 (7,07 % exprimés, 5,1 % inscrits)
V. Pécresse 1 679 001 (4,78 % exprimés, 3,44 % inscrits)
Y. Jadot 1 627 853 (4,63 % exprimés, 3,34 % inscrits)
J. Lassalle 1 101 387 (3,13 % exprimés, 2,26 % inscrits)
F. Roussel 802 422 (2,28 % exprimés, 1,65 % inscrits)
N. Dupont-Aignan 725 176 (2,06 % exprimés, 1,49 % inscrits)
A. Hidalgo 616 478 (1,75 % exprimés, 1,26 % inscrits)
Ph. Poutou 268 904 (0,77 % exprimés, 0,55 % inscrits)
N. Arthaud 197 094 (0,56 % exprimés, 0,4 % inscrits)

2e tour

Inscrits 47 752 339
Abstentions 13 655 861 (28,01 % inscrits)
Blancs 2 233 904 (4,58 % des inscrits, 6,37 % des votants)
Nuls 805 249 (1,65 % des inscrits, 2,29 % des votants)
Exprimés 32 057 325 (65,76 % des inscrits, 91,34 % des votants)
E. Macron 18 768 639 (58,55 % exprimés, 38,5 % inscrits)
M. Le Pen 13 288 686 (41,55 % exprimés, 27,26 % inscrits)

B. Les pouvoirs du Président

Beaucoup des pouvoirs du Président sont évoqués dans le titre II mais il faut les compléter par ceux dont ils disposent en matière de traités (art. 52), de saisine et de nomination du Conseil constitutionnel (art. 54, 56 et 61), par rapport à l'autorité judiciaire (art. 64 et 65) et en matière de révision constitutionnelle (art. 89).
Lorsqu'on compare les pouvoirs du Président à ceux que détenaient ses prédécesseurs, il n'apparaît pas aussi nettement qu'on l'affirme souvent qu'ils soient très supérieurs. La comparaison entre les lois constitutionnelles de 1875 et le cadre actuel ne conduit pas à une réponse évidente. Plusieurs éléments cependant doivent d'abord être soulignés et retenir l'attention.

- La Constitution distingue entre deux catégories de compétences présidentielles, celles qui sont soumises au contreseing et celles qui, en application de l'article 19, y échappent. Il est aussi utile de connaître la liste des premières que celle des secondes. Dans les Constitutions antérieures, le contreseing était la règle.
- Le Président de la Ve est élu au suffrage universel direct. Ses prédécesseurs des IIIe et IVe Républiques ne l'étaient pas. Leur légitimité n'était pas la même.

L'examen des compétences présidentielles peut suggérer de faire un classement entre les différentes attributions du Chef de l'État. On pourra pour ce faire tenir compte des obligations pesant sur les différents actes : nécessité d'obtenir l'accord du Premier ministre, par le contreseing ou la proposition faite par lui, ou bien encore l'accord du conseil des ministres.
Par-delà ces observations, force est de constater que les pouvoirs du Président de la République vont bien au-delà de ceux que lui accorde la Constitution. Les Présidents de la République ont acquis un ensemble de prérogatives qui ne résultent pas des textes mais de la pratique des institutions. On y reviendra dans la section III mais il faut d'emblée y faire allusion car les pouvoirs réels du Président sont bien plus étendus que ce qu'affirme la Constitution.

Questions à réponse courte

L'article 16 de la Constitution de la Ve République

L'article 16 est une des dispositions les plus singulières de la Constitution de 1958 ; il donne au Chef de l'État des rôles très exceptionnels. Pour pouvoir y avoir recours, il faut qu'une « menace grave et immédiate mette en cause les institutions de la République, l'indépendance de la nation, l'intégrité du territoire et l'exécution par la France de ses engagements internationaux ». En outre, on doit constater l'interruption du fonctionnement régulier des pouvoirs publics. C'est le Chef de l'État qui décide de recourir à ces pouvoirs. Cette décision est dispensée du contreseing mais il doit consulter officiellement le Premier ministre, les présidents des assemblées ainsi que le Conseil constitutionnel. Le Président doit informer la nation par message de sa décision.
Dès lors que l'article 16 est engagé, le Président prend « les mesures exigées par les circonstances » qui doivent « être inspirées par la volonté d'assurer aux pouvoirs publics constitutionnels, dans les moindres délais d'accomplir leur mission ». Le Chef de l'État concentre en sa personne tous les pouvoirs et peut prendre des décisions très diverses. Il ne peut cependant pas dissoudre l'Assemblée nationale.

Longtemps intouchable, l'article 16 a cependant été modifié lors de la révision constitutionnelle de 2008. On lui a ajouté un alinéa qui permet la saisine par les présidents des chambres, 60 députés, 60 sénateurs, du Conseil constitutionnel au-delà de 30 jours d'exercice des pouvoirs exceptionnels aux fins d'examiner si les conditions requises pour la mise en œuvre sont toujours réunies. Il se prononce au bout de 60 jours et au-delà à tout moment. On a voulu établir un encadrement de l'usage de cet article qui confie au Chef de l'État des prérogatives considérables. Jusqu'à présent, l'article 16 n'a été mis en œuvre qu'une seule fois en avril 1961 à la suite du putsch d'Alger. Le général de Gaulle le mit en vigueur du 23 avril au 30 septembre 1961.

Les actes du Président de la République soumis au contreseing

On sait que l'article 19 énumère une série d'actes du Président de la République qui échappe au contreseing. *A contrario*, les autres y sont soumis. C'est le cas de la nomination des ministres sur proposition du premier d'entre eux. La promulgation des lois par le Chef de l'État prévue à l'article 10 l'est également. Ce même article soumet à cette règle la demande de nouvelle délibération d'une loi mais l'article précise qu'elle ne peut être refusée. Les ordonnances sont signées par le Président mais elles doivent être contresignées. Le pouvoir de nomination en conseil des ministres des agents civils et militaires évoqué à l'article 13 est l'objet du contreseing. C'est aussi le cas des nominations de personnalités qualifiées au sein du Conseil supérieur de la magistrature selon l'article 65 de la Constitution et de celle du défenseur des droits évoquée à l'article 71-1. Il apparaît ainsi que le pouvoir de nomination du chef de l'État est pratiquement toujours soumis au contreseing, la seule exception portant sur les membres du Conseil constitutionnel. Le droit de grâce évoqué à l'article 17 n'échappe pas à cette obligation du contreseing. Il en va de même pour l'initiative de la révision constitutionnelle prévue à l'article 89. C'est assez logique puisque s'il a l'initiative en la matière il lui faut une proposition en ce sens du Premier ministre.

Le pouvoir de nomination du Président de la République

Selon la Constitution, le Président de la République est appelé à nommer à la fois des titulaires de fonctions au sein des institutions ainsi que des agents de l'État. Selon l'article 8 de la Constitution, il nomme le Premier ministre et sur sa proposition les autres membres du Gouvernement. Selon l'article 56, il désigne trois des neuf membres nommés du Conseil constitutionnel. Parmi les membres, il désigne le président du Conseil constitutionnel. Le défenseur des droits dont le rôle est établi par le titre XI bis de la Constitution est également nommé par lui. L'article 13 indique que le Président nomme aux emplois civils et militaires et contient une liste d'emplois nommés en conseil des ministres. Cette liste est complétée par une loi organique. Les ambassadeurs et envoyés extraordinaires sont nommés en conseil des ministres et l'article 14 précise qu'ils sont accrédités par le Président de la République auprès des puissances étrangères.

Le pouvoir de nomination du Président de certains agents publics a été encadré. « En raison de leur importance pour la garantie des droits et libertés ou la vie économique de la nation », le pouvoir de nomination s'exerce après l'avis public de la commission compétente de chaque assemblée. Si les votes négatifs font au moins les trois cinquièmes des suffrages, le Président ne peut procéder à la nomination.

Le domaine réservé du Président de la République

L'exécutif est sous la Ve République partagé entre le Président de la République et le Gouvernement. La Constitution confie à chacun un ensemble de prérogatives. Le domaine réservé est une expression forgée par Jacques Chaban-Delmas qui renvoie au partage des rôles au sein de l'exécutif. D'un côté, il y aurait un domaine réservé au Président de la République qui serait seul compétent pour y intervenir. De l'autre, le domaine ordinaire serait composé de tous les secteurs qui n'appartiendraient pas au domaine réservé. Les domaines attribués exclusivement au Chef de l'État seraient notamment composés des questions de défense et de politique étrangère, à quoi étaient ajoutées au début de la Ve l'Algérie et la Communauté franco-africaine. Cette distinction a certainement une part de pertinence. En France comme à l'étranger, le principal dirigeant de l'exécutif traite de ces questions militaires et diplomatiques. Cela dit, cette distinction entre un domaine réservé et un domaine plus ouvert aux différents acteurs de l'exécutif est discutée. D'abord, elle ne résulte pas de façon évidente de dispositions de la Constitution. Si le Chef de l'État est constitutionnellement chef des armées, qu'il négocie et ratifie les traités, qu'il accrédite les ambassadeurs, la Constitution confie au Gouvernement la conduite de la politique de la Nation et le fait disposer de la force armée. Ensuite, les domaines de prédilection du Chef de l'État sont-ils limités à la défense et à la diplomatie ? En réalité, les Présidents ont manifesté des intérêts plus larges. Ils ont pu évoquer pratiquement tous les sujets, même si ceux qu'on associe classiquement au « domaine réservé » sont effectivement toujours traités par eux, même en périodes de cohabitation.

Commentaire

Article 5 de la Constitution de 1958

« Le Président de la République veille au respect de la Constitution. Il assure par son arbitrage, le fonctionnement régulier des pouvoirs publics ainsi que la continuité de l'État. Il est le garant de l'indépendance nationale, de l'intégrité du territoire et du respect des traités ».

Approche globale du sujet

Ce sujet est certes un commentaire mais il porte sur un article très bref de la Constitution, à peine plus long que l'intitulé d'une dissertation. L'article 5 n'est pas le plus célèbre des articles de la Constitution ; en même temps, il est quand même assez souvent cité ; il se situe au début du titre concernant le Chef de l'État. On peut chercher à se remémorer ce que l'on a vu à propos de cet article mais le point important est de bien lire les formules qui y figurent et de les confronter aux autres dispositions concernant le Président et surtout plus globalement au rôle effectif joué par le Chef de l'État sous la Ve République. Il apparaît alors assez clairement que cet article ne suffit pas pour inventorier les fonctions effectives du Président sous la Ve République.

Proposition de plan

Introduction

Parmi les dispositions figurant dans la nouvelle Constitution de la Ve République, un grand nombre a pu surprendre voire inquiéter. Par rapport au parlementarisme classique et aux règles des Constitutions précédentes, on trouve en 1958 des innovations : limiter explicitement le domaine de la loi, permettre au Gouvernement d'agir en lieu et place du Parlement, organiser des référendums, contrôler la constitutionnalité de la loi sont des nouveautés dans un texte constitutionnel.

La situation faite au Chef de l'État a d'emblée beaucoup déconcerté. Non seulement le Président est élu dès 1958 par un collège bien plus large que sous les régimes précédents mais il a des pouvoirs tout à fait nouveaux, en temps de crise ceux de l'article 16, en temps plus ordinaires des prérogatives échappant à tout contreseing. L'article 5 appartient également aux dispositions inédites que contient la Constitution de 1958. Jamais dans les Constitutions précédentes on n'avait consacré un article à définir de façon globale le rôle du Chef de l'État. La Constitution fait de même quelques articles plus loin pour le Gouvernement et le Premier ministre aux articles 20 et 21.
L'article 5 définit la fonction présidentielle et précise les principes et valeurs que devra respecter le Chef de l'État. Cet article innove mais, contrairement à d'autres dispositions, il n'inquiète pas. On pourrait même considérer qu'il rassure puisqu'il semble cadrer le rôle du Chef de l'État. L'article 5 permet-il cependant de bien mesurer la réalité des fonctions remplies par les Présidents ? Ce n'est pas certain.

Annonce de plan

En effet, si la définition de la fonction présidentielle faite par l'article 5 de la Constitution autour de trois missions ne semble pas confier au Président des responsabilités primordiales au sein de l'exécutif (I), elle ne donne, sauf périodes de cohabitation, qu'une vision partielle de la situation réelle du Chef de l'État (II).

Développements

I. L'article 5 de la Constitution ne semble pas confier au Président des responsabilités primordiales au sein de l'exécutif

A. Les trois missions confiées par l'article 5 au Chef de l'État

On peut résumer les fonctions du Président de la République d'après l'article 5 autour de trois formules : gardien de la Constitution, arbitre au sein des institutions, garant de l'État.
1° Le Président « veille au respect de la Constitution » ; il est le gardien de la Constitution
2° Il assure une régulation « par son arbitrage ». Il doit assurer « le fonctionnement régulier des pouvoirs publics ainsi que la continuité de l'État ».
3° Il est le garant de l'État. Il doit veiller sur l'indépendance du pays, sur l'intégrité de son territoire, sur le respect de ses engagements internationaux.
Ces fonctions fondamentales du Président sont explicitées dans des dispositions qui font suite à l'article 5 et notamment celles du titre II.
Comme gardien de la Constitution, il peut saisir le Conseil constitutionnel, nommer une partie de ses membres ; le Président peut aussi manifester son opposition à un texte en refusant de le signer, en demandant une nouvelle délibération.
Arbitre, il peut nommer le Chef de Gouvernement ; il peut aussi dissoudre.
Garant de l'État, le Président est chef des armées et peut avoir des pouvoirs exceptionnels en application de l'article 16.

B. Des responsabilités pas primordiales au sein de l'exécutif

Même complétées par d'autres dispositions, les missions du Président telles que définies par l'article 5 ne lui donnent pas des responsabilités considérables. Les domaines mentionnés à l'article 5 sont généraux et peu nombreux. Il ne peut le plus souvent pas agir seul puisque la plupart de ses actes sont soumis au contreseing ; il doit agir avec d'autres. L'exécutif sous la Ve République est décomposé en plusieurs éléments. Il appartient d'après l'article 20 en principe au Gouvernement avec sa tête le Premier ministre de déterminer et conduire la politique de la Nation. Garant et arbitre, le Président a un rôle plus lointain, plus en hauteur. Il veille, il conseille, il interroge, il exprime des avis mais l'action quotidienne, la décision dans cette dyarchie de l'exécutif sont, la plupart du temps, confiées à d'autres, les membres du Gouvernement. Le Président intervient si les principes qu'il doit protéger sont menacés.
Au fond, l'article 5 détermine les rôles du Chef de l'État par rapport à ceux qui sont confiés au Gouvernement par l'article 20.

Transition Dans ce partage des rôles au sein de l'exécutif, le Président ne semble pas avoir la position principale. Peut-on s'en tenir à cette appréciation ?

II. Cette définition ne donne, sauf périodes de cohabitation, qu'une vision partielle de la situation réelle du Chef de l'État

A. Une situation réaliste en période de cohabitation

Les trois périodes de cohabitation, 1986-1988, 1993-1995, 1997-2002, ont été à certains égards différentes du fait des durées plus ou moins longues et des personnalités qui y ont participé. Il apparaît cependant assez clairement qu'elles ont impliqué un retour à la lettre de la Constitution. Le Chef de l'État, sans le soutien d'une majorité parlementaire, n'a pu faire usage que des prérogatives qui sont accordées au Président. L'article 5 complété par les articles du titre II définit le cadre dans lequel il peut agir. On ne peut pas en déduire que le Président n'a aucun rôle mais cela reste assez limité : la Constitution n'a prévu que très peu d'actes où il peut agir seul. Les actes dispensés du contreseing ne sont pas d'un usage très courant et même pour ces actes il a des contraintes : imagine-t-on la nomination d'un Premier ministre n'ayant pas le soutien du Parlement ? Comment organiser un référendum si l'on n'a pas une proposition du Gouvernement ou des Assemblées ? La dissolution ne peut se répéter dans l'année qui suit les élections...

B. Une vision partielle en temps de convergences des majorités présidentielle et parlementaire

L'article 5 ne permet pas de donner une vision réaliste de la situation du Président de la République. En effet, dès lors que les majorités présidentielle et parlementaire sont convergentes, la primauté présidentielle se manifeste. Dès le commencement de la Ve République, le Chef de l'État a dominé les institutions. Cette primauté présidentielle inaugurée sous le général de Gaulle a été confirmée par ses successeurs. On peut trouver des nuances dans les comportements des différents Présidents successifs ; leur personnalité, la solidité de leur majorité au sein du Parlement, les échecs électoraux ont eu des incidences mais les Présidents ont eu en général un rôle bien plus actif que celui que donnerait à penser l'article 5. S'ils sont arbitres, ils sont fort engagés ; s'ils sont garants, ils sont très actifs. Les Présidents ne sont pas des spectateurs ou de simples gardiens des institutions. Ou s'ils le sont, c'est bien contre leur volonté.
La configuration politique existant depuis 2022 est particulière. Il n'y a pas, contrairement à 2017 de convergence entre les majorités présidentielle et parlementaire : le parti présidentiel *Renaissance* n'a que 171 élus sur les 577 députés ; *En marche* en avait 314 en 2017 ; même si l'on y ajoute les formations alliées, on n'arrive en 2022 qu'à 251 élus ; on est assez loin de la majorité qui est à 289 sièges et très au-dessous de la majorité parlementaire de 2017 qui était de 351 élus. De leur côté, les oppositions ont, au total, depuis 2022, 326 élus. Les opposants étant divisés en tendances assez différentes, on hésite à assimiler la situation actuelle à celle des cohabitations antérieures. On

est pourtant bien en face d'une espèce de coexistence. Dans un tel contexte, le fonctionnement des institutions n'a curieusement pas été modifié : le Président agit comme s'il avait l'appui d'une majorité parlementaire. Or tel n'est pas le cas. On peut comprendre qu'il ne se satisfasse pas des apparents modestes rôles confiés par l'article 5. Il paraît nécessaire de sortir de l'ambiguïté de la situation actuelle. La Constitution donne au Président les moyens d'en sortir. Il ne semble pas vouloir les utiliser. Comme le relevait le cardinal de Retz, on ne sort de l'ambiguïté qu'à ses dépens.

Conclusion Les Présidents de la Ve République n'ont jamais été de simples arbitres n'assurant que le fonctionnement régulier des pouvoirs publics et la continuité de l'État. Ce sont des acteurs de premier plan, les premiers acteurs dans le fonctionnement des institutions françaises. L'article 5 ne donne pas une image réelle de la situation des institutions françaises sous la Ve République. Pouvait-on cependant imaginer que des observateurs aussi critiques des régimes précédents que l'étaient le général de Gaulle et Michel Debré allaient établir des institutions ne donnant au Président qu'un rôle limité ? Pourquoi en outre désigner avec un collège électoral si large un Chef d'État qui n'aurait été qu'un arbitre ?

C. Le statut du Président

La nouvelle Constitution n'innove pas en 1958 en accordant un statut protecteur au Chef de l'État. L'article 6 de la loi constitutionnelle du 25 février 1875 disposait ainsi que « le Président de la République n'est responsable que dans le cas de haute trahison », formule reprise à l'article 42 de la Constitution de la IVe République et à l'article 68 de la Constitution de la Ve République dans sa rédaction initiale de 1958. À ce sujet, une précision doit être apportée et une observation générale faite.

Le titre IX portant sur la Haute Cour qui contient le statut applicable au Président et la manière dont il peut être jugé fait partie des dispositions qui ont été modifiées depuis 1958. La rédaction a ainsi été légèrement modifiée – on ne mentionne plus la haute trahison mais un « manquement à ses devoirs manifestement incompatible avec l'exercice du mandat ».

L'observation générale porte sur la différence des situations au sein des institutions entre le Président de la Ve et ses prédécesseurs des IIIe et IVe Républiques. Si le statut est aussi protecteur, il bénéficie à une personnalité dont le rôle effectif est sans commune mesure avec celui des Chefs d'État des républiques précédentes.

Question à réponse courte

La Haute Cour

La Haute Cour est l'objet du titre IX de la Constitution. Elle remplace la Haute Cour de justice et a été établie par la loi constitutionnelle du 23 février 2007. La Haute Cour est compétente exclusivement à l'égard du Président de la République. Elle peut le destituer si elle constate qu'il y a dans le comportement du Président un « manquement à ses devoirs manifestement incompatible avec l'exercice de son mandat » selon les termes de l'article 68 de la Constitution. La Haute Cour est composée de l'ensemble des parlementaires des deux Assemblées. Elle est présidée par le président de l'Assemblée nationale. Pour qu'elle soit saisie, est nécessaire un vote concordant des deux Chambres, chacun à la majorité des deux tiers. La Cour se réunit alors et prend ses décisions également à la majorité des deux tiers. Le Haute Cour se prononce sur l'incompatibilité des faits reprochés au Président avec son maintien à la tête de l'État et décide s'il faut le destituer. Si tel est le cas, il est mis fin au mandat du Président. Il appartient ensuite aux juridictions ordinaires de reprendre ou d'engager des poursuites pénales contre l'ancien Chef d'État. Le dispositif établi en 2007 juste avant la fin du mandat de Jacques Chirac qui était mis en cause apporte plusieurs changements par rapport au dispositif antérieur. Comme sous les régimes précédents, la responsabilité du Chef de l'État était mise en cause pour des faits de « haute trahison ». La Haute Cour de justice qui devait se prononcer était composée de quelques députés et sénateurs et non pas de la totalité des parlementaires et elle pouvait être saisie à la suite d'une résolution votée par chaque Chambre à la majorité absolue de ses membres.

Dissertation

Sujet : Le Président de la République est-il irresponsable ?

Approche globale du sujet

La formulation du sujet peut apparaître un peu surprenante. La question posée est cependant très claire et porte sur l'ampleur des protections accordées au Chef de l'État. Le sujet ne précisant pas de régime, on pourrait théoriquement envisager les choses sous les quatre républiques ayant mis à leur tête un Président. On pourra cependant se concentrer sur la situation sous la Ve République sans s'attirer de reproche. Les dispositions de la Constitution en la matière ont été modifiées par rapport aux formulations de 1958.

Proposition de plan

Introduction

« Le Roi ne peut mal faire ». L'adage de l'ancien droit peut apparaître archaïque au début du XXIe siècle. Il paraît assez inimaginable qu'une autorité, quelle qu'elle soit, puisse échapper aux conséquences de ses actes. Il est difficile d'accepter qu'elle bénéficie d'immunités et soit traitée différemment en raison de la nature des fonctions exercées.

Au sein des pouvoirs exécutifs, certains sont soumis à une responsabilité qui est non seulement politique, après leur investiture ils peuvent être l'objet d'une censure, mais aussi pénale car ils peuvent être poursuivis pénalement. C'est le cas des ministres.

D'autres sont traités différemment. Ils ont beau avoir des pouvoirs très étendus, le régime qui s'applique à eux semble très protecteur au point où l'on peut se demander si les Présidents de la République ne bénéficient pas d'une forme d'irresponsabilité.

Annonce de plan

Le Président de la République n'est en principe, ni au plan politique, ni au plan pénal, responsable des actes accomplis dans l'exercice de ses fonctions (I) mais si la Constitution prévoit quelques dérogations à son irresponsabilité pénale, seul le Chef de l'État peut décider d'engager sa responsabilité politique (II).

Développements

I. Le Président de la République n'est en principe, ni au plan politique, ni au plan pénal, responsable des actes accomplis dans l'exercice de ses fonctions

A. Irresponsabilité politique du Président de la République

Le Président de la République exerce sous la Ve République de très nombreux pouvoirs. Sans revenir sur l'ampleur de ces prérogatives résultant des textes et de la pratique des institutions depuis 60 ans, on observe qu'il n'y a à l'égard du Président de la République aucune procédure symétrique à celle qui s'impose au Gouvernement et au Premier ministre aux articles 49 et 50 de la Constitution en matière de responsabilité politique. On ne trouve dans la Constitution aucun dispositif équivalant à ces articles permettant d'engager la responsabilité politique du Chef de l'État. On peut cependant noter en revanche que le Président peut, lui, dissoudre l'Assemblée nationale. Autrement dit, il n'y a aucune réciprocité dans leurs situations respectives.

B. Irresponsabilité pénale pour les actes accomplis dans l'exercice de ses fonctions

Dans la continuité des régimes précédents, la Constitution de 1958 accorde en outre l'irresponsabilité pénale au Président de la République. Il y a ici une tradition juridique reprise dès 1958 avec des dispositions reprenant pratiquement les termes des Constitutions précédentes. Dans sa formulation établie en 1958, l'article 68 disposait ainsi que « le Président de la République n'est responsable des actes accomplis dans l'exercice de ses fonctions qu'en cas de haute trahison ». Cette formule est directement inspirée de l'article 6 de la loi du 25 février 1875 sur l'organisation des pouvoirs publics qui disposait que « le Président de la République n'est responsable que dans le cas de haute trahison ». L'article 42 de la Constitution de 1946 contenait la même formulation.
Les règles en la matière ont été révisées en 1997. L'article 67 de la Constitution dispose que « le Président de la République n'est pas responsable des actes accomplis dans l'exercice de ses fonctions » et il est ajouté à présent qu'« il ne peut durant son mandat et devant aucune juridiction ou autorité administrative française, être requis de témoigner non plus que faire l'objet d'une action, d'un acte d'information, d'instruction ou de poursuite ». L'étendue de l'immunité pénale dont bénéficie le Président est ainsi largement entendue.

Transition Faut-il en déduire que le Président échappe, sans aucune limite, aux conséquences de ses actes ? Faut-il considérer qu'il y a une impunité accordée au Chef de l'État ? Il faut ici être nuancé et distinguer plusieurs situations.

II. Si la Constitution prévoit quelques dérogations à son irresponsabilité pénale, seul le Chef de l'État peut décider d'engager sa responsabilité politique

A. Des dérogations à l'irresponsabilité pénale

L'article 67 n'établit pas une immunité pénale absolue en faveur du Président de la République. Cette immunité ne vaut, comme on l'a vu, que pour les actes accomplis dans l'exercice des fonctions mais en outre l'article 67 pose deux dérogations à cette immunité : l'une renvoie aux compétences de la Cour pénale internationale, l'autre aux manquements par le Président à ses devoirs.
La Cour pénale internationale a été créée par la Convention de Rome du 17 juillet 1998 à laquelle se réfère l'article 53-2 de la Constitution. Cette Cour a une compétence limitée à certains crimes graves : crime de génocide, crime contre l'humanité, crime de guerre et d'agression. Les États qui acceptent la compétence de la CPI ne peuvent faire obstacle à son intervention y compris à l'encontre des personnalités exerçant des fonctions officielles. Les protections accordées aux Chefs d'État ne s'appliquent pas pour les crimes extrêmement graves. La Constitution a été révisée le 8 juillet 1999 avec l'adjonction de cet article 53-2 préalablement à la ratification de la convention de Rome. La deuxième dérogation porte sur les « manquements aux devoirs manifestement incompatibles avec l'exercice du mandat » du Président de la République selon la formule introduite par la révision du

23 février 2007 à l'article 68 de la Constitution. On faisait auparavant allusion à des actes de haute trahison. Le Président de la République risque la destitution si un tel manquement est constaté. Il appartient au Parlement constitué en Haute Cour de se prononcer sur cette question. La majorité des deux tiers est requise à la fois pour engager la procédure et se prononcer sur la destitution. Ce sont les juridictions ordinaires qui, ultérieurement, auront à se prononcer sur les faits reprochés au Président. Un dernier point doit être relevé. L'immunité pénale accordée est provisoire ; le dernier alinéa de l'article 67 précise en effet que « les instances et procédures auxquelles il est ainsi fait obstacle peuvent être reprises ou engagées contre (le Président) à l'expiration d'un délai d'un mois suivant l'expiration de son mandat ».

B. Une responsabilité politique que seul le Président peut engager

Comme on l'a relevé précédemment, aucun article de la Constitution n'organise les conditions d'une mise en cause de la responsabilité politique du Chef de l'État. On peut ajouter qu'aucune disposition n'exclut la responsabilité politique du Président. Aucune obligation constitutionnelle ne pèse sur lui. Il lui appartient donc de se déterminer en son for intérieur.

À cela, on doit ajouter plusieurs observations.

On peut d'abord rappeler que le mandat présidentiel est renouvelable consécutivement une fois. Le Président sortant peut donc se représenter et les Français apprécieront son action politique et trancheront. Deux Présidents ont ainsi été sanctionnés tandis qu'un troisième ne s'est pas représenté anticipant sans doute un résultat similaire.

On peut ensuite relever que le général de Gaulle a, à plusieurs reprises, engagé sa responsabilité politique à l'occasion des référendums dont il a demandé l'organisation. Tant qu'il a obtenu la réponse qu'il escomptait, il est demeuré à son poste mais en 1969 le refus des modifications à la Constitution sur le Sénat et les régions lors du référendum ont conduit le général de Gaulle à quitter ses fonctions.

Enfin, on peut observer qu'aucun de ses successeurs n'a adopté une attitude similaire. On peut ainsi relever que les résultats défavorables aux législatives n'ont pas conduit les Présidents Mitterrand et Chirac à quitter leurs fonctions, ce qui a ouvert la voie aux trois cohabitations. Le maintien en fonction du Président Chirac paraît d'autant plus surprenant qu'il avait décidé en 1997 la dissolution qui a mené à ce résultat défavorable. On peut ajouter que le même Président est resté en fonction alors même qu'il avait fait organiser le référendum portant sur le traité établissant une Constitution pour l'Europe qui a débouché sur une réponse négative.

Rien juridiquement n'oblige les Présidents à mettre fin à leur mandat en raison d'échec politique. Aucun d'entre eux n'a pris un engagement comparable à celui de de Gaulle. Il n'empêche que leur comportement donne à penser que les Présidents sont politiquement irresponsables et que l'attitude du général de Gaulle est une exception qui confirme la règle.

Conclusion

Selon la nature des régimes politiques, la responsabilité des dirigeants n'est pas engagée dans les mêmes conditions. Dans les régimes parlementaires, la responsabilité politique pèse sur le Gouvernement tandis que le Chef de l'État y échappe en raison de ses faibles prérogatives. Les régimes présidentiels n'ont pas établi de moyens directs d'action d'un pouvoir sur l'autre et si les chambres ne peuvent être dissoutes, la responsabilité politique du Président ne peut être engagée. On peut seulement attaquer son comportement personnel dans la procédure d'impeachment.

Lorsqu'on examine la situation du Président français, on peut conclure qu'elle s'inspire à la fois de ces deux formes de régime. L'irresponsabilité au plan politique du Chef de l'État est assez avérée. L'attitude du général de Gaulle n'a pas constitué un précédent que ses successeurs ont suivi. Loin s'en faut. On se rapproche de la situation des Chefs d'État parlementaires. Sur le plan pénal, le système établi depuis 2007 s'apparente à l'impeachment à l'américaine.

Au total, s'il n'est pas intouchable, s'il ne bénéficie pas de l'impunité, le Président français semble quand même très protégé.

Section II. Le Premier ministre et le Gouvernement

Les règles portant sur la nomination du Gouvernement figurent à l'article 8 tandis que celles sur son investiture à l'article 49. Les articles 20 à 23 du titre III sont consacrés au Gouvernement. Le titre IV sur les rapports entre le Parlement et le Gouvernement contient plusieurs dispositions concernant le Gouvernement et son Chef. Le titre X porte sur la responsabilité pénale des membres du Gouvernement.

A. La désignation du Premier ministre et du Gouvernement

L'article 8 donne les règles constitutionnelles et distingue entre la nomination du Chef du Gouvernement et celle des autres membres. Au-delà de savoir comment juridiquement on nomme le Premier ministre et les autres membres du Gouvernement, un ensemble d'observations pourraient être ajoutées mais pour s'en tenir à la pratique il est loin d'être acquis qu'existe une effective distinction dans le pouvoir de nomination. Le Chef de l'État nomme plutôt l'ensemble de l'équipe gouvernementale.

Question à réponse courte

Les membres du Gouvernement

Selon le deuxième alinéa de l'article 8 de la Constitution, les membres du Gouvernement sont nommés par le Président de la République sur proposition du Premier ministre. Leurs fonctions au sein du Gouvernement sont incompatibles avec l'exercice de tout mandat parlementaire, de toute fonction de représentation professionnelle à caractère national, et de tout emploi public ou de toute activité professionnelle selon l'article 23. En revanche, aucune interdiction ne porte sur l'exercice de mandats locaux ou de fonctions à l'intérieur des formations politiques.

La Constitution n'apporte aucune précision sur le nombre maximum de personnes pouvant constituer un Gouvernement, ni sur leurs titre et rang. Il peut y avoir des ministres d'État, des ministres, des ministres délégués, des secrétaires d'État.

On confie aux membres du Gouvernement des attributions correspondant en général à une administration de l'État.

Les ministres sont responsables politiquement collégialement par la mise en œuvre de l'article 49 de la Constitution. Ils sont également pénalement responsables pour les actes accomplis dans le cadre de leurs fonctions et peuvent être le cas échéant jugés par la Cour de justice de la République.

B. Les pouvoirs du Premier ministre et du Gouvernement

Les articles 20 et 21 définissent de façon générale les attributions respectives du Gouvernement et du Premier ministre. En outre, dans d'autres parties de la Constitution, on précise certaines fonctions gouvernementales. C'est notamment le cas dans le titre V consacré aux rapports entre le Parlement et le Gouvernement. Des articles situés dans d'autres titres attribuent au Premier ministre et au Gouvernement certaines fonctions :

- le Gouvernement saisit le Conseil constitutionnel en cas de vacance de la présidence de la République (art. 7) ;
- le Gouvernement peut proposer au Président un référendum (art. 11) ;

- le Premier ministre est consulté en cas de dissolution (art. 12) ;
- le Premier ministre est consulté en cas d'engagement de l'article 16 ;
- le Premier ministre contresigne sauf exception les actes du Président de la République (art. 19) ;
- le Premier ministre peut demander une session extraordinaire du Parlement (art. 29) ;
- les membres du Gouvernement ont accès au Parlement (art. 30) ;
- le Premier ministre a le droit de saisine du Conseil constitutionnel (art. 54 et 61) ;
- le Gouvernement peut consulter le Conseil économique, social et environnemental (art. 70) ;
- le Gouvernement peut proposer au Président de la République une consultation des électeurs des collectivités d'outre-mer (art. 72-4) ;
- le Gouvernement soumet aux chambres les projets d'actes européens (art. 88-4) ;
- le Premier ministre peut proposer au Président de la République une initiative de révision constitutionnelle (art. 89).

Commentaire

Commentez les alinéas 1 et 2 de l'article 20 de la Constitution du 4 octobre 1958 :
« Le Gouvernement détermine et conduit la politique de la Nation.
Il dispose de l'administration et de la force armée ».

Approche générale du sujet

Pour traiter ce commentaire qui porte sur une des dispositions les plus connues de la Constitution, il est nécessaire de réunir deux séries d'éléments :

- Ceux qui ont trait aux moyens de l'action gouvernementale : ce seront les moyens par lesquels le Gouvernement met en œuvre la politique de la Nation.
- Ceux qui portent sur les rôles respectifs des différents pouvoirs publics : pour être plus explicite, on ne peut commenter l'article 20 sans évoquer les fonctions remplies par l'autre tête de l'exécutif, le Chef de l'État.

Proposition de plan

Introduction

De même que le titre II de la Constitution consacré au Président de la République débute par un article 5 qui définit de façon générale les fonctions présidentielles, le titre suivant qui porte sur le Gouvernement énonce-t-il à l'article 20 les missions confiées au Gouvernement, « il détermine et conduit la politique de la Nation » et définit-il les moyens qui l'accompagnent, « il dispose de l'administration et de la force armée ». Ces formules de la Constitution doivent être explicitées et précisées.

Concrètement en effet, comment le Gouvernement met-il en œuvre sa politique ? Quel genre de décisions doit-il prendre ? Comment est-il aidé pour ce faire ? Le Gouvernement en outre a-t-il toujours les mêmes rôles ou ne peut-il les voir accrus ? La définition du travail gouvernemental faite à l'article 20 doit aussi être confrontée à la pratique effective des institutions sous la Ve République. Est-il conforme à la réalité

que le Gouvernement détermine et conduit la politique de la Nation ? Cette mission essentielle n'est-elle partagée avec un autre acteur de l'exécutif ?
L'article définit des fonctions gouvernementales assurées au moins pour partie par le Président.

Annonce de plan Si le Gouvernement conduit conformément à l'article 20 de la Constitution la politique de la Nation, appuyé dans son action par l'administration et la force armée (I), la détermination de cette politique ne lui appartient pas complètement, le Président intervenant régulièrement en la matière moins en raison d'autres dispositions que de la pratique établie depuis 1958 (II).

Développements

I. Selon l'article 20, appuyé par l'administration et la force armée, le Gouvernement conduit la politique de la Nation

A. Le Gouvernement conduit la politique de la Nation

Le Gouvernement avec à sa tête le Premier ministre conduit au jour le jour la politique de la Nation. Cette politique est mise en œuvre par de nombreuses décisions, lois, décrets, règlements divers, décisions individuelles… Le Gouvernement prend ces divers actes. La Constitution prévoit que certains de ces actes doivent faire l'objet d'une décision collégiale prise par le conseil des ministres : les projets de lois doivent être adoptés en conseil des ministres ; des décisions liées à la procédure législative, la réunion d'une commission mixte paritaire, le recours au vote bloqué, l'engagement de la procédure en urgence par exemple, exigent une décision collégiale. Certains décrets sont pris en conseil des ministres.
Le Gouvernement peut avoir des compétences accrues dans certaines hypothèses. Par des régimes d'exception, état de siège et état d'urgence, les règles normales vont être remplacées par une légalité d'exception. Les administrations qui dépendent du Gouvernement vont avoir des fonctions supplémentaires. D'usage en général tout à fait exceptionnel, ces régimes sont très importants pour donner les moyens au Gouvernement d'agir dans des situations délicates. L'état d'urgence a été mis en œuvre plusieurs années en raison des menaces terroristes. Le Gouvernement peut aussi, conformément à l'article 38 de la Constitution, demander au Parlement de prendre des mesures qui sont normalement du domaine de la loi. Cette délégation est temporaire et exige l'accord du Parlement. Elle confie au Gouvernement un rôle plus ample que celui confié par l'article 20.

B. Le Gouvernement est appuyé dans son action par l'administration et la force armée

La conduite de la politique de la Nation n'est pas qu'une affaire de règles, de normes élaborées par le Gouvernement, votées pour certaines d'entre elles par le Parlement. Il est nécessaire que ces règles soient appliquées, exécutées.
Au-delà des textes, au-delà d'une politique définie par l'autorité politique, on a besoin d'agents qui vont intervenir sur l'ensemble du territoire. Selon les termes de l'article 20, alinéa 2, le « Gouvernement dispose de l'administration et de la force armée ». C'est le Gouvernement qui décide et ce sont les agents, fonctionnaires, militaires, qui exécutent. Il y a un lien de subordination entre l'autorité gouvernementale et les services de l'administration. Les fonctionnaires comme les militaires doivent obéir à l'autorité gouvernementale. Mais si le Gouvernement ne disposait pas de ces relais administratifs et militaires, la politique qu'il a définie n'aurait aucune portée.
La Constitution de 1958 n'innove pas ici mais elle confirme un schéma classique dans lequel on voit bien les liens inséparables entre administration et Gouvernement.

Transition Le Gouvernement conduit la politique de la Nation ; il est assisté des agents de l'État. Mais cette politique la détermine-t-il comme l'affirme l'article 20 ?

II. La détermination de cette politique ne lui appartient cependant pas complètement, le Président intervenant régulièrement en la matière moins en raison d'autres dispositions que de la pratique établie depuis 1958

A. Une détermination de la politique nationale par le Président de la République

Le pouvoir exécutif n'est pas confié qu'à une seule autorité sous la Ve République. Régime parlementaire dans ses structures, la Ve confie par l'article 20 des rôles au Gouvernement mais celui-ci les partage avec le Président de la République. Ce dernier en effet est un acteur de premier plan des institutions. Fort de l'investiture populaire dont il dispose, le Président intervient considérablement. Depuis l'origine du régime, il fixe le cap, détermine les grandes lignes des politiques à mener. Il faudrait sans doute apporter des nuances tenant au caractère de chaque Président, à leurs sujets de prédilection, au contexte dans lequel ils exercent leurs fonctions mais le constat pouvant être fait depuis 1958 est en général clair : sauf période de cohabitation, dans une très large mesure, c'est le Président de la République et non pas le Gouvernement qui détermine la politique de la Nation. Dans cette cohabitation qui ne dit pas son nom qui existe depuis les élections de 2022, on peut faire paradoxalement la même constatation : le Président agit comme s'il pouvait toujours déterminer la politique de la Nation.

B. Un rôle résultant moins d'autres dispositions constitutionnelles que de la pratique légitimée par le mode de désignation du Président

Comment expliquer cette « nuance » par rapport à l'énoncé pourtant clair de l'article 20, alinéa 1 ? Il est difficile d'établir à partir d'autres dispositions de la Constitution les raisons d'une telle participation du Président à la détermination de la politique de la Nation. L'article 5 qui définit les fonctions présidentielles en fait un arbitre dans les institutions de l'État et un garant de plusieurs principes. D'après l'article 9, le Chef de l'État préside le conseil des ministres. Les articles 14 sur l'accréditation des ambassadeurs et 52 sur la négociation et la ratification des traités lui donnent des compétences en matière de politique étrangère. Selon l'article 15, il est chef des armées et préside des conseils de défense. Certains agents de l'État, les plus importants, ne peuvent être désignés sans son accord en application de l'article 13. Ces différents éléments ne sont pas négligeables mais ils ne font pas du Président de la République le responsable de la politique de la Nation. S'il l'est, c'est moins en raison de ces textes que d'une pratique suivie depuis le général de Gaulle qui fait du Chef de l'État celui qui détermine la politique de la Nation. Il doit ce rôle à la manière dont il est désigné et également à l'appui que lui accorde la majorité parlementaire. Ces deux majorités convergent la plupart du temps. Les députés sont élus, quelques semaines après lui, en se déterminant par rapport au programme du Président désigné. Leur programme politique est alors celui du Président. Dans de telles conditions, il y a un transfert des rôles depuis le Gouvernement vers le Chef de l'État. Le contexte politique actuel est très différent au niveau politique : à la suite de sa défaite aux élections législatives – une perte d'une centaine de députés entre 2017 et 2022 – la « majorité » présidentielle est minoritaire à l'Assemblée nationale. Comment dans ces conditions gouverner et, *a fortiori*, considérer que le Président bénéficie d'un soutien au Parlement ? Cette situation est délicate et ne peut déboucher que sur des difficultés et des tensions.

Conclusion L'article 20, alinéas 1 et 2, ne correspond que très partiellement à la réalité du fonctionnement des institutions de la Ve République. La pratique effective a conduit à un schéma qui permet au Président de jouer le premier rôle ; il décide ce que le Gouvernement exécute ensuite.

Il le peut parce que dans un premier temps lors de l'élection présidentielle il a présenté un programme que les Français ont validé en l'élisant et que dans un deuxième temps apparaît une majorité parlementaire ayant repris ce programme lorsqu'elle s'est présentée quelques semaines plus tard devant les électeurs.

La convergence des deux majorités présidentielle et parlementaire permet au Président de la République de récupérer des éléments importants du rôle confié par l'article 20 au Gouvernement. Il est plus conforme à la pratique de nos institutions de considérer que « le Président de la République détermine la politique de la Nation ». Les cohabitations font exception à cette pratique et permettent au Gouvernement d'avoir les coudées franches. L'article 20 s'applique alors vraiment. C'est l'exception qui confirme la règle.

C. Le statut du Premier ministre et du Gouvernement

Comme en bien des domaines, la Constitution de 1958 innove à propos du statut des membres du Gouvernement. Ceux-ci ne peuvent pas être parlementaires. Selon l'article 23, « les fonctions de membres du Gouvernement sont incompatibles avec l'exercice de tout mandat parlementaire, de toute fonction de représentation professionnelle à caractère national et tout emploi public ou de toute activité professionnelle ». Les parlementaires devenant ministres sont remplacés temporairement et retrouvent leur siège à l'issue de leurs fonctions gouvernementales (art. 25).

Ni dans les régimes précédents, ni dans les régimes parlementaires classiques, on ne pose cette incompatibilité. C'est la règle inverse qui s'applique, les ministres sont membres du Parlement et le demeurent.

Si l'incompatibilité est établie depuis 1958, le retour des ministres au Parlement sans organisation d'élection partielle est une modification établie en 2008.

Un autre élément du statut des membres du Gouvernement porte sur les conditions de mise en cause de leur responsabilité. À ce sujet, il faut distinguer la responsabilité politique qui est abordée aux articles 49 et 50 et qui sera évoquée au chapitre portant sur les relations entre le Parlement et le Gouvernement et la responsabilité pénale. Sur ce point, les règles ont été modifiées et un titre entier le titre X détermine les modalités de la mise en cause de la responsabilité pénale des membres du Gouvernement. On a créé la Cour de justice de la République.

Question à réponse courte

La Cour de justice de la République

L'article 68-1 de la Constitution affirme la responsabilité pénale des membres du Gouvernement pour « les actes accomplis dans l'exercice de leurs fonctions et qualifiés crimes et délits au moment où ils ont été commis ». Pour de tels faits, les membres du Gouvernement ne sont pas jugés par les juridictions de droit commun mais par la Cour de justice de la République. Il s'agit d'une institution nouvelle créée par la loi constitutionnelle du 27 juillet 1993. Auparavant, les ministres étaient renvoyés devant la Haute Cour de justice si les Assemblées, statuant à la majorité absolue, décidaient dans un vote en terme identique, leur mise en accusation. La Cour de justice de la République intervient dans des conditions différentes du système antérieur. La Cour est composée de 15 juges : 12 parlementaires et trois magistrats du siège appartenant à la Cour de cassation. La saisine de la Cour n'exige pas comme dans le dispositif précédant un vote préalable des chambres. Tout justiciable qui se prétend lésé par un acte commis dans l'exercice de ses fonctions par un ministre peut porter plainte auprès d'une commission des requêtes composée de magistrats professionnels qui peut classer la demande ou la transmettre au procureur général près la Cour de cassation aux fins de saisine de la Cour de justice de la République. Après une instruction confiée à des membres de la Cour de cassation, la Cour de justice de la République se réunit en formation de jugement. La Cour a prononcé son premier arrêt en 1999. Il portait sur l'affaire du sang contaminé. Depuis, elle a été saisie à de nombreuses reprises. Dans un avant-projet de révision de la Constitution, le Gouvernement d'Edouard Philippe avait souhaité supprimer la Cour. Or, les conditions de gestion de la crise sanitaire du coronavirus ont conduit à une multiplication des plaintes adressées à la CJR et à la convocation de plusieurs membres du Gouvernement : Édouard Philippe et Agnès Buzyn. En octobre 2022, le garde des sceaux en fonction, M. Dupont-Moretti, s'est vu signifier son renvoi devant la Cour de justice de la République pour prise illégale d'intérêt.

Dissertation

Sujet : Pourrait-on se passer de Premier ministre ?

Approche globale du sujet

Un cadre constitutionnel peut toujours évoluer voire être radicalement modifié. La Constitution de la Ve République est à beaucoup d'égards intermédiaire entre régime parlementaire et régime présidentiel si on examine certains aspects. On pourrait préférer se tourner vers une formule plus nette, plus proches des standards parlementaire ou présidentiel. Supprimer le Chef du Gouvernement, c'est s'éloigner du régime parlementaire dont la Ve République a plusieurs des caractéristiques. Le sujet invite à réfléchir à une modification qui mènerait au régime présidentiel. Pour traiter ce sujet, il faut à la fois apprécier toutes les conséquences d'une telle suppression – peut-on s'en tenir à cette seule modification ou n'y a-t-il pas d'autres points à réviser ? – et se demander si ce changement est vraiment opportun.

Proposition de plan

Introduction

La Ve est-elle vraiment un régime parlementaire ? À beaucoup d'égards, si l'on se réfère au texte de la Constitution de 1958, on ne doit pas en douter : l'exécutif est composé d'un Président de la République et d'un Gouvernement avec à sa tête un Premier ministre et on a une séparation souple des pouvoirs avec des moyens d'action réciproques entre pouvoirs exécutif et législatif, droit de dissolution et mise en cause de la responsabilité du Gouvernement par l'Assemblée nationale.

Le fonctionnement du régime paraît cependant assez éloigné de celui d'un authentique régime parlementaire. Depuis son origine, on constate un renforcement du rôle du Président de la République qui a capté une bonne partie des fonctions en principe confiées au Gouvernement et au Premier ministre.

Dans ces conditions, n'aurait-on pas intérêt à aller jusqu'au terme de l'évolution et à modifier la Constitution pour la transformer en une autre sorte de régime avec notamment la suppression de la fonction de Premier ministre ? Ne relève-t-on pas d'ailleurs régulièrement que la position des Chefs de Gouvernement est fort inconfortable au point qu'on a parlé de « l'enfer de Matignon » ? Ne plus avoir de Chef de Gouvernement changerait assurément la nature de la Ve République mais il n'est pas certain que la priorité soit là.

Annonce de plan Si la suppression de la fonction de Premier ministre éloignerait la France du régime parlementaire et exigerait un ensemble de modifications complémentaires (I), une telle évolution paraît moins souhaitable qu'une application plus littérale et, partant, plus parlementaire de la Constitution de la Ve République (II).

Développements

I. Supprimer la fonction de Premier ministre éloignerait la France du parlementarisme et exigerait d'autres modifications

A. La suppression de la fonction de Premier ministre éloigne du parlementarisme

Il est indéniable qu'existe une certaine distance entre le texte de la Constitution de la Ve République et la pratique qui est suivie depuis une soixantaine d'années : le Gouvernement et le Premier ministre ont perdu de leurs rôles et le Président a récupéré des prérogatives résultant des articles 20 et 21 de la Constitution. Il est à peine exagéré de considérer que le Président de la République détermine la politique de la Nation et qu'il dirige l'action du Gouvernement.

Supprimer la fonction de Premier ministre revient alors à sortir de l'ambiguïté et à se conformer à la pratique réelle de nos institutions, telle qu'on la constate dès que les majorités présidentielle et parlementaire convergent. Or, telle est bien la situation que nous connaissons sauf périodes de cohabitation.

Cette évolution ouvrirait la voie à un vrai régime présidentiel et non plus semi-présidentiel. Un des caractères fondamentaux du premier est bien l'unité de l'exécutif. Le pouvoir exécutif est alors en effet tout entier confié à un Chef d'État. C'est la situation du Président américain. Il est assisté d'un Vice-Président, il a des conseillers mais c'est lui qui décide.

B. ... et exigerait un ensemble de modifications complémentaires

Supprimer la fonction de Premier ministre ne peut se concevoir sans qu'un certain nombre d'ajustements supplémentaires soient apportés.

– Le Premier ministre est à la tête du Gouvernement ; dès lors qu'on met en cause son dirigeant se pose plus globalement la question du maintien d'un Gouvernement en tant que tel. Cette question est inséparable de celle des rapports entre l'exécutif et le législatif. Peut-on continuer à avoir un mécanisme permettant au Parlement de mettre en cause la responsabilité de l'exécutif ? Si l'on supprime ces règles du contrôle parlementaire, on doit réciproquement remettre en cause le droit de dissolution du Parlement.

– Les compétences confiées au Premier ministre doivent être transférées à une autre autorité. On pense évidemment au Président qui doit en outre logiquement être également titulaire des missions du Gouvernement.

La remise en cause de l'existence d'un Premier ministre débouche ainsi assez logiquement sur une concentration en une même personne d'un ensemble de rôles auparavant théoriquement répartis entre plusieurs. Au fond, il s'agirait de passer au régime présidentiel classique, ce qui implique de très nombreux changements. Ceux-ci au demeurant ne sont pas que d'ordre constitutionnel. En effet, devrait par exemple être réglée la question du calendrier électoral. Il n'y a pas de raison de distinguer les dates des élections législatives et présidentielles dès lors qu'il y a une indépendance dans leur action.

On le voit nettement : on ne pourrait certainement pas se contenter d'une révision a minima portant sur le seul Chef du Gouvernement.

Transition L'exercice est ainsi beaucoup plus lourd qu'un simple ajustement mais doit-il vraiment être engagé ?

II. Une telle évolution paraît moins souhaitable qu'une application plus littérale, et partant plus parlementaire, de la Constitution de la Vᵉ République

A. Une évolution vers le régime présidentiel peu souhaitable

La France a déjà connu le régime présidentiel. En 1848, la Constitution de la Seconde République établit à l'instar du système américain un régime de ce type mais il n'est guère durable puisqu'il s'applique moins de quatre ans. D'une certaine façon, la Constitution monarchique de 1791 est organisée selon un schéma qui est inspiré de celui des États-Unis. Son application moins d'une année fut extrêmement brève.

Une séparation étanche des pouvoirs entre les Chambres et l'exécutif n'a pas fonctionné et on peut s'interroger sur son aptitude à y parvenir. Le général de Gaulle comme Michel Debré ont à plusieurs reprises souligné que le régime américain n'était pas transposable en France. Dans son discours de présentation de la nouvelle Constitution en 1958, Michel Debré devant le Conseil d'État louait le régime présidentiel mais il considérait que la loi du 3 juin 1958 n'avait pas confié le mandat d'établir un tel système et surtout qu'il fallait que le Parlement ait un rôle politique et pas seulement législatif et budgétaire. Dans sa conférence de presse du 31 janvier 1964, le général de Gaulle était moins élogieux pour un régime qui fonctionne « cahin-caha aux États-Unis » et qui surtout ne confie à l'exécutif fédéral que des tâches générales. Les forces politiques ne lui paraissaient en outre pas en mesure de permettre à un tel système de fonctionner.

Ce dernier point paraît le plus convaincant tant on a du mal à imaginer qu'un système présidentiel puisse fonctionner avec des partis en général très opposés et peu enclins aux compromis.

B. Revenir à une application plus littérale et parlementaire de la Constitution de 1958

Plutôt que de modifier la composition de l'exécutif, ne serait-il pas préférable de revenir à une application plus rigoureuse du texte de la Vᵉ République ? Les reproches faits au régime actuel portent plus sur la manière dont on applique la Constitution que sur son contenu.

Or, si une telle application a été exceptionnelle, elle a existé et elle a pu apparaître assez intéressante : les trois cohabitations successives ont permis un fonctionnement plus parlementaire de la Constitution ; les Premiers ministres ont pu alors mener, « déterminer et conduire » la politique de la Nation pendant que les Présidents gardaient un rôle significatif.

Avec l'instauration du quinquennat et l'inversion du calendrier électoral, les cohabitations semblaient moins probables. Elles ont été effectivement évitées de 2002 à 2022. Depuis 2022, la conjoncture politique est particulière avec un Président de la République qui croit toujours pouvoir gouverner alors qu'il n'a pas de majorité à l'Assemblée nationale. Un changement de mode de scrutin vers la proportionnelle rendrait moins certaine l'émergence d'une majorité. Le Premier ministre retrouverait un rôle plus significatif.

Conclusion

Revenir sur l'existence du Premier ministre peut doublement retenir l'attention : cela permettrait de sortir la Vᵉ République de ses ambiguïtés entre régimes parlementaire et présidentiel ; cela mettrait un terme à l'inconfort d'un Premier ministre placé sous l'autorité du Président et le contrôle du Parlement.

Il n'est pas certain que cette évolution soit la plus opportune.

Doit-on vraiment chercher à changer la Constitution de la Vᵉ République ?

Il paraît plus urgent de l'appliquer avec plus de rigueur. Le Premier ministre a un rôle utile, un rôle indispensable. Il est le seul à pouvoir le tenir. S'en passer, c'est sans doute risquer de se confronter à des difficultés. Une des raisons de la durée de la Vᵉ République réside peut-être dans l'action du Chef du Gouvernement, âpre et peu valorisée.

Section III. La présidentialisation et ses variations

Si la France a, avec la Constitution de la Ve, un texte qui a les caractéristiques d'un système parlementaire, la pratique des institutions est favorable au Chef de l'État et l'on insiste sur la présidentialisation du régime. Les premières années sous la présidence de Gaulle expliquent beaucoup cette situation que l'élection du Chef de l'État au suffrage universel direct a légitimée. Aucun successeur du fondateur de la Ve République n'a souhaité revenir sur cette pratique. Certains d'entre eux ont même paru théoriser cette forme de gouvernement tandis que les adversaires d'hier s'y sont ralliés lorsqu'ils sont parvenus aux affaires. Les seules vraies nuances à apporter par rapport à cette pratique apparaissent lorsque les circonstances politiques ne permettent pas au Chef de l'État de disposer au sein de l'Assemblée nationale d'une majorité soutenant son action. Les Présidents Mitterrand et Chirac ont connu ces situations mais elles ne les ont pas ramenés au rôle des Présidents des III et IVe Républiques. Le Président actuel est dans une situation inédite depuis 2022 : avec des soutiens minoritaires à l'Assemblée nationale, il voudrait conserver une position centrale dans les institutions.

Commentaire

Extraits du *Nœud gordien* de Georges Pompidou, 1974

« C'est en premier lieu la dualité entre Président de la République et Premier ministre. Notre Constitution, modifiée par le référendum qui a institué l'élection du Président de la République au suffrage universel, a clairement posé le principe de la priorité du Chef de l'État. C'est même là que se trouve l'opposition essentielle avec les IIIe et IVe Républiques. Le Chef de l'État, investi directement de la confiance de la Nation, est et doit être le chef incontesté de l'exécutif. C'est lui qui, avec son Gouvernement, doit définir la politique et la conduire. Le Premier ministre, comme l'indique son nom, n'est que le premier des ministres. Le rôle de coordination qu'il joue dans le Gouvernement, la responsabilité qu'il exerce et engage vis-à-vis de l'Assemblée ne peuvent effacer cette subordination fondamentale.

Mais il se trouve que le jeu gouvernemental fait que les affaires viennent par priorité à Matignon, que Matignon intervient constamment pour orienter et arbitrer et qu'ainsi apparaît le risque d'une "dyarchie", d'un gouvernement à double commande. Rien ne serait plus grave que de laisser se créer cette dualité. Le propre du commandement est que la décision doit appartenir à une personne et à une seule, faute de quoi le désordre s'installe, et l'incohérence. Quand le Président de la République est le général de Gaulle, le risque n'existe pas. L'autorité de la personne est telle qu'un Premier ministre, si longtemps soit-il installé, si désireux soit-il, comme il est naturel, de faire valoir ses propres conceptions, ne saurait perdre de vue sa subordination. Une sorte de fidélité intellectuelle s'impose à lui qui le conduit à n'exercer sa propre autorité que dans le sens de la pensée "gaulliste". Mais qu'en adviendra-t-il le jour où le Président de la République sera un homme parmi d'autres, "primus inter pares", doté, il faut le souhaiter, de caractère et de dévouement à l'intérêt national, mais enfin sans poids spécifique tel qu'il s'impose naturellement et sans effort ? N'y a-t-il pas danger ce jour-là que s'établisse une sorte de répartition des tâches, un "domaine réservé" de plus en plus étroit pour le Chef de l'État et une translation progressive du véritable

pouvoir vers le Premier ministre ? Une telle évolution serait désastreuse. Du jour où le véritable détenteur du pouvoir serait l'homme responsable devant l'Assemblée nationale, le retour au régime d'Assemblée serait inéluctable, en dépit des précautions et des apparences. »
C'est pourquoi je suis convaincu que les futurs Présidents de la République, quels qu'ils soient, seront conduits à choisir comme Premiers ministres des hommes qui leur soient étroitement liés, sur le plan non seulement politique, mais intellectuel et personnel, et dont ils n'aient jamais à redouter, je ne dis pas l'indépendance de pensée et d'expression – qui est essentielle – mais la concurrence. Je suis convaincu que les futurs Présidents de la République seront amenés à intervenir dans la direction de l'État de façon constante, permanente, et à maintenir par l'action quotidienne cette suprématie qu'ils ne tiendront pas automatiquement du « coefficient personnel ».

Approche générale du sujet

Le commentaire porte sur un texte rédigé par un des hauts dirigeants de la Ve République, dans la première partie de son histoire. Georges Pompidou a été successivement Premier ministre et Président. Il nous donne son analyse du partage des rôles entre les membres de l'exécutif tel qu'il s'est opéré à partir de l'entrée en vigueur de la Constitution. Le texte ayant été publié il y a plus de quarante ans, on peut confronter ses propos à la pratique constatée depuis lors.

Proposition de plan

Introduction

Georges Pompidou est le premier successeur du général de Gaulle à la présidence de la République. Il fut également son Premier ministre de 1962 à 1968. Dans cet extrait de son ouvrage posthume publié en 1974, le *Nœud Gordien*, celui qui fut à l'Hôtel de Matignon puis rejoignit le Palais de l'Élysée, évoque le partage des rôles entre les deux têtes de l'exécutif, entre le Président de la République et le Premier ministre. Il doit y avoir selon lui une priorité du Chef de l'État. Ce n'est pas que le Premier ministre n'ait aucun rôle mais il doit rester subordonné au Président. Il faut qu'il y ait unité de commandement.
Georges Pompidou se montre très attaché à cette conception du fonctionnement de nos institutions mais il semble s'inquiéter de leur pérennité.
Autant la primauté présidentielle ne pouvait être mise en doute tant que le général de Gaulle dirigeait le pays, autant souhaite-t-il que ses successeurs maintiennent l'héritage gaulliste sur ce point. Le choix par le Président de son Premier ministre lui paraît déterminant pour pouvoir maintenir cette suprématie présidentielle.

Annonce de plan

La Ve République donne au Président de la République la priorité sur le Chef du Gouvernement, une situation inédite dans les régimes républicains (I), qu'il faut absolument pérenniser grâce au choix judicieux par le Chef de l'État de son Premier ministre (II).

Développements

I. La Ve République donne au Président de la République la priorité sur le Chef du Gouvernement, une situation inédite dans les régimes républicains

A. La priorité donnée sous la Ve République au Président de la République sur le Chef du Gouvernement

Pour Georges Pompidou, les choses sont très claires et très nettes : il y a un « principe de priorité du Chef de l'État ». Ce dernier est « le chef incontesté de l'exécutif », il « doit définir la politique et la conduire ».

Ce rôle primordial, le Chef de l'État le doit à la Constitution et plus spécialement au fait que depuis la modification par le référendum de 1962, il est élu au suffrage universel. Il est, comme l'écrit Georges Pompidou, « investi directement de la confiance de la Nation ».

Le Premier ministre et le Gouvernement ne sont pas dénués de rôles. Le Gouvernement participe à la définition de la politique du pays. Le Premier ministre a « un rôle de coordination qu'il joue dans le Gouvernement ». Comme ancien Premier ministre, il sait que « les affaires viennent par priorité à Matignon ». Il se rappelle que « Matignon intervient constamment pour orienter et arbitrer ». Mais en même temps, le Premier ministre n'est que « *le premier des ministres* » et quand bien même sa responsabilité est « exercée et engagée vis-à-vis de l'Assemblée », il reste dans une « subordination fondamentale ». Une formule de Georges Pompidou résume cette subordination : il évoque le Président et « son Gouvernement » sans référence au Premier ministre comme si celui-ci avait un rôle secondaire.

Le propos de Georges Pompidou reflète bien la situation initiée depuis la fin de l'année 1958. Les deux premiers Présidents se sont bien placés dans ce schéma favorable au Chef de l'État.

B. Une situation inédite dans les régimes républicains

La répartition des rôles au sein de l'exécutif opérée sous la Ve est originale. « C'est même là que se trouve l'opposition essentielle avec les IIIe et IVe Républiques » comme le relève Georges Pompidou. Il est vrai que le contraste est grand entre la situation des Présidents de la République depuis 1958 et celle de leurs prédécesseurs.

Les lois constitutionnelles de 1875 n'avaient pas forcément cherché à affaiblir le Chef de l'État ; elles contiennent beaucoup de précisions le concernant. L'article 3 de la loi constitutionnelle du 25 février 1875 confie au Président de la République un ensemble de fonctions assez proches de celles établies en 1958. Tous ses actes doivent être contresignés mais c'est surtout la pratique des institutions après la crise du 16 mai et le départ de Mac-Mahon remplacé par Jules Grévy qui vont cristalliser les choses en faveur du Gouvernement et du Président du Conseil.

La IVe République ne fait pas autre chose ; la différence majeure étant que le texte de la Constitution prévoit expressément la modestie des rôles du Chef de l'État. Ni Vincent Auriol, ni René Coty ne se sont offusqués de cette situation contrairement à quelques-uns de leurs prédécesseurs de la IIIe République comme Casimir-Périer ou Millerand.

Transition Georges Pompidou ne se contente pas de décrire cette « priorité » présidentielle. Il forme le vœu qu'elle soit durable.

II. Cette suprématie présidentielle doit être absolument pérennisée grâce au choix judicieux par le Chef de l'État de son Premier ministre

A. Une suprématie présidentielle qui doit être absolument pérennisée

La répartition des rôles au sein de l'exécutif ne doit pas selon Georges Pompidou être remise en cause. Il souligne en premier lieu qu'il ne doit pas y avoir de division dans la direction du pays ; plus précisément, il évoque le « commandement ». Il insiste sur le fait que « la décision doit appartenir à une personne et à une seule, faute de quoi le désordre s'installe, et l'incohérence ». Mais il va plus loin en considérant qu'il ne doit pas y avoir une division des rôles entre les deux têtes de l'exécutif. Il voit comme un danger l'établissement d'« une sorte de répartition des tâches, un « domaine réservé » de plus en plus étroit pour le Chef de l'État et une translation progressive du véritable pouvoir vers le Premier ministre ». Si tel était le cas, « le véritable détenteur du pouvoir serait responsable devant l'Assemblée nationale ». On reviendrait au régime d'assemblée, autrement dit la pire des choses aux yeux des Gaullistes. Il faut absolument éviter cela car « une telle évolution serait désastreuse ». Il n'y a ainsi pas de doute à avoir selon Georges Pompidou. On peut aisément le suivre lorsqu'il démontre les risques d'une dyarchie, d'un « gouvernement à double commande ». La direction d'un pays, la direction d'un État ont besoin d'une autorité incontestée et il paraît assez logique que celui qui a été élu au suffrage universel direct ait ce rôle à jouer.

B. La nécessité d'un choix judicieux par le Chef de l'État de son Premier ministre

Georges Pompidou est convaincu de l'opportunité d'une subordination du Premier ministre. Elle ne faisait aucun doute du temps de de Gaulle car « l'autorité de la personne est telle qu'un Premier ministre… ne saurait perdre de vue sa subordination » mais qu'adviendra-t-il après lui ? Il n'y aura plus « cette suprématie » liée au « coefficient personnel ». L'auteur du *Nœud Gordien* souhaite que les Présidents aient du « caractère et du dévouement à l'intérêt national » mais le point essentiel est le choix comme Premiers ministres d'« hommes qui leur soient étroitement liés, sur le plan non seulement politique, mais intellectuel et personnel, et dont ils n'aient jamais à redouter… la concurrence ». Ce portrait-robot des Chefs de Gouvernement semble pertinent et cohérent avec le partage des rôles évoqué par Georges Pompidou. Une relation de proximité et de confiance paraît effectivement souhaitable.

Dans l'histoire de la Ve République, on a connu à plusieurs reprises une telle configuration. Les deux Premiers ministres de Georges Pompidou, Jacques Chaban-Delmas et Pierre Messmer se sont conformés à la ligne de conduite tracée par le Président. Ses successeurs ont eu plus de difficultés à suivre ses conseils. On retrouvera certes ce genre de configuration entre François Mitterrand et Pierre Mauroy, entre Valéry Giscard d'Estaing et Raymond Barre par exemple. Mais la rivalité entre le Président Giscard et son Premier ministre Chirac est de notoriété publique. On a du mal à trouver de la connivence, un lien étroit entre le Président Mitterrand et son Premier ministre Rocard. Plus récemment, comment ne pas constater de la concurrence entre le Président Hollande et son Premier ministre Valls. L'ancien Président Sarkozy a été amené à affronter son ancien Premier ministre Fillon lors de la primaire organisée par leur parti. Quant aux relations entre le Président Emmanuel Macron et son Premier ministre Edouard Philippe, il était difficile de toujours bien les cerner ; mais il ne paraît pas excessif de considérer qu'on s'éloignait du schéma suggéré par le Président Pompidou. La désignation de Jean Castex nous replaçait dans une configuration plus classique avec une primauté présidentielle manifeste. Celle d'Élisabeth Borne avait le même but. Le contexte politique particulier depuis 2022 rebat les cartes, non en faveur du Premier ministre, mais au détriment des deux têtes de l'exécutif.

Conclusion Le vœu émis par Georges Pompidou de maintenir une relation de subordination entre les Présidents et leurs Premiers ministres a, dans une très large mesure, été satisfait. On a la plupart du temps évité le Gouvernement à double commande.

Sur le choix des personnes, Georges Pompidou décrit plus sa manière de concevoir les choses que la pratique toujours suivie par ses successeurs. Ces derniers n'ont pas toujours pu désigner des Premiers ministres du même bord politique qu'eux comme on l'a vu pendant les cohabitations voire à d'autres périodes quand Giscard dut nommer un Premier ministre issu d'un parti différent du sien. Même en temps plus « normaux », il serait aventureux d'affirmer que les Présidents sont « étroitement liés » à leurs Premiers ministres. Leurs relations sont bien plus « utilitaires ». D'ailleurs, les premiers n'hésitent pas à se séparer de leur Chef de Gouvernement s'ils le jugent utile. Quant aux seconds – aux divers sens du terme – nombreux sont-ils à aspirer à occuper le premier rôle.

Dissertations

Sujet : Le quinquennat présidentiel, une fausse bonne idée ?

Approche générale du sujet

La réduction de la durée du mandat présidentiel est une réforme récente mais à propos de laquelle on a à présent un peu de recul. Le sujet étant rédigé sous la forme d'une question, il est nécessaire de répondre et de le faire de façon explicite. Il ne sert à rien de se demander s'il existe une bonne réponse : chacun peut avoir son appréciation et l'on ne fera pas le reproche d'opter dans un sens ou dans un autre. L'important est d'apporter des arguments à l'appui de son choix.

Proposition de plan

Introduction

Le choix de la durée d'un mandat s'explique sans doute par un ensemble de considérations diverses et une fois qu'il est opéré on ne constate pas forcément beaucoup de variations. En France, il a été décidé en 1873 d'accorder un mandat de sept ans au Chef de l'État. Le septennat s'est appliqué presque 130 ans puisqu'il n'a été supprimé qu'à compter des élections présidentielles de 2002. On a avec cette règle un des rares points de continuité dans une histoire constitutionnelle mouvementée. Cette permanence est d'autant plus étonnante que les raisons qui avaient présidé à ce choix étaient tout à fait conjoncturelles : avec deux prétendants au trône dont le plus légitime ne paraissait guère désireux d'accepter un régime constitutionnel, sept ans paraissaient une durée suffisante pour que la querelle se règle d'elle-même, par la disparition du Comte de Chambord.

Cette durée calculée pour permettre une restauration monarchique a en définitive traversé trois républiques. On va cependant décider par un référendum organisé en septembre 2000 de ramener la durée du mandat présidentiel à cinq ans. Plusieurs arguments ont été utilisés pour justifier cette révision constitutionnelle. Appliqué depuis 2002, le quinquennat présidentiel peut être examiné à présent avec un peu de recul. Cette réforme n'apparaît pas aussi positive que certains ont voulu le croire. Elle a même été contestée par les deux finalistes de l'élection présidentielle de 2022.

Annonce de plan

Justifié par des arguments fragiles et établi par la révision constitutionnelle du 24 septembre 2000 qui n'opère aucune autre modification (I), le quinquennat, appliqué depuis 2002, accélère le temps démocratique sans vraiment donner satisfaction (II).

Développements

I. Établi sans justification solide, le quinquennat est instauré en 2000 sans autre modification

A. Les arguments fragiles de la réduction de la durée du mandat présidentiel

La révision de l'article 6 de la Constitution qui porte sur la durée du mandat du Président de la République a été justifiée par un ensemble d'arguments.

La tendance constatée depuis quelques années est plutôt de réduire la durée des mandats. Les sénateurs ont vu ainsi leurs mandats passer de neuf à six ans. On veut valoriser la réduction à cinq ans en considérant qu'il s'agit d'un format plus moderne. Cette durée permet un alignement sur le mandat des députés qui eux aussi sont élus pour cinq ans. Elle permet un rapprochement sur les durées choisies dans les autres pays où l'on dépasse rarement six ans tout mandat confondu et où l'on irait plutôt vers des mandats de quatre ans comme en Allemagne et aux États-Unis – sauf pour sénateurs élus six ans – voire cinq ans comme au Royaume-Uni. Une des vertus du quinquennat serait sa capacité à éviter les cohabitations mais aussi à limiter les conséquences de la présidentialisation.

Les arguments paraissent assez fragiles. L'alignement de la durée sur les pratiques à l'étranger ne convainc guère tant il est vrai que les choses sont diverses. La modernité de la réduction de la durée est relative dès lors que les Présidents auront tendance à chercher à se faire réélire, donc d'exercer dix ans soit plus qu'un septennat. Le passage au quinquennat ne fournit enfin aucune garantie d'empêchement d'une cohabitation. Les élections présidentielles et législatives se font à dates différentes, les présidentielles étant organisées en premier. Rien n'exclut que les citoyens français désignent une majorité parlementaire différente de celle du Président. Il est vrai que c'est peu probable mais nullement exclu. Les arguments en faveur du quinquennat semblent assez faibles.

B. Une révision décidée par référendum sans autre modification constitutionnelle

Une réduction de la durée du mandat présidentiel avait été envisagée par le Président Georges Pompidou. La procédure avait été engagée ; les deux Chambres avaient voté en termes identiques le projet réduisant le mandat à cinq ans mais le Président de la République avait interrompu la procédure car il ne pensait pas que la majorité des trois cinquièmes au sein du Congrès soit atteinte. En 2000, dans un contexte de cohabitation le Président Chirac a, sur la proposition du Premier ministre Jospin, décidé d'engager le processus de révision de la durée du mandat présidentiel comme le lui avait suggéré son prédécesseur Giscard. Le Président Chirac n'a pas décidé la soumission du projet au vote du Congrès comme le permet l'article 89 de la Constitution. Un référendum a dès lors été organisé en septembre 2000 et les Français ont répondu en faveur de la modification demandée avec toutefois une participation modeste.

La révision n'a porté sur aucun autre article de la Constitution. On aurait pu pourtant joindre à cette modification d'autres changements portant sur la durée du mandat parlementaire ou la situation du Premier ministre. Cette modification a minima a été surnommée le « quinquennat sec ».

Transition La réduction de la durée a été acceptée ; alors que l'on a atteint le quatrième mandat présidentiel d'une durée de cinq ans, on peut porter une appréciation sur cette réforme.

II. Appliqué depuis 2002, le quinquennat accélère le temps démocratique sans vraiment donner satisfaction

A. Une accélération du temps démocratique

La réduction du mandat présidentiel de sept à cinq ans implique des élections plus fréquentes. Les Français sont appelés plus souvent qu'auparavant à désigner leur Chef de l'État. Les électeurs peuvent apprécier d'être amenés à voter plus souvent.

En même temps, on ne peut manquer de relever que le temps des campagnes électorales s'accroît. C'est d'autant plus flagrant avec le recours aux primaires pour désigner les candidats. Aucune disposition législative ou constitutionnelle n'impose d'organiser des primaires pour désigner le candidat à l'élection présidentielle mais plusieurs formations politiques ont décidé de faire appel à ce dispositif. Cet exercice fait commencer la campagne présidentielle encore plus tôt.

Cette accélération du temps démocratique n'a pas forcément été favorable aux candidats sortants. Aucun des Présidents élus pour cinq ans n'est parvenu à obtenir, après un premier mandat de cinq ans, un nouveau mandat alors qu'avant eux deux Présidents étaient restés aux affaires entre onze et quatorze ans. On peut certes relever que le Président Chirac a été réélu pour cinq années. L'utilisation des primaires n'est pas non plus favorable aux partis qui s'en servent pour désigner leur candidat à la présidentielle comme le démontre l'échec des candidats PS et LR en 2017 et 2022.

B. Une réforme peu satisfaisante

Avec des mandats présidentiel et parlementaire de durée égale, on empêche une distinction entre le temps présidentiel et le temps parlementaire. Les députés sont au demeurant élus quelques semaines après le Président. Cette absence de différences entre leur mandat n'est pas forcément satisfaisante. Elle ne permet plus au Président d'avoir une longue durée pour agir. La relative brièveté du mandat pousse au court-termisme, à la préoccupation pour l'immédiateté. On n'a plus ce temps présidentiel plus long qui pouvait permettre des politiques plus ambitieuses.

La réduction de la durée du mandat n'a pas réduit l'activisme présidentiel et la présidentialisation du régime. Le phénomène inverse s'est même développé. Confronté à un temps plus court, le Président a fortement tendance à s'approprier le rôle de Chef de Gouvernement.

C'est même sous un quinquennat, celui du Président Sarkozy, qu'on a évoqué un « hyperprésident ». Certes, le quinquennat semblait protéger des cohabitations mais on peut se demander si l'élément favorable à la cohérence des majorités est moins dans le quinquennat que dans l'inversion du calendrier. Les élections présidentielles précédant celles pour désigner les députés, on a pu voir chez les électeurs une volonté de permettre au Président de la République d'engager la politique présentée pendant la campagne électorale. On l'a constaté en 2007, 2012 et 2017. Tel ne fut pas le cas en 2022.

Conclusion Le quinquennat présidentiel rapproche la situation du Président français de celle des parlementaires et des autres Présidents élus dans les autres pays. Est-ce une fin en soi de vouloir aligner la durée des mandats les unes par rapport aux autres ? On peut en douter. Il n'y a pas de standard en la matière. Est-il vraiment utile d'appliquer une même durée pour le Président et les parlementaires ?

Le quinquennat laisse moins de temps au Président, l'incite à se représenter et ne rend pas impossible la cohabitation.

En définitive, à quoi sert le quinquennat ? À apporter un changement pour un changement. Ce serait un peu sévère. Il a un mérite incontestable : éviter un trop long terme avec un Président qui ne fait pas l'affaire. Mais alors pourquoi ne pas prévoir un mandat encore plus court ? Ce n'est pas ce que souhaitent Emmanuel Macron et Marine Le Pen qui préfèrent le retour du septennat.

Sujet : Qu'est-ce qu'un Président normal sous la Ve République ?

Approche générale du sujet

Dans le sujet proposé, la formule « Président normal » est évidemment centrale. L'expression a pu être utilisée à propos de l'ambition du Président élu en 2012 d'avoir un comportement différent de son prédécesseur. Le sujet n'a pas cependant à se polariser sur la manière dont les Présidents Hollande et Sarkozy ont gouverné le pays. La « normalité présidentielle » n'est pas qu'une question de simplicité dans la vie quotidienne. Ce serait bien trop réducteur et traiter le sujet de cette manière reviendrait à faire l'éloge d'un tel choix ou être plus sceptique face à cet argument de campagne. Il nous semble que la question posée renvoie bien davantage à la place qu'occupe « normalement », le plus habituellement, un Président de la République. Le « Président normal », c'est alors celui qui, conformément à la pratique de nos institutions, se trouve en leur centre. Inversement, il peut arriver que dans certaines circonstances – les cohabitations notamment, mais pas seulement ces périodes car les Présidents peuvent se trouver affaiblis pour d'autres raisons – la présidence soit plus modeste.

Proposition de plan

Introduction

On ne peut instaurer la République dans un pays qui pendant plus de mille ans a vécu sous la Royauté sans que cette longue histoire n'ait laissé quelques traces. Ce n'est pas complètement le hasard qui a voulu que la présidence siège dans un palais. Sans même faire allusion aux fonctions confiées au Chef de l'État, il y a autour de lui un cérémonial, un faste, un ensemble d'usages fort inhabituels en République.

L'on peut être tenté de juger surannées ces traditions et chercher à simplifier les choses. L'on peut souhaiter supprimer ou au moins réduire cette distance entre le Président et le commun des citoyens. Du Président Giscard souhaitant pendant son septennat rencontrer des gens normaux au Président Hollande voulant être un Président normal, un individu normal devenu Président, les Présidents essayent de réagir. Ils ne sont pas ces lointaines personnes quasiment inaccessibles.

La normalité de la présidence ne doit pas s'apprécier en fonction de la simplicité sincère ou feinte des Chefs d'État. Elle doit plutôt être envisagée par rapport au rôle effectif joué par un Président sous la Ve République. A-t-il un rôle essentiellement protocolaire inspiré de celui confié aux souverains des monarchies constitutionnelles et des Présidents des IIIe et IVe Républiques ? Est-il cet arbitre, garant des principes, décrit à l'article 5 de la Constitution ? Les choses sont en réalité bien différentes. En temps normal, le Président exerce un rôle bien plus large.

Une présidence, en période normale, va bien au-delà de ce que la norme constitutionnelle a confié au Président. Le rôle effectif des Présidents dépasse normalement ce que dit la Constitution. Mais il peut y avoir quelques exceptions.

Annonce de plan

En effet, un Président normal sous la Ve République est un Chef d'État qui bénéficie de l'appui d'une majorité parlementaire qui se revendique de lui. Il exerce dès lors non seulement les fonctions que lui a confiées la Constitution mais aussi une bonne part de celles attribuées au Gouvernement (I).
Cette hégémonie présidentielle ordinaire n'a jamais vraiment été remise en cause par les Présidents mais plutôt suspendue par la volonté des électeurs lors des cohabitations ou du fait de l'affaiblissement du Chef de l'État (II).

Développements

I. Appuyé par une majorité parlementaire, un Président exerce normalement à la fois les fonctions confiées au Chef de l'État mais aussi une part de celles du Gouvernement

A. Un Président normal sous la Ve République bénéficie de l'appui d'une majorité parlementaire qui se revendique de lui

Contrairement aux États-Unis, il n'y a en France aucune synchronie entre les élections présidentielles et législatives et l'exécutif se décompose en un Président et un Gouvernement dirigé par un Premier ministre, ce dernier étant responsable devant l'Assemblée nationale. La mise en œuvre de l'action de l'exécutif se fait sous le contrôle du Parlement. En temps normal, les deux majorités, celle qui a voté pour le Président et celle qui domine l'Assemblée nationale sont de même tendance. Les candidats aux élections législatives se déterminent par rapport au Président de la République. Certains se revendiquent comme « majorité présidentielle » tandis que d'autres se disent en opposition.
Sous la Ve République, dans la grande majorité du temps, ces deux majorités sont convergentes. Le Président de la République bénéficie de l'appui d'une majorité de parlementaires qui se revendiquent de lui. Lorsqu'un nouveau Président est élu et que la Chambre en fonction réunit une majorité qui ne lui correspond pas, il peut la dissoudre, ce que fit le Président Mitterrand en 1981 et 1988. Avec le quinquennat et l'inversion du calendrier qui place l'élection législative après la présidentielle, les élections sont presque simultanées et le légitimisme des électeurs les incite à voter pour donner au Président une majorité lui permettant de mettre en œuvre son programme. Le Président Emmanuel Macron élu en 2017 a bénéficié de cette situation. En 2022, c'est différent.

B. Le Chef de l'État exerce dès lors non seulement les fonctions que lui a confiées la Constitution mais aussi une bonne part de celles attribuées au Gouvernement

Avec cette convergence des majorités, le Président de la République va avoir une situation qui excède nettement les fonctions mentionnées au titre II de la Constitution. Même si ce titre comporte des fonctions éminentes comme celles de l'article 16, la nomination du Premier ministre, la dissolution, et que pour certains actes il est dispensé du contreseing, le Président de la République va surtout récupérer une bonne part des missions confiées par les articles 20 et 21 au Gouvernement et au Premier ministre. Le Président inspire la politique menée par le pays. Son action va souvent bien au-delà de la détermination des grandes lignes. Il prend l'initiative de textes. Il en fixe le contenu. Son intervention peut aller fort loin dans le détail. Cet interventionnisme présidentiel appellerait des précisions et des nuances compte tenu des goûts et des caractères des Présidents mais on peut résumer la situation en considérant qu'en temps normal, en période de convergences des majorités, le Président décide, le Président « normal » décide.

Transition

Est-il légitime qu'un Président ait autant de prérogatives, au-delà même de ce que dit la Constitution ? Une remise en cause ou au moins un rééquilibrage pourraient paraître nécessaires. Ils ont pu se faire mais temporairement.

II. L'hégémonie présidentielle ordinaire n'a jamais vraiment été remise en cause par les Présidents mais plutôt suspendue par la volonté des électeurs lors des cohabitations ou du fait de l'affaiblissement du Chef de l'État

A. L'hégémonie présidentielle ordinaire n'a jamais vraiment été remise en cause par les Présidents

L'hégémonie présidentielle remonte aux premières années du régime. Le général de Gaulle, dans sa pratique des institutions, a rapidement donné au Chef de l'État une position primordiale. Son successeur, Georges Pompidou qui fut son Premier ministre, ne revint pas sur cette pratique qu'il défend dans son ouvrage, le *Nœud gordien*. Tous leurs successeurs chercheront, dans la mesure du possible, à se maintenir dans ce rôle prééminent. Dans la dyarchie de l'exécutif, le Président domine.

Dans leur pratique quotidienne, les Présidents se placent bien au premier rang et ils ont souhaité ne pas revenir sur cette pratique, ni inscrire dans la Constitution des formules excluant les pratiques jusque-là tolérées. Les articles 20 et 21 n'ont pas été modifiés pour leur donner une rédaction plus réaliste. À part quelques gestes symboliques, les Présidents tiennent à conserver leur « pré carré », cette pratique qui leur est si favorable.

B. ... mais seulement suspendue par la volonté des électeurs lors des cohabitations ou du fait de l'affaiblissement du Chef de l'État

Aucun Président n'a depuis 1958 souhaité revenir à une application littérale de la Constitution. Si, malgré tout, on peut relever quelques périodes « anormales », quelques moments pendant lesquels la présidence n'occupe plus une place prépondérante, c'est que les électeurs et les circonstances l'ont voulu.

Les cohabitations constituent une de ces hypothèses. En 1986, 1993 et 1997, les Français ont élu une majorité de députés d'une tendance différente de celle du Président de la République. Pendant ces périodes « anormales », inhabituelles, l'on est revenu pour l'essentiel à une lecture plus littérale de la norme constitutionnelle et les Présidents Mitterrand et Chirac n'ont plus été, dans la plupart des cas, en mesure d'imposer leurs vues. Les pouvoirs détenus en propre par les Chefs de l'État sont en effet très limités et certains d'entre eux, par exemple l'article 16 et la dissolution, ne sont pas d'usage courant.

On doit ajouter à ces périodes particulières bien déterminées que sont les cohabitations, des circonstances menant à l'affaiblissement du Président. Plusieurs Présidents ont subi en effet des oppositions fortes les empêchant d'occuper tout l'espace laissé habituellement, normalement au Chef de l'État. À partir de 1978, le Président Giscard a dû coexister avec une majorité dont la plus grande partie appartenait au RPR dirigé par M. Chirac. Cette majorité dans la majorité empêchait le Président de mener librement sa politique. Pendant ses mandats, et singulièrement le deuxième, le Président Chirac a semblé affaibli. L'opposition vive aux réformes engagées au début du premier mandat, la dissolution ratée, la longue cohabitation de cinq ans, une réélection faussement triomphale, l'échec du référendum sur le traité constitutionnel européen, cette suite de difficultés a nettement affaibli le Chef de l'État. Le Président Hollande a lui aussi connu une série de désagréments qui l'ont empêché d'exercer la plénitude des pouvoirs exercés par ses prédécesseurs : rupture avec sa conjointe, scandales mettant en cause des membres du Gouvernement et notamment le ministre du budget, résultats économiques et sociaux mauvais, discussions hasardeuses avec des journalistes, échec lors de toutes les élections intermédiaires... Celui qui entendait avoir un comportement d'individu normal pendant son quinquennat n'a paradoxalement pas été un Président normal : il a laissé son deuxième Premier ministre Manuel Valls exercer un rôle anormalement ample sous la Ve République. La situation du Président Macron en 2022 appelle beaucoup d'interrogations après l'échec électoral d'*Ensemble* aux élections législatives : le Chef de l'État voudrait continuer d'exercer un rôle hyperprésidentiel sans disposer de majorité à l'Assemblée nationale : disposer des fonctions gouvernementales dans un contexte électoral anormal.

Conclusion

L'on ne choisit pas d'être un « Président normal ». Ce sont les électeurs qui décident s'ils souhaitent que le Chef de l'État aura un rôle primordial dans nos institutions. Depuis 1958, ils ont presque toujours accordé au Président la majorité parlementaire qui lui a permis d'avoir cette place privilégiée. Les cohabitations répétées entre 1986 et 2002 ont semblé un temps changer les choses, la normalité c'était d'avoir des majorités divergentes. Elles n'ont cependant plus eu lieu depuis 2002 et le quinquennat les rend moins probables.

La Présidence normale fait du Chef de l'État le personnage essentiel de nos institutions. Mais les électeurs peuvent chercher à revenir sur cette situation. Ils peuvent aussi ne pas lui renouveler deux fois de suite leur confiance.

Commentaire

« Sarkozy, c'est le seul qui a été obligé de passer par l'Élysée pour devenir Premier ministre », Jean-Louis Borloo, 2008

Approche générale du sujet

La répartition des rôles entre les deux têtes de l'exécutif sous la Ve République est un thème qui retient beaucoup l'attention. Jean-Louis Borloo présente les choses sous la forme d'une observation ironique. Devoir commenter une telle formule peut un peu surprendre. Mais derrière le bon mot, la boutade, n'y a-t-il pas le résumé d'une situation bien réelle ? N'assiste-t-on pas à une confusion des rôles entre ceux exercés par le Président de la République et ceux théoriquement confiés au Premier ministre ? L'exercice consiste à prendre au sérieux la déclaration même si elle peut apparaître au départ comme une forme de plaisanterie. Pour ce faire, il sera nécessaire à la fois de se référer au cadre constitutionnel et à la pratique effectivement suivie. Si sur le premier point les choses sont très stables depuis 1958 – les compétences respectives du Président et du Premier ministre n'ont pratiquement pas été modifiées – la pratique a pu en revanche connaître certaines nuances. Deux interrogations pourront retenir l'attention : le quinquennat 2007-2012 est-il caractérisé par l'effacement du Premier ministre ? Est-ce un phénomène vraiment nouveau ?

Proposition de plan

Introduction

Depuis la IIIe République, les Constitutions françaises ont partagé l'exécutif entre deux dirigeants, le Chef de l'État et le Chef du Gouvernement. Ce partage a été en général avant 1958 favorable au second, le Président de la République n'exerçant le plus souvent que des fonctions protocolaires. Il est arrivé que des Présidents du Conseil deviennent Présidents de la République : Casimir-Périer, Loubet, Millerand ont été élus à la tête de l'État après avoir dirigé le Gouvernement. Un seul ancien Président de la République a été nommé à la tête du Gouvernement ; il l'avait déjà été avant son passage à l'Élysée : Poincaré. Sous la IVe République, les deux fonctions ont été occupées par des personnalités différentes.

Qu'en est-il sous la Ve République ? Comme sous les régimes précédents, la direction du Gouvernement a pu être le préalable à l'élection présidentielle. Mais cela ne concerne qu'une partie des Présidents. Dans l'autre sens, y a-t-il un ancien Président qui soit devenu Premier ministre ? En soixante années d'existence, cette hypothèse ne s'est jamais rencontrée sous la Ve République. Jean-Louis Borloo a-t-il tort alors d'affirmer que Nicolas Sarkozy est le premier Président obligé de passer par l'Élysée pour devenir Premier ministre ? Sans doute aucun hôte de l'Élysée n'a-t-il après l'échéance de son mandat été nommé par un de ses successeurs comme Premier ministre. Pas plus Nicolas Sarkozy qu'un des autres Présidents de la Ve République.
Le propos de l'ex-collègue de Nicolas Sarkozy au sein de Gouvernements antérieurs à son élection n'est cependant pas qu'une boutade. En effet, il décrit assez bien la conception du rôle qu'a entendu jouer Nicolas Sarkozy une fois qu'il a été élu Président de la République, attitude qui s'inscrit dans la pratique constatée depuis 1958 d'un Président au rôle différent de ce que prévoit la lettre de la Constitution.

Annonce de plan

Alors qu'il n'avait jamais été nommé auparavant Premier ministre, le nouveau Président de la République Nicolas Sarkozy a eu tendance à exercer ses fonctions en empiétant sur celles du Premier ministre devenu une forme de collaborateur (I). Cette pratique se rattache à la tendance des Présidents de la République à aller au-delà du rôle que la Constitution leur assigne et s'explique par le raccourcissement de la durée du mandat présidentiel (II)

Développements

I. L'empiétement sur les fonctions gouvernementales par un Président de la République qui n'a jamais été Premier ministre

A. Contrairement à certains de ses prédécesseurs, Nicolas Sarkozy n'a jamais été Premier ministre

Le nouveau Président élu en 2007 Nicolas Sarkozy a une longue carrière politique avant son élection. Elle se situe au niveau local comme national puisqu'il fut maire de Neuilly et député des Hauts de Seine. Lors de la première cohabitation en 1986, il est nommé pour la première fois membre du Gouvernement. Il sera par la suite plusieurs fois nommé ministre sous les présidences Chirac. En revanche, il n'a jamais été nommé Premier ministre.
Même si cela n'est pas le cas de tous les Présidents de la Ve République, plusieurs d'entre eux ont dirigé le Gouvernement avant de rejoindre l'Élysée : le général de Gaulle fut le dernier Président du Conseil de la IVe République ; Georges Pompidou fut le deuxième Premier ministre du général de Gaulle et a été le Chef du Gouvernement qui resta le plus longtemps en fonction. Quant à Jacques Chirac, il fut nommé à Matignon en 1974 sous la présidence Giscard puis en 1986 sous celle de Mitterrand. Les Présidents Giscard, Mitterrand, Hollande et Macron n'ont eux non plus jamais été désignés à la tête du Gouvernement. On peut relever pour finir que plusieurs Premiers ministres ont, malgré leur candidature voire leur candidature à la primaire, échoué à devenir Président : on peut citer ici Michel Debré, Jacques Chaban-Delmas, Raymond Barre, Lionel Jospin, Alain Juppé ou Manuel Vals.

B. Un Président accaparant les fonctions gouvernementales et reléguant le Premier ministre au rang de collaborateur

Le titre III de la Constitution concerne le Gouvernement. Il détermine de façon générale les compétences données au Gouvernement et le rôle confié au Premier ministre. L'article 20 prévoit notamment que « le Gouvernement détermine et conduit la politique de Nation » tandis que l'article 21 affirme entre autres que « le Premier ministre dirige l'action du Gouvernement ». Aux articles du titre III, il faut ajouter des dispositions réparties dans la Constitution qui confient différents rôles précis au Gouvernement ou à son Chef. Parmi ces fonctions, on pourra citer les propositions de nomination des membres du Gouvernement à l'article 8, les projets de référendum à l'article 11, la demande de session extraordinaire du Parlement à l'article 29, ou encore l'initiative de la révision constitutionnelle à l'article 89...

Il apparaît assez clairement que le Président élu en 2007 a eu fortement tendance à remplir nombre des fonctions théoriquement confiées au Premier ministre François Fillon et aux différents Gouvernements qui ont été composés de 2007 à 2012. Il n'a pas échappé aux observateurs que la formation des Gouvernements avait été opérée à l'Élysée. L'importante révision constitutionnelle réalisée en 2008 a été lancée par le Président comme d'ailleurs celle portant sur la règle d'or budgétaire qui certes échoua, mais qui avait été demandée par le Président. Au-delà de ces moments marquants du quinquennat, c'est l'exercice au quotidien des fonctions présidentielles qui montre l'accaparement par le Chef de l'État du rôle du Premier ministre. Les interventions présidentielles ont été multipliées : définition des mesures à prendre, annonces, visites et interventions de toutes sortes... Le Président a occupé le terrain médiatique de façon intense. Les effectifs des personnels auprès du Président ont été accrus. Il n'apparaît pas exagéré de considérer que le Président a « déterminé et conduit la politique de la Nation » et « dirigé l'action du Gouvernement ». On a pu parler à l'époque d'« hyperprésidence » pour souligner l'ampleur des rôles joués par le Chef de l'État et inversement assimiler le Chef du Gouvernement à un simple « collaborateur ».

Lorsqu'on constate un tel degré d'implication du Président de la République dans l'action gouvernementale, on ne peut que juger fort pertinent le propos de Jean-Louis Borloo.

Transition La pratique présidentielle suivie à partir de 2007 est-elle une singularité sous la Ve République ou peut-elle être rapprochée d'autres périodes ?

II. Un comportement qui s'inscrit dans la tendance des Présidents à accroître leur rôle et qui se renforce avec le quinquennat

A. Une tendance bien établie sous la Ve République de voir les Présidents outrepasser les fonctions que leur confie la Constitution

Que le Président Sarkozy ait été un Président interventionniste, nul n'en doute. Cet activisme ne doit pas faire oublier que les prédécesseurs du Président élu en 2007 ont été très loin de se contenter d'exercer les fonctions évoquées dans la Constitution au titre II. Ils ne se sont pas limités à ces fonctions essentiellement d'arbitrage mentionnées à l'article 5. On a certes dans le titre II des fonctions éminentes : désigner le Premier ministre, soumettre un texte au référendum, dissoudre l'Assemblée nationale, procéder à certaines nominations, disposer des prérogatives exceptionnelles... Des articles figurant dans d'autres titres peuvent confier d'autres pouvoirs au Président : saisir le Conseil constitutionnel, avoir l'initiative de la révision constitutionnelle... Mais cette longue énumération ne doit pas faire oublier que la plupart des actes du Président sont soumis selon l'article 19 au contreseing du Premier ministre. En outre, il s'agit de compétences qui peuvent être rattachées à une fonction d'arbitrage qui n'implique pas la participation à la détermination directe de la politique du pays. Depuis l'origine de la Ve République, les Présidents ne se sont pas contentés de ce rôle. Ils ont considéré qu'ils devaient définir les grandes lignes de l'action du Gouvernement. En certains domaines, ils ont même estimé que la décision leur appartenait exclusivement. Un « domaine réservé » constitué des questions militaires et diplomatiques devait leur appartenir. Du Président de Gaulle au Président Chirac les Chefs de l'État de la Ve République ont considéré qu'ils ne pouvaient s'en tenir au titre II et ils ont de façon plus ou moins ample empiété sur les fonctions gouvernementales. On pourrait sans doute trouver des nuances dans les comportements de chacun. Le premier Président a sans doute eu un goût particulier pour les questions diplomatiques et de défense. Il a pu aussi être attaché au développement de l'économie du pays. Son successeur l'a suivi et a montré lui aussi son attachement à la modernisation de l'économie nationale. Le Président Giscard s'est intéressé aux questions de société et à la construction européenne. Mais pas plus que ses prédécesseurs, il n'a renoncé à fortement encadrer l'action du Premier ministre. C'est d'ailleurs une des raisons de la démission de Jacques Chirac en 1976. François Mitterrand a maintenu les choses et il a réussi en périodes de cohabitation à conserver au Président un rôle allant très nettement au-delà des fonctions protocolaires.

B. Un phénomène accru par le raccourcissement du mandat mais non sans risque

L'extension des fonctions présidentielles n'est pas une nouveauté datant de 2007. Bien avant cette élection les Présidents ont joué le rôle principal et relégué le Premier ministre à un rôle subalterne. Le changement opéré avec les dernières présidences tient plutôt dans le degré d'implication du Chef de l'État dans l'action gouvernementale. On est assez loin d'une définition globale. On voit le Président intervenir dans l'action au jour le jour ; ce n'est pas une simple feuille de route qui est préparée mais le détail des actions à mener. Cette évolution ne va pas être opérée que par le Président Sarkozy. Ses deux successeurs François Hollande et Emmanuel Macron ont les mêmes tentations que leur prédécesseur : ils sont désireux de montrer leur implication dans les détails des politiques menées. C'est sans doute avec Emmanuel Macron que cette implication a été la plus flagrante. On ne peut manquer de relever que cette pratique est celle des Présidents élus pour un mandat de 5 ans. Ils considèrent que le temps leur est compté. En outre, le calendrier électoral qui place les élections législatives immédiatement après les présidentielles met les députés dans la dépendance de l'élection présidentielle : ils sont élus pour mettre en œuvre le programme du Président désigné quelques semaines plus tôt. Le quinquennat transforme le Président en Premier ministre à l'anglaise. Le Président devient un personnage tout à fait central cumulant l'ensemble des fonctions partagées théoriquement entre différents acteurs. Cette pratique séduisante pour le dirigeant qui se voit au centre du jeu est cependant dangereuse : c'est lui qui est jugé responsable de l'action menée. Les faiblesses, les insuccès, les échecs lui sont imputables. Avec le quinquennat, avec le « Président-Premier ministre », on constate un fléchissement rapide de la popularité présidentielle et on relève même une situation rare auparavant : le Premier ministre peut devenir plus populaire que celui qui l'a nommé.

Conclusion

Le Président Chirac résuma un jour sa situation par rapport à son ministre Nicolas Sarkozy « Je décide, il exécute ». On serait tenté de résumer la situation ultérieure par un « Je décide et j'exécute », tant on voit le Président de la République impliqué directement dans l'action gouvernementale. Il serait peut-être exagéré de considérer qu'il a récupéré la totalité des rôles du Premier ministre.

On ne peut s'empêcher de penser que le rapprochement entre les fonctions présidentielles et gouvernementales n'est pas une bonne chose. Le Président a tort de se sentir obligé d'intervenir dans le détail des politiques. Le Premier ministre pourrait être plus qu'un simple exécutant. Aucun Président élu cinq ans n'ayant été, avant 2022, réélu, on a pu expliquer ces échecs par le cumul des fonctions présidentielles et gouvernementales. L'élection de 2022 n'est qu'en apparence l'exception qui confirme la règle : la majorité présidentielle est minoritaire à l'Assemblée.

Questionnaire à choix multiples sur les thèmes du chapitre

(les réponses et les explications figurent au dernier chapitre de l'ouvrage)

Avant la révision apportée à la durée du mandat présidentiel, un projet en ce sens a été voté par le Parlement sous la présidence de

A – Charles de Gaulle
B – Georges Pompidou
C – Valéry Giscard d'Estaing
D – François Mitterrand

Georges Pompidou a été Président de la République

A – de 1968 à 1974
B – de 1969 à 1973
C – de 1969 à 1974
D – de 1969 à 1976

Quel Président de la République a accompli quatorze ans de mandat ?

A – Charles de Gaulle
B – François Mitterrand
C – Jacques Chirac
D – Nicolas Sarkozy

Laquelle de ces affirmations est juste ?

A – Tout candidat à l'élection présidentiel doit en application de la Constitution présenter à l'appui de sa candidature cinq cents signatures d'élus
B – Nul ne peut exercer plus de deux mandats présidentiels consécutifs
C – Nul ne peut exercer plus de deux mandats présidentiels
D – Si, avant le premier tour, un candidat à la présidentielle décède ou se trouve empêché, le Conseil constitutionnel peut prononcer le report de l'élection

L'article 16 peut être engagé sans consultation

A – des membres du Parlement
B – du Président du Sénat
C – du Président de l'Assemblée nationale
D – du Premier ministre

Selon l'article 8 de la Constitution

A – le Président de la République peut, de sa propre initiative, mettre fin aux fonctions du Premier ministre
B – le Président nomme les membres du Gouvernement sur proposition du Premier ministre
C – le Président de la République nomme un Premier ministre qui doit obtenir la majorité des voix des députés composant l'Assemblée nationale
D – le Président de la République peut, de sa propre initiative, mettre fin aux fonctions d'un ministre

Le droit de message du Président de la République avec les deux assemblées

A – permet au Président de prendre la parole devant le Parlement réuni en Congrès
B – ne peut donner lieu à débat

C – ne peut être mis en œuvre que pendant les sessions
D – se fait uniquement par la lecture du message hors la présence du Président

En cas d'application de l'article 16, le Conseil constitutionnel
A – rend un avis qui doit être suivi par le Président de la République
B – est consulté sur les mesures prises
C – est consulté sur la prolongation au-delà de 3 mois
D – se réunit en permanence

La dissolution
A – peut être décidée sans que le Président ne demande son avis au Président du Sénat
B – peut être prononcée dans les six mois qui suivent la précédente dissolution
C – doit être prononcée après l'adoption d'une motion de censure
D – est prononcée par le Président de la République après consultation du Premier ministre et des Présidents des assemblées

Est dispensé du contreseing
A – le référendum
B – le droit de grâce présidentiel
C – la demande de nouvelle délibération
D – l'accréditation des ambassadeurs auprès des puissances étrangères

Quel Chef de l'État n'a pas été élu à sa première candidature présidentielle ?
A – Emmanuel Macron
B – Valéry Giscard d'Estaing
C – Jacques Chirac
D – François Hollande

Chapitre 9

La Ve République (II)

Le Parlement

Même si elle a procédé à un renforcement de l'exécutif, la Ve République est construite selon le modèle parlementaire. Les principaux rédacteurs de la Constitution de 1958 ont toujours affirmé qu'il en était ainsi. Le Parlement est une des principales institutions de notre pays. Comme le Président, il est élu. Son organisation est précisément établie avec un fonctionnement des Chambres résultant principalement de textes et non pas de simples pratiques. Le Parlement remplit plusieurs fonctions résumées à l'article 24 de la Constitution puis détaillées dans des dispositions complémentaires. Dans ce chapitre seront abordées successivement la composition du Parlement, son organisation, les fonctions confiées aux Chambres et l'attention portée à leur revalorisation.

Section I. La composition du Parlement

Comme pour d'autres sujets concernant nos institutions, la question de la composition du Parlement a été l'objet en deux siècles de nombreuses variations. Deux séries de sujets doivent ici être abordées.
En premier lieu, la désignation des parlementaires et leur statut. Les parlementaires sont tous en France des élus sous la Ve République. Mais il faut définir les modalités de leur désignation. Leur statut est destiné à les protéger. Il est relativement stable mais est l'objet de quelques variations.
En second lieu, la structure du Parlement doit être abordée. Il n'y a à ce propos en droit constitutionnel aucune règle impérative. Le Parlement peut être constitué d'une ou plusieurs Chambres. Comme ses devancières immédiates, la Constitution de 1958 a opté pour le bicaméralisme. Elle l'a fait sans cependant accorder aux deux Assemblées les mêmes prérogatives.

A. La désignation des membres du Parlement et leur statut

La Constitution en son article 24 distingue la désignation des députés de celle des sénateurs. Les premiers sont « élus au suffrage direct » et ne peuvent être plus de 577. Les seconds sont « élus au suffrage indirect » et ne peuvent être plus de 348. Il est précisé que ces derniers assurent « la représentation des collectivités territoriales ». La Constitution ne comporte pas en revanche de précision sur le mode de scrutin utilisé pour la désignation des parlementaires. Selon l'article 34, la fixation du « régime électoral des Assemblées parlementaires » fait partie du domaine de la loi. Des dispositions législatives précisent les règles applicables au déroulement des campagnes électorales et relatives notamment à leur financement. La loi encadre les possibilités de cumul des mandats.
Le statut des parlementaires est évoqué à l'article 26 de la Constitution qui détermine les protections et garanties dont ils bénéficient pour l'exercice de leurs fonctions. D'autres dispositions évoquent d'autres aspects du statut des parlementaires comme les indemnités qui leur sont versées.

Mandat **: mission confiée par les électeurs à un élu pour une durée déterminée**

Mandat impératif **: mission pour laquelle les électeurs déterminent précisément les interventions de l'élu et où il n'a donc aucune marge de manœuvre. Le mandat impératif est interdit par la Constitution de 1958 (art. 27)**

Suppléant **: personne appelée à remplacer un parlementaire en cours de mandat**

Législature **: durée pour laquelle est élue l'Assemblée nationale. Elle est en principe de cinq ans mais peut être écourtée en cas de dissolution**

Questions à réponse courte

L'élection des sénateurs

L'article 24 de la Constitution précise que le Sénat « assure la représentation des collectivités territoriales de la République » et que ses membres sont désignés au suffrage indirect. Les sénateurs qui ne peuvent avoir moins de 24 ans sont élus dans chaque département par un collège de grands électeurs composés des députés, des maires, des conseillers régionaux et départementaux ainsi que des délégués municipaux supplémentaires dont le nombre varie en fonction de la population de la commune. Le vote est obligatoire. Pour la France entière, le nombre total de grands électeurs avoisine 160 000. Les plus nombreux sont les maires et les délégués des conseils municipaux. Pour la désignation des sénateurs représentant les Français de l'étranger, le collège électoral est composé des membres élus de l'Assemblée des Français de l'étranger.
Le mode de scrutin utilisé pour élire les sénateurs varie en fonction du nombre de sénateurs désignés par chaque département qui peut aller de 1 à 12. L'élection se fait au scrutin majoritaire dans les départements désignant 1 ou 2 sénateurs. Dans les autres départements, on a recours à la représentation proportionnelle. Pour les sénateurs des Français de l'étranger, le mode de scrutin dépend également du nombre de sièges à pourvoir dans les circonscriptions. Les règles électorales ont été modifiées à plusieurs reprises tant pour déterminer le nombre de sièges à pourvoir impliquant l'usage de la proportionnelle que pour la composition des collèges électoraux. Ces collèges représentent plus favorablement les petites communes. Une réforme est délicate à mettre en œuvre car le Conseil constitutionnel considère que les délégués des communes qui s'ajoutent au maire doivent être prioritairement issus des conseils municipaux faute de quoi le Sénat ne représenterait plus les collectivités territoriales comme l'exige la Constitution.

Le contrôle des élections législatives

Le contrôle des élections législatives est exercé de différentes manières.
Les candidats et leurs représentants exercent un contrôle dans les bureaux de vote pendant les opérations de vote et lors du dépouillement.
Des vérifications sont effectuées dans les départements comportant des communes de plus de 30 000 habitants par une commission de contrôle présidée par un magistrat judiciaire.
Mais surtout, des recours tendant à l'annulation des résultats d'une élection législative peuvent être déposés. Avant 1958, le contrôle des élections législatives était assuré par les Chambres qui étaient chargées de vérifier les pouvoirs de leurs membres. C'est à présent le Conseil constitutionnel qui est compétent conformément à l'article 59 de la Constitution pour « statuer en cas de contestation, sur la régularité de l'élection des députés et des sénateurs ». Le Conseil constitutionnel ne peut s'autosaisir. Dans son

office, le Conseil tient compte des écarts de voix entre les candidats et examine si des torts ne sont pas partagés entre plusieurs candidats. Il peut annuler l'élection et prononcer des démissions d'office et des inéligibilités. La violation des règles relatives au financement des campagnes électorales peut notamment conduire à de telles sanctions.

Le cumul des mandats

Sauf l'interdiction du cumul des mandats de député et de sénateur, aucune interdiction n'a longtemps été apportée à l'exercice de plusieurs mandats par les parlementaires. Depuis 1985, plusieurs textes ont été pris successivement. Il s'agit pour la situation des parlementaires de lois organique car seules de telles lois peuvent fixer « les conditions d'éligibilité, le régime des inéligibilités et des incompatibilités » applicables aux membres des Assemblées. Le dernier texte pris en la matière date du 14 février 2014. La ligne générale suivie depuis 1985 est de limiter les possibilités de cumul. Les parlementaires français ne peuvent pas exercer de mandat au sein du Parlement européen. Ils ne peuvent, à compter des renouvellements postérieurs au 31 mars 2017 des mandats de députés et sénateurs, exercer des fonctions de président ou vice-président d'organe délibérant de collectivité territoriale ou d'établissement public de coopération intercommunale. Ils ne peuvent plus ainsi être notamment maire, maire-adjoint, président ou vice-président de conseil régional ou conseil départemental. Ils peuvent en revanche avoir un mandat dans une assemblée délibérante locale dès lors qu'ils n'exercent pas de fonctions dans l'exécutif. Il leur est donc possible d'être conseiller municipal, conseiller départemental ou régional. Ces règles visent à revenir sur une situation particulière à la France. En effet, en 2012, près de 80 % des parlementaires exerçaient un autre mandat, souvent leur confiant des fonctions à la tête d'un exécutif local. Chez nos voisins, la proportion est de moins de 20 %. La limitation des cumuls doit permettre aux détenteurs des mandats de pouvoir exercer pleinement leur mandat. En complément de ces limitations, le nombre de mandats successifs pourrait être limité.

Le mode de désignation des députés

La Constitution de la Ve République contient quelques indications sur le mode de désignation des députés. Ceux-ci sont selon l'article 24 de la Constitution « élus au suffrage direct ». Il n'est pas indiqué en revanche quel mode de scrutin peut être utilisé. L'article 25 de la Constitution fait allusion à une loi organique qui pour chaque assemblée fixe la durée de leur pouvoir, leur nombre, leur indemnité, leurs conditions d'éligibilité, le régime des inéligibilités et des incompatibilités. Cette énumération ne comporte pas d'indication relative au mode précis de désignation. La loi ordinaire est compétente pour cela. D'ailleurs, l'article 34 de la Constitution précise que « la loi fixe également les règles concernant le régime électoral des assemblées parlementaires… ». La loi électorale a prévu de recourir au scrutin majoritaire à deux tours dans des circonscriptions infra-départementales, ce que prévoit la loi du 11 juillet 1986. On peut cependant relever que pour les élections précédant le vote de cette loi a été appliquée, une seule fois, la représentation proportionnelle à la plus forte moyenne dans le cadre départemental (Loi du 10 juillet 1985). Le scrutin majoritaire a montré sa capacité à faire émerger des majorités au sein de l'Assemblée avec cependant une majorité très réduite en 1973 et une majorité relative en 1988. Ce mode de scrutin est favorable aux formations qui obtiennent le plus de voix qui sont surreprésentées tandis que les autres mouvements politiques sont peu ou non représentés à la Chambre. Pour obtenir une meilleure représentation des différentes tendances, la proportionnelle est assurément le moyen le plus efficace. Ce type de scrutin pourrait à l'inverse rendre plus délicate la formation de majorités de gouvernement comme on le voit chez certains de nos voisins. La tentation est alors de faire appel au scrutin mixte mêlant scrutin majoritaire et représentation proportionnelle comme le souhaitait le Gouvernement d'Edouard Philippe. On peut cependant douter de l'utilité d'une telle modification si la part des élus à la proportionnelle est modeste, ce d'autant que le nombre de députés serait réduit.

Le nombre de parlementaires

La Constitution de la Vᵉ République ne contenait pas dans sa version initiale de précision concernant le nombre de parlementaires. De fait, de 1958 à aujourd'hui le nombre de parlementaires a varié pour différentes raisons : taille du pays, évolution démographique, changement de mode de scrutin. En 1985, le nombre de députés a été fixé à 577. La Constitution contient depuis 2008 des indications précises relatives au nombre de parlementaires. Le nombre de députés ne peut dépasser 577 tandis que celui de sénateurs ne peut aller au-delà de 348. Il est assez délicat de déterminer dans l'absolu le nombre de parlementaires ; les comparaisons historiques et internationales donnent des indications difficiles à exploiter : si l'Allemagne, la Grande Bretagne et l'Italie ont des chambres basses aux effectifs proches de celui de la nôtre, le Bundesrat est beaucoup moins nombreux que le Sénat. Quant aux États-Unis, avec 435 représentants et 100 sénateurs, leur Congrès rassemble des élus qui représentent chacun beaucoup plus de citoyens qu'en Europe. Le Gouvernement actuel souhaite réduire significativement le nombre de parlementaires avec une baisse envisagée de 30 %. Une telle modification ne nécessiterait pas la modification de la Constitution puisqu'on se situerait au-dessous des plafonds fixés par elle. En revanche, cela exige une loi organique comme l'impose le premier alinéa de l'article 25. On ajoutera que selon l'article 46, les lois organiques relatives au Sénat doivent être votées dans les mêmes termes par les deux Chambres, ce qui permettrait à la Chambre haute d'empêcher une réduction la concernant ; en outre, une réduction du nombre de députés impliquerait une modification des circonscriptions désignant les députés. Conformément à l'article 25 de la Constitution, une commission indépendante devra se prononcer par un avis public sur les projets de textes et propositions de loi délimitant les circonscriptions pour l'élection des députés ou modifiant la répartition des sièges des députés.

La représentation des Français de l'étranger

Dans sa rédaction antérieure à la révision du 28 juillet 2008, la Constitution confiait exclusivement au Sénat la représentation des Français de l'étranger. Selon la nouvelle formulation de son article 24, en son dernier alinéa, « les Français établis hors de France sont représentés à l'Assemblée nationale et au Sénat ». La représentation à l'Assemblée nationale se fait par l'élection dans des circonscriptions établies à l'étranger de 11 députés désignés par les Français expatriés inscrits sur des listes électorales établies par les consulats. La désignation des 12 sénateurs des Français de l'étranger est, comme celle des autres sénateurs, faite de façon indirecte. Les Français expatriés désignent directement des délégués qui siégeront au sein de l'Assemblée des Français de l'étranger (AFE). Ces membres de l'AFE élus pour 6 ans forment le collège qui désigne les sénateurs.

Députés et sénateurs de Français de l'étranger ont exactement les mêmes droits et prérogatives que leurs collègues des deux Assemblées.

On peut ajouter que les Français de l'étranger peuvent participer à l'élection présidentielle. Des bureaux de vote sont établis hors de France par les services de l'État.

Composition de l'Assemblée nationale au 29 mai 2023

À la suite des élections de 2022 et des élections partielles organisées depuis cette date, les 577 députés se répartissent entre les groupes suivants :

+Soutiens au Président de la République : 251 sur 577 :

Renaissance : 171 dont 9 députés apparentés

Démocrate (Modem et indépendants) : 51

Horizons : 29 dont 3 apparentés

+Députés appartenant à d'autres groupes ou non-inscrits : 326 sur 577

Rassemblement national : 88

France insoumise : 75

Les Républicains : 62 dont 3 apparentés

Socialistes : 31 dont 4 apparentés

Écologistes : 23

Gauche démocratique et républicaine : 22

Libertés, Indépendants, Outre-mer et Territoires : 21

Non-inscrits : 4

Dissertation

Sujet : L'Assemblée nationale représente-t-elle fidèlement le pays ?

Approche générale du sujet

L'Assemblée est, comme on le sait, élue au scrutin majoritaire à deux tours. Avec ce sujet, on doit se poser la question des mérites des modes de scrutin. Mais on doit le faire dans un pays qui n'a plus le culte du scrutin majoritaire et qui pratique depuis une trentaine d'années simultanément d'autres techniques au plan électoral.

Comme pour tout sujet, il n'y a pas de réponse imposée. On peut fort bien considérer que la représentativité n'est pas le critère décisif ou inversement y être très attaché. L'important est de démontrer une position avec des arguments qui l'étayent. Pour ce faire, on doit à la fois maîtriser les différents modes de scrutin et connaître l'usage qui en est fait.

Proposition de plan

Introduction

Si l'article 24 de la Constitution prévoit que les députés à l'Assemblée nationale seront élus au suffrage direct, il est silencieux sur le mode de scrutin utilisé pour ce faire. Le législateur est libre en la matière. Il a fait preuve d'une grande continuité puisqu'à l'exception des élections législatives de 1986 qui furent organisées à la représentation proportionnelle départementale toutes les autres le furent au mode de scrutin majoritaire.

Les mérites d'un tel mode de scrutin sont connus. La France a longtemps privilégié cette technique électorale. Inévitable pour la désignation du Président de la République, le scrutin majoritaire est aussi utilisé pour d'autres élections comme les élections départementales et municipales dans les plus petites communes. Dans tous ces cas, il est à deux tours.

Plusieurs scrutins font cependant appel à la représentation proportionnelle. Les élections européennes ont depuis 1979 toutes été organisées avec un tel système. Une partie des sénateurs sont désignés à la proportionnelle. Les régionales et les municipales incorporent une partie de proportionnelle. Avec ces nouvelles techniques, on constate l'émergence de nouvelles forces politiques. Elles obtiennent dans différentes assemblées aux plans local comme européen des élus. Il n'en va pas de même au sein de l'Assemblée nationale. On constate aussi un sérieux décalage entre les résultats du premier tour à l'élection présidentielle et la composition de l'Assemblée nationale.
La représentativité de l'Assemblée nationale suggère de fortes interrogations.

Annonce de plan

En effet, si le scrutin majoritaire à deux tours appliqué presque sans discontinuer depuis 1958 pour la désignation des députés a permis de pratiquement toujours déterminer une majorité de soutien au Gouvernement (I) il n'assure pas une représentation fidèle du pays, ce qui nuit à sa légitimité et suggère de sensibles ajustements (II).

Développements

I. Le scrutin majoritaire à deux tours appliqué aux législatives donne presque toujours une majorité soutenant le Gouvernement

A. Le scrutin majoritaire à deux tours a été appliqué presque sans discontinuer depuis 1958

Même si la Constitution ne détermine pas le mode de scrutin à l'élection des députés, l'on a en la matière une très grande continuité. Rétabli au début de la Ve République, le mode de scrutin majoritaire à deux tours qui s'appliquait déjà sous la IIIe République, a été utilisé à toutes les élections de députés sauf celles de 1986. C'est un mode de scrutin original dans la mesure où il est à deux tours contrairement à ce que pratiquent d'autres pays comme les États-Unis, le Royaume-Uni ou le Japon qui n'organisent qu'un tour de scrutin, ce qui avait d'ailleurs la préférence de Michel Debré. On a ainsi le même mode de scrutin aux législatives qu'à la présidentielle.
La seule exception à l'usage de ce mode de scrutin a été faite en 1986 où l'on a fait appel à la représentation proportionnelle pour des élections organisées dans le cadre départemental. Instauré par la loi du 10 juillet 1985 afin d'éviter une défaite électorale à la majorité sortante, ce changement ne lui a pas été favorable. La nouvelle majorité a décidé de revenir au scrutin majoritaire, ce qu'elle a rapidement fait, puisqu'elle a rétabli ce mode de scrutin par la loi du 11 juillet 1986, quelques semaines après le début de la législature. Ce nouveau changement électoral n'a pas été plus favorable à ceux qui l'avaient décidé puisqu'ils ont échoué eux aussi aux élections suivantes organisées en 1988 après la dissolution prononcée par le Président Mitterrand qui venait d'être réélu.
Le mode de scrutin pour l'élection des députés n'a pas été revu depuis son rétablissement par la loi du 11 juillet 1986. Les deux revers successifs subis par les majorités sortantes qui avaient modifié la loi électorale expliquent peut-être la prudence du législateur en la matière.

B. Ce scrutin a presque toujours permis de déterminer une majorité absolue à l'Assemblée nationale

Les effets habituels respectifs des modes de scrutin proportionnels et majoritaires sont connus : la proportionnelle rend incertaine la formation d'une majorité alors que le scrutin majoritaire la favorise.

Le scrutin majoritaire appliqué depuis 1958 a effectivement permis l'émergence d'une majorité au sein de l'Assemblée nationale. Sauf en 1988 où la majorité était relative, un parti ou une alliance de partis a toujours eu une majorité absolue de députés. Il est vrai que les majorités ont été plus ou moins fortes, étroites en 1973, fortes en 1968, 1981, 1993 et 2017 mais elles ont permis aux Gouvernements d'engager leurs politiques sans difficultés particulières. En 2022, c'est fort différent : les trois groupes proches du Président de la République n'ont que 251 députés sur les 577 alors que la majorité se situe à 289 voix.
Si le scrutin majoritaire a montré son efficacité, on doit aussi relever que la représentation proportionnelle utilisée en 1986 n'a pas empêché la formation d'une majorité au sein de l'Assemblée nationale ; sans doute n'était-elle pas favorable aux promoteurs de la nouvelle loi électorale et n'était-elle pas très large mais elle existait et fut suffisante pour rétablir le scrutin majoritaire.

Transition L'efficacité du scrutin utilisé pour les élections législatives est indéniable. Ne présente-t-il certains inconvénients ?

II. Ce scrutin n'assure pas une représentation fidèle du pays, ce qui nuit à sa légitimité et suggère de sensibles ajustements

A. Le scrutin utilisé à l'Assemblée nationale n'assure en général pas une représentation fidèle du pays

Si le scrutin majoritaire a le grand mérite de donner une majorité claire au sein de l'Assemblée, il n'est pas exempt d'inconvénients. Le plus sérieux est l'écart entre la répartition des voix et celle des sièges. Les deux formations politiques qui ont le plus de voix obtiennent la quasi-totalité des sièges. Avec un total de voix situé aux alentours de 50 % au premier tour, elles obtiennent plus de 90 % des sièges. Alors qu'il suffit de 15 députés pour constituer un groupe parlementaire, il n'y a souvent dans une assemblée de 577 députés que 4 groupes. Ce décalage s'est accru avec le temps. La représentativité de l'Assemblée nationale apparaissait plus réelle pendant la première partie de la Ve République avec plus de partis représentés et surtout un plus net rapprochement entre les résultats en voix et ceux en sièges. On a retrouvé un schéma du même type avec les élections de 2022 : les députés se répartissent en 10 groupes parlementaires ; cette composition est plus représentative, les formations présidentielles ayant subi un vote sanction et plusieurs partis d'opposition ayant constitué avec la nouvelle union populaire, écologique et sociale un cartel électoral assez efficace.
Lorsqu'on compare les résultats aux élections locales et européennes à ceux des législatives, on observe de grandes différences qui ne s'expliquent pas que par les enjeux différents, l'écart de participation et l'habitude prise de voter différemment aux élections locales et nationales. Ces autres élections sont organisées avec d'autres modes de scrutin.
La différence apparaît également très frappante si l'on examine les élections présidentielles et législatives : alors que ces consultations sont organisées à quelques semaines d'intervalle, les tendances des candidats dont la somme des résultats atteint la moitié des voix aux présidentielles au premier tour n'ont quasiment aucun élu à l'Assemblée nationale.
Le scrutin majoritaire a naturellement pour effet de ne pas permettre aux formations politiques ayant des résultats modestes d'avoir des élus. L'existence d'un deuxième tour auquel ne peuvent participer que les candidats ayant obtenu 12,5 % des inscrits accroît cette tendance.

B. La légitimité du mode de scrutin pouvant être mise en cause, de sensibles ajustements semblent nécessaires

Il n'est guère tenable de maintenir un mode de scrutin qui conduit à des résultats électoraux en général si peu représentatifs de la situation de l'opinion. Tant que la France ne pratiquait que le scrutin majoritaire à toutes ses élections, le phénomène était moins frappant. Il l'est devenu

depuis que d'une élection à l'autre on passe à la proportionnelle, au majoritaire et au scrutin mixte comme aux municipales et que des élus de tout bord font partie de ces assemblées locale et européenne. La recherche d'une majorité ne doit pas conduire à négliger un des rôles des élections, donner une représentation fidèle de la Nation. L'expression « représentation nationale » n'est-elle pas d'ailleurs indissociable de la Chambre des Députés ?
Le mode actuel de scrutin devrait être modifié. Un critère important pour la détermination du choix de la nouvelle règle devrait être la représentativité. On pense naturellement à la proportionnelle. On a vu qu'en 1986 elle n'avait pas empêché d'avoir une majorité. On peut aussi envisager un système mixte afin de maintenir un lien étroit avec les électeurs tel qu'il existe aujourd'hui grâce à la part de majoritaire, et faire émerger une plus grande représentativité avec la part de proportionnelle. Dans ce cas, il faudrait éviter de n'instituer qu'une part limitée de proportionnelle ; on ne changerait alors guère les choses. Le Gouvernement d'Edouard Philippe avait souhaité introduire une « dose de proportionnelle » tout en réduisant le nombre de parlementaires. Avec 15 % d'élus de cette façon pour une Assemblée réduite à 400 députés, on aurait une soixantaine de parlementaires choisis à la représentation proportionnelle. Rien n'a été modifié.
Le maintien du scrutin majoritaire mais remanié pourrait être étudié. Ce scrutin à un tour a des effets radicaux bien connus de simplification du système de partis. Il est défavorable à l'émergence de nouvelles forces. Mais il est plutôt moins simplificateur que le scrutin à deux tours car il permet dans des circonscriptions où ils sont bien implantés à des partis de faire élire des députés. Au Royaume-Uni, des partis régionalistes ont des élus grâce à leur assise locale.

Conclusion

Le mode de scrutin ne fait pas l'opinion. Il doit la refléter. L'image n'a pas à être parfaitement exacte. C'est impossible à réaliser. Il est en outre légitime de vouloir un système efficace qui permet d'obtenir une majorité sans passer par des combinaisons opaques entre les formations politiques. La loi électorale ne doit pas en revanche déformer, ignorer les mouvements de l'opinion, la diversité des affinités politiques.
C'est à certains égards l'impression que donne la composition de l'Assemblée nationale. Elle n'est pas assez la représentation nationale mais une représentation approximative. Les élections de 2022 ne changent la donne qu'en raison des circonstances et du fort rejet de la majorité présidentielle sortante.
L'Assemblée de la Nation, l'Assemblée nationale ne doit pas se faire remarquer en refusant cette diversité.

B. La structure du Parlement

La Constitution de 1958 établit un régime bicaméral. Le Parlement « comprend l'Assemblée nationale et le Sénat » comme l'indique l'article 24. Les deux Chambres exercent les fonctions confiées au Parlement. Il existe cependant des différences entre leurs prérogatives. Le bicaméralisme de la Ve République n'est pas égalitaire ; l'Assemblée nationale a le dernier mot en matière législative et le Gouvernement n'est responsable que devant elle.
Cela dit, dès lors qu'il y a un partage de compétences, il est nécessaire d'avoir des échanges entre ces institutions ; on doit déterminer comment doit s'organiser le travail législatif lorsqu'interviennent plusieurs acteurs. Une navette entre les Chambres devra s'engager lors de l'examen des textes. Il faudra, en cas de désaccord, avoir recours à des organes chargés de concilier les points de vue des deux Chambres ; ce seront les commissions mixtes paritaires évoquées à l'article 45.
Établi depuis la IIIe République, le bicaméralisme peut cependant susciter des questions. On avait hésité à le maintenir lors de l'établissement de la Constitution de la IVe République et le texte de 1946 s'en ressent ; on a certes une deuxième Chambre,

le Conseil de la République, mais il donne des avis plus qu'il ne décide. Le régime suivant n'a pas au départ ces hésitations mais le général de Gaulle propose en 1969 de réduire sensiblement le rôle du Sénat. Régulièrement, des débats ressurgissent au sujet de la Haute assemblée ; son mode d'élection, sa composition, ses pouvoirs sont évoqués. On ne peut ignorer ces questions.

Questions à réponse courte

La navette parlementaire

Sous la Ve République, les deux Chambres participent toutes les deux à la procédure législative. Selon le premier alinéa de l'article 45 de la Constitution, « tout projet ou proposition de loi est examiné successivement par les deux Assemblées en vue de l'adoption d'un texte identique ». Les Chambres sont en principe sur un pied d'égalité et il faut arriver à un texte législatif unique. Pour y parvenir, le texte va aller d'une Assemblée à l'autre jusqu'à ce qu'on parvienne à un texte commun. C'est la navette parlementaire.

Ce va-et-vient pourrait théoriquement être sans fin si les deux Chambres avaient de sensibles désaccords. La Constitution prévoit à l'article 45 qu'en cas de désaccord entre les Chambres on pourra constituer une commission mixte paritaire composée en nombre égal de sénateurs et de députés. Cette commission est chargée d'établir un texte commun sur les dispositions qui restent en discussion. La réunion d'une telle commission a longtemps été laissée à la seule initiative du Premier ministre. S'il ne décidait rien, la navette pouvait continuer et le texte s'enlisait. Depuis la révision constitutionnelle de juillet 2008, les Présidents des Assemblées peuvent demander la formation d'une telle commission si le texte soulevant des désaccords est une proposition de loi, c'est-à-dire qu'il a été proposé par les parlementaires. Si la commission parvient à un texte commun, il est soumis aux deux Chambres qui peuvent ou non l'adopter. Si la commission ne parvient à établir un texte commun ou si celui-ci est rejeté, le Gouvernement peut après une nouvelle lecture devant les deux Chambres, demander à l'Assemblée nationale de statuer définitivement. La navette parlementaire est ainsi la conséquence de l'attribution aussi bien au Sénat qu'à l'Assemblée nationale de compétences législatives. La Ve établit cependant un bicaméralisme inégalitaire qui permet à l'Assemblée nationale d'avoir le dernier mot.

Commentaire

Déclaration de M. Lionel Jospin reprise dans *L'Express* du 3 octobre 2011.
« Interrogé sur sa formule en 1998, "Le Sénat est une anomalie démocratique" », M. Jospin s'est justifié. Il dit qu'il existe "deux types de secondes Chambres" celles des États fédéraux, les États-Unis, l'Allemagne "élues au suffrage universel" qui "représentent la diversité d'un pays fédéral" et "des Chambres conservatrices". "C'est à cette seconde catégorie qu'appartient toujours le Sénat français (…) avec un suffrage de 150 000 grands électeurs. C'est très peu et en plus, les toutes petites communes sont surreprésentées" dit-il. "C'est là où est l'anomalie démocratique, pas dans le fait qu'il y ait une deuxième Chambre" a-t-il ajouté ».

Approche générale du sujet

La nécessité du bicaméralisme en général et l'existence du Sénat en particulier sont des questions qui peuvent se poser. La déclaration choc de Lionel Jospin a contribué à relancer ces questions. Ce n'est pas la première fois qu'un acteur de premier plan de la vie politique nationale s'interroge sur la situation de la Haute Assemblée. La critique est plus facile que la suggestion de solutions de remplacement. Il ne faut pas hésiter à faire preuve de créativité pour adapter le Sénat à de nouvelles fonctions.

Proposition de plan

Introduction

« Le Sénat est une anomalie démocratique ». La formule est brutale. Elle l'est d'autant plus émanant d'un Premier ministre en fonction, qui plus est, ancien diplomate. En critiquant ainsi en 1998 la Haute Assemblée, Lionel Jospin s'est naturellement attiré les foudres des sénateurs. Plus de dix ans après, le reproche ne semble toujours pas passer et l'ancien Premier ministre est amené à se justifier une nouvelle fois en développant en quoi selon lui le Sénat appelle au plan démocratique de sérieuses interrogations.

Lionel Jospin n'est pas le premier à s'interroger sur ce sujet. Le général de Gaulle pourtant à l'origine d'une Constitution qui avait prévu une seconde Chambre détenant certains pouvoirs semble regretter ce choix. Le référendum de 1969 était destiné à corriger la situation, non pas en supprimant la Chambre mais en restreignant son rôle. Les Français n'ont pas suivi le Président de la République qui a décidé en conséquence de démissionner. Lionel Jospin ne se situe pas sur le même terrain. Il ne remet pas en cause l'existence d'une seconde Chambre et les pouvoirs qu'elle détient. Il est préoccupé par la manière dont elle est désignée. Si ce reproche peut être compris, reste à déterminer la manière de dépasser ce qui peut apparaître comme une anomalie. La question semble très ouverte.

Annonce de plan

En reprochant au Sénat d'être une « anomalie démocratique », Lionel Jospin met en cause non pas l'existence d'une seconde Chambre mais la manière dont elle est désignée (I) ; il paraît cependant assez délicat de corriger cette anomalie sauf à apporter des changements assez radicaux au dispositif constitutionnel, soit en passant au fédéralisme, soit en modifiant radicalement le mode de désignation des sénateurs (II).

Développement

I. Est une « anomalie démocratique » non pas l'existence d'un Sénat mais la manière dont il est désigné

A. L'existence d'une seconde Chambre n'est pas contestée

Le bicaméralisme n'est nullement une obligation au plan constitutionnel. Même si la tendance est à son développement, la majorité des États n'ont pas institué deux Chambres pour leur Parlement. Comme le rappelle Lionel Jospin, la seconde Chambre est soit liée au fédéralisme du pays, soit à l'héritage « des vieilles Chambres aristocratiques ». Autrement dit, pour citer deux exemples illustrant ce propos : le Sénat des États-Unis et la Chambre des Lords. Les États n'ayant pas tous opté pour le fédéralisme ou n'ayant pas hérité d'une institution traditionnelle, la formation d'une seconde Chambre ne va pas de soi dans beaucoup de pays. La première Constitution française n'avait prévu qu'une Assemblée : si les exemples britannique et états-unien existaient elle n'avait pas de raison de les suivre. La Seconde République est revenue en 1848 à la Chambre unique et l'on a failli aller dans ce sens en 1946.

L'ancien Premier ministre ne se rattache pas à cette position. « L'anomalie n'est pas dans le fait qu'il y ait une deuxième Chambre » dit-il. Pour autant, lui qui a osé associer « anomalie » et « Sénat » ne va pas jusqu'à faire le plaidoyer des secondes Chambres. Il semble surtout constater comme un fait acquis dans la plupart des démocraties comparables à la nôtre l'existence de deux Chambres.

B. La manière dont elle est désignée est à l'origine de l'anomalie démocratique

Lionel Jospin rapproche le Sénat français des « vieilles Chambres aristocratiques » devenues « des chambres conservatrices ». Au-delà des formules certainement péjoratives dans son esprit, sa critique porte sur le mode de désignation du Sénat français. Il donne le nombre total de grands électeurs, 150 000, « c'est très peu », par rapport au 48 000 000 d'électeurs. En outre, ajoute-t-il « les toutes petites communes sont surreprésentées ».

Il est difficile de donner tort à Lionel Jospin dans le constat qu'il fait à propos de la composition du corps électoral chargé de désigner les sénateurs. Il est composé à la base des maires. Les conseillers départementaux et régionaux font, comme les députés du département, partie des grands électeurs mais ils sont moins nombreux. Des délégués supplémentaires pour les municipalités sont désignés en fonction de la taille de la commune mais la répartition est favorable aux petites et moyennes communes. Lorsqu'il était Premier ministre, Lionel Jospin avait essayé de modifier ce système en attribuant un délégué communal pour 300 habitants. Les grands électeurs auraient été plus nombreux et la surreprésentation des petites communes réduite. Il aurait fallu désigner une part non négligeable des grands électeurs hors des conseils municipaux, ce qui contrevient selon le Conseil constitutionnel au principe posé à l'article 24 de la Constitution selon lequel le « Sénat assure la représentation des collectivités territoriales de la République ». Ce changement a été rejeté et les modifications plus récentes n'ont pas sensiblement modifié la donne. On pourrait considérer que le Sénat assure la représentation des « petites » collectivités territoriales.

Transition Après l'échec de la réforme Jospin sur la désignation des délégués communaux supplémentaires, on n'a, sans doute du fait des réserves du Conseil constitutionnel, procédé qu'à des modifications limitées du corps électoral désignant les sénateurs. Il paraît alors nécessaire d'envisager des méthodes plus radicales pour corriger les choses et surmonter « l'anomalie démocratique »

II. Une anomalie délicate à corriger sans apporter des changements assez radicaux au dispositif constitutionnel, soit en passant au fédéralisme, soit en modifiant radicalement le mode de désignation des sénateurs

A. Un passage au fédéralisme peu évoqué

L'ancien Premier ministre rappelle qu'une des raisons d'être des secondes Chambres est la « représentation de la diversité d'un pays fédéral ». Les États-Unis, la Russie, la Suisse, l'Allemagne fédérale, la Belgique ont une seconde Chambre qui remplit ce rôle de représentation des composantes de ces États fédéraux. Pourquoi la France qui n'a jamais tenté l'expérience du fédéralisme ne s'y lancerait pas ? Un État n'est pas voué au système unitaire. Une décentralisation poussée ne se distingue qu'assez peu d'un système fédéral. D'ailleurs comme l'a montré récemment la Belgique, on peut très bien passer d'un système à l'autre.

Le Sénat pourrait représenter les composantes d'une France fédérale. Sans rentrer dans le mode de désignation des membres de cette Chambre transformée, deux remarques doivent être immédiatement faites.

D'une part, un tel changement impliquerait d'autres modifications constitutionnelles. Le passage au fédéralisme implique en effet un partage des rôles entre l'État fédéral et les composantes ; toute Constitution fédérale doit prévoir cette répartition. Les modalités de révision constitutionnelle devraient être adaptées au fédéralisme.
D'autre part, il n'est pas certain qu'il y ait dans notre pays une vraie appétence pour le fédéralisme. Entre Girondins et Jacobins, on choisit plus volontiers les seconds par goût de l'unité et de l'égalité.

B. Une modification radicale du mode de désignation ayant de lourdes répercussions

La seconde hypothèse, ce serait d'en finir avec le mode de désignation indirect appliqué jusqu'ici pour la désignation des Sénateurs, un système quasiment censitaire comme le constatait Maurice Duverger. Il faudrait modifier la Constitution sur ce point puisqu'elle impose actuellement un suffrage indirect pour la désignation des sénateurs. Mais pourrait-on s'en tenir à cette seule modification ? On peut en douter car si les sénateurs sont élus au suffrage direct comme le sont les députés, pourra-t-on ne leur accorder que des prérogatives réduites ? Si l'on assimile les règles électorales applicables aux deux Chambres, il faudra nécessairement rapprocher aussi leurs pouvoirs. Un bicaméralisme égalitaire ne serait pas une nouveauté en France. La IIIe République le pratiquait. Est-on sûr de trouver dans des Chambres élues de façon assez proche des différences politiques ? Pourquoi ne pas s'en tenir à une seule Chambre ? L'on éviterait l'allongement des procédures.

Conclusion

Faire un bon diagnostic n'assure pas de déterminer le bon remède. On a reproché à Lionel Jospin sa formule à l'encontre du Sénat. Elle est pourtant le simple constat d'un état des choses qui perdure depuis 60 ans et qu'on n'a pas pu, comme Lionel Jospin, ou pas voulu, comme ses collègues à la tête des différents Gouvernements, modifier.
La difficulté est d'aller au-delà sur diagnostic. Un premier remède a été rejeté par le Conseil constitutionnel. La fédéralisation du pays ou la démocratisation du recrutement des sénateurs seraient d'autres traitements. Au fond, il s'agirait de changer le poids du Sénat dans nos institutions et concrètement lui donner plus de rôles.
Le veut-on vraiment ?

Section II. L'organisation du Parlement

Les Chambres réunissent plusieurs centaines d'élus. Il est évidemment nécessaire que leur travail soit organisé. Différents organes ont été établis au sein des Chambres. Les députés et les sénateurs se conforment à des méthodes de travail. De façon générale, une matière traite de ces questions : le droit parlementaire. Il ne s'agit pas en première année de droit constitutionnel d'être un spécialiste de cette matière mais au moins d'avoir un certain nombre de points de repère relatifs au fonctionnement du Parlement.

A. Les organes du Parlement

Comme toute institution, le Parlement doit s'organiser. Il s'est doté de plusieurs structures. On avait déjà ces organes dans les régimes précédents et l'on retrouve en France ce qui existe dans d'autres pays dans des régimes parlementaires. La comparaison avec ce qui se fait ailleurs et les pratiques antérieures en France montre des différences mais les rapprochements l'emportent. Les organes de chacune des deux Chambres sont également très comparables ; le Sénat et l'Assemblée ont une organisation quasiment identique. La Constitution évoque certains éléments mais des textes complémentaires précisent les choses, les règlements des Assemblées.

Hémicycle : salle en forme de demi-cercle où se réunissent les parlementaires lors des séances publiques

Perchoir : bureau de la présidence de l'Assemblée nationale dans l'hémicycle, situé en hauteur et dominant la salle des séances

Plateau : Bureau de la présidence du Sénat situé face à l'hémicycle pour veiller au bon déroulement des débats

Règlement des Assemblées : résolution votée par chaque Assemblée qui complète la Constitution et détermine les règles qui concernent l'organisation interne des Assemblées et le travail parlementaire ; le règlement des Assemblées est obligatoirement soumis au Conseil constitutionnel avant sa mise en application

Bureau des Assemblées : autorité collégiale qui dirige la vie intérieure et les travaux de chaque Assemblée. Le bureau règle l'organisation des débats et dirige les services de chaque Assemblée. Il est composé du président, des vice-présidents, des questeurs et de secrétaires

Questeur : parlementaire chargé sous l'autorité du bureau de l'Assemblée de l'administration de l'Assemblée et de la gestion de son personnel

Conférence des Présidents : second organe directeur de l'Assemblée, elle est chargée de régler l'ordre du jour et de délibérer sur la procédure législative et sur les travaux de contrôle et d'évaluation. Elle se réunit en principe de façon hebdomadaire. Elle est composée du président de la Chambre, des vice-présidents, des présidents de commission permanente, du rapporteur général du budget, du président de la commission des affaires européennes et des présidents de groupes parlementaires

Délégation parlementaire : organe d'information ou d'investigation et de conseil dans certains cas communs aux deux Assemblées ou particulier à chacune

Commission : organe d'une Chambre du Parlement chargé de préparer la discussion en séance publique des projets et proposition de loi. On en distingue deux sortes. Des commissions spéciales constituées pour l'examen d'un texte particulier et des commissions permanentes qui, en l'absence de commission spéciale, examinent les textes qui relèvent de leur compétence

Groupe parlementaire : réunion de parlementaires ayant les mêmes affinités politiques ; en général les membres des groupes appartiennent à la même formation politique mais des parlementaires peuvent se rattacher à un groupe sans adhérer au même parti

Question à réponse courte

Le Président du Sénat

Le Président du Sénat est élu par les sénateurs après, conformément à l'article 32 de la Constitution, chaque renouvellement partiel de la Haute Assemblée. Son mandat renouvelable est actuellement de trois ans. Il dirige le Sénat. Il préside depuis le Plateau les séances du Sénat même s'il peut se faire remplacer par un vice-président. Le Président du Sénat est protocolairement le deuxième personnage de l'État. La Constitution dans son article 7 lui a confié l'intérim du Président de la République. « En cas de vacance de la Présidence de la République » ou « d'empêchement constaté par le Conseil constitutionnel », il exerce les fonctions confiées au Président. Il ne peut pas cependant décider l'organisation de référendum conformément à l'article 11, ni prononcer la dissolution de l'Assemblée nationale. On peut noter ici que les pouvoirs de l'article 16 lui sont accordés.

La Constitution confie en outre un certain nombre de droits et pouvoirs, comparables à ceux qui sont accordés au Président de l'Assemblée nationale. Le Président du Sénat est consulté lorsque le Président de la République envisage de prononcer la dissolution de l'Assemblée nationale. Il l'est aussi lors de l'engagement de l'article 16 et il peut saisir le Conseil constitutionnel un mois après l'application de cet article afin qu'il vérifie si les conditions de sa mise en œuvre sont toujours réunies. Le Président du Sénat peut également saisir le Conseil constitutionnel pour qu'il vérifie la conformité constitutionnelle d'un engagement international (art. 54 de la Constitution) ou d'une loi qui vient d'être votée (art. 61). Il nomme trois membres du Conseil constitutionnel (art. 56) et deux personnalités qualifiées au sein du Conseil supérieur de la magistrature.

La Constitution permet aussi au Président du Sénat d'intervenir dans la procédure législative. Il peut opposer l'irrecevabilité à tout texte ne faisant pas partie du domaine de la loi (art. 41) et a la faculté de demander la réunion d'une commission mixte paritaire s'il apparaît un désaccord entre les deux Assemblées à la suite de l'examen d'une proposition de loi (art. 45).

Le Président du Sénat a ainsi des prérogatives non négligeables, à la fois à la tête de la Haute Assemblée et dans le fonctionnement de nos institutions. À deux reprises, en 1969 puis 1974, le Président du Sénat a assuré l'intérim présidentiel. La Présidence du Sénat est actuellement confiée à Gérard Larcher.

Le Président de l'Assemblée nationale

Le Président de l'Assemblée nationale est élu pour la durée de la législature par les députés. Son mandat est ainsi de cinq ans. Il peut être renouvelé.

Le Président dirige l'Assemblée nationale dont il préside les débats depuis le Perchoir. Il peut être assisté pour cela par des vice-présidents.

La Constitution lui confie un certain nombre de droits et prérogatives. Il est consulté par le Président de la République lorsque celui-ci entend user, conformément à l'article 12, du droit de dissolution de l'Assemblée. Si la consultation est obligatoire, il ne s'agit pas d'un avis conforme et les Chefs d'État ont, quelles que soient les protestations des hôtes de l'Hôtel de Lassay, pu ainsi écourter le mandat des députés. Le Président de l'Assemblée nationale est également consulté officiellement avant que le Président de la République ne puisse faire usage de l'article 16. Il peut saisir le Conseil constitutionnel un mois après la mise en œuvre de cet article pour vérifier que les conditions nécessaires à son engagement sont toujours réunies.

Comme son collègue du Sénat, le Président de l'Assemblée nationale peut également saisir le Conseil constitutionnel pour qu'il vérifie la conformité constitutionnelle d'un engagement international (art. 54 de la Constitution) ou d'une loi qui vient d'être votée (art. 61). Il nomme trois membres du Conseil constitutionnel (art. 56) et deux personnalités qualifiées au sein du Conseil supérieur de la magistrature.
La Constitution permet aussi au Président de l'Assemblée nationale d'intervenir dans la procédure législative. Il peut opposer l'irrecevabilité à tout texte ne faisant pas partie du domaine de la loi (art. 41) et a la faculté de demander la réunion d'une commission mixte paritaire s'il apparaît un désaccord entre les deux Assemblées à la suite de l'examen d'une proposition de loi (art. 45).
Le Président de l'Assemblée nationale a constitutionnellement des fonctions très proches de celles du Président du Sénat. N'étant pas appelé à assurer l'intérim du Président de la République, on pourrait considérer qu'il a un rôle plus réduit. On doit cependant apporter un complément et faire une observation générale. Le complément consiste à relever que la Constitution confie au Président de l'Assemblée nationale la présidence du Parlement lorsqu'il se réunit en Haute Cour pour se prononcer sur la destitution éventuelle du Chef de l'État (art. 68) et le bureau du Congrès réuni pour la révision de la Constitution est celui de l'Assemblée nationale (art. 89). Mais on doit surtout ajouter que, conformément à l'article 45, l'Assemblée nationale statue définitivement en cas de désaccord entre les deux Chambres sur un texte.
Le Président de l'Assemblée nationale dirige ainsi la Chambre qui a la voix décisive. Cela en fait un personnage particulièrement influent. À la suite des élections législatives de 2017, François de Rugy a présidé l'Assemblée nationale. Il a été remplacé par Richard Ferrand en septembre 2018. Le 28 juin 2022, Yaël Braun-Pivet a été élue au 2e tour avec 242 voix pour 462 votants. La majorité absolue des membres de l'Assemblée est à 289 voix.

Les commissions parlementaires

Dans l'exercice de leur travail législatif et de contrôle, les parlementaires se réunissent au sein de commissions. On distingue les commissions législatives et les commissions d'enquête.
– Les commissions législatives évoquées à l'article 43 de la Constitution étudient les propositions et projets de loi avant leur examen en séance plénière. Deux sortes de commissions législatives peuvent exister : les commissions permanentes et les commissions spéciales. Les premières ont des domaines de compétences définies par chaque Chambre ; la Constitution limite à 8 le nombre de commissions permanentes dans chaque Assemblée. Chaque parlementaire appartient à une de ces commissions permanentes spécialisées sur un ensemble de questions.
Les commissions spéciales ont une existence temporaire et sont désignées en général à la demande du Gouvernement. Mais une Assemblée peut également demander la formation d'une telle commission.
Les commissions examinent les projets et propositions. Elles peuvent apporter des modifications au texte initial. Depuis la révision constitutionnelle de juillet 2008, il est prévu que lorsque le texte vient en séance plénière, la discussion, sauf pour les textes financiers, porte sur la version adoptée en commission.
– Les commissions d'enquête permettent, conformément à l'article 51-2 de la Constitution, aux parlementaires de « recueillir, dans les conditions prévues par la loi, des éléments d'information » sur des faits déterminés, un sujet particulier, le fonctionnement d'un service ou d'une entreprise publique. Elles ont une existence temporaire et disposent de

moyens importants puisqu'elles peuvent citer des témoins, exiger la communication de documents... Leurs investigations ne doivent pas en principe concerner des faits donnant lieu à des poursuites judiciaires. Les membres de ces commissions sont désignés à la proportionnelle. Les conclusions auxquelles arrivent ces commissions d'enquête peuvent déboucher sur la définition de nouvelles règles législatives.
Les commissions sont un rouage important dans l'organisation du Parlement.

Les groupes parlementaires

Les parlementaires ont toujours eu tendance à se regrouper en fonction de leurs opinions et affinités politiques. On pense aux Torys et aux Whigs en Grande-Bretagne, aux Girondins, aux Montagnards et aux Jacobins sous la Révolution. La formation de groupes parlementaires comme nous les entendons actuellement est plus récente. On a dès la IIIe République consacré juridiquement l'existence de groupes au sein du Parlement. La Constitution de la Ve République contient quelques allusions aux groupes parlementaires mais l'on a plus d'éléments les concernant dans le règlement des Assemblées.
Les groupes réunissent des parlementaires de la même tendance politique. Chaque Assemblée détermine le nombre minimal de membres de la Chambre nécessaire pour pouvoir constituer un groupe. Il est de 15 pour l'Assemblée nationale et de 10 pour le Sénat. Les groupes doivent produire une déclaration politique signée par leurs membres et remise à la présidence. Le groupe peut faire état de son appartenance à l'opposition. S'il ne le fait pas et qu'il n'a pas l'effectif le plus nombreux, il est considéré comme groupe minoritaire.
L'article 51-1 de la Constitution exige que le règlement des Assemblées « détermine les droits des groupes parlementaires constitués en son sein » et qu'il reconnaisse « des droits spécifiques aux groupes d'opposition... ainsi qu'aux groupes minoritaires ». On peut relever que l'article 48 précise dans son 5e alinéa qu'« un jour de séance par mois est réservé à un ordre du jour arrêté par chaque Assemblée à l'initiative des groupes d'opposition de l'Assemblée intéressée ainsi qu'à celle des groupes minoritaires ».
Les présidents de groupe participent aux travaux de la conférence des présidents.
Les groupes parlementaires bénéficient de prérogatives et de moyens. Ils peuvent intervenir dans la préparation des séances et lors de leur déroulement. L'appartenance à un groupe n'est pas obligatoire mais elle permet aux parlementaires de pouvoir participer plus activement aux travaux de l'Assemblée et de bénéficier de facilités et moyens matériels. Les non-inscrits, les parlementaires qui ne se rattachent à aucun groupe, sont très peu nombreux.

B. Le travail parlementaire

L'organisation du Parlement ne consiste pas seulement à établir des organes composés de députés ou de sénateurs. Il est nécessaire également de déterminer les méthodes de travail du Parlement : Quand et comment se réunit-il ? Comment les parlementaires exercent-ils leur rôle ? Comment les Chambres coopèrent-elles ?

***Session* : période pendant laquelle le Parlement se réunit pour délibérer ; la Constitution distingue la session ordinaire qui commence le premier jour ouvrable d'octobre, article 28, et les sessions extraordinaires réunies à la demande du Premier ministre ou de la majorité des membres de l'Assemblée nationale, article 29**

***Séance* : réunion plénière de chaque Assemblée ; elle est en principe publique selon l'article 33 de la Constitution. Le nombre de jours de séance pendant la session ordinaire est limité à 120 (art. 28)**

Ordre du jour **: liste des textes – projet et proposition de loi, résolution –, débats ou questions examinés en séance publiques des Assemblées. Il est en principe fixé par les Chambres mais plusieurs semaines par mois sont réservées par priorité au Gouvernement (art. 48)**

Amendement **: modification apportée à un projet ou une proposition**

Navette **: va-et-vient d'un texte entre les deux Chambres tant qu'il n'a pas été adopté dans les mêmes termes par les deux Assemblées**

Lecture **: phase d'examen d'un texte de loi déposé devant une Assemblée**

Commission mixte paritaire **: organe visé à l'article 45 de la Constitution composé de 7 députés et de 7 sénateurs chargé de proposer un texte sur les dispositions restant en discussion à la suite de l'examen d'un projet ou d'une proposition de loi par les deux Chambres. En principe, elle ne peut, sauf urgence, être constituée qu'après deux lectures. Sa formation n'est pas automatique. Elle doit être décidée par le Premier ministre ; les présidents des Chambres peuvent aussi la demander pour les propositions de loi**

Question à réponse courte

Les sessions du Parlement

Sous la révolution, on considérait que l'Assemblée législative devait se réunir en permanence. Une telle pratique a été abandonnée au profit d'un régime de sessions, c'est-à-dire des périodes pendant lesquelles le Parlement se réunit pour délibérer. On distingue sous la Ve République plusieurs types de sessions et réunions du Parlement.

- La session ordinaire. Elle commence, conformément à l'article 28 de la Constitution, le premier jour ouvrable d'octobre et prend fin le dernier jour ouvrable de juin. Cette formule établie par la révision constitutionnelle du 4 août 1995 se substitue au système antérieur qui prévoyait deux sessions ordinaires par an.
- Les sessions extraordinaires. Prévues par l'article 29 de la Constitution, elles peuvent être organisées à la demande du Premier ministre ou de la majorité des membres composant l'Assemblée nationale et ne peuvent porter que sur un ordre du jour déterminé. Un décret présidentiel contresigné par le Premier ministre convoque le Parlement et fixe l'ordre du jour.
- Des sessions de plein droit peuvent s'ajouter. C'est le cas après une dissolution prononcée conformément à l'article 12-3e alinéa. Si l'on se trouve en dehors de la période prévue pour la session ordinaire, on aura une session de 15 jours.
- Le Parlement se réunit également de plein droit si l'article 16 est mis en vigueur.
- Enfin, une réunion extraordinaire du Parlement doit être organisée lorsque le Président de la République décide, conformément à l'article 18, de communiquer un message aux parlementaires et qu'on se trouve en dehors de la session.

On observe que pratiquement chaque année une session extraordinaire est organisée.

L'ordre du jour du Parlement

L'ordre du jour détermine les travaux des séances des Assemblées. L'article 48 détermine les règles en la matière. Dans un souci de contrôler l'activité du Parlement, les rédacteurs de la Constitution ont inséré en 1958 une formule très contraignante pour les Chambres puisqu'elle conférait au Gouvernement la prérogative de déterminer l'ordre du jour prioritaire. Le Gouvernement transmettait aux Assemblées cet ordre du jour, la conférence des présidents n'ayant qu'à organiser le déroulement des séances. La révision du 24 juillet 2008 semble inverser les choses puisqu'on pose en principe à présent que « l'ordre du jour est fixé par chaque Assemblée ». On doit toutefois relever que le Gouvernement conserve la priorité deux semaines sur quatre ainsi que pour les débats dont il demande l'inscription. Des catégories de textes que le Gouvernement peut seul proposer, les lois de finances et les lois de financement de la Sécurité sociale, sont également inscrits en priorité. Il en va de même pour les projets relatifs aux états de crise et des demandes d'autorisation visées à l'article 35. En outre, sur le temps restant, une semaine de séances sur quatre est réservée aux activités de contrôle et d'évaluation du Parlement sur l'action du Gouvernement. Par ailleurs, un jour de séance par mois est réservé à l'initiative des groupes d'opposition et des groupes minoritaires.

Compte tenu des inscriptions prioritaires prévues par l'article 48, il paraît excessif de considérer que le Parlement maîtrise son ordre du jour. On peut plutôt considérer qu'il y a un partage entre le Gouvernement et le Parlement, partage qui est favorable à l'exécutif, l'espace laissé à l'initiative parlementaire étant limité. Le délai minimal de six semaines entre le dépôt d'un projet ou d'une proposition de loi et son inscription à l'ordre du jour paraît en revanche de nature à permettre aux parlementaires d'avoir le temps d'examiner les textes.

Section III. Les fonctions du Parlement

Le premier alinéa de l'article 24 de la Constitution en une formule ajoutée lors de la révision de 2008 détermine trois fonctions confiées au Parlement :

- le Parlement vote la loi ;
- il contrôle l'action du Gouvernement ;
- il évalue les politiques publiques.

Cette disposition nouvelle est le pendant de celle qui figure à l'article 5 à propos des rôles du Président de la République. Elle comporte des éléments classiques dans un régime parlementaire où en effet le Parlement vote la loi et contrôle l'action du Gouvernement. Elle y ajoute un élément nouveau : l'évaluation des politiques publiques qui est un des aspects du contrôle dont est chargé le Parlement. En revanche, l'article 24 ne mentionne pas une des fonctions fondamentales du Parlement : celle qu'il détient au plan budgétaire. C'est pourtant une des missions de base des Assemblées. Elle leur a été attribuée dès l'origine. Plusieurs articles de la Constitution traitent cependant de ces questions financières.

Les fonctions du Parlement sont détaillées dans diverses dispositions.

A. Les compétences budgétaires

Affirmées dès la réunion des États généraux, ces compétences exercées par le Parlement sont primordiales. Le cadre applicable sous la Ve République se distingue nettement de celui des régimes précédents. On a ici une réaction très forte par rapport aux dérives antérieures et le rôle des Chambres est très encadré. Elles n'ont pas l'initiative des textes financiers. Il s'agit toujours de projets. Leur droit d'amendement est limité. L'examen auquel elle procède doit respecter des délais très stricts. À cela, on pourrait ajouter que les engagements européens souscrits par la France établissent des obligations sur le contenu des textes budgétaires en matière de déficit et d'endettement.
Les lois de finances évoquées aux articles 34 et 47 permettent de déterminer les ressources et les charges de l'État. L'intervention du Parlement au plan budgétaire a été accrue par l'instauration de lois de financement de la Sécurité sociale mentionnées aux articles 34 et 47-1.

Questions à réponse courte

Les lois de finances

Le vote du budget est une des attributions essentielles confiées au Parlement. Députés et sénateurs sont ainsi appelés chaque année à adopter des lois de finances. Selon les termes de l'article 34, ces lois « déterminent les ressources et les charges de l'État dans les conditions et sous les réserves prévues par une loi organique ». La loi organique qui s'applique aux lois de finances, la LOLF, date de 2001.
La Constitution de 1958 a entendu réagir face aux errements des régimes précédents en matière budgétaire. Il est arrivé sous la IVe République que le budget ait été voté alors que l'année était largement commencée. Pour éviter ces incidents, on a précisément encadré les conditions de l'examen par le Parlement du projet de budget préparé par le Gouvernement. L'article 47 de la Constitution donne 40 jours à l'Assemblée nationale, saisie la première du texte, pour se prononcer ; le projet est transmis au Sénat qui a 15 jours d'après la Constitution pour se prononcer. Le délai global donné au Parlement pour se prononcer est de 70 jours : il a une quinzaine de jours pour surmonter les éventuels désaccords apparus entre les deux Chambres. Tout est fait pour que le budget soit adopté avant le début de l'année civile. Mais la Constitution a néanmoins prévu que si le budget n'était pas voté dans le délai de 70 jours, les dispositions du projet pourraient être mises en œuvre par ordonnances. En outre, si la loi de finances n'a pu être promulguée avant le début de l'exercice, le Gouvernement pourra demander au Parlement de percevoir les impôts et d'ouvrir les dépenses se rapportant aux services votés.
Le Parlement n'a pas perdu tout pouvoir budgétaire depuis 1958 mais son intervention est très encadrée. Le Gouvernement souhaiterait réduire les délais d'examen.

Les lois de financement de la Sécurité sociale

Le poids des dépenses de Sécurité sociale ne cessant d'augmenter et les recettes issues des cotisations sociales ne permettant pas de les couvrir, l'État a été amené à intervenir pour trouver les moyens de couvrir ce déficit. Les Parlementaires ont été amenés à prendre année après année des mesures sans avoir une approche globale du financement de la Sécurité sociale. La loi constitutionnelle du 22 février 1996 institue « les lois de financement de la Sécurité sociale » qui, aux termes de l'article 34, « déterminent les conditions générales de l'équilibre financier » de la Sécurité sociale. Compte tenu

de la nature même des dépenses comme des recettes de la Sécurité sociale, on ne peut avoir des données absolument certaines. L'article 34 fait allusion à des « prévisions de recettes » et à des « objectifs de dépenses ».
Le dispositif applicable à ces lois de financement est prévu à l'article 47-1 de la Constitution et est fortement inspiré de celui des lois de finances. L'initiative de ces textes est réservée au Gouvernement, ce sont des projets de lois ; l'Assemblée nationale reçoit en premier le projet et a un délai de 20 jours en première lecture pour l'examiner ; il est transmis au Sénat qui a 15 jours pour se prononcer. Au total, le Parlement devra se prononcer – voter le texte définitivement après éventuelle recherche d'un compromis entre les deux chambres – dans un délai de 50 jours faute de quoi le projet pourra être mis en œuvre par ordonnances.
L'introduction de cette nouvelle catégorie de loi paraît d'autant plus nécessaire que les budgets sociaux dépassent nettement celui de l'État et qu'ils sont alimentés par des prélèvements obligatoires.
Une loi organique relative aux lois de financement de la Sécurité sociale complète les dispositions de la Constitution.

Dissertation

Sujet : Comment la Constitution encadre-t-elle le rôle budgétaire et financier des assemblées sous la Ve République ?

Approche générale du sujet

Les finances publiques et le droit budgétaire sont une des matières composant le droit public. Cet enseignement est situé en deuxième année. On ne peut faire l'impasse sur la dimension constitutionnelle de ce sujet. Voter le budget est une des missions confiées aux Chambres. La Constitution évoque dans plusieurs dispositions le rôle du Parlement en la matière. L'exercice consiste à faire la synthèse de ces différentes dispositions et à montrer les limites des prérogatives du Parlement.

Proposition de plan

Introduction

Les compétences budgétaires sont les premières qui ont été attribuées aux Parlements. Les Assemblées ont toujours des attributions financières : elles vont avaliser les dépenses et accepter les prélèvements qui les financent. Avec ce deuxième aspect, on se rattache au principe du consentement à l'impôt, règle très ancienne de part et d'autre de la Manche même si son application a pu être aléatoire. La déclaration des droits de l'homme et du citoyen de 1789 solennise le principe en son article 14.
La Constitution de 1958 confirme l'attribution au Parlement de compétences financières. Mais comme à l'accoutumée, elle le fait en introduisant des règles inédites et en limitant le rôle des Chambres : la Constitution de la Ve République a introduit dès 1958 des précisions nouvelles dans la procédure budgétaire, notamment en matière d'initiative, de déroulement des travaux et de vote. Ces règles constitutionnelles sont précisées par des dispositions organiques. Si, à beaucoup d'égards, il y a une grande

continuité depuis le début du régime, on observe aussi des modifications puisque le Parlement est appelé à voter non seulement des lois de finances mais aussi des lois de financement de la Sécurité sociale depuis une révision constitutionnelle de 1996. Si le Parlement intervient au plan budgétaire, son rôle est très encadré.

Annonce de plan

En effet, si le Parlement intervient en donnant son accord au budget de l'État par les lois de finances et son acceptation des budgets sociaux par les lois de financement de la Sécurité sociale (I), son intervention est très encadrée du fait, d'une part, des règles sur l'initiative et le droit d'amendement à de tels textes, et d'autre part, en raison des modalités de leur examen et de leur vote (II).

Développement

I. Le Parlement autorise le budget de l'État par les lois de finances et accepte les budgets sociaux par les lois de financement de la Sécurité sociale

A. L'accord du Parlement sur le budget de l'État au moyen de lois de finances

Depuis la révolution de 1789, les différentes Constitutions successives contiennent des dispositions portant sur les questions budgétaires. De l'époque de la révolution, on a gardé la déclaration des droits de l'homme et du citoyen de 1789 qui contient deux articles qui portent directement sur ces questions et plus précisément les impôts. L'article 13 affirme la nécessité de l'impôt : « pour l'entretien de la force publique, et pour les dépenses d'administration, une contribution commune est indispensable... » tandis que l'article 14 réaffirme le principe du consentement à l'impôt car « tous les citoyens ont le droit de constater, par eux-mêmes ou par leurs représentants, la nécessité de la contribution publique, de la consentir librement, d'en suivre l'emploi et d'en déterminer la quotité, l'assiette, le recouvrement et la durée ». Ces dispositions ont valeur constitutionnelle et peuvent servir de fondement à l'intervention du Parlement, les représentants des citoyens, en ce qui concerne les recettes de l'État. Un alinéa de l'article 34 confie au législateur le soin de fixer les règles concernant « l'assiette, le taux et les modalités de recouvrement des impositions de toutes natures ».
La Constitution va au-delà de cette seule question des ressources puisqu'au même article 34, le législateur est appelé à prendre des lois de finances qui « déterminent les ressources et les charges de l'État dans les conditions et sous les réserves prévues par une loi organique ».

B. Une acceptation des budgets sociaux par les lois de financement de la Sécurité sociale

À cette intervention portant sur le budget de l'État ont été ajoutées, relativement récemment, de nouvelles attributions du Parlement concernant les budgets sociaux. Selon l'article 34, le législateur détermine les « principes fondamentaux... du droit de la Sécurité sociale ». Il n'est pas en principe en revanche compétent pour les cotisations sociales. Les difficultés budgétaires sérieuses auxquelles étaient confrontés les organismes de Sécurité sociale ont, ceci rappelé, conduit l'État à intervenir pour trouver des moyens de combler les déficits. Le Parlement a été appelé à se prononcer à plusieurs reprises sur des ressources accordées à la Sécurité sociale. Il n'avait pas de compétences globales en la matière. La révision constitutionnelle de 1996 crée les lois de financement de la Sécurité sociale qui sont définies à l'article 47-1. Elles « déterminent les conditions générales de son équilibre financier et, compte tenu de leurs prévisions de recettes, fixent les objectifs de dépenses, dans les conditions et sous les réserves prévues par une loi organique ».

À ces rôles par rapport au budget de l'État et aux organismes de Sécurité sociale, on doit ajouter une intervention plus transversale confiée au Parlement. Celui-ci doit voter des lois de programmation définissant les orientations pluriannuelles des finances publiques qui « s'inscrivent dans l'objectif d'équilibre des comptes des finances publiques ». L'approche budgétaire annuelle est complétée par une démarche pluriannuelle qui correspond aux engagements européens en matière de finances publiques.
On peut relever à propos de cette nouvelle catégorie de lois d'un côté une proximité des formulations avec ce qui est dit à propos du budget de l'État et de l'autre des différences puisqu'on semble conscient des incertitudes en ces domaines : prévisions de recettes et objectifs de dépenses montrent qu'on n'est pas certain des éléments en cause en charges comme en ressources.

Transition La Constitution ne se contente pas de confier au Parlement des compétences budgétaires au niveau de l'État et à présent au plan des budgets sociaux. Elle précise les modalités de son intervention.

II. Son intervention est cependant très encadrée du fait, d'une part, des règles sur l'initiative et le droit d'amendement à de tels textes, et d'autre part, en raison des modalités de leur examen et de leur vote

A. Des règles contraignantes sur l'initiative budgétaire et les amendements

Les lois de finances ainsi que les lois de financement de la Sécurité sociale sont soumises à des règles différentes de celles qui s'appliquent aux autres textes soumis au Parlement.
Alors qu'habituellement l'initiative des lois appartient selon l'article 39 de la Constitution « concurremment au Premier ministre et aux membres du Parlement », pour les lois de finances comme pour les lois de financement de la Sécurité sociale, il ne peut pas y avoir d'initiative parlementaire : il s'agit obligatoirement de projets de loi. On observe la même situation dans les autres pays ; l'exécutif est assurément plus outillé pour préparer des projets de budget avec les services administratifs et de prospective qui dépendant de lui.
L'autre singularité des textes financiers est de ne pouvoir être amendés que dans des conditions très particulières. Selon l'article 44 de la Constitution, de façon générale, « les membres du Parlement et le Gouvernement ont le droit d'amendement ». Mais l'article 40 précise que « les amendements formulés par les membres du Parlement ne sont pas recevables lorsque leur adoption aurait pour conséquence, soit une diminution des ressources publiques, soit la création ou l'aggravation d'une charge publique ». Cet article est de portée générale mais a des conséquences fortes sur les textes comme les lois de finances qui portent sur les charges et les impôts. Les parlementaires ne peuvent demander qu'une augmentation des ressources donc essentiellement des impôts ou la baisse d'une dépense. Il n'est pas certain que leur priorité soit de suggérer ce genre de modifications.
Les parlementaires sont dans une situation qui n'est guère favorable : ils ne proposent pas le texte initial et ne peuvent le modifier qu'à la marge. Ils gardent évidemment le droit de rejeter le texte mais oseront-ils aller jusque-là ?

B. L'encadrement des modalités d'examen et de vote des textes budgétaire

Les contraintes qui pèsent sur les textes budgétaires portent aussi sur la procédure législative proprement dite.
L'article 39 impose qu'ils soient soumis en premier lieu à l'Assemblée nationale, ce qui est assez logique compte tenu de sa plus grande proximité avec le corps électoral et ce qui est l'usage habituel dans les démocraties.

Ce qui est en revanche tout à fait singulier est prévu aux articles 47 pour les lois de finances et 47-1 pour les lois de financement de la Sécurité sociale. Dans ces deux cas, la Constitution impose une durée maximale pour l'examen en première lecture par l'Assemblée nationale, 40 jours pour les lois de finances, 20 jours pour les lois de financement ; une durée plus courte est ensuite accordée au Sénat, 15 jours pour les lois de finances comme pour les lois de financement ; un délai global est par ailleurs déterminé pour que le Parlement se prononce définitivement, 70 jours pour les lois de finances,

50 pour les lois de financement. S'il ne fait pas, les dispositions des projets peuvent être mises œuvre par ordonnances, autrement dit par des actes de l'exécutif. On peut préciser enfin que le Premier ministre peut engager la responsabilité du Gouvernement sur un texte budgétaire conformément à l'article 49-3 de la Constitution. La réforme de 2008 qui limite l'usage de l'article 49-3 pour les autres textes n'apporte aucune restriction pour les textes budgétaires qui pourraient passer sans vote exprès des parlementaires. Sans majorité à l'Assemblée nationale, le Premier ministre Élisabeth Borne n'a pu faire adopter les textes budgétaires pour 2023 qu'en s'appuyant sur l'article 49-3 de la Constitution.

Ces règles constituent des contraintes pour les parlementaires mais peuvent apparaître utiles pour s'assurer que l'État aura bien un budget.

Conclusion

Lorsque l'article 24 de la Constitution a été modifié pour déterminer en une phrase les fonctions du Parlement, on a fait référence au vote de la loi, au contrôle de l'action du Gouvernement et à l'évaluation des politiques publiques. On n'a pas jugé utile d'intégrer une référence explicite aux questions budgétaires. On pourrait considérer que ce rôle est sous-entendu avec le rôle législatif. Le budget de l'État comme les budgets sociaux impliquent en effet le vote de lois, lois de finances et lois de financement de la Sécurité sociale. Il n'empêche qu'on peut aussi y voir un signe des limites du rôle des parlementaires en matière budgétaire : ils ne peuvent proposer les textes ; ils peuvent difficilement les modifier. En outre, le contenu des budgets doit se conformer aux principes établis au niveau de l'Union européenne que la France a entérinés.

B. Les fonctions normatives

Même si elles ne sont pas historiquement les premières fonctions confiées au Parlement, les compétences normatives sont assurément les plus amples. Le travail parlementaire est d'abord un travail législatif. Cela rappelé, sur ce sujet comme bien d'autres, le régime établi en 1958 innove sensiblement. Pas forcément parce qu'il introduit de nouveaux mécanismes mais plutôt parce qu'il les intègre à la Constitution.

Alors que le Parlement pouvait jusque-là prendre en forme législative des dispositions très variées et qu'aucune limite ne s'imposait à son intervention, la nouvelle Constitution détermine les matières pour lesquelles le législateur pourra intervenir. L'article 34 et d'autres articles indiquent les domaines pour lesquels la loi sera nécessaire. Le domaine de la loi est limité, les autres matières étant réglementaires.

Une autre innovation consiste à distinguer plusieurs catégories de loi : loi constitutionnelle, loi organique, loi ordinaire, loi de finances, loi de financement, loi d'habilitation, loi autorisant la ratification d'un traité… Si dans tous les cas, l'intervention du Parlement sera nécessaire, on peut relever des différences, notamment de procédure, entre ces différentes sortes de loi.

Le domaine où le législateur intervient n'est pas en outre fixé une fois pour toutes. En effet, constitutionnalisant la pratique des régimes précédents dite des décrets-lois, le Parlement peut provisoirement déléguer au Gouvernement son rôle législatif en application de l'article 38 et de la procédure des ordonnances. Le Chef de l'État peut aussi intervenir plus exceptionnellement en application de l'article 16.

Abordant les compétences normatives du Parlement, on ne peut enfin ignorer les transferts de compétences opérés par les traités en faveur des Communautés européennes puis de l'Union européenne. Un titre nouveau a été intégré à la Constitution, le titre XV – De l'Union européenne, composé des articles 88-1 à 88-7.

Initiative des lois **: faculté de proposer des textes de loi. Elle appartient selon l'article 39-1er alinéa au Premier ministre et aux membres du Parlement**

Projet de loi **: texte de loi proposé par le Premier ministre**

Proposition de loi **: texte de loi proposé par les parlementaires**

Rapporteur **: parlementaire désigné par la commission compétente pour étudier et analyser un projet ou une proposition de loi, une résolution et préparer un rapport sur le texte concerné**

Amendement **: modification apportée à une proposition ou à un projet. Le droit d'amendement est ouvert au Gouvernement et aux membres du Parlement (art. 44-1er alinéa). Un amendement émanant des parlementaires est irrecevable si la modification proposée diminue les ressources publiques ou aggrave une charge publique (art. 40)**

Question à réponse courte

Les différentes sortes de loi

L'article 24 de la Constitution affirme que « le Parlement vote la loi ». Au-delà de cette formule générale, il existe dans notre droit plusieurs sortes de loi.
La loi ordinaire est la catégorie la plus fréquente ; elle n'est soumise à aucune procédure particulière mais doit porter sur une des matières qui selon la Constitution appartiennent au domaine de la loi. L'article 34 énumère les sujets qui forment ce domaine mais d'autres dispositions de la Constitution le complètent.
Au sommet de la hiérarchie des normes se situe la loi constitutionnelle. Elle est soumise à une procédure particulière. Son adoption doit être faite selon les règles de l'article 89 de la Constitution, ce qui nécessite un référendum ou par dérogation le vote à la majorité des trois cinquièmes du Congrès.
Les lois organiques complètent et précisent les dispositions de la Constitution. Elles sont prises lorsqu'un de ses articles l'exige et sont obligatoirement soumises au Conseil constitutionnel comme l'impose l'article 46.
Les lois de finances déterminent les ressources et les charges de l'État. Elles sont soumises à une procédure particulière, notamment en matière de délais, évoquée à l'article 47. Les lois de financement de la Sécurité sociale déterminent les conditions générales de l'équilibre financier de la Sécurité sociale. Comme les lois de finances, elles doivent être examinées selon un processus particulier.
Les lois de programmation évoquées à l'article 34 déterminent les objectifs de l'action de l'État. On a prévu spécialement au même article de préparer des lois de programmation des finances publiques pour déterminer les orientations pluriannuelles des finances publiques.
Le recours aux ordonnances de l'article 38 ne peut se faire que si une loi d'habilitation a été adoptée par le Parlement. Une fois que ces mesures auront été prises une loi de ratification sera prise.

Une partie des accords internationaux nécessite selon l'article 53 de la Constitution le vote d'une loi autorisant leur ratification.

Dissertation

Sujet : Comment les compétences législatives du Parlement sont-elles réduites sous la Ve République ?

Approche générale du sujet

L'exercice proposé invite à faire une synthèse des différentes dispositions de la Constitution portant sur le domaine législatif. Il est nécessaire d'être bien complet en considérant non seulement qu'un domaine déterminé est assigné à la loi mais encore qu'il peut être soumis à des variations, que le législateur renonce à ses prérogatives ou que la France ait décidé de confier à l'Union européenne une partie des compétences législatives.

Proposition de plan

Introduction

Le caractère illimité de domaine de la loi a longtemps été une règle intangible. Œuvre du Parlement, la loi pouvait intervenir en tout domaine. Elle n'était soumise à aucun contrôle de quelque nature que ce soit.

En 1958, les constituants apportent des changements significatifs.

Certes, la loi reste votée par le Parlement mais on lui assigne un domaine. Elle doit porter sur les matières que la Constitution lui confie. Inversement, tout ce qui n'est pas dans ce domaine est confié au pouvoir réglementaire, donc au Gouvernement.

Ce domaine n'est pas définitivement alloué au Parlement. Le pouvoir exécutif, le Gouvernement, peut ainsi recevoir une délégation qui lui permet d'intervenir dans ce domaine. Le Chef de l'État peut lui aussi être amené à y intervenir lorsqu'il met en œuvre ses pouvoirs exceptionnels.

Plus récemment, les transferts de compétences réalisés en direction des Communautés européennes puis de l'Union européenne réduisent l'espace dans lequel peut intervenir le Parlement.

Si le Parlement demeure législateur, cette compétence s'est ainsi sensiblement réduite sous la Ve République.

Annonce de plan

En effet, non seulement la Constitution, en rupture avec le légicentrisme affirmé depuis la révolution, met fin au caractère illimité de la loi en instaurant un domaine qui lui est assigné (I), mais encore ce domaine peut en outre, être exercé provisoirement par le pouvoir exécutif ou amputé par les transferts de compétences à l'Union européenne (II).

Développements

I. La Constitution de 1958 met fin au caractère illimité de la loi en instaurant un domaine qui lui est assigné

A. Une rupture avec le légicentrisme affirmé depuis la révolution

Le légicentrisme, la place centrale donnée à la loi, est un principe fondateur de la démocratie pour les penseurs du XVIIIe siècle. La loi est essentielle ; elle peut servir de rempart face à l'arbitraire ; elle est établie par l'égale participation de tous les citoyens à la volonté générale. La déclaration des droits de l'homme et du citoyen de 1789 constitue une forme de synthèse proclamant solennellement ces grands principes : selon l'article 6 de la déclaration, « la loi est l'expression de la volonté générale. Tous les citoyens ont le droit de concourir personnellement ou par leurs représentants à sa formation » tandis que l'article 5 détermine comment la loi doit se rédiger « la loi n'a le droit de défendre que les actions nuisibles à la société. Tout ce qui n'est pas défendu par la loi ne peut être empêché, et nul ne peut être contraint à faire ce qu'elle n'ordonne pas ».
Les Constitutions antérieures à 1958 ne contenaient ni limite dans le domaine d'intervention de la loi qui pouvait dès lors porter sur tout sujet, ni contrôle effectif sur la conformité de la loi à une norme supérieure.
« Le Parlement peut tout faire sauf changer un homme en femme ». La fameuse formule britannique s'appliquait sur les deux rives de la Manche.

B. La Constitution de 1958 met fin au caractère illimité de la loi et instaure un domaine qui lui est assigné

La Constitution pose toujours en principe que la loi est l'œuvre du Parlement. « Le Parlement vote la loi » comme l'énonce l'article 24 de la Constitution. Elle ne peut cependant agir que dans des domaines déterminés. Ils sont énumérés dans l'article 34 pour des sujets très divers à propos desquels le législateur fixera les règles ou se contentera de déterminer les principes fondamentaux. D'autres articles affirment que certaines décisions ne peuvent être prises que par la loi, articles 36 – prorogation de l'état de siège, 47 – loi de finances, 47-1 – loi de financement de la Sécurité sociale, 53 – autorisation de ratification de certains traités, 66 – mesures privatives de liberté, 72, 73, 74 – collectivités territoriales.
Ces textes sur des domaines considérés comme législatifs pourront en outre être l'objet d'un contrôle opéré par le Conseil constitutionnel, soit *a priori* à la suite d'une saisine déposée par une des autorités mentionnées à l'article 61, soit *a posteriori* via une question prioritaire de constitutionnalité posée devant un juge. Le Conseil constitutionnel qui peut facilement être saisi n'hésite pas à déclarer inconstitutionnels les textes qui lui sont soumis.
On peut toujours relativiser la portée du changement établi en 1958 en considérant que la loi est compétente pour les domaines les plus importants et que l'on a depuis l'origine de la Constitution plutôt élargi le domaine confié à la loi, en créant par exemple de nouvelles catégories de textes soumis au Parlement comme les lois de financement de la Sécurité sociale. Reste que le domaine de la loi est encadré, limité, alors qu'il ne l'avait pas été au plan constitutionnel sous les IIIe et IVe Républiques. Il est singulier de relever que le domaine du règlement est présenté comme le domaine de principe, celui pour lequel il n'est pas besoin de faire de liste de matières.

Transition Le contraste est assez frappant entre la Ve République et les régimes qui la précèdent avec cette définition d'un domaine limité réservé au législateur. Il ne s'agit pourtant pas des seuls éléments permettant de constater cette réduction du champ de compétences de la loi.

II. Le domaine de la loi peut, en outre, être provisoirement exercé par l'exécutif ou amputé en raison des transferts de compétences à l'Union européenne

A. Un domaine provisoirement exercé par l'exécutif soit en application de délégations législatives faites au Gouvernement, soit du fait des compétences exceptionnelles remplies par le Président de la République

La répartition entre la loi et le règlement ou pour faire allusion à l'auteur de l'acte, entre pouvoir législatif et pouvoir exécutif, peut connaître des variations. Le pouvoir exécutif peut être amené à intervenir en lieu et place du pouvoir législatif. Selon l'article 38, le Gouvernement peut demander au Parlement l'autorisation de prendre des mesures qui sont normalement du domaine de la loi. L'autorisation de prendre des ordonnances ne peut certes se faire qu'à la suite d'une loi d'habilitation pour une durée déterminée. Pendant ce temps, le domaine de la loi, certains éléments du domaine de la loi, sont entre les mains de l'exécutif. Il ne s'agit pas d'une formule théorique ; avec des majorités plus ou moins solides, des Gouvernements fort divers ont bénéficié de ces délégations législatives. Le recours aux ordonnances s'est beaucoup développé de 2007 à 2022. Sous le quinquennat Sarkozy, 37,3 % des textes intervenant dans le domaine législatif furent des ordonnances ; sous la présidence Hollande, on est arrivé à 50,7 % et sous le mandat Macron de 2017 à 2022, on est arrivé au record de 58,5 % : nettement plus de la moitié des textes appartenant au domaine de la loi n'ont pas été pris par le Parlement.

Le pouvoir exécutif en la personne du Président de la République peut lui aussi empiéter sur le domaine de la loi. En effet, en application de l'article 16, le Président de la République « prend les mesures exigées par les circonstances ». Il n'y a aucune limite à ces mesures qui pourraient très bien être matériellement législatives. Si le principe est posé par l'article 16, on ne doit pas exagérer l'influence de cette disposition. Elle n'a été mise en application, qu'une seule fois, en 1961. On est très loin de la fréquence de l'usage des ordonnances de l'article 38.

B. Un domaine amputé par les transferts à l'Union européenne

Un dernier point doit être mentionné. Il porte sur les incidences de la construction européenne sur les compétences législatives du Parlement. La France, pays fondateur des Communautés européennes, est aujourd'hui un des États membres de l'Union européenne créée par le Traité de Maastricht de 1992. Elle a accepté à la suite de divers traités des transferts de compétences en direction des institutions européennes. Celles-ci mettent en œuvre leurs compétences par l'édiction de règles européennes, règlements et directives européennes notamment, qui priment sur le droit français. Les directives déterminent des objectifs que les États devront atteindre par une transposition du droit européen en droit interne. La France pourra être amenée dans ce cadre à voter des lois qui devront se conformer aux dispositions de la directive. Le Parlement va être amené à prendre une loi mais il ne maîtrise pas son contenu qui est fixé au niveau européen.

Le titre XV de la Constitution intitulé *De l'Union européenne* a introduit un dispositif permettant au Parlement d'être associé à la préparation des règles européennes. Les projets d'actes législatifs sont, selon l'article 88-4, transmis au Parlement qui peut préparer des résolutions. Les négociateurs français disposeront de ces éléments lorsque les textes seront débattus au plan européen. On le voit bien cependant : le Parlement n'a alors plus la voix décisive.

Conclusion

Les compétences législatives du Parlement ont été soumises depuis une soixantaine d'années à des changements assez radicaux. La loi ne peut plus porter sur tout sujet ; elle peut être l'objet d'un contrôle de constitutionnalité ; elle peut être déléguée ou exercée par une autorité de l'exécutif ; enfin, l'Union européenne est à l'origine d'un grand nombre de règles jusque-là décidées par les Parlements nationaux.

Le Parlement est toujours un législateur mais il laisse d'autres intervenir en ce domaine. La tendance est très nette. Faut-il la considérer comme irréversible ? Sans doute.

C. Le contrôle parlementaire

Outre ses attributions législatives et budgétaires, le Parlement assure des compétences de contrôle. Il s'agit traditionnellement du contrôle qu'exercent les Assemblées sur l'action du Gouvernement. On parle quelquefois de « contrôle politique ». À cela s'ajoute une deuxième forme de contrôle. Il s'agit de l'« évaluation des politiques publiques » évoquées à l'article 24-1er alinéa de la Constitution.

Le contrôle sur l'action du Gouvernement peut prendre plusieurs formes.

Il peut avoir des conséquences assez radicales avec la mise en jeu de la responsabilité politique du Gouvernement, telle qu'elle est prévue par les articles 49 et 50 de la Constitution.

Il s'agit d'un contrôle plus permanent sur le Gouvernement par le moyen des questions écrites et orales, de l'organisation de débats, d'auditions de membres du Gouvernement… Le Parlement a un droit à l'information.

Les Chambres peuvent aussi exercer un travail d'investigation par la création de commissions d'enquête évoquées à l'article 51-2 de la Constitution.

On peut observer que si le droit à l'information des Chambres s'est accru, les conditions de mise en jeu de la responsabilité du Gouvernement sont rigoureuses et d'une application limitée.

L'évaluation des politiques publiques est un nouvel aspect du contrôle parlementaire. Les commissions permanentes réalisent, chacune dans leur domaine de compétences, des travaux d'évaluation portant sur les politiques publiques. Un comité d'évaluation et de contrôle des politiques publiques a été institué par le règlement de l'Assemblée nationale pour l'évaluation des politiques dont le champ dépasse le champ de compétence d'une seule commission. Des commissions d'enquêtes peuvent également être créées pour l'exercice de cette mission d'évaluation.

La Constitution alloue au contrôle parlementaire une part non négligeable de l'ordre du jour puisque selon l'article 48-4e alinéa, « une semaine sur quatre est réservée par priorité et dans l'ordre fixé par chaque Assemblée au contrôle de l'action du Gouvernement et à l'évaluation des politiques publiques ».

Questions orales **: questions posées oralement par les parlementaires lors d'une séance publique et à laquelle répond un membre du Gouvernement de la même façon ; une séance par semaine au moins est réservée à ce dialogue (art. 48-6e al.)**

Question écrite **: question posée par écrit par un parlementaire au Gouvernement. Sommairement rédigée, elle appelle une réponse également écrite d'un membre du Gouvernement qui sera publiée au *Journal officiel***

Commission d'enquête **: commission temporaire composée de parlementaires permettant, conformément à l'article 51-2 de la Constitution, de « recueillir, dans les conditions prévues par la loi, des éléments d'information ». Elles disposent de moyens importants puisqu'elles peuvent citer des témoins, exiger la communication de documents… Leurs investigations ne doivent pas en principe concerner des faits donnant lieu à des poursuites judiciaires. Les membres de ces commissions sont désignés à la proportionnelle**

Dissertation

Sujet : Le Parlement contrôle-t-il vraiment l'action du Gouvernement sous la Ve République ?

Approche générale du sujet

C'est une observation certaine que le Parlement n'occupe pas sous la Ve République une place centrale dans le fonctionnement de nos institutions. La formulation du sujet suggère cette appréciation. Demander si les Chambres exercent vraiment un contrôle, c'est que le doute n'est guère permis. Si la réponse paraît assez évidente, faut-il considérer que cette situation résulte des textes ? D'autres considérations ne doivent-elles pas être invoquées ? Par ailleurs, faut-il considérer la Ve République comme un régime qui n'a pas connu des nuances ? Le traitement du sujet doit conduire à examiner les différentes dispositions constitutionnelles pertinentes établies dès 1958 mais aussi les ajustements établis par rapport au texte initial, résultant notamment de la révision de la Constitution en 2008. On doit aussi évoquer le fonctionnement effectif de nos institutions qui, dans ce domaine comme dans d'autres, montre que le bénéficiaire du changement établi en 1958 est le Chef de l'État.

Proposition de plan

Introduction

La révision de la Constitution opérée en 2008 a entendu revaloriser le rôle du Parlement. En un nouvel article, on a résumé les compétences du Parlement. Selon l'article 24, le Parlement remplit trois missions : voter la loi, contrôler l'action du Gouvernement, évaluer les politiques publiques. On entend améliorer la place du Parlement mais ce qu'affirme l'article 24 n'est guère original dans un régime parlementaire : voter la loi et contrôler le Gouvernement, ce sont deux missions essentielles et traditionnelles des parlementaires.
Ces missions, les exerce-t-il vraiment ?
S'agissant de la loi, le processus suivi est classique sous la Ve République ; une loi ne pourra pas s'appliquer en principe sans le vote des députés et des sénateurs. On pourrait ajouter des nuances et souligner que la plupart des lois sont des textes d'initiative gouvernementale et qu'une partie du domaine de la loi a été transférée à l'Union européenne. Mais globalement, le Parlement a des compétences législatives sous la Ve République. En ce qui concerne le contrôle du Gouvernement peut-on être aussi affirmatif ? Pour répondre à cette question, il va falloir examiner les prérogatives du Parlement. On est alors confronté à une espèce de paradoxe : les parlementaires ont des prérogatives mais ils ne paraissent guère s'en servir, laissant le Président de la République dominer le jeu.

Annonce de plan

Le Parlement dispose de nombreux moyens qui ont été renouvelés pour exercer un contrôle sur le Gouvernement (I) mais il ne le menace guère en raison du fait majoritaire qui laisse le premier rôle au Chef de l'État (II).

Développement

I. Le Parlement dispose de nombreux moyens pour exercer un contrôle sur l'action du Gouvernement

A. Les moyens traditionnels de contrôle par un Parlement sur le Gouvernement

Sur le plan politique, le Parlement dispose sous la Ve République de moyens de contrôle sur le Gouvernement. La nomination du Gouvernement est certes confiée au Président de la République avec des propositions formulées par le Premier ministre mais lorsque ce dernier engage la responsabilité du Gouvernement sur son programme ou une déclaration de politique générale d'après l'article 49-1 de la Constitution, l'Assemblée nationale peut voter contre et désapprouver la déclaration gouvernementale, ce qui doit conduire le Premier ministre à remettre la démission du Gouvernement. La Chambre peut aussi prendre l'initiative de mettre en cause la responsabilité du Gouvernement en votant en faveur d'une motion de censure déposée par au moins un dixième des députés.
Sur le plan pénal, si la responsabilité des membres du Gouvernement semble engagée, il n'appartient pas aux parlementaires de prendre l'initiative de contrôler les ministres mais si tel est le cas, l'organe qui jugera ces membres du Gouvernement sera composé essentiellement de parlementaires : la Cour de justice de la République réunit en effet 15 juges dont 12 parlementaires selon l'article 68-2 de la Constitution.

B. Le Parlement dispose également de moyens renouvelés pour exercer un contrôle sur l'action gouvernementale

La révision de 2008 a entendu réévaluer les prérogatives du Parlement. On a, dès l'article 24 de la Constitution, rappelé que « le Parlement contrôle l'action du Gouvernement » et on a inscrit à l'article 48 qu'il devait y consacrer du temps ; au 4e alinéa de l'article 48, on prévoit ainsi qu'« une semaine de séance sur quatre est réservée par priorité et dans l'ordre fixé par chaque assemblée au contrôle de l'action du Gouvernement et à l'évaluation des politiques publiques ».
Cet exercice de contrôle est appuyé par la Cour des comptes qui aux termes de l'article 47-2 de la Constitution « assiste le Parlement dans le contrôle de l'action du Gouvernement ».
On a également prévu en 2008 la possibilité pour un groupe parlementaire de « demander au Gouvernement de faire une déclaration sur un sujet déterminé, déclaration qui donne lieu à débat et peut faire l'objet d'un vote » (article 50-1 de la Constitution).
Les autres moyens de contrôle sont confirmés : à l'article 48, il est prévu qu'« une séance par semaine au moins… est réservée aux questions des membres du Parlement et aux réponses du Gouvernement ». À l'article 51-2, les commissions d'enquête sont reconnues au plan constitutionnel : « Pour l'exercice des missions de contrôle et d'évaluation définies au premier alinéa de l'article 24, des commissions d'enquête peuvent être créées au sein de chaque assemblée pour recueillir, dans les conditions prévues par la loi, des éléments d'information ».
Pour résumer, le contrôle par le Parlement est affirmé par la Constitution ; on lui confie un temps déterminé et on reconnaît au Parlement différents moyens pour exercer ses prérogatives : information, question, commission d'enquête, assistance de la Cour des comptes

II. Le Parlement ne menace guère l'action du Gouvernement qui paraît davantage sous le contrôle du Président de la République

A. Le Parlement ne menace guère l'action du Gouvernement

Il serait inexact de considérer que le Parlement ne fait pas usage des moyens dont il dispose par rapport à l'action du Gouvernement : il est informé, il évalue les politiques publiques, il constitue des commissions d'enquête, il vote à la suite des déclarations de politique générale, il dépose des motions de censure, il amende les textes proposés par l'exécutif, il saisit le Conseil constitutionnel de textes votés à l'initiative du Gouvernement.

Ces différents moyens ne menacent cependant guère l'action du Gouvernement. Le point le plus essentiel ici consiste à relever que la majorité des députés approuve les déclarations de politique générale si le Premier ministre en présente une, ce qui n'est même pas toujours le cas. Si des parlementaires déposent des motions de censure, celles-ci ne sont pratiquement jamais approuvées ; la majorité des membres de l'Assemblée nationale ne les vote pas. En 60 ans, une seule motion de censure a été adoptée, encore faut-il rappeler que le Général de Gaulle n'accepta pas immédiatement en 1962 la démission du Gouvernement que lui présenta Georges Pompidou.

Les autres moyens ne menacent pas davantage le Gouvernement : on n'a jamais vu de départ d'un Gouvernement à la suite d'une commission d'enquête, ni après les questions posées par les parlementaires.

S'il en est ainsi, c'est que le fonctionnement normal de nos institutions est caractérisé par des majorités convergentes à l'Assemblée nationale et au soutien du Président de la République. Le fait majoritaire, la force des majorités présidentielle et parlementaire, impliquent un appui à peu près inconditionnel à l'action du Gouvernement. Il n'y a jamais assez de voix pour censurer le Gouvernement ; il y a toujours plus de temps réservé à la majorité pour mettre en valeur l'action du Gouvernement y compris à l'occasion des questions. Quant aux commissions d'enquête, on en crée avec modération.

B. Le Gouvernement paraît plutôt sous la dépendance du Président de la République

Quand bien même la seule disposition qui donne une compétence au Président de la République dispensée du contreseing par rapport au Gouvernement est la désignation du Premier ministre, le Chef de l'État a un rôle central par rapport au Gouvernement.

Les nominations des autres membres du Gouvernement sont certes faites en principe selon la Constitution sur proposition du Premier ministre mais on sait que c'est pratiquement toujours le Président qui est à la manœuvre pour désigner les ministres. Il peut le faire quasiment sans contrôle ; en effet, la composition du Gouvernement étant faite, il n'y a pas ensuite systématiquement de présentation du Gouvernement devant l'Assemblée nationale ; lorsqu'elle a lieu, ce qui est quand même le plus fréquent, les débats ne portent pas sur les noms des différents titulaires de maroquins ministériels. La composition initiale du Gouvernement n'est pas sous le contrôle parlementaire et ce n'est pas davantage le cas par la suite au niveau des remaniements de l'équipe gouvernementale. Ces ajustements sont décidés par le Chef de l'État sans que les parlementaires y soient pour grand-chose. Sauf rares exceptions, c'est le Président de la République qui décide de mettre fin aux fonctions des membres du Gouvernement ou à l'ensemble de ses membres. On peut certes mentionner quelques démissions décidées par tel ou tel ; le départ du Premier ministre Jacques Chirac en 1976 ou la démission d'un ministre de sa propre initiative comme Jean-Pierre Chevènement sont des événements suffisamment peu fréquents pour qu'ils aient marqué les esprits. La vraie nuance apparaît lorsque les majorités présidentielle et parlementaire divergent, lorsqu'on est en période de cohabitation. Dans ces situations, le Président de la République n'a plus la main. Au plus peut-il négocier avec le Chef du Gouvernement le choix de tel ou tel ministre comme le fit François Mitterrand mais on peut douter qu'il ait le dernier mot dans de telles circonstances. En fait, en général, dans les périodes « normales » de convergence des majorités, la France vit sous un système de « monisme inversé » : le Gouvernement dépend d'une seule autorité, non pas le Parlement, mais le Président de la République. Cela est dû à la pratique suivie dès l'origine de la Ve République où la décision présidentielle a primé. L'élection du Président de la République au suffrage universel direct décidée en 1962 a, en quelque sorte, validé cette pratique. Pratique qui n'est exceptionnellement suspendue qu'en période de cohabitation.

Conclusion

En dépit de moyens incontestables qui sont à sa disposition pour exercer un contrôle sur le Gouvernement, le Parlement n'exerce pas effectivement ce rôle. Le caractère parlementaire des règles établies dès 1958, les ajustements apportés par la suite à la Constitution et l'ensemble de mesures prises à l'occasion de la révision constitutionnelle de 2008 n'y changent rien. Si le Parlement ne contrôle pas vraiment l'action du Gouvernement, ce n'est pas parce qu'il manque de moyens ou de prérogatives pour le faire. S'il en est ainsi, c'est qu'une autre instance, le Président de la République, exerce ce contrôle.

Section IV. La revalorisation du rôle du Parlement

Par un jeu de balancier assez net, la Ve République a réagi par rapport aux régimes antérieurs contre l'omnipotence du Parlement. Un objectif souvent répété par le général de Gaulle, Michel Debré ou Georges Pompidou, est d'éviter le retour à ce qu'ils appellent le régime d'assemblée et qui correspond surtout à un parlementarisme dominé par les Chambres. Pour y parvenir, on a fait appel à des moyens assez radicaux. Un exemple parmi d'autres est la fixation de l'ordre du jour du Parlement par le Gouvernement conformément à l'article 48 de la Constitution. On pourrait aussi citer la limitation du droit d'amendement au plan financier.

Par ces règles, on a sans doute évité les désagréments connus lors des régimes précédents mais cela a pu conduire à un affaiblissement du rôle des Assemblées. On a même été jusqu'à se demander dès 1967 dans un ouvrage fameux *Un Parlement, pour quoi faire ?* (André Chandernagor).

Une revalorisation du Parlement a cependant été engagée. En plusieurs étapes, on a cherché à redonner aux Chambres des moyens d'action plus conséquents. Il est nécessaire de voir comment ce mouvement a été engagé et notamment de connaître les principales mesures prises lors de la révision constitutionnelle du 23 juillet 2008. L'évolution n'est pas forcément achevée. Le Président Macron et le Gouvernement Philippe avaient manifesté leur souhait de modifier les conditions du travail parlementaire. L'exercice du droit d'amendement aurait été revu. L'examen des textes aurait été accéléré. Il n'est pas certain que ces changements aurait été dans le sens d'un renforcement du rôle du Parlement.

En l'absence de majorité au Parlement depuis 2022, les modifications envisagées n'ont pas été opérées. C'est plutôt le nouveau contexte politique qui oblige le Gouvernement à tenir compte des rapports de forces au sein du Parlement. Cela reste très chaotique.

Dissertation

Sujet : Des modifications constitutionnelles suffisent-elles pour revaloriser le rôle du Parlement ?

Approche globale du sujet

Évoquer le déclin du Parlement est un leitmotiv. Suggérer la revalorisation de son rôle un autre. Un peu comme la réforme de l'État à propos des institutions administratives, c'est un sujet qui est fréquemment abordé. On a été à propos de cette question bien au-delà des mots, des formules et des commissions de réflexion. La revalorisation du rôle du Parlement a déjà été l'objet de mesures prises notamment au plan constitutionnel. Le sujet incite à s'interroger sur l'efficacité de ces modifications et sur ce qui pourrait faire du Parlement un acteur plus central dans nos institutions. On voit bien que les ajustements déjà opérés ne suffisent pas ; d'autres considérations doivent être ajoutées qui portent sur le statut des parlementaires. On pourra pour le schéma général de la problématique reprendre la formule classique et voir en la réforme une condition nécessaire mais pas suffisante de la revalorisation.

Proposition de plan

Introduction

L'antiparlementarisme étant assez répandu dans notre pays, même au plus haut niveau de l'État, la situation du Parlement appelle souvent des critiques et des contestations. Sans aller jusque-là, la place des Chambres au sein de nos institutions peut soulever des interrogations. Il est fréquent d'évoquer le déclin du Parlement. Ce constat appellerait bien des observations. Quelle est la base de référence qui donne à penser que le Parlement a un rôle plus limité ? Sous la Ve République, on aurait tendance à considérer que la limitation du rôle du Parlement est un phénomène constant et une des caractéristiques du régime mis en place en 1958. Cet état des choses n'est pas satisfaisant et il serait schématique de considérer que rien n'est fait pour revenir sur ce constat. La revalorisation du Parlement est une préoccupation réelle. Des ajustements plus ou moins significatifs ont été apportés ; des moyens nouveaux ont été offerts aux parlementaires ; une importante réforme de la Constitution a été engagée en 2008 qui modifie plusieurs articles de la Constitution.

Annonce de plan

Si les réformes déjà opérées, tant par diverses mesures prises à partir de la fin des années soixante-dix que par la révision constitutionnelle de 2008, apportent des éléments utiles pour une revalorisation du rôle du Parlement (I), on peut douter d'une transformation radicale de la situation des parlementaires qui ne pourrait intervenir que s'ils disposaient de plus de disponibilité pour exercer leur mandat (II).

Développement

I. Les réformes déjà opérées apportent des éléments utiles pour une revalorisation du rôle du Parlement

A. Des réformes opérées depuis la fin des années 1970 initient une revalorisation du rôle du Parlement

Le constat selon lequel le Parlement n'a sous la Ve République que des moyens et prérogatives limités est ancien. L'on n'a pas attendu ces dernières années pour le faire. Les premières mesures importantes prises pour revaloriser le rôle du Parlement datent du septennat de Valéry Giscard d'Estaing : questions orales des parlementaires au Gouvernement sur le modèle de *Question time* britannique ; possibilité donnée à 60 députés ou 60 sénateurs d'adresser une saisine au Conseil constitutionnel avec la révision de l'article 61 de la Constitution.

En 1995, une nouvelle réforme a été engagée sur plusieurs points. On peut relever l'instauration d'une session unique d'octobre à juin qui avait pour but de mieux équilibrer le travail parlementaire et pendant laquelle chaque parlementaire pouvait signer plus de motions de censure. Alors qu'à l'époque le Gouvernement fixait l'ordre du jour, on avait aussi prévu qu'une séance par mois serait réservée par priorité à un ordre du jour fixé par le Parlement.

Diverses initiatives ont été prises dans le domaine budgétaire pour associer davantage les parlementaires à la préparation des lois de finances, transmission d'information, organisation d'un débat d'orientation budgétaire au milieu de l'année... Ces pratiques ne faisaient pas l'objet de modifications constitutionnelles.

On a ainsi eu par petites touches, une rénovation du rôle du Parlement ; les parlementaires ont disposé de nouveaux moyens pour exercer leurs rôles.

B. La révision de juillet 2008 donne de nouveaux pouvoirs au Parlement

La réforme constitutionnelle de l'été 2008 est plus ambitieuse. Elle ne modifie pas que des règles intéressant les parlementaires, une des mesures phares étant en effet l'introduction de la question prioritaire de constitutionnalité qui permet aux citoyens de solliciter une saisine du Conseil constitutionnel. Parmi les autres modifications, plusieurs sont destinées à revaloriser le rôle du Parlement. On peut notamment mentionner les nouvelles règles de détermination de l'ordre du jour des Assemblées. Même s'il lui apporte beaucoup de dérogations, le nouvel article 48 confie aux Chambres la fixation de leur ordre du jour. Selon l'article 42, la discussion des projets et propositions porte en séance sur le texte adopté par la commission saisie : en cas de désaccord sur un amendement, le Gouvernement devra dès lors défendre sa position en séance. Le recours à l'article 49-3 est limité : le Premier ministre ne peut y recourir au plus une fois par session. Le Gouvernement doit rapidement informer le Parlement des interventions des forces armées à l'étranger et au-delà d'une durée de quatre mois l'intervention devra être autorisée par le Parlement. Par ailleurs, après 30 jours d'application de l'article 16, 60 députés ou 60 sénateurs ainsi que les présidents des Chambres peuvent saisir le Conseil constitutionnel afin de vérifier si les conditions de mise en œuvre sont toujours réunies. Une minorité des membres du Parlement, un cinquième, peut également avec le soutien d'électeurs, un dixième des inscrits, demander l'organisation d'un référendum. On pourrait encore mentionner d'autres éléments de la révision ; ces différents éléments manifestent une volonté de donner plus de moyens aux parlementaires pour exercer leurs rôles. Le changement apporté lors de l'examen des textes en séance sur la version adoptée en commission est technique mais est souvent présenté comme essentiel.

Transition Ces ajustements et modifications suffisent-ils pour modifier sensiblement le rôle des parlementaires ? On peut se le demander.

I. Une transformation radicale de la situation des parlementaires conditionnée à leur disponibilité pour exercer leur mandat

A. Une transformation radicale assez illusoire du rôle du Parlement

Chacun sait bien que dans les institutions de la Ve République, le Parlement n'a pas le premier rôle. Il est assez clair que dans les autres pays on a une situation assez similaire : les exécutifs se sont renforcés au fil du temps. Au Royaume-Uni, en Allemagne fédérale, on constate des phénomènes similaires.

On observe de façon générale que les Parlements ne sont pas les enceintes les plus à même de déterminer des règles de plus en plus techniques. Une partie de leurs compétences législatives ont en outre été transférées à l'Union européenne. Leur capacité de capter les informations, leur réactivité, semblent inférieures à d'autres instances et organes. Les moyens dont ils disposent sont assez limités. Pour ne citer qu'un exemple, le Parlement aurait-il les moyens de préparer une loi de finances ou une loi de financement de la Sécurité sociale ?

Autrement dit, il est assez illusoire de vouloir transformer le Parlement en acteur central des institutions. Techniquement, c'est assez difficile à imaginer.

B. La nécessité d'une plus grande disponibilité des parlementaires

Au-delà de ces remarques, un point essentiel doit être relevé : la revalorisation du Parlement exige un préalable. Les parlementaires doivent disposer du temps nécessaire pour exercer pleinement leur mandat. Or, on a laissé en France se développer un double phénomène : d'un côté, on a accru le rôle des collectivités territoriales depuis le renforcement de la décentralisation à partir des lois de 1982, de l'autre, on a un nombre très élevé de parlementaires qui cumulent ce mandat avec une fonction locale, très souvent d'exécutif au sein d'une commune, d'une région ou d'un département. Environ 80 % des parlementaires ont un mandat local, phénomène singulier par rapport aux pays voisins dans lesquels la proportion est inférieure à 20 %. Est-il réaliste d'exercer pleinement les fonctions locales qui ont pris une grande ampleur si l'on est en même temps parlementaire ? Relevons en outre que les deux mandats ne s'exercent pas au même endroit et que l'exercice de ces deux activités peut impliquer des conflits d'intérêts.

Qu'un élu national fasse partie d'une assemblée locale on peut l'admettre ; la direction d'une collectivité paraît en revanche incompatible avec l'exercice effectif d'un mandat de parlementaire. La loi du 14 février 2014 a posé l'incompatibilité des fonctions d'exécutif local et l'exercice d'un mandat de parlementaire avec effet à compter des élections législatives organisées après le 31 mars 2017. Les parlementaires pourront se consacrer pleinement à leurs fonctions législatives, de contrôle et d'évaluation que leur confie la Constitution.

Conclusion

Les modifications constitutionnelles étaient assurément nécessaires pour poser les bases d'une revalorisation du Parlement. Certaines ont apporté des changements réels ; d'autres sont plus modestes. Des changements complémentaires ou plus réels peuvent être envisagés. Chacun voit bien la modestie du changement portant par exemple sur l'ordre du jour. Il est quand même très singulier pour une institution de ne décider qu'à la marge des sujets dont elle va débattre.

Les modifications étaient nécessaires, mais même étendues elles ne suffisent pas. Pour que la réforme réussisse, les parlementaires doivent pouvoir et vouloir s'en emparer. Pouvoir parce qu'ils en auront les moyens. L'interdiction du cumul du mandat de parlementaire avec celui de maire ou président de collectivité territoriale ouvre la voie à cette rénovation. Il appartient aux parlementaires d'avoir la volonté d'utiliser pleinement leurs prérogatives. Aucune réforme ne peut les y obliger.

Questionnaire à choix multiples sur les thèmes du chapitre

(les réponses et explications figurent au dernier chapitre de l'ouvrage)

Les sénateurs sont élus à la proportionnelle dans les départements ayant au moins
- A – 2 sénateurs
- B – 3 sénateurs
- C – 4 sénateurs
- D – 5 sénateurs

La représentation proportionnelle
- A – n'a jamais été utilisée pour désigner les députés sous la Ve République
- B – a été utilisée pour désigner au niveau régional les députés
- C – a été utilisée pour désigner au niveau départemental les députés
- D – a été utilisée pour la désignation des députés avec un seuil de 5 %

Le nombre de députés est fixé
- A – par le règlement des Assemblées
- B – par la Constitution
- C – par une loi organique
- D – par une loi ordinaire

Qui n'a pas été Président du Sénat ?
- A – Jean-Pierre Bel
- B – Christian Poncelet

C – René Monory
D – Philippe Séguin

Qui n'a pas été Président de l'Assemblée nationale ?
A – Patrick Ollier
B – Henri Emmanuelli
C – Bernard Accoyer
D – Pierre Mazeaud

À compter de juin 2022, a débuté
A – la XVIe législature
B – la XIIIe législature
C – la XIVe législature
D – la XVe législature

Les sessions du Parlement
A – sont au nombre de 2 par an
B – sont ordinaires ou extraordinaires
C – sont ordinaires ou de droit
D – sont ordinaires, extraordinaires et de droit

Les sessions extraordinaires du Parlement
A – sont réunies à la demande de la majorité des membres du Sénat
B – sont réunies à la demande de la majorité des membres de l'Assemblée nationale
C – ne peuvent durer plus de 12 jours
D – sont réunies à la demande du Président de la République pour ses messages.

En France, sous la Ve République
A – il y a autant de sénateurs que de députés
B – les sénateurs sont plus nombreux que les députés
C – les députés sont plus nombreux que les sénateurs
D – la Constitution précise quel doit être le nombre exact de parlementaires

Le Président du Sénat
A – est élu après chaque renouvellement partiel
B – est élu pour quatre ans et demi
C – est élu pour 6 ans
D – est élu pour la durée de la législature

La durée des pouvoirs de chaque Assemblée
A – est fixée par une loi organique
B – est fixée par une loi ordinaire
C – est déterminée par le règlement de l'Assemblée
D – est prévue par la Constitution

Le Président de l'Assemblée nationale
A – assure l'intérim du Président de la République
B – ne peut pas demander la formation d'une commission mixte paritaire
C – nomme une partie des membres du Conseil supérieur de la magistrature
D – n'est pas rééligible

Un groupe parlementaire à l'Assemblée nationale doit réunir au moins
A – 10 députés
B – 15 députés

C – 20 députés
D – 30 députés

Le nombre de jours de séance que chaque Assemblée peut tenir au cours de la session ordinaire ne peut dépasser
A – soixante
B – quatre-vingts
C – cent vingt
D – cent cinquante

Un député
A – ne peut se présenter aux élections sénatoriales
B – peut être ministre
C – peut être parlementaire européen
D – devenu ministre retrouve son mandat à l'issue de sa participation au Gouvernement

Chapitre 10

La Ve République (III)

Les rapports entre l'exécutif et le Parlement

Même si l'on a une évidente tendance à la présidentialisation du régime, la Ve République n'est pas construite comme un régime présidentiel. Il n'y a pas cette étanchéité entre les pouvoirs publics, cette séparation assez stricte entre les institutions. On a tout au contraire mis en place un ensemble de moyens d'action réciproques de l'exécutif sur le législatif.

Il est vrai que certains dispositifs sont renouvelés dans un sens favorable à l'exécutif et singulièrement au Président de la République. La dissolution est ainsi laissée à la seule initiative du Président alors que celui-ci n'est réciproquement soumis à aucun contrôle, contrairement au Gouvernement.

Il importe de connaître les moyens d'action réciproques. Les sections I et II porteront sur les moyens dont dispose chaque pouvoir vis-à-vis de l'autre.

Relevons qu'un titre entier de la Constitution, le plus long des seize titres qui forment la Constitution, est intitulé *Des rapports entre le Parlement et le Gouvernement,* avec les articles 34 à 51-2. À ces vingt-cinq articles, il faut ajouter d'autres dispositions qui peuvent porter sur les relations entre les différents pouvoirs : les articles 11 sur le référendum et 12 sur la dissolution sont au titre II, la révision figure au titre XVI.

Si des mécanismes d'action réciproques existent entre les pouvoirs, on ne doit pas négliger les différentes hypothèses dans lesquelles une coopération est nécessaire entre eux. Les lois de finances, comme les lois en général, exigent l'intervention à la fois du Gouvernement et du Parlement. La révision constitutionnelle n'est en principe possible qu'avec leur commun accord. Il y a une nécessaire coopération entre les pouvoirs. Ce sera l'objet de la section III.

Il n'est sans doute pas inutile pour conclure ce chapitre de chercher à examiner de façon un peu transversale le fonctionnement de la Ve République. Est-il toujours identique ? Quelle est la nature de ce régime si difficile à ramener à un modèle existant ? Ce sera le thème de la section IV.

Section I. Les moyens de contrôle du Parlement sur l'exécutif

On a vu au chapitre 9 qu'une des missions du Parlement est le contrôle du Gouvernement. Pour ce contrôle, plusieurs moyens sont mis à la disposition des Chambres.

- À la suite de l'engagement de la responsabilité du Gouvernement, à la suite d'une déclaration sur son programme ou d'une déclaration de politique générale, ou bien encore de son engagement sur un texte, le Parlement pourra ne pas accorder la confiance ou voter une motion de censure. De sa propre initiative, le Parlement pourra contester la politique du Gouvernement en déposant une motion de censure. En cas de vote défavorable, le Premier ministre devra présenter la démission du Gouvernement.
- Mais des moyens moins radicaux sont à la disposition du Parlement. Moins radicaux car leur mise en œuvre ne débouche pas immédiatement sur le départ de l'équipe gouvernementale : questions, résolution, commission d'enquête, investigation…

À propos des moyens de contrôle du Parlement sur l'exécutif, il faut être bien conscient de plusieurs choses.

1) La Ve République ne reprend pas exactement la terminologie des Constitutions précédentes, pas d'allusion à l'investiture, à la question de confiance, mais les règles s'inspirent des schémas antérieurs du parlementarisme ;

2) Les procédures sont difficiles à mettre en œuvre afin de protéger l'exécutif. Il y a une nette réaction face aux régimes antérieurs ;

3) Certains ajustements ont été apportés aux règles initiales établies en 1958. On a engagé une « revalorisation du Parlement ».

4) Au-delà du cadre juridique, il est important d'avoir connaissance de la pratique de ces dispositifs. Les Gouvernements font-ils toujours une déclaration de politique générale suivie d'un vote du Parlement ? Les parlementaires déposent-ils effectivement des motions de censure ? Quelles en sont les conséquences ? Il apparaît assez clairement que la volonté de stabilisation gouvernementale des promoteurs de la nouvelle Constitution a réussi. La France échappe à l'instabilité gouvernementale si caractéristique des IIIe et IVe Républiques.

Investiture **: procédure pratiquée sous les régimes antérieurs à la Ve République par laquelle le Chef du Gouvernement devait obtenir un vote favorable à la majorité du Parlement préalablement à sa désignation**

Déclaration de politique générale **: procédé d'information des parlementaires fait par le Gouvernement prenant généralement la forme d'un discours du Premier ministre**

Question de confiance **: procédure par laquelle le Gouvernement prend l'initiative d'engager sa responsabilité devant le Parlement, un vote négatif entraînant sa chute**

Motion de censure **: texte pris à l'initiative des députés à raison d'au moins un dixième des membres de l'Assemblée nationale, soit actuellement 58, en vue de mettre en cause la responsabilité du Gouvernement. Elle ne peut être adoptée que si elle réunit la majorité absolue des membres de l'Assemblée nationale, soit actuellement 289 voix, Dans ce cas, le Gouvernement doit démissionner**

Question à réponse courte

L'article 49-1 de la Constitution

Alors que les Constitutions précédentes traitaient séparément la question de confiance et la motion de censure, l'article 49 de la Constitution de 1958 réunit ces éléments. Sans utiliser expressément le terme, le premier alinéa de l'article 49 traite de la question de confiance et évoque l'engagement de la responsabilité du Gouvernement qui peut porter soit sur son programme, soit sur une déclaration de politique générale. La première hypothèse consiste pour le Premier ministre nouvellement nommé en une présentation des grandes lignes du programme qu'entend mettre en œuvre le Gouvernement. Même si les choses ne sont pas précisément fixées, la deuxième hypothèse, la déclaration de politique générale, pourrait porter sur un aspect plus particulier de l'action gouvernementale. Cet engagement de la question de confiance est suivi d'un vote. Si l'Assemblée nationale – elle seule – désapprouve le programme ou la

déclaration de politique générale, le Premier ministre doit conformément à l'article 50 présenter la démission du Gouvernement. La Constitution n'apportant aucune précision supplémentaire, la décision est prise à la majorité des suffrages exprimés.
Même si la chose a pu être débattue, il apparaît que le Premier ministre n'est pas tenu de poser la question de confiance. S'il le fait, il n'est soumis à aucune contrainte de délai : il peut engager la responsabilité du Gouvernement à tout moment, immédiatement après sa nomination ou ultérieurement. Plusieurs Gouvernements n'ont pas sollicité de vote de confiance du Parlement. C'est le cas de 1966 à 1973 comme de 1988 à 1993. Lorsque les Gouvernements savent qu'ils bénéficient de l'appui potentiel d'une majorité de députés, ils n'hésitent pas à engager leur responsabilité devant l'Assemblée nationale. Les Gouvernements Philippe et Castex l'ont fait en 2019 et 2020.

Les moyens nouveaux donnés au Parlement par la révision de 2008

La révision du 23 juillet 2008 porte sur divers sujets. Un des principaux aspects de cette révision est d'accroître les pouvoirs du Parlement. Plusieurs mesures vont dans ce sens. De façon synthétique, on résume le rôle du Parlement : voter la loi, contrôler l'action du Gouvernement et évaluer les politiques publiques (art. 24).
Certaines portent sur l'organisation des travaux parlementaires.
Une mesure très symbolique consiste à inverser le principe pour la fixation de l'ordre du jour et à confier ce rôle à chaque Assemblée (art. 48). Le Gouvernement reste cependant prioritaire deux semaines sur quatre et divers projets, sur les lois de finances, les lois de financement de la Sécurité sociale, états de crise, déclaration de guerre et interventions des forces à l'étranger, sont inscrits par priorité. L'obligation d'imposer un délai minimal de 6 semaines entre le dépôt d'un texte et son inscription est un autre moyen de donner le temps aux parlementaires d'examiner les projets et propositions. L'examen en séance des textes dans leur version adoptée en commission renforce l'utilité du travail en commission et donc des parlementaires (art. 42). Le nombre des commissions permanentes peut passer de 6 à 8 pour éviter l'encombrement de chacune d'elles. Les présidents de Chambre peuvent demander la formation d'une commission mixte paritaire pour l'établissement d'un texte de compromis entre les deux Chambres.
Certaines modifications donnent plus de compétences aux Assemblées.
Le Parlement est rapidement informé des interventions des forces armées à l'étranger et au-delà de 4 mois l'accord du Parlement est requis (art. 35). La mise en œuvre de l'article 16 au-delà de 30 jours se fait sous contrôle puisque le Conseil constitutionnel peut être saisi à ce sujet, entre autres par 60 députés ou 60 sénateurs. Le recours à l'article 49-3 est limité, hors loi de finances et loi de financement de la Sécurité sociale, à une utilisation par session.

Dissertations

Sujet : Le Gouvernement est-il vraiment responsable devant le Parlement ?

Approche générale du sujet

On a ici un sujet type des rapports entre les pouvoirs exécutif et législatif.
En principe, chacun doit connaître les règles prises par la Constitution de 1958 sur cette question. La difficulté n'est pas là. Ce qui importe ici est de décrire la situation telle qu'elle résulte de ces dispositions. On observe alors que le cadre établi en 1958 comme

la pratique qui en découle font douter de l'effectivité d'un contrôle. Ce n'est pas que rien ne permette au Parlement d'exercer un contrôle mais plutôt qu'on ait voulu limiter au maximum la mise en jeu de cette responsabilité gouvernementale devant les Chambres.

Proposition de plan

Introduction

Le régime parlementaire est celui où il doit y avoir en permanence de la confiance entre le pouvoir exécutif et le pouvoir législatif, entre le Gouvernement et le Parlement, chacun disposant de moyen de contrôle vis-à-vis de l'autre, dissolution entre les mains de l'exécutif, mise en jeu de la responsabilité gouvernementale par le Parlement.

Si l'on examine la Constitution de 1958, on retrouve ce schéma et spécialement ces moyens de contrôle : l'Assemblée nationale peut être dissoute ; elle peut mettre en cause la responsabilité du Gouvernement.

Le droit de dissolution prévu à l'article 12 et confié au Président de la République n'est pas virtuel. Plusieurs Chefs de l'État s'en sont servis, la dernière fois en 1997.

Les règles réciproques de mise en cause de la responsabilité gouvernementale prévues aux articles 49 et 50 appellent d'autres commentaires. La Constitution a indéniablement prévu une responsabilité gouvernementale face au Parlement. Existe-t-elle vraiment ?

Il sera nécessaire d'envisager les choses avec nuances.

Annonce de plan

Soumis au contrôle du Parlement, le Gouvernement ne pourrait pas mener sa politique sans son appui (I), mais les conditions de mise en cause de la responsabilité gouvernementale sont tellement restrictives qu'elles n'ont qu'exceptionnellement été mises en œuvre (II).

Développement

I. Soumis au contrôle du Parlement, le Gouvernement ne pourrait pas mener sa politique sans son appui

A. Le Gouvernement est soumis au contrôle du Parlement

De façon générale, l'article 24 prévoit que le Parlement « contrôle l'action du Gouvernement » tandis que l'article 20 dans son troisième alinéa indique que le Gouvernement « est responsable devant le Parlement dans les conditions et suivant les procédures prévues aux articles 49 et 50 ».

Plusieurs articles de la Constitution déterminent les moyens dont on peut user le Parlement pour assurer son contrôle.

Ce contrôle peut s'exercer après la nomination des membres du Gouvernement. Si le Premier ministre engage sa responsabilité sur son programme ou sur une déclaration de politique générale conformément à l'article 49-1 de la Constitution, les députés seront appelés à se prononcer sur cette déclaration du Gouvernement en l'approuvant ou non lors d'un vote. Le même article 49 offre d'autres occasions pour les parlementaires d'exercer un contrôle : ils peuvent, selon son deuxième alinéa, spontanément déposer une motion de censure marquant leur désaccord avec la politique menée ; ils peuvent aussi, conformément au troisième alinéa du même article, manifester leur opposition au Gouvernement si celui-ci engage sa responsabilité sur un texte. Conjuguées avec l'article 50, ces dispositions de l'article 49 peuvent déboucher sur la démission du Gouvernement.

Sans avoir des conséquences aussi fortes, des dispositions de la Constitution mais aussi d'autres textes, donnent la possibilité aux Chambres d'exercer de façon régulière un contrôle sur l'action du Gouvernement : débats, questions au Gouvernement, investigation, résolution, travaux des commissions permanentes…

B. Le Gouvernement a besoin de l'appui du Parlement

L'action gouvernementale comporte plusieurs aspects. « Il détermine et conduit la politique de la Nation » comme l'affirme le premier alinéa de l'article 20 de la Constitution.
Pour mener sa politique, le Gouvernement a besoin de moyens et il doit prendre des mesures normatives dont une partie sera législative. S'il n'y a pas un budget accepté par une loi de finances et donc le vote du Parlement, s'il n'y a pas le vote de lois qui là aussi exigent l'intervention des Chambres, le Gouvernement ne pourra pas remplir ses missions.
De façon impérative, le Gouvernement a besoin du soutien d'une majorité de députés. Il est vrai que ce soutien ne passe pas toujours par un vote favorable obtenu après une présentation par le Premier ministre du programme du Gouvernement ou d'une déclaration de politique générale. Pendant plusieurs années, l'étroitesse de la majorité, l'absence de majorité absolue voire ses divisions internes ont conduit les dirigeants à se dispenser de prononcer une telle intervention suivie d'un vote incertain. Les Gouvernements formés après les élections présidentielles de 2022 n'ont pas bénéficié d'un vote favorable de la part de l'Assemblée nationale, le Premier ministre Borne ne l'ayant pas sollicité, compte tenu de la composition de la chambre. Il n'empêche que même les Gouvernements en question devaient faire passer des lois, ce qui nécessitait l'appui des députés. Comme on l'observe depuis 2022, l'exercice n'est pas aisé.

Transition Le Gouvernement a besoin du Parlement ; il est soumis à son contrôle. Cela n'implique pas que sa responsabilité soit effectivement engagée devant le Parlement.

II. Les conditions de mise en cause de la responsabilité gouvernementale sont tellement restrictives qu'elles n'ont qu'exceptionnellement été mises en œuvre

A. Des conditions restrictives de mise en cause de la responsabilité du Gouvernement

La Ve République n'ignore pas les dispositifs de contrôle du Parlement sur le Gouvernement. Sans la nommer, elle maintient la question de confiance. Elle permet le dépôt par les députés de motions de censure à l'encontre du Gouvernement. Mais les dispositions des articles 49 et 50 sont assez protectrices de l'exécutif.
S'agissant de la question de confiance évoquée à l'article 49-1, elle n'est certes soumise à aucune majorité qualifiée et une majorité des suffrages exprimés suffirait pour désapprouver le Gouvernement, ce qui conduit à sa démission. On doit cependant relever que les Gouvernements ne sont pas tenus ou en tout cas ne se considèrent pas comme tenus de faire de telles déclarations. Ils choisissent de le faire ou non mais les parlementaires ne peuvent les y obliger.
Les motions de censure sont soumises à plusieurs exigences. Elles nécessitent la réunion d'un dixième des députés. Chaque député ne peut en signer plus de trois pendant la même session mais il n'y a pas de restriction s'il s'agit d'une motion déposée à la suite de l'engagement de la responsabilité du Gouvernement sur une loi. L'adoption de ces motions de censure est surtout très difficile à obtenir puisqu'il faut que, lors du vote, la majorité absolue des membres composant l'Assemblée nationale soit favorable à la motion. Cette condition est évidemment beaucoup plus contraignante que d'obtenir la majorité des suffrages exprimés. Les abstentionnistes sont présumés hostiles à la motion de censure.
Ces règles rigoureuses ont été prises pour assurer une certaine stabilité gouvernementale, par réaction aux tendances des deux régimes précédents.

B. Une mise en œuvre exceptionnelle

Pour mesurer la portée concrète des articles 49 et 50, il faut distinguer entre les deux étapes de la mise en œuvre de la procédure. La première phase, le dépôt d'une motion de censure, est un exercice fréquent. Lors de chaque législature, des parlementaires déposent de telles motions à l'encontre du Gouvernement, aussi bien à la suite de l'engagement du Gouvernement de sa responsabilité sur un texte que par une motion spontanée des députés. Il est très rare qu'à l'occasion d'un engagement sur un texte il n'y ait pas de motion de censure. L'exigence d'un nombre minimum de signatures et le plafond du nombre des trois signatures par session n'ont pas empêché l'engagement régulier de cette procédure.

La seconde phase, l'engagement effectif de la responsabilité du Gouvernement menant à sa démission n'est intervenue qu'une seule fois en 1962. Les députés entendaient protester contre la révision constitutionnelle engagée en dehors des dispositions de l'article 89. C'est la seule fois où une majorité de députés s'est réunie pour voter une motion de censure. Le Premier ministre Georges Pompidou a immédiatement présenté la démission du Gouvernement mais le Président de la République, le général de Gaulle, ne l'a pas immédiatement acceptée. Certains Gouvernements ont connu quelques frayeurs, notamment celui de Pierre Bérégovoy en 1992 avec l'échec de la motion de censure à quelques voix près. Il apparaît clairement qu'il est extrêmement difficile de renverser un Gouvernement avec un tel dispositif.

Conclusion

La rareté avec laquelle les articles 49 et 50 ont pu conduire à la chute d'un Gouvernement peut être appréciée de différentes façons.

On peut y voir l'efficacité d'un dispositif qui avait pour objectif de garantir une certaine stabilité gouvernementale.

On peut aussi suggérer que les différentes législatures qui se sont suivies depuis 1958 étaient finalement assez satisfaites des différents Gouvernements qu'elles ont connus.

On peut également se dire que si le Gouvernement n'est pas responsable devant le Parlement, il est en revanche responsable devant un autre acteur de nos institutions, le Président de la République. Même si la Constitution n'en dit rien, il n'y a peu de doute sur ce point.

Sujet : Fallait-il modifier l'article 49-3 de la Constitution ?

Approche générale du sujet

L'article 49-3 de la Constitution est une des dispositions les plus connues mais aussi les plus contestées de la Ve République. Elle est longtemps restée identique avant qu'on lui apporte un changement en 2008 limitant le recours à cet article.

Il n'y a pas de réponse attendue pour un sujet comme celui-ci : les avis peuvent être partagés sur l'opportunité du changement établi. Le point important est d'argumenter sa position.

Proposition de plan

Introduction

Permettre l'adoption d'une loi sans que le Parlement ne se prononce explicitement dessus, tel est le mécanisme établi par l'article 49-3 de la Constitution de la Ve République. Une telle règle apparaît assez extravagante car même si chacun connaît le dicton « qui ne dit mot consent » on peut s'interroger sur sa transposition à la procédure législative.

Le législateur constitutionnel a apporté une modification à cette disposition emblématique du parlementarisme rationalisé contenu dans la Ve République. Il limite assez radicalement les possibilités d'y avoir recours.

Au premier abord, il peut paraître séduisant que l'usage d'un dispositif aussi curieux soit strictement limité. Lorsqu'on examine l'utilisation qui a été faite de cette disposition, on peut douter de l'opportunité de la modification introduite en 2008.

Annonce de plan

Si le mécanisme prévu à l'article 49-3 de la Constitution qui permet l'adoption d'une loi sans vote explicite du Parlement suscite des questions (I), il a montré son utilité, dans des circonstances diverses, raison pour laquelle la limitation de son usage prévu par la modification apportée en 2008 apparaît inopportune (II).

Développement

I. L'adoption d'une loi sans vote explicite du Parlement prévue par l'article 49-3 suscite légitimement des questions

A. Le mécanisme établi par l'article 49-3 de la Constitution permet l'adoption d'une loi sans vote explicite

Le mécanisme établi en 1958 par l'article 49-3 est inédit dans notre histoire constitutionnelle. Il permet au Premier ministre d'engager la responsabilité du Gouvernement sur un texte de projet de loi. Il ne peut le faire de son propre chef ; il doit y avoir au préalable une délibération du conseil des ministres. Le projet devient en principe loi sauf si, des députés ayant déposé une motion de censure, celle-ci est adoptée par la majorité absolue des membres composant l'Assemblée nationale. En d'autres termes, le silence des députés face à l'engagement du Premier ministre vaut acceptation. On présuppose une position des députés favorable au texte. Un rejet exige un nombre élevé de députés, on ne prend pas en compte l'absentéisme des parlementaires.

B. Un dispositif qui suscite légitimement des interrogations

Remplacer une adoption explicite par un consentement tacite peut susciter de véritables interrogations. Compte tenu de la majorité requise pour l'adoption de la motion de censure, les abstentionnistes sont considérés comme des partisans du projet de loi. Un absent, quelle que soit la raison de son absence, est pris en compte comme un député favorable au projet. On peut juger aventureux un tel présupposé. Encore faut-il qu'il y ait eu dépôt d'une motion de censure ; or, rien ne garantit qu'un tel texte sera déposé. Les signataires d'une telle motion doivent être au moins 58, un dixième au moins des membres de l'Assemblée nationale selon l'article 49-2. Or, les partis d'opposition peuvent très bien ne pas avoir assez de députés pour pouvoir atteindre le nombre de signatures requis. Ils peuvent aussi se diviser et ne pas réunir assez de soutien à la motion de censure. Dans ce cas, le texte est accepté sans discussion, de façon tacite. On peut s'interroger sur un tel mécanisme.

Dans les deux cas, dépôt d'une motion de censure ou absence d'un tel texte, on court-circuite la procédure habituelle permettant une discussion approfondie. Si dépôt d'une motion de censure il y a, la discussion portera sur la raison d'être de la censure mais pas sur le détail des dispositions.

Un dernier point qui peut créer le doute est l'association qui est faite entre le vote de la motion de censure et la démission du Gouvernement qui en résulte selon l'article 50. Il peut y avoir une forme de chantage faite par le Premier ministre aux parlementaires : ne votez pas la censure sinon vous n'aurez plus mon Gouvernement. Or, on peut très bien être en désaccord avec un texte sans pour autant condamner l'ensemble de la politique menée par le Gouvernement. Le député hésite à voter la censure. Son abstention permet l'adoption du texte.

Transition Les interrogations pour ne pas dire les critiques peuvent alors suggérer une modification de l'article 49-3. Cette révision est-elle cependant nécessaire ?

II. L'utilité en diverses circonstances de l'article 49-3 conduit à juger inopportune la limitation de son usage établie en 2008

A. Un dispositif qui a montré son utilité dans des circonstances diverses

On pourrait imaginer que l'article 49-3 n'a de sens que dans des circonstances particulières et pour être explicite que lorsque la majorité parlementaire est limitée voire relative. Dans ce cas, on voit bien l'utilité pour le Premier ministre d'y avoir recours. Les députés de la majorité resserrent les rangs et l'opposition peut avoir du mal à rassembler assez de voix pour faire adopter la censure ; comme on l'a vu, il faut la majorité absolue des membres de l'Assemblée nationale. Le Gouvernement Rocard qui n'avait qu'une majorité relative y a eu recours avec beaucoup d'intensité à partir de 1988.
Même dans des circonstances moins défavorables, le Premier ministre peut avoir besoin du 49-3. Il a une majorité absolue mais elle se divise, elle est frondeuse. Invoquer l'article 49-3 met les députés au pied du mur ; ils doivent choisir leur camp, ne pas choisir revient à voter pour celui qu'on conteste. Le Gouvernement Valls a eu recours à cette pratique dans un tel contexte.
Rien n'exclut un recours à l'article 49-3 pour accélérer la procédure ; ce n'est plus une question de faiblesse de la majorité mais de simplification du processus législatif.

B. La modification inopportune faite en 2008

La révision opérée en 2008 ne supprime pas le mécanisme établi par l'article 49-3. Il est maintenu sans aucune réserve pour deux sortes de loi, les lois de finances et les lois de financement de la Sécurité sociale. Pour les autres lois, « le Premier ministre peut, en outre, recourir à cette procédure pour un autre projet ou une proposition de loi par session ». Le recours à cette technique est radicalement réduit à une utilisation par session, sachant qu'il n'y a qu'une session ordinaire par an.
Poser des conditions restrictives au mécanisme posé à l'article 49-3 est un choix doublement contestable. Soit l'on considère que l'adoption d'un texte de loi sans le vote exprès du Parlement est une règle inacceptable – il est en effet paradoxal que l'expression de la volonté générale puisse passer par le silence de la représentation nationale – et l'on devait supprimer cette disposition. Soit l'on est conscient de son utilité, notamment en période de majorité fragile, et l'on ne devait pas apporter de restriction aussi radicale, seuls les textes financiers, à une nuance près pouvant être adoptés dans ces conditions. L'exception accordée en faveur des textes financiers est au demeurant curieuse. Est-il légitime que de tels textes puissent passer sans vote ? En outre, avant 2022, les Gouvernements avaient hésité à faire usage, même en période de majorité fragile, de l'article 49-3 pour les lois de finances. Rendre aussi exceptionnel l'usage du 49-3 attire l'attention sur le seul texte adopté pendant une session dans ces conditions. La loi adoptée dans ces conditions sera critiquée du fait même de la procédure suivie. De façon générale, l'adoption d'un texte avec la mise en œuvre de l'article 49-3 appelle de plus en plus souvent des réactions hostiles : on en a l'illustration en 2023 avec l'adoption des dispositions portant sur la réforme des retraites.

Conclusion Le contraste est grand entre la première moitié de l'histoire de la Ve République au cours de laquelle à l'exception notable de la révision des conditions de la désignation du Président, on a fait preuve d'une certaine constance au niveau du texte de la Constitution et l'histoire plus récente où l'on a tendance à multiplier les révisions au point qu'une majorité des dispositions actuelles diffèrent du texte de 1958.
La modification apportée à l'article 49-3 date de cette seconde période. Elle ne fait pas partie des changements qui semblent vraiment indispensables. On pourrait même considérer qu'il aurait été préférable de s'en dispenser. Ou alors, il fallait aller plus loin et supprimer cette procédure, il est vrai assez étrange. Il est clair en tout cas que cette modification complique le fonctionnement des institutions depuis 2022.

Section II. Les prérogatives de l'exécutif face aux Chambres

La nouvelle Constitution préparée en 1958 a pour objectif premier de revaloriser les pouvoirs de l'exécutif. Elle encadre de façon assez stricte le rôle du Parlement. Le parlementarisme rationalisé est en principe destiné à encadrer les rapports entre les pouvoirs publics ; il détermine les rapports de collaboration qui vont s'instaurer notamment dans le cadre de l'élaboration de la loi.
Le parlementarisme rationalisé détermine ceci dit un ensemble de mesures qui sont le plus souvent favorables au Gouvernement. Celui-ci va disposer de moyens qui vont lui permettre de mener les réformes qui lui semblent utiles sans en être empêché par les Chambres.
Comme on l'a fait à propos des armes du Parlement face à l'exécutif, on peut sans doute distinguer deux sortes de prérogatives de l'exécutif face au Parlement.
D'un côté, il y a un moyen assez radical confié au Chef de l'État, le droit de dissolution. D'un usage pas tout à fait exceptionnel, la fréquence de son utilisation reste cependant modeste. Facile à engager, le droit de dissolution n'a pas été utilisé depuis 1997.
De l'autre, le Gouvernement dispose de larges pouvoirs pour imposer son point de vue. La révision constitutionnelle du 23 juillet 2008 a certes redonné des marges nouvelles au Parlement. Il reste que dans la procédure législative le Gouvernement dispose toujours d'importantes prérogatives :

- L'initiative des lois est partagée, selon l'article 39, entre le Premier ministre et les membres du Parlement mais en pratique les projets sont nettement plus nombreux que les propositions sachant que dans certains cas, les parlementaires ne peuvent pas prendre d'initiative, lois de finances et de financement, recours aux ordonnances, autorisation de ratification de traités ; l'adoption d'un projet de loi est beaucoup plus fréquente que celle d'une proposition.
- Le Gouvernement partage selon l'article 44 le droit d'amendement avec les parlementaires sans se voir opposer l'irrecevabilité de l'article 40.
- Lors de la discussion, le Gouvernement continue de maîtriser la majorité de l'ordre du jour ; il peut s'opposer aux amendements non soumis au préalable en commission (art. 44-2) et il peut faire usage du vote bloqué (art. 44-3). Il peut aussi opposer des irrecevabilités (art. 40 et 41).

Dissolution **: décision visant à écourter un mandat et à organiser des élections anticipées**

Vote bloqué **: possibilité offerte au Gouvernement en application de l'article 44-3 de la Constitution de demander que l'Assemblée saisie d'un texte de loi se prononce par un seul vote sur tout ou partie du texte en ne retenant que les amendements proposés ou acceptés par le Gouvernement**

Entonnoir législatif **: pratique jugée irrégulière de faire des amendements à des articles déjà approuvés dans les mêmes termes par les deux Assemblées**

Ordre du jour prioritaire **: partie de l'ordre du jour des Assemblées que, conformément à l'article 48 de la Constitution, le Gouvernement détermine ; il s'applique deux semaines sur quatre auquel s'ajoute le temps nécessaire à l'examen de certains textes, lois de finances, lois de financement de la Sécurité sociale, projets relatifs aux états de crise et demandes visées à l'article 35 (déclaration de guerre, prolongation de l'intervention des forces armées au-delà de quatre mois). Cet ordre du jour représente une part majoritaire des séances de l'Assemblée**

Exception d'irrecevabilité **: motion de procédure tendant à faire reconnaître par l'Assemblée que le texte proposé est contraire à la Constitution et qu'il doit donc être immédiatement écarté par l'Assemblée ; elle peut émaner du Gouvernement ou d'un parlementaire**

Question préalable **: motion de procédure tendant à faire reconnaître par l'Assemblée qu'il n'y a pas lieu de délibérer sur le texte non pas parce que le texte serait inconstitutionnel mais parce que son adoption serait inopportune**

Question à réponse courte

Le droit de dissolution sous la Ve République

Il est prévu à l'article 12 de la Constitution et appartient souverainement au Président de la République. Certes, le Président doit-il, s'il envisage de recourir à ce droit, consulter le Premier ministre et les Présidents des deux Assemblées mais il ne s'agit pas d'avis conformes et ce pouvoir est, conformément à l'article 19, dispensé du contreseing. Selon l'article 5 de la loi constitutionnelle du 25 février 1875, le Président devait obtenir l'avis conforme du Sénat pour pouvoir dissoudre la Chambre des députés ; si l'article 51 de la Constitution de 1946 prévoyait que la dissolution était prononcée par décret du Président de la République, la décision était prise en Conseil des ministres et ne pouvait l'être qu'à la suite de deux crises ministérielles en dix-huit mois. Le Président est ainsi sous la Ve très libre de sa décision d'user du droit de dissolution, la seule réserve étant de ne pouvoir user de ce droit moins d'une année après une dissolution. L'article 12 n'a été appliqué qu'avec parcimonie. Le général de Gaulle a dissous en 1962 et 1968, François Mitterrand en 1981 et 1988. Les élections anticipées ont été à chaque fois favorables au Chef de l'État. Il n'en a pas été de même lorsque Jacques Chirac a prononcé la dissolution en 1997 qui a débouché sur une longue cohabitation de cinq ans.

L'initiative de la loi réservée à l'exécutif

Le Premier ministre partage avec les membres du Parlement l'initiative de la loi en application de l'article 39 de la Constitution. Mais il en a le monopole pour certains textes. Le recours aux ordonnances de l'article 38 est autorisé par une loi d'habilitation proposée par le Gouvernement. Les lois autorisant la ratification ou l'approbation d'un accord ou d'un traité appartenant aux catégories visées à l'article 53 de la Constitution doivent faire l'objet d'un projet. L'autorisation de ratification de l'adhésion d'un État à l'Union européenne passe en application de l'article 88-5 par un projet de loi. Cette

même exigence porte sur les textes financiers. Selon l'article 47, les lois de finances doivent être préparées sous la forme de projets de loi ; il en va de même d'après l'article 47-1 des lois de financement de la Sécurité sociale.
Cette priorité donnée au Gouvernement est assez logique dans les cas considérés. L'engagement de la procédure des ordonnances se fait à la demande du Gouvernement. Les accords et traités sont négociés par l'exécutif. Le Gouvernement est le mieux armé pour préparer les textes budgétaires.

Les ordonnances

Héritières des décrets-lois pris sous les régimes précédents, elles permettent au Gouvernement de prendre des mesures qui sont normalement du domaine de la loi. Elles ne peuvent être prises que si le Gouvernement l'ayant demandé, le Parlement l'autorise à intervenir, pendant une période déterminée, pour l'exécution de son programme. Les ordonnances sont prises en Conseil des ministres après avis du Conseil d'État. Depuis la révision de 2008, il est prévu que leur ratification doit être faite de façon expresse. À ces ordonnances prises en application de l'article 38, il faut ajouter celles qui peuvent être prises si le Parlement ne s'est prononcé dans le délai de 70 jours mentionné à l'article 47 qui lui est donné pour les projets de loi de finances. De la même façon, les projets de loi de financement de la Sécurité sociale qui n'auraient pas été votés dans le délai de 50 jours prévu à l'article 47-1 peuvent être mis en œuvre par ordonnances. L'article 74-1 habilite le Gouvernement, de façon permanente, à étendre le droit applicable en métropole aux collectivités d'outre-mer. On peut ajouter qu'un article 92 aujourd'hui abrogé permettait de recourir aux ordonnances pour la mise en œuvre de la Constitution entre 1958 et 1959.
Enfin, selon l'article 13, le Président signe les ordonnances, prérogative soumise au contreseing.
La pratique des ordonnances a été fréquente. Elle permet d'agir assez vite et de traiter efficacement des sujets techniques.

Dissertations

Sujet : Qui prépare la loi sous la Ve République ?

Approche générale du sujet

Le traitement de ce sujet nécessite non seulement la connaissance des règles en la matière mais aussi de leurs variations. Lorsqu'on se demande qui est le législateur en France, il est difficile de ne pas constater que le Parlement ne joue pas le rôle qu'il avait sous les régimes précédents. En même temps, on peut aussi relever qu'il y a eu des corrections pour restaurer le rôle des Chambres.

Proposition de plan

Introduction

On pourrait de façon générale avoir tendance à identifier Parlement et législateur. En anglo-américain, les parlementaires sont des *law makers*, les députés font la loi.
Parmi les fonctions confiées au Parlement, les compétences législatives sont centrales ; qu'un régime soit parlementaire ou présidentiel, on aura des différences sur les fonctions de

contrôle mais en principe pas sur la loi. « Le Parlement vote la loi » annonce d'emblée l'article 24 de notre Constitution. Sauf cas particuliers – on pense à l'exercice par le Président de la République de fonctions législatives en application de l'article 16 et aux délégations confiées par le Parlement en application de l'article 38 au Gouvernement –, les matières appartenant au domaine de la loi seront l'objet de règles prises par le Parlement. Mais faire la loi, est-ce seulement la voter ? Légiférer implique un ensemble d'étapes allant de l'initiative jusqu'à l'adoption par les Chambres des textes législatifs. Le Parlement est-il le seul à intervenir ? La réponse à cette question est immédiate : le processus législatif fait intervenir un autre acteur : l'exécutif. Dans le long processus d'élaboration de la loi, il intervient fréquemment, souvent de façon décisive. La grande majorité des textes est prise à son initiative et son intervention ne s'arrête pas là.

L'élaboration de la loi est un travail réalisé grâce à la collaboration de plusieurs acteurs sans que celui qui avait le premier rôle ait gardé cette place primordiale.

Annonce de plan

En effet si l'élaboration de la loi est en principe partagée entre le Gouvernement et le Parlement (I), en dépit d'un renforcement des prérogatives des Chambres, la maîtrise du travail législatif reste largement entre les mains du Gouvernement (II).

Développement

I. L'élaboration de la loi est en principe partagée entre le Gouvernement et le Parlement

A. Une élaboration de la loi partagée entre Gouvernement et Parlement

L'élaboration de la loi fait intervenir à la fois Gouvernement et Parlement.

L'initiative de la loi est donnée à la fois au Premier ministre et aux membres du Parlement selon l'article 39 de la Constitution. Il en va de même pour le droit d'amendement accordé aux membres du Parlement ainsi qu'au Gouvernement d'après l'article 44.

L'examen des textes se fait en suivant l'ordre du jour des Assemblées ; s'il est en principe fixé par chaque Assemblée en application de l'article 48, l'ordre du jour doit accorder au Gouvernement des séances pour faire inscrire des textes. En outre, certains projets du Gouvernement sont prioritaires comme ceux qui portent sur les questions budgétaires. Il y a un partage de l'ordre du jour.

Les débats sur les textes peuvent nécessiter l'ouverture d'une session extraordinaire qui peut être demandée, en application de l'article 29, par le Chef du Gouvernement ou par la majorité des députés.

En définitive, les textes doivent être votés par le Parlement.

Dans l'élaboration de la loi, Gouvernement et Parlement vont devoir intervenir avec en principe un équilibre entre les rôles respectifs de chacun.

B. Des exceptions au principe assez rares

Il existe cependant un certain nombre de dérogations à ce partage équilibré entre les différents pouvoirs.

L'initiative des lois est réservée au Gouvernement pour certains textes : lois de finances, lois de financement de la Sécurité sociale, lois de ratification de traités… Le droit d'amendement des parlementaires est limité par l'article 40 qui exclut les modifications parlementaires impliquant la création ou l'aggravation d'une charge publique, la diminution des ressources publiques. Dans tous ces cas, le Parlement ne peut pas faire de proposition.

Le vote du Parlement n'est pas toujours requis pour l'adoption de la loi. Ainsi, lorsque le Gouvernement engage sa responsabilité sur un texte en application de l'article 49-3 de la Constitution, celui-ci est adopté tacitement à moins que les parlementaires, ayant déposé une motion de censure, votent cette motion à la majorité des membres de l'Assemblée nationale.

La dérogation la plus forte correspond à l'application de l'article 16. Dans ce cas, le Président de la République qui doit prendre les mesures nécessitées par les circonstances exceptionnelles a le droit d'agir en tout domaine et donc y compris législatif.

Il peut arriver que des mesures matériellement législatives soient prises par le Gouvernement si le Parlement l'accepte en application de l'article 38.

Transition Les dérogations mentionnées par rapport au partage assez équilibré entre le Gouvernement et le Parlement sont assez limitées. Elles ne reflètent qu'une partie de la situation.

II. En dépit d'un renforcement des prérogatives des Chambres, la maîtrise du travail législatif reste cependant largement entre les mains du Gouvernement

A. Un renforcement des prérogatives parlementaires dans l'élaboration des lois

Il a été décidé en juillet 2008 de modifier plusieurs dispositions constitutionnelles afin de permettre au Parlement d'intervenir plus fortement dans le processus législatif.

L'ordre du jour des Assemblées qui était déterminé par le Gouvernement est en principe fixé par les Chambres. Le travail en commission est valorisé puisque le texte adopté en commission vient en discussion en séance plénière. Les présidents des Chambres peuvent demander la formation d'une commission mixte paritaire pour surmonter les désaccords entre les deux Assemblées alors qu'auparavant seul le Premier ministre pouvait le faire. On a introduit un délai minimum de six semaines entre le dépôt d'un texte et sa discussion en séance afin que les parlementaires aient le temps de l'examiner. Le recours à l'article 49-3 qui permet au Gouvernement de passer en force pour faire adopter une loi a été limité de façon assez radicale puisqu'il ne peut intervenir qu'une fois par session. C'est ainsi très exceptionnellement qu'une loi pourra être adoptée sans vote explicite des Chambres. Dans le même esprit, l'obligation de ratification expresse des ordonnances de l'article 38 permet d'associer plus directement le Parlement.

Plusieurs mesures ont ainsi été prises pour renforcer le rôle des parlementaires dans le processus législatif.

B. Une maîtrise du travail législatif largement entre les mains du Gouvernement

On ne doit pas cependant surestimer la portée de ces différentes mesures. Le Gouvernement maîtrise très largement le processus législatif.

En premier lieu, on doit relever que la très grande majorité des textes débattus par le Parlement sont d'initiative gouvernementale ; c'est encore plus net si l'on comptabilise les textes adoptés. La plupart des lois résultent d'un projet et non d'une proposition.

Cette prépondérance s'explique, entre autres, par la maîtrise de l'ordre du jour. Elle était quasiment complète avant 2008. La réforme, avec l'ordre du jour prioritaire accordé au Gouvernement, ne laisse en réalité que peu de temps pour l'examen des textes d'initiative parlementaire même si l'on annonce un principe de fixation par les Assemblées de leur ordre du jour. Le Gouvernement peut faire inscrire les textes qui lui tiennent à cœur.

Il contrôle aussi le déroulement des débats. Il peut invoquer l'article 44-3 pour demander à l'Assemblée saisie de se prononcer par un seul vote en ne retenant que les amendements proposés ou acceptés par lui. Ce système dit du vote bloqué favorise nettement le Gouvernement. Ce dernier peut aussi opposer l'irrecevabilité entre autres pour des raisons financières.

Conclusion

On ne peut vraiment pas considérer que la préparation de la loi est confiée à une seule institution. La loi est un travail partagé entre le Parlement et le Gouvernement. On pourrait bien souvent ajouter un troisième acteur, l'Union européenne. Mais pour s'en tenir au plan interne, il n'est pas certain qu'entre les deux intervenants, le Parlement soit le plus influent. Le Gouvernement maîtrise largement l'exercice.

Sujet : Le droit de dissolution est-il encore nécessaire ?

Approche générale du sujet

Le texte de la Constitution de 1958 a beaucoup été modifié. Même des articles hautement symboliques comme l'article 16 sur les circonstances exceptionnelles et 17 sur le droit de grâce l'ont été. Quelques articles ont même été changés à plusieurs reprises. L'article 12 ne l'a jamais été. La question posée est assez radicale puisqu'il s'agit de s'interroger sur le maintien du droit de dissolution. Pour répondre à cette question, il faudra s'interroger sur la raison d'être, en général, de cette règle et sur son utilité dans les institutions de la Ve République telles qu'elles sont actuellement organisées.

Proposition de plan

Introduction

Les trois dernières républiques que la France a connues ont prévu l'existence du droit de dissolution. Dans ces trois systèmes bicaméraux, seule la Chambre élue directement par les citoyens, la Chambre des députés sous la IIIe République ou l'Assemblée nationale depuis la IVe République, peut être dissoute. Si les conditions de mise en œuvre du droit de dissolution sont assez différentes – assez faciles à remplir d'après les lois constitutionnelles de 1875 et la Constitution de 1958, on avait été en 1946 plus précautionneux en exigeant la répétition de crises pour pouvoir dissoudre –, on peut globalement dire que ce droit est d'un usage assez exceptionnel : une seule fois de 1875 à 1940, une seule fois en entre 1946 et 1958, cinq fois depuis 1958. Il est vrai que dissoudre, c'est amputer le mandat des députés, les obliger à revenir avant l'heure devant les électeurs, avec tous les aléas que cela implique.
Sauf à imaginer une stratégie bien complexe consistant à provoquer une cohabitation favorable à sa réélection, la dernière dissolution décidée en 1997 par le Président Chirac est apparue assez aventureuse au point de s'interroger sur le maintien d'une telle prérogative accordée au Président de la République.
De sérieuses raisons militeraient en faveur de la suppression du droit de dissolution mais d'autres arguments incitent à le maintenir.

Annonce de plan

Rarement utilisé, le droit de dissolution semble avoir perdu sa raison d'être du fait de la concomitance des élections présidentielles et législatives (I), son maintien, alors que les parlementaires ne disposent pas d'un pouvoir aussi fort sur le Président, s'explique surtout par le souci de ne pas présidentialiser davantage la Ve République (II).

Développement

I. Rarement utilisé, le droit de dissolution semble avoir perdu de sa raison d'être du fait de la concomitance des élections présidentielles et législatives

A. Le droit de dissolution est rarement utilisé sous la Ve République

L'article 12 de la Constitution donne au Président de la République le droit de dissoudre l'Assemblée nationale. Pour exercer ce droit, il n'est soumis à aucune condition contraignante, n'ayant qu'à solliciter des avis purement consultatifs. La seule circonstance interdisant la dissolution est l'application de l'article 16. Facile à utiliser le droit de dissolution n'a été appliqué que rarement. Il l'a été en 1962, 1968, 1981, 1988 et 1997, soit une fois tous les dix ans. Il ne l'a plus été depuis 1997. Sur ces cinq applications, on en compte deux, celles de 1981 et 1988, qui sont liées à la volonté d'obtenir à l'Assemblée nationale une majorité de soutien au Président nouvellement élu ou réélu. La dissolution de 1997 était fondée sur le même type de préoccupation pour la fin du mandat du Président élu en 1995. Deux étaient destinées à fournir un appui au Président après des périodes de tension : en 1962 avec l'organisation contestée d'un référendum constitutionnel et en 1968 avec les événements de mai. Le décalage entre les durées des mandats présidentiel et parlementaire est souvent à l'origine des dissolutions.

B. La concomitance des élections présidentielles et législatives lui fait perdre de sa raison d'être

Le droit de dissolution est fondamentalement destiné à permettre de rétablir la confiance entre l'exécutif et le législatif et à sortir ainsi des crises. Il permet de donner au peuple la voix décisive. Lorsque les députés et le Président sont élus quasiment simultanément, avec un mandat de même durée, et qu'en outre l'élection présidentielle précède les législatives, on a une forte probabilité d'avoir des majorités convergentes à la Présidence et au Parlement.

Depuis l'introduction du quinquennat, on a eu de telles majorités. On ne voit pas très bien pourquoi un Président disposant dès le début de son mandat d'une majorité favorable aurait besoin de dissoudre. De fait, le droit de dissolution n'a pas été appliqué pendant vingt ans. Il est en quelque sorte tombé en désuétude.

Transition Le droit de dissolution étant durablement inappliqué, ne serait-il pas préférable de le supprimer ?

II. Son maintien, alors que les parlementaires ne disposent pas d'un pouvoir aussi fort sur le Président s'explique surtout par le souci de ne pas présidentialiser davantage la Ve République

A. Les parlementaires ne disposent pas d'un pouvoir aussi fort sur le Président que la dissolution

Il y a en France une situation assez déséquilibrée. Le Président peut sans restriction dissoudre la Chambre. Inversement, la mise en cause de la responsabilité par le Parlement prévue aux articles 49 et 50 ne vise que le Gouvernement pas le Président.

Évoquée à l'article 68, la possibilité de destitution du Président par le Parlement réuni en Haute Cour pour manquement aux devoirs de sa charge n'est pas de même nature. Il ne s'agit pas d'une mise en cause politique mais de la condamnation d'actes inacceptables commis par le Chef de l'État. Les conditions requises pour la mise en œuvre du dispositif puis pour décider la destitution sont rigoureuses – il faut la majorité des deux tiers – et rendent quasiment improbable le prononcé d'une décision défavorable au Président. On peut à ce sujet relever qu'aucun Président n'a été amené à quitter ses fonctions en application du dispositif précité alors que la dissolution a été prononcée à plusieurs reprises. C'est vrai sous la Ve République. Mais on observe sous les régimes précédents la même situation.

Supprimer le droit de dissolution mettrait fin à cette situation déséquilibrée où les uns, les parlementaires, peuvent voir leur mandat écourté tandis que le Président est quasiment sûr de pouvoir achever le sien.

B. Le maintien du droit de dissolution s'explique surtout par le souci de ne pas présidentialiser davantage la Vᵉ République

Le texte de la Constitution de 1958 a été soumis à de nombreuses modifications. Il n'y a pas de difficultés techniques à réviser ; il n'y a pas d'autolimitation de l'exercice. La révision de 2008 a modifié un nombre élevé d'articles. On n'a pas non plus hésité à pratiquement toujours changer la Constitution par la procédure dérogatoire du Congrès un texte accepté par référendum. Dès lors que la dissolution semble superflue, pourquoi ne pas l'avoir supprimée ?
Trois raisons peuvent être invoquées.
Une première de bon sens. Il vaut mieux avoir un moyen permettant de sortir de difficultés même si son usage est improbable que de ne disposer de rien. Rien ne garantit qu'un Président ait effectivement une majorité favorable au sein du Parlement. C'est probable, ce n'est pas certain. Cette majorité peut se déliter et se fragiliser voire disparaître. Elle peut aussi être réduite. Autant permettre au Président de pouvoir décider d'essayer de sortir de cette difficulté en faisant organiser des élections anticipées.
Une seconde justification tient au régime politique. La Vᵉ tend à la présidentialisation. Pour autant, il est loin d'être certain qu'on aille vers le régime présidentiel. Supprimer le droit de dissolution, c'est s'en rapprocher nettement. L'étape complémentaire serait la suppression des articles 49 et 50 avec l'argument qu'un seul Gouvernement a été renversé par ce moyen.
Une troisième raison tient au caractère dissuasif de cette règle. La menace d'une dissolution peut inciter des parlementaires frondeurs à se montrer moins zélés dans leur critique.

Conclusion

On pourrait certainement supprimer le droit de dissolution. Avec l'échec retentissant de la dissolution de 1997, l'article 12 qui n'était guère utilisé semble devenir une disposition tombée en désuétude qui n'a plus lieu d'exister.
Plusieurs dispositions de la Constitution sont un peu dans la même situation et non des moindres : l'article 11 sur le référendum, l'article 16 sur les circonstances exceptionnelles, l'article 50 sur la démission du Gouvernement après un vote défavorable du Parlement...
On a préféré garder ces dispositions quitte à les modifier.
Le maintien du droit de dissolution s'explique largement par le principe de précaution. Il s'explique aussi par les réticences à l'encontre du régime présidentiel. Le seul exemple que la France a connu n'a guère bien fini. Rares sont ceux qui voudraient retenter l'expérience.

Section III. La coopération entre les institutions

Le fonctionnement des institutions impose des coopérations, des collaborations entre les différentes autorités. Il est finalement assez exceptionnel qu'un organe puisse agir entièrement seul. Le plus souvent, la Constitution a confié à plusieurs institutions la responsabilité d'une activité.
Cette nécessaire coopération peut s'établir entre le Gouvernement et les Chambres. La loi illustre typiquement ce partage des rôles : elle est le plus souvent d'initiative gouvernementale ; elle est débattue dans les Chambres en présence de membres du Gouvernement qui participent activement à la procédure ; elle est en définitive votée par le Parlement. Dans certains cas, le partage est même imposé : au Gouvernement l'initiative de la loi, au Parlement le vote. La répartition des rôles entre eux peut être

modifiée comme c'est le cas avec les ordonnances qui accroissent les fonctions du Gouvernement mais ne peuvent être prises sans l'autorisation préalable du Parlement. La révision constitutionnelle est également une œuvre conjointe. Sauf recours à l'article 11, et l'on sait que cela a été contesté, il ne peut y avoir de modification de la Constitution sans accord de l'exécutif et des Chambres.
La nécessité d'une coopération concerne aussi les deux têtes de l'exécutif. En effet, si l'on évoque souvent le domaine qui serait réservé au Président de la République, l'examen de la Constitution montre aussi qu'existe un partage des pouvoirs entre le Chef de l'État et le Premier ministre. On a dans la pratique souvent eu tendance à considérer que le Président récupérait les compétences confiées théoriquement au Premier ministre. La réalité du partage entre eux réapparaît lorsque les majorités parlementaire et présidentielle divergent dans ces périodes dites de cohabitation. On voit alors que les deux têtes de l'exécutif doivent se concerter, l'un ne pouvant pas agir sans l'autre.

Questions à réponse courte

Les compétences partagées entre le Gouvernement et le Parlement

Sur bien des questions, notamment pour l'élaboration de la loi existe un partage de compétences entre le Parlement et le Gouvernement.
L'initiative de la loi appartient concurremment au Chef du Gouvernement et aux membres du Parlement (art. 39). Si certains textes, en particulier ceux portant sur les finances et sur le financement de la Sécurité sociale ne peuvent être proposés que par le Gouvernement, ils ne deviennent lois qu'après le vote du Parlement (art. 47 et 47-1). La procédure législative implique également un partage puisque l'inscription des textes à l'ordre du jour est en principe faite par les Assemblées mais certaines séances sont réservées par priorité à des initiatives gouvernementales (art. 48). Le droit d'amendement appartient à la fois au Gouvernement et aux membres du Parlement (art. 44). La formation d'une commission mixte paritaire pour surmonter les désaccords entre les Chambres lors des débats peut être demandée par le Premier ministre et les Présidents des Assemblées (art. 45). Si le Gouvernement pour l'exécution de son programme souhaite prendre des mesures qui appartiennent au domaine de la loi, il ne peut le faire qu'après délégation précise par le Parlement ; les ordonnances prises dans ce cadre devront en outre être ratifiées de façon expresse (art. 38).
Certaines décisions font intervenir successivement le Gouvernement et le Parlement. Au-delà de quatre mois, l'intervention des forces à l'étranger ne peut se faire qu'avec l'accord du Parlement (art. 35). Au-delà de douze jours, l'état de siège décidé au départ en Conseil des ministres doit être autorisé par le Parlement (art. 36).
Les sessions extraordinaires du Parlement peuvent être organisées à la demande du Premier ministre ou de la majorité des membres du Parlement (art. 29).

Les compétences partagées entre le Président de la République et le Premier ministre

Elles correspondent aux pouvoirs confiés au Président de la République mais soumis au contreseing du Premier ministre, et le cas échéant, du ou des ministres concernés. Elles concernent les nominations. Le Président nomme conformément à l'article 8 les membres du Gouvernement sur proposition du Premier ministre. D'après l'article 13, le Chef de l'État nomme aux emplois civils et militaires de l'État, ce même article

énumérant des emplois et fonctions concernés et renvoyant à une loi organique qui complète cette liste. Sous réserve de l'article 13, le Premier ministre nomme aux emplois civils et militaires.
Le Président de la République convoque, à la demande du Premier ministre, le Parlement en session extraordinaire par décret sur un ordre du jour déterminé (art. 29).
D'après l'article 13, le Chef de l'État signe les ordonnances prises à la suite d'une demande du Gouvernement. Il signe également les décrets délibérés en Conseil des ministres. Ces textes sont également signés par le Premier ministre.
Le Président de la République promulgue les lois par décret contresigné du Premier ministre ; sa demande de nouvelle délibération de la loi votée est soumise au contreseing du Premier ministre.
La décision de recourir au référendum de l'article 11 est dispensée du contreseing mais ne peut se faire sans demande du Gouvernement ou du Parlement. Pour la révision de la Constitution, le Président ne peut rien engager seul, il a besoin d'une proposition du Premier ministre (art. 89).
Si le Président de la République est le chef des armées selon l'article 15, le Premier ministre est responsable de la défense nationale en application de l'article 21. De même si le Président négocie et ratifie les traités, article 52, le Gouvernement, dirigé par le Premier ministre, détermine et conduit la politique de la Nation selon l'article 20.
On pourrait encore ajouter que le Chef de l'État préside le Conseil des ministres, article 9, et que le Premier ministre dirige l'action du Gouvernement, article 21.
On a ainsi selon la Constitution entre les deux têtes de l'exécutif un partage des rôles. Il apparaît plus net en période de cohabitation et ne se fait pas sans heurt.

Dissertations

Sujet : L'article 38 de la Constitution de la Ve République prive-t-il le Parlement de tout rôle ?

Approche générale du sujet

L'article 38 fait partie des innovations constitutionnelles inscrites dès 1958 dans la Constitution mais cette technique reprend un procédé déjà utilisé sous les républiques précédentes mais clairement inconstitutionnel ; sous la IVe, le texte de la Constitution est nettement contredit. Les ordonnances constituent des immixtions du Gouvernement dans le domaine de la loi. Mais le législateur n'intervient-il pas ? Subit-il en quelque sorte cette amputation de son domaine ? S'il ne prend pas les mesures pourtant matériellement législatives, ce recours aux ordonnances ne peut se faire sans son accord, ni son intervention ultime. On n'oubliera pas à propos de ce dernier point de relever la modification apportée à l'article 38 lors de la révision de 2008.

Proposition de plan

Introduction

L'annonce par un Gouvernement de son intention de prendre par ordonnances un ensemble de mesures suscite presque toujours des réactions défavorables. Sans parler du fond des choses, des sujets concernés et des solutions retenues, la procédure choque ses détracteurs. Décider par ordonnances introduit de la suspicion. On n'est quelquefois jamais très loin de voir dans le recours à cette technique une espèce de passage en force de l'exécutif.

Le procédé apparaît d'autant plus critiquable que les mesures en question auraient dû être prises par le Parlement et que celui-ci a déjà subi de façon générale avec la Constitution de 1958 une limitation des matières pour lesquelles il peut intervenir. Le Parlement est dépossédé d'une partie son rôle alors même que le domaine de la loi a été restreint. Présentées ainsi, les ordonnances ne soulèvent pas l'enthousiasme, surtout assez logiquement, chez les parlementaires.
Il serait cependant très excessif de considérer que le recours à l'article 38 ôte tout rôle au Parlement.

Annonce de plan

En effet, si l'article 38 de la Constitution permet au Gouvernement de prendre par ordonnances des mesures dans le domaine normalement réservé à la loi (I), il ne peut le faire sans l'autorisation du Parlement et les mesures ainsi prises à sa place par l'exécutif doivent être ratifiées explicitement par lui (II).

Développement

I. L'article 38 de la Constitution permet au Gouvernement de prendre par ordonnances des mesures dans le domaine normalement réservé à la loi et donc confié au Parlement

A. La Constitution délimite de façon précise les matières pour lesquelles la loi peut intervenir

Jusque 1958, la loi était définie par un critère organique : elle est l'œuvre du Parlement adoptée selon la procédure législative ; elle n'était pas plus limitée que la volonté générale. La nouvelle Constitution ajoute un critère matériel ; la loi ne peut porter que sur des domaines déterminés par la Constitution. L'article 34 détermine un ensemble de matières qui devront être régies par des dispositions législatives. Dans certains cas, la loi fixera la totalité des règles ; dans d'autres, elle ne s'attachera qu'aux principes fondamentaux. Outre l'article 34, d'autres dispositions éparpillées dans la Constitution s'ajoutent pour déterminer des matières régies par la loi : l'article 53 qui mentionne les accords internationaux exigeant préalablement à leur ratification le vote d'une loi ; l'article 72 qui renvoie à la loi pour déterminer les modalités d'administration des collectivités territoriales ; les différents articles exigeant l'établissement d'une loi organique participent aussi à la délimitation du domaine de la loi. À cet ensemble de dispositions, il faut associer l'article 37 qui dispose que « les matières autres que celles qui sont du domaine de la loi sont réglementaires ». Avec la Constitution de 1958, on a une limitation des matières pouvant être l'objet de loi et la répartition se fait comme si le règlement était le principe, la loi l'exception.

B. L'article 38 permet au Gouvernement de prendre des mesures dans le domaine de la loi

Sous les républiques précédentes, alors qu'il n'y avait pas à proprement parler de domaine attribué à la loi, le Parlement confiait l'exercice de cette compétence au Gouvernement par la pratique des décrets-lois. Cela pouvait apparaître directement contraire à la Constitution qui énonçait en 1946 que l'Assemblée nationale vote seule la loi et qu'elle ne peut déléguer ce droit.
Avec la Constitution de 1958, le Gouvernement peut demander au Parlement de prendre des « mesures qui sont normalement du domaine de la loi ». Il ne s'agit plus d'une pratique juridiquement contestable mais d'une possibilité admise par la Constitution. L'article 38 précise que c'est au Gouvernement de demander que des ordonnances soient prises. Ces mesures doivent permettre au Gouvernement d'exécuter son programme. Il est prévu que les ordonnances sont prises en conseil des ministres après avis du Conseil d'État.
Les ordonnances de l'article 38 se rapprochent des décrets-lois mais elles sont constitutionnellement régulières, ce qui ne l'était pas auparavant. Le Gouvernement agit dans un domaine qui est normalement celui du Parlement.

Transition Les ordonnances de l'article 38 n'impliquent-elles qu'une dépossession du Parlement ? Ne sont-elles qu'un de ces divers moyens de limiter le rôle du Parlement ?

II. Les ordonnances ne peuvent être prises par le Gouvernement sans l'autorisation du Parlement et doivent être explicitement ratifiées par lui

A. Le recours aux ordonnances n'est possible que si le Parlement l'autorise

Les ordonnances sont des textes pris par l'exécutif qui portent sur des matières législatives. Le Gouvernement ne peut cependant y avoir recours à sa guise. L'article 38 n'est pas la transposition en faveur du Gouvernement d'une disposition comme l'article 16. Pour pouvoir prendre des ordonnances, le Gouvernement doit le demander au Parlement et celui-ci doit lui donner l'autorisation. Une loi d'habilitation devra être votée par le Parlement pour permettre cette délégation. La Constitution précise que cette délégation est limitée dans le temps ; les ordonnances peuvent être prises « pendant un temps limité ». Elles portent sur un certain nombre de sujets ; il n'y a pas une délégation générale par le Parlement de son pouvoir. La loi d'habilitation est, comme toute loi, susceptible d'être l'objet d'une saisine devant le Conseil constitutionnel qui pourra vérifier qu'elle respecte les obligations prévues par la Constitution.
Le recours aux ordonnances n'est ainsi pas imposé au Parlement. Il s'agit d'un transfert de ses compétences qui est temporaire et accepté par lui. Au demeurant, le Parlement peut préférer déléguer ses compétences législatives plutôt que les exercer lui-même. Il s'agit peut-être de mesures *a priori* impopulaires qu'il juge préférable de laisser prendre par l'exécutif.

B. Les mesures prises par l'exécutif doivent en principe être explicitement ratifiées

Une fois qu'il a donné son accord au recours aux ordonnances par le vote de la loi d'habilitation, le Parlement aura encore à intervenir. Immédiatement, pendant ce temps limité laissé au Gouvernement, il n'aura rien à faire. Le Gouvernement prend les ordonnances. Ce sont des mesures réglementaires. Elles « entrent en vigueur dès leur publication » comme le précise l'article 38. Mais ces actes réglementaires matériellement législatifs ne peuvent se substituer à la loi. La Constitution exige que le Parlement intervienne à nouveau. Un projet de loi de ratification des ordonnances doit être déposé, faute de quoi les ordonnances deviennent caduques.
La ratification des ordonnances n'a pas toujours été opérée explicitement. On a eu tendance à pratiquer des ratifications tacites par le vote de loi modifiant les mêmes domaines. Afin d'éviter ces pratiques approximatives, la Constitution a été modifiée en 2008 et il est à présent précisé que les ordonnances « ne peuvent être ratifiées que de manière expresse ». La ratification ne peut se faire de manière tacite. Le Parlement doit ainsi intervenir explicitement. Il pourra vérifier le travail accompli par le Gouvernement et donner ou non son accord aux mesures qui ont été prises par lui.

Il est indéniable que l'intervention du Parlement est plus limitée que s'il n'avait pas délégué son rôle. Il ne peut qu'accepter ou rejeter la ratification. Pour apporter des modifications, il faudra revenir à la procédure législative classique avec dépôt d'un texte sur la matière transférée aux ordonnances. Il n'empêche que rien n'oblige le Parlement à accepter le travail du Gouvernement ; il peut tout à fait s'y opposer en refusant la ratification.

Conclusion

Dès que l'article 38 s'applique, les parlementaires perdent une partie de leur rôle au plan législatif. Les décisions sont prises par le Gouvernement. Le détail des textes est entre les mains de l'exécutif. Les parlementaires n'auront pas la possibilité d'examiner leur contenu comme ils peuvent le faire dans le cadre de la procédure législative.

Pour autant, le Parlement n'est ni une victime, ni sans moyen. Les ordonnances n'ont été prises que parce qu'il l'a accepté. Elles ne sont ratifiées que s'il le veut bien. En outre, elles peuvent arranger les parlementaires qui ne veulent pas assumer les mesures qu'elles contiennent mais aussi parce que tout simplement elles transmettent au Gouvernement un travail dont sera déchargé le Parlement.

La procédure de l'article 38 peut avoir une utilité ; elle ne retire pas tout rôle au Parlement. Un problème est l'ampleur de son utilisation : lorsque plus de 58 % des textes portant sur le domaine de la loi sont pris par des ordonnances comme ce fut le cas pendant le quinquennat 2017-2022, on ne peut nier un dépérissement du rôle du Parlement.

Sujet : Le Président de la République et le Parlement

Approche générale du sujet

Au premier abord, l'association des deux termes du sujet parle moins que « Gouvernement et Parlement » et si on cherche une formule qui les « rapproche », on pense au droit de dissolution. On n'a pas tort mais cela ne recouvre qu'une partie des rapports entre l'un et l'autre. Pour traiter le sujet proposé, il faut au préalable inventorier les différentes dispositions de la Constitution qui impliquent Présidence de la République et Parlement ; il est nécessaire d'ajouter des éléments de la pratique institutionnelle, soit pour montrer la fréquence du recours à ces dispositions, soit pour ajouter des considérations qui dépassent le texte constitutionnel proprement dit. À partir de là, on aura les matériaux pour bâtir assez librement le plan. Le sujet ne prenant pas la forme d'une question, l'objectif est de présenter les choses de façon complète et claire.

Proposition de plan

Introduction

Sous la Ve République, deux institutions sont désignées au suffrage universel, le Président de la République et le Parlement. Cela nous rapproche de la IIe République. Tocqueville, fin connaisseur de ce régime et de celui des États-Unis, avait redouté un impossible « tête à tête » entre ces deux organes élus. À l'époque, le rôle de chacun des deux pouvoirs était très cloisonné et l'on pouvait tout redouter.

Il n'en est pas de même sous la Ve République.

Un moyen d'action, redoutable, est entre les mains du Chef de l'État : il peut dissoudre l'Assemblée nationale. Il a d'autres

pouvoirs, soit très exceptionnels, soit plus ponctuels. Le Parlement a-t-il des moyens symétriques ? Il peut, il est vrai, s'attaquer à l'exécutif en mettant en cause la responsabilité du Gouvernement mais peut-il agir face au Chef de l'État ?
Les relations entre le Président et le Parlement ne se limitent cependant pas à des rapports de force. Ils sont faits de coopération, de collaboration. Ces organes sont amenés à devoir partager plusieurs fonctions mais la qualité de cette coopération dépend beaucoup du contexte politique.

Annonce de plan Si le Président de la République dispose de prérogatives importantes vis-à-vis du Parlement sans que réciproquement celui-ci puisse beaucoup agir à son encontre (I), le Chef de l'État et les Chambres sont amenés à devoir collaborer, ce qui est nettement facilité en cas de convergence des majorités présidentielle et parlementaire (II).

Développement

I. Le Président de la République dispose de prérogatives importantes vis-à-vis du Parlement sans que réciproquement celui-ci puisse beaucoup agir à son encontre.

A. Le Président de la République dispose d'importantes prérogatives face au Parlement

Le Président de la République n'a pas dans le régime actuel un rôle effacé comme on pouvait le constater auparavant. Certaines de ses prérogatives s'appliquent vis-à-vis du Parlement.
Le pouvoir le plus important détenu à cet égard par le Président est assurément le droit de dissolution évoqué à l'article 12. Il s'applique uniquement à l'Assemblée nationale mais peut être exercé sans difficulté. Le Chef de l'État doit certes consulter le Premier ministre et les présidents des Chambres mais sans être tenu par leur avis.
L'article 16 permet au Président de prendre les mesures exigées par les circonstances. Le Parlement se réunit de plein droit mais ses compétences peuvent être exercées pendant l'application de cet article par le Chef de l'État qui peut devenir législateur. Le Président n'a là aussi qu'à solliciter des avis mais n'est pas tenu de les suivre.
Ces deux articles s'appliquent sans que le Président n'ait à obtenir de contreseing.
Plusieurs autres articles permettent également au Chef de l'État d'agir sur le Parlement. En application de l'article 10, le Président peut demander une nouvelle délibération de la loi ; il n'a pas l'initiative de la réunion d'une session extraordinaire du Parlement mais ces sessions sont, en application de l'article 30, ouvertes et closes par décrets du Président. Le Président peut communiquer par message avec le Parlement. L'article 18 qui a été modifié lui permet de prendre la parole devant les Chambres réunies en Congrès. Seule cette dernière disposition est dispensée du contreseing.
Les prérogatives énumérées au paragraphe précédent ne sont pas toutes d'un usage courant mais elles ne sont pas négligeables.

B. Le Parlement ne peut réciproquement beaucoup agir face au Chef de l'État

Le Parlement n'a pas des prérogatives symétriques par rapport au Président.
Le Parlement peut refuser d'accorder la confiance ou censurer le Gouvernement. Il n'a pas de moyen équivalent sur le Président. De façon générale, « le Président de la République n'est pas », d'après l'article 67, « responsable des actes accomplis en cette qualité » et la procédure de destitution prévue à l'article suivant qui est confiée au Parlement réuni en Haute Cour, ne peut être assimilée à celle qui s'applique au Gouvernement. La destitution ne peut être décidée qu'en cas de « manquement aux devoirs manifestement incompatible avec l'exercice du mandat ».
Les parlementaires peuvent par ailleurs, après trente jours d'application, demander au Conseil constitutionnel de vérifier si les conditions du recours à l'article 16 sont toujours réunies. Les commissions des Chambres doivent donner leur avis et peuvent s'opposer à certaines nominations confiées au Président.

Le Parlement n'a que peu de moyens à l'encontre du Président. Ce qu'il peut faire est très modeste en comparaison des possibilités données réciproquement au Chef de l'État.

Transition Les rapports entre le Président et le Parlement ne se réduisent pas à des moyens de contrôle plus ou moins étendus. Il faut évoquer des compétences partagées et la convergence de leurs actions.

II. Le Chef de l'État et les Chambres sont amenés à devoir collaborer, ce qui est nettement facilité en cas de convergence des majorités présidentielle et parlementaire

A. Le Chef de l'État et les Chambres sont amenés à devoir collaborer

Dans plusieurs domaines, la Constitution a prévu une intervention conjointe du Président de la République et du Parlement.

Sur le plan du droit international, il est prévu à l'article 52 que le Président « négocie et ratifie les traités » mais l'article 53 énumère plusieurs catégories de traités qui ne pourront être ratifiés « qu'en vertu d'une loi ». Sans l'autorisation parlementaire, la décision présidentielle peut rester lettre morte. On a le même genre de schéma aux États-Unis entre le Président et le Sénat.

La décision de soumettre un texte au référendum de l'article 11 revient au Président mais il n'en a pas l'initiative ; elle doit émaner du Gouvernement ou d'une « proposition conjointe des deux Chambres ».

La révision constitutionnelle peut émaner du Président de la République sur proposition du Premier ministre ou des membres du Parlement selon l'article 89. Rien ne peut se faire cependant sans l'accord du Parlement. Dans tous les cas en effet, il faut que la révision soit votée en termes identiques par les deux Chambres. Une initiative présidentielle de révision serait bloquée si même une seule Chambre s'y opposait. Cette difficulté n'est pas théorique et l'on sait qu'elle amena le général de Gaulle à la contourner par l'utilisation de l'article 11.

B. Une coopération facilitée en temps de convergence des majorités parlementaire et présidentielle

Les rapports entre le Parlement et le Président ne se limitent pas aux questions internationales, au recours au référendum et à la révision constitutionnelle. Sous la Ve République, le Président récupère en sa faveur les pouvoirs théoriquement confiés au Gouvernement. Mais il ne le peut que si les majorités présidentielle et parlementaire convergent. Le programme présidentiel sert de base au programme législatif. Pendant la campagne pour l'élection des députés, certains candidats aux législatives se présentent d'ailleurs sous l'étiquette « majorité présidentielle ».

La convergence entre les deux majorités a été obtenue la plupart du temps. Les seules exceptions ont été les cohabitations de 1986-1988, 1993-1995 et 1997-2002 ; la situation politique consécutive aux élections de 2022 peut se ranger parmi les exceptions. Sauf pendant ces périodes, le Président a pu mener la politique qu'il entendait suivre ; son rôle a été très large. La collaboration entre les parlementaires et le Président ne s'est pas limitée aux questions de référendum ou de révision constitutionnelle, elle a pu être transversale.

Conclusion Le Président de la République n'est pas sous la Ve République qu'un arbitre lointain. Il n'est pas comme dans les monarchies d'Europe du nord, un souverain qui règne sans gouverner. Des pouvoirs propres lui ont été confiés. Certains s'imposent au Parlement en toute hypothèse.

Mais surtout, le Président est, selon la célèbre formule, la clef de voûte de nos institutions, l'acteur central par rapport auquel les autres institutions se déterminent.

Les parlementaires sont dans sa majorité ou non. Le plus souvent, ils le sont.

Le Président gouverne alors et le Parlement le suit.

Section IV. Qu'est-ce que la Ve République ?

Même si la Ve République est inclassable – on aura toujours du mal à vraiment la considérer comme parlementaire et elle n'est pas non plus présidentielle ; quant au régime d'assemblée, il semble totalement hors sujet de le rapprocher de la Ve compte tenu de la hargne des fondateurs du régime contre ce type d'organisation institutionnelle –, on peut malgré tout chercher à caractériser le régime établi depuis 1958, tenter de le qualifier d'une formule synthétique.
Comme il est difficile de classer la Constitution actuelle dans une catégorie, certains sujets sont en quelque sorte « inclassables ». Ils invitent à une réflexion plus transversale. Ils ne se rattachent pas à une partie du programme mais incitent à piocher dans plusieurs séries de développements.
Ce sera tout sauf une question de cours. D'où nécessairement un intérêt potentiel plus grand.

Dissertations

Sujet : La cohabitation, bonne ou mauvaise chose ?

Approche générale du sujet

Le terme de cohabitation se réfère au contexte dans lequel la majorité parlementaire est différente de celle qui a permis l'élection du Président de la République. Même s'il n'y a en général pas de doute sur le sens à donner à ce terme, il faut, quand on choisit de traiter un sujet incorporant un terme un peu technique, ne pas avoir de doute sur le sens de ce mot. Rappelons une nouvelle fois que pour traiter convenablement un sujet, il ne faut pas faire d'erreur de lecture, ni de confusion dans l'interprétation des termes du sujet. Il ne faut pas hésiter à bien se concentrer ici pour ne pas faire fausse route en confondant deux termes. Pour aborder un autre sujet, le bicaméralisme ce n'est pas la bipolarisation. Situation inédite jusqu'en 1986, la cohabitation s'est répétée à plusieurs reprises. Depuis 2002, nous n'avons plus connu une telle situation. Pour autant, doit-on se désintéresser d'une telle hypothèse ? Le sujet invite à réfléchir sur cette configuration. Cela doit conduire à examiner le partage des rôles entre les différentes autorités en envisageant à la fois les règles constitutionnelles et la manière dont elles sont appliquées. D'une certaine façon, le sujet a une dimension historique puisque la dernière cohabitation remonte à une vingtaine d'années. On peut considérer que la question est aujourd'hui dépassionnée puisqu'il est peu probable que ce cas de figure se reproduise, raison supplémentaire pour prendre position.

Proposition de plan

Introduction

Les périodes de cohabitation se sont répétées à la fin du vingtième siècle ; à trois reprises à partir de 1986, de 1993 puis de 1997, la France a connu cette conjoncture particulière dans laquelle majorités présidentielle et parlementaire ne convergent pas. Les temps de cohabitation semblent à présent s'éloigner. Depuis 2002, nous ne les connaissons plus : l'institution du quinquennat a pu contribuer à la fin de cette situation particulière où deux majorités présidentielle et parlementaire doivent coopérer.

Faut-il regretter ces périodes de cohabitation ? Faut-il au contraire se féliciter de la disparition de ces situations ? Avec le recul, on peut porter sur les cohabitations un regard plus réfléchi, peser le pour et le contre, tenter de faire le bilan de ces expériences. Si ces périodes de cohabitation ne sont pas dépourvues d'intérêt, on ne doit pas nécessairement les regretter.

Annonce de plan

En effet, si les cohabitations, inévitables dans certaines circonstances, ont permis un rééquilibrage des institutions (I), elles ne sont pas sans inconvénients et risquent même de fausser le fonctionnement de la Ve République (II).

Développement

I. Les cohabitations inévitables dans certaines circonstances ont permis un rééquilibrage des institutions.

A. Des cohabitations inévitables dans certaines circonstances

Les élections législatives et présidentielles sont distinctes ; elles conduisent à désigner d'un côté 577 députés et de l'autre le Président de la République. Contrairement à ce qui se passe aux États-Unis, ces deux élections n'ont pas lieu à la même date. C'était le cas avec le septennat ; c'est toujours le cas avec le quinquennat car si les mandats présidentiel et de député ont la même durée de cinq ans, il a été décidé de placer les élections présidentielles avant celles des députés.

Il est arrivé à trois reprises que les résultats de ces élections ne correspondent pas. Autrement dit, la majorité présidentielle et celle à l'Assemblée nationale ont été différentes. Dans ces conditions, les institutions ont continué à fonctionner ; on est rentré dans des périodes dites de cohabitation.

Les cohabitations étaient inévitables dès lors que le Président de la République restait en fonction et que la majorité parlementaire n'entendait pas abandonner son action. Seule une dissolution aurait pu, éventuellement, à la suite de nouvelles élections permettre de revenir à une situation plus classique de convergence. Mais l'on doit ici remarquer qu'une dissolution n'est pas toujours possible ; en 1997, la cohabitation intervient à la suite de la dissolution décidée par le Président Chirac. Or, il n'aurait pu y avoir une nouvelle dissolution qu'un an après la précédente. On doit également relever que la dissolution ne garantit pas nécessairement un résultat dans un sens ou un autre.

De façon générale, il faut souligner que les cohabitations sont des situations que les électeurs ont choisies.

B. Des cohabitations pouvant être positives en permettant un rééquilibrage des institutions

Avoir deux majorités différentes, à l'Assemblée nationale et en appui du Président de la République, la cohabitation, n'est pas la situation la plus fréquente sous la Ve République : elle n'a occupé que neuf ans pour un régime qui a dépassé soixante ans. Elle peut présenter des avantages. Contrairement aux périodes les plus habituelles, les cohabitations ont permis un fonctionnement plus parlementaire de la Ve République en évitant les dérives présidentialistes. Le Premier ministre et le Gouvernement ont retrouvé pleinement les attributions que leur donne la Constitution de 1958 et qui sont généralement exercées par le Président de la République. Le Parlement n'est plus cette chambre d'enregistrement des demandes présidentielles.

Pour dire les choses autrement, on a avec les cohabitations des situations plus équilibrées entre les principaux acteurs, le Président, le Premier ministre et les membres du Gouvernement et le Parlement. Chacun occupe un véritable rôle, rôle qui correspond à ce qui est affirmé par la Constitution et non par une pratique habituelle qui surévalue le rôle du Chef de l'État, ce qu'a encore accru le quinquennat.

II. Les cohabitations ne sont pas cependant sans inconvénient et risquent de fausser le fonctionnement de la Vᵉ République

A. Les cohabitations ne sont pas sans inconvénients

Les cohabitations ont permis à chaque acteur des institutions de voir sa situation réévaluée. Ce type inhabituel de fonctionnement ne présente pas que des avantages.
Fondamentalement, la cohabitation correspond à la coexistence de deux majorités différentes, de deux programmes politiques différents, de deux ensembles de personnalités soutenant des projets différents. Cela peut avoir des implications fâcheuses.
La conséquence de la cohabitation peut être ainsi de rechercher des solutions intermédiaires, une synthèse entre des positions différentes ; cela peut déboucher sur des compromis peu satisfaisants. Mais les positions entre les différents acteurs peuvent aussi être tellement éloignées que l'on ne parvient à aucune solution acceptable. On en arrive à l'absence de décision.
Les cohabitations peuvent également générer des conflits. Lors des différentes cohabitations, on a vu ainsi le Président refuser de signer les ordonnances ou bien encore ne pas accepter d'inscrire à l'ordre du jour un certain nombre de points pour une session extraordinaire du Parlement. On a pu relever des tensions assez fortes entre les deux têtes de l'exécutif. Le temps des cohabitations est celui d'une forme de guerre entre la Présidence et le Gouvernement. Même s'il y eut des nuances entre les trois périodes, nuances liées largement à la personnalité des dirigeants, on ne peut pas se satisfaire de ces affrontements à fleurets plus ou moins mouchetés.

B. Les cohabitations risquent de fausser le fonctionnement des institutions de la Vᵉ République

On pourrait considérer que les inconvénients rappelés plus haut ne sont pas déterminants et que, confrontés aux avantages résultant du rééquilibrage des institutions, la situation de la cohabitation est acceptable. On peut en réalité s'interroger sur l'opportunité d'une telle situation de cohabitation. Qu'on ne puisse l'éviter à certains moments est une chose. Mais une chose qui doit être provisoire et de courte durée. Faute de quoi, c'est la Ve République qui est d'une certaine façon remise en cause. On ne doit jamais oublier que la Constitution de 1958 a été établie en réaction aux systèmes précédents qui avaient montré leurs faiblesses. Il s'agissait de rétablir l'autorité de l'État et de confier au Président de la République un poids particulier. L'élection au suffrage universel donne une légitimité démocratique au Chef de l'État et lui permet d'avoir une position centrale. Avec la cohabitation, le Président de la République doit en rabattre, abandonner cette place primordiale. On a un risque de division à la tête de l'État. En outre, pourquoi élire le Président au suffrage universel direct pour lui laisser jouer un rôle subalterne ?

Conclusion

Les avantages de la cohabitation ne peuvent être niés. On ne peut qu'y être sensible lorsqu'on s'inquiète des dérives d'une Vᵉ République qui tend vers l'hyperprésidentialisation. Pour autant, on ne doit pas souhaiter le retour de la cohabitation qui comme on l'a relevé peut fausser le fonctionnement des institutions de la Vᵉ République et conduire à s'interroger sur l'opportunité de demander aux Français d'élire directement leur Chef de l'État. Mais plutôt que de vouloir à toute force éviter la cohabitation, ne devrait-on pas surtout s'interroger sur l'origine de l'hypertrophie du rôle du Président ? Depuis 1958, les Chefs d'État ont eu des rôles conséquents. Le quinquennat a renforcé les choses et il est à cet égard très contestable, ce d'autant plus qu'il n'empêche nullement la possibilité d'une cohabitation. Ou plutôt il débouche sur une cohabitation qui ne veut pas dire son nom.

Dissertations

Sujet : Peut-on parler d'une ou plusieurs Ve Républiques ?

Approche générale du sujet

Pour traiter ce sujet, il est nécessaire de connaître l'histoire du régime établi en 1958, ses variations, ses changements, les modifications apportées au texte. Il n'y a pas une réponse *a priori* mais plutôt un point de vue à donner. On peut considérer en effet que les changements sont tels qu'effectivement de 1958 à aujourd'hui on est passé à autre chose, ou même que plusieurs étapes peuvent être distinguées. À l'inverse, on peut estimer que la continuité l'emporte au-delà des aléas circonstanciels, les bases de la Constitution étant suffisamment solides pour s'adapter aux variations.

Proposition de plan

Introduction

Il n'est pas exceptionnel de déterminer plusieurs périodes dans l'histoire d'un régime. On distingue sous le Second Empire, l'empire autoritaire de l'empire libéral ; sous la IIIe République, la crise du 16 mai établit une césure entre un régime accordant de vraies prérogatives au Chef de l'État et la « Constitution Grévy » ne lui laissant qu'un rôle symbolique. Même si on dispose de moins de recul, on peut être tenté de considérer que la Ve République est, elle aussi, diverse. La personnalité des dirigeants successifs est fondamentalement différente. Quel rapport peut-on trouver entre le fondateur du régime et ses successeurs ? Les configurations politiques peuvent également être fort différentes entre une majorité donnée à une seule formation politique et l'impossibilité d'en trouver une qui oblige à gouverner par l'article 49-3. Avec les cohabitations successives, on semble quitter les rivages du présidentialisme pour rejoindre le parlementarisme. Le texte même de la Constitution a été beaucoup remanié. Peut-on encore parler de la même Constitution quand plus de la moitié des dispositions ne sont plus écrites aujourd'hui comme elles l'étaient en 1958 ou n'existaient pas du tout ?
La Ve République a certes connu beaucoup de changements. Mais elle reste fondamentalement la même : un régime fort singulier.

Annonce de plan

Fréquemment modifiée depuis 1958, la Ve République a vécu des configurations politiques assez diverses (I) mais ces variations n'ont pas cependant bouleversé l'économie générale d'un système qui confie le premier rôle à l'exécutif au détriment du Parlement (II).

Développement

I. La Constitution de la Ve République a été fréquemment modifiée depuis 1958 et a vécu des configurations politiques assez diverses

A. Un texte souvent modifié, quelquefois sur des questions importantes

Un premier changement qui peut être observé à propos de la Ve République concerne le texte de la Constitution. Il a été sensiblement modifié depuis l'origine. La présentation en titres demeure et le nombre d'articles n'a pas été radicalement modifié. Mais plus de la moitié des articles a été changée soit par réécriture, soit par ajout. Certains titres ont été supprimés d'autres ajoutés. L'influence du droit international et européen, la volonté de développer la décentralisation, le souci de mieux préciser certaines questions sont à l'origine de modifications qui ont porté sur de nombreux articles. Les changements apportés peuvent être d'importance : élection du Président au suffrage universel direct, réduction de la durée de son mandat, élargissements de la saisine du Conseil constitutionnel aux parlementaires et aux justiciables, statut juridique du Président et des ministres, conditions du travail parlementaire...

B. Un régime fonctionnant dans des configurations diverses

Les variations qu'a connues la Ve ne sont pas liées qu'au texte.

Les changements ont été politiques. On a eu de 1958 à 1981, une continuité certaine mais depuis cette date plusieurs alternances politiques se sont suivies menant au Gouvernement des formations politiques qui avaient été durablement dans l'opposition, opposition au régime même dans certains cas. Droite et gauche gouvernent.

Les personnalités désignées pour gouverner sont également fort différentes ; d'une génération qui a connu la guerre à celle qui a échappé au service national. Les nuances sont considérables entre les différents Présidents du fait de leur itinéraire, de leur formation, de leur appartenance politique. Une douzaine d'années après son départ le général de Gaulle est remplacé à l'Élysée par son adversaire de toujours, François Mitterrand, qui a constamment combattu le régime et ses institutions. L'auteur des Mémoires d'espoir est remplacé par celui du Coup d'État permanent.

La Ve République a aussi bien connu des majorités parlementaires apportant un soutien sans faille au Président que la divergence entre élections législatives et présidentielles qui mène à la cohabitation en 1986, 1993 et 1997.La situation politique depuis 2022 s'apparente sans le reconnaître à une forme de cohabitation.

On peut trouver une certaine plasticité à un régime s'adaptant en général à des personnalités et des rapports de force aussi différents. Le contexte actuel est plus atypique : la Constitution a du mal à fonctionner sans majorité.

Transition Faut-il pour autant considérer qu'on a changé de régime, que le régime s'est transformé, qu'on a changé de Ve République ? On peut en douter.

II. Ces variations n'ont pas cependant bouleversé l'économie générale d'un système qui confie le premier rôle à l'exécutif au détriment du Parlement

A. Un exécutif puissant en période normale comme pendant les cohabitations

On peut distinguer deux situations différentes selon que les majorités présidentielle et législative convergent. Mais dans les deux occurrences l'exécutif domine.

Lorsque le Président est appuyé par une majorité à l'Assemblée nationale, il récupère dans une large mesure les prérogatives du Gouvernement et du Premier ministre. C'est le contexte le plus fréquent, celui d'une présidentialisation du régime.

Les cohabitations ne modifient pas radicalement les choses. On a certes un rapport de force différent au sein de l'exécutif avec un Premier ministre qui exerce pleinement le rôle que lui confie la Constitution et un Président qui a un rôle plus modeste qu'à l'accoutumée mais non négligeable. Face au Parlement, l'exécutif ne perd rien de ses prérogatives. Il reste tout à fait dominant.

B. Un Parlement affaibli en toutes circonstances

Il serait excessif de considérer que le Parlement n'a pas connu quelques périodes plus favorables. Les cohabitations peuvent ainsi donner à penser que le Parlement est renforcé : le Gouvernement dépend de la Chambre ; on a une application plus littérale de la Constitution, donc plus parlementaire. On ne peut pas non plus nier qu'il y ait eu une volonté de revalorisation du rôle du Parlement depuis quelques gestes pris sous Giscard jusqu'à la révision constitutionnelle de 2008.
Ces nuances n'inversent pas l'observation générale : le Parlement est très affaibli sous la Ve République. Son domaine de prédilection, la loi, est limité. Le Gouvernement peut être autorisé à intervenir dans ce domaine en prenant des ordonnances. Lors des débats devant le Parlement, le Gouvernement dispose de nombreux moyens pour diriger les choses. La discussion devant le Parlement se fait sur un ordre du jour qui, pour sa plus grande partie, accorde une priorité aux sujets voulus par le Gouvernement. Le Gouvernement peut faire appel au vote bloqué. L'adoption d'une loi peut se faire sans vote du Parlement si le Gouvernement engage sa responsabilité sur un texte. Si l'on quitte la procédure législative et évoque le contrôle du Gouvernement, le Parlement n'est guère mieux loti. En effet, les conditions de mise en cause de la responsabilité du Gouvernement sont tellement restrictives qu'elles n'ont été réunies qu'une seule fois en soixante ans.

Conclusion

Le régime établi en 1958 a connu des variations depuis sa création. Le cadre juridique a été sérieusement remanié. Les forces politiques et les dirigeants ont changé.
Le schéma général n'est en revanche pas remis en cause. La Ve voulait mettre fin aux dérives du parlementarisme des IIIe et IVe Républiques vers le régime d'assemblée. Elle voulait imposer une domination de l'exécutif face à un Parlement réduit à un rôle modeste. Elle y est parvenue. La Ve République est notre unique République à avoir été en mesure d'assurer la primauté de l'exécutif. Il y a bien une seule Ve République.

Sujet : La Ve République, une république monarchique ?

Approche générale du sujet

Lorsqu'on établit une république dans un pays qui a connu pendant des siècles la royauté, il est illusoire d'imaginer que la dimension monarchique du pays a complètement disparu. On peut faire comme si tout cela n'avait jamais existé, cacher et détruire les vestiges de la royauté. Il apparaît en réalité avec évidence que la monarchie a marqué le pays au point qu'une quinzaine d'années après la révolution la France a eu la monarchie la plus absolue qu'elle ait jamais connue, le Premier Empire. La Ve République semble elle aussi marquée par l'héritage monarchique du pays. Pour le démontrer, il faut la comparer aux républiques antérieures en évoquant l'étendue des rôles remplis par le Chef de l'État. Même si l'on peut relever quelques nuances selon les périodes et les dirigeants, le caractère monarchique de cette république paraît indéniable.

Proposition de plan

Introduction

Après des siècles de monarchie et d'institutions fondées sur la coutume et les usages, la France opère à la fin du XVIIIe siècle un changement radical. Elle se dote d'une première Constitution. Elle ne l'applique que quelques mois avant d'aller vers une forme inédite de gouvernement pour notre pays, la république. Elle ne dure pas très longtemps. Une nouvelle monarchie est établie au début du XIXe siècle : l'Empire. Il sera suivi par plusieurs Constitutions monarchiques : la Charte de 1814 opère une première restauration de la royauté jusque 1830 la Charte de 1830 fonde la Monarchie de juillet qui a duré dix-huit ans, enfin, le Second Empire va de 1852 à 1870.

On semble en France avoir du mal à se défaire du système monarchique. Les IIIe et IVe Républiques avaient certes paru s'en éloigner davantage. Le régime actuel en revanche est régulièrement comparé à une monarchie. Le Chef de l'État est qualifié de « monarque républicain » sans que cela apparaisse comme une outrance. N'est-il pas logé dans un Palais ? N'est-il pas entouré d'un protocole qui remonte à l'ancien régime ? Certaines résidences officielles ne sont-elles pas d'anciens châteaux ? Mais il n'y a pas que les ors de la république et son apparat qui font penser à la monarchie. La situation du Président de la République est exceptionnelle parmi les démocraties contemporaines.

La France a beau être en république, elle semble bien plus monarchique que nombre de royautés actuelles.

Annonce de plan

En effet, la Constitution de 1958 est à l'origine de la plus monarchique de nos républiques (I) et, loin de se républicaniser, elle semble même plutôt hésiter entre la monarchie constitutionnelle et la monarchie absolue (II).

Développement

I. La Constitution de 1958 est à l'origine de la plus monarchique de nos républiques

A. Les premières républiques, nées en réaction aux monarchies antérieures, entendent établir des institutions très différentes de celles du régime qu'elles remplacent

La France a, avant 1958, connu quatre républiques. Les trois premières naissent après la chute d'une monarchie : la Monarchie constitutionnelle de 1791, la Monarchie de juillet née en 1830, le Second Empire fondé en 1852. La IVe apparaît après l'effondrement de l'État français qui n'était pas très républicain. Ces Républiques entendent établir un régime radicalement différent de celui existant auparavant. Elles donnent la priorité à l'instance législative, le Parlement, avec une préférence pour le monocaméralisme même si la IIIe est d'emblée dotée de deux Chambres. L'exécutif apparaît moins primordial et l'on a du mal à définir son rôle et même à fixer sa composition. On hésite beaucoup. Pour bien marquer la différence avec la monarchie, le pouvoir d'un seul, on va jusqu'à confier le pouvoir exécutif à un collège composé de plusieurs personnes. Le Conseil exécutif de la Constitution de l'an I aurait dû être composé de 24 membres ; le Directoire avait 5 membres ; sous l'an VIII, il y a trois Consuls. Les lois constitutionnelles de 1875 ne mentionnent même pas le Chef du Gouvernement, le Président du Conseil. Le Président de la IIe République, pourtant élu au suffrage universel direct, a un rôle très encadré et il est responsable de tous les actes de son administration. Sous la IIIe République, le Président est cantonné après la crise du 16 mai à un bien modeste rôle théorisé par Jules Grévy au moment de sa désignation.

B. La Ve République, fondée en réaction aux républiques précédentes, a très vite pris une dimension monarchique

Comme ses devancières, la Ve République entend réagir par rapport aux régimes précédents. Il ne s'agit pas de monarchies mais de républiques, la IIIe et surtout la IVe.
Le texte de la nouvelle Constitution ne contient pas que des formules inédites. On a même des passages qui ressemblent assez nettement aux articles des lois de 1875 ou de la Constitution de 1946, par exemple sur le statut du Chef de l'État. La Constitution de 1958 n'instaure pas non plus beaucoup d'organes tout à fait nouveaux à part le Conseil constitutionnel.
Le texte innove cependant en élargissant fortement dès 1958 le corps électoral chargé de désigner le Président. Les pouvoirs exceptionnels de l'article 16 ont de quoi surprendre. L'établissement d'une liste de prérogatives présidentielles dispensées du contreseing est très nouveau en république surtout pour quelqu'un qui bénéficie d'une quasi-irresponsabilité. Au-delà des formules figurant dans les textes, on aura rapidement une extension des rôles du Chef de l'État qui a non seulement un domaine réservé où il agit seul mais qui peut vouloir intervenir en toute matière. Le général de Gaulle confère à la fonction présidentielle une importance centrale. Il est une espèce de monarque républicain. Alors que sous les précédentes républiques on avait eu tendance à confiner le Président dans un rôle réduit et même chercher à réduire le peu qu'il pouvait faire, on a un mouvement inverse sous la Ve. L'élection au suffrage universel confirme et valide le phénomène qui distingue la Ve de ses devancières beaucoup plus républicaines.

Transition Une question subsidiaire doit alors être posée. Si la Ve République est la plus monarchique de nos républiques, de quelle monarchie se rapproche-t-elle ?

II. Loin de se républicaniser, elle semble même plutôt hésiter entre la monarchie absolue et la monarchie constitutionnelle avec une préférence pour la première

A. Une inclinaison pour la monarchie absolue

Le texte et la pratique des institutions tendent vers une forme d'absolutisme présidentiel.
L'article 16 donne tous les pouvoirs au Président de la République. Il peut prendre toutes les mesures exigées par les circonstances. On peut certes considérer que ces circonstances sont rares, qu'elles n'ont été mises en œuvre qu'une fois, qu'un contrôle peut être opéré au bout de trente jours par le Conseil constitutionnel. Il n'empêche que ce pouvoir absolu donné au Chef de l'État est unique dans les démocraties contemporaines. La possibilité de congédier la Chambre de façon discrétionnaire confère un pouvoir décisif au Président. Même au sommet de l'absolutisme sous l'ancien régime, le roi n'a pas dissous les parlements qui avaient certes un rôle assez différent mais qui pouvaient lui être hostiles.
La désignation du Gouvernement est entre les mains du Président. Il choisit librement le Premier ministre et il en est de même des autres membres du Gouvernement même si formellement leurs noms devraient être proposés par le Chef du Gouvernement. Quand il vient d'être élu et que l'Assemblée n'est pas encore désignée, qui pourrait imposer quoi que ce soit au Président ? N'est-ce pas aussi toujours lui qui met fin aux fonctions du Gouvernement, la démission n'étant pas une initiative des ministres mais résultant d'une demande présidentielle ? Entre ces deux extrémités, la nomination et le départ du Gouvernement, qui gouverne vraiment si ce n'est le Président ? Ce dernier récupère en effet l'essentiel des fonctions théoriquement confiées au Premier ministre et au Gouvernement. La formule chiraquienne à propos d'un de ses ministres « Je décide ; il exécute » ne résume-t-elle la situation dans un système où manifestement le Chef de l'État domine tous les pouvoirs.

B. ... brièvement remplacée par une monarchie plus constitutionnelle

L'absolutisme présidentiel n'allait pas de soi si on se réfère au texte même de la Constitution. L'article 5 qui inaugure le titre II consacré au Président de la République en fait un gardien de la Constitution, un arbitre assurant le fonctionnement régulier des pouvoirs publics et un garant de l'indépendance. Il n'en fait pas un acteur *a priori* si décisif. Les périodes de cohabitation ont permis de reprendre conscience de l'ampleur exacte des fonctions confiées au Chef de l'État. Sans l'appui de la majorité à l'Assemblée nationale, le Président redevient un Chef d'État de régime parlementaire, un souverain dans une monarchie constitutionnelle. Il ne perd pas tout rôle. Ce que l'on appelle le domaine réservé, les affaires étrangères, la défense, est traité prioritairement par lui. Le Chef de l'État est un peu dans la situation de Louis-Philippe, le Roi des Français, sous la Monarchie de juillet. Même en cohabitation, il garde la main sur certains dossiers.

Le temps des cohabitations s'éloignant apparemment, la monarchie constitutionnelle est-elle enterrée ? On ne peut l'affirmer avec certitude. Le Président Sarkozy qui avait peu goûté la remarque acerbe que lui avait faite le Chef de l'État lorsqu'il n'était que ministre s'en prit à lui le traita de « roi fainéant ». Même si la formule eût été moins brutale, l'assimiler à un monarque constitutionnel aurait eu à peu près le même sens. On peut se demander si les deux Présidents Chirac et Hollande n'ont pas été, en dépit d'un soutien accordé par l'Assemblée nationale, eux aussi des monarques constitutionnels laissant leur Premier ministre jouer un rôle non négligeable. L'orléanisation de la Ve République ne se limite pas aux périodes de divergence des majorités présidentielle et parlementaire.

Les élections législatives de 2022 n'ont pas donné de majorité absolue au Président réélu. Quoique cela lui coûte, il devra composer. La monarchie absolue n'est plus de saison. Il lui faudra se soumettre à cette orléanisation ou alors finir par se démettre comme ce légitimiste de Mac Mahon.

Conclusion

On peut trouver des paradoxes dans notre histoire constitutionnelle : chacun sait que ce sont des rédacteurs monarchistes qui ont établi la Constitution républicaine la plus durable de notre histoire : la IIIe République. Est-il exagéré de relever que ce sont les auteurs républicains de la Constitution de 1958 qui sont à l'origine de la Constitution monarchique la plus longuement appliquée en France ? Certains vont le penser. Dans quelle autre république aurait-on pu relater le mandat d'un Chef d'État sous la forme d'une chronique inspirée du temps de Louis XIV ? Quel candidat aurait osé utiliser comme symbole sur ses bulletins de vote, un soleil rayonnant très versaillais, comme le fit François Mitterrand en 1974 ? Quant au Président actuel, dans quelle autre république l'aurait-on comparé à Jupiter ? Il est vrai que Louis XIV lui-même fut figuré en Jupiter. Mais aujourd'hui, ce n'est plus guère d'actualité.

Sujet : Comment pourrait-on modifier la Constitution de la Ve ?

Approche générale du sujet

S'interroger sur les modifications possibles de la Constitution de la Ve République, c'est faire de la « Constitution fiction » comme il existe de la politique-fiction et plus généralement de la fiction. Cela ouvre au rédacteur d'une telle dissertation de nombreuses possibilités : au sens de l'article 89, sauf la forme républicaine de gouvernement, tout peut être modifié dans la Constitution. Pour suggérer des modifications deux préalables sont cependant nécessaires : connaître le texte constitutionnel et avoir réfléchi à ce qui pourrait être amélioré. Le sujet ne porte pas seulement sur les modifications pouvant être apportées. Il exige aussi de s'interroger sur la procédure de révision. On doit se référer à l'article 89 tout en n'oubliant pas que s'il permet deux méthodes l'une des deux est bien plus souvent utilisée. En outre, la plus importante des révisions n'a pas été opérée par ce processus mais en application de l'article 11 portant sur le référendum. En définitive, on a ici un sujet qui permet de balayer assez largement la matière.

Proposition de plan

Introduction

La loi constitutionnelle du 23 juillet 2008 est la dernière révision qui a été apportée au texte constitutionnel. Elle a porté sur près d'une cinquantaine d'articles de notre Loi fondamentale. Il s'agissait de la 24e révision du texte. Ce rappel liminaire pourrait conduire à considérer qu'il est urgent de s'en tenir là et qu'il n'y a pas de raisons vraiment sérieuses de vouloir apporter de nouveaux changements à notre cadre constitutionnel. Il peut paraître souhaitable de faire une pause en la matière. Est-on sûr d'avoir tiré toutes les potentialités offertes par la dernière révision qui a modifié tant d'articles ? Le Président Hollande a, malgré lui, laissé le texte stable du début à la fin de son quinquennat.

Son successeur a la volonté d'apporter des changements dans le fonctionnement des institutions. Tous ne passent pas par le changement constitutionnel et peuvent intervenir par le biais d'une loi : on peut réduire le nombre de parlementaires sans modifier la Constitution qui se contente de mettre un plafond. D'autres changements exigeraient incontestablement le recours à la révision de la Constitution comme la suppression de la Cour de justice de la République ou l'abandon de la nomination à vie des anciens Présidents de la République au Conseil constitutionnel.

Cette volonté de changement relance le débat sur la révision constitutionnelle et cela à deux titres. D'une part, on peut s'interroger sur le contenu de la révision : sur quelles questions pourraient porter les modifications ? D'autre part se pose la question des modalités de cette éventuelle révision. Sur ces deux questions, on peut considérer que les choses sont assez ouvertes.

Annonce de plan

En effet, les modifications qu'on pourrait apporter à la Constitution pourraient être plus ou moins amples (I) et ne pas être réalisées selon les modalités suivies dans la quasi-totalité des cas de révision engagés depuis 1958, c'est-à-dire la voie parlementaire (II).

Développement

I. Les modifications qu'on pourrait apporter à la Constitution de la Ve République pourraient être plus ou moins amples

Le changement constitutionnel est un exercice connu depuis 1958. Comme on l'a rappelé en introduction, il a été fréquemment utilisé et plus de la moitié des articles de la Constitution ont été changés. Ces modifications n'ont pas toutes la même portée ; le changement peut avoir une importance plus ou moins grande.

A. Les modifications pourraient être d'une ampleur modeste

La Constitution est une loi. Elle contient des dispositions qui sont appliquées depuis plusieurs décennies. Comme tout texte, il peut être jugé utile de lui apporter des amendements, de procéder à des ajustements que l'expérience, la pratique, quelquefois les circonstances, suggèrent. On peut avoir en 2019 des préoccupations différentes de celles de 1958.

Lorsqu'on balaie l'ensemble du texte actuel, on peut déterminer des sujets qui pourraient être l'objet de modifications : l'article 4 qui évoque les partis pourrait être complété en vue d'assurer un contrôle plus complet, les conditions de présentation des candidats à la présidentielle pourraient être précisées à l'article 5 pour régler notamment les modalités du parrainage, le pouvoir de nomination du Président évoqué à l'article 13 pourrait être clarifié, le droit de grâce de l'article 17 pourrait être ajouté aux actes dispensés du contreseing, la composition du Gouvernement pourrait être encadrée en plafonnant le nombre de ministres ou en exigeant la parité, le retour automatique des ministres au Parlement pourrait être remis en cause (art. 25), le domaine de la loi évoqué à l'article 34 pourrait être complété en y intégrant de nouveaux sujets, le droit d'amendement évoqué aux articles 44 et 40 pourrait être modifié, la composition du Conseil constitutionnel abordée à l'article 56 pourrait être modifiée et précisée en ajoutant des exigences pour en être membre, le titre XII consacré aux collectivités territoriales pourrait être simplifié...

Les mesures envisagées par le Gouvernement Philippe semblaient se situer dans cette catégorie. Il s'agirait de supprimer la Cour de justice de la République et la nomination des anciens Présidents au sein du Conseil constitutionnel ; une référence au changement climatique serait introduite et le Conseil économique, social et environnemental aurait un rôle modifié, la durée de l'examen des textes financiers serait modifiée, une différenciation entre les territoires serait permise, une allusion à la Corse serait introduite. Certains changements évoqués pourraient ou non figurer dans la Constitution : définition du mode de scrutin, nombre exact de parlementaires, modalités d'exercice du droit d'amendement...

B. La Ve République pourrait être l'objet de modifications plus substantielles

Les changements apportés au texte constitutionnel pourraient être d'une autre nature et apporter des modifications plus radicales. Cela pourrait porter sur la désignation et le rôle des pouvoirs publics. S'agissant du Président, le changement serait de revenir non pas sur la désignation au suffrage universel mais sur la durée de son mandat ; on pourrait confier au Chef de l'État des compétences déterminées de façon plus précise. Quant au Parlement, une modification significative serait d'introduire l'élection à la proportionnelle. La simultanéité des élections présidentielles et législatives pourrait, comme aux États-Unis, être prévue, ce qui condamnerait la dissolution. Les rapports entre pouvoirs publics pourraient être l'objet de modifications : l'article 49-3 pourrait être supprimé. L'ordre du jour pourrait être effectivement confié au Parlement ; le contrôle parlementaire sur les lois de finances pourrait être accru. Les droits des citoyens pourraient être augmentés par le développement de la démocratie directe avec par exemple une initiative populaire ouverte assez facilement comme en Italie voire l'introduction d'une possibilité de renvoi des élus. La place des collectivités territoriales pourrait être plus significativement développée en allant vers un schéma fédéral. Les conditions de modification de la Constitution pourraient être ajustées en évitant qu'une seule des deux Chambres puisse empêcher toute révision comme c'est le cas actuellement compte tenu de la rédaction de l'article 89.

Les modifications substantielles qui pourraient être faites à la Constitution entraîneraient des conséquences importantes. Revoir les rôles respectifs du Président, du Gouvernement et du Parlement, cela pourrait faire aller le régime vers un système présidentiel ou parlementaire plus classique. La fédéralisation pourrait être envisagée. Même si formellement on resterait dans un cadre établi à partir de 1958, on pourrait considérer que l'on se dirige ainsi vers une sixième République.

Transition Qu'on aille vers une réforme d'ampleur ou une révision plus technique, un changement conséquent ou une « réformette » se pose la question des modalités de cette modification. Comment faire passer ces changements ? Plusieurs réponses sont possibles.

II. Les modifications pourraient être réalisées sans suivre la voie parlementaire retenue pour la quasi-totalité des révisions opérées depuis 1958

A. Des modifications constitutionnelles par la voie parlementaire presque toujours suivie

Le dernier titre de la Constitution, le titre XVI De la révision avec son unique article, l'article 89, évoque une procédure pouvant être suivie pour modifier la Constitution. Selon ce dispositif, la révision constitutionnelle exige une initiative émanant soit du Président de la République sur proposition du Premier ministre, soit des membres du Parlement. Elle doit ensuite être votée en termes identiques par les deux assemblées. Enfin, par dérogation à la règle de principe selon laquelle il faudrait pour ratifier la révision le vote du Peuple, le Président de la République peut convoquer le Congrès réunissant les parlementaires des deux chambres qui trancheront à la majorité des trois cinquièmes.
Cette voie parlementaire de la révision a beau être dérogatoire, elle a été utilisée pour pratiquement toutes les révisions constitutionnelles opérées depuis 1958 ; 22 des 24 révisions ont été opérées de cette façon. Cette procédure a été suivie pour l'élargissement de la saisine du Conseil constitutionnel, les modifications constitutionnelles nécessaires à la ratification des traités de Maastricht et de Lisbonne sur l'Union européenne ; il en a été de même pour l'ajout de la Charte de l'environnement ou bien encore l'exigence de la parité entre les hommes et les femmes. Des sujets fort divers et d'une certaine importance ont été traités par cette procédure qui donne la voie décisive pour changer la Loi fondamentale initialement adoptée par référendum aux représentants de la nation. La procédure parlementaire est devenue d'une certaine façon la procédure de droit commun, la pratique habituelle, pour le changement des dispositions de la Constitution.

B. Des révisions constitutionnelles tranchées par le Peuple

L'usage fréquent de la voie parlementaire pour la révision constitutionnelle ne doit pas faire oublier non seulement que ce n'est pas la seule méthode possible pour changer la Constitution mais encore qu'elle est en principe dérogatoire. L'article 89 en effet indique que « la révision est définitive après avoir été approuvée par référendum ». La réunion du Congrès n'est possible que si le texte émane de l'exécutif et si en outre le Président le décide. La révision devrait être plutôt opérée via un référendum, ce d'autant plus que le texte a été accepté en 1958 à la suite d'un référendum.
Pourtant, une seule révision a été réalisée selon cette procédure : en octobre 2000, lorsqu'il a été décidé de réduire le mandat présidentiel à cinq ans.
On doit ajouter ici que l'article 11 qui porte sur le référendum a été utilisé pour modifier la Constitution. Selon cet article, le Président de la République « sur proposition du Gouvernement pendant la durée des sessions… peut soumettre au référendum tout projet de loi portant sur l'organisation des pouvoirs publics… ». Se fondant sur cette disposition, le général de Gaulle a, sur les propositions du Gouvernement en 1962 puis en 1969, soumis au référendum deux textes de révision de la Constitution, le premier en vue d'établir l'élection du Chef de l'État au suffrage universel direct, le second réformant les articles portant sur le Sénat et instaurant des régions. Il s'agissait selon lui de projets portant sur l'organisation des pouvoirs publics. Cette argumentation a été critiquée, la Constitution ayant consacré un titre à la procédure de révision, il n'y avait pas à invoquer d'autres articles pour modifier la Constitution. Cela rappelé, la première réforme a bien été acceptée tandis que la seconde ne l'a pas été. Depuis 1962, l'élection présidentielle s'est toujours déroulée selon la procédure établie à la suite du référendum organisé conformément à l'article 11. Cette procédure avait permis de dépasser la probable obstruction du Parlement à cette révision. Le Sénat n'aurait certainement pas voté le projet de révision. On a en tout cas avec le recours à l'article 11 une révision réalisée sans l'intervention des Chambres.
La Constitution ne fait pas de distinction entre les révisions. Elle n'établit pas de gradation portant sur l'importance du sujet traité qui déboucherait sur le recours à une révision par la voie parlementaire ou par l'appel au référendum. On peut comprendre que des dispositions techniques ajoutées à la Loi fondamentale ne fassent pas l'objet d'une consultation de l'universalité du suffrage. On peut en revanche regretter que le Peuple n'ait pratiquement pas son mot à dire à propos du texte juridique qui s'impose à tous les autres. La voie référendaire pour changer la Constitution ne devrait pas être une hypothèse théorique.

Conclusion

L'avenir n'est écrit nulle part. Pas plus celui des institutions que celui de quiconque. Le réformisme constitutionnel est un trait de notre histoire qu'on ait voulu changer la Constitution totalement ou partiellement. Cela s'est accéléré à partir des années 1970. La tentation est grande pour les dirigeants de vouloir apporter leur marque. Effectivement, tout texte peut être amélioré, mais ne devrait-on avoir une main plus tremblante avant de modifier notre Constitution ?

Projets de réforme institutionnelle (présidence Emmanuel Macron)

Le Président de la République Emmanuel Macron, à la suite de son élection en 2017, avait souhaité que différentes règles relatives aux institutions soient modifiées. Il avait exprimé cette intention pendant la campagne et avait réitéré à plusieurs reprises ce projet. Dès le printemps 2018, plusieurs mesures avaient été évoquées ; à la suite du débat national organisé au début 2019, le Président avait à nouveau suggéré des modifications portant notamment sur les modalités d'engagement du référendum d'initiative partagé.

Les réformes auraient dû porter sur divers points et figurer soit dans la loi constitutionnelle, soit la loi organique, soit la loi ordinaire.

- Des modifications constitutionnelles auraient été nécessaires pour remettre en cause l'appartenance des anciens Présidents de la République au Conseil constitutionnel. Il en aurait été de même pour l'abaissement du nombre de députés ou sénateurs auteurs d'une saisine du Conseil constitutionnel. La suppression de la Cour de justice de la République imposerait une révision constitutionnelle. Une modification du Conseil économique social et environnemental exigerait aussi une révision. Il en irait de même pour modifier le rôle du Conseil supérieur de la magistrature dans le processus de nomination des membres du parquet. Un droit à la différenciation entre les collectivités territoriales passerait également sans doute par une disposition constitutionnelle. Un des points les plus significatifs de la révision aurait dû porter sur la procédure législative avec non seulement des modifications sur la durée d'examen des projets de loi de finances mais sur de façon générale la procédure d'adoption des lois (encadrement du droit d'amendement, modalités des navettes parlementaires et réunions des commissions mixtes paritaires). Les conditions essentielles du recours au référendum d'initiative partagée résultent de la Constitution et n'auraient pu être revues sans modifications constitutionnelles.
- Des ajouts à la Constitution auraient pu être faits avec l'inscription d'une référence au caractère spécifique de la Corse. Il s'agirait aussi de se référer au réchauffement climatique et au service national universel dans le texte de la Constitution.
- Pour d'autres modifications, le vote d'une loi organique voire ordinaire suffirait. La Constitution fixe le plafond du nombre de parlementaires. La loi organique suffit pour déterminer le nombre exact de députés ou de sénateurs au-dessous de ce plafond. Une disposition organique paraît également suffisante pour établir un plafonnement du nombre de mandats des parlementaires dans le temps. La modification du mode de scrutin permettant de désigner les députés – il y aurait désignation à la proportionnelle d'une partie des députés – passerait par une loi ordinaire.

Le contenu du projet aurait pu évoluer mais il a été de fait abandonné. L'exécutif n'a pas en effet été en mesure de réunir au sein du Parlement les conditions d'une adhésion à son projet.

À défaut d'une révision d'ampleur de la Constitution, le Gouvernement s'était replié sur un projet plus modeste visant à intégrer dans la Loi fondamentale une des propositions de la convention citoyenne pour le climat. Il s'agirait d'insérer à l'article 1er le principe selon lequel la France « garantit la préservation de l'environnement et de la diversité biologique et lutte contre le dérèglement climatique » et de compléter ainsi ce qui figure dans la charte de l'environnement de 2005. Si les députés ont accepté de voter cette modification, les sénateurs ont modifié en mai 2021 la rédaction proposée, bloquant la révision qui exige un vote en termes identiques selon l'article 89 de la Constitution.
Au début 2023, de nouvelles réflexions portant sur d'éventuelles évolutions institutionnelles sont évoquées par la presse : retour au septennat, suppression des fonctions de Premier ministre, réduction du nombre de parlementaires, modification de l'organisation territoriales avec rapprochement région/département... Un an après les élections présidentielles et législatives de 2022, aucun projet précis n'est disponible. Quelques remarques peuvent seulement être faites ici. Parmi les évolutions institutionnelles évoquées, toutes ne nécessitent pas une modification constitutionnelle : c'est notamment le cas pour la loi électorale désignant les parlementaires, le nombre de parlementaires et certains aspects de l'organisation territoriale. La composition actuelle de l'Assemblée nationale, fragmentée entre de très nombreux groupes parlementaires, n'est guère favorable non seulement à l'adoption d'un texte visant à réformer la Constitution, mais encore à sa ratification par le Congrès. Si tous les parlementaires votent, il faut atteindre 539 voix favorables à une révision constitutionnelle. On peut ajouter que le Sénat qui dispose ici d'un pouvoir de blocage mettra des exigences en cas de projet de révision constitutionnelle. En l'état actuel des choses, on peut s'interroger sur la probabilité rapide d'une réforme constitutionnelle : comment cela serait-il possible avec 251 députés proches du Président en 2022 alors que cela n'a pas été fait lorsqu'il y avait une majorité présidentielle de 351 députés dans l'Assemblée élue en 2017 ?

Commentaire

« J'assume totalement "la verticalité" du pouvoir qui croise l'horizontalité de l'action politique ». E. Macron, *Nouvelle revue française*, avril 2018.

Approche générale du sujet

Le rôle joué par le Président de la République depuis 1958 est l'objet de multiples commentaires. La place particulière du Chef de l'État est certainement une des « marques de fabrique » du régime établi après la IVe République. Le dernier Président élu a été amené à donner sa vision des choses et la formule donnée dans le sujet résume sa position. La formulation retenue est contemporaine ; on imagine mal, ou le général de Gaulle, ou Michel Debré parler en termes géométriques et faire allusion à la verticalité du pouvoir ou à l'horizontalité de l'action. Cela n'enlève rien à l'intérêt du sujet. Ce que dit l'actuel Chef de l'État de la situation présidentielle sous la Ve République s'insère dans les observations que l'on peut avoir sur le rôle du Président.
Ce qu'il va falloir faire ici, c'est d'une part replacer l'affirmation d'Emmanuel Macron dans le contexte général applicable aux Chefs de l'État depuis 1958 et d'autre part la confronter à la situation actuelle.

On doit pour traiter ce sujet, outre une bonne connaissance des textes constitutionnels, avoir une idée précise de la place des Présidents dans nos institutions. Il faut être capable d'apprécier les variations qui ont pu intervenir jusqu'à la période la plus récente. Pour engager la réflexion, il ne sera pas forcément inutile de s'interroger sur deux points : la citation à commenter aurait-elle pu être prononcée par un autre Président ? Son auteur pourrait-il dire la même chose aujourd'hui ?

Proposition de plan

Introduction

En quoi consiste l'exercice du pouvoir sous la Ve République ? Le fondateur du nouveau régime, le général de Gaulle, a assurément souhaité modifier la donne par rapport aux républiques précédentes. Il a voulu que le Chef de l'État occupe une position centrale ; dès 1958, son garde des sceaux, Michel Debré, en présentant la nouvelle Constitution au Conseil d'État, n'en parlait-il pas comme de la « clef de voûte de nos institutions » ?

Le huitième Président de la Ve République déclarait dans la Nouvelle revue française d'avril 2018, un après son élection, dans un style contemporain, qu'il « assume totalement la verticalité du pouvoir qui croise l'horizontalité de l'action publique ». Par cette formule, il détermine la place qu'il souhaite occuper au sein de nos institutions. Pour résumer, il s'agit de la première. Il sous-entend également que ses prédécesseurs avaient plus de mal à accepter cette place. Lui « assume » alors qu'auparavant, c'était plus incertain.

Ce n'est pas la première fois qu'un dirigeant prétend changer les choses par rapport à ses devanciers. Le changement est un leitmotiv. On pourrait aussi faire allusion à un souci de restauration, restauration de l'autorité de l'État. « Emmanuel Macron a restauré l'image du Président de la République » déclarait Jean-Louis Debré, fils d'un des fondateurs de la Ve et lui-même ancien président de l'Assemblée nationale.

L'affirmation de la primauté présidentielle n'est cependant pas une spécificité de l'actuelle présidence. La centralité du rôle du Chef de l'État a été au contraire sans doute une des principales caractéristiques du régime établi en France depuis à présent plus de soixante ans. Mais cette primauté n'est-elle pas cependant mise à mal depuis quelque temps ? Au-delà des formules et de la communication, la présidence de la République n'est-elle pas fragilisée ?

Annonce de plan

Si le Président Macron revendique une primauté présidentielle qui a été en réalité une tendance lourde de la Ve République (I), l'excessive concentration des pouvoirs dans la personne du Président est critiquable et débouche sur une fragilisation de la fonction présidentielle (II).

Développements

I. Une revendication de la primauté présidentielle en réalité tendance lourde de la Ve République

A. Revendiquer la primauté présidentielle : assumer verticalité du pouvoir et horizontalité de l'action politique

L'intervention d'Emmanuel Macron dans la Nouvelle revue française se situe pratiquement une année après son élection à la présidence de la République. Il fait allusion à la verticalité de son pouvoir. Parler de verticalité, c'est exprimer la primauté du Chef de l'État. C'est le faire cependant en signifiant que dans la géométrie des institutions le Président est fort au-dessus des autres organes. À l'instar de ce que l'on pourrait constater dans le régime russe depuis l'avènement de Vladimir Poutine. Faire allusion à l'horizontalité de l'action politique, c'est signifier qu'au-delà des grandes lignes qui sont définies, des mesures doivent être prises : décider puis mettre en œuvre. Pour citer la Constitution, on doit se référer non seulement à l'article 5 de la Constitution et à la pratique qui en a été faite – le Président est bien plus qu'un simple arbitre, il est celui qui détermine les grandes lignes de l'action – mais aussi à l'article 20 en principe destiné à définir l'action gouvernementale mais qui en réalité définit le rôle d'un Président qui « détermine et conduit la politique de la Nation ».

Nul ne doute qu'Emmanuel Macron n'ambitionne d'exercer ce double rôle. Celui qui a donné son nom à une loi sous le quinquennat Hollande continue de vouloir intervenir dans le détail des textes. La pression mise par le Président sur ses ministres est grande. Dans le pouvoir de nomination qu'il détient de l'article 13 de la Constitution, il est attentif à chacune d'entre elles, retardant quelquefois la décision, au risque de laisser durablement un poste vacant.

B. Une tendance lourde de la Ve République : l'ampleur du rôle du Président

Même si le vocabulaire était différent – on évoquera une « clef de voûte » ou parlera de « présidentialisation » voire « d'hyperprésidence » – et qu'on a pu connaître de temps en temps des éclipses par rapport à ce mouvement – les cohabitations répétées entre 1986 et 2002 –, il est clair que la tendance lourde sous la Ve République est de voir le Président occuper une place centrale et cumuler des prérogatives qui lui donnent une place unique au sein des démocraties contemporaines.

Cela a été inauguré par le fondateur du régime avec le plein accord de ses chefs de gouvernement, Michel Debré, Georges Pompidou et Maurice Couve de Murville. Le Président, clef de voûte des institutions, a un rôle bien plus large que celui que lui donnerait le titre II de la Constitution. Il détermine les grandes lignes des politiques sachant que certaines d'entre elles sont entièrement déterminées sous son autorité, le domaine réservé évoqué par Jacques Chaban Delmas. Les successeurs de de Gaulle et Pompidou n'ont jamais remis en cause cette pratique des institutions. Ils ont confirmé les choses et pérennisé la tendance. Nul n'a vraiment douté de la verticalité du pouvoir sous un Giscard ou un Mitterrand qui n'avaient pourtant pas été d'inconditionnels soutiens du pouvoir gaulliste. Jacques Chirac ne quitte-t-il pas ses fonctions en 1976 parce qu'il est un « second » dans le fonctionnement des institutions ? La tendance ne va pas s'inverser loin de là au fur et à mesure du temps. Les Présidents tendent à agir en lieu et place des gouvernements, l'horizontalité de la politique est également entre leurs mains. Dès le septennat Giscard, cette pratique se développe et ni Mitterrand, ni Chirac n'y renoncent de plein gré : ce sont les cohabitations qui les éloignent provisoirement de ce cumul. Avec le quinquennat, la tendance se renforce ; les Présidents se veulent omnipotents, Président et gouvernement à la fois. C'est tout à fait clair avec l'« hyperprésidence » de Nicolas Sarkozy. Si François Hollande a semblé prendre le contre-pied en se voulant un « Président normal », il n'a en réalité nullement agi dans une logique inverse à celle de son prédécesseur. Le choix de son Premier ministre illustre qu'il entendait bien en 2012 avoir la même position que celles de ses prédécesseurs.

Transition Pour paraphraser une formule chiraquienne, les « Présidents décident, les collaborateurs exécutent » ; il est un peu présomptueux de considérer que les choses ont changé en 2017. Pour autant, cette primauté présidentielle va-t-elle durer ? N'est-elle pas de plus en plus l'objet de questions voire de contestations ?

II. Une concentration critiquable des pouvoirs débouchant sur une fragilisation de la fonction présidentielle

A. Une concentration critiquable des pouvoirs dans les mains du Président

La critique de la concentration des pouvoirs entre les mains du Président de la République est ancienne. Elle remonte pour ainsi dire aux débuts du régime ; elle émanait autant du personnel de la IVe République que d'observateurs assez divers qui s'interrogeaient sur le caractère républicain d'un tel système. *Le Coup d'État permanent* de Mitterrand est sans doute l'œuvre la plus célèbre dénonçant dès ce moment l'évolution du régime. Mais les critiques ne datent pas que de cette époque. La tendance de chaque Président, y compris ceux qui comme Mitterrand dénonçaient ces pratiques, à concentrer l'essentiel du pouvoir, a alimenté de nombreuses critiques. Critique juridique fondée sur la distance par rapport aux textes qui ne confient assurément pas au Président des pouvoirs si étendus. Critique sur la légitimité d'une telle pratique alors que les Présidents élus rassemblent au premier tour des présidentielles de moins en moins de voix. Critique citoyenne avec des mouvements de fond hostiles à ce fonctionnement ignorant les attentes de la population. Les gilets jaunes portent ce profond reproche.

B. Une fragilisation de la fonction présidentielle

À trop vouloir concentrer le pouvoir, les Présidents ont fini par se fragiliser. Ils ont subi une première alerte avec les cohabitations : les électeurs ont à trois reprises en 1986, en 1993 et en 1997 décidé d'élire une majorité différente de celle du Président l'obligeant à « composer » avec la majorité parlementaire. La verticalité du pouvoir a été ainsi contestée. Les gouvernements ont récupéré alors l'essentiel des prérogatives politiques. Le quinquennat n'a nullement renversé les choses. Tout au contraire. Pressés par le mandat de seulement cinq ans, les Présidents sont devenus « Président-Premier ministre ». La verticalité du pouvoir n'a jamais été aussi frappante. Les nouveaux élus ont pu être grisés par cette situation où au fond le Premier ministre n'est qu'une espèce de collaborateur. Tout cela était pourtant très trompeur. Après quelques mesures spectaculaires prises dans les semaines qui suivent l'élection, des oppositions se développent ; des affaires mettent en cause l'un ou l'autre ; des manifestations se multiplient. L'impopularité présidentielle croît et ces Présidents soutenus au premier tour par 20 % des inscrits manquent de soutien ; leur légitimité est fragile. Le Premier ministre ne peut leur servir de fusible. La présidence de la République est fragilisée. Giscard espérait réunir deux Français sur trois. Le Président élu en 2022 l'a été par un peu plus d'un Français sur trois. En outre, il n'a pas de majorité à l'Assemblée pour soutenir son action. Reste seulement la présidence de la parole.

Conclusion Le contraste s'accroît de plus en plus entre les premiers mois d'un mandat présidentiel et les années qui suivent.

Tout à l'euphorie d'une élection au suffrage universel direct, fort d'une pratique très favorable aux Chefs de l'État, fier d'avoir mené à bien telle ou telle réforme, le Président célébrait sa première année à l'Élysée d'une formule signifiant sa force. Jupiter gouverne la terre et le ciel : l'horizontalité et la verticalité.

Quelques mois plus tard, le tonnerre et la foudre peinaient à maîtriser la situation.

Il en était de même lors des mandats précédents. Les circonstances ont leur importance et peuvent expliquer l'impopularité des Chefs de l'État ; l'excessif pouvoir exercé par des Présidents bénéficiant d'une légitimité limitée peut aussi être à l'origine de ce rejet. Depuis l'instauration du quinquennat, les Présidents sont affaiblis, un phénomène marquant qui, jusqu'à 2022, les a empêchés d'être réélus. Ou alors de l'être sans avoir de majorité au Parlement. Être élu sans avoir de majorité à la Chambre, est-ce un succès ? On parlait de l'enfer de Matignon. On est peut-être en train de voir surgir l'enfer de l'Élysée : être réélu et ne pouvoir rien faire.

Questionnaire à choix multiples sur les thèmes du chapitre

(les réponses et explications figurent au dernier chapitre de l'ouvrage)

La réunion d'une session extraordinaire du Parlement

A – peut être demandée uniquement par le Premier ministre

B – peut être demandée uniquement par la majorité des membres composant l'Assemblée nationale

C – peut être demandée par le Premier ministre ou la majorité des membres composant l'Assemblée nationale

D – peut être demandée cumulativement par le Premier ministre et la majorité des membres de l'Assemblée nationale

Laquelle de ces affirmations est inexacte ?

A – les sessions extraordinaires portent sur un ordre du jour déterminé

B – les sessions extraordinaires sont ouvertes par décret du Président de la République

C – les sessions extraordinaires sont closes par décret du Premier ministre

D – les sessions extraordinaires sont closes par décret du Président de la République

L'initiative de la loi appartient

A – aux groupes parlementaires

B – aux commissions parlementaires

C – au Gouvernement

D – au Premier ministre et aux membres du Parlement

Le droit d'amendement

A – appartient au Premier ministre

B – appartient au Gouvernement et aux membres du Parlement

C – ne peut impliquer une augmentation des ressources publiques

D – est réservé aux membres du Parlement

La discussion en séance des projets de loi

A – porte en principe sur le texte adopté par la commission saisie

B – porte toujours sur le texte présenté par le Gouvernement

C – ne peut intervenir en principe qu'à l'expiration d'un délai d'un mois à compter de sa transmission

D – ne peut intervenir devant la seconde Assemblée qu'à l'expiration d'un délai de deux mois

La procédure dite du vote bloqué

A – est prévue par l'article 49-3

B – peut être mise en œuvre à la demande du Président de l'une ou l'autre Assemblée.

C – conduit à mettre fin au débat à l'issue d'une certaine durée
D – conduit l'Assemblée saisie à se prononcer par un seul vote sur tout ou partie du texte

Les lois organiques
A – sont adoptées en termes identiques par l'Assemblée nationale et le Sénat
B – sont adoptées à la majorité des membres composant chaque Assemblée
C – ne peuvent résulter que de projets
D – sont soumises au Conseil constitutionnel

L'ordre du jour
A – est librement fixé par le Gouvernement
B – est librement fixé par chaque Assemblée
C – est fixé par chaque Assemblée qui doit donner la priorité pour certains textes au Gouvernement
D – est fixé par le Gouvernement qui doit donner la priorité pour certains textes aux demandes des Assemblées

Laquelle de ces affirmations est juste ?
A – La motion de censure doit être signée par un vingtième des membres de l'Assemblée nationale
B – Le vote de la motion de censure ne peut avoir lieu que 24 heures après son dépôt
C – La désapprobation du programme ou d'une déclaration de politique générale ne peut être adoptée qu'à la majorité des membres composant l'Assemblée nationale
D – Une motion de censure est adoptée à la majorité des membres composant l'Assemblée nationale

Chapitre 11

La Ve République (IV)

Le pouvoir juridictionnel

L'autorité judiciaire, le Conseil constitutionnel

Dans ce dernier chapitre sont réunies des institutions assez différentes : les juridictions judiciaires et le Conseil constitutionnel. Les premières tranchent les litiges entre les personnes, le second interprète la Constitution. Les Constitutions successives que la France a connues n'ont pas toujours intégré des développements sur les juridictions – les lois constitutionnelles de 1875 sont muettes à ce sujet – tandis que le contrôle de constitutionnalité n'a été pleinement intégré à la Constitution qu'en 1958 – on avait certes un Sénat conservateur de la Constitution sous le Consulat mais qui intervint à peine ; quant au Comité constitutionnel créé en 1946, il ne peut être assimilé à une Cour constitutionnelle.
Les développements que consacre la Constitution de 1958 à ces deux institutions n'ont pas la même ampleur. À propos des juridictions judiciaires, elle pose des principes fondamentaux et évoque une instance, le Conseil supérieur de la magistrature, qui assiste le Président de la République. La composition et les différentes fonctions confiées au Conseil constitutionnel sont déterminées dans la Constitution. Il est logique que ces dispositions plus détaillées figurent dans la Loi fondamentale elle-même.

Section I. L'autorité judiciaire

Le titre VIII de la Constitution est entièrement consacré à l'autorité judiciaire. Le titre XI bis porte sur le défenseur des droits. Si l'on évoque dans cette même section, le défenseur des droits et l'autorité judiciaire, il ne faut pas en déduire que le premier fait partie de l'autorité judiciaire. Il a un rôle extrajudiciaire.
Le titre VIII évoque des grands principes et évoque certaines questions ayant trait aux membres des juridictions ; l'article 34 précise que la loi fixe les règles concernant le statut des magistrats.
La détermination des règles qu'appliquent les juridictions amène à se référer également à l'article 34. Il appartient en effet à la loi de fixer les règles concernant la nationalité, l'état et la capacité des personnes, les droits civiques et les garanties fondamentales accordées aux citoyens pour l'exercice des libertés publiques, les régimes matrimoniaux, les successions et les libéralités, la détermination des crimes et délits ainsi que les peines qui leur sont applicables, la procédure pénale, l'amnistie, la création de nouveaux ordres de juridiction.
Le texte de la Constitution ne contient que peu d'éléments relatifs à l'autorité judiciaire. On peut ajouter des éléments dans la déclaration des droits de l'homme et du citoyen de 1789. Les règles constitutionnelles déterminent les principes fondamentaux. La plupart des règles en la matière figurent dans la loi ordinaire ou la loi organique. Dans les enseignements de droit constitutionnel, il y aura peu de développements sur l'autorité judiciaire au-delà des règles fondamentales.

Article 66

« Nul ne peut être arbitrairement détenu.
L'autorité judiciaire, gardienne de la liberté individuelle, assure le respect de ce principe dans les conditions prévues par la loi ».

Un point qui retient l'attention est cette formule singulière d'*autorité* judiciaire et non pas de pouvoir judiciaire comme s'il fallait bien marquer la différence de situation par rapport aux deux autres pouvoirs. Les relations avec ces deux pouvoirs sont au demeurant complexes et si le titre sur l'autorité judiciaire existe depuis l'origine, il a été amendé à plusieurs reprises comme s'il était délicat de fixer les choses ; la présidence, la composition, le rôle du Conseil supérieur de la magistrature ont été modifiés.

Questions à réponse courte

Le Conseil supérieur de la magistrature

Instauré par la loi du 30 août 1883, le Conseil supérieur de la magistrature est devenu un organe constitutionnel avec la Constitution de 1946, ce qu'a confirmé le texte de 1958. De façon générale, l'article 64 dispose que le Président de la République, garant de l'indépendance de l'autorité judiciaire est « assisté par le Conseil supérieur de la magistrature ».

La composition et les fonctions du CSM sont déterminées par l'article 65 de la Constitution.

Le CSM comprend deux formations, l'une compétente à l'égard des magistrats du siège, l'autre à l'égard de ceux du parquet. L'une et l'autre formations sont composés de sept magistrats judiciaires et huit personnalités extérieures (Un conseiller d'État, un avocat, six personnalités qualifiées n'appartenant ni au Parlement, ni à l'ordre judiciaire, ni à l'ordre administratif). Une majorité des membres de ces formations n'appartient ainsi pas à la magistrature judiciaire. Jusque 2008, le CSM était présidé par le Chef de l'État. Il est à présent présidé en formation compétente pour le siège et en plénière par le premier président de la Cour de cassation et en formation pour le parquet par le procureur général près la Cour de cassation.

Le CSM intervient dans la procédure de nomination des magistrats. Pour le siège, la formation compétente propose des candidatures pour les nominations des magistrats les plus importants tandis que celles des autres doivent être faites sur son avis conforme. Pour le parquet, la formation compétente donne seulement en l'état actuel des règles son avis sur les nominations. Il est envisagé de modifier ce point.

Le CSM intervient également au plan disciplinaire avec une différenciation selon la catégorie de magistrats. La formation compétente statue comme conseil de discipline des magistrats du siège tandis que celle qui est compétente pour le parquet donne son avis sur les sanctions.

À ces fonctions essentielles du CSM, il faut ajouter une mission générale de veille déontologique qui le conduit à connaître des difficultés auxquelles se trouvent confrontés les juges. Enfin, depuis la réforme de 2008, le Conseil peut être saisi par tout justiciable à l'occasion d'une procédure judiciaire le concernant et lorsqu'une faute disciplinaire est susceptible d'avoir été commise par un magistrat dans l'exercice de ses fonctions.

Le défenseur des droits

C'est une autorité indépendante instaurée à la suite de la révision constitutionnelle du 23 juillet 2008 qui est l'objet du titre XI bis de la Constitution. Il remplace le médiateur de la République, la haute autorité de lutte contre les discriminations et pour l'égalité, la commission nationale de déontologie de la sécurité et le défenseur des enfants.

Il veille au respect des droits et libertés par les administrations de l'État, les collectivités territoriales, les services publics et tout organisme investi d'une mission de service public ; il veille également au respect des règles de bonne conduite des personnes exerçant une activité de sécurité, forces de l'ordre et agents privés ; il lutte contre les discriminations et défend les droits de l'enfant.

Le défenseur des droits peut être saisi par toute personne qui s'estime lésée par le fonctionnement d'une administration ou d'un organisme assimilé. Les victimes de discrimination, les personnes qui constatent une violation des règles de bonne conduite des agents chargés de la sécurité ou qui estiment que les droits de l'enfant ne sont pas respectés peuvent s'adresser à lui.
Le défenseur des droits est nommé par le Président de la République pour un mandat de six ans non renouvelable. Il est assisté par des collaborateurs et des délégués sur l'ensemble du territoire. Ces fonctions sont actuellement occupées par Mme Claire Hédon.

Section II. Le Conseil constitutionnel

La création d'une Cour constitutionnelle est une innovation de la Ve République. Les textes antérieurs avaient jusque-là pratiquement ignoré la justice constitutionnelle. Le seul organe permanent créé auparavant fut le Sénat conservateur du Consulat qui « maintient ou annule tous actes qui lui sont déférés comme inconstitutionnels par le Tribunat ou par le Gouvernement : les listes d'éligibles sont comprises dans ces actes » (art. 21 de la Constitution de l'an VIII). Il n'exerça pas vraiment ce rôle mais modifia par senatus-consultes la Constitution.
La création du Conseil constitutionnel mis en place en 1959 s'inscrit dans le mouvement visant à établir une garantie juridictionnelle des textes constitutionnels qui s'est développée après la seconde guerre mondiale. Plusieurs points peuvent ici retenir l'attention : la composition, les fonctions, la jurisprudence du Conseil constitutionnel.
Il est question de revenir sur la nomination à vie des anciens Présidents de la République au sein du Conseil constitutionnel et le nombre de députés ou sénateurs pouvant saisir le Conseil.

A. La composition du Conseil constitutionnel

Composition du Conseil constitutionnel au 1er juin 2023
Laurent Fabius, président, nommé en 2016 par le Président de la République (ENS, IEP Paris, agrégation de lettres modernes, ENA)
Véronique Malbec, nommée par le Président de l'Assemblée nationale en 2022 (Maîtrise de droit privé, ENM)
Jacqueline Gourault, nommée par le Président de la République en 2022 (licence d'histoire-géographie)
Michel Pinault, nommé par le Président du Sénat en 2016 (HEC, licence de droit, ENA)
Corinne Luquiens, nommée par le Président de l'Assemblée nationale en 2016 (IEP Paris, DES de droit public)
François Seners, nommé par le Président du Sénat en 2022 (IEP Strasbourg, ENA)
Jacques Mezard, nommé par le Président de la République en 2019 (DES de droit, CAPA)
François Pillet, nommé par le Président du Sénat en 2019 (CAPA)
Alain Juppé, nommé par le Président de l'Assemblée nationale en 2019 (ENS, IEP Paris, agrégation de lettres classiques, ENA)
Aucun ancien Président de la République ne siège actuellement.

Question à réponse courte

Les membres du Conseil constitutionnel

La composition du Conseil constitutionnel est fixée par l'article 56 de la Constitution qui distingue deux catégories de membres : neuf membres désignés pour neuf ans par le Président de la République, le Président du Sénat et le Président de l'Assemblée

nationale, chacun en nommant trois ; les anciens Présidents de la République à vie. Les membres nommés ne peuvent l'être qu'après avis des commissions permanentes compétentes des Chambres. Le Président du Conseil constitutionnel est nommé par le Président de la République parmi les membres du Conseil constitutionnel.
L'article 57 précise que les membres du Conseil constitutionnel ne peuvent être membres du Gouvernement ou parlementaires. Une loi organique complète le régime des incompatibilités. Plus rigoureux que celui applicables aux députés et sénateurs, ce dispositif exclut pratiquement toute autre activité professionnelle et l'exercice de mandats électoraux. Les membres du Conseil sont tenus à l'obligation de réserve.
Les membres du Conseil constitutionnel sont souvent issus des mondes politique et administratif.

Dissertation

Sujet : La composition du Conseil constitutionnel est-elle adéquate ?

Approche générale du sujet

La composition d'une Cour constitutionnelle est une question à débat, aussi bien dans les règles applicables que dans la manière dont les choix des membres sont faits. Pour répondre à l'interrogation du sujet, il est nécessaire de connaître les règles de nomination applicables en France et dans d'autres pays. Il appartient ensuite à chacun de prendre position en apportant les arguments pertinents.

Proposition de plan

Introduction

Les cours constitutionnelles, le Conseil constitutionnel en France, ont acquis d'importantes prérogatives ; elles ont une grande influence sur le fonctionnement des institutions et sur le droit applicable.
Le Conseil constitutionnel contrôle certaines élections et il peut être amené à annuler l'élection d'un député. Son rôle le plus connu et le plus grand est de se prononcer sur la conformité des lois à la Constitution. Il peut les déclarer contraires à la loi constitutionnelle, censurant ainsi un acte adopté à la majorité par le Parlement. La volonté générale est battue en brèche par un organe constitutionnel instauré de façon quasi inédite dans la Constitution de la Ve République. Mais pour reprendre une formule du Conseil constitutionnel dans une décision de 1985 « la loi… n'exprime la volonté générale que dans le respect de la Constitution ».
Qui sont les membres de cette instance qui a autant de pouvoir ? Comment sont-ils désignés ? On n'a pas en France la même attention pour ces questions qu'aux États-Unis lorsqu'on aborde la composition de la Cour suprême. La nomination d'un membre de la Cour suprême est un sujet à fort enjeu. Quelle personne nommera le Président des États-Unis ? L'enjeu est important dans un système fédéral où, en outre, les juges suprêmes sont nommés à vie. Quelle est la majorité au sein de la Cour ? Comment la jurisprudence va-t-elle évoluer sur les questions d'armes à feu, d'avortement ?…

Des membres du Conseil constitutionnel sont nommés mais s'ajoutent à eux des membres de droit, les anciens Présidents de la République.
Cette composition soulève des questions et même des critiques. Elle n'a pourtant guère été modifiée depuis 1958 alors qu'il y aurait moyen de dépasser ces reproches.

Annonce de plan

En effet, la composition du Conseil constitutionnel réunissant des membres nommés et les anciens Présidents de la République se singularise par rapport aux autres cours constitutionnelles (I) pourrait être utilement modifiée en réformant les conditions de nomination et en supprimant la catégorie des membres de droit (II).

Développement

I. La composition du Conseil constitutionnel réunissant des membres nommés et les anciens Chefs d'État se singularise par rapport aux autres cours constitutionnelles

A. La réunion de membres nommés et des anciens Présidents de la République

Le Conseil constitutionnel comprend en application de l'article 56 de la Constitution à la fois des membres désignés et des membres de droit.
Le Président de la République, le Président du Sénat et le Président de l'Assemblée nationale désignent chacun trois membres. Ces nominations sont faites tous les trois ans par tiers pour un mandat non renouvelable de neuf ans. Il n'y a, selon les textes, aucune condition particulière à remplir pour exercer cette fonction.
Les anciens Présidents de la République font partie à vie du Conseil. Cette seconde catégorie a été établie pour permettre aux anciens Chefs d'État d'avoir un statut. Le nombre de personnalités appartenant à cette seconde catégorie a crû au cours de ces dernières années compte tenu du raccourcissement de la durée du mandat présidentiel et du non-renouvellement des candidats sortants.

B. Une composition singulière par rapport aux autres cours constitutionnelles

Le système français de désignation se singularise à plusieurs titres par rapport à celui utilisé pour d'autres cours constitutionnelles.
1° Les autres cours constitutionnelles n'accordent aucune place aux anciens Chefs d'État. Ils ne sont pas exclus en tant que tels mais on ne prévoit pas cette appartenance d'anciens dirigeants. Lorsqu'un pays décide d'accorder une situation particulière à un ancien dirigeant, il lui accorde par exemple comme en Italie un mandat de sénateur à vie.
2° Les nominations peuvent être faites par une personnalité mais celle-ci doit obtenir l'aval d'une autre instance. Aux États-Unis, le Président nomme les juges à la Cour suprême mais il ne peut le faire qu'avec l'accord du Sénat. Cette intervention du Sénat n'est pas une formalité. Le processus de contrôle peut être très long et aléatoire. Le Sénat a refusé environ un quart des propositions présidentielles. En Allemagne fédérale, les seize membres du tribunal constitutionnel de Karlsruhe sont choisis pour douze ans pour moitié par le Bundestag et pour moitié par le Bundesrat à la majorité de deux tiers. La majorité requise fait qu'il est nécessaire d'avoir un accord entre les grandes formations politiques. En Italie, les quinze membres de la Cour constitutionnelle sont désignés pour neuf ans ; un tiers par le Parlement en séance commune, un tiers par le Président de la République, un tiers par les magistratures suprêmes.
3° Une qualification juridique est exigée. On doit choisir les membres de ces cours parmi des personnalités ayant de telles formations. Ce choix parmi les membres des professions juridiques n'exclut pas que des considérations politiques interviennent mais il apparaît invraisemblable dans les différents pays de nommer comme juge constitutionnel une personne n'ayant pas fait d'études de droit.

Transition Cette comparaison avec les systèmes étrangers suggère d'apporter des changements sensibles au système français.

II. La composition pourrait être utilement modifiée en réformant les conditions de nomination et en supprimant la catégorie des membres de droit

A. La suppression de la catégorie des membres de droit

Permettre aux anciens Présidents de devenir membres à vie du Conseil constitutionnel est assurément la règle la plus étonnante. Comme on l'a dit, elle a été introduite en 1958 pour permettre aux anciens Chefs d'État, en l'occurrence il s'agissait des Présidents de la IVe République, d'avoir un statut. À l'époque, les anciens Chefs d'État ne bénéficiaient d'aucune facilité et le nouveau Président souhaitait sans doute marquer sa reconnaissance au Président Coty qui avait favorisé la transition entre les deux régimes.
Ces raisons circonstancielles n'ont guère de poids aujourd'hui. On a fait valoir que les anciens Présidents avaient une expérience des institutions qui pouvait être utile pour les travaux du Conseil. Bien d'autres personnalités gouvernementales ou parlementaires pourraient invoquer de mêmes qualités sans qu'on leur accorde un même droit. On pourrait ajouter qu'avec le raccourcissement du mandat présidentiel et le rejet des candidats sortants le nombre d'anciens Présidents augmente atteignant près de la moitié de celui des membres nommés, ce qui est considérable. On peut se demander si l'obligation de réserve qui s'impose aux membres du Conseil constitutionnel peut raisonnablement s'appliquer à d'anciens Chefs d'État.
Le maintien de membres de droit au sein du Conseil constitutionnel est une anomalie. D'ailleurs, dès 1993, le comité Vedel avait suggéré la suppression de cette disposition. Plus récemment en 2008, cette idée avait été évoquée mais non reprise dans la révision constitutionnelle. Il semble que le Président Sarkozy ne voulait pas suggérer une mesure qui aurait été interprétée comme une mauvaise manière contre ses prédécesseurs. Le Président Macron souhaitait revenir sur cette règle et la supprimer. Aucune modification n'a jusqu'à présent été apportée.

B. La réforme des conditions de nomination

Les règles applicables aux nominations de membres du Conseil constitutionnel ont été modifiées en 2008. Elles l'ont été à la marge.
Il n'a pas été décidé de supprimer la possibilité d'appartenir à vie au Conseil constitutionnel. En revanche, on a bien apporté quelques ajustements aux conditions de désignations des membres du Conseil. L'article 56 précise à la fin de son premier alinéa que « les nominations effectuées par le Président de chaque Assemblée sont soumises au seul avis de la commission permanente compétente de l'Assemblée concernée ». Pour les nominations par le Président de la République un avis public des commissions de chaque Assemblée est requis avec possibilité pour ces commissions à la majorité des trois cinquièmes de s'opposer au choix du Président.
Ces ajustements sont insuffisants. Les nominations restent entre les mains d'une seule personne : pour les nominations présidentielles, il est illusoire d'avoir une opposition réunissant les trois cinquièmes des commissions ; pour les nominations par les présidents de Chambre, les commissions ne donnent qu'un avis.
On n'a surtout ajouté aucune précision sur les capacités requises pour être désigné. Certes, une partie des membres sont des juristes, professeurs de droit, avocats, magistrats judiciaires... De nombreux membres du Conseil, y compris plusieurs présidents, n'ont pas eu de formation juridique. En revanche, beaucoup d'entre eux ont eu une carrière politique antérieure à leur nomination. Depuis l'origine, à peu près la moitié des membres ont été parlementaires. Les derniers présidents ont tous été ministres.
La diversité des itinéraires personnels peut être intéressante ; anciens gouvernants ou parlementaires peuvent apporter une expérience utile mais on ne peut faire abstraction de leurs orientations politiques ; la diversité des sujets abordés par le Conseil peut bénéficier des formations et parcours professionnels différents mais la technicité des problèmes juridiques exige une qualification adéquate.

Conclusion

La composition d'un organe aussi décisif qu'une Cour constitutionnelle est un sujet grave. Il est délicat de déterminer un dispositif qui donne pleinement satisfaction. On pourra lui reprocher son caractère trop politique, trop juridique, peu représentatif. L'équilibre est difficile à trouver et il dépend non seulement des règles applicables mais aussi de la manière dont elles sont mises en œuvre : quel va être le choix de ceux qui ont le pouvoir de désigner les juges constitutionnels ?
Le système français actuel soulève des interrogations, notamment avec les membres de droit qui représentent une proportion accrue du collège. La réforme de 2008 est insuffisante. Elle aurait pu mieux encadrer les nominations et introduire l'exigence d'une qualification juridique. C'est sans doute la nomination des anciens Présidents qui sera remise en cause.

B. Les compétences du Conseil constitutionnel

Questions à réponse courte

La question prioritaire de constitutionnalité

Il s'agit d'une nouvelle procédure introduite par la révision constitutionnelle du 23 juillet 2008 qui permet à un justiciable de contester la constitutionnalité d'une disposition législative à l'occasion d'un procès devant une juridiction administrative ou judiciaire lorsqu'il estime que cette disposition, applicable au procès, porte atteinte aux droits et libertés que la Constitution garantit. Ce nouveau dispositif dont le principe est posé à l'article 61-1 de la Constitution apporte deux changements majeurs dans le contrôle de constitutionnalité en France. Il élargit le droit de saisine qui n'est plus réservé qu'aux autorités politiques, Président de la République, Présidents des Chambres, Premier ministre, parlementaires mais accessible à tout justiciable. Il étend les possibilités de contrôle qui interviennent grâce à la QPC, non plus seulement *a priori*, mais *a posteriori*. Les textes déjà entrés en vigueur peuvent ainsi être l'objet d'un contrôle alors qu'auparavant ils ne pouvaient l'être qu'avant leur promulgation.
La QPC peut être posée au cours de tout litige devant un tribunal de l'ordre administratif ou judiciaire, à l'exception de la Cour d'assises. Mais elle n'est pas toujours transmise au Conseil constitutionnel. La juridiction saisie examine d'abord la demande au regard de trois critères : applicabilité de la disposition contestée au litige que doit trancher le juge ; déclaration de conformité déjà faite par le Conseil constitutionnel ; caractère sérieux de la question. Si le juge estime la question recevable, il la transmet au Conseil d'État ou à la Cour de cassation, selon le cas, qui a trois mois pour examiner l'affaire et décider de saisir ou non le Conseil constitutionnel qui, en définitive, tranchera. Il a trois mois pour le faire. Le procès pourra alors reprendre.
Entrée en vigueur en 2010, cette nouvelle procédure rencontre un grand succès, le Conseil constitutionnel a déjà prononcé plusieurs centaines de décisions en application de cette nouvelle saisine.

Les saisines du Conseil constitutionnel

En dehors des fonctions confiées au Conseil constitutionnel au plan électoral et des consultations dont il doit être l'objet lors de la mise en application de l'article 16, on peut distinguer dans le travail de contrôle de constitutionnalité des textes qu'il assure des saisines facultatives et obligatoires. Les lois organiques et le règlement de

chaque Chambre sont obligatoirement soumis au Conseil constitutionnel. C'est assez logique car ces textes complètent la Constitution, les premières en précisant certaines dispositions de la Constitution, les seconds en explicitant les règles de fonctionnement des Chambres.
L'intervention du Conseil constitutionnel est facultative dans les autres cas. La Constitution ayant distingué un domaine réservé à la loi de celui d'intervention des règlements, les éventuels empiétements du domaine du législateur sur le domaine réglementaire peuvent conduire à des saisines du Conseil constitutionnel : la saisine prévue à l'article 41 est destinée à prévenir l'empiétement de la loi sur le règlement tandis que celle résultant de l'article 37-2 est corrective, le Conseil se prononce sur le caractère réglementaire de certaines dispositions législatives qui pourront alors être modifiées par décret. Le contrôle des lois ordinaires est facultatif. Il ne peut être opéré que si le Président de la République, le Premier ministre, le Président de l'une ou l'autre Assemblée, soixante députés ou soixante sénateurs l'ont demandé, conformément à l'article 61-2, avant la promulgation de la loi. Ces mêmes personnalités peuvent, là aussi facultativement, saisir le Conseil constitutionnel d'un engagement international afin qu'il vérifie s'il contient une clause contraire à la Constitution (art. 54). Les justiciables peuvent depuis 2010 contester la constitutionnalité d'une disposition législative applicable à un procès, ce qui peut déboucher sur une décision du Conseil constitutionnel.

Les fonctions du Conseil constitutionnel

Le Conseil constitutionnel est appelé à contrôler la conformité de textes à la Constitution. Il est obligatoirement amené à le faire pour les règlements des Assemblées et les lois organiques. Il peut être appelé à procéder à un même contrôle sur les lois ordinaires (art. 61) et les engagements internationaux (art. 54). La saisine du Conseil constitutionnel peut être faite par le Président de la République, le Premier ministre, le Président de l'une ou l'autre Assemblée, soixante députés ou soixante sénateurs. Ce contrôle de conformité peut être également opéré sur les lois ordinaires lorsqu'un justiciable, à l'occasion d'un procès, conteste la régularité d'une disposition applicable au procès. La juridiction saisie peut, après vérification, transmettre la demande au Conseil d'État ou à la Cour de cassation, qui décidera ou non de la communiquer au Conseil constitutionnel (art. 61-1).
Le Conseil constitutionnel peut aussi être amené à se prononcer sur le respect du partage entre le domaine de la loi et celui du règlement, soit par la délégalisation d'une disposition réglementaire, soit en cas désaccord sur l'irrecevabilité (art. 37-2 et 41).
Le Conseil a reçu plusieurs compétences à propos de l'article 16 ; il est consulté lors de sa mise en œuvre et l'est aussi à propos des mesures prises dans ce cadre par le Président de la République. Il peut être saisi aux fins d'examiner si les conditions d'application de cet article sont toujours réunies.
Le Conseil constitutionnel remplit plusieurs missions au plan électoral. Il statue, en cas de contestation, sur la régularité de l'élection des députés et des sénateurs (art. 59). Il veille à la régularité des opérations de référendum et en proclame les résultats (art. 60). Son rôle est plus étendu pour les élections présidentielles car non seulement il veille à la régularité de l'élection mais examine et proclame les résultats du scrutin (art. 58). En outre, il constate la vacance de la Présidence de la République ou son empêchement. Il intervient en cas de décès ou d'empêchement de candidat à la présidentielle (art. 7). Si le nombre de décisions rendues par le Conseil constitutionnel à propos de textes normatifs ne cesse de s'accroître, notamment du fait du développement de la QPC, les attributions au plan électoral du Conseil l'occupent également beaucoup.

Dissertations

Sujet : Le Conseil constitutionnel contrôle-t-il toutes les lois ?

Approche générale du sujet

La réponse à la question posée est claire. Le Conseil n'examine qu'une partie des lois. Le devoir devra présenter l'étendue du contrôle opéré par le Conseil constitutionnel en évoquant les textes qu'il reçoit et ceux qui ne lui sont pas soumis. On pourra dans cette présentation s'interroger sur l'évolution des choses en se demandant comment le contrôle progresse du fait notamment des élargissements de saisine qui ont été décidés depuis l'origine de la Ve République.

Proposition de plan

Introduction

Longtemps étranger à la tradition constitutionnelle française, le contrôle de constitutionnalité est aujourd'hui reconnu et accepté. C'est un grand changement dans un pays pourtant longtemps dominé par le légicentrisme, dans un pays où l'on considérait qu'il était exclu de soumettre à un organe juridictionnel la loi, l'expression de la volonté générale, cet acte voté par le Parlement. L'organe créé à cet effet par la Constitution de 1958, le Conseil constitutionnel, a résumé cette transformation en considérant que la loi « est l'expression de la volonté générale dans le respect de la Constitution ».

Mais comment procède le Conseil constitutionnel qui est chargé de contrôler la conformité des lois à la Constitution ? Exerce-t-il un contrôle systématique des lois ? Veille-t-il à ce que toutes les lois aient été prises « dans le respect de la Constitution » ?

Certaines lois sont toujours examinées ; d'autres ne le sont jamais ; le contrôle du Conseil constitutionnel sur la loi ordinaire est certes facultatif mais il s'étend régulièrement.

Le contrôle de la loi par le Conseil constitutionnel n'est pas systématique mais il ne cesse de progresser.

Annonce de plan

S'il s'interdit de contrôler les lois référendaires et constitutionnelles mais est tenu d'examiner toutes les lois organiques (I), le Conseil constitutionnel peut, s'il est saisi, examiner les lois ordinaires, une hypothèse de plus en plus fréquente (II).

Développement

I. Le Conseil constitutionnel s'interdit de contrôler les lois référendaires et constitutionnelles mais est tenu d'examiner toutes les lois organiques

A. Le Conseil s'interdit d'examiner les lois référendaires et constitutionnelles

Dans la diversité des lois prises en France, deux catégories échappent au contrôle du contrôle du Conseil constitutionnel, les lois référendaires et les lois constitutionnelles.

Le Conseil constitutionnel, saisi par le Président du Sénat, de la loi relative à l'élection du Président de la République adoptée par référendum du 28 octobre 1962, s'est déclaré incompétent en considérant que l'article 61 ne visait pas les lois référendaires mais les lois adoptées par le Parlement. Il a confirmé cette jurisprudence affirmant son incompétence.
Le Conseil constitutionnel a adopté la même position par rapport aux lois constitutionnelles. Il a jugé en 2003 que l'article 61-2 portait exclusivement sur les lois ordinaires et non pas sur les lois de révision constitutionnelle visées à l'article 89 et cela quand bien même elles ont été adoptées par la procédure devant le Congrès.

B. Mais examine obligatoirement les lois organiques

À l'opposé de cette situation, les lois organiques sont obligatoirement soumises au Conseil constitutionnel. Selon l'article 46 in fine, elles ne « peuvent être promulguées qu'après déclaration par le Conseil constitutionnel de leur conformité à la Constitution ».
Cette formalité paraît logique dans la mesure où ces lois déterminent les modalités d'application de certains articles de la Constitution et il serait aberrant que par le biais d'un tel texte on contredise le contenu de la Constitution.
Les lois organiques sont soumises à la même obligation que le règlement des Assemblées qui lui aussi doit être soumis au Conseil constitutionnel. Même s'il est adopté par une Assemblée le règlement ne peut être assimilé à une loi n'étant pas voté par les deux Chambres et n'ayant pas un objet législatif.

Transition À côté de ces cas particuliers, quel contrôle est opéré par rapport aux lois ordinaires ?

II. Le Conseil constitutionnel peut, s'il est saisi, examiner les lois ordinaires, une hypothèse de plus en plus fréquente

A. Le contrôle des lois ordinaires est facultatif

Le Conseil constitutionnel ne peut s'auto-saisir. Il ne peut se prononcer sur une loi que s'il est destinataire d'une saisine. On doit à présent distinguer deux possibilités.
D'une part en application de l'article 61, le Conseil peut être saisi entre le vote du texte et sa promulgation par le Président de la République, le Président du Sénat, le Président de l'Assemblée nationale, le Premier ministre, et, depuis la révision de 1974, par soixante députés ou soixante sénateurs. Les auteurs de la saisine développent des arguments à l'appui de leur saisine.
D'autre part, en application de l'article 61-1 institué par la révision de 2008, si un justiciable soutient qu'une disposition législative applicable lors d'un procès porte atteinte aux droits et libertés que la Constitution garantit, le Conseil constitutionnel pourra être saisi de cette question sur renvoi du Conseil d'État ou de la Cour de cassation. Autrement dit, une disposition législative peut être l'objet d'un contrôle alors qu'elle est en vigueur.

B. Il est cependant de plus en plus fréquent

Les possibilités de saisine se sont beaucoup élargies. La révision de 1974 qui donne ce droit à soixante députés ou soixante sénateurs a bouleversé la situation. Jusque-là, les auteurs potentiels de saisine appartenant tous, sauf éventuellement le Président du Sénat, à la même tendance, il n'y avait que très peu de demandes adressées au Conseil. De 1959 à 1974, il n'y eut que neuf saisines de lois ordinaires. Le dispositif complémentaire dit de la « question prioritaire de constitutionnalité » en vigueur depuis 2010 a conduit à une explosion de saisines adressées au Conseil constitutionnel.
Il n'y a pas de contrôle systématique des lois par le Conseil constitutionnel mais tant par les saisines *a priori* avant promulgation que par les questions adressées *a posteriori* on a un contrôle exercé par le Conseil constitutionnel qui porte sur un nombre accru de lois.

Conclusion Instauré dès 1958, le contrôle de constitutionnalité des lois a pu longtemps apparaître virtuel. Moins d'une loi par an était soumise au Conseil constitutionnel, ce qui est assez peu même en un temps de moindre inflation législative.

L'ouverture du droit de saisine aux parlementaires et aux justiciables a coup sur coup transformé la situation. Le contrôle n'est plus exceptionnel. Il n'est certes pas systématique mais il s'exerce comme jamais auparavant à la fois de façon anticipée et une fois qu'une loi est passée. Toutes les lois ordinaires peuvent ainsi à un moment ou un autre être l'objet d'un contrôle. La conformité de la loi à la Constitution devrait ainsi être garantie.

Sujet : Selon la formule de Michel Debré de son discours prononcé le 27 août 1958 devant l'assemblée générale du Conseil d'État, le Conseil constitutionnel n'est-il qu'une « arme contre la déviation du régime parlementaire » ?

Approche générale du sujet

Michel Debré est un des principaux concepteurs de la Constitution de 1958. Sa formule à propos du Conseil constitutionnel résume les intentions du constituant à l'époque. Le Conseil constitutionnel est un des outils devant servir à l'objectif général d'encadrement du Parlement afin d'éviter le retour du régime d'assemblée. Deux questions se posent ici : le Conseil constitutionnel a-t-il rempli l'objectif qui lui était confié ? N'a-t-il pas rempli d'autres fonctions ?

Proposition de plan

Éviter le retour du régime d'assemblée, cette déviation du régime parlementaire, tel est le mot d'ordre des rédacteurs de la Constitution en 1958.
Pour y parvenir, ils vont utiliser divers moyens. Le titre V sur les rapports entre le Parlement et le Gouvernement réunit plusieurs d'entre eux : délimitation du domaine de la loi, maîtrise du travail parlementaire par le Gouvernement, conditions restrictives de mise en jeu de la responsabilité du Gouvernement…
Il ne suffit pas cependant de poser des règles. Il ne suffit pas d'introduire un ensemble de dispositions de parlementarisme rationalisé pour que le fonctionnement des institutions soit efficace. La Constitution de la IVe République contenait des dispositions qui avaient pour vocation d'éviter les errements de la IIIe République. Les choses n'ont pas changé. L'instabilité, la déviation du régime parlementaire, s'est prolongée après 1946. Le constituant voulait à toute force éviter cette situation. L'exécutif qui bénéficiait d'un ensemble de mesures favorables avait besoin d'un allié chargé de veiller à la bonne application des règles.
Si le Conseil constitutionnel apparaît aujourd'hui surtout comme l'organe qui vérifie la conformité de la loi à la Constitution, il a d'abord été une arme contre la déviation du régime parlementaire.

Annonce de plan Le Conseil constitutionnel apparaît aujourd'hui comme un juge des élections et surtout comme l'organe chargé de vérifier la conformité des lois à la Constitution (I). Mais en contrôlant l'élection des parlementaires, les règles de fonctionnement des Chambres et la délimitation du domaine de la loi, le Conseil constitutionnel est également chargé d'éviter les déviations du régime parlementaire (II).

Développement

I. Le Conseil constitutionnel apparaît aujourd'hui comme un juge des élections et surtout comme l'organe chargé de vérifier la conformité des lois à la Constitution

A. Le contrôle de la régularité des élections présidentielles et des consultations référendaires

Le Conseil constitutionnel a pour rôle de veiller à la régularité de l'élection du Président de la République. Il intervient dans les différentes étapes : la préparation de l'élection, le déroulement des opérations électorales et la proclamation des résultats. Même si la commission nationale des comptes campagnes examine les comptes de campagne des candidats, il appartiendra au Conseil constitutionnel de se prononcer en définitive.

En application de l'article 60, le Conseil veille aussi à la régularité des opérations de référendum et en proclame les résultats. Concrètement, le Conseil constitutionnel est consulté sur les textes relatifs à l'organisation du référendum ; il veille à la régularité de la campagne référendaire ; il examine et tranche les réclamations pouvant être formulées à l'issue du scrutin.

Même si les élections présidentielles sont espacées n'étant actuellement organisées que tous les cinq ans et que la fréquence des référendums est limitée, dans un cas comme dans l'autre, il s'agit de consultations électorales ayant de forts enjeux et pour lesquelles le Conseil constitutionnel a un rôle central.

B. L'examen de la conformité des lois à la Constitution

La principale activité du Conseil constitutionnel est le contrôle de constitutionnalité des lois ordinaires. Depuis l'élargissement de la saisine en 1974, le Conseil reçoit des demandes de contrôle émanant du Président de la République, du Premier ministre, du Président du Sénat, du Président de l'Assemblée nationale, de soixante députés ou de soixante sénateurs. Ces saisines portent sur une loi votée mais non encore promulguée. À l'article 61 qui désigne les auteurs potentiels de saisine, il faut ajouter la possibilité, offerte depuis 2010, pour un justiciable de demander lors d'un procès que soit posée une question prioritaire de constitutionnalité conformément à l'article 61-1. Si la question est transmise au Conseil constitutionnel après filtrage, le Conseil constitutionnel pourra également se prononcer sur la conformité d'une disposition aux droits et libertés que la Constitution garantit. Le nombre de saisines qu'il reçoit, la portée des décisions qu'il rend, démontrent l'importance du rôle rempli à cet égard par le Conseil constitutionnel.

Transition S'il apparaît principalement comme un juge des textes, le Conseil constitutionnel est-il aussi ce régulateur des institutions qui évite la dérive du régime parlementaire ?

II. En contrôlant l'élection des parlementaires, les règles de fonctionnement des assemblées et la délimitation du domaine de la loi, le Conseil constitutionnel est également chargé d'éviter les déviations du régime parlementaire

A. Le contrôle de l'élection des parlementaires et des règles de fonctionnement du Parlement

La désignation des parlementaires, la « vérification des pouvoirs » des députés et des sénateurs relevait avant 1958 des Chambres elles-mêmes. Ce système avait conduit à des abus et faisait

l'objet de critiques. Cela constituait une des dérives du régime parlementaire. On a décidé d'y mettre fin et de confier au Conseil constitutionnel un rôle de contrôle. Il est ainsi à présent prévu par l'article 59 que le « Conseil constitutionnel statue, en cas de contestation, sur la régularité de l'élection des députés et des sénateurs ».
Le règlement des Assemblées détermine les règles de fonctionnement des Chambres. En principe, les Assemblées sont maîtresses de leur règlement et il est pris sous la forme d'une résolution de chaque Chambre. La Constitution de 1958 limite le pouvoir des Chambres ; elle instaure un ensemble de mécanismes encadrant leurs prérogatives. Afin d'empêcher les Assemblées de s'octroyer des fonctions que la Constitution ne leur donne pas et pour être certain que le règlement est bien conforme à la Constitution, l'article 61 dans son premier alinéa impose que le règlement voté par chaque Chambre ainsi que les modifications apportées soient soumis au Conseil constitutionnel. Il s'agissait là aussi d'éviter les abus des régimes précédents avec des règlements dans lesquelles les Assemblées s'emparaient de pouvoirs que la Constitution ne leur confiait pas.
Ces changements apportés par la Constitution de 1958 sont assez radicaux. Si le transfert au Conseil constitutionnel du contentieux électoral n'a pas soulevé des difficultés majeures, l'examen des règlements des Assemblées a suscité plus de tensions, nombre de parlementaires, élus des IIIe et IVe Républiques, se sont indignés de la manière assez rigoureuse avec laquelle le Conseil constitutionnel accomplissait sa tâche.

B. La vérification de la délimitation du domaine de la loi

La répartition permanente des compétences entre le pouvoir législatif et le pouvoir réglementaire qui résulte de la combinaison des articles 34 et 37 de la Constitution est une des innovations de la Ve République. Il est nécessaire de veiller au respect de ce partage des rôles entre le Parlement et le Gouvernement. Dans la logique des rédacteurs de la nouvelle Constitution, il s'agit d'empêcher que le Parlement en tant que législateur ne sorte du domaine qui lui est confié. Le Conseil constitutionnel a été chargé de veiller au respect de la délimitation entre les deux domaines. C'est même le rôle le plus important qui lui était confié avant le développement à partir du milieu des années 1970 du contrôle de constitutionnalité des lois.
Trois procédures étaient destinées à garantir ce partage.
– l'article 37-2 qui donne au Premier ministre la possibilité de faire délégaliser des dispositions de caractère réglementaire figurant à tort dans une loi ; un décret suffira pour apporter des modifications à ce texte pris en forme législative ;
– l'article 41 qui permet au Gouvernement de s'opposer à un amendement ou une proposition de loi qui ne serait pas du domaine de la loi, et en cas de désaccord avec le Président de la Chambre, de saisir le Conseil constitutionnel ;
– l'article 61 qui permet au Premier ministre de saisir, avant la promulgation, le Conseil constitutionnel d'un texte voté.
Cette dernière procédure n'est plus utilisée depuis que le Conseil constitutionnel a déclaré dans une décision du 30 juillet 1982 que l'empiétement du législateur sur le domaine du règlement ne constituait pas une inconstitutionnalité. La procédure de l'article 41 est très peu utilisée contrairement à celle de l'article 37-2.
De façon assez paradoxale, alors que cette procédure était destinée à protéger l'exécutif, le pouvoir réglementaire, des empiétements du Parlement, la jurisprudence du Conseil constitutionnel a eu plutôt pour conséquence d'étendre le domaine de loi.
Le Conseil constitutionnel a ainsi plusieurs occasions de garantir le régime des dérives antérieures.

Conclusion

Le Conseil constitutionnel a bien été *l'arme contre les déviations du régime parlementaire* qu'annonçait le Garde des Sceaux dans son discours devant le Conseil d'État. La France n'a pas rebasculé dans les dérives qu'un Parlement omniscient qui agit au-delà de son rôle. Le Conseil constitutionnel a rempli sa mission à cet égard.
L'essor du contentieux constitutionnel portant sur le contrôle de la loi ne doit pas faire oublier ce rôle premier joué par le Conseil dans la répartition des compétences.

C. La jurisprudence du Conseil constitutionnel

Questions à réponse courte

Les principes fondamentaux reconnus par les lois de la République

Le préambule de la Constitution de 1946 qui ne contient pas de déclaration de droits en tant que telle énumère cependant « des principes particulièrement nécessaires à notre temps ». En outre, il réaffirme solennellement les « principes fondamentaux reconnus par les lois de la République ». Il n'existe aucune liste de ces principes dans un document normatif. S'ils ont acquis aujourd'hui une valeur constitutionnelle, ils sont issus de lois ordinaires. Cette formule renvoie en effet aux législations en vigueur avant la chute du régime précédent en 1940. Il s'agit principalement de grandes lois prises sous la IIIe République comme la loi sur la liberté d'association mais cela peut porter sur des textes antérieurs comme ceux portant sur la liberté de l'enseignement pris sous la seconde république et même éventuellement des principes énoncés sous la révolution de 1789 comme le principe de séparation des autorités administratives et judiciaires.

Le bloc de constitutionnalité

Le Conseil constitutionnel est chargé de vérifier la conformité des textes qui lui sont soumis à la Constitution. Le bloc de constitutionnalité est constitué de l'ensemble des normes dont le Conseil constitutionnel assure la protection. Il est constitué de l'ensemble des dispositions de la Constitution de 1958. S'y ajoutent d'autres textes auxquels se réfère le préambule de la Ve République : la déclaration des droits de l'homme et du citoyen de 1789 et le préambule de la Constitution de 1946. Ce dernier texte contient un ensemble de « principes particulièrement nécessaires à notre temps », c'est-à-dire essentiellement des droits économiques et sociaux et fait un renvoi aux principes fondamentaux reconnus par les lois de la république. Ces principes font partie du bloc de constitutionnalité. De façon relativement récente a été rédigée la Charte de l'environnement. À la suite d'une révision en 2005, le préambule se réfère à présent à cette Charte de 2004 qui est également ainsi une des composantes du bloc de constitutionnalité.

À ces éléments reposant sur des références précises, il faut ajouter des principes et objectifs de valeur constitutionnelle. Ils ne découlent pas directement d'un texte mais de l'esprit de certaines dispositions. C'est le Conseil constitutionnel qui « découvre » ces objectifs et principes et s'y réfère dans sa jurisprudence, soit pour limiter un droit reconnu expressément par la Constitution, soit pour mieux garantir certains droits.

Les lois organiques qui complètent la Constitution sur certains sujets sont quelquefois intégrées au bloc de constitutionnalité. Il est vrai que le Conseil constitutionnel les prend en compte comme normes de référence lors de son examen des lois ordinaires. Elles ne font pas cependant partie de la Constitution et sont obligatoirement soumises au Conseil constitutionnel pour qu'il vérifie leur conformité à la Constitution.

Ne sont pas considérées comme normes de référence auxquelles doivent se conformer les lois le règlement des Assemblées parlementaires, les lois référendaires intervenues dans le domaine de la loi ordinaire. Les accords et traités internationaux ne font pas en principe partie du bloc de constitutionnalité. Dans sa décision du 15 janvier 1975, le Conseil constitutionnel a ainsi relevé qu'*une loi contraire à un traité n'est pas, pour autant, contraire à la Constitution* ». L'insertion d'un titre consacré à l'Union européenne conduit à avoir une position plus nuancée pour nos engagements européens mentionnés dans le corps de la Constitution.

Commentaire de texte

L. Fabius, président du Conseil constitutionnel, interrogé par *Le Figaro*, 18-19 avril 2020

« En cette période si particulière, le rôle du Conseil constitutionnel demeure inchangé. Aujourd'hui comme hier, il nous appartient d'abord de contrôler en toute indépendance la conformité à la Constitution de l'ensemble des lois applicables, qu'il s'agisse de lois anciennes ou de lois plus récentes. Nous ne nous trouvons pas dans des hypothèses comme celles de la mise en œuvre de l'article 16 de la Constitution ou d'un empêchement du Président de la République, qui amèneraient le Conseil constitutionnel à exercer d'autres missions que celles qu'il exerce habituellement.

Je rappelle à cet égard que, si la saisine sur les lois nouvellement adoptées, avant leur promulgation, est réservée par la Constitution à des autorités politiques, l'ensemble des lois, y compris les plus récentes après leur promulgation, peuvent être contestées devant le Conseil constitutionnel à travers la procédure de la question prioritaire de constitutionnalité (QPC). C'est ce que j'appelle la "question citoyenne", puisqu'elle peut être soulevée par n'importe quel justiciable, devant n'importe quelle juridiction, pour contester la conformité à la Constitution de la loi qu'il est envisagé de lui appliquer. Il se trouve que les autorités politiques ne nous ont pas soumis, avant sa promulgation, la loi du 23 mars 2020 d'urgence pour faire face à l'épidémie de Covid-19. Mais il serait surprenant que certaines au moins de ses dispositions ne nous soient pas soumises par la voie de la QPC. Depuis le début de la crise, le Conseil constitutionnel continue d'exercer son office. Nous avons rendu sept décisions depuis le 26 mars dernier. Nous avons également poursuivi l'instruction des dossiers dont nous avions été saisis avant le début de la crise sanitaire. Nous tiendrons une audience publique sur quatre affaires le mardi 21 avril prochain, en permettant aux avocats, selon leur préférence, de venir s'exprimer ou de le faire par visioconférence. Nous sommes donc parfaitement prêts à examiner toute QPC que le Conseil d'État ou la Cour de cassation nous transmettront. Et nous serons prêts à juger des saisines des autorités politiques, s'il s'en présente, concernant de futures dispositions législatives ».

Approche générale du sujet

Le fonctionnement des institutions peut se confronter à des événements exceptionnels. Il y a quelques années, les attaques terroristes ont conduit les autorités françaises à prendre des mesures spécifiques. Au début de la Ve République, les circonstances ont impliqué le recours à des mesures tout à fait exceptionnelles avec l'usage en 1961 de l'article 16. La crise sanitaire de 2020 a des incidences sur le fonctionnement des institutions. Le commentaire à faire ici porte sur une déclaration du président du Conseil constitutionnel en ces circonstances « si particulières » comme il le dit lui-même. Il décrit le rôle rempli par le Conseil constitutionnel en cette période. Il fait allusion à d'autres compétences qu'il pourrait avoir compte tenu de certains événements ou de la mise en jeu des pouvoirs de l'article 16. À partir du témoignage du président du Conseil constitutionnel, le commentaire à bâtir devra présenter les différentes prérogatives confiées au Conseil constitutionnel : il faudra expliciter les missions

« inhabituelles » que pourrait exercer le Conseil constitutionnel et celles qu'il continue d'exercer pendant la crise. La question n'est pas tant ici d'examiner la jurisprudence du Conseil en temps de crise que de montrer en quoi consiste « l'office » du Conseil constitutionnel, y compris en période troublée.

Proposition de plan

Introduction

À partir de la fin de l'hiver 2020, la France connaît une situation très particulière. La crise sanitaire liée au coronavirus a de multiples aspects. Elle a des répercussions sur le fonctionnement des institutions. Les modalités du travail parlementaire ont été impactées. Le Gouvernement a dû adapter son fonctionnement. Sur le plan du droit, une loi exceptionnelle a été prise : la loi du 23 mars 2020 dite d'urgence pour faire face à l'épidémie de Covid-19. Ce texte contient une série de mesures d'exception : des dispositions concernant les élections municipales, un nouveau dispositif d'état d'urgence sanitaire, des mesures d'urgence économique.

Dans ce contexte particulier à maints égards, le président du Conseil constitutionnel, Laurent Fabius, s'est exprimé sur le rôle du Conseil dans la situation actuelle. Il relève que le Conseil constitutionnel « continue d'exercer son office ». Mais il le fait sans avoir à « exercer d'autres missions que celles qu'il exerce habituellement ».

En effet, il peut arriver que des circonstances extraordinaires conduisent à la mise en application de certaines dispositions de la Constitution. C'est notamment le cas lorsque le Président de la République décide de mettre en œuvre l'article 16 de la Constitution. L'absence de Président de la République, qu'il y ait vacance ou empêchement du Chef de l'État, a été également l'objet de dispositions de la Constitution. Ces hypothèses confèrent au Conseil constitutionnel des prérogatives particulières. Elles ne sont pas en jeu actuellement nous rappelle le président du Conseil constitutionnel. En revanche, le Conseil constitutionnel garde toutes ses prérogatives par rapport aux textes législatifs, qu'il s'agisse du contrôle exercé à la demande des « autorités publiques » ou des citoyens via des « questions citoyennes ».

Annonce de plan

Si les circonstances particulières provoquées par la crise sanitaire consécutives à l'épidémie de coronavirus n'ont pas conduit à la mise en œuvre de dispositions constitutionnelles qui auraient accru le rôle du Conseil constitutionnel (I), celui-ci en revanche conserve l'intégralité de ses prérogatives par rapport aux lois dont il peut continuer d'assurer le contrôle que ce soit à la demande des « autorités politiques » ou via des « questions citoyennes » (II).

Développements

I. Même si la France traverse des circonstances particulières, le Conseil constitutionnel n'a pas à intervenir conformément à des hypothèses qui lui donnent des compétences supplémentaires

Le président du Conseil constitutionnel fait allusion à deux hypothèses qui donnent au Conseil des missions qu'il n'exerce pas habituellement, les unes portent sur la présidence de la République, les autres sur le recours à l'article 16.

A. Compétences en cas de vacance et d'empêchement de la présidence de la République

Comme on le sait, la France n'a pas sous la Ve République établi de vice-Président de la République. Il n'y a pas en France de personnalité désignée simultanément avec le Chef de l'État et qui pourrait être amenée à le remplacer à l'instar du système américain. Aucun régime antérieur à 1958 n'a non plus établi un tel schéma.

La vacance et l'empêchement de la présidence de la République sont cependant évoqués par la Constitution à l'article 7. Le Conseil constitutionnel est alors amené à intervenir : le Conseil constate, à la majorité de ses membres, l'empêchement après avoir été saisi par le Gouvernement. Le Conseil constitutionnel peut être amené à déclarer l'empêchement définitif. Les fonctions du Président sont provisoirement assurées par le Président du Sénat. En principe, des élections doivent être organisées pour choisir un nouveau Président de la République dans un délai de 20 à 35 jours. Ce délai n'a pas à être respecté en cas de « force majeure ».

Ces dispositions ne s'appliquent pas actuellement mais on peut raisonnablement considérer que la crise sanitaire constituerait un cas de force majeure nécessitant le report de l'élection. Comme on le sait, le second tour des élections municipales a été reporté.

B. Compétences en cas de mise en œuvre de l'article 16 de la Constitution

La Constitution contient un article inédit dans nos Lois fondamentales : l'article 16 qui dispose que « lorsque les institutions de la République, l'indépendance de la Nation, l'intégrité de son territoire ou l'exécution de ses engagements internationaux sont menacées d'une manière grave et immédiate et que le fonctionnement régulier des pouvoirs publics est interrompu, le Président de la République prend les mesures exigées par les circonstances ». Si le président du Conseil constitutionnel fait allusion à cette disposition ce n'est pas pour suggérer qu'elle aurait pu être mise en œuvre. Si l'on peut considérer que le fonctionnement des institutions est perturbé – les séances du Parlement sont difficiles à tenir –, on ne peut considérer que leur fonctionnement est interrompu. Laurent Fabius rappelle seulement qu'avec l'article 16 le Conseil constitutionnel détient certaines prérogatives : il est consulté au moment de la mise en œuvre de cette disposition ; il est consulté sur les mesures prises dans ce cadre. Depuis la révision constitutionnelle de 2008, après 30 jours de mise en œuvre de l'article 16, le Conseil peut être saisi par les « autorités politiques » en vue d'examiner si les conditions demeurent réunies pour appliquer cet article. Il est saisi de plein droit pour le même objet au bout de 60 jours puis peut procéder à tout moment à cette vérification.

Depuis la crise liée à l'épidémie, le Conseil constitutionnel n'a pas à exercer de telles « missions inhabituelles » comme le rappelle le président du Conseil constitutionnel.

Transition S'il n'a pas à remplir ces missions particulières, qu'en est-il pour le contrôle de constitutionnalité ? Laurent Fabius suggère qu'il y a une grande continuité.

II. Le Conseil constitutionnel conserve en revanche toutes ses prérogatives en matière de contrôle de constitutionnalité des lois

A. Le contrôle des lois organiques et des lois ordinaires à la demande des « autorités politiques »

Parmi les fonctions plus « habituelles » du Conseil constitutionnel figure naturellement l'examen de la constitutionnalité des lois préalablement à leur promulgation. Cela porte sur les lois organiques qui sont, comme le règlement des assemblées, soumises obligatoirement au Conseil constitutionnel en application de l'article 61 de la Constitution. Cela peut porter aussi sur les lois ordinaires, conformément au deuxième alinéa du même article si les « autorités politiques », comme l'indique le président du Conseil constitutionnel, en font la demande : il n'y a d'examen que si le Président de la République, le Premier ministre, le Président de l'une ou l'autre Chambre, 60 députés ou 60 sénateurs adressent une saisine.

Cet examen n'est pas suspendu par cette « période si particulière ».

Le président du Conseil constitutionnel indique certes que la loi du 23 mars 2020 d'urgence pour faire face à l'épidémie n'a pas été l'objet d'une saisine mais il ajoute que depuis la crise le Conseil a rendu plusieurs décisions et que, de façon générale, il « est prêt à juger des saisines des autorités politiques, s'il s'en présente, concernant de futures dispositions législatives ». On peut par ailleurs relever qu'une loi organique du 23 mars 2020 a été prise. Ce texte qui prévoit une suspension du délai de transmission des questions prioritaires de constitutionnalité (QPC) par le Conseil d'État et la Cour de cassation a été examiné par le Conseil constitutionnel et validé alors que les parlementaires n'ont pas bénéficié de 15 jours entre le dépôt du texte et son examen en séance comme le prévoit l'article 46 de la Constitution.

B. Le contrôle développé à la suite de « questions citoyennes » via la QPC

Le président du Conseil constitutionnel rappelle par ailleurs que « l'ensemble des lois, y compris les plus récentes après leur promulgation, peuvent être contestées devant le Conseil constitutionnel à travers la procédure de QPC ». Cette procédure que Laurent Fabius appelle la « question citoyenne » a été introduite par la révision constitutionnelle de 2008 et figure au nouvel article 61-1 de la Constitution. Le Conseil constitutionnel peut être saisi « à l'occasion d'une instance en cours devant une juridiction ». Il doit alors être « soutenu qu'une disposition législative porte atteinte aux droits et libertés que la Constitution garantit ». Si comme le relève le président du Conseil constitutionnel, cette question « peut être soulevée par n'importe quel justiciable, devant n'importe quelle juridiction », cette saisine ne peut se faire que sur renvoi du Conseil d'État ou de la Cour de cassation.

Selon les propos de son président, le Conseil constitutionnel continue pendant la crise d'examiner les QPC ; il se réfère à des saisines antérieures à la crise sanitaire et évoque les adaptations possibles des audiences avec le recours éventuel à la visioconférence et il ajoute que « nous sommes prêts à examiner toute QPC que le Conseil d'État ou la Cour de cassation nous transmettront ».

Le plus intéressant dans le propos du président du Conseil constitutionnel est son observation sur la probabilité de QPC portant sur la loi du 23 mars 2020 d'urgence pour faire face à l'épidémie : « il serait surprenant que certaines de ses dispositions ne nous soient pas soumises » déclare-t-il. Ainsi, le défaut de saisine par les « autorités politiques » n'impliquerait pas une absence de contrôle par le Conseil constitutionnel de cette loi. Cette perspective confirme le bien-fondé de la procédure de l'article 61-1 faute de laquelle des dispositions législatives n'auraient pu être contrôlées.

Conclusion

Les mesures prises dans le cadre de l'article 16 de la Constitution doivent « être inspirées de la volonté d'assurer aux pouvoirs publics constitutionnels dans les moindres délais les moyens d'accomplir leur mission ». Avec la crise sanitaire de 2020, nous ne sommes pas dans le cadre de la mise en œuvre de l'article 16 comme le rappelle le président du Conseil constitutionnel. Il n'empêche que l'on peut trouver dans ses propos une préoccupation qui inspire l'article 16 : assurer la continuité du pouvoir, ici la continuité du contrôle du respect de la Constitution. Urgence ou pas, période particulière ou pas, le Conseil constitutionnel continue d'assurer son office. On pourrait nuancer l'observation en relevant l'absence de saisine sur la loi du 23 mars 2020 d'urgence pour faire face à l'épidémie et la validation d'une loi organique adoptée sans respecter le délai entre dépôt et examen en séance. La suspension jusqu'au 30 juin 2020 du délai imposé pour les QPC pourrait appeler interrogation. Il y a des adaptations dans l'exercice du contrôle, des assouplissements mais il n'y a pas de remise en cause des saisines, de disparition du contrôle, d'« éclipse » du Conseil constitutionnel.

Dissertations

Sujet : Le Conseil constitutionnel et le Président de la République

Approche générale du sujet

Le sujet invite à réunir les « zones de contact » entre le Chef de l'État et la Cour constitutionnelle. Globalement, elles apparaissent assez réduites. Mais on ne peut pas considérer qu'il n'existe pas de rapports entre le Président de la République et le Conseil constitutionnel. Ils sont amenés à se « rencontrer ». L'exercice permet de faire une synthèse réunissant un ensemble d'éléments répartis dans plusieurs passages de la Constitution.

Proposition de plan

Introduction

Si l'article 5 de la Constitution énonce d'emblée que « le Président de la République veille au respect de la Constitution », il revient au Conseil constitutionnel lorsqu'il est saisi de certains textes, lois, règlements des assemblées de « se prononcer sur leur conformité à la Constitution » selon les termes de l'article 61.

Le Président de la République et le Conseil constitutionnel sont des gardiens de la Constitution. Est-ce cependant la seule occasion de rapprochement entre eux ?

En parcourant la Constitution de 1958, il apparaît que le Conseil constitutionnel intervient à plusieurs occasions par rapport au Président de la République, à propos des conditions de son élection mais aussi sur certains actes qu'il prend. Quant au Président, il intervient dans la composition du Conseil constitutionnel mais surtout il peut s'adresser à lui dans certaines hypothèses.

Annonce de plan

Le Conseil constitutionnel supervise la désignation du Président de la République et contrôle certains de ses actes (I) cependant que le Président désigne une partie des membres du Conseil constitutionnel et peut et doit s'adresser à lui dans un certain nombre d'hypothèses (II).

Développement

I. Le Conseil constitutionnel supervise la désignation du Président de la République et contrôle certains de ses actes

A. Le Conseil constitutionnel supervise la désignation du Président de la République

De façon générale, l'article 58 de la Constitution charge le Conseil constitutionnel de veiller à la régularité de l'élection présidentielle. Son rôle par rapport à cette élection est plus large que celui qui lui est confié pour les élections législatives. Le Conseil constitutionnel est appelé à intervenir dans la préparation des élections. Il reçoit par exemple les parrainages en faveur des candidats à l'élection. Il intervient également dans le déroulement des opérations électorales et proclame les résultats. La commission nationale des comptes de campagne examine les comptes des candidats mais il appartient au Conseil de prendre les mesures sanctionnant les éventuelles violations de la réglementation sur le financement des campagnes.

À cela, il faut ajouter que la Constitution envisage les hypothèses de cessation anticipée du mandat du Président, la vacance et l'empêchement définitif. Il appartient au Conseil de constater cette situation « à la majorité absolue de ses membres » selon l'article 7. Cela débouche sur des élections anticipées. L'article 7 évoque aussi l'empêchement ou le décès d'un candidat à l'élection. Le Conseil constitutionnel est alors, selon les cas, amené à reporter les élections ou à procéder à nouveau à l'ensemble des opérations électorales.

B. Le Conseil constitutionnel ne contrôle que quelques actes du Chef de l'État

On peut relever au préalable que d'après l'article 67 « le Président de la République n'est pas responsable des actes accomplis en cette qualité, sous réserve des dispositions des articles 53-2 et 68 ». En outre, la destitution du Président de la République n'est pas de la compétence du Conseil constitutionnel mais selon l'article 68 du Parlement réuni en Haute Cour.

Certains actes du Président sont cependant contrôlés par le Conseil constitutionnel. Lors du recours à l'article 16, le Président doit consulter le Conseil ; cela vaut d'une part pour le principe du recours à cet article et d'autre part pour les mesures prises dans ce cadre. Le Conseil constitutionnel doit être consulté à leur sujet. En outre, après 30 jours, le Conseil constitutionnel peut recevoir des saisines « aux fins d'examiner si les conditions demeurent réunies ».

Il apparaît en définitive qu'assez peu d'actes du Président peuvent être directement contrôlés par le Conseil constitutionnel. L'intervention du Conseil est d'autant plus réduite que le Conseil refuse d'apprécier la régularité d'une loi référendaire comme il le fit à propos du référendum de 1962 soumis au peuple français par le Président de la République.

Transition Il ne faut pas s'en tenir aux interventions du Conseil constitutionnel face au Président. Le Chef de l'État agit par rapport au Conseil constitutionnel

II. Le Président désigne une partie des membres du Conseil constitutionnel et peut et doit s'adresser à lui dans un certain nombre d'hypothèses

A. Le Président de la République désigne une partie des membres du Conseil et est, pour le moment, appelé à en faire partie

Le Président de la République choisit trois des neuf membres nommés du Conseil constitutionnel. Ces nominations sont dispensées du contreseing conformément à l'article 19 de la Constitution mais le Président ne peut procéder à ces nominations avant d'avoir obtenu l'avis public de la commission permanente de chaque Assemblée et qu'en outre l'addition des votes négatifs dans chaque commission représente moins des trois cinquièmes des suffrages exprimés.

Le Chef de l'État choisit le Président du Conseil constitutionnel. Il n'est pas tenu de le faire parmi les membres qu'il a lui-même nommés. Outre un rôle de direction de l'institution, le Président du Conseil constitutionnel a voix prépondérante en cas de partage.

On doit par ailleurs relever que selon l'article 56 les anciens Présidents de la République font de droit partie à vie du Conseil constitutionnel. Il est question de supprimer cette règle.

B. Le Chef de l'État peut et doit dans certaines circonstances s'adresser au Conseil constitutionnel

Comme on l'a rappelé, le Président « veille au respect de la Constitution » mais il ne se prononce pas sur la conformité des textes à la Constitution. Il appartient au Conseil constitutionnel de le faire.
Cela peut concerner les engagements internationaux. Selon l'article 54, le Président peut demander au Conseil si un engagement « comporte une clause contraire à la Constitution », auquel cas la ratification ne peut intervenir qu'après la modification de la Constitution.
Cela peut porter sur les lois ordinaires que le Président de la République peut déférer au Conseil constitutionnel en application de l'article 61.
On peut observer que les Présidents font plus souvent usage de leur droit de saisine pour les engagements internationaux que pour les lois.

Conclusion

« Font de droit partie à vie du Conseil constitutionnel les anciens Présidents de la République ». Cette règle posée à l'article 56 de la Constitution et fort contestée devrait disparaître.
Au-delà de la volonté de donner un statut aux anciens Présidents, elle s'explique peut-être par les liens antérieurs établis entre les Présidents de la République et le Conseil constitutionnel. Pendant la durée de leurs fonctions, les Présidents ont eu affaire au Conseil constitutionnel et le Conseil constitutionnel a eu affaire avec les Présidents.
Ces rapports apparaissent finalement assez modestes.

Sujet : Peut-on reprocher au Conseil constitutionnel une forme de gouvernement des juges ?

Approche générale du sujet

Dès 1921, le Français Edouard Lambert utilisait la formule de « gouvernement des juges » dans son ouvrage *Le gouvernement des juges et la lutte contre la législation sociale aux États-Unis*. La formule est entrée dans le langage courant et elle peut retraverser l'Atlantique avec le développement du rôle du Conseil constitutionnel. De fait, il suffit d'une décision censurant une politique jugée essentielle par un Gouvernement pour que la formule soit utilisée. Sans nier les critiques que peuvent susciter certaines décisions, il paraît cependant assez excessif de parler de gouvernement des juges car si le Conseil peut au plus empêcher une loi de s'appliquer, il ne lui appartient pas de la rédiger.

Proposition de plan

Introduction

La création en 1958 du Conseil constitutionnel n'est pas complètement passée inaperçu. Instituer un organe pouvant apprécier la conformité de la loi à la Constitution est une nouveauté. Mais ce n'est pas ce rôle qui paraît primordial à l'époque. On voit plus le Conseil comme un régulateur des nouveaux rapports entre les institutions.
Le développement du contrôle de constitutionnalité ne va pas se développer immédiatement. De 1959 à 1974, le Conseil constitutionnel ne se prononce que sur neuf lois ordinaires. L'élargissement de la saisine ouverte aux députés et sénateurs

fait du Conseil constitutionnel une authentique Cour constitutionnelle. Il se prononce constamment sur les textes qui lui sont transmis n'hésitant pas à censurer des lois votées par le Parlement. Cette remise en cause de l'œuvre de la représentation nationale soulève fréquemment des protestations. Si les auteurs de saisine se réjouissent lorsque le Conseil leur donne raison, la majorité parlementaire s'indigne et proteste. Elle le fait d'autant plus lorsque le texte censuré est considéré comme essentiel dans la politique menée par le Gouvernement. On pense en 1982 aux textes portant sur les nationalisations, en 1993 à ceux sur le droit de séjour des étrangers et plus récemment aux mesures fiscales. Reprenant la formule d'Edouard Lambert à propos de l'influence des juges aux États-Unis, on se récrie de ce gouvernement des juges, de ce rôle excessif du Conseil constitutionnel qui empiéterait sur le travail législatif, qui agirait en lieu et place du Gouvernement et du Parlement. Il est vrai que le Conseil constitutionnel a accru son influence mais il ne gouverne pas. Juge des institutions, le Conseil constitutionnel ne peut gouverner à leur place.

Annonce de plan

En contrôlant la conformité à la Constitution et en assurant la régularité des opérations électorales, le Conseil constitutionnel est certes le juge des institutions de la Ve République (I) Mais aussi audacieuses que soient ses décisions, elles ne font pas du Conseil constitutionnel un gouvernant car son rôle est limité à éventuellement annuler, pas à décider (II).

Développement

I. En contrôlant la conformité à la Constitution et en assurant la régularité des opérations électorales, le Conseil constitutionnel est le juge des institutions de la Ve République

A. En contrôlant leur conformité à la Constitution, le Conseil constitutionnel est juge de la loi et des traités

1 – L'examen de la loi

Le contrôle de constitutionnalité des lois est devenu l'activité dominante du Conseil constitutionnel. En application des articles 61, il est appelé à se prononcer sur la conformité des lois organiques et des lois ordinaires à la Constitution. En application de l'article 61-1, il peut être amené à apprécier si une disposition législative porte atteinte aux droits et libertés que la Constitution garantit.

Le Conseil constitutionnel doit confronter les textes dont il est saisi aux règles constitutionnelles. Il juge la loi.

2 – L'examen des engagements internationaux

L'article 54 lui donne compétence pour apprécier si un engagement international « comporte une clause contraire à la Constitution ». Si tel est le cas, l'autorisation d'approbation ou de ratification ne peut être immédiatement donnée. Si l'on souhaite néanmoins accepter ces textes, il est nécessaire au préalable de réviser la Constitution.

Le Conseil constitutionnel juge ici les traités. À la suite de ces décisions, la Constitution a pu être modifiée, par exemple préalablement à la ratification du traité du 18 juillet 1998 sur la Cour pénale internationale.

B. En assurant la régularité des opérations électorales, le Conseil constitutionnel est juge des élections

1 – Le contrôle des élections présidentielle et législative
L'article 58 de la Constitution confie au Conseil constitutionnel le soin de veiller à la régularité de l'élection du Président de la République. Il examine les réclamations et proclame les résultats de cette élection. Ce rôle est plus large que celui résultant de l'article 59. Cet article charge le Conseil constitutionnel de « statuer, en cas de contestation, sur la régularité de l'élection des députés et des sénateurs ». Le Conseil constitutionnel est ainsi juge des élections.
2 – Les contrôles des opérations référendaires
Le Conseil veille à la régularité des opérations de référendum et en proclame les résultats, selon l'article 60 de la Constitution. Comme pour les élections présidentielles, son office est assez large puisque le Conseil est consulté sur les textes relatifs à l'organisation du référendum. Il veille à la régularité de la campagne électorale. Il reçoit les réclamations à propos des référendums et tranche à leur sujet. Il est juge de cette catégorie de consultation électorale.
Que ce soit vis-à-vis des textes ou par rapport aux élections, le Conseil constitutionnel est clairement un juge.

Transition Ce juge va-t-il au-delà de ses prérogatives ?

II. Aussi audacieuses que soient ses décisions, elles n'en font pas un gouvernant car le Conseil constitutionnel ne peut aller au-delà de l'annulation des règles ou de l'élection

A. La jurisprudence du Conseil constitutionnel peut être audacieuse

1 – Dans le contrôle de conformité de la loi à la Constitution
La Conseil doit examiner la conformité des lois à la Constitution. Il doit interpréter la Constitution. Dans cet office, il peut avoir une lecture des textes que tout le monde ne partage pas. Son interprétation peut être jugée trop littérale ou inversement trop constructive.
Les normes auxquelles il se réfère ne sont pas contenues que dans les articles de la Constitution. Il a étendu les normes composant le « bloc de constitutionnalité ». Cela lui a permis de se référer à des textes antérieurs à la Ve République comme le préambule de 1946, la déclaration des droits de l'homme et du citoyen de 1789. Il est amené à se fonder sur des principes. Dans certains cas, il s'agit de principes fondamentaux reconnus par les lois de la République, sous-entendu de la IIIe République mais il y a aussi des principes et objectifs de valeur constitutionnelle ne se rattachant à aucun texte.
L'extension de ces bases de référence permet au Conseil constitutionnel de prendre des décisions qui peuvent sembler audacieuses. Il peut avoir une lecture constructive des textes de référence.
2 – Dans le contrôle des opérations électorales
Les décisions que rend le Conseil constitutionnel sont très concentrées dans le temps puisque situées pendant la campagne électorale puis à l'issue des résultats.
Il y a une différence majeure entre les élections présidentielles et législatives. Pour les premières, le Conseil ne peut invalider un élu contrairement aux élections législatives. Dans ce dernier cas, le Conseil constitutionnel a été amené à annuler l'élection de députés, notamment en raison des conditions de financement de leurs campagnes. Il n'est pas indifférent de voir un organisme comme le Conseil constitutionnel revenir sur le résultat d'une élection.

B. Cela ne fait pas du Conseil un gouvernant car il ne peut aller au-delà de l'annulation

1 – La tentation de faire le droit
On pourrait relever une tentation de faire le droit quand le Conseil constitutionnel suggère avec insistance que soit prise telle ou telle réforme par exemple quand il fait rapport après une élection. Sa tendance à formuler des réserves d'interprétation lorsqu'il valide une disposition ou les indications qu'il donne au législateur lorsqu'il déclare la loi contraire à la Constitution peuvent apparaître comme des immixtions du Conseil constitutionnel dans le travail législatif.

2 – Annuler la loi et non pas dire la loi

On ne saurait pour autant y voir un gouvernement des juges, un juge qui se substitue aux gouvernants. Le Conseil constitutionnel a plusieurs possibilités : il valide, valide avec réserve, déclare non conforme une disposition législative. Mais il lui est interdit de faire la loi. Les dispositions nouvelles seront préparées par le Premier ministre ou les membres du Parlement. L'initiative n'appartient pas au Conseil constitutionnel. Il a le pouvoir de dire non. Il n'a pas le droit de préparer la loi.

On relève la même situation au plan électoral : annuler l'élection ne permet pas de désigner l'élu mais d'organiser une nouvelle consultation électorale.

Conclusion

Le Conseil constitutionnel a un pouvoir d'empêcher. Empêcher qu'une loi contraire à la Constitution ne s'applique. Ce faisant, il va à l'encontre de ce qu'a décidé une majorité de députés, le plus souvent sur un projet élaboré par le Gouvernement. Ni le Gouvernement, ni la majorité qui l'appuie ne peuvent être immédiatement satisfaits d'une telle opposition. Mais les membres du Conseil constitutionnel n'en deviennent pas pour autant le Gouvernement et le Parlement. Ils se contentent de dire ce qu'il ne fallait pas faire. Non pas arbitrairement, par bon plaisir, mais car cela va à l'encontre de la Constitution, un texte initialement adopté par le Peuple français.

Questionnaire à choix multiples sur les thèmes du chapitre

(les réponses et explications figurent au dernier chapitre de l'ouvrage)

Qui est membre à vie du Conseil constitutionnel ?

A – les anciens Présidents de la République
B – les anciens Présidents du Sénat
C – les anciens Présidents de l'Assemblée nationale
D – les anciens Vice-Présidents du Conseil d'État

Le Conseil constitutionnel peut être saisi par

A – le Président du Conseil économique, social et environnemental
B – le Gouvernement
C – le Président du Sénat
D – le Vice-Président du Conseil d'État

Ne fait pas en principe partie du bloc de constitutionnalité

A – un principe fondamental reconnu par les lois de la République
B – la déclaration des droits de l'homme et du citoyen de 1789
C – le préambule de la Constitution de 1946
D – un traité

Le Conseil constitutionnel

A – veille à la régularité de toutes les élections
B – proclame les résultats des référendums prévus aux articles 11 et 89 et au titre XV
C – proclame les résultats des élections des députés
D – proclame les résultats des élections des sénateurs

Le Président de la République

A – préside le Conseil supérieur de la magistrature
B – est garant de l'indépendance de l'autorité judiciaire

C – ne désigne aucun membre du Conseil supérieur de la magistrature
D – consulte le Conseil supérieur de la magistrature lorsqu'il exerce son droit de grâce

Qui selon les termes de la Constitution « veille au respect de la Constitution » ?
A – le Conseil constitutionnel
B – le Conseil d'État
C – l'autorité judiciaire
D – le Président de la République

Laquelle de ces dispositions ne prévoit pas une saisine du Conseil constitutionnel ?
A – l'article 16
B – l'article 54
C – l'article 61
D – l'article 89

La question prioritaire de constitutionnalité
A – doit être posée avant la promulgation du texte contesté
B – ne peut être posée que sur un texte déjà examiné par le Conseil constitutionnel
C – se fait sur renvoi du Conseil d'État ou de la Cour de cassation
D – peut être adressée au Conseil constitutionnel par tout citoyen

Lequel de ces textes n'est pas obligatoirement soumis au Conseil constitutionnel ?
A – une loi constitutionnelle
B – une loi organique
C – le règlement d'une Assemblée
D – les propositions de loi mentionnées à l'article 11

Le Conseil supérieur de la magistrature
A – contient deux formations, une pour le siège, une pour le parquet
B – est composé majoritairement de magistrats judiciaires
C – n'intervient que sur les nominations des magistrats
D – ne peut pas être saisi par un justiciable

Le statut des magistrats
A – est l'objet d'une loi ordinaire
B – prévoit l'inamovibilité de tous les magistrats
C – est contrôlé par le Conseil constitutionnel
D – s'applique aux juges judiciaires et administratifs

Le défenseur des droits
A – est gardien de la liberté individuelle et assure le respect de ce principe
B – veille au respect des droits et libertés par les administrations de l'État, les collectivités territoriales et les établissements publics
C – est nommé par le Conseil supérieur de la magistrature
D – ne peut se saisir d'office

Chapitre 12

Questionnaires à choix multiples

Section I. Présentation de l'exercice

À la fin de chacun des chapitres précédents figure un ensemble de questions pour lesquelles plusieurs réponses ont été proposées.

Le QCM, le questionnaire à choix multiples, est un exercice utile pour se tester. Il a ses limites ; il ne suffit pas de bien répondre à ce genre de questionnaire pour savoir rédiger une bonne copie. Inversement, rencontrer des difficultés pour bien répondre à ce genre de questionnaires ne signifie pas que tout est perdu. Le QCM est un indicateur. Il permet déceler des faiblesses ou au contraire des forces. Il faut alors en tirer des conséquences.

Ce genre d'exercice n'est pas toujours soumis aux mêmes règles.

Deux paramètres peuvent ainsi varier : le nombre de réponses justes est ou non précisé ; la notation peut être différente. L'exercice est plus délicat si l'on ne connaît pas le nombre de bonnes réponses à chaque question. La notation peut traiter identiquement une absence de réponse et une réponse inexacte et accorder à ces cas zéro ; mais elle peut aussi inciter à la prudence et ne donner zéro qu'à l'absence de réponse mais enlever un point à une réponse fausse ; dans ce cas on peut valoriser la bonne réponse en lui accordant plus donc deux ou trois points. Lorsqu'on a une telle épreuve, il faut être attentif aux règles de l'exercice.

Un élément complémentaire est le temps accordé pour répondre. Il doit être assez court pour chaque question. Il faut être rapide. On doit bien lire la question, les réponses proposées mais il ne faut pas dépasser quelques dizaines de secondes pour chaque question. Il ne s'agit pas d'une épreuve de réflexion approfondie mais un test de connaissances. On sait ou non.

Dans les exercices proposés ici, on a à chaque fois quatre possibilités mais une seule est exacte. Les réponses avec corrigé sont situées dans la seconde section de ce dernier chapitre.

Section II. Réponses et corrigés des QCM de chaque chapitre

Les bonnes réponses sont inscrites en gras

Questions sur les thèmes du chapitre II. La Constitution

L'établissement d'une nouvelle Constitution implique

A – l'élection d'une constituante

B – la formation d'un groupe d'experts

C – le recours à différentes méthodes

D – le vote d'un référendum

Il n'y a pas de méthode préétablie pour préparer une Constitution. L'histoire constitutionnelle montre la diversité des possibilités. La bonne réponse est C.

Une Constitution

A – est toujours écrite

B – garantit à l'État qui s'en dote un caractère démocratique

C – ne peut être modifiée que dans les mêmes conditions où elle a été acceptée

D – peut comporter une déclaration de droits

Même si une Constitution n'incorpore pas toujours une déclaration de droits – la IIIe République n'en avait pas – beaucoup intègrent ce type d'éléments. La bonne réponse est D. Le caractère écrit ne s'impose pas – cf. le Royaume-Uni ; la rédaction d'une Constitution n'est pas une garantie pour établir une démocratie comme le montre la situation de la majorité des pays du monde ; quant au parallélisme des formes il est absent en France comme l'illustre la rareté des révisions constitutionnelles soumises au référendum. Les réponses A, B et C sont inexactes.

Le contrôle du respect de la Constitution

A – est toujours prévu par le texte constitutionnel

B – peut résulter de l'initiative d'un organe de l'État

C – n'a été mis en œuvre qu'au XXe siècle

D – ne peut se faire que pour les actes législatifs

La Constitution américaine de 1787 n'a rien prévu en matière de contrôle de constitutionnalité ; la Cour suprême s'est chargée de ce rôle dès le début du XIXe siècle. La bonne réponse est donc B. Pratiquement aucune Constitution avant 1958 n'avait en France établi de contrôle de constitutionnalité. Le Sénat conservateur du Consulat n'a pas vraiment joué ce rôle. La hiérarchie des normes plaçant au sommet la Constitution, ce sont toutes les règles et non pas seulement les lois qui doivent se conformer à la Constitution. Les réponses A, C et D sont fausses.

Une Constitution rigide

A – est celle qui établit un régime autoritaire

B – peut difficilement être modifiée

C – est celle qui sépare strictement les pouvoirs

D – définit précisément les rôles respectifs de l'exécutif et du législatif

La rigidité d'un texte renvoie à la facilité avec laquelle il peut être changé.

La théorie de la séparation des pouvoirs est attribuée à

A – James Cook

B – John Locke

C – Adam Smith

D – Jonathan Swift

Ne pas confondre le philosophe britannique du XVIIe siècle avec le célèbre navigateur britannique du siècle suivant, l'auteur de la Richesse des Nations et celui des voyages de Gulliver.

Dans quel ouvrage, Montesquieu s'intéresse-t-il aux régimes de plusieurs États ?

A – Qu'est-ce que le Tiers-État ?

B – L'itinéraire de Rome à Jérusalem

C – Le Nœud gordien

D – L'esprit des lois

Les ouvrages cités en A, B et C sont respectivement de l'Abbé Sieyès, Chateaubriand et Georges Pompidou.

Où figure la formule « Toute Société dans laquelle la garantie des droits n'est pas assurée, ni la séparation des pouvoirs déterminée, n'a point de Constitution » ?

A – Dans un ouvrage de l'Abbé Sieyès

B – Dans l'acte d'Habeas Corpus

C – Dans la déclaration d'indépendance américaine

D – À l'article 16 de la déclaration des droits de l'homme et du citoyen de 1789

La Constitution des États-Unis a été l'objet d'une dizaine d'amendements

A – pratiquement immédiatement après son entrée en vigueur

B – juste après la fin de la guerre de sécession

C – pour permettre la politique de New Deal

D – à l'issue de la seconde guerre mondiale

La Constitution de 1787 a été amendée pratiquement dès son entrée en vigueur.

Dans la pyramide de Kelsen

A – la Constitution est à égalité avec les traités

B – les traités peuvent être supérieurs à la Constitution

C – la Constitution est supérieure à tous les textes juridiques

D – la Constitution doit respecter la loi naturelle

La réponse B serait acceptée par la Cour de justice de l'Union européenne et la réponse D satisfait les partisans du jusnaturalisme.

La formule « la liberté de la presse est un des plus forts bastions de la liberté de l'État et ne peut être restreinte que dans les gouvernements despotiques » figure

A – dans l'Act d'Habeas Corpus de 1679

B – dans le Bill of Rights pris en 1689 par le Parlement britannique

C – dans la Déclaration des droits de Virginie de 1776

D – dans la Déclaration des droits de l'homme et du citoyen

La Déclaration des droits de Virginie dont le texte est reproduit dans l'ouvrage au chapitre II contient au point 14 cette disposition qui témoigne de l'attachement des Américains à cette liberté. La bonne réponse est C.

Selon l'article 89 de la Constitution de la Ve République

A – la forme républicaine du gouvernement ne peut faire l'objet d'une révision

B – la procédure de révision de la Constitution ne peut être modifiée

C – on ne peut réviser la même disposition deux fois en moins d'un an

D – le préambule de la Constitution ne peut être modifié

Proposée en réponse A, cette restriction portant sur le fond des dispositions pouvant figurer dans une révision est la seule mentionnée à l'article 89. Elle reproduit une formule existant dans les dispositions constitutionnelles antérieures à la Ve République. Les restrictions mentionnées aux réponses B, C et D ne sont pas prévues.

Dans une Constitution figurent des dispositions portant sur

A – le mode de scrutin permettant de désigner les élus

B – les conditions de révision des règles constitutionnelles

C – les mécanismes permettant de garantir le respect de la Constitution

D – les principales institutions d'un État

Rien n'interdit au texte constitutionnel de comporter des indications portant sur les modes de scrutin, la révision et le contrôle de constitutionnalité ; les Constitutions contiennent souvent des indications sur ces points mais ce n'est pas systématique ; l'insertion de dispositions sur le contrôle est relativement récente ; quant aux modes de scrutin, le texte français n'évoque que les règles pour la désignation du Président ; la révision n'est pas toujours explicitement prévue ; les réponses A, B et C sont inexactes. En revanche, une Constitution traite toujours des institutions d'un État ; la bonne réponse est D.

L'élaboration d'une nouvelle Constitution

A – ne peut se faire en temps de guerre

B – exige la convocation d'une assemblée constituante

C – s'impose à la suite d'un conflit militaire
D – n'est soumise à aucune règle a priori
On peut juger inopportun l'établissement d'une Constitution en temps de tension comme la guerre ou à l'inverse vouloir changer les institutions après un conflit ; il n'y a pourtant aucune relation de cause à effet ; la France révolutionnaire a préparé plusieurs Constitutions alors qu'elle était en conflit avec pratiquement le reste de l'Europe ; après la fin de la première guerre mondiale la IIIe République a été maintenue. Le recours à une constituante est fréquemment utilisé mais ce n'est nullement obligatoire comme on peut le voir pour la préparation de la Ve République mais aussi les Chartes de 1814 et 1830 sans parler des Constitutions consulaires et impériales. La préparation d'une Constitution n'est pas soumise à une procédure obligatoire ; la bonne réponse est D.

Le gouvernement des juges
A – est la situation dans laquelle les juges ne se contentent pas d'exercer un rôle juridictionnel mais se substituent au Gouvernement
B – est l'autorité politique donnant des instructions aux juges
C – est le code éthique que doivent respecter les magistrats
D – consiste pour les magistrats à garantir la liberté des citoyens
Que l'autorité judiciaire soit gardienne de la liberté individuelle, c'est un principe affirmé par l'article 66 de la Constitution. Que certains magistrats reçoivent des instructions ne les place pas sous une autorité politique. Que les juges tranchent des litiges ne les soumet pas à proprement parler à un code éthique. Ces réponses ne renvoient pas à la notion de gouvernement des juges selon la formule inventée par Edouard Lambert pour marquer l'extension du rôle des magistrats par rapport à leurs fonctions juridictionnelles. La bonne réponse est A.

Pendant les périodes de transition constitutionnelle
A – on doit continuer d'appliquer provisoirement la Constitution précédente
B – il n'y a aucun cadre applicable
C – on doit élire une convention
D – des situations diverses peuvent être constatées
Les hypothèses évoquées aux réponses A, B et C peuvent tout à fait se rencontrer mais on ne peut en faire une règle générale et absolue. On peut tout à fait vouloir éviter au plan institutionnel les solutions de continuité ; on applique alors le schéma antérieur ; on peut immédiatement suspendre au contraire ce qui précédait et se retrouver sans cadre précis ; on peut élire une convention chargée de préparer le nouveau dispositif. La réponse D se réfère à la diversité des cas de figure.

Lequel de ces ouvrages n'est pas de Tocqueville ?
A – L'ancien régime et la révolution
B – De la démocratie en Amérique
C – Du système pénitentiaire aux États-Unis et de son application en France
D – Recherches sur la nature et les causes de la richesse des Nations
La célébrité de Tocqueville ne résulte pas d'une profusion d'ouvrages mais de quelques livres marquants : l'ancien régime et la révolution et de la démocratie en Amérique ont eu et ont encore un succès considérable. Du système pénitentiaire est sa première œuvre publiée ; il avait écrit ce rapport avec Gustave de Beaumont. Le dernier ouvrage mentionné est du Britannique Adam Smith.

Questions sur les thèmes du chapitre III. Les différents types de régimes

Lequel de ces Chefs d'État est élu au suffrage universel indirect ?

A – Le Président autrichien
B – le Président français
C – le Président de la Fédération de Russie
D – le Président des États-Unis

Les Présidents autrichien, français et russe sont élus au suffrage universel direct, ce qui n'est pas le cas du Président américain désigné par les grands électeurs. Ceux-ci, en nombre égal aux membres du Congrès, sont élus par les citoyens dans chaque État de la fédération.

Le droit de dissolution peut être prononcé à l'encontre

A – de la Chambre des Représentants aux États-Unis
B – du Sénat des États-Unis
C – du Bundesrat
D – du Bundestag

Le droit de dissolution n'étant pas prévu aux États-Unis, les réponses A et B sont fausses. En Allemagne, le Bundesrat, composé de délégués des exécutifs des Länder, ne peut être dissous. La bonne réponse est D car la chambre basse allemande peut, en suivant une procédure très précise, être dissoute, ce qui a déjà été le cas à plusieurs reprises.

L'Allemagne n'a un régime fédéral que

A – depuis le XIXe siècle
B – depuis la république de Weimar
C – depuis 1949
D – la réunification

L'Empire allemand après l'unité allemande de 1871 est, comme la république de Weimar, un régime unitaire (Réponses A et B fausses). La réunification de 1990 (Réponse D) s'est faite dans le cadre constitutionnel existant qui était déjà fédéral. L'Allemagne est fédérale depuis 1949. La bonne réponse est C qui donne l'année de la Constitution allemande.

Un régime parlementaire dans lequel le Gouvernement ne dépend que du Chef de l'État quand bien même il reste responsable devant le Parlement est

A – dualiste
B – orléaniste
C – moniste
D – moniste inversé

Les régimes parlementaires classiques peuvent être monistes, avec une responsabilité gouvernementale devant le seul Parlement (réponse C) dualistes et orléanistes (réponses A et B), avec une responsabilité à la fois devant le Chef de l'État et le Parlement. Le monisme inversé correspond à un renversement des choses dans le fonctionnement des institutions ; c'est ce que l'on constate sous la Ve République ; la bonne réponse est D.

Un régime ne peut être à la fois

A – monarchique et parlementaire
B – républicain et parlementaire
C – républicain et présidentiel
D – monarchique et présidentiel

L'hypothèse A n'est pas impossible comme le montre le Royaume-Uni ; l'hypothèse B est celle que l'on retrouve en Italie ou en Allemagne actuellement et en France sous les III et IVe Républiques. L'hypothèse C n'est également pas exclue comme le montrent les États-Unis. En revanche, il y a une contradiction dans les termes avec la réponse D, les régimes présidentiels étant nécessairement républicains. La bonne réponse est D.

Laquelle de ces structures est-elle confédérale ?

A – la Suisse
B – l'Union européenne
C – l'ONU
D – la RFA

La Suisse est de façon anachronique appelée Confédération helvétique mais elle a comme l'Allemagne un régime fédéral. L'Union européenne a une ambition fédérale mais sa construction reste confédérale ; elle est fondée sur des traités conclus entre États indépendants. C'est une construction confédérale ; la bonne réponse est B.

Lequel de ces États est unitaire ?

A – la Belgique
B – la Suisse
C – la Russie
D – l'Italie

La décentralisation poussée que connaît l'Italie la rapproche d'un système fédéral mais elle reste un État unitaire contrairement aux autres États mentionnés. La Belgique a longtemps eu une Constitution unitaire.

Lequel de ces pays est une république ?

A – la Suède
B – le Danemark
C – la Suisse
D – le Maroc

La Suisse est une des plus anciennes républiques de l'histoire moderne. Les trois autres pays sont des monarchies ; les réponses A, B et D sont fausses.

Lequel de ces pays est une monarchie ?

A – l'Espagne
B – le Portugal
C – l'Italie
D – la Grèce

L'Espagne a été une république ; après la mort de Franco, un membre de la famille Bourbon descendant en ligne directe de Louis XIV est monté sur le trône d'Espagne. La bonne réponse est A. L'Italie, le Portugal et la Grèce ont été des monarchies mais elles ne le sont plus. Les réponses B, C et D sont fausses.

Dans un régime parlementaire

A – il faut deux Chambres
B – le Chef de l'État peut être renversé
C – le droit de dissolution doit être prévu
D – le Chef de l'État ne peut être élu au suffrage universel

Rien n'interdit d'avoir un régime parlementaire avec une seule assemblée ; le Chef de l'État est en général intouchable ; rien n'exclut qu'il soit élu au suffrage universel ; la dissolution est en revanche indispensable. La bonne réponse est C.

Dans un régime présidentiel

A – le droit de dissolution n'existe pas

B – les Chambres doivent avoir les mêmes prérogatives

C – le Chef de l'État doit être élu au suffrage universel direct

D – une des Chambres peut mettre en cause la responsabilité du Président

Le Président américain est élu au suffrage indirect ; les deux Chambres américaines n'ont pas exactement les mêmes prérogatives ; l'impeachment américain ne permet pas une mise en cause politique du Président ; la dissolution ne peut être prévue.

Le parlementarisme rationalisé

A – a été imaginé au Royaume-Uni

B – est un ensemble de pratiques coutumières

C – exige une Constitution écrite

D – est un ensemble de règles favorables au Parlement

Les mécanismes du parlementarisme rationalisé sont précis ; ils sont écrits.

Dans un régime d'assemblée

A – l'exécutif peut dissoudre le Parlement

B – l'exécutif est collégial

C – les Chambres déterminent la politique que doit mener l'exécutif

D – l'exécutif est élu au suffrage universel direct

La réponse C décrit ce qui est prévu dans un régime d'assemblée. Il peut y avoir des nuances par rapport à cette règle en raison comme en Suisse de la continuité des fonctions occupées par les membres de l'exécutif.

Qui a déclaré « J'assume totalement la « verticalité » du pouvoir qui croise l'horizontalité de l'action politique » ?

A – Nicolas Sarkozy

B – Donald Trump

C – Vladimir Poutine

D – Emmanuel Macron

On a reproché à Nicolas Sarkozy son « hyperprésidence », à Vladimir Poutine de diriger une « démocrature », à Donald Trump son « America first ». Le propos cité est du président français élu en 2017 et a été publié dans la Nouvelle revue française en avril 2018.

Questions sur les thèmes du chapitre IV – La démocratie

En Allemagne fédérale, le nombre total d'élus pour chaque parti au Bundestag

A – résulte de la somme du nombre d'élus à la proportionnelle dans chaque Land corrigée le cas échéant par l'élection de députés dans les circonscriptions

B – est l'addition du nombre d'élus à la proportionnelle et de celui au scrutin majoritaire

C – résulte de l'application au niveau fédéral de la proportionnelle

D – résulte de la somme du nombre d'élus au scrutin majoritaire à un tour dans les circonscriptions internes aux Länder

Les élections législatives pour le Bundestag se font au niveau des Länder et la proportionnelle permet de déterminer le nombre total d'élus pour chaque parti même si sur ce nombre une partie aura été élue dans les circonscriptions à l'intérieur du Land.

Le scrutin majoritaire à un tour n'est pas utilisé

A – en France pour l'élection des députés

B – en Allemagne pour la désignation des membres du Bundestag

C – au Royaume-Uni pour l'élection des députés à la Chambre des Communes
D – aux États-Unis pour l'élection des sénateurs

L'existence d'un deuxième tour est une spécificité française ; on ne retrouve pas cette règle en Allemagne, aux États-Unis ou au Royaume-Uni.

Dans quelle démocratie, le recours au référendum est exceptionnel ?
A – aux États-Unis
B – en Italie
C – en Allemagne fédérale
D – en Suisse

L'Allemagne fédérale ne fait pratiquement pas usage du référendum ; les trois autres pays pratiquent en revanche la démocratie semi-directe ; aux États-Unis, il s'agit de consultations au niveau local et des États fédérés.

La représentation proportionnelle
A – peut être utilisée pour désigner le Chef de l'État
B – ne peut pas être à deux tours
C – est appliquée uniquement au niveau national
D – exige la détermination d'un quotient

La répartition des sièges impose plusieurs calculs ; on divise le nombre de suffrages exprimés par le nombre de sièges pour obtenir le quotient ; la France pratique la proportionnelle à deux tours aux régionales ; sauf à imaginer un Président composite, on ne peut utiliser la proportionnelle pour les Présidentielles.

Les scrutins mixtes
A – sont destinés à assurer l'égale représentation des femmes et des hommes
B – permettent la désignation d'élus au niveau national et local
C – comportent des éléments de proportionnelle et de scrutin majoritaire
D – ne sont jamais utilisés en France

La réponse A se réfère à la parité ; la France utilise une forme de scrutin mixte pour les élections municipales des plus grandes communes.

Avec le scrutin majoritaire, les élus
A – ont au moins 50 % des voix
B – ont au moins 50 % des inscrits
C – sont ceux qui ont eu plus de voix sans nécessairement atteindre 50 %
D – sont toujours désignés lors du premier tour

Avoir la majorité ne signifie pas avoir plus de 50 % ; beaucoup de pays font appel au scrutin majoritaire à un tour mais ce n'est pas systématique.

Le référendum est obligatoire en France
A – lorsque la révision constitutionnelle a été proposée par les parlementaires
B – lorsque la révision constitutionnelle est proposée par l'exécutif
C – lorsque le vote de la révision par les Chambres en termes identiques n'atteint pas la majorité des membres de chaque Assemblée
D – lorsque le Congrès n'a pas atteint la majorité des trois cinquièmes

Aucun passage par le Congrès n'est possible lorsque l'initiative de révision est parlementaire.

La ratification de l'adhésion d'un nouvel État membre de l'Union européenne
A – exige toujours un référendum en France
B – exige un vote des deux Chambres à la majorité des membres de chaque assemblée

C – exige un référendum sauf si chaque Assemblée vote une motion en faveur de l'adhésion à la majorité des trois cinquièmes
D – n'appelle aucune intervention du Parlement

La réponse à cette question a varié. Le Président Georges Pompidou a sollicité la position des Français sur l'entrée des Britanniques dans la CEE ; aucune règle n'a longtemps été prévue ; le référendum est devenu obligatoire avant la dernière modification qui en principe exige le référendum mais permet par dérogation l'intervention des parlementaires.

Questions sur les thèmes dus thèmes du chapitre V - Les acteurs de la vie démocratique

En France, le nombre d'élus politiques est environ de
A – 500 000 personnes
B – 200 000 personnes
C – 100 000 personnes
D – 50 000 personnes

La plupart des élus sont municipaux en raison du nombre élevé de communes.

Les partis politiques
A – peuvent être interdits par le Conseil constitutionnel en France
B – peuvent être interdits par le Tribunal constitutionnel allemand
C – doivent être autorisés par la Cour suprême américaine
D – ne sont reconnus au Royaume-Uni que s'ils ont de députés

La Loi fondamentale allemande de 1949 permet cette possibilité, ce qu'avait envisagé le constituant français.

Lorsqu'ils désignent leurs candidats
A – les partis doivent organiser des primaires
B – les partis leur accordent l'investiture
C – les partis consultent leurs adhérents
D – les partis financent leur campagne

Les partis sont libres dans le choix de leurs candidats : l'investiture exprime ce choix.

Selon la réglementation française, les partis politiques
A – doivent avoir au moins 10 000 adhérents
B – doivent avoir au moins 100 élus locaux
C – sont libres de leur organisation
D – sont tenus de rendre leurs comptes publics

L'article 4 de la Constitution affirme la liberté des partis ; des obligations comptables ne s'imposent qu'à ceux qui souhaitent bénéficier d'un financement public.

La Constitution de 1958
A – indique qu'il faut avoir dix-huit ans pour voter
B – ne contient aucune indication sur le droit de vote
C – permet aux citoyens de l'Union européenne de voter aux élections européennes
D – permet aux nationaux majeurs des deux sexes d'être électeurs

La réponse D reproduit la formule figurant à l'article 3.

Les Français établis hors de France
A – sont représentés uniquement au Sénat
B – sont représentés uniquement à l'Assemblée nationale
C – ne sont pas représentés au Parlement
D – sont représentés au Sénat et à l'Assemblée nationale

L'article 24 de la Constitution a été modifié dans le sens indiqué à la réponse D.

Questions sur les thèmes du chapitre VI. Les régimes étrangers

Le Président de la République fédérale d'Allemagne est élu

A – par le Bundestag
B – par le Bundesrat
C – par une assemblée composée des membres du Bundesrat et du Bundestag
D – par une assemblée constituée d'autant de représentants du Bundestag que du Bundesrat

Le système mentionné en D permet de mettre à égalité les deux Chambres allemandes pour la désignation du Président fédéral ; il n'en serait pas ainsi avec la réponse C car les membres du Bundestag sont beaucoup plus nombreux que ceux du Bundesrat.

Les membres de la Chambre des Représentants aux États-Unis sont

A – désignés pour un mandat de 2 ans
B – désignés pour un mandat de 4 ans
C – désignés pour un mandat de 6 ans
D – deux par État

– *La durée des mandats à la Chambre des Représentants est très courte mais beaucoup de ses membres sont réélus. Le nombre de représentants par État dépend de sa population, contrairement à celui de sénateurs strictement égal pour tous les États.*

Le Président des États-Unis est

A – élu au suffrage universel direct
B – désigné par des grands électeurs en nombre égal à celui des sénateurs
C – désigné par des grands électeurs en nombre égal à celui des membres du Congrès
D – désigné par des grands électeurs en nombre égal à celui des représentants

Dans chaque État, les électeurs désignent des grands électeurs en nombre égal à celui des membres du Congrès élus dans cet État ; le suffrage est universel mais indirect.

Le Premier ministre britannique

A – peut être membre de la Chambre des Lords
B – ne peut plus être le leader de son parti
C – doit être membre de la Chambre des Communes
D – ne peut exercer ses fonctions au-delà de 10 ans

Il fut possible d'être Premier ministre en étant membre de la Chambre des Lords mais l'amenuisement de son rôle a conduit à exclure cette hypothèse ; un Lord peut cependant se faire élire à la Chambre des Communes et éventuellement accéder à la tête du Gouvernement.

Au Royaume-Uni, le Speaker

A – est le porte-parole du Roi
B – est le président de la chambre des Communes
C – est le ministre des relations avec le Parlement
D – est le délégué du Premier ministre

Le titre de Speaker exprime le rôle assez différent de celui des Présidents des Chambres dans les autres pays où il est plus politique.

Lorsqu'un député britannique doit cesser ses fonctions

A – il n'est pas remplacé jusqu'à la prochaine élection générale
B – il est remplacé par son suppléant

C – **une élection partielle est organisée**
D – son parti désigne un remplaçant

Au Royaume-Uni, on ne désigne qu'un candidat ; il n'a pas de suppléant ; si le MP ne peut plus remplir ses fonctions, les électeurs sont appelés à le remplacer.

Le Chancelier allemand
A – est désigné par le Bundestag et le Bundesrat
B – quitte le Parlement allemand lorsqu'il est désigné
C – ne peut être renversé que si l'on lui désigne un successeur
D – ne peut avoir recours à la dissolution

La Loi fondamentale a instauré la « motion de censure constructive » qui exige de trouver un successeur au Chancelier contesté.

Les membres du Bundesrat
A – sont élus directement par les électeurs de chaque Land
B – sont des membres des Gouvernements de chaque Land
C – sont en nombre égal pour chaque Land
D – sont tous élus le même jour

Les membres du Bundesrat sont des membres des Gouvernements des Länder en nombre différent selon la population du Land. Les électeurs sont appelés à voter pour les assemblées des Länder ; ces élections ne sont pas toutes organisées le même jour et ne visent pas à désigner directement les membres du Bundesrat.

La « formule magique » établissait en Suisse
A – la représentation des cantons suisses au sein du Conseil fédéral
B – une représentation stable des partis au sein du Conseil fédéral
C – une rotation dans le temps des membres du Conseil fédéral
D – un partage linguistique entre les membres du Conseil fédéral

À la base, la « formule magique » établit une représentation stable entre les partis ; des considérations périphériques comme l'origine cantonale des élus, leur langue maternelle peuvent intervenir dans le choix mais ces considérations ne fondent pas la formule magique.

Les membres de la Cour suprême aux États-Unis
A – ont un mandat de 15 ans
B – sont désignés par le Président des États-Unis au début de son mandat
C – exercent leurs fonctions à vie
D – jugent le Président lors de la procédure d'impeachment

Les juges à la Cour suprême sont nommés à vie ; ils peuvent démissionner.

En Allemagne fédérale, la grande coalition
A – est l'alliance électorale la plus durable de l'histoire du pays
B – a été constituée pour la première fois sous l'égide d'Angela Merkel
C – réunit des partis opposés pendant la campagne des législatives
D – réunissait en 1949 les nouveaux partis démocratiques constitués à la naissance du nouveau régime

La formation d'une grande coalition est liée aux résultats des élections et n'a pas été initiée par Mme Merkel.

Au Royaume-Uni
A – les deux Chambres du Parlement sont à égalité
B – les prérogatives des deux Chambres sont stables depuis deux siècles

C – le rôle des Chambres ne résulte que de la coutume

D – Des Parliament Acts peuvent modifier les rôles des Chambres

Longtemps à égalité, les deux Chambres britanniques n'ont plus les mêmes rôles ; les Parliament Acts ont réduit les droits de la Chambre des Lords.

La Chambre des Lords

A – ne comporte plus actuellement de membres héréditaires

B – reste composée d'une majorité de membres héréditaires

C – réunit uniquement membres à vie et membres héréditaires

D – comporte des ecclésiastiques

Les hauts dignitaires de l'Église anglicane appartiennent de droit à la Chambre des Lords.

Le Président des États-Unis

A – ne peut exercer plus de deux mandats consécutifs

B – ne peut exercer plus de trois mandats

C – ne peut exercer plus de deux mandats

D – peut exercer sans limites plusieurs mandats

La limitation à deux mandats fut longtemps une coutume ; Roosevelt bénéficia cependant d'une dérogation ; la règle est à présent inscrite dans la Constitution.

Depuis les élections de mi-mandat de 2022

A – Les républicains dominent les deux chambres

B – Les républicains dominent uniquement la chambre des représentants

C – Les démocrates ont plus de la moitié des sénateurs

D – Les démocrates ont la majorité relative à la chambre des représentants

Aux élections de mi-mandat, les républicains ont acquis la majorité absolue à la chambre des représentants et ont plus de sénateurs que les démocrates mais ceux-ci bénéficient de l'appui de sénateurs indépendants.

Questions sur les thèmes du chapitre VII. Histoire constitutionnelle française

Qui n'est pas évoqué dans les lois constitutionnelles de 1875 ?

A – le Président de la République

B – le Sénat

C – la Chambre des Députés

D – le Président du Conseil

La loi constitutionnelle du 24 février 1875 est relative à l'organisation du Sénat ; la réponse B est fausse. Les lois constitutionnelles du 25 février 1875 relatives à l'organisation des pouvoirs publics et du 16 juillet 1875 relative aux rapports des pouvoirs publics évoquent le Président de la République, la Chambre des députés et le Sénat ; les réponses A et C sont fausses. Le Président de Conseil n'est jamais mentionné dans ces trois lois. La bonne réponse est D.

Napoléon III est

A – le petit-fils de Napoléon Ier

B – le neveu de Napoléon Ier

C – le fils de Napoléon II

D – le frère du Roi de Rome

Napoléon n'a pas eu de petit-fils ; la réponse A est fausse. Son fils était le Roi de Rome, appelé également Napoléon II ; il est mort enfant et donc sans postérité ; la réponse C est fausse. Napoléon n'a eu qu'un seul enfant ; le Roi de Rome n'a pas eu de frère ;

la réponse D est fausse. Charles-Louis Bonaparte dit Louis-Napoléon Bonaparte est le 3e fils de Louis Bonaparte, frère de Napoléon et de Hortense de Beauharnais. La bonne réponse est B.

Le dernier Président du Conseil de la IVe République fut

A – Maurice Bourgès-Maunoury

B – Félix Gaillard

C – Pierre Pfimlin

D – Charles de Gaulle

Les réponses A, B et C donnent les noms des prédécesseurs du général de Gaulle à la présidence du Conseil de la IVe République. Le général de Gaulle fut le dernier Chef du Gouvernement de ce régime.

La fuite du Roi Louis XVI à Varennes date

A – de 1789

B – de 1790

C – de 1791 avant l'entrée en vigueur de la Constitution

D – de 1791 après l'entrée en vigueur de la Constitution

La fuite du Roi date des 20 et 21 juin 1791, plus courte nuit de l'année, ce qui facilitait les déplacements. La Constitution était déjà largement rédigée à ce moment mais elle ne fut terminée que le 3 septembre 1791 et acceptée par le Roi les 13 et 14 septembre 1791. Son départ pour Varennes est ainsi antérieur à l'entrée en vigueur de la Constitution. La bonne réponse est C.

La fin de la Seconde République résulte

A – de la Commune de Paris

B – de la défaite de Sedan

C – de la Révolution de 1848

D – du Coup d'État du 2 décembre

La Commune de Paris date de 1871 et est un mouvement insurrectionnel de soulèvement contre le Gouvernement d'Adolphe Thiers formé après la fin du Second Empire. La réponse A est fausse. La défaite de Sedan de 1870 conduit à la chute du Second Empire. La réponse B est fausse. La Révolution de 1848 provoque la fin de la monarchie de juillet et la proclamation de la Seconde République. La réponse C est fausse. Le Coup d'État du 2 décembre 1851 conduit à la fin de la Seconde République. La bonne réponse est D.

Lequel de ces quatre monarques n'est pas le frère des trois autres ?

A – Louis XVI

B – Louis XVIII

C – Charles X

D – Louis-Philippe Ier

Louis-Auguste de France, Duc de Berry, le futur Louis XVI, est le petit-fils de Louis XV. Ses deux frères puinés, Louis Stanislas Xavier, Comte de Provence et Charles Philippe, Comte d'Artois, deviendront également Rois de France sous la Restauration sous les noms de Louis XVIII et de Charles X. Ils sont issus de la branche de la famille royale descendant du fils aîné de Louis XIII, le futur Louis XIV. Louis-Philippe Ier est leur cousin. Il descend du second fils de Louis XIII, le Duc d'Orléans. Louis-Philippe régna après l'abdication de Charles X et la naissance de la monarchie de juillet.

Louis-Napoléon Bonaparte n'a jamais été

A – député

B – sénateur

C – Président de la République

D – Empereur

Louis-Napoléon Bonaparte a été élu député en juin 1848, démissionna de ce mandat puis fut réélu en septembre 1848. Il fut en décembre de la même année élu Président de la Seconde République. Après le Coup d'État du 2 décembre il prolongea son mandat avant de se faire proclamer Empereur. En revanche, il ne fut jamais sénateur.

Laquelle de ces Constitutions instaure-t-elle un organe conservateur de la Constitution ?

A – Le Directoire

B – Le Consulat

C – La Monarchie de juillet

D – La Seconde République

La Constitution du Consulat instaure un « Sénat conservateur de la Constitution » ; il n'eut pas de rôle effectif mais le principe d'un contrôle est prévu, ce que le texte précédent, celui du Directoire, et des Constitutions plus récentes, celles de 1830 et de 1848 n'ont pas intégré.

Le Conseil d'État est instauré par la Constitution

A – du Directoire

B – du Consulat

C – du Premier Empire

D – du Second Empire

Si un Conseil d'État existait sous l'Ancien régime, l'institution actuelle a été créée par la Constitution de l'an VIII, celle du Consulat. Les Constitutions impériales ultérieures n'ont évidemment pas remis en cause cet organe mais elles ne l'ont pas établi.

Lequel de ces souverains n'a pas dû abdiquer ?

A – Napoléon Ier

B – Louis-Philippe Ier

C – Charles X

D – Louis XVIII

Seul le Roi Louis XVIII a, parmi ces différents monarques, achevé paisiblement son règne ; les trois autres ont dû renoncer au trône, en 1814 pour Napoléon, en 1830 pour Charles X, en 1848 pour Louis Philippe.

Le premier Président de la République de l'histoire de France

A – a été élu au suffrage universel direct

B – a été élu par les deux assemblées

C – a été élu par un collège de grands électeurs proche de celui désignant les sénateurs

D – a été désigné par une assemblée constituante

La première République n'a pas confié à une personne la tête de l'État. Il faut attendre la Constitution de la Seconde République de 1848 pour que soit désigné un Président de la République ; il le fut au suffrage universel direct masculin. L'élection par les chambres réunies en Assemblée nationale fut décidée ultérieurement par les lois constitutionnelles de 1875. La formation d'un collège électoral proche de celui désignant les sénateurs fut prévue par la Constitution dans sa version initiale en 1958. L'hypothèse D n'a jamais été suivie.

Pour laquelle de ces Constitutions n'y a-t-il pas eu de consultation populaire approuvant le texte ?

A – le Second Empire

B – la IIIe République

C – 27 octobre 1946
D – 4 octobre 1958
Les lois constitutionnelles de 1875 furent seulement votées par la Chambre ; il n'y eut aucune consultation des citoyens, référendaire ou plébiscitaire.

La première Constitution républicaine française date de
A – 1791
B – 1793
C – 1795
D – 1799
La Constitution de 1793 dite Constitution Montagnarde est de l'an I de la République.

La Charte de 1814
A – restaure la Constitution de 1791
B – a été établie après la révolution de juillet
C – a été préparée par une assemblée constituante
D – est inspirée par le régime britannique
La Charte de 1814 a été octroyée par Louis XVIII ; elle ne rétablit pas le régime de 1791 mais est proche de celui du Royaume-Uni.

Lequel de ces régimes a un Parlement bicaméral ?
A – la Constitution de 1791
B – le Directoire
C – la Seconde République
D – la Constitution de l'an I
Les deux Chambres sont le Conseil des Anciens et le Conseil des 500.

Lequel de ces régimes confie l'exécutif à une seule personne ?
A – la Constitution de 1791
B – la Constitution de l'an I
C – le Directoire
D – le Consulat
Les premières Constitutions républicaines attribuent l'exécutif à plusieurs personnes ; en 1791, le régime est monarchique, le Chef de l'État est le Roi.

Lequel de ces régimes applique le suffrage universel pour la désignation des députés ?
A – le Directoire
B – la Charte de 1814
C – la Charte de 1830
D – le Second Empire
Le Second Empire maintient le suffrage universel masculin établi par la Seconde République ; les trois autres régimes ont recours à un système censitaire.

L'Assemblée nationale
A – est l'une des deux Chambres de la IIIe République
B – est l'une des deux Chambres de la IVe République
C – est l'une des deux Chambres de la Monarchie de juillet
D – est l'une des deux Chambres sous la Restauration
Il faut être attentif aux formules utilisées ; elles sont quelquefois maintenues avec un sens différent.

Laquelle de ces Constitutions n'a pas été préparée par une assemblée constituante ?
A – la Charte de 1814
B – la Constitution de la Seconde République

C – la Constitution de la Troisième République
D – la Constitution de la Quatrième République
Le Roi Louis XVIII a octroyé la Charte de 1814.

Le Président de la IIIe République est élu par
A – l'Assemblée nationale
B – la Chambre des députés
C – le Sénat
D – un collège équivalent à celui désignant les sénateurs
Les Chambres se réunissent en « Assemblée nationale » sous la IIIe République pour désigner le Président de la République.

La « Constitution Grévy »
A – est une révision des lois constitutionnelles de 1875 adoptée au palais Grévy
B – est un projet de nouvelle Constitution proposée par le Président du Sénat
C – correspond à la pratique présidentielle initiée par Jules Grévy après la démission du maréchal de Mac-Mahon
D – met en 1875 un terme aux discussions engagées depuis 1870 sur la nature du nouveau régime
La formule « Constitution Grévy » est donnée à la déclaration du nouveau Président de la République qui indique quelle sera sa pratique de la présidence ; cette pratique sera suivie par ses successeurs.

Le premier projet de Constitution établi en 1946 pour la IVe République
A – prévoyait deux Chambres
B – supprimait la fonction présidentielle
C – ne contenait pas de déclaration de droits
D – ne prévoyait qu'une seule Chambre
Attachés aux premiers régimes républicains français, les auteurs du premier projet de Constitution les avaient suivis en n'instaurant qu'une seule Chambre.

Le septennat présidentiel
A – a été instauré par Bonaparte sous le Consulat
B – a été introduit par la Seconde République
C – a été prévu dans l'attente de la restauration monarchique
D – a été supprimé pendant la Quatrième République
La durée de sept ans a été choisie par les députés monarchistes après la chute du Second Empire. Ils espéraient que dans ce délai ils n'auraient plus qu'un prétendant.

De 1875 à 1940 se sont suivis
A – 78 Gouvernements
B – 104 Gouvernements
C – 153 Gouvernements
D – 210 Gouvernements
Un Gouvernement tient en moyenne moins d'une année sous la IIIe République.

Le droit de dissolution
A – est exclu par la Constitution de 1946
B – peut s'appliquer aux deux Chambres sous la IIIe République
C – ne peut être décidé sous la IIIe République qu'avec l'accord du Sénat
D – est permis dans la Constitution de la Seconde République

Il est curieux de voir que la Chambre qui ne peut être dissoute donne son accord à la dissolution de l'autre assemblée ; Mac-Mahon avait souhaité cette règle.

Le dernier Président du Conseil de la IIIe République est
A – le maréchal Joffre
B – le maréchal Foch
C – le maréchal Pétain
D – le général de Gaulle
Le maréchal Pétain est le dernier Président du Conseil investi sous la IIIe République.

Laquelle de ces Constitutions ne contient pas de déclaration de droits ?
A – la Constitution de 1791
B – la Constitution de l'an I
C – la Constitution de 1848
D – les lois constitutionnelles de 1875
Les lois de 1875 sont très courtes et contiennent moins d'éléments que les textes précédents.

Qui n'a pas été Président de la République ?
A – Georges Clemenceau
B – Raymond Poincaré
C – Louis Napoléon Bonaparte
D – Vincent Auriol
En dépit d'un rôle remarquable pendant la première guerre mondiale, Clemenceau n'a pas réussi à se faire élire par ses collègues parlementaires ; son caractère y est pour beaucoup mais sans doute aussi la crainte de voir la fonction présidentielle transformée.

Qui n'a pas été Président du Conseil ?
A – Charles de Gaulle
B – François Mitterrand
C – Edgar Faure
D – Pierre Mendès-France
Ministre sous la IVe République, François Mitterrand ne fut jamais Président du Conseil.

Questions sur les thèmes du chapitre VIII. La Ve République – l'exécutif

Avant la révision apportée à la durée du mandat présidentiel, un projet en ce sens a été voté par le Parlement sous la présidence de
A – Charles de Gaulle
B – Georges Pompidou
C – Valéry Giscard d'Estaing
D – François Mitterrand
Georges Pompidou engagea le processus de révision mais ne réunit pas le Congrès compte tenu de l'incertitude à obtenir la majorité requise au Congrès.

Georges Pompidou a été Président de la République
A – de 1968 à 1974
B – de 1969 à 1973
C – de 1969 à 1974
D – de 1969 à 1976
Élu pour 7 ans, Georges Pompidou décède en 1974.

Quel Président de la République a accompli au total quatorze ans de mandat ?
A – Charles de Gaulle

B – François Mitterrand
C – Jacques Chirac
D – Nicolas Sarkozy

Seul François Mitterrand a accompli deux mandats entiers de sept ans.

Laquelle de ces affirmations est juste ?

A – Tout candidat à l'élection présidentiel doit en application de la Constitution présenter à l'appui de sa candidature cinq cents signatures d'élus
B – Nul ne peut exercer plus de deux mandats présidentiels consécutifs
C – Nul ne peut exercer plus de deux mandats présidentiels
D – Si, avant le premier tour, un candidat à la présidentielle décède ou se trouve empêché, le Conseil constitutionnel peut prononcer le report de l'élection

La Constitution ne mentionne pas l'exigence des parrainages ; s'il y a une interruption, on peut aller au-delà de deux mandats ; le Conseil constitutionnel doit reporter l'élection s'il y a empêchement ou décès d'un candidat (art. 7). La réponse B reproduit le deuxième alinéa de l'article 6.

L'article 16 peut être engagé sans consultation

A – des membres du Parlement
B – du Président du Sénat
C – du Président de l'Assemblée nationale
D – du Premier ministre

Les parlementaires ne sont pas consultés contrairement aux Présidents des Chambres et au Premier ministre.

Selon l'article 8 de la Constitution

A – le Président de la République peut, de sa propre initiative, mettre fin aux fonctions du Premier ministre
B – le Président nomme les membres du Gouvernement sur proposition du Premier ministre
C – le Président de la République nomme un Premier ministre qui doit obtenir la majorité des voix des députés composant l'Assemblée nationale
D – le Président de la République peut, de sa propre initiative, mettre fin aux fonctions d'un ministre

Il ne faut pas confondre les textes, réponse B, et la pratique, réponses A et D. La réponse C est inexacte car la majorité requise n'est pas celle-là. En outre, l'article 49-1 n'est pas considéré comme impératif.

Le droit de message du Président de la République avec les deux Assemblées

A – permet au Président de prendre la parole devant le Parlement réuni en Congrès
B – ne peut donner lieu à débat
C – ne peut être mis en œuvre que pendant les sessions
D – se fait uniquement par la lecture du message hors la présence du Président

La révision de 2008 permet l'intervention du Président devant le Congrès, ce qui n'était pas prévu auparavant ; un débat peut avoir lieu hors de la présence du Président ; le droit de message peut s'exercer hors session ordinaire.

En cas d'application de l'article 16, le Conseil constitutionnel

A – rend un avis qui doit être suivi par le Président de la République
B – est consulté sur les mesures prises
C – est consulté sur la prolongation au-delà de 3 mois
D – se réunit en permanence

L'avis du Conseil constitutionnel sur le recours à l'article 16 n'est pas liant ; depuis la révision de 2008, c'est au bout de trente jours que le Conseil constitutionnel peut être saisi pour se prononcer.

La dissolution

A – peut être décidée sans que le Président ne demande son avis au Président du Sénat

B – peut être prononcée dans les six mois qui suivent la précédente dissolution

C – doit être prononcée après l'adoption d'une motion de censure

D – est prononcée par le Président de la République après consultation du Premier ministre et des Présidents des Assemblées

La réponse A s'inspire de la situation sous la IIIe – avis conforme du Sénat. La réponse B est erronée car il faut attendre un an pour prononcer une nouvelle dissolution. La réponse C est inexacte même si la pratique en 1962 s'en rapproche.

Est dispensé du contreseing

A – le référendum

B – le droit de grâce présidentiel

C – la demande de nouvelle délibération

D – l'accréditation des ambassadeurs auprès des puissances étrangères

Les fonctions mentionnées aux réponses B, C et D correspondent à des fonctions présidentielles qui pourraient être dispensées du contreseing ; elles y sont soumises.

Quel Chef de l'État n'a pas été élu à sa première candidature présidentielle ?

A – Emmanuel Macron

B – Valéry Giscard d'Estaing

C – Jacques Chirac

D – François Hollande

Jacques Chirac a été candidat aux présidentielles en 1981 et en 1988 avant d'être élu en 1995.

Questions sur les thèmes du chapitre IX – La Ve République – le Parlement

Les sénateurs sont élus à la proportionnelle dans les départements ayant au moins

A – 2 sénateurs

B – 3 sénateurs

C – 4 sénateurs

D – 5 sénateurs

Le nombre de sénateurs nécessaire pour avoir recours à la proportionnelle a varié. Actuellement, il faut que l'on ait prévu trois sénateurs dans le département. Au-dessous, on fait usage du scrutin majoritaire à deux tours.

La représentation proportionnelle

A – n'a jamais été utilisée pour désigner les députés sous la Ve République

B – a été utilisée pour désigner au niveau régional les députés

C – a été utilisée pour désigner au niveau départemental les députés

D – a été utilisée pour la désignation des députés avec un seuil de 5 %

La proportionnelle a été utilisée une fois sous la Ve République pour la désignation des députés. En 1986, ils sont élus à la proportionnelle dans le cadre départemental sans qu'on ait besoin d'imposer un seuil de 5 % comme on le fait en Allemagne fédérale pour la désignation des députés au Bundestag. Au niveau régional, un scrutin proportionnel est utilisé mais pour la désignation des conseillers régionaux.

Le nombre de députés est fixé

A – par le règlement des Assemblées

B – par la Constitution

C – par une loi organique

D – par une loi ordinaire

Le nombre exact de députés est fixé par une loi organique relative à chaque Assemblée comme l'exige l'article 25 de la Constitution. Une loi ordinaire ne suffirait pas. Le règlement de chaque Assemblée n'a pas non plus ce rôle. Quant à la Constitution, elle détermine en son article 24 le nombre maximum possible de députés et de sénateurs sans indiquer précisément combien ils sont.

Qui n'a pas été Président du Sénat ?

A – Jean-Pierre Bel

B – Christian Poncelet

C – René Monory

D – Philippe Séguin

Si Jean-Pierre Bel, Christian Poncelet et René Monory ont été Présidents du Sénat, Philippe Séguin a été Président de l'Assemblée nationale.

Qui n'a pas été Président de l'Assemblée nationale ?

A – Patrick Ollier

B – Henri Emmanuelli

C – Bernard Accoyer

D – Pierre Mazeaud

Pierre Mazeaud a été président de la commission des lois de l'Assemblée nationale. Il n'a pas présidé cette Chambre contrairement à Patrick Ollier, Henri Emmanuelli et Bernard Accoyer.

À compter de juin 2022, a débuté

A – la XVIe législature

B – la XIIIe législature

C – la XIVe législature

D – la XVe législature

Le nombre de législatures est déterminé à partir de 1958. Depuis l'entrée en vigueur de la Constitution de la Ve République, il y a eu 16 élections législatives à l'Assemblée nationale ; chacune de ces élections ouvre une législature, la dernière en date a débuté en juin 2022.

Les sessions du Parlement

A – sont au nombre de 2 par an

B – sont ordinaires ou extraordinaires

C – sont ordinaires ou de droit

D – sont ordinaires, extraordinaires et de droit

Avant la réforme constitutionnelle sur ce point, le Parlement avait deux sessions ordinaires annuelles mais actuellement il n'y en a plus qu'une par an. La réponse A est fausse. Les réponses B et C omettent une des trois catégories de session du Parlement. La bonne réponse est D.

Des sessions extraordinaires du Parlement

A – sont réunies à la demande de la majorité des membres du Sénat

B – sont réunies à la demande de la majorité des membres de l'Assemblée nationale

C – ne peuvent durer plus de 12 jours

D – sont réunies à la demande du Président de la République pour ses messages.

Les sénateurs ne peuvent pas demander de sessions extraordinaires. Lorsqu'un message présidentiel doit être communiqué, s'ouvre une session de droit. Le plafonnement à 12 jours de sessions extraordinaires ne porte que sur celles organisées à la demande des députés. Lorsque ceux-ci demandent une session extraordinaire, il faut que la majorité des membres de l'Assemblée vote en faveur d'un tel projet.

En France, sous la Ve République

A – Il y a autant de sénateurs que de députés

B – Les sénateurs sont plus nombreux que les députés

C – Les députés sont plus nombreux que les sénateurs

D – La Constitution précise quel doit être le nombre exact de parlementaires

La Constitution se contente de mentionner le nombre maximum de parlementaires. Les dispositions organiques prises à ce sujet ont prévu que des députés seraient les plus nombreux.

Le Président du Sénat

A – est élu après chaque renouvellement partiel

B – est élu pour quatre ans et demi

C – est élu pour 6 ans

D – est élu pour la durée de la législature

L'article 32 de la Constitution précise cette règle.

La durée des pouvoirs de chaque Assemblée

A – est fixée par une loi organique

B – est fixée par une loi ordinaire

C – est déterminée par le règlement de l'Assemblée

D – est prévue par la Constitution

L'article 25 – 1er alinéa précise ce point. Seuls le nombre et le caractère du suffrage sont précisés par la Constitution.

Le Président de l'Assemblée nationale

A – assure l'intérim du Président de la République

B – ne peut pas demander la formation d'une commission mixte paritaire

C – nomme une partie des membres du Conseil supérieur de la magistrature

D – n'est pas rééligible

Le Président de l'Assemblée nomme des personnalités qualifiées au sein du Conseil supérieur de la magistrature (art. 65 de la Constitution).

Un groupe parlementaire à l'Assemblée nationale doit réunir au moins

A – 10 députés

B – 15 députés

C – 20 députés

D – 30 députés

Le nombre est fixé par le règlement de l'Assemblée. Il a été plus élevé.

Le nombre de jours de séance que chaque Assemblée peut tenir au cours de la session ordinaire ne peut dépasser

A – soixante

B – quatre-vingts

C – cent vingt

D – cent cinquante

Le nombre de cent vingt figure à l'article 28 de la Constitution.

Un député

A – ne peut se présenter aux élections sénatoriales

B – peut être ministre

C – peut être parlementaire européen

D – devenu ministre retrouve son mandat à l'issue de sa participation au Gouvernement

La loi de 2008 permet ce retour des membres du Gouvernement sans élection partielle.

Questions sur les thèmes du chapitre X – La Ve République – Rapports exécutif/Parlement

La réunion d'une session extraordinaire du Parlement

A – peut être demandée uniquement par le Premier ministre

B – peut être demandée uniquement par la majorité des membres composant l'Assemblée nationale

C – peut être demandée par le Premier ministre ou la majorité des membres composant l'Assemblée nationale

D – peut être demandée cumulativement par le Premier ministre et la majorité des membres de l'Assemblée nationale

Le régime des sessions extraordinaires est prévu à l'article 29 de la Constitution.

Laquelle de ces affirmations est inexacte ?

A – les sessions extraordinaires portent sur un ordre du jour déterminé

B – les sessions extraordinaires sont ouvertes par décret du Président de la République

C – les sessions extraordinaires sont closes par décret du Premier ministre

D – les sessions extraordinaires sont closes par décret du Président de la République

L'article 30 de la Constitution exige un décret du Président de la République.

L'initiative de la loi appartient

A – aux groupes parlementaires

B – aux commissions parlementaires

C – au Gouvernement

D – au Premier ministre et aux membres du Parlement

L'article 39 détermine les règles en la matière.

Le droit d'amendement

A – appartient au Premier ministre

B – appartient au Gouvernement et aux membres du Parlement

C – ne peut impliquer une augmentation des ressources publiques

D – est réservé aux membres du Parlement

Les articles 40 et 44 fixent les règles. L'article 40 restrictif au plan financier n'interdit pas des initiatives des parlementaires ayant pour conséquence une augmentation des ressources.

La discussion en séance des projets de loi

A – porte en principe sur le texte adopté par la commission saisie

B – porte toujours sur le texte présenté par le Gouvernement

C – ne peut intervenir en principe qu'à l'expiration d'un délai d'un mois à compter de sa transmission

D – ne peut intervenir devant la seconde Assemblée qu'à l'expiration d'un délai de deux mois

L'article 42 énonce la règle rappelée en A. Elle connaît des dérogations au deuxième alinéa. Les délais mentionnés en C et D sont inexacts.

La procédure dite du vote bloqué

A – est prévue par l'article 49-3

B – peut être mise en œuvre à la demande du Président de l'une ou l'autre Assemblée.

C – conduit à mettre fin au débat à l'issue d'une certaine durée

D – conduit l'Assemblée saisie à se prononcer par un seul vote sur tout ou partie du texte

Même si la formule « vote bloqué » ne figure pas dans l'article 44, elle est d'usage courant ; elle consiste à permettre ce que rappelle la réponse D ; elle ne peut être engagée que par le Gouvernement ; de fait, elle limite le temps des débats mais elle ne contient aucune indication en ce sens.

Les lois organiques

A – sont adoptées en termes identiques par l'Assemblée nationale et le Sénat

B – sont adoptées à la majorité des membres composant chaque Assemblée

C – ne peuvent résulter que de projets

D – sont soumises au Conseil constitutionnel

Seules les lois organiques relatives au Sénat doivent être votées dans les mêmes termes par les deux Assemblées ; la majorité requise n'est exigée qu'à l'Assemblée nationale ; les membres du Parlement ont le droit d'initiative, la loi organique sur les lois de finances (LOLF) a été proposée par eux.

L'ordre du jour

A – est librement fixé par le Gouvernement

B – est librement fixé par chaque Assemblée

C – est fixé par chaque Assemblée qui doit donner la priorité pour certains textes au Gouvernement

D – est fixé par le Gouvernement qui doit donner la priorité pour certains textes aux demandes des Assemblées

Le nouvel article 48 change les règles dans le sens de la réponse C. Il appartenait au Gouvernement avant la réforme de 2008 de fixer l'ordre du jour.

Laquelle de ces affirmations est juste ?

A – La motion de censure doit être signée par un vingtième des membres de l'Assemblée nationale

B – Le vote de la motion de censure ne peut avoir lieu que 24 heures après son dépôt

C – La désapprobation du programme ou d'une déclaration de politique générale ne peut être adoptée qu'à la majorité des membres composant l'Assemblée nationale

D – Une motion de censure est adoptée à la majorité des membres composant l'Assemblée nationale

L'article 49 pose les règles ; la motion de censure doit être signée par un dixième des députés ; elle ne peut être examinée qu'au bout de 48 heures ; le vote sur les déclarations gouvernementales n'est pas soumis à la majorité qualifiée calculée par rapport au nombre de membres de la Chambre.

Questions sur les thèmes du chapitre XI. La Ve République – Le pouvoir juridictionnel

Qui sont membres à vie du Conseil constitutionnel ?

A – les anciens Présidents de la République

B – les anciens Présidents du Sénat

C – les anciens Présidents de l'Assemblée nationale

D – les anciens Vice-Présidents du Conseil d'État

Le deuxième alinéa de l'article 56 pose la règle mentionnée en A. Rien n'interdit aux personnalités mentionnées aux réponses B, C et D d'être nommées mais elles ne le seront pas à vie, sauf à avoir été élues à la présidence de la République.

Le Conseil constitutionnel peut être saisi en application de l'article 61 par

A – le Président du Conseil économique, social et environnemental

B – le Gouvernement

C – le Président du Sénat

D – le Vice-Président du Conseil d'État

Ni le Président du Conseil économique, social et environnemental, ni le Vice-Président du Conseil d'État ne peut saisir le Conseil constitutionnel en application de l'article 61 ; le Conseil d'État peut renvoyer une question au Conseil en application de l'article 61-1.

Ne fait pas en principe partie du bloc de constitutionnalité

A – un principe fondamental reconnu par les lois de la République

B – la déclaration des droits de l'homme et du citoyen de 1789

C – le préambule de la Constitution de 1946

D – un traité

Le Conseil constitutionnel a refusé de confronter une loi à un engagement international et considère qu'une contradiction entre ces deux textes n'impliquerait pas une inconstitutionnalité (Décision IVG 1975). Il a fait exception à ce principe lorsque le traité est intégré à la Constitution (cf. art. 88-3).

Le Conseil constitutionnel

A – veille à la régularité de toutes les élections

B – proclame les résultats des référendums prévus aux articles 11 et 89 et au titre XV

C – proclame les résultats des élections des députés

D – proclame les résultats des élections des sénateurs

Le Conseil constitutionnel n'est pas juge des élections locales, ni ne proclame les résultats des élections des députés et des sénateurs (art. 59).

Le Président de la République

A – préside le Conseil supérieur de la magistrature

B – est garant de l'indépendance de l'autorité judiciaire

C – ne désigne aucun membre du Conseil supérieur de la magistrature

D – consulte le Conseil supérieur de la magistrature lorsqu'il exerce son droit de grâce

La réponse A a été juste ; le Président désigne des personnalités qualifiées au sein du CSM ; l'exercice du droit de grâce n'implique pas une intervention du CSM.

La réponse B reprend les termes de l'article 64 de la Constitution.

Qui selon les termes de la Constitution « veille au respect de la Constitution » ?

A – le Conseil constitutionnel

B – le Conseil d'État

C – l'autorité judiciaire
D – le Président de la République
La réponse D reprend la formule figurant à l'article 5 de la Constitution.

Laquelle de ces dispositions ne prévoit pas une saisine du Conseil constitutionnel ?
A – l'article 16
B – l'article 54
C – l'article 61
D – l'article 89
L'article 89 n'impose pas de saisine du Conseil constitutionnel

La question prioritaire de constitutionnalité
A – doit être posée avant la promulgation du texte contesté
B – ne peut être posée que sur un texte déjà examiné par le Conseil constitutionnel
C – se fait sur renvoi du Conseil d'État ou de la Cour de cassation
D – peut être adressée au Conseil constitutionnel par tout citoyen
La réponse A s'applique aux saisines de l'article 61 ; en principe un texte déjà examiné par le Conseil constitutionnel ne peut pas être réexaminé par le Conseil constitutionnel ; un justiciable peut lors d'un procès soutenir qu'une disposition porte atteinte aux droits et libertés garantis par la Constitution mais il ne peut pas s'adresser lui-même au Conseil constitutionnel ; il doit obtenir le renvoi par le Conseil d'État ou la Cour de cassation.

Lequel de ces textes n'est pas obligatoirement soumis au Conseil constitutionnel ?
A – une loi constitutionnelle
B – une loi organique
C – le règlement d'une assemblée
D – les propositions de loi mentionnées à l'article 11
L'article 61 de la Constitution énumère les textes devant être soumis au Conseil constitutionnel.

Le Conseil supérieur de la magistrature
A – contient deux formations, une pour le siège, une pour le parquet
B – est composé majoritairement de magistrats judiciaires
C – n'intervient que sur les nominations des magistrats
D – ne peut pas être saisi par un justiciable
Les deux réponses B et D ont été justes ; elles ne sont plus ; le CSM intervient au plan disciplinaire.

Le statut des magistrats
A – est l'objet d'une loi ordinaire
B – prévoit l'inamovibilité de tous les magistrats
C – est contrôlé par le Conseil constitutionnel
D – s'applique aux juges judiciaires et administratifs
Le statut des magistrats doit figurer dans une loi organique, article 64 de la Constitution ; il est dès lors soumis au Conseil constitutionnel.

Le défenseur des droits
A – est gardien de la liberté individuelle et assure le respect de ce principe
B – veille au respect des droits et libertés par les administrations de l'État, les collectivités territoriales et les établissements publics
C – est nommé par le Conseil supérieur de la magistrature
D – ne peut se saisir d'office
La réponse B reprend les termes du premier alinéa de l'article 71-1 de la Constitution. La formule de la réponse A s'applique à l'autorité judiciaire (art. 66 de la Constitution).